KB269803

사경인 공타기출 회계학

좋은땅

"이론은 다른 분 들었더라도, 기출은 공타 보세요"

다른 과목에 비해 응용문제 출제비중이 높은 회계학은 기출문제만으로는 대비가 부족하다는 어려움이 있습니다. 이 문제를 해결하고자, '공무원 시험 기출문제 + 타 시험(보험계리사, 관세사, 감정평가사 등) 중 공무원 시험 수준의 기출문제'로 구성한 것이 공타기출입니다. 단 한 권만으로 기출문제뿐만 아니라 응용문제까지 대비할 수 있는 독보적인 문제집이 출간되자 많은 수험생들의 사랑을 받았습니다. 수험생 커뮤니티에는 '다른 강사의 커리큘럼을 타더라도, 기출은 공타기출을 사서 풀어 보라'는 얘기가 나돌 정도로 '공무원 회계학의 바이블'로 자리 잡았습니다.

"이제는 쉬운 기본문제만 풀어도 합격할 수 있다"

최근 2년 연속 공무원 시험이 쉽게 출제되었습니다. 쉬운 기출문제만 반복해서 풀고도 단기간에 합격하는 사례가 생겨나니 '이제는 굳이 어려운 응용문제까지 볼 필요가 있을까?'라는 의문이 생겨납니다. 그러면서도 한 편에서는 '그러다 시험이 다시 예전처럼 어려워지면 어떡하나? 그럼 다시 1년을 더 준비해야 하는데?'라는 우려의 목소리도 들려옵니다. 실제로 과거 정답률 통계를 확인해 보면 출제위원이 바뀔 때마다 시험 난이도는 종잡을 수 없게 변했습니다. 2년 연속 쉬웠던 시험이 갑자기 어려워지고, 다시 또 쉬워지기를 반복했습니다. 과연 수험생들은 어떻게 대비해야 할까요?

"자신의 목표점수와 전략에 따라 공부범위를 나눌 수 있으면 어떨까?"

저는 이러한 불안에 대한 가장 좋은 해결책이 바로 '수험생 개개인의 상황과 목표점수에 따라 공부범위를 나눌 수 있도록 하는 것'이라고 생각합니다. 수험생이 처해 있는 상황은 각자 다릅니다. 공통과목 성적이 좋아서 회계학은 최소한의 점수만 확보해도 되는 경우가 있고, 반대로 공통과목 성적을 올릴 수가 없어서 회계학에서 고득점을 해야 하는 수험생도 있습니다. 봄에 수험공부를 시작해서 1년 정도의 시간을 확보한 수험생이 있는 반면, 가을에 시작해서 짧은 기간에 합격을 노려보는 수험생도 있습니다. 시험이 쉽게 출제되는 경우 단기합격을 노려보는 수험생도 있고, 어떻게 출제되든 반드시 합격하고 싶은 수험생이 있습니다. 수험생 각자의 전략에 따라 공부범위를 나누기 위해, 공타기출은 지난 10년간의 기출문제를 정답률에 따라 다음과 같이 분류했습니다.

① 기본문제: 단기간에 60점을 확보하기 위한 수험생을 위한 300여 문항
② 필수문제: 일반적인 합격선인 80점을 확보하기 위한 300여 문항
③ 응용문제: 90점 수준의 고득점이 필요한 수험생을 위한 400여 문항
④ 심화문제: 만점을 노리는 수험생이 아니라면 굳이 볼 필요가 없는 100여 문항

단기간 내에 60점을 확보하고 싶은 수험생은 기본문제 300여 문항을 회독하면 됩니다. 평균적인 합격점수 80점 정도를 목표로 한다면 필수문제 300여 문항을 추가하면 됩니다. 90점 대의 고득점을 노린다면 응용문제를 통해 응용력을 키우시기 바랍니다. 심화문제는 회계학 단점을 목표로 하는 수험생들을 위한 추가문항입니다. 이렇게 자신의 전략에 따라 회독범위를 설정할 수 있는 독보적인 기출문제집을 내놓습니다. 여기에 원래 공타기출이 가지고 있던 다음과 같은 특징도 여전히 유지하고 있습니다.

1. 프레임에 의한 접근

회계학은 프레임의 학문입니다. 수십 가지 계정과목과 회계처리가 등장하기에 이들을 하나씩 공부하다 보면 내용도 방대하고, 이해했던 주제에 대한 휘발성도 높습니다. 이 때문에 프레임으로 접근하는 것이 중요합니다. '취득 - 평가 - 처분'이라는 프레임을 잡는 것만으로도 공부할 주제를 3분의 1로 줄이고 일관되게 정리할 수 있습니다.

2. 기출경향의 파악

단순히 계정과목별로 대주제를 잡아 분류하는 데 그치지 않고, 100여 개의 소주제로 기출문제를 세세히 분류하고 철저히 분석했습니다. 특정 시험에서 자주 묻는 주제, 여태 다루지 않고 있는 주제, 출제방향의 변화 등을 파악할 수 있습니다.

3. 일관된 풀이법

회계학에서 답을 구하는 접근법은 다양하게 존재합니다. 같은 주제라도 주어지는 자료에 따라 어떨 때는 A의 방법이, 다른 때는 B가, 때때로는 C를 적용하는 것이 더 효율적입니다. 하지만, 본 수험서에서는 이런 다양한 풀이법을 배제했습니다. 막상 다양한 풀이법을 익히고 시험장에 들어가면, 문제를 마주했을 때 A로 풀어야 할지, B가 더 나을지 혹시 C는 아닌지 고민의 시간이 필요합니다. 이러한 고민에 시간을 낭비하기보다는 가장 효율적인 방법을 고안하여 하나의 풀이법으로 접근하도록 하였습니다. '결-잔-보', '회-정-수', '원샷법' 등 저자만의 풀이법을 통해 회계학의 새로운 차원을 만나보시기 바랍니다.

책을 집필하며 느꼈던 뿌듯함과 만족감이 수험생 여러분의 합격으로 이어질 것이라 믿습니다. 당신의 합격을 위해 최선을 다하겠습니다.

2025년 8월

사경인 씀

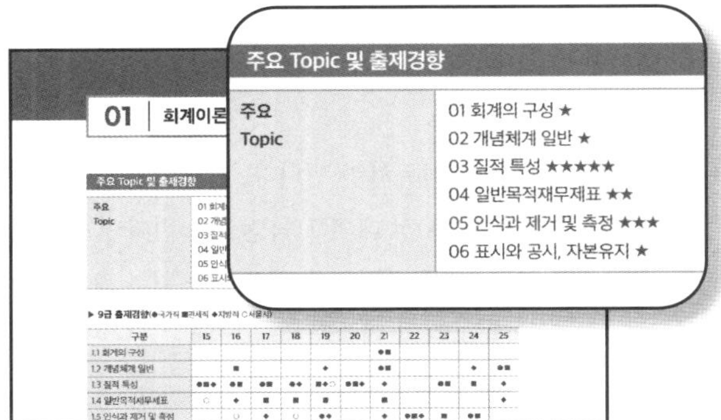

주요 Topic 및 출제경향

취득 – 평가 – 처분이라는 프레임에 맞추어 주요 Topic별로 출제경향을 파악하였습니다. 단순히 계정과목에 따른 출제빈도가 아니라 소주제별로 출제경향을 살핌으로써, 단 1%의 확률이라도 더 높일 수 있도록 하였습니다.

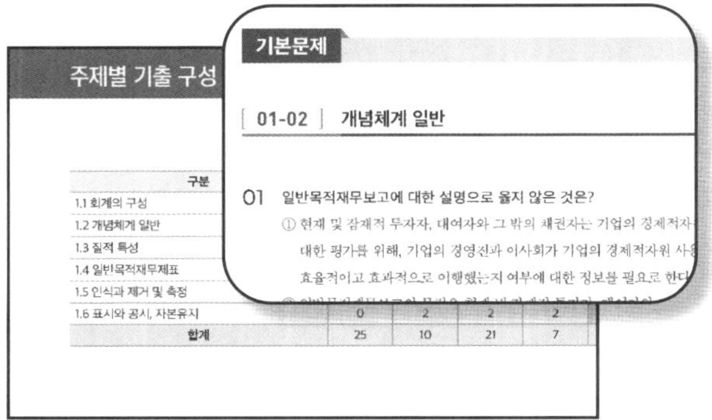

공타 회독표

전 범위를 교차학습법에 따라 회독할 수 있도록 회독표를 구성하였습니다. 수험생 각자의 목표 수준에 맞게 과학적인 회독이 가능하도록 구성한 회독표는 공타만의 상징이 되었습니다.

기본문제

공단기의 합격예측 풀서비스 데이터를 바탕으로, 정답률 60% 이상의 9급 문제와 정답률 80% 이상의 7급 문제를 담았습니다. 9급 시험 기준 기출문제의 60% 범위에 해당합니다. 333문항을 회독하는 것만으로 단기간에 60점 정도의 점수를 확보할 수 있습니다.

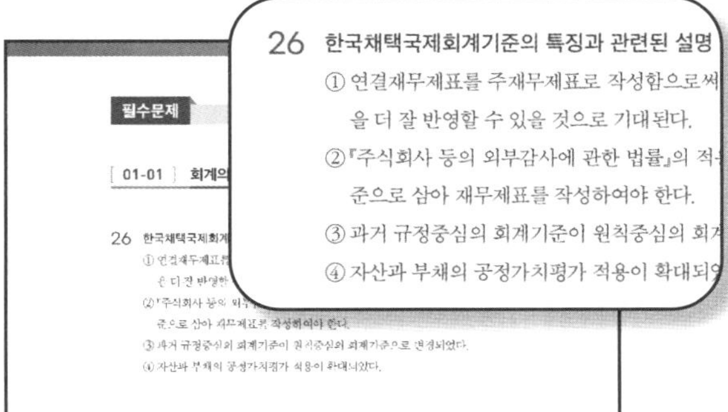

필수문제

정답률 45% 이상의 9급 문제와 정답률 60% 이상의 7급 문제로 구성되어 있습니다. 9급 시험 기준 기출문제의 86%를 구성합니다. 기본문제와 필수문제 합계 약 600문항을 회독하는 것으로 80점 정도의 점수를 확보할 수 있습니다.

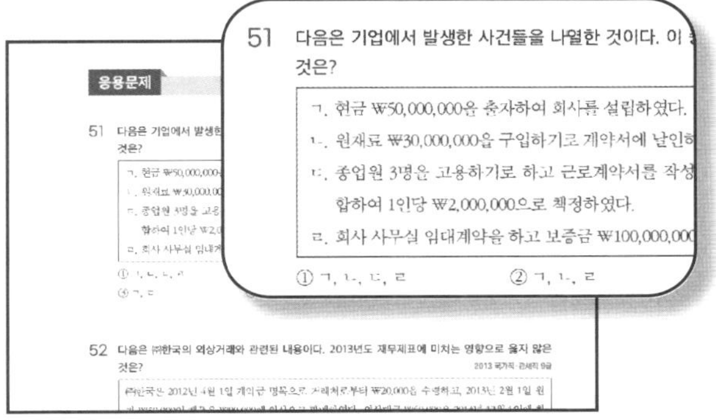

응용문제

회계는 기존 기출문제가 응용되어 반복 출제됩니다. 정답률 통계가 없는 과거 기출문제 중 양질의 문제를 담았습니다. 이에 더하여 타시험(보험계리사, 관세사, 감정평가사 등) 기출문제를 공무원시험에 맞게 변형하여 응용력을 기를 수 있도록 하였습니다. 90점대의 고득점을 노리는 수험생에게 권하는 문제입니다.

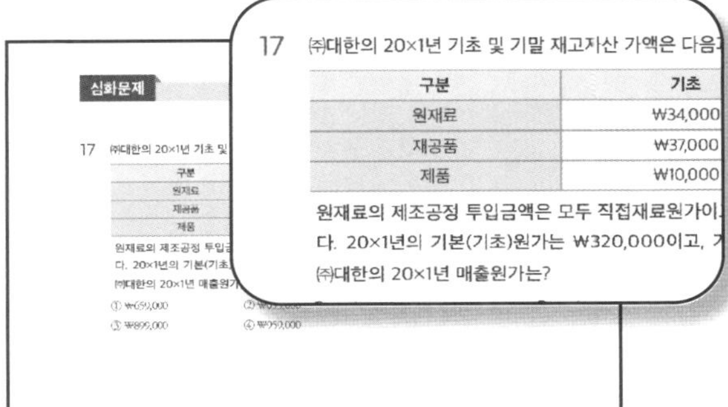

심화문제

정답률 45% 미만의 9급 문제와 정답률 50~60%의 7급 문제 130여 문항을 담았습니다. 회계학 만점을 목표로 해야 하는 특수한 상황의 수험생만을 위한 문제입니다.

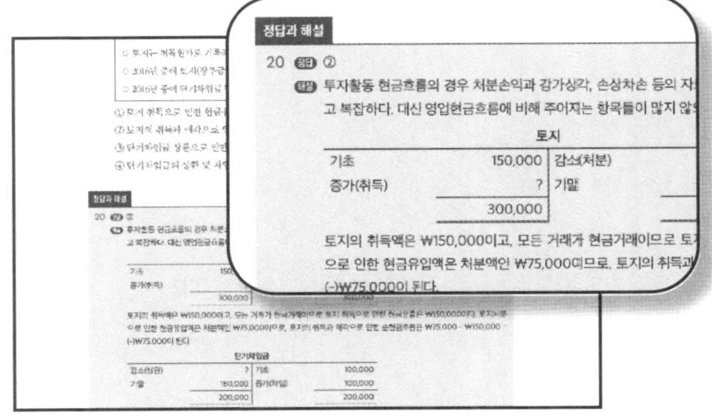

정답 및 해설

되도록 자세한 해설을 기재하였습니다. 온라인에서 과거 기출문제를 찾아볼 수 있음에도 불구하고, 굳이 기출문제집을 별도로 사서 보는 이유는 바로 문제에 대한 해설 때문입니다. 빈칸노트에서 정리한 내용과 일관된 체계와 설명으로 공부한 내용을 정리하고, '결-잔-보', '회-정-수', '원샷법' 등 저자만의 독특한 풀이법이 기출문제에 어떻게 적용되는지 확인할 수 있도록 하였습니다.

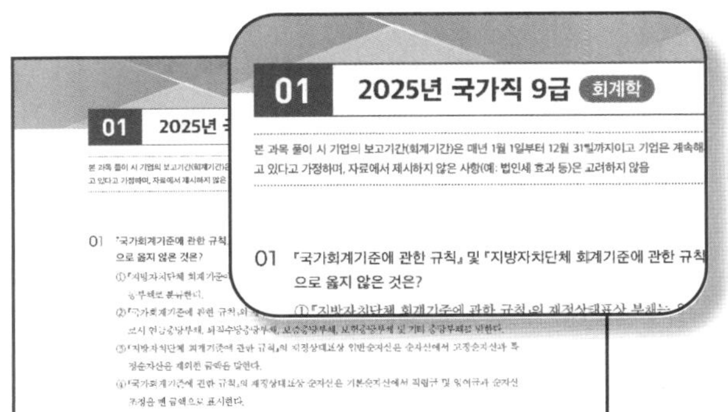

최근 시행 연도별 기출문제

본인의 수준 및 합격가능성을 가늠해볼 수 있도록, 최신 기출문제를 별도로 담았습니다. 실제 시험과 유사하게 시간제한을 두고 풀어 본 다음, 합격권의 점수에 해당하는지 비교해 보시기 바랍니다.

제1편   **재무회계**

▷ 공타 회독표

대부분의 학생들은 문제집을 풀고 복습할 때, 챕터별로 차례대로 푼다. '오늘은 무형자산 끝내고, 내일은 재고자산 풀어야지'라고 생각한다. 소매재고법 문제를 연속해서 푼 다음, 이제 소매재고법은 완전히 이해해서 자신이 생겼다고 생각한다. 과연 그럴까? 플로리다 주립대학교에서 학습과 기억에 관한 연구를 수행해 온 Doug Rohrer & Kelli Taylor 교수는 이에 대한 실험[*]을 하였다. 학생들을 무작위로 두 그룹으로 나눈 다음, 생소한 4가지 주제에 대해 학습하도록 하고 연습문제를 풀었다. 이때, 한 그룹(Blockers)은 하나의 주제를 배우면 바로 그 주제의 연습문제 4문제를 풀고, 다음 주제로 넘어가는 방식(AAAA BBBB CCCC DDDD)을 택했다. 반면에 다른 그룹(Mixers)은 4가지 주제를 다 배운 다음 4가지 주제가 고루 섞인 4문제를 4세트(ABCD ABCD ABCD ABCD) 풀었다. 연습문제를 풀었을 때는 Blockers 89점, Mixers 60점으로 하나씩 배우고 연습한 그룹의 점수가 높았다. 하지만 1주일 뒤에 다시 시험을 봤을 때는 Blockers 20점, Mixers 63점으로 혼합해서 연습한 그룹의 점수가 훨씬 높게 나왔다. 1주일 전에 89점으로 완전히 이해했다고 생각한 학생들의 점수가 1주일 뒤에는 20점이 나온 것이다. 이후의 다른 여러 후속 연구들도 한 가지 유형의 문제만 집중해서 풀어 보는 blocking보다 다양한 유형의 문제를 풀어 보는 interleaving이 훨씬 효과적인 공부법임을 밝혀 냈다. 어떤가? 당신은 어떤 방법으로 공부하고 있는가?

수험생들이 여러 주제의 문제를 뒤섞는 효율적인 공부를 할 수 있도록 회독표를 제시한다. 회독하는 방법은 간단하다. 강의를 들을 때는 일단, 강의 중 풀어 보도록 하는 문제를 풀어 보기 바란다. 마지막 주제까지 강의를 완강하고 나면, 다음 회독표에 따라 회독을 한다. 핵심은 가로가 아닌 세로로 회독하는 것이다. 회독표에는 각 주제별 문항번호가 나열되어 있는데, 가로로 풀게 되면 동일한 주제를 반복해서 푸는 blocking이 된다. Interleaving을 하기 위해서는 회독표를 세로로 풀어야 한다. 그래야 회계학에서 다루는 모든 주제를 매일 반복해서 풀 수 있다. 당장에는 여러 주제를 다루느라 힘들고 어렵지만, 그렇게 공부해야 기억에 오래 남는다. 실제 시험장에서도 여러 주제의 문제가 뒤섞여 나오는데, 평소 세로회독을 해 두면 주제를 파악하고, 적절한 풀이법을 꺼내 드는 연습이 자연스럽게 이루어진다.

본 교재는 목표점수에 따라 문제가 구분되어 있다. 첫 1회독은 10일에 걸쳐(수험생 각자의 상황에 따라 하루에 2일차씩 5일동안 끝내거나, 반대로 이틀에 1일차씩 20일동안 진행할 수도 있다) 기본문제 333문제를 회독하며, 맞은 문제를 지워간다. 2회독은 다시 10일동안 필수문제를 회독하는데 이때 1회독에서 지워지지 않은 기본문제도 같이 회독한다. '1일차 지워지지 않은 기본문제 + 1일차 모든 필수문제'를 풀면서 지워간다. 목표점수가 90점대라면 응용문제를 마찬가지로 회독하면서, 기본문제와 필수문제 중 지워지지 않은 문제를 같이 푼다. 이렇게 자신의 목표점수에 따라 기본문제(60점 목표) → 필수문제(80점) → 응용문제(90점) → 심화문제(100점)로 회독해 가면서, 이전 단계의 지워지지 않은 문제를 반복해서 지워 간다. 공부할 때는 알았는데, 시험장에서는 풀리지 않는 blocking이 아닌, 공부할 때 실력이 시험장까지 유지되는 interleaving의 위력을 느껴 보기 바란다.

---

[*] Rohrer, D., & Taylor, K. (2007). The shuffling of mathematics problems improves learning.

1. 기본문제(총 333문제)

	1일차	2일차	3일차	4일차	5일차	6일차	7일차	8일차	9일차	10일차
재무										
Ch 01	01	02	03	04	05	06	07	08	09	10
	11	12	13	14	15	16	17	18	19	20
	21	22	23	24	25					
Ch 02						01	02	03	04	05
	06	07	08	09	10	11	12	13	14	15
	16	17	18	19	20	21	22	23	24	25
	26	27	28	29	30	31	32	33	34	35
	36	37	38	39	40	41	42			
Ch 03								01	02	03
	04									
Ch 04		01	02	03	04	05	06	07	08	09
	10	11	12	13	14	15	16	17	18	19
	20	21	22	23	24	25	26	27	28	29
	30	31	32	33	34	35	36			
Ch 05								01	02	03
	04	05	06	07	08	09	10	11		
Ch 06									01	02
	03	04	05	06	07	08	09	10	11	12
	13	14	15	16	17	18	19	20	21	22
	23	24	25							
Ch 07				01						
Ch 08					01	02	03	04	05	06
	07									
Ch 09		01	02	03	04	05	06			
Ch 10								01	02	03
	04	05	06	07	08	09	10			
Ch 11								01	02	03
	04	05	06	07	08	09	10	11	12	13
	14	15	16	17						
Ch 12					01	02	03	04	05	06
	07									
Ch 13		01	02	03	04	05	06	07	08	09
	10	11								
Ch 14			01	02	03	04	05	06	07	08
	09	10								
Ch 15			01	02	03	04	05	06	07	08
	09	10	11	12	13	14	15	16	17	18
	19	20	21	22	23	24				
Ch 16							01	02	03	04
	05	06	07	08	09	10	11	12	13	14
Ch 17	01	02	03	04	05	06	07	08		
Ch 18									01	
원가										
Ch 01										01
	02	03	04	05	06	07				
Ch 02							01	02	03	04
	05									
Ch 03		01	02	03	04	05	06	07	08	09
	10	11								
Ch 04			01	02	03	04	05	06	07	08
	09	10								
Ch 05			01	02	03	04	05	06	07	08
	09	10								
Ch 06			01	02	03					
Ch 07						01	02	03		
정부										
Ch 01									01	02
	03	04	05							
Ch 02				01	02	03	04	05	06	07
	08	09	10	11						
Ch 03					01	02	03	04	05	06
	07	08	09							

2. 필수문제(총 266문제)

	1일차	2일차	3일차	4일차	5일차	6일차	7일차	8일차	9일차	10일차
재무										
Ch 01	26	27	28	29	30	31	32	33	34	35
Ch 02	43	44	45	46	47	48	49	50		
Ch 03									05	06
	07	08	09	10						
Ch 04					37	38	39	40	41	42
	43	44	45	46	47	48	49	50	51	52
	53	54	55	56	57	58	59			
Ch 05								12	13	14
	15	16	17							
Ch 06				26	27	28	29	30	31	32
	33	34	35	36	37	38	39	40	41	42
	43	44	45	46						
Ch 07										
Ch 08					08	09				
Ch 09							07	08	09	10
Ch 10	11	12	13	14	15	16	17	18	19	
Ch 11										18
	19	20	21	22	23	24	25	26		
Ch 12									08	09
	10	11								
Ch 13			12	13	14	15	16	17	18	19
	20	21	22	23	24	25	26	27	28	29
Ch 14	11	12	13	14	15	16	17	18	19	20
	21	22								
Ch 15			25	26	27	28	29	30	31	32
	33	34	35	36	37	38	39	40	41	42
	43	44	45	46	47	48	49	50	51	52
	53	54	55							
Ch 16				15	16	17	18	19	20	21
	22	23	24	25	26					
Ch 17						09	10	11	12	13
	14	15	16	17	18	19	20	21	22	23
	24	25	26	27	28	29	30	31		
Ch 18									02	
원가										
Ch 01										08
Ch 02	06	07	08	09	10					
Ch 03						12	13	14	15	16
	17									
Ch 04		11	12	13	14	15	16	17		
Ch 05									11	12
	13	14	15	16	17	18				
Ch 06							04	05	06	07
	08	09	10							
Ch 07				04	05	06	07	08	09	
정부										
Ch 01										06
Ch 02	12	13	14	15	16	17	18	19	20	21
	22	23	24	25	26					
Ch 03						10	11	12	13	14
	15	16	17	18	19	20	21			

3. 응용문제(총 384문제)

	1일차	2일차	3일차	4일차	5일차	6일차	7일차	8일차	9일차	10일차
재무										
Ch 01	36	37	38	39	40	41	42	43	44	45
	46	47	48	49	50	51	52	53	54	55
	56									
Ch 02		51	52	53	54	55	56	57	58	59
	60	61	62	63	64	65	66	67	68	69
	70	71	72	73	74	75	76	77		
Ch 03									11	12
	13	14	15	16	17	18				
Ch 04							60	61	62	63
	64	65	66	67	68	69	70	71	72	73
	74	75	76	77	78	79	80	81	82	83
	84	85	86	87	88	89	90	91	92	93
	94	95	96							
Ch 05				18	19	20	21	22	23	24
	25	26	27	28	29	30	31	32	33	34
	35	36	37	38						
Ch 06					47	48	49	50	51	52
	53	54	55	56	57	58	59	60	61	62
	63	64	65	66						
Ch 07					02	03				
Ch 08							10	11	12	13
Ch 09	11	12	13	14	15	16	17	18	19	
Ch 10										20
	21	22	23	24	25	26	27	28	29	30
	31	32	33	34	35	36				
Ch 11							27	28	29	30
	31	32	33	34	35	36	37	38	39	40
	41	42								
Ch 12			12	13	14	15	16	17	18	19
	20	21								
Ch 13			30	31	32	33	34	35	36	37
	38	39	40	41	42	43	44	45	46	47
	48	49	50	51						
Ch 14					23	24	25	26	27	28
	29	30	31	32	33	34	35	36	37	38
	39	40	41	42						
Ch 15					56	57	58	59	60	61
	62	63	64	65	66	67	68	69	70	71
	72	73	74	75	76					
Ch 16							27	28	29	30	31
	32	33	34	35	36					
Ch 17							32	33	34	35	36
	37	38	39	40	41	42	43	44	45	46
	47	48								
Ch 18			03	04	05					
원가										
Ch 01						09	10	11	12	13
Ch 02	11	12	13	14	15	16				
Ch 03							18	19	20	21
	22	23	24	25	26	27	28	29		
Ch 04									18	19
	20	21	22	23	24	25	26	27		
Ch 05									19	20
	21	22	23	24	25	26	27			
Ch 06								11	12	13
	14	15	16	17	18	19	20	21		
Ch 07									10	11
	12	13	14	15	16	17	18	19	20	21
	22	23								
정부										
Ch 01			07	08	09	10	11	12		
Ch 02									27	28
	29	30	31	32	33	34	35	36	37	38
	39	40	41	42	43	44	45	46		
Ch 03									22	23
	24	25	26	27						

4. 심화문제(총 129문제)

	1일차	2일차	3일차	4일차	5일차	6일차	7일차	8일차	9일차	10일차
재무										
Ch 01	57	58	59	60	61	62	63			
Ch 02								78	79	80
	81	82	83	84						
Ch 03										
Ch 04					97	98	99	100	101	102
	103	104	105							
Ch 05				39	40	41				
Ch 06							67	68	69	
Ch 07										04
Ch 08	14									
Ch 09		20								
Ch 10			37	38	39	40	41			
Ch 11								43	44	
Ch 12										22
	23									
Ch 13		52	53	54	55	56	57	58	59	60
	61									
Ch 14		43	44	45	46	47	48	49	50	51
	52	53	54							
Ch 15				77	78	79	80	81	82	83
	84	85	86	87	88	89	90			
Ch 16								37	38	39
	40	41	42	43	44	45	46			
Ch 17								49	50	51
	52	53								
Ch 18			06							
원가										
Ch 01										
Ch 02				17						
Ch 03					30	31	32	33	34	
Ch 04										28
	29	30	31	32	33	34				
Ch 05							28	29	30	31
	32	33								
Ch 06			22	23	24					
Ch 07						24	25			
정부										
Ch 01								13	14	15
Ch 02	47	48	49	50	51	52	53			
Ch 03								28	29	

제1편

재무회계

주요 Topic 및 출제경향

주요 Topic	
주요 Topic	01 회계의 구성 ★ 02 개념체계 일반 ★ 03 질적 특성 ★★★★★ 04 일반목적재무제표 ★★ 05 인식과 제거 및 측정 ★★★ 06 표시와 공시, 자본유지 ★

▶ **9급 출제경향**(●국가직 ■관세직 ◆지방직 ○서울시)

구분	15	16	17	18	19	20	21	22	23	24	25
1.1 회계의 구성							●■				
1.2 개념체계 일반		■			◆		●■			◆	●■
1.3 질적 특성	●■◆	●■	●■	●◆	■◆○	●■◆	◆		●■	■	◆
1.4 일반목적재무제표	○	◆	■	■	■		■				◆
1.5 인식과 제거 및 측정		○	◆	○	●◆		◆	●■◆	■	●■	
1.6 표시와 공시, 자본유지								◆		●■	

▶ **7급 출제경향**(▲국가직 △서울시)

구분	15	16	17	18	19	20	21	22	23	24	-
1.1 회계의 구성											
1.2 개념체계 일반							▲				
1.3 질적 특성		▲	▲	△	▲	▲	△		▲		
1.4 일반목적재무제표							▲				
1.5 인식과 제거 및 측정						▲△		△			
1.6 표시와 공시, 자본유지				▲						▲	

구분	기본	필수	응용	심화	합계
1.1 회계의 구성	0	1	1	0	2
1.2 개념체계 일반	3	1	0	1	5
1.3 질적 특성	15	3	10	0	28
1.4 일반목적재무제표	4	1	2	2	9
1.5 인식과 제거 및 측정	3	2	6	2	13
1.6 표시와 공시, 자본유지	0	2	2	2	6
합계	25	10	21	7	63

기본문제

[01-02] 개념체계 일반

01 일반목적재무보고에 대한 설명으로 옳지 않은 것은?　　　2019 지방직 9급 수정

① 현재 및 잠재적 투자자, 대여자와 그 밖의 채권자는 기업의 경제적자원에 대한 경영진의 수탁책임에 대한 평가를 위해, 기업의 경영진과 이사회가 기업의 경제적자원 사용에 대한 그들의 책임을 얼마나 효율적이고 효과적으로 이행했는지 여부에 대한 정보를 필요로 한다.

② 일반목적재무보고의 목적은 현재 및 잠재적 투자자, 대여자와 그 밖의 채권자가 기업에 자원을 제공하는 것과 관련된 의사결정을 할 때 유용한 보고기업 저무정보를 제공하는 것이다.

③ 외부 이해관계자들과 마찬가지로 보고기업의 경영진도 해당 기업의 경영의사결정을 위해 일반목적 재무보고서에 가장 많이 의존한다.

④ 재무보고서는 정확한 서술보다는 상당 부분 추정, 판단 및 모형에 근거한다.

정답과 해설

01 정답 ③

해설 보고기업의 경영진도 해당 기업에 대한 재무정보에 관심이 있다. 그러나 경영진은 필요로 하는 재무정보를 내부에서 구할 수 있기 때문에 일반목적재무보고서에 의존할 필요가 없다.

02 **회계정보와 관련한 설명으로 옳지 않은 것은?** 2021 국가직·관세직 9급

① 경영자는 회계정보를 생산하여 외부 이해관계자들에게 공급하는 주체로서 회계정보의 공급자이므로 수요자는 아니다.

② 경제의 주요 관심사는 유한한 자원을 효율적으로 사용하는 것인데, 회계정보는 우량기업과 비우량기업을 구별하는 데 이용되어 의사결정에 도움을 준다.

③ 회계정보의 신뢰성을 확보하기 위하여 기업은 회계기준에 따라 재무제표를 작성하고, 외부감사인의 감사를 받는다.

④ 외부감사는 전문자격을 부여받은 공인회계사가 할 수 있다.

03 **『재무보고를 위한 개념체계』에 대한 설명으로 옳지 않은 것은?** 2024 지방직 9급

① 회계기준은 아니지만 어떠한 회계기준보다도 우선한다.

② 모든 이해관계자가 회계기준을 이해하고 해석하는 데 도움을 준다.

③ 한국회계기준위원회가 일관된 개념에 기반하여 『한국채택국제회계기준』을 제·개정하는 데 도움을 준다.

④ 재무정보가 유용하기 위해서는 목적적합해야 하고 나타내고자 하는 바를 충실하게 표현해야 한다.

정답과 해설

02 **정답** ①

해설 경영자도 회계정보를 필요로 하는 수요자다. 다만 필요로 하는 정보를 내부에서 구할 수 있기 때문에 일반목적재무보고서에 의존할 필요는 없다.

03 **정답** ①

해설 개념체계는 회계기준이 아니다. 따라서 개념체계의 어떠한 내용도 회계기준이나 그 요구사항에 우선하지 아니한다.

04 다음 설명에 해당하는 재무정보의 질적 특성은?   2015 국가직·관세직 9급

> 재무정보가 유용하기 위해서는 서술이 완전하고, 중립적이며, 오류가 없어야 한다.

① 목적적합성
② 검증가능성
③ 표현충실성
④ 비교가능성

05 한국채택국제회계기준의 『재무보고를 위한 개념체계』에서 규정한 유용한 재무정보의 질적 특성의 내용으로 옳지 않은 것은?   2016 국가직·관세직 9급

① 목적적합한 재무정보는 이용자들의 의사결정에 차이가 나도록 할 수 있다.
② 이용자들이 미래 결과를 예측하기 위해 사용하는 절차의 투입요소로 재무정보가 사용될 수 있다면, 그 재무정보는 예측가치를 갖는다.
③ 중립적 서술은 재무정보의 선택이나 표시에 편의가 없는 것을 의미하는 것으로, 중립적 정보는 목적이 없고 행동에 대한 영향력이 없는 정보를 의미한다.
④ 완전한 서술은 필요한 기술과 설명을 포함하여 이용자가 서술되는 현상을 이해하는 데 필요한 모든 정보를 포함하는 것이다.

정답과 해설

04 **정답** ③
해설 재무정보가 유용하기 위해서는 나타내고자 하는 현상의 실질을 충실하게 표현하여야 한다. 충실한 표현을 위해서 서술은 완전하고, 중립적이며, 오류가 없어야 할 것이다. (육중완!)

05 **정답** ③
해설 정보가 중립적이라고 해서 행동에 대한 영향력이 없지는 않다. 오히려 중립적인 정보는 믿을만한 정보가 되어 이용자에게 더 큰 영향력을 가지게 된다.
[개념체계 2.15] 중립적 서술은 재무정보의 선택이나 표시에 편의가 없는 것이다. 중립적 서술은, 이용자들이 재무정보를 유리하게 또는 불리하게 받아들일 가능성을 높이기 위해 편파적이 되거나, 편중되거나, 강조되거나, 경시되거나 그 밖의 방식으로 조작되지 않는다. 중립적 정보는 목적이 없거나 행동에 대한 영향력이 없는 정보를 의미하지 않는다. 오히려 목적적합한 재무정보는 정의상 이용자들의 의사결정에 차이가 나도록 할 수 있는 정보이다.

06 재무정보의 질적 특성에 대한 설명으로 옳지 않은 것은? 2017 국가직·관세직 9급

① 목적적합한 재무정보는 이용자들의 의사결정에 차이가 나도록 할 수 있다.

② 재무정보가 예측가치를 갖기 위해서는 그 자체가 예측치 또는 예상치일 필요는 없으며, 이용자들이 미래결과를 예측하기 위해 사용하는 절차의 투입요소로 사용될 수 있다면 그 재무정보는 예측가치를 갖는다.

③ 비교가능성은 이용자들이 항목 간의 유사점과 차이점을 식별하고 이해할 수 있게 하는 질적 특성이다.

④ 오류가 없다는 것은 현상의 기술에 오류나 누락이 없고, 보고정보를 생산하는 데 사용되는 절차의 선택과 적용 시 절차상 오류가 없음을 의미하므로 모든 면에서 완벽하게 정확하다는 것이다.

07 재무정보의 질적 특성에 대한 설명으로 옳지 않은 것은? 2018 국가직 9급

① 유용한 재무정보의 근본적 질적 특성은 목적적합성과 표현충실성이다.

② 재무정보에 예측가치, 확인가치 또는 이 둘 모두가 있다면 의사결정에 차이가 나도록 할 수 있다.

③ 검증가능성은 정보이용자가 항목 간의 유사점과 차이점을 식별하고 이해할 수 있게 하는 질적 특성이다.

④ 적시성은 의사결정에 영향을 미칠 수 있도록 의사결정자가 정보를 제때에 이용가능하게 하는 것을 의미한다.

06 **정답** ④

해설 오류가 없다는 것은 모든 면에서 완벽하게 정확하다는 것을 의미하지는 않는다. 재무정보의 기술에는 추정치가 사용되는데 이러한 추정치가 완벽하게 정확하긴 어렵다. 하지만, 추정치를 도출하기 위해 적절한 절차를 선택하고 적용과정에 오류가 없다면 그 추정치의 표현은 충실하다고 할 수 있다.

07 **정답** ③

해설 보기 ③은 비교가능성에 대한 설명이다. 검증가능성은 합리적인 판단력이 있고 독립적인 서로 다른 관찰자가 어떤 서술이 표현충실성이라는 데 대체로 의견이 일치할 수 있다는 것을 의미한다.

08 재무정보의 질적 특성 중 중요성에 대한 설명으로 옳은 것은?　　　　　2018 지방직 9급

① 근본적 질적 특성인 표현충실성을 갖추기 위한 요소이다.

② 인식을 위한 최소요건으로 정보이용자가 항목 간의 유사점과 차이점을 식별할 수 있게 한다.

③ 의사결정에 영향을 미칠 수 있도록 정보이용자가 정보를 적시에 이용 가능하게 하는 것을 의미한다.

④ 기업마다 다를 수 있기 때문에 기업 특유의 측면을 고려해야 한다.

09 유용한 재무정보의 질적 특성에 대한 설명으로 옳지 않은 것은?　　　　　2019 관세직 9급

① 재무정보에 예측가치, 확인가치 또는 이 둘 모두가 있다면 그 재무정보는 의사결정에 차이가 나도록
할 수 있다.

② 비교가능성은 이용자들이 항목 간의 유사점과 차이점을 식별하고 이해할 수 있게 하는 질적 특성으
로 일관성과 동일하며 통일성과는 다른 개념이다.

③ 재무정보가 유용하기 위해서는 목적적합한 현상을 표현하는 것뿐만 아니라 나타내고자 하는 현상의
실질을 충실하게 표현해야 한다. 이때, 완벽한 표현충실성을 위해서 서술은 완전하고, 중립적이며,
오류가 없어야 한다.

④ 적시성은 의사결정에 영향을 미칠 수 있도록 의사결정자가 정보를 제때에 이용가능하게 하는 것을
의미하며 일반적으로 정보는 오래될수록 유용성이 낮아진다.

08 정답 ④

해설 ① 근본적 질적 특성 중 목적적합성을 갖추기 위한 요소이다.
　　② 비교가능성에 대한 설명이다.
　　③ 적시성에 대한 설명이다.

09 정답 ②

해설 일관성은 비교가능성과 관련은 되어 있지만 동일하지는 않다. 일관성은 한 보고기업 내에서 기간 간 또는 같은 기간 동안에
기업 간, 동일한 항목에 대해 동일한 방법을 적용하는 것을 말한다. 비교가능성은 목표이고 일관성은 그 목표를 달성하는 데
도움을 준다.

10 재무정보의 질적 특성에 대한 설명으로 옳지 않은 것은? 2019 지방직 9급

① 정보가 누락되거나 잘못 기재된 경우 특정 보고기업의 재무정보를 제공하는 일반목적재무보고서에 근거하여 이루어지는 주요이용자들의 의사결정에 영향을 줄 수 있다면 그 정보는 중요한 것이다.

② 재무정보에 예측가치, 확인가치 또는 이 둘 모두가 있다면 그 재무정보는 의사결정에 차이가 나도록 할 수 있다.

③ 검증가능성은 나타내고자 하는 현상을 충실하게 표현해야 한다는 표현충실성의 특성에 해당한다.

④ 이해가능성은 목적적합하고 충실하게 표현된 정보의 유용성을 보강시키는 질적 특성에 해당한다.

11 『재무보고를 위한 개념체계』에 대한 설명으로 옳지 않은 것은? 2019 국가직 7급 수정

① 인식은 자산, 부채, 자본, 수익 또는 비용과 같은 재무제표 요소 중 하나의 정의를 충족하는 항목을 재무상태표나 재무성과표에 포함하기 위하여 포착하는 과정이다.

② 일반목적재무보고의 목적은 현재 및 잠재적 투자자, 대여자와 그 밖의 채권자가 기업에 자원을 제공하는 것과 관련된 의사결정을 할 때 유용한 보고기업 재무정보를 제공하는 것이다.

③ 비교가능성, 검증가능성, 중요성 및 적시성은 목적적합하고 충실하게 표현된 정보의 유용성을 보강해 주는 질적 특성이다.

④ 부채의 의무는 기업이 실무 관행, 공개한 경영방침, 특정 성명과 상충되는 방식으로 행동할 실제 능력이 없는 경우, 기업의 그러한 실무 관행, 경영방침이나 성명에서 발생할 수도 있다.

12 『재무보고를 위한 개념체계』에서 제시된 회계정보의 질적 특성에 대한 설명으로 옳지 않은 것은?

2020 국가직·관세직 9급

① 표현충실성은 모든 면에서 정확한 것을 의미한다.

② 검증가능성은 정보가 나타내고자 하는 경제적 현상을 충실히 표현하는지를 정보이용자가 확인하는 데 도움을 준다.

③ 정보를 정확하고 간결하게 분류하고, 특정 지으며, 표시하는 것은 정보를 이해가능하게 한다.

④ 적시성은 의사결정에 영향을 미칠 수 있도록 의사결정자가 정보를 제때에 이용가능하게 하는 것을 의미한다.

13 유용한 재무정보의 질적특성에 대한 설명으로 옳지 않은 것은?

2020 지방직 9급

① 재무정보가 유용하기 위해서는 목적적합해야 하고 나타내고자 하는 바를 충실하게 표현해야 한다.

② 목적적합한 재무정보는 이용자들의 의사결정에 차이가 나도록 할 수 있다.

③ 이해가능성은 합리적인 판단력이 있고 독립적인 서르 다른 관찰자가 어떤 서술이 표현충실성에 있어, 비록 반드시 완전히 의견이 일치하지는 않더라도, 합의에 이를 수 있다는 것을 의미한다.

④ 비교가능성, 검증가능성, 적시성 및 이해가능성은 목적적합성과 나타내고자 하는 바를 충실하게 표현하는 것 모두를 충족하는 정보의 유용성을 보강시키는 질적특성이다.

정답과 해설

12 **정답** ①

해설 표현충실성은 모든 면에서 정확한 것을 의미하지는 않는다. 오류가 없다는 것은 현상의 기술에 오류나 누락이 없고, 보고 정보를 생산하는 데 사용되는 절차의 선택과 적용 시 절차 상 오류가 없음을 의미하지, 모든 면에서 완벽하게 정확하다는 것을 의미하지는 않는다.

13 **정답** ③

해설 보기 ③은 이해가능성이 아닌 검증가능성에 대한 설명이다.

14 '유용한 재무정보의 질적 특성' 중 목적적합성에 대한 설명으로 옳지 않은 것은?　　　2020 국가직 7급

① 재무정보에 예측가치, 확인가치 또는 이 둘 모두가 있다면 그 재무정보는 의사결정에 차이가 나도록 할 수 있다.

② 재무정보가 과거 평가에 대해 피드백을 제공한다면(과거평가를 확인하거나 변경시킨다면) 확인가치를 갖는다.

③ 재무정보의 예측가치와 확인가치는 상호 연관되어 있다.

④ 재무정보가 예측가치를 갖기 위해서는 그 자체가 명백한 예측치 또는 예상치 형태를 갖추어야만 한다.

15 재무보고를 위한 개념체계에서 재무정보의 질적 특성에 대한 설명으로 옳지 않은 것은?

2021 지방직 9급

① 재무정보에 예측가치, 확인가치 또는 이 둘 모두가 있다면 그 재무정보는 목적적합성을 가진다고 할 수 있다.

② 보강적 질적 특성은 근본적 특성을 보강시키는 특성으로 비교가능성, 검증가능성, 적시성, 이해가능성이 있다.

③ 동일한 경제현상에 대해 대체적인 회계처리방법을 허용하면 비교가능성은 증가한다.

④ 적시성은 의사결정에 영향을 미칠 수 있도록 의사결정자가 정보를 제때에 이용가능하게 하는 것을 의미한다.

16 유용한 재무정보의 질적 특성에 대한 설명으로 옳지 않은 것은? 2023 국가직·관세직 9급

① 표현충실성은 모든 면에서 정확한 것을 의미하지는 않는다. 오류가 없다는 것은 현상의 기술에 오류나 누락이 없고, 보고정보를 생산하는 데 사용되는 절차의 선택과 적용 시 절차상 오류가 없음을 의미한다.

② 비교가능성은 통일성이 아니다. 정보가 비교가능하기 위해서는 비슷한 것은 비슷하게 보여야 하고 다른 것은 다르게 보여야 한다.

③ 보강적 질적특성은 가능한 한 극대화되어야 한다. 그러나 보강적 질적특성은 정보가 목적적합하지 않거나 나타내고자 하는 바를 충실하게 표현하지 않으면 개별적으로든 집단적으로든 그 정보를 유용하게 할 수 없다.

④ 하나의 경제적 현상은 여러 가지 방법으로 충실하게 표현될 수 있어 동일한 경제적 현상에 대해 대체적인 회계처리방법을 허용하면 비교가능성이 증가한다.

17 유용한 재무정보의 질적특성에 대한 설명으로 옳지 않은 것은? 2023 국가직 7급

① 재무정보가 과거 평가에 대해 피드백을 제공한다면(과거 평가를 확인하거나 변경시킨다면) 확인가치를 갖는다.

② 계량화된 정보가 검증가능하기 위해서 단일 점추정치이어야 한다.

③ 측정불확실성이 높은 수준이더라도 그러한 추정이 무조건 유용한 재무정보를 제공하지 못하는 것은 아니다.

④ 완전한 서술은 필요한 기술과 설명을 포함하여 이용자가 서술되는 현상을 이해하는 데 필요한 모든 정보를 포함하는 것이다.

18 유용한 재무정보의 질적 특성 중 보강적 특성에 대한 설명으로 옳지 않은 것은? 2024 관세직 9급

① 비교가능성은 이용자들이 항목 간의 유사점과 차이점을 식별하고 이해할 수 있게 하는 질적 특성이며, 일관성과는 구별된다.

② 검증가능성은 정보가 나타내고자 하는 경제적 현상을 충실히 표현하는지를 이용자들이 확인하는 데 도움을 주며, 검증은 간접으로도 이루어질 수 있다.

③ 적시성은 의사결정에 영향을 미칠 수 있도록 의사결정자가 정보를 제때에 이용가능하게 하는 것을 의미한다. 따라서 보고기간 말 후의 모든 정보는 적시성이 없다.

④ 정보를 명확하고 간결하게 분류하고, 특징지으며, 표시하는 것은 정보를 이해가능하게 한다.

정답과 해설

18 **정답** ③

해설 적시성은 의사결정에 영향을 미칠 수 있도록 의사결정자가 정보를 제때에 이용가능하게 하는 것을 의미한다. 일반적으로 정보는 오래될수록 유용성이 낮아진다. 그러나 일부 정보는 보고기간 말 후에도 오랫동안 적시성이 있을 수 있다. 예를 들어, 일부 이용자들은 추세를 식별하고 평가할 필요가 있을 수 있기 때문이다.

19 재무제표 요소들에 대한 설명으로 옳지 않은 것은? 2018 관세직 9급 수정

① 자본은 기업의 자산에서 부채를 차감한 후의 잔여지분이다.

② 부채는 과거사건의 결과로 기업이 경제적자원을 이전해야 하는 현재의무이다.

③ 수익은 자산의 증가 또는 부채의 감소로서 자본의 증가를 가져오며, 자본청구권 보유자의 출자와 관련된 것을 포함한다.

④ 비용은 자산의 감소 또는 부채의 증가로서 자본의 감소를 가져오며, 자본청구권 보유자에 대한 분배와 관련된 것을 제외한다.

20 재무보고를 위한 개념체계 중 부채에 대한 설명으로 옳지 않은 것은? 2019 관세직 9급 수정

① 부채는 과거사건의 결과로 기업이 경제적자원을 이전해야 하는 현재의무이다.

② 경제적자원의 이전가능성이 낮다면 그 의무는 부채의 정의를 충족하지 못한다.

③ 많은 의무가 계약, 법률 또는 이와 유사한 수단에 의해 성립되며, 당사자가 채무자에게 법적으로 집행할 수 있도록 한다.

④ 기업이 실무 관행, 공개한 경영방침, 특정 성명과 상충되는 방식으로 행동할 실제 능력이 없는 경우, 기업의 그러한 실무 관행, 경영방침이나 성명에서 의구가 발생할 수도 있다.

정답과 해설

19 **정답** ③
해설 수익은 자본청구권 보유자의 출자와 관련된 것을 제외한다.

20 **정답** ②
해설 경제적자원의 이전가능성이 낮더라도 의무가 부채의 정의를 충족할 수 있다. 다만, 부채의 정의를 충족하더라도 재무제표에 부채로 '인식'되기 위해서는 그것이 유용한 정보이어야만 한다.

21 재무보고를 위한 개념체계에서 보고기업에 대한 설명으로 옳지 않은 것은?　　　　2021 관세직 9급

① 보고기업은 재무제표를 작성해야 하거나 작성하기로 선택한 기업이다.

② 보고기업은 둘 이상의 실체로 구성될 수도 있다.

③ 보고기업은 반드시 법적 실체와 일치한다.

④ 보고기업이 지배기업과 종속기업으로 구성된다면 그 보고기업의 재무제표를 연결재무제표라고 한다.

22 재무보고를 위한 개념체계에 정의된 (가)~(다)에 들어갈 재무제표 요소를 바르게 연결한 것은?

2023 관세직 9급

일반목적재무보고의 목적에서 논의된 사항	재무제표 요소	정의 또는 설명
재무성과를 반영하는 경제적자원 및 청구권의 변동	(가)	자본의 증가를 가져오는 자산의 증가나 부채의 감소로서, 자본청구권 보유자의 출자와 관련된 것은 제외
	비용	자본의 감소를 가져오는 자산의 감소나 부채의 증가로서, 자본청구권 보유자에 대한 분배와 관련된 것은 제외
청구권	(나)	과거사건의 결과로 기업의 경제적자원을 이전해야 하는 현재의무
	자본	기업의 자산에서 모든 부채를 차감한 후의 잔여지분
경제적자원	(다)	과거사건의 결과로 기업이 통제하는 현재의 경제적자원. 경제적자원은 경제적효익을 창출할 잠재력을 지닌 권리이다.

	(가)	(나)	(다)
①	자산	부채	수익
②	자산	수익	부채
③	수익	자산	부채
④	수익	부채	자산

정답과 해설

21 정답 ③

해설 보고기업이 반드시 법적 실체일 필요는 없다.

22 정답 ④

해설 『재무보고를 위한 개념체계』에는 재무제표 요소를 다음과 같이 정의하고 있다.

논의된 항목	요소	정의 또는 설명
경제적자원	자산	과거사건의 결과로 기업이 통제하는 현재의 경제적자원. 경제적자원은 경제적효익을 창출할 잠재력을 지닌 권리이다.
청구권	부채	과거사건의 결과로 기업의 경제적자원을 이전해야 하는 현재의무
	자본	기업의 자산에서 모든 부채를 차감한 후의 잔여지분
재무성과를 반영하는 경제적 자원 및 청구권의 변동	수익	자본의 증가를 가져오는 자산의 증가나 부채의 감소로서, 자본청구권 보유자의 출자와 관련된 것은 제외
	비용	자본의 감소를 가져오는 자산의 감소나 부채의 증가로서, 자본청구권 보유자에 대한 분배와 관련된 것은 제외

23 재무제표 요소의 측정에 대한 다음의 설명과 가장 관련이 있는 측정기준은? 2019 국가직 9급

> ○ 자산의 원가는 측정일에 동등한 자산의 원가로서 측정일에 지급할 대가와 그날에 발생할 거래원가를 포함한다.
> ○ 부채의 원가는 측정일에 동등한 부채에 대해 수취할 수 있는 대가에서 그날에 발생할 거래원가를 차감한다.

① 역사적원가   ② 현행원가
③ 실현가능가치(이행가치)   ④ 현재가치

24 재무보고를 위한 개념체계에서 재무제표 기본요소의 인식에 대한 설명으로 옳지 않은 것은?

2021 지방직 9급

① 특정 자산과 부채를 인식하기 위해서는 측정을 해야 하며 많은 경우 그러한 측정은 추정될 수 없다.
② 자산, 부채 또는 자본의 정의를 충족하는 항목만이 재무상태표에 인식되며 그러한 요소 중 하나의 정의를 충족하는 항목이라고 할지라도 항상 인식되는 것은 아니다.
③ 거래나 그 밖의 사건에서 발생된 자산이나 부채의 최초 인식에 따라 수익과 관련된 비용을 동시에 인식할 수 있다.
④ 경제적효익의 유입가능성이나 유출가능성이 낮더라도 자산이나 부채가 존재할 수 있다.

정답과 해설

23 **정답** ②
해설 자산의 현행원가는 측정일에 동등한 자산의 원가르서 측정일에 지급할 대가와 그날에 발생할 거래원가를 포함한다. 부채의 현행원가는 측정일에 동등한 부채에 대해 수취할 수 있는 대가에서 그날에 발생할 거래원가를 차감한다. 현행원가는 역사적 원가와 마찬가지로 유입가치이다. 이는 기업이 자산을 취득하거나 부채를 발생시킬 시장에서의 가격을 반영한다. 이런 이유로, 현행원가는 유출가치인 공정가치, 사용가치 또는 이행가치와 다르다. 그러나 현행원가는 역사적 원가와 달리 측정일의 조건을 반영한다.

24 **정답** ①
해설 자산이나 부채를 인식하기 위해서는 측정을 해야 한다. 많은 경우 그러한 측정은 추정되어야 하며 따라서 측정불확실성의 영향을 받는다.

25 재무보고를 위한 개념체계에서 측정에 대한 설명으로 옳지 않은 것은? 2022 국가직·관세직 9급

① 자산을 취득하거나 창출할 때의 역사적 원가는 자산의 취득 또는 창출에 발생한 원가의 가치로서, 자산을 취득 또는 창출하기 위하여 지급한 대가와 거래원가를 포함한다.

② 사용가치와 이행가치는 시장참여자의 가정보다는 기업 특유의 가정을 반영한다.

③ 공정가치는 부채를 발생시키거나 인수할 때 발생한 거래원가로 인해 감소하며, 부채의 이전 또는 결제에서 발생할 거래원가를 반영한다.

④ 자산의 현행원가는 측정일 현재 동등한 자산의 원가로서 측정일에 지급할 대가와 그날에 발생할 거래원가를 포함한다.

정답과 해설

25 **정답** ③

해설 공정가치는 자산이나 부채를 발생시킨 거래나 그 밖의 사건의 가격으로부터 부분적이라도 도출되지 않기 때문에, 공정가치는 자산을 취득할 때 발생한 거래원가로 인해 증가하지 않으며 부채를 발생시키거나 인수할 때 발생한 거래원가로 인해 감소하지 않는다. 또한 공정가치는 자산의 궁극적인 처분이나 부채의 이전 또는 결제에서 발생할 거래원가를 반영하지 않는다.

[01-01] 회계의 구성

26 한국채택국제회계기준의 특징과 관련된 설명 중에서 옳지 않은 것은?　　　2021 국가직·관세직 9급

① 연결재무제표를 주재무제표로 작성함으로써 개별기업의 재무제표가 보여 주지 못하는 경제적 실질을 더 잘 반영할 수 있을 것으로 기대된다.

②『주식회사 등의 외부감사에 관한 법률』의 적용을 받는 모든 기업이 한국채택국제회계기준을 회계기준으로 삼아 재무제표를 작성하여야 한다.

③ 과거 규정중심의 회계기준이 원칙중심의 회계기준으로 변경되었다.

④ 자산과 부채의 공정가치평가 적용이 확대되었다.

[01-02] 개념체계 일반

27 일반목적재무보고에 대한 설명으로 옳지 않은 것은?　　　2021 국가직 7급

① 많은 현재 및 잠재적 투자자, 대여자 및 그 밖의 채권자는 정보를 제공하도록 보고기업에 직접 요구할 수 없다.

② 일반목적재무보고서는 현재 및 잠재적 투자자, 대여자와 그 밖의 채권자가 필요로 하는 모든 정보를 제공한다.

③ 일반목적재무보고서는 보고기업의 가치를 보여 주기 위해 고안된 것이 아니다.

④ 경영진은 필요로 하는 재무정보를 내부에서 구할 수 있기 때문에 일반목적재무보고서에 의존할 필요가 없다.

정답과 해설

26 **정답** ②

해설　『주식회사 등의 외부감사에 관한 법률』의 적용을 받는 기업이더라도 비상장기업이고, 금융기관이 아니라면 한국채택국제회계기준이 아닌 일반기업회계기준의 적용을 받는다.

27 **정답** ②

해설　일반목적재무보고서는 현재 및 잠재적 투자자, 대여자와 그 밖의 채권자가 필요로 하는 모든 정보를 제공하지는 않으며 제공할 수도 없다. 그 이용자들은, 예를 들어, 일반 경제적 상황 및 기대, 정치적 사건과 정치 풍토, 산업 및 기업 전망과 같은 다른 원천에서 입수한 관련 정보를 고려할 필요가 있다.

28 정보이용자가 어떤 회계정보를 이용하여 의사결정을 할 때 그 정보가 없는 경우와 비교하여 보다 유리한 차이를 낼 수 있는 회계정보의 질적 특성은?　　　2015 지방직 9급

① 목적적합성

② 표현충실성

③ 적시성

④ 비교가능성

29 『재무보고를 위한 개념체계』에 대한 설명으로 옳지 않은 것은?　　　2016 국가직 7급

① 이용자들이 미래 결과를 예측하기 위해 사용하는 절차의 투입요소로 재무정보가 사용될 수 있다면, 그 재무정보는 예측가치를 갖는다.

② 회계기준위원회는 중요성에 대한 획일적인 계량 임계치를 정하거나 특정한 상황에서 무엇이 중요한 것인지를 미리 결정할 수 있다.

③ 중요성은 개별 기업 재무보고서 관점에서 해당 정보와 관련된 항목의 성격이나 규모 또는 이 둘 모두에 근거하여 해당기업에 특유한 측면의 목적적합성을 의미한다.

④ 재무정보가 과거 평가에 대해 피드백을 제공한다면(과거평가를 확인하거나 변경시킨다면) 확인가치를 갖는다.

정답과 해설

28 **정답** ①

해설 목적적합한 재무정보는 이용자들의 의사결정에 차이가 나도록 할 수 있는 것을 의미한다. 정보이용자 중 일부가 해당 정보를 이용하지 않더라도 나머지 정보이용자의 의사결정에 차이가 나도록 할 수 있으며, 다른 원천을 통해 이미 알고 있던 정보라 할지라도 추가적인 확신을 통해 의사결정에 차이가 나도록 할 수 있다.

29 **정답** ②

해설 중요성은 개별 기업 재무보고서 관점에서 해당 정보와 관련된 항목의 성격이나 규모 또는 이 둘 모두에 근거하여 해당 기업에 특유한 측면의 목적적합성을 의미한다. 연 매출 10조원의 대기업에게 1,000만원은 중요하지 않을 수 있으나, 매출 1억원의 구멍가게에 1,000만원은 매우 중요한 금액이 될 것이다. 따라서 중요성에 대한 획일적인 계량 임계치를 정하거나 특정한 상황에서 무엇이 중요한 것인지를 미리 결정할 수 없다.

30 재무보고를 위한 개념체계 중 '표현충실성'에 대한 설명으로 옳지 않은 것은? 2017 국가직 7급

① 기업의 경제적 상황을 이해하는 데 필요한 정보를 완전히 포함하도록 해야 한다.

② 특정 정보이용자에게 유리하도록 정보를 선택적으로 제공하지 않아야 한다.

③ 추정치의 경우 추정 금액을 정확하게 기술하고 추정 절차의 성격과 한계를 설명하도록 한다.

④ 향후 어떤 결과를 초래할 것인지 예측하는 데 도움이 되도록 해야 한다.

[01-04] 일반목적재무제표

31 재무상태표의 구성요소에 대한 설명으로 옳지 않은 것은? 2017 관세직 9급 수정

① 자산이란 과거사건의 결과로 기업이 통제하는 현재의 경제적자원이다.

② 자본은 주주에 대한 의무로서 기업이 가지고 있는 자원의 활용을 나타낸다.

③ 부채란 과거사건의 결과로 기업이 경제적자원을 이전해야 하는 현재의무이다.

④ 일반적으로 자본은 자본금, 자본잉여금, 자본조정, 기타포괄손익누계액, 이익잉여금으로 구분한다.

정답과 해설

30 **정답** ④

해설 예측가치는 목적적합성에 도움을 주는 속성이다. 재무정보에 예측가치, 확인가치 또는 이 둘 모두가 있다면 그 재무정보는 의사결정에 차이가 나도록 할 수 있다.

31 **정답** ②

해설 자본은 기업의 자산에서 모든 부채를 차감한 후의 잔여지분이다. 자산과 부채를 정의한 다음 이 둘의 차이인 잔액을 자본으로 정의하고 있다.

32 재무제표 요소의 측정에 대한 설명으로 옳지 않은 것은?　　　　　　2017 지방직 9급 수정

① 부채가 발생하거나 인수할 때의 역사적 원가는 발생시키거나 인수하면서 수취한 대가에서 거래원가를 차감한 가치이다.

② 부채의 현행원가는 측정일에 동등한 부채에 대해 수취할 수 있는 대가에서 그날에 발생할 거래원가를 차감한다.

③ 자산의 사용가치는 측정일에 동등한 자산의 원가로서 측정일에 지급할 대가와 그날에 발생할 거래원가를 포함한다.

④ 공정가치는 측정일에 시장참여자 사이의 정상거래에서 자산을 매도할 때 받거나 부채를 이전할 때 지급하게 될 가격이다.

33 재무보고를 위한 개념체계에서 측정기준에 대한 설명으로 옳지 않은 것은?　　　　　　2022 지방직 9급

① 현행가치와 달리 역사적 원가는 자산의 손상이나 손실부담에 따른 부채와 관련되는 변동을 제외하고는 가치의 변동을 반영하지 않는다.

② 현행가치 측정기준은 공정가치, 자산의 사용가치 및 부채의 이행가치, 현행원가를 포함한다.

③ 공정가치로 자산과 부채를 측정하여 제공하는 정보는 예측가치를 가질 수 있다.

④ 사용가치와 이행가치는 기업이 자산을 궁극적으로 처분하거나 부채를 이행할 때 발생할 것으로 기대되는 거래원가의 현재가치를 포함하지 않는다.

정답과 해설

32 **정답** ③

해설 보기 ③은 자산의 현행원가에 대한 설명이다. 사용가치는 기업이 자산의 사용과 궁극적인 처분으로 얻을 것으로 기대하는 현금흐름 또는 그 밖의 경제적효익의 현재가치이다.

33 **정답** ④

해설 사용가치와 이행가치는 미래현금흐름에 기초하기 때문에 자산을 취득하거나 부채를 인수할 때 발생하는 거래원가는 포함하지 않는다. 그러나 사용가치와 이행가치에는 기업이 자산을 궁극적으로 처분하거나 부채를 이행할 때 발생할 것으로 기대되는 거래원가의 현재가치가 포함된다.

34 『재무보고를 위한 개념체계』에 대한 설명으로 옳지 않은 것은? 2018 국가직 7급

① 자본유지개념에서는 자본유지를 위해 필요한 금액을 초과하는 자산의 유입액만이 이익으로 간주될 수 있다.

② 재무자본유지 개념하에서 이익은 해당 기간 동안 소유주에게 배분하거나 소유주가 출연한 부분을 제외하고 기말 순자산의 재무적 측정금액(화폐금액)이 기초 순자산의 재무적 측정금액(화폐금액)을 초과하는 경우에만 발생한다.

③ 재무자본유지개념이 불변구매력 단위로 정의된다면 일반물가수준에 따른 가격상승을 초과하는 자산가격의 증가 부분만이 이익으로 간주된다.

④ 재무자본유지개념은 특정한 측정기준의 적용을 요구하지 않으나, 실물자본유지개념을 사용하기 위해서는 순자산을 역사적원가기준에 따라 측정해야 한다.

35 자본 및 자본유지개념에 대한 설명으로 옳은 것은? 2024 국가직 7급

① 재무자본유지는 명목화폐단위 또는 불변구매력단위를 이용하여 측정할 수 있다.

② 실물자본유지개념을 사용하기 위해서는 역사적 원가기준에 따라 측정해야 한다.

③ 실물자본유지개념하에서 기업의 자산과 부채에 영향을 미치는 모든 가격변동은 해당 기업의 실물생산능력에 대한 측정치의 변동으로 간주되어 이익으로 처리된다.

④ 재무자본유지개념을 사용하기 위해서는 역사적 원가기준에 의해서만 측정해야 한다.

정답과 해설

34 **정답** ④

해설 재무자본유지개념은 특정한 측정기준의 적용을 요구하지 않으나, 실물자본유지개념을 사용하기 위해서는 현행원가기준에 따라 측정해야 한다.

35 **정답** ①

해설 ②, ④ 실물자본유지개념을 사용하기 위해서는 현행원가기준에 따라 측정해야 한다. 그러나 재무자본유지개념은 특정한 측정기준의 적용을 요구하지 아니한다.

③ 자본을 실물생산능력으로 정의한 실물자본유지개념하에서 이익은 해당 기간 중 실물생산능력의 증가를 의미한다. 기업의 자산과 부채에 영향을 미치는 모든 가격변동은 해당 기업의 실물생산능력에 대한 측정치의 변동으로 간주되어 이익이 아니라 자본의 일부인 자본유지조정으로 처리된다.

36 『한국채택국제회계기준』에 대한 설명으로 옳지 않은 것은?　　　2011 국가직 9급

① 2011년부터 상장법인은 『한국채택국제회계기준』을 의무적으로 적용하여야 한다.

② 과거의 『기업회계기준』이 규칙중심의 회계기준이었던 데 비하여 『한국채택국제회계기준』은 원칙중심의 회계기준이다.

③ 『한국채택국제회계기준』은 연결재무제표를 주 재무제표로 한다.

④ 『한국채택국제회계기준』은 과거의 『기업회계기준』에 비해 자산과 부채를 측정함에 있어 공정가치보다는 역사적 원가를 반영하도록 하고 있다.

37 재무정보의 질적 특성 중 보강적 질적 특성에 해당하는 것은?　　　2013 관세직 9급

① 예측역할과 확인역할　　② 검증가능성

③ 중립성　　④ 완전성

38 의사결정에 유용한 정보가 되기 위해 재무제표 정보가 갖추어야 할 질적 특성인 목적적합성과 관련이 가장 적은 것은?　　　2011 지방직 9급

① 예측가치　　② 확인가치

③ 중요성　　④ 신중성

정답과 해설

36　**정답** ④

　해설 국제회계기준의 특징 중 하나가 공정가치의 적용을 확대했다는 점이다. 이 때문에 유형자산이나 무형자산에 대한 재평가가 허용되고 투자부동산이나 생물자산에 대해 별도로 공정가치나 순공정가치로 평가하는 것이 가능해졌다.

37　**정답** ②

　해설 보강적 질적 특성은 검증가능성, 적시성, 비교가능성, 이해가능성이다. (증人 비리!)

38　**정답** ④

　해설 목적적합한 재무정보가 되기 위해 갖추어야 할 특성은 예측가치, 확인가치, 중요성이다. (연예인중요!)

39 유용한 재무정보의 보강적 질적 특성에 대한 설명으로 옳지 않은 것은? 2012 지방직 9급

① 보고기업에 대한 정보는 다른 기업에 대한 유사한 정보와 비교할 수 있어야 한다.

② 재무보고서는 나타내고자 하는 현상을 완전하고, 중립적이며 오류가 없이 서술하여야 한다.

③ 의사결정에 영향을 미칠 수 있도록 의사결정자가 정보를 제때에 이용가능하게 하여야 한다.

④ 정보는 의사결정자가 이해가능하도록 명확하고 간결하게 분류하고, 특징지으며, 표시하여야 한다.

40 유용한 재무정보의 근본적 질적 특성에 대한 설명으로 옳은 것은? 2014 지방직 9급

① 정보이용자가 항목 간의 유사점과 차이점을 식별하고 이해할 수 있어야 한다.

② 합리적인 판단력이 있고 독립적인 서로 다른 관찰자가 어떤 서술이 충실한 표현이라는 데, 비록 반드시 완전히 일치하지는 못하더라도, 의견이 일치할 수 있다.

③ 의사결정에 영향을 미칠 수 있도록 의사결정자가 정보를 제때에 이용 가능해야 한다.

④ 완벽한 표현충실성을 위해서 서술은 완전하고, 중립적이며, 오류가 없어야 한다.

41 재무보고를 위한 개념체계 중 목적적합하고 충실하게 표현된 정보의 유용성을 보강시키는 질적 특성에 대한 설명으로 가장 옳지 않은 것은? 2018 서울시 7급

① 적시성은 의사결정에 영향을 미칠 수 있도록 의사결정자가 정보를 제때에 이용가능하게 하는 것을 의미한다.

② 보강적 질적 특성을 적용하는 것은 어떤 규정된 순서를 따르지 않는 반복적인 과정이다. 때로는 하나의 보강적 질적 특성이 다른 질적 특성의 극대화를 위해 감소되어야 할 수도 있다.

③ 중립적 서술은 합리적인 판단력이 있고 독립적인 서로 다른 관찰자가 어떤 서술이 충실한 표현이라는 데 대체로 의견이 일치할 수 있다는 것을 의미한다.

④ 보강적 질적 특성은 정보가 목적적합하지 않거나 나타내고자 하는 바를 충실하게 표현하지 않으면, 개별적으로든 집단적으로든 그 정보를 우용하게 할 수 없다.

42 『재무보고를 위한 개념체계』에 관한 설명 중 가장 옳지 않은 것은? 2019 서울시 9급

① 비교가능성은 한 보고기업 내에서 기간 간 또는 같은 기간 동안에 기업 간, 동일한 항목에 대해 동일한 방법을 적용하는 것을 의미하므로 일관성과 동일한 의미로 사용된다.

② 표현충실성을 위해서 서술은 완전하고 중립적이며, 오류가 없어야 한다. 여기서, 오류가 없다는 것은 모든 면에서 완벽하게 정확하다는 것을 의미하지는 않는다.

③ 정보가 누락되거나 잘못 기재된 경우 특정 보고기업의 재무정보를 제공하는 일반목적재무보고서에 근거하여 이루어지는 주요이용자들의 의사결정에 영향을 줄 수 있다면 그 정보는 중요한 것이다.

④ 재무정보에 예측가치, 확인가치 또는 이 둘 모두가 있다면 그 재무정보는 의사결정에 차이가 나도록 할 수 있다.

43 재무보고를 위한 개념체계 중 재무정보의 질적특성에 관한 설명으로 옳지 않은 것은? 2020 감정평가사

① 유용한 재무정보의 질적특성은 그 밖의 방법으로 제공되는 재무정보 뿐만 아니라 재무제표에서 제공되는 재무정보에도 적용된다.

② 중요성은 기업 특유 관점의 목적적합성을 의미하므로 회계기준위원회는 중요성에 대한 획일적인 계량 임계치를 정하거나 특정한 상황에서 무엇이 중요한 것인지를 미리 결정하여야 한다.

③ 재무정보의 예측가치와 확인가치는 상호 연관되어 있다. 예측가치를 갖는 정보는 확인가치도 갖는 경우가 많다.

④ 재무보고의 목적을 달성하기 위해 근본적 질적특성 간 절충('trade-off')이 필요할 수도 있다.

⑤ 근본적 질적특성을 충족하면 어느 정도의 비교가능성은 달성될 수 있다.

정답과 해설

42 **정답** ①

해설 일관성은 비교가능성과 관련은 되어 있지만 동일하지는 않다. 일관성은 한 보고기업 내에서 기간 간 또는 같은 기간 동안에 기업 간, 동일한 항목에 대해 동일한 방법을 적용하는 것을 말한다. 비교가능성은 목표이고 일관성은 그 목표를 달성하는 데 도움을 준다.

43 **정답** ②

해설 중요성은 개별기업 재무보고서 관점에서 해당 정보와 관련된 항목의 성격이나 규모 또는 이 둘 다에 근거하여 해당 기업에 특유한 측면의 목적적합성을 의미한다. 따라서 회계기준위원회는 중요성에 대한 획일적인 계량 임계치를 정하거나 특정한 상황에서 무엇이 중요한 것인지를 미리 결정할 수 없다.

44 유용한 재무정보의 질적특성에 관한 설명으로 옳지 <u>않은</u> 것은?　　　　2020 세무사

① 재무정보가 예측가치를 갖기 위해서 그 자체가 예측치 또는 예상치일 필요는 없다.

② 하나의 경제적 현상은 여러 가지 방법으로 충실하게 표현될 수 있으나, 동일한 경제적 현상에 대해 대체적인 회계처리방법을 허용하면 비교가능성이 감소한다.

③ 목적적합하지 않은 현상에 대한 표현충실성과 목적적합한 현상에 대한 충실하지 못한 표현 모두 이용자들이 좋은 결정을 내리는 데 도움이 되지 않는다.

④ 회계기준위원회는 중요성에 대한 획일적인 계량 임계치를 정하거나 특정한 상황에서 무엇이 중요한 것인지를 미리 결정할 수 없다.

⑤ 보강적 질적특성은 정보가 목적적합하지 않거나 나타내고자 하는 바를 충실하게 표현하지 않더라도 그 정보를 유용하게 만들 수 있다.

45 다음 중 재무보고를 위한 개념체계에 대한 설명으로 옳은 것은?　　　　2021 보험계리사

① 재무제표는 여러 이해관계자 중에서 주주의 관점을 우선적으로 고려하여 작성한다.

② 과거 평가를 확인하거나 변경시킴으로써 과거 평가에 대한 피드백을 제공하는 역할은 회계정보의 목적적합성과 관련이 높다.

③ 자산이나 수익을 인식하기 위해서는 부채나 비용을 인식할 때보다 더욱 설득력 있는 증거가 뒷받침되어야 한다.

④ 이용자들이 미래 결과를 예측하기 위해 사용하는 절차의 투입요소로 회계정보가 사용되는 역할은 회계정보의 표현충실성과 관련이 높다.

정답과 해설

44 정답 ⑤

해설　보강적 질적특성은, 정보가 목적적합하지 않거나 나타내고자 하는 바를 충실하게 표현하지 않으면, 개별적으로든 집단적으로든 그 정보를 유용하게 할 수 없다.

45 정답 ②

해설　① 재무제표는 특정 정보이용자의 관점을 우선적으로 고려하여 작성하지 않는다.

③ 비대칭(자산이나 수익을 인식하기 위해서는 부채나 비용을 인식할 때보다 더욱 설득력 있는 증거가 뒷받침되어야 한다는 것)은 유용한 재무정보의 질적특성이 아니다.

④ 예측가치는 목적적합성과 관련이 높은 특성이다. 재무정보에 예측가치, 확인가치 또는 이 둘 모두가 있다면 의사결정에 차이가 나도록 할 수 있는 목적적합한 정보가 된다.

46 유용한 재무정보의 질적 특성에 관한 설명으로 옳은 것은?　　　　　　　　2021 감정평가사

① 근본적 질적특성은 목적적합성과 검증가능성이다.

② 목적적합한 재무정보는 이용자들의 의사결정에 차이가 나도록 할 수 있다.

③ 보고기간이 지난 정보는 더 이상 적시성을 갖지 않는다.

④ 정보가 비교가능하기 위해서는 비슷한 것은 다르게 보여야 하고 다른 것은 비슷하게 보여야 한다.

⑤ 표현충실성에서 오류가 없다는 것은 모든 면에서 완벽하게 정확하다는 것을 의미한다.

47 재무제표 요소에 관한 설명으로 옳지 않은 것은?　　　　　　　　2021 관세사

① 자산은 과거사건의 결과로 기업이 통제하는 현재의 경제적자원이다.

② 자본은 기업의 자산에서 모든 부채를 차감한 후의 잔여지분이다.

③ 수익과 비용은 자본청구권 보유자에 대한 출자 및 분배와 관련된 것을 포함한다.

④ 부채는 과거사건의 결과로 기업이 경제적자원을 이전해야 하는 현재의무이다.

⑤ 경제적효익을 창출할 가능성이 낮더라도 권리가 경제적자원의 정의를 충족할 수 있다면 자산이 될 수 있다.

48 개념체계에 제시되어 있는 보고기업에 대한 설명으로 옳지 않은 것은?　　　　　　　　2022 보험계리사

① 보고기업은 재무제표를 작성해야 하거나 작성하기로 선택한 기업이다.

② 보고기업이 지배기업과 종속기업으로 구성된다면 그 보고기업의 재무제표는 '연결재무제표'이다.

③ 보고기업이 지배-종속관계로 모두 연결되어 있지는 않은 둘 이상 실체들로 구성된다면 그 보고기업의 재무제표는 '결합재무제표'이다.

④ 보고기업은 단일의 실체이거나 어떤 실체의 일부일 수 있으며 둘 이상의 실체로 구성될 수도 있으나, 반드시 법적 실체를 갖추고 있어야 한다.

정답과 해설

46 **정답** ②

해설 ① 근본적 질적특성은 목적적합성과 표현충실성이다.

③ 일반적으로 정보는 오래될수록 유용성이 낮아진다. 그러나 일부 정보는 보고기간 말 후에도 오랫동안 적시성이 있을 수 있다.

④ 정보가 비교가능하기 위해서는 비슷한 것은 비슷하게 보여야 하고 다른 것은 다르게 보여야 한다.

⑤ 표현충실성은 모든 면에서 정확한 것을 의미하지는 않는다. 오류가 없다는 것은 현상의 기술에 오류나 누락이 없고, 보고정보를 생산하는 데 사용되는 절차의 선택과 적용 시 절차 상 오류가 없음을 의미한다. 이 맥락에서 오류가 없다는 것은 모든 면에서 완벽하게 정확하다는 것을 의미하지는 않는다.

47 **정답** ③

해설 수익과 비용은 자본청구권 보유자에 대한 출자 및 분배와 관련된 것을 제외한다.

48 **정답** ④

해설 보고기업은 재무제표를 작성해야 하거나 작성하기로 선택한 기업이다. 보고기업은 단일의 실체이거나 어떤 실체의 일부일 수 있으며, 둘 이상의 실체로 구성될 수도 있다. 보고기업이 반드시 법적 실체일 필요는 없다.

49 다음 중 재무제표 요소의 측정기준 가운데 현행원가(current cost)에 대한 설명으로 가장 옳은 것은?

2016 서울시 9급 수정

① 자산의 현행원가는 측정일에 시장참여자 사이의 정상거래에서 자산을 매도할 때 받거나 부채를 이전할 때 지급하게 될 가격이다.

② 부채의 현행원가는 측정일에 동등한 부채에 대해 수취할 수 있는 대가에서 그날에 발생할 거래원가를 차감한다.

③ 자산의 현행원가는 기업이 자산의 사용과 궁극적인 처분으로 얻을 것으로 기대하는 현금흐름 또는 그 밖의 경제적효익의 현재가치이다.

④ 부채의 현행원가는 기업이 부채를 이행할 때 이전해야 하는 현금이나 그 밖의 경제적자원의 현재가치이다.

50 재무제표 요소의 측정에 관한 설명으로 옳지 않은 것은?

2020 보험계리사

① 공정가치가 활성시장에서 직접 관측되지 않는 경우에는 현금흐름기준 측정법 등을 사용하여 간접적으로 결정된다.

② 가격 변동이 유의적일 경우, 현행원가를 기반으로 한 이익은 역사적 원가를 기반으로 한 이익보다 미래이익을 예측하는 데 더 유용할 수 있다.

③ 사용가치와 이행가치는 미래현금흐름에 기초하기 때문에 자산을 취득하거나 부채를 인수할 때 발생하는 거래원가는 포함하지 않는다.

④ 역사적 원가는 자산의 손상이나 손실부담에 따른 부채와 관련되는 변동과 같은 가치의 변동을 반영하지 않는다.

정답과 해설

49 **정답** ②

　해설 ① 공정가치 ③ 사용가치 ④ 이행가치에 대한 설명이다.

50 **정답** ④

　해설 현행가치와 달리 역사적 원가는 자산의 손상이나 손실부담에 따른 부채와 관련되는 변동을 제외하고는 가치의 변동을 반영하지 않는다. 즉, 자산의 손상이나 손실부담에 따른 부채의 변동은 반영을 한다.

51 자산의 인식과 측정에 관한 설명으로 옳지 않은 것은? 2020 세무사

① 자산의 정의를 충족하는 항목만이 재무상태표에 자산으로 인식된다.

② 합리적인 추정의 사용은 재무정보 작성의 필수적인 부분이며 추정치를 명확하고 정확하게 기술하고 설명한다면 정보의 유용성을 훼손하지 않는다.

③ 사용가치는 기업이 자산의 사용과 궁극적인 처분으로 얻을 것으로 기대하는 현금흐름 또는 그 밖의 경제적효익의 현재가치이다.

④ 공정가치는 자산을 취득할 때 발생한 거래원가로 인해 증가하지 않는다.

⑤ 경제적효익의 유입가능성이 낮으면 자산으로 인식해서는 안 된다.

52 측정기준에 관한 설명으로 옳지 않은 것은? 2021 관세사

① 현행가치는 자산의 손상이나 손실부담에 따른 부채와 관련되는 변동을 제외하고는 가치의 변동을 반영하지 않는다.

② 부채의 현행원가는 측정일 현재 동등한 부채에 대해 수취할 수 있는 대가에서 그날에 발생할 거래원가를 차감한다.

③ 사용가치와 이행가치는 미래현금흐름에 기초하기 때문에 자산을 취득하거나 부채를 인수할 때 발생하는 거래원가는 포함하지 않는다.

④ 자산의 현행원가는 측정일 현재 동등한 자산의 원가로서 측정일에 지급할 대가와 그날에 발생할 거래원가를 포함하여 측정한다.

⑤ 이행가치는 기업이 부채를 이행할 때 이전해야 하는 현금이나 그 밖의 경제적자원의 현재가치이다.

정답과 해설

51 **정답** ⑤

해설 경제적효익을 창출할 가능성이 낮더라도 권리가 경제적자원의 정의를 충족할 수 있고, 따라서 자산이 될 수 있다. 그럼에도 불구하고, 그러한 낮은 가능성은 자산의 인식 여부와 측정방법을 포함하여, 자산과 관련하여 제공해야 할 정보와 그 정보를 제공하는 방법에 대한 결정에 영향을 미칠 수 있다.

52 **정답** ①

해설 역사적원가에 대한 설명이다. 가치의 변동을 반영하는 현행가치와 달리 역사적 원가는 자산의 손상이나 손실부담에 따른 부채와 관련되는 변동을 제외하고는 가치의 변동을 반영하지 않는다.

53 측정기준에 관한 설명으로 옳지 않은 것은? 2021 세무사

① 자산을 취득하거나 창출할 때의 역사적 원가는 자산의 취득 또는 창출에 발생한 원가의 가치로서, 자산을 취득 또는 창출하기 위하여 지급한 대가와 거래원가를 포함한다.

② 부채가 발생하거나 인수할 때의 역사적 원가는 발생시키거나 인수하면서 수취한 대가에서 거래원가를 차감한 가치이다.

③ 공정가치는 측정일에 시장참여자 사이의 정상거래에서 자산을 매도할 때 받거나 부채를 이전할 때 지급하게 될 가격이다.

④ 사용가치와 이행가치는 자산을 취득하거나 부채를 인수할 때 발생하는 거래원가를 포함한다.

⑤ 자산의 현행원가는 측정일 현재 동등한 자산의 원가로서 측정일에 지급할 대가와 그날에 발생할 거래원가를 포함한다.

54 재무제표 요소의 측정기준에 관한 설명으로 옳은 것은? 2022 감정평가사

① 공정가치는 측정일 현재 동등한 자산의 원가로서 측정일에 지급할 대가와 그날에 발생할 거래원가를 포함한다.

② 현행원가는 자산을 취득 또는 창출할 때 발생한 원가의 가치로서 자산을 취득 또는 창출하기 위하여 지급한 대가와 거래원가를 포함한다.

③ 사용가치는 기업이 자산의 사용과 궁극적인 처분으로 얻을 것으로 기대하는 현금흐름 또는 그 밖의 경제적효익의 현재가치이다.

④ 이행가치는 측정일에 시장참여자 사이의 정상거래에서 부채를 이전할 때 지급하게 될 가격이다.

⑤ 역사적 원가는 측정일 현재 자산의 취득 또는 창출을 위해 이전해야 하는 현금이나 그 밖의 경제적 자원의 현재가치이다.

53 **정답** ④

해설 사용가치와 이행가치는 미래현금흐름에 기초하기 때문에 자산을 취득하거나 부채를 인수할 때 발생하는 거래원가는 포함하지 않는다.

54 **정답** ③

해설 ① 자산의 '현행원가'는 측정일 현재 동등한 자산의 원가로서 측정일에 지급할 대가와 그날에 발생할 거래원가를 포함한다.

② , ⑤ 자산을 취득하거나 창출할 때의 '역사적 원가'는 자산의 취득 또는 창출에 발생한 원가의 가치로서, 자산을 취득 또는 창출하기 위하여 지급한 대가와 거래원가를 포함한다.

④ '공정가치'는 측정일에 시장참여자 사이의 정상거래에서 자산을 매도할 때 받거나 부채를 이전할 때 지급하게 될 가격이다.

55 아래 자료를 이용할 때, 자본유지개념 중 실물자본유지개념하에서 ㈜한국의 당기손익은?

2018 보험계리사

- 기초에 현금 ₩1,000으로 영업을 시작하였다.
- 기초에 상품A를 단위당 ₩200에 4개를 구입하고, 기중에 2개를 단위당 ₩300에 판매하였다.
- 당기 일반물가상승률은 10%이다.
- 물가상승으로 인해 기말 현재 상품A의 가격은 ₩300이다.
- 기말현재 자산은 현금 ₩800과 상품A 2개이다.

① 손실 ₩200 ② 손실 ₩100
③ 이익 ₩100 ④ 이익 ₩200

56 ㈜관세의 20×1년 자료가 다음과 같을 때, 재무자본유지개념하에서 불변구매력단위를 이용하여 측정한 당기순이익은? (단, 주어진 자료 외 다른 거래는 없다.)

2019 관세사

○ 20×1년 초 현금 ₩100,000으로 영업을 개시하였다.
○ 20×1년 초 재고자산 15개를 단위당 ₩5,000에 현금 구입하였다.
○ 20×1년 기중에 재고자산 15개를 단위당 ₩8,000에 현금 판매하였다.
○ 20×1년 초 물가지수가 100이라고 할 때, 20×1년 말 물가지수는 125이다.
○ 20×1년 말 재고자산의 단위당 구입가격은 ₩6,500으로 인상되었다.
○ 20×1년 말 현금 보유액은 ₩145,000이다.

① ₩0 ② ₩15,000 ③ ₩20,000
④ ₩30,000 ⑤ ₩45,000

정답과 해설

55 **정답** ②

해설 ① 기초자본 = ₩1,000(실물생산능력: ₩1,000 ÷ ₩200 = 5개)
② 유지해야 할 기말 실물생산능력(상품 5개) = 5개 × 현행원가 ₩300 = ₩1,500
③ 기말자본 = 현금 ₩800 + 상품 2개 × 현행원가 ₩300 = ₩1,400
④ 당기순손익 = ③ - ② = ₩1,400 - ₩1,500 = (-)₩100

56 **정답** ③

해설 ① 기초자본 = ₩100,000
② 유지해야 할 기말자본 = ₩100,000 × 물가지수변동(125/100) = ₩125,000
③ 기말자본 = ₩145,000
④ 당기순손익 = ③ - ② = ₩145,000 - ₩125,000 = ₩20,000

57 한국채택국제회계기준의 『재무보고를 위한 개념체계』에서 규정하고 있는 일반목적재무보고의 유용성 및 한계에 대한 내용으로 옳지 않은 것은?

2016 관세직 9급

① 재무보고서는 정확한 서술보다는 상당 부분 추정, 판단 및 모형에 근거한다.

② 일반목적재무보고서는 현재 및 잠재적 투자자, 대여자와 그 밖의 채권자가 필요로 하는 모든 정보를 제공한다.

③ 일반목적재무보고서는 현재 및 잠재적 투자자, 대여자와 그 밖의 채권자가 보고기업의 가치를 추정하는 데 도움이 되는 정보를 제공한다.

④ 각 주요이용자들의 정보수요 및 욕구는 다르고 상충되기도 하지만, 기준제정기관은 재무보고기준을 제정할 때 주요 이용자 최대 다수의 수요를 충족하는 정보를 제공하기 위하여 노력한다.

58 재무제표와 보고기업에 대한 설명으로 옳지 않은 것은?

2021 국가직 7급

① 보고기업은 단일의 실체이거나 어떤 실체의 일부일 수 있으며, 둘 이상의 실체로 구성될 수도 있으므로, 보고기업이 반드시 법적 실체일 필요는 없다.

② 보고기업이 지배기업 단독인 경우 그 보고기업의 재무제표를 '비연결재무제표'라고 부른다.

③ 보고기업이 지배 - 종속관계로 모두 연결되어 있지는 않은 둘 이상 실체들로 구성된다면, 그 보고기업의 재무제표를 '결합재무제표'라고 부른다.

④ 연결재무제표는 특정 종속기업의 자산, 부채, 자본, 수익 및 비용에 대한 별도의 정보를 제공하기 위해 만들어졌다.

57 정답 ②

해설 일반목적재무보고가 정보수요자들이 필요로 하는 '모든 정보'를 제공할 수는 없다. 잠재적 투자자가 요구하는 모든 정보를 제공하는 것이 어찌 가능하겠는가?

[개념체계 1.6] 그러나 일반목적재무보고서는 현재 및 잠재적 투자자, 대여자와 그 밖의 채권자가 필요로 하는 모든 정보를 제공하지는 않으며 제공할 수도 없다. 그 정보이용자들은, 예를 들어, 일반 경제적 상황 및 기대, 정치적 사건과 정치 풍토, 산업 및 기업 전망과 같은 다른 원천에서 입수한 관련 정보를 고려할 필요가 있다.

58 정답 ④

해설 연결재무제표는 특정 종속기업의 자산, 부채, 자본, 수익 및 비용에 대한 별도의 정보를 제공하도록 만들어지지 않았다. 종속기업 자체의 재무제표가 그러한 정보를 제공하기 위해 만들어져 있다.

59 『재무보고를 위한 개념체계』상 부채의 정의에 대한 설명으로 가장 옳지 않은 것은? 2022 서울시 7급

① 부채가 존재하기 위해서는 기업에게 의무가 있어야 하며, 해당 의무는 항상 다른 당사자(또는 당사자들)에게 이행하여야 하는 의무이어야 한다.

② 새로운 법률이 제정되는 경우, 법률제정 그 자체만으로는 기업에 현재의무를 부여하기에 충분하지 않을 수 있다.

③ 부채가 존재하기 위한 경제적자원의 이전의무에는 불리한 조건으로 다른 당사자와 경제적자원을 교환할 의무도 포함된다.

④ 경제적자원의 이전 가능성이 낮다면 해당 의무가 부채의 정의를 충족하는 경우는 없다.

60 『재무보고를 위한 개념체계』에서 제시된 '측정'에 대한 설명으로 옳지 않은 것은? 2020 국가직 7급

① 역사적 원가와는 달리 자산이나 부채의 현행가치는 자산이나 부채를 발생시킨 거래나 그 밖의 사건의 가격으로부터 부분적으로라도 도출되지 않는다.

② 자산의 공정가치는 측정일 현재 동등한 자산의 원가로서 측정일에 지급할 대가와 그날에 발생할 거래원가를 포함한다.

③ 사용가치는 기업이 자산의 사용과 궁극적인 처분으로 얻을 것으로 기대하는 현금흐름 또는 그 밖의 경제적효익의 현재가치이다.

④ 사용가치와 이행가치는 직접 관측될 수 없으며 현금흐름기준 측정기법으로 결정된다.

61 재무제표 요소의 측정에 대한 설명으로 옳지 않은 것은? 2024 국가직·관세직 9급

① 역사적 원가 측정치는 적어도 부분적으로 자산, 부채 및 관련 수익과 비용을 발생시키는 거래나 그 밖의 사건의 가격에서 도출된 정보를 사용하여 자산, 부채 및 관련 수익과 비용에 관한 화폐적 정보를 제공한다.

② 현행가치 측정치는 측정일의 조건을 반영하기 위해 갱신된 정보를 사용하여 자산, 부채 및 관련 수익과 비용의 화폐적 정보를 제공한다.

③ 공정가치는 측정일에 시장참여자 사이의 정상거래에 서 자산을 매입할 때 지급하거나 부채를 차입할 때 수취하게 될 가격이다.

④ 자산의 현행원가는 측정일 현재 동등한 자산의 원가로서 측정일에 지급할 대가와 그날에 발생할 거래원가를 포함한다.

62 다음 자료를 이용하여 ㈜한국의 자본을 재무자본유지개념(불변구매력단위)과 실물자본유지개념으로 측정할 때, 20×1년도에 인식할 이익은? (단, 20×1년 중 다른 자본거래는 없다) 2022 지방직 9급

구분	20×1년 초	20×1년 말
자산 총계	₩100,000	₩300,000
부채 총계	₩50,000	₩150,000
일반물가지수	100	150
재고자산 단위당 구입가격	₩1,000	₩2,000

	재무자본유지개념(불변구매력단위)	실물자본유지개념
①	₩75,000	₩50,000
②	₩75,000	₩100,000
③	₩100,000	₩50,000
④	₩100,000	₩100,000

61 정답 ③

해설 공정가치는 측정일에 시장참여자 사이의 정상거래에서 자산을 매도할 때 받거나 부채를 이전할 때 지급하게 될 가격이다.

62 정답 ①

해설

	재무자본유지(불변구매력)	실물자본유지
기초자본	₩50,000	₩50,000 ÷ ₩1,000 = 50개
유지해야 할 자본	₩50,000 × 일반물가지수변동(150/100) = ₩75,000	50개 × ₩2,000/개 = ₩100,000
기말자본	₩150,000	₩150,000
이익	₩150,000 - ₩75,000 = ₩75,000	₩150,000 - ₩100,000 = ₩50,000

63 자본에 대한 설명으로 옳지 않은 것은?

① 기업의 자산에서 모든 부채를 차감한 후의 잔여지분이다.

② 자본을 투자된 화폐액 또는 투자된 구매력으로 보는 재무적 개념하에서 자본은 기업의 순자산이나 지분과 동의어로 사용된다.

③ 재무제표이용자들이 주로 명목상의 투하자본이나 투하자본의 구매력 유지에 관심이 있다면 재무적 개념의 자본을 채택하여야 한다.

④ 자본개념을 실무적으로 적용하는 데 측정의 어려움이 있다면 선택된 자본개념에 따라 이익의 결정 목표가 무엇인지 알 수 없다.

정답과 해설

63 **정답** ④

해설 기업은 재무제표이용자들의 정보요구에 기초하여 적절한 자본개념을 선택하여야 한다. 따라서 재무제표이용자들이 주로 명목상의 투하자본이나 투하자본의 구매력 유지에 관심이 있다면 재무적 개념의 자본을 채택하여야 한다. 그러나 이용자들의 주된 관심이 기업의 조업능력 유지에 있다면 실물적 개념의 자본을 사용하여야 한다. 비록 자본개념을 실무적으로 적용하는 데는 측정의 어려움이 있을 수 있지만 선택된 자본개념에 따라 이익의 결정 목표가 무엇인지 알 수 있게 된다.

주요 Topic 및 출제경향

주요 Topic	01 거래와 분개 ★★ 02 시산표 ★★★ 03 재무제표 표시 ★★★★★ 04 재무제표 연계 ★★★★★ 05 중간재무보고 ★

▶ **9급 출제경향**(●국가직 ■관세직 ◆지방직 ○서울시)

구분	15	16	17	18	19	20	21	22	23	24	25
2.1 거래와 분개					■		■	●■	■		●■◆
2.2 시산표	●■	■				●■				◆	
2.3 재무제표 표시		●■	■◆	●■	●■◆	●■◆	◆	◆	●■◆	●■	■
2.4 재무제표 연계	■◆○	■○	○	●◆○	■	■	◆		◆	■	■
2.5 중간재무보고					●						

▶ **7급 출제경향**(▲국가직 △서울시)

구분	15	16	17	18	19	20	21	22	23	24	-
2.1 거래와 분개											
2.2 시산표						▲					
2.3 재무제표 표시	▲	▲△	▲	▲	▲△	▲	▲		▲	▲	
2.4 재무제표 연계	▲		▲		▲	▲				▲	
2.5 중간재무보고										△	

구분	기본	필수	응용	심화	합계
2.1 거래와 분개	5	0	4	0	9
2.2 시산표	4	1	0	0	5
2.3 재무제표 표시	21	5	16	3	45
2.4 재무제표 연계	12	2	6	2	22
2.5 중간재무보고	0	0	1	2	3
합계	42	8	27	7	84

기본문제

[02-01] 거래와 분개

01 다음 사건에서 발생시점에 분개하여야 할 회계거래는? 2019 관세직 9급

① 제품포장을 위해 계약직 직원을 일당 ₩100,000의 조건으로 매월 말 급여를 지급하기로 하고 채용하였다.

② 물류창고에서 화재가 발생하여 보유 중인 재고자산(장부가액 ₩2,000,000)이 전부 소실되었다.

③ 거래처로부터 신제품 100개를 개당 ₩1,000의 조건으로 월말까지 납품해 달라는 주문서를 받았다.

④ 다음 달 사무실을 이전하기로 하고 매월 말 ₩1,000,000의 임차료를 지급하는 계약을 건물주와 체결하였다.

정답과 해설

01 정답 ②

해설 재산의 변화 없이 계약만 체결(① 근로계약 ④ 임차계약)하거나, 주문을 받은 것(③) 만으로는 회계상의 거래에 해당하지 않는다. ②의 경우 재고자산의 가치에 변화가 생겼고 이를 인식해야 한다.

(차)	화재손실	2,000,000	(대)	재고자산	2,000,000

02 다음과 같은 현금 원장의 내용에 기반하여 추정한 날짜별 거래로 옳지 않은 것은? 2021 관세직 9급

현금

1/15	용역수익	70,000	1/2	소모품	50,000
1/18	차입금	100,000	1/5	비품	75,000
			1/31	미지급급여	20,000

① 1월 2일 소모품 구입을 위하여 현금 ₩50,000을 지급하였다.

② 1월 15일 용역을 제공하고 현금 ₩70,000을 수취하였다.

③ 1월 18일 차입금 상환을 위하여 현금 ₩100,000을 지급하였다.

④ 1월 31일 미지급급여 ₩20,000을 현금으로 지급하였다.

03 ㈜한국은 보험료 지급 시 전액을 자산으로 회계처리하며 20×1년 재무상태표상 기초와 기말 선급보험료는 각각 ₩200,000과 ₩310,000이다. 20×1년 중 보험료를 지급하면서 자산으로 회계처리한 금액이 ₩1,030,000이라면, 20×1년 포괄손익계산서상 보험료 비용은? 2022 국가직·관세직 9급

① ₩520,000

② ₩920,000

③ ₩1,030,000

④ ₩1,140,000

02 정답 ③

해설 자산인 현금 원장의 차변(왼쪽)에는 증가 내역이 적히고, 대변(오른쪽)에는 감소 내역이 적힌다. 차입금이 차변에 적혔으므로 현금이 증가한 거래로, 차입금으로 자금을 조달하여 현금이 증가하였음을 의미한다. 차입금을 상환한 경우에는 현금이 감소하므로 대변에 적혀야 한다.

03 정답 ②

해설 선급보험료(자산계정)의 T계정은 다음과 같이 그릴 수 있다.

선급보험료

초	200,000	⊖		?
⊕	1,030,000	말		310,000
	1,230,000			1,230,000

감소액(⊖)에 들어갈 ₩920,000(= ₩1,230,000 - ₩310,000)이 실현된 비용에 해당한다.

04 교육컨설팅업을 영위하는 ㈜한국의 다음 거래가 회계등식의 구성요소에 미치는 영향으로 옳지 않은 것은?

2022 관세직 9급

① 주식발행의 대가로 현금 ₩10,000을 출자받았다. 이 거래로 인해 자산이 ₩10,000 증가하고, 자본이 ₩10,000 증가한다.

② 사무실에 사용할 비품 ₩10,000을 취득하면서 현금 ₩5,000을 지급하고 잔액은 나중에 지급하기로 하였다. 이 거래로 인해 자산이 ₩5,000 증가하고, 부채가 ₩5,000 증가한다.

③ 교육컨설팅 용역을 ₩10,000에 제공하였는데 이 중 ₩3,000은 현금으로 받고 잔액은 나중에 받기로 하였다. 이 거래로 인해 자산이 ₩10,000 증가하고, 자본이 ₩10,000 증가한다.

④ 사무실 임차료 ₩5,000을 현금으로 지급하였다. 이 거래로 인해 부채가 ₩5,000 증가하고, 자본이 ₩5,000 감소한다.

05 ㈜한국의 20×1년 말 소모품 관련 총계정원장은 다음과 같다.

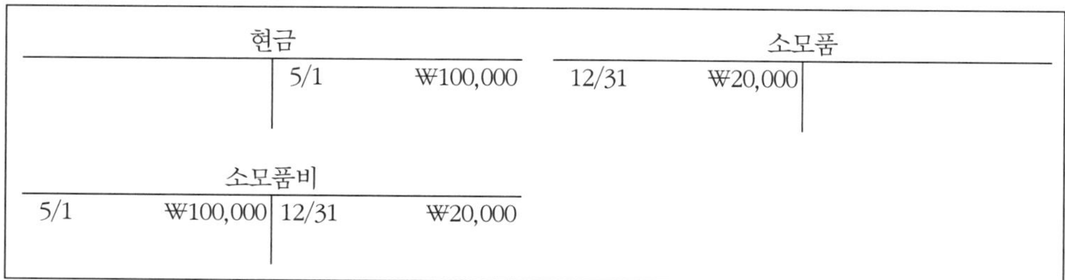

㈜한국의 20×1년 회계처리에 관한 설명으로 옳지 않은 것은?

2023 관세직 9급

① 소모품과 관련하여 비용으로 인식한 금액은 ₩20,000이다.

② 소모품 관련 수정분개는 '(차)소모품 ₩20,000 (대)소모품비 ₩20,000'이다.

③ 기말 소모품 잔액은 ₩20,000이다.

④ 5월 1일 소모품 구입 시 지출한 현금 ₩100,000을 전액 비용으로 처리하였다.

정답과 해설

04 정답 ④

해설 ① 현금으로 받은 ₩10,000만큼 자산이 증가하고, 자본금이 증가한다. 발행하는 주식의 액면금액이 ₩10,000이 아니라면 주식발행초과금이나 주식할인발행차금이 발생할 수 있지만, 어쨌든 이들의 합계는 ₩10,000만큼 자본이 증가한다.
② 비품 ₩10,000이 증가하고 현금 ₩5,000이 감소하여 합계 ₩5,000의 자산이 증가한다. 나중에 지급하기로 한 미지급금 ₩5,000만큼 부채도 증가한다.
③ 현금 ₩3,000과 매출채권 ₩7,000의 합계인 ₩10,000만큼 자산이 증가한다. 수익 ₩10,000을 인식하는데 이는 마감분개를 거쳐 결국 자본을 ₩10,000 증가시킨다.
④ 현금 지급액 ₩5,000만큼 자산(현금)이 감소하고, 임차료(비용)를 인식한다. 비용은 마감분개를 통해 자본을 ₩5,000 감소시키지만, 부채의 증가는 발생하지 않는다.

05 정답 ①

해설 총계정원장을 분개장으로 옮기면 다음과 같은 분개를 추정할 수 있다.

5/1	(차)	소모품비	₩100,000	(대)	현금	₩100,000
12/31	(차)	소모품	₩20,000	(대)	소모품비	₩20,000

소모품비로 인식한 금액은 5/1 인식한 ₩100,000에서 12/31 소모품(자산)으로 대체한 ₩20,000(기말 소모품 잔액)을 차감한 ₩80,000이다.

06 시산표를 작성함으로써 발견할 수 있는 오류는? 2015 국가직·관세직 9급

① 상품을 판매한 거래에 대하여 두 번 분개한 경우

② 거래를 분개함에 있어서 차입금 계정의 차변에 기록하여야 하는데 대여금 계정의 차변에 기록한 경우

③ 실제 거래한 금액과 다르게 대변과 차변에 동일한 금액을 전기한 경우

④ 매출채권 계정의 차변에 전기해야 하는데 대변으로 전기한 경우

07 시산표를 작성하는 중 차변합계와 대변합계가 일치하지 않은 것을 발견하였다. 이와 관련하여 시산표상 차변합계와 대변합계가 일치하지 않는 원인은? 2020 국가직 7급

① ₩50,000의 매입채무를 현금으로 상환하면서 분개를 누락하였다.

② ₩30,000의 토지를 외상으로 구입하면서 분개는 정확하게 하였지만, 원장으로 전기할 때 토지 계정 대신 건물 계정 차변에 ₩30,000, 미지급금 계정 대변에 ₩30,000으로 전기하였다.

③ [(차)매출채권 ₩35,000 / (대)매출 ₩35,000]의 분개를 원장으로 전기할 때 매출채권 계정 차변에 ₩53,000, 매출 계정 대변에 ₩35,000으로 전기하였다

④ 건물 수선비를 현금 지급하면서 차변에 건물 ₩10,000, 대변에 현금 ₩10,000으로 분개하였다.

08 다음의 분개장 기록 내역 중 시산표 작성을 통해 항상 자동으로 발견되는 오류만을 모두 고르면?

2021 국가직·관세직 9급

> ㄱ. 기계장치를 ₩800,000에 처분하고, '(차)현금 ₩800,000 / (대)기계장치 ₩80,000'으로 분개하였다.
>
> ㄴ. 건물을 ₩600,000에 처분하고, '(차)현금 ₩600,000 / (대)토지 ₩600,000'으로 분개하였다.
>
> ㄷ. 토지를 ₩300,000에 처분하고, '(차)토지 ₩300,000 / (대)현금 ₩300,000'으로 분개하였다.
>
> ㄹ. 신입사원과 월 ₩500,000에 고용계약을 체결하고, '(차)급여 ₩500,000 / (대)미지급비용 ₩500,000'으로 분개하였다.

① ㄱ
② ㄱ, ㄹ
③ ㄱ, ㄴ, ㄷ
④ ㄱ, ㄴ, ㄷ, ㄹ

09 시산표의 자기검증기능에 의해 발견될 수 있는 오류는?

2024 지방직 9급

① 감가상각비 ₩1,000을 인식하면서 '(차) 감가상각비 ₩1,000 (대) 감가상각누계액 ₩1,000'을 두 번 기록하였다.

② 매입채무 ₩3,000을 현금으로 지급하였으나 이와 관련한 기록을 하지 않았다.

③ 종업원에게 급여 ₩5,000을 현금으로 지급하면서 '(차) 전기료 ₩5,000 (대) 현금 ₩5,000'으로 기록하였다.

④ 은행으로부터 현금 ₩8,000을 차입하면서 차변에만 현금 증가를 기록하였다.

정답과 해설

08 **정답** ①

해설 시산표는 차변과 대변의 합계만을 검증하므로, 차변과 대변에 같은 금액이 기재된 경우에는 오류가 발견되지 않는다. ㄱ의 경우 차변에 ₩800,000, 대변에 ₩80,000으로 분개하였으므로 자동으로 발견이 된다.

09 **정답** ④

해설 차변에만 현금 증가를 기록하면, 대변과 합계가 일치하지 않아 자기검증으로 발견된다.

10 기업회계기준서 제1001호 '재무제표 표시'에 따른 재무제표 작성 및 표시의 일반원칙으로 옳지 않은 것은?

2015 국가직 7급

① 재무제표는 기업의 재무상태, 재무성과 및 현금흐름을 공정하게 표시해야 한다.

② 경영진이 기업을 청산하거나 경영활동을 중단할 의도를 가지고 있는 경우에도 계속기업을 전제로 재무제표를 작성한다.

③ 유사한 항목은 중요성 분류에 따라 재무제표에 구분하여 표시한다.

④ 기업은 현금흐름 정보를 제외하고는 발생기준 회계를 사용하여 재무제표를 작성한다.

11 재무제표 작성과 관련된 설명으로 옳은 것은?

2016 국가직·관세직 9급

① 기업의 재무제표는 발생기준 회계만을 사용하여 작성하며, 현금기준 회계는 사용하지 않는다.

② 포괄손익계산서 상의 비용은 성격별 분류법과 기능별 분류법 중에서 매출원가를 다른 비용과 분리하여 공시하는 기능별 분류법만으로 표시해야 한다.

③ 재무제표 표시에 있어 반드시 유사한 항목은 통합하고, 상이한 성격이나 기능을 가진 항목은 구분하여 표시하여야 한다.

④ 한국채택국제회계기준에서 요구하거나 허용하지 않는 한 자산과 부채 그리고 수익과 비용은 상계처리하지 아니한다.

정답과 해설

10 **정답** ②

해설 경영진이 기업을 청산하거나 경영활동을 중단할 의도를 가지고 있지 않거나, 청산 또는 경영활동의 중단 외에 다른 현실적 대안이 없는 경우가 아니면 계속기업을 전제로 재무제표를 작성한다. 만약 청산할 의도가 있는 경우에는 계속기업이 아닌 다른 기준에 의하여 작성할 수 있으며, 이때는 그 사실과 함께 재무제표가 작성된 기준 및 그 기업을 계속기업으로 보지 않는 이유를 공시하여야 한다.

11 **정답** ④

해설 ① 재무제표 중 현금흐름표는 현금기준에 의해 작성한다.

② 성격별 또는 기능별 분류방법 중에서 신뢰성 있고 더욱 목적적합한 정보를 제공할 수 있는 방법을 적용하여 표시한다.

③ 중요하지 않은 항목은 성격이나 기능이 유사한 항목과 통합하여 표시할 수 있다.

12 재무제표 작성 및 표시에 대한 설명으로 옳지 않은 것은? 2017 관세직 9급

① 경영진은 재무제표를 작성할 때 계속기업으로서의 존속가능성을 평가해야 한다.

② 기업은 현금흐름 정보를 제외하고는 발생기준 회계를 사용하여 재무제표를 작성한다.

③ 중요하지 않은 항목은 성격이나 기능이 유사한 항목과 통합하여 표시할 수 있다.

④ 매출채권에 대해 대손충당금을 차감하여 순액으로 측정하는 것은 상계표시에 해당한다.

13 재무제표 표시 중 포괄손익계산서에 대한 설명으로 옳지 않은 것은? 2017 지방직 9급

① 기타포괄손익의 항목(재분류조정 포함)과 관련한 법인세비용 금액은 포괄손익계산서나 주석에 공시하지 않는다.

② 기업의 재무성과를 이해하는 데 목적적합한 경우에는 당기손익과 기타포괄손익을 표시하는 보고서에 항목, 제목 및 중간합계를 추가하여 표시한다.

③ 한 기간에 인식되는 모든 수익과 비용 항목은 한국채택국제회계기준이 달리 정하지 않는 한 당기손익으로 인식한다.

④ 기업은 수익에서 매출원가 및 판매비와관리비(물류원가 등을 포함)를 차감한 영업이익(또는 영업손실)을 포괄손익계산서에 구분하여 표시한다.

정답과 해설

12 **정답** ④

해설 재고자산에 대한 재고자산평가충당금과 매출채권에 대한 대손충당금과 같은 평가충당금을 차감하여 관련 자산을 순액으로 측정하는 것은 상계표시에 해당하지 아니한다.

13 **정답** ①

해설 기타포괄손익의 항목(재분류조정 포함)과 관련한 법인세비용 금액은 포괄손익계산서나 주석에 공시한다.

14 재무제표 표시에 대한 설명으로 옳은 것은? 2018 국가직 9급

① 재무상태표에 자산과 부채는 반드시 유동성 순서에 따라 표시하여야 한다.

② 정상적인 영업활동과 구분되는 거래나 사건에서 발생하는 것으로 그 성격이나 미래의 지속성에 차이가 나는 특별손익 항목은 포괄손익계산서에 구분해서 표시하여야 한다.

③ 부적절한 회계정책이라도 공시나 주석 또는 보충 자료를 통해 잘 설명된다면 정당화될 수 있다.

④ 재무제표 항목의 표시와 분류방법의 적절한 변경은 회계정책 변경에 해당된다.

15 재무제표와 관련된 설명 중 옳은 것만을 모두 고른 것은? 2018 관세직 9급

> ㄱ. 현금흐름표는 일정 회계기간 동안의 기업의 영업활동, 투자활동, 재무활동으로 인한 현금의 유입과 유출에 관한 정보를 제공한다.
>
> ㄴ. 재무상태표는 일정시점의 기업의 재무상태에 관한 정보를 제공한다.
>
> ㄷ. 자본변동표는 일정 회계기간 동안의 기업의 경영성과에 관한 정보를 제공한다.
>
> ㄹ. 재무제표의 작성과 표시에 대한 책임은 소유주인 주주에게 있고, 반드시 공인회계사에게 외부검토를 받아야 한다.
>
> ㅁ. 포괄손익계산서에서는 당기순손익에 기타포괄손익을 더한 총포괄손익을 나타낸다.

① ㄱ, ㄴ, ㄷ

② ㄱ, ㄴ, ㅁ

③ ㄴ, ㄷ, ㄹ

④ ㄷ, ㄹ, ㅁ

정답과 해설

14 **정답** ④

해설 ① 유동자산과 비유동자산, 유동부채와 비유동부채로 구분하여 표시하는 구분표시법을 사용할 수 있다.

② 특별손익은… 이제 그만 보내주자.

③ 부적절한 회계정책은 이에 대하여 공시나 주석 또는 보충 자료를 통해 설명하더라도 정당화될 수 없다.

15 **정답** ②

해설 ㄷ. 포괄손익계산서에 대한 설명이다. 자본변동표는 일정기간 자본의 변동내역에 관한 정보를 제공한다.

ㄹ. 재무제표의 작성 책임은 경영자에게 있다. 또한 모든 기업이 공인회계사에게 외부검토를 받아야 하는 것도 아니다. 외감법에 따른 외부감사 대상(자산규모 120억 원 이상의 주식회사 등)만 외부감사를 받는다.

16 ㈜한국은 포괄손익계산서에 표시되는 비용을 매출원가, 물류원가, 관리활동원가 등으로 구분하고 있다. 이는 비용항목의 구분표시 방법 중 무엇에 해당하는가?   2019 국가직 9급

① 성격별 분류　　　　② 기능별 분류
③ 증분별 분류　　　　④ 행태별 분류

17 2018년 12월 31일에 ㈜한국에서 발생한 거래가 다음과 같을 때, 2018년 말 재무상태표상 부채에 포함할 금액은?   2019 관세직 9급

> ○ 제품보증에 대한 충당부채 ₩1,000을 설정하였다.
> ○ 사무실을 임대하고 12개월분 임대료 ₩2,000을 미리 받았다.
> ○ 거래처로부터 원재료 ₩1,000을 외상으로 구입하였다.
> ○ 공장 확장 자금을 조달하기 위해 보통주 10주(주당 액면가 ₩100, 주당 발행가 ₩200)를 발행하였다.

① ₩2,000　　　　② ₩3,000
③ ₩4,000　　　　④ ₩5,000

16 **정답** ②

해설 비용을 그 성격(예: 감가상각비, 원재료의 구입, 운송비, 종업원급여와 광고비)별로 통합하여 표시하는 성격별 분류와 달리, 기능별 분류는 비용을 매출원가, 그리고 물류원가와 관리활동원가 등과 같이 기능별로 분류한다. 기능별 분류에서는 적어도 매출원가를 다른 비용과 분리하여 공시한다.

17 **정답** ③

해설 충당부채 ₩1,000 + 선수임대료 ₩2,000 + 매입채무 ₩1,000 = ₩4,000

18 비용의 분류에 대한 설명으로 옳지 않은 것은? 2019 관세직 9급

① 비용은 빈도, 손익의 발생가능성 및 예측가능성의 측면에서 서로 다를 수 있는 재무성과의 구성요소를 강조하기 위해 세분류로 표시한다.

② 비용을 성격별로 분류하면 기능별 분류로 배분할 필요가 없어 적용이 간단하고 배분의 주관적 판단을 배제할 수 있다.

③ 비용을 기능별로 분류하면 재무제표 이용자에게 더욱 목적적합한 정보를 제공할 수 있지만 비용을 기능별로 배분하는 데에 자의적 판단이 개입될 수 있다.

④ 비용을 성격별로 분류하는 기업은 감가상각비, 종업원급여비용 등을 포함하여 비용의 기능별 분류에 대한 추가 정보를 제공한다.

19 '재무제표의 표시'의 일반사항에 대한 설명으로 옳지 않은 것은? 2019 국가직 7급

① 계속기업으로서의 존속능력에 유의적인 의문이 제기될 수 있는 사건이나 상황과 관련한 중요한 불확실성을 알게 된 경우, 경영진은 그러한 불확실성을 공시하여야 한다.

② 매출채권에 대한 대손충당금과 같은 평가충당금을 차감하여 관련 자산을 순액으로 측정하는 것은 상계표시에 해당하지 아니한다.

③ 한국채택국제회계기준이 달리 허용하거나 요구하는 경우를 제외하고는 당기 재무제표에 보고되는 모든 금액에 대해 전기 비교정보를 표시하며, 서술형 정보는 당기 정보만 표시한다.

④ 기업은 현금흐름 정보를 제외하고는 발생기준 회계를 사용하여 재무제표를 작성한다.

18 **정답** ④

해설 비용을 기능별로 분류하는 경우에 비용의 성격에 대한 추가 정보를 공시한다.

19 **정답** ③

해설 한국채택국제회계기준이 달리 허용하거나 요구하는 경우를 제외하고는 당기 재무제표에 보고되는 모든 금액에 대해 전기 비교정보를 표시한다. 당기 재무제표를 이해하는 데 목적적합하다면 서술형 정보의 경우에도 비교정보를 포함한다.

20 주식회사 등의 외부감사에 관한 법률 상 기업의 재무제표 작성책임이 있는 자는? 2020 국가직·관세직 9급

① 회사의 대표이사와 회계담당 임원(회계담당 임원이 없는 경우에는 회계업무를 집행하는 직원)

② 주주 및 채권자

③ 공인회계사

④ 금융감독원

21 포괄손익계산서에 대한 설명으로 옳지 않은 것은? 2020 국가직·관세직 9급

① 비용을 기능별로 분류하는 기업은 감가상각비, 기타 상각비와 종업원급여비용을 포함하여 비용의 성격에 대한 추가 정보를 공시한다.

② 재분류조정을 주석에 표시하는 경우에는 관련 재분류조정을 반영한 후에 당기손익의 항목을 표시한다.

③ 수익과 비용의 어느 항목도 당기손익과 기타포괄손익을 표시하는 보고서 또는 주석에 특별손익 항목으로 표시할 수 없다.

④ 유형자산재평가잉여금을 이익잉여금으로 대체하는 경우 그 금액은 당기손익으로 인식하지 않는다.

정답과 해설

20 정답 ①

해설 주식회사 등의 외부감사에 관한 법률 제6조 1항: 회사의 대표이사와 회계담당 임원(회계담당 임원이 없는 경우에는 회계업무를 집행하는 직원을 말한다)은 해당 회사의 재무제표를 작성할 책임이 있다.

21 정답 ②

해설 재분류조정은 포괄손익계산서나 주석에 표시할 수 있다. 재분류조정을 주석에 표시하는 경우에는 관련 재분류조정을 반영한 후에 '기타포괄손익'의 항목을 표시한다.

22 재무제표 표시에 제시된 계속기업에 대한 설명으로 옳지 않은 것은? 2020 지방직 9급

① 경영진은 재무제표를 작성할 때, 계속기업으로서의 존속가능성을 평가하지 않는다.

② 경영진이 기업을 청산하거나 경영활동을 중단할 의도를 가지고 있지 않거나, 청산 또는 경영활동의 중단 외에 다른 현실적 대안이 없는 경우가 아니면 계속기업을 전제로 재무제표를 작성한다.

③ 계속기업으로서의 존속능력에 유의적인 의문이 제기될 수 있는 사건이나 상황과 관련된 중요한 불확실성을 알게 된 경우, 경영진은 그러한 불확실성을 공시하여야 한다.

④ 재무제표가 계속기업의 기준하에 작성되지 않는 경우에는 그 사실과 함께 재무제표가 작성된 기준 및 그 기업을 계속 기업으로 보지 않는 이유를 공시하여야 한다.

23 재무상태표에 대한 설명으로 옳지 않은 것은? 2020 국가직 7급

① 기업이 재무상태표에 유동자산과 비유동자산, 그리고 유동부채와 비유동부채로 구분하여 표시하는 경우, 이연법인세자산(부채)은 유동자산(부채)으로 분류한다.

② 유동성 순서에 따른 표시방법이 신뢰성 있고 더욱 목적적합한 정보를 제공하는 경우를 제외하고는 유동자산과 비유동자산, 유동부채와 비유동부채로 재무상태표에 구분하여 표시한다.

③ 유동자산은 주로 단기매매목적으로 보유하고 있는 자산과 비유동금융자산의 유동성 대체 부분을 포함한다.

④ 보고기간 후 12개월 이상 결제를 연기할 수 있는 무조건의 권리를 가지고 있지 않으면 유동부채로 분류한다.

---

24 다음 ㈜한국의 재무자료를 이용한 이익잉여금은? 2022 지방직 9급

○ 현금	₩2,000	○ 매출채권	₩2,500
○ 선수수익	₩800	○ 대손충당금(매출채권)	₩300
○ 재고자산	₩3,000	○ 기계장치	₩14,000
○ 매입채무	₩1,500	○ 감가상각누계액(기계장치)	₩5,000
○ 자본금	₩4,000	○ 이익잉여금	?

① ₩9,900 ② ₩10,700

③ ₩11,000 ④ ₩16,000

25 재무제표 표시에 대한 설명으로 옳지 않은 것은? 2022 지방직 9급

① 보고기간말 이전에 장기차입약정을 위반했을 때 대여자가 즉시 상환을 요구할 수 있는 채무는 보고기간 후 재무제표 발행승인일 전에 채권자가 약정위반을 이유로 상환을 요구하지 않기로 합의하더라도 유동부채로 분류한다.

② 기타포괄손익의 항목(재분류조정 포함)과 관련한 법인세비용금액은 포괄손익계산서나 주석에 공시한다.

③ 비용의 성격별 분류는 기능별 분류보다 재무제표이용자에게 더욱 목적적합한 정보를 제공할 수 있지만 비용을 성격별로 배분하는 데 자의적인 배분과 상당한 정도의 판단이 개입될 수 있다.

④ 재분류조정은 포괄손익계산서나 주석에 표시할 수 있으며, 재분류조정을 주석에 표시하는 경우에는 관련 재분류조정을 반영한 후에 기타포괄손익의 항목을 표시한다.

정답과 해설

24 **정답** ①

해설 자산 = 현금 ₩2,000 + 순매출채권(매출채권₩2,500 - 대손충당금 ₩300) + 재고자산 ₩3,000 + 기계장치(₩14,000 - 감가상각누계액 ₩5,000) = ₩2,000 + ₩2,200 + ₩3,000 + ₩9,000 = ₩16,200

부채 = 선수수익 ₩800 + 매입채무 ₩1,500 = ₩2,300

자본 = 자산 ₩16,200 - 부채 ₩2,300 = ₩13,900

자본 ₩13,900 = 자본금 ₩4,000 + 이익잉여금

이익잉여금 = ₩13,900 - ₩4,000 = ₩9,900

25 **정답** ③

해설 성격별 분류와 기능별 분류에 대한 설명이 바뀌었다. 비용의 기능별 분류는 성격별 분류보다 재무제표이용자에게 더욱 목적적합한 정보를 제공할 수 있지만 비용을 기능별로 배분하는 데 자의적인 배분과 상당한 정도의 판단이 개입될 수 있다.

26 재무제표의 표시에 대한 설명으로 옳지 않은 것은?

① 당기손익과 기타포괄손익은 단일의 포괄손익계산서에 두 부분으로 나누어 표시할 수 있지만 당기손익 부분을 별개의 손익계산서로 표시할 수 없다.

②『한국채택국제회계기준』에 따라 작성된 재무제표(필요에 따라 추가공시한 경우 포함)는 공정하게 표시된 재무제표로 본다.

③『한국채택국제회계기준』에서 요구하거나 허용하지 않는 한 자산과 부채 그리고 수익과 비용은 상계하지 아니한다.

④ 재무제표가『한국채택국제회계기준』의 요구사항을 모두 충족한 경우가 아니라면 주석에『한국채택국제회계기준』을 준수하여 작성되었다고 기재하여서는 아니 된다.

27 재무제표 표시의 일반사항에 대한 설명으로 옳지 않은 것은?

①『한국채택국제회계기준』에 따라 작성된 재무제표(필요에 따라 추가공시한 경우 포함)는 공정하게 표시된 재무제표로 본다.

②『한국채택국제회계기준』을 준수하여 재무제표를 작성하는 기업은 그러한 준수 사실을 주석에 명시적으로 기재할 필요는 없다.

③ 거의 모든 상황에서 공정한 표시는 관련『한국채택국제회계기준』을 준수함으로써 달성된다.

④ 부적절한 회계정책은 이에 대하여 공시나 주석 또는 브충 자료를 통해 설명하더라도 정당화될 수 없다.

---

26 **정답** ①

해설 당기손익과 기타포괄손익은 단일의 포괄손익계산서에 두 부분으로 나누어 표시할 수도 있고, 당기손익 부분을 별개의 손익계산서에 표시할 수도 있다. 그러한 경우, 당기손익 부분을 표시하는 별개의 손익계산서와 포괄손익을 표시하는 보고서(이 보고서는 당기순손익으로부터 시작한다)로 나누어 두 개의 보고서로 구성된다.

27 **정답** ②

해설 한국채택국제회계기준을 준수하여 재무제표를 작성하는 기업은 그러한 준수 사실을 주석에 명시적이고 제한 없이 기재한다. 재무제표가 한국채택국제회계기준의 요구사항을 모두 충족한 경우가 아니라면 한국채택국제회계기준을 준수하여 작성되었다고 기재하여서는 아니 된다.

28 **재무제표 표시에 대한 설명으로 옳지 않은 것은?** 2024 국가직·관세직 9급

① 경영진은 재무제표를 작성할 때 계속기업으로서의 존속가능성을 평가해야 한다.

② 기업은 현금흐름 정보를 제외하고는 발생기준 회계를 사용하여 재무제표를 작성한다.

③ 당기 재무제표를 이해하는 데 목적적합하다면 서술형 정보의 경우에도 비교정보를 포함한다.

④ 회계기준에서 표시방법의 변경을 요구하는 경우에도 재무제표의 표시와 분류는 매기 동일하여야 한다.

29 **재무상태표와 포괄손익계산서에 대한 설명으로 옳지 않은 것은?** 2024 국가직·관세직 9급

① 기업이 재무상태표에 유동자산과 비유동자산, 그리고 유동부채와 비유동부채로 구분하여 표시하는 경우, 이연법인세자산(부채)은 유동자산(부채)으로 분류하지 아니한다.

② 영업주기는 영업활동을 위한 자산의 취득시점부터 그 자산이 현금이나 현금성자산으로 실현되는 시점까지 소요되는 기간이다.

③ 수익과 비용의 어느 항목도 당기손익과 기타포괄손익을 표시하는 보고서 또는 주석에 특별손익 항목으로 표시할 수 없다.

④ 기타포괄손익의 구성요소와 관련된 재분류조정은 공시할 필요가 없다.

28 **정답** ④

해설 재무제표 항목의 표시와 분류는 다음의 경우를 제외하고는 매기 동일하여야 한다.
  (1) 사업내용의 유의적인 변화나 재무제표를 검토한 결과 다른 표시나 분류방법이 더 적절한 것이 명백한 경우
  (2) 한국채택국제회계기준에서 표시방법의 변경을 요구하는 경우

29 **정답** ④

해설 기타포괄손익의 구성요소와 관련된 재분류조정을 공시한다. 재분류조정은 포괄손익계산서나 주석에 표시할 수 있다. 재분류조정을 주석에 표시하는 경우에는 관련 재분류조정을 반영한 후에 기타포괄손익의 항목을 표시한다.

30 재무제표 표시에 대한 설명으로 옳지 않은 것은?

① 부적절한 회계정책은 이에 대하여 공시나 주석 또는 보충 자료를 통해 설명된다면 정당화될 수 있다.

② 한국채택국제회계기준에서 요구하거나 허용하지 않는 한 자산과 부채 그리고 수익과 비용은 상계하지 아니한다.

③ 유사한 항목은 중요성 분류에 따라 재무제표에 구분하여 표시한다. 상이한 성격이나 기능을 가진 항목은 구분하여 표시한다. 다만 중요하지 않은 항목은 성격이나 기능이 유사한 항목과 통합하여 표시할 수 있다.

④ 재무제표는 기업의 재무상태, 재무성과 및 현금흐름을 공정하게 표시해야 한다. 공정한 표시를 위해서는 '재무보고를 위한 개념체계'에서 정한 자산, 부채, 수익 및 비용에 대한 정의와 인식요건에 따라 거래, 그 밖의 사건과 상황의 효과를 충실하게 표현해야 한다.

정답과 해설

30 **정답** ①

해설 부적절한 회계정책은 이에 대하여 공시나 주석 또는 보충 자료를 통해 설명하더라도 정당화될 수 없다.

31 다음 자료에 의하여 당기총포괄이익을 계산하면? (단, 법인세는 무시한다) 2015 관세직 9급

〈재무상태표〉	기 초	기 말
자 산	₩15,000	₩25,000
부 채	₩7,000	₩10,000

〈기중변동내역〉	당기발생액
유상증자	₩3,000
현금배당	₩500
기타포괄손익-공정가치 측정(FVOCI) 금융자산 평가이익	₩1,500

① ₩1,500 ② ₩3,000
③ ₩4,500 ④ ₩6,000

31 정답 ③

해설

		기초				기말	
자산	15,000	부채	7,000	자산	25,000	부채	10,000
		자본	8,000			자본	15,000

수익 − 비용 ± 자본의 증감(증자 3,000 − 배당 500 + FVOCI금융자산 평가이익 1,500)

기말자본 ₩15,000 = 기초자본 ₩8,000 + 당기순이익 + 증자 ₩3,000 − 배당 ₩500 + FVOCI금융자산 평가이익 ₩1,500

당기순이익 = ₩3,000

총포괄손익 = 당기순이익 ₩3,000 + 기타포괄손익(FVOCI금융자산 평가이익) ₩1,500 = ₩4,500

※ FVOCI금융자산 평가이익은 포괄손익계산서의 기타포괄손익을 구성하고, 그 누계액이 자본의 기타포괄손익누계액을 구성한다. 따라서 총포괄손익도 증가시키고, 자본도 증가시킨다.

32 ㈜한국의 자본은 납입자본, 이익잉여금 및 기타자본요소로 구성되어 있으며 2015년 기초와 기말의 자산과 부채 총계는 다음과 같다.

구 분	2015년 초	2015년 말
자산 총계	₩100,000	₩200,000
부채 총계	₩70,000	₩130,000

㈜한국은 2015년 중 유상증자 ₩10,000을 실시하그 이익처분으로 현금배당 ₩5,000, 주식배당 ₩8,000을 실시하였으며 ₩1,000을 이익준비금(법정적립금)으로 적립하였다. 2015년에 다른 거래는 없었다고 가정할 때, ㈜한국의 2015년 포괄손익계산서상 당기순이익은?   2015 지방직 9급

① ₩35,000 ② ₩40,000

③ ₩43,000 ④ ₩44,000

33 ㈜한국은 20×1년 1월 1일 영업을 시작하였다. 20×1년 12월 31일 총자산과 총부채는 각각 ₩350,000과 ₩200,000이었으며, 20×1년도의 총포괄이익은 ₩125,000이었다. 그리고 20×1년 중에 배당금 ₩5,000을 현금으로 지급하였다. ㈜한국의 20×1년 1월 1일 시점의 순자산 장부금액은?   2017 국가직 7급

① ₩5,000 ② ₩30,000

③ ₩50,000 ④ ₩150,000

32 정답 ①

해설 주식배당(이익잉여금 → 자본금), 이익준비금 적립(이익잉여금 → 이익잉여금)은 자본총계에 영향을 주지 않는다.

	기초			기말	
자산	100,000	부채 70,000	자산	200,000	부채 130,000
		자본 30,000			자본 70,000

수익 - 비용 ± 자본의 증감(유상증자 10,000 - 현금배당 5,000)

기말자본 ₩70,000 = 기초자본 ₩30,000 + 당기순이익 + 유상증자 ₩10,000 - 현금배당 ₩5,000

당기순이익 = ₩35,000

33 정답 ②

해설

	기초			기말	
자산		부채	자산	350,000	부채 200,000
		자본			자본 150,000

총포괄이익 125,000 ± 자본의 증감(현금배당 (-)5,000)

기말자본 ₩150,000 = 기초자본(순자산) + 총포괄이익 ₩125,000 - 현금배당 ₩5,000

기초순자산 = ₩30,000

34 ㈜한국의 20×1년 재무상태 및 영업성과와 관련한 자료가 다음과 같을 때 기말부채는?

2018 국가직 9급

○ 기초자산	₩500	○ 총수익	₩200
○ 기초부채	₩400	○ 총비용	₩120
○ 기말자산	₩700	○ 유상증자	₩20
○ 기말부채	₩?	○ 주주에 대한 현금배당	₩50

① ₩500 ② ₩520

③ ₩550 ④ ₩570

35 다음 A~C의 세 가지 거래는 독립적인 거래이다. ㉠~㉢의 금액을 옳게 짝 지은 것은? (단, 제시된 자료 외의 자본거래는 없다)

2018 지방직 9급

거래	기초자산	기초부채	기말부채	기말자본	총수익	총비용	배당금
A	㉠	₩3,000	₩8,000	₩9,000	₩9,000	₩10,000	₩2,000
B	₩15,000	₩9,000	₩10,000	㉡	₩10,000	₩7,000	₩3,000
C	₩20,000	₩15,000	₩9,000	₩7,000	㉢	₩8,000	₩4,000

	㉠	㉡	㉢
①	₩12,000	₩5,000	₩12,000
②	₩12,000	₩6,000	₩12,000
③	₩15,000	₩5,000	₩14,000
④	₩15,000	₩6,000	₩14,000

34 정답 ③

해설

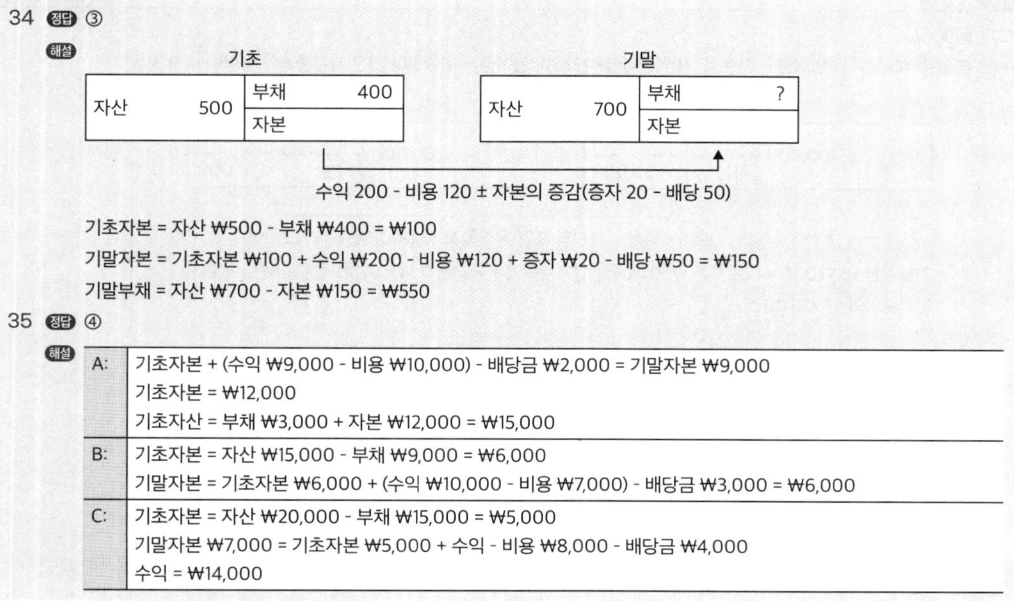

기초자본 = 자산 ₩500 - 부채 ₩400 = ₩100

기말자본 = 기초자본 ₩100 + 수익 ₩200 - 비용 ₩120 + 증자 ₩20 - 배당 ₩50 = ₩150

기말부채 = 자산 ₩700 - 자본 ₩150 = ₩550

35 정답 ④

해설

A:	기초자본 + (수익 ₩9,000 - 비용 ₩10,000) - 배당금 ₩2,000 = 기말자본 ₩9,000
	기초자본 = ₩12,000
	기초자산 = 부채 ₩3,000 + 자본 ₩12,000 = ₩15,000
B:	기초자본 = 자산 ₩15,000 - 부채 ₩9,000 = ₩6,000
	기말자본 = 기초자본 ₩6,000 + (수익 ₩10,000 - 비용 ₩7,000) - 배당금 ₩3,000 = ₩6,000
C:	기초자본 = 자산 ₩20,000 - 부채 ₩15,000 = ₩5,000
	기말자본 ₩7,000 = 기초자본 ₩5,000 + 수익 - 비용 ₩8,000 - 배당금 ₩4,000
	수익 = ₩14,000

36 ㈜한국의 당기 포괄손익계산서에 보고할 당기순이익은? 2019 관세직 9급

> ○ 기초자본은 자본금과 이익잉여금으로만 구성되어 있다.
> ○ 기말자산은 기초자산에 비해 ₩500,000 증가하였고, 기말부채는 기초부채에 비해 ₩200,000 증가하였다.
> ○ 당기 중 유상증자 ₩100,000이 있었다.
> ○ 당기 중 기타포괄손익 - 공정가치 측정 금융자산의 평가손실 ₩10,000을 인식하였다.
> ○ 당기 중 재평가모형을 적용하는 유형자산의 재평가이익 ₩20,000을 인식하였다. (단, 전기 재평가손실은 없다)

① ₩180,000 ② ₩190,000 ③ ₩200,000 ④ ₩300,000

37 ㈜한국의 20×1년 재무상태와 재무성과 자료는 다음과 같다.

	기초	기말
총자산	₩5,000,000	₩6,500,000
총부채	₩2,000,000	?
총수익		₩1,000,000
총비용		₩800,000

20×1년 기중에 ₩500,000을 유상증자 하였으며, ₩100,000을 현금배당 하였을 경우, 기말부채는? (단, 다른 자본항목의 변동은 없다) 2020 관세직 9급

① ₩2,700,000 ② ₩2,900,000 ③ ₩3,600,000 ④ ₩4,300,000

36 정답 ②

해설

	기초			기말	
자산	부채		자산 500,000 증가	부채 200,000 증가	
	자본			자본 300,000 증가	

수익 - 비용 ± 자본의 증감(유상증자 100,000 - 평가손실 10,000 + 재평가이익 20,000)

자본 증가액 ₩300,000 = 당기순이익 + 자본증감 ₩110,000

당기순이익 = ₩190,000

37 정답 ②

해설

	기초			기말	
자산 5,000,000	부채 2,000,000		자산 6,500,000	부채 ?	
	자본 ?			자본 ?	

당기순이익(수익 1,000,000 - 비용 800,000) ± 자본의 증감(증자 500,000 - 현금배당 100,000)

기초 자본 = 자산 ₩5,000,000 - 부채 ₩2,000,000 = ₩3,000,000

기말 자본 = 기초 자본 ₩3,000,000 + 당기순이익 (수익 ₩1,000,000 - 비용 ₩800,000) + 자본의 증감(증자 ₩500,000 - 현금배당 ₩100,000) = ₩3,600,000

기말 부채 = 기말 자산 ₩6,500,000 - 기말 자본 ₩3,600,000 = ₩2,900,000

38 20×1년 기초 재무상태표와 기말 재무상태표의 자산 및 부채의 총액이 다음과 같고 수익과 비용의 합계액이 각각 ₩10,000,000과 ₩8,000,000인 경우, 20×1년의 추가적인 지분출자액은? (단, 배당금은 고려하지 않는다)

2020 국가직 7급

구분	기초	기말
자산총액	₩50,000,000	₩30,000,000
부채총액	₩65,000,000	₩20,000,000

① ₩20,000,000　② ₩23,000,000　③ ₩26,000,000　④ ₩29,000,000

39 ㈜한국의 다음 재무자료를 이용한 기타포괄이익은?

2021 지방직 9급

○ 기초자산	₩15,000	○ 기초부채		₩8,000
○ 기말자산	₩18,000	○ 기말부채		₩5,000
○ 당기순이익	₩3,000	○ 유상증자		₩2,000
○ 현금배당	₩1,000	○ 기타포괄이익		?

① ₩0　② ₩1,000　③ ₩2,000　④ ₩3,000

정답과 해설

38 정답 ②

해설

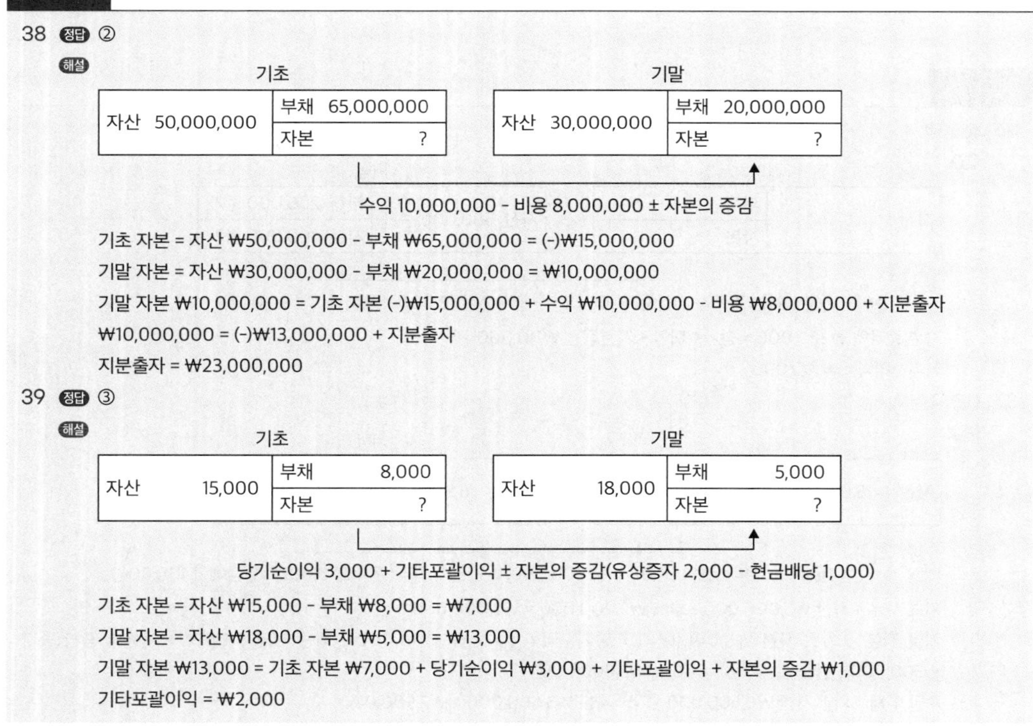

기초 자본 = 자산 ₩50,000,000 - 부채 ₩65,000,000 = (-)₩15,000,000

기말 자본 = 자산 ₩30,000,000 - 부채 ₩20,000,000 = ₩10,000,000

기말 자본 ₩10,000,000 = 기초 자본 (-)₩15,000,000 + 수익 ₩10,000,000 - 비용 ₩8,000,000 + 지분출자

₩10,000,000 = (-)₩13,000,000 + 지분출자

지분출자 = ₩23,000,000

39 정답 ③

해설

기초 자본 = 자산 ₩15,000 - 부채 ₩8,000 = ₩7,000

기말 자본 = 자산 ₩18,000 - 부채 ₩5,000 = ₩13,000

기말 자본 ₩13,000 = 기초 자본 ₩7,000 + 당기순이익 ₩3,000 + 기타포괄이익 + 자본의 증감 ₩1,000

기타포괄이익 = ₩2,000

40 ㈜한국의 다음 재무자료를 이용한 기말 부채는?
2023 지방직 9급

○ 기초 자산	₩2,000,000	○ 기초 부채	₩500,000
○ 당기순이익	₩700,000	○ 기타포괄이익	₩50,000
○ 현금배당	₩300,000	○ 유상증자	₩1,250,000
○ 기말 자산	₩4,000,000		

① ₩800,000 ② ₩850,000 ③ ₩3,150,000 ④ ₩3,200,000

41 다음 자료를 이용한 기말 자산총계는?
2024 관세직 9급

○ 기초 자산총계	₩800
○ 기초 부채총계	₩400
○ 기말 부채총계	₩300
○ 당기순이익	₩100
○ 기중 유상증자액	₩200
○ 기중 발생한 재평가잉여금	₩50

① ₩700 ② ₩850 ③ ₩900 ④ ₩1,050

---

40 정답 ①

해설

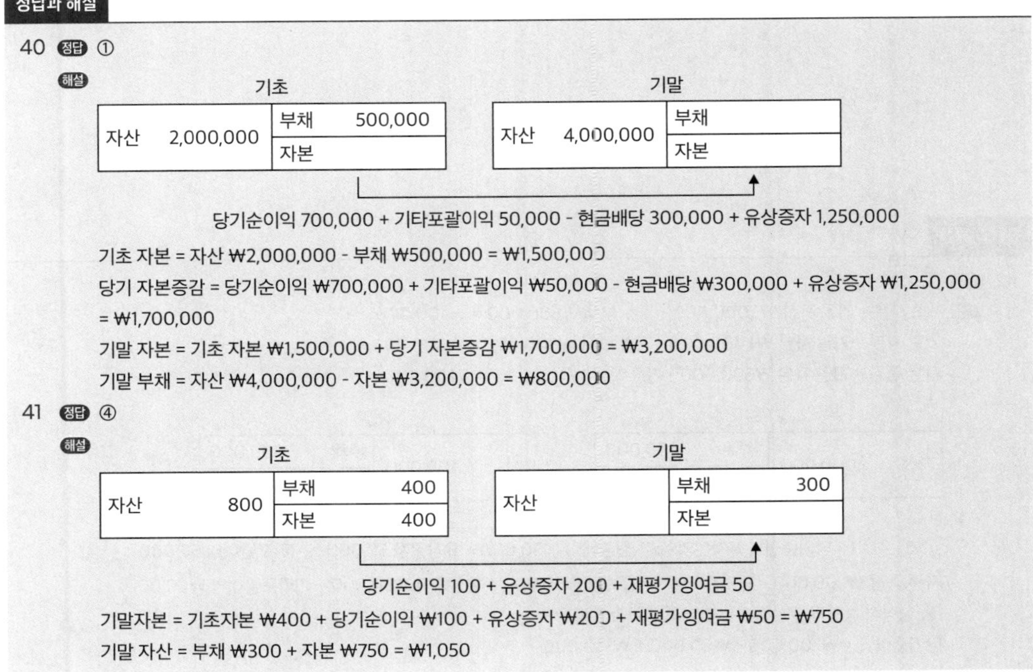

기초 자본 = 자산 ₩2,000,000 - 부채 ₩500,000 = ₩1,500,000

당기 자본증감 = 당기순이익 ₩700,000 + 기타포괄이익 ₩50,000 - 현금배당 ₩300,000 + 유상증자 ₩1,250,000
= ₩1,700,000

기말 자본 = 기초 자본 ₩1,500,000 + 당기 자본증감 ₩1,700,000 = ₩3,200,000

기말 부채 = 자산 ₩4,000,000 - 자본 ₩3,200,000 = ₩800,000

41 정답 ④

해설

기말자본 = 기초자본 ₩400 + 당기순이익 ₩100 + 유상증자 ₩200 + 재평가잉여금 ₩50 = ₩750

기말 자산 = 부채 ₩300 + 자본 ₩750 = ₩1,050

42 다음 자료를 이용한 ㈜한국의 당기순이익은?

2024 국가직 7급

○ 기초 자산	₩1,000,000	○ 기초 부채	₩600,000
○ 기말 자산	₩1,400,000	○ 기말 부채	₩800,000
○ 현금배당	₩50,000	○ 무상증자	₩10,000
○ 유상증자	₩50,000	○ 기타포괄이익	₩60,000

① ₩130,000　　② ₩140,000　　③ ₩150,000　　④ ₩200,000

42 정답 ②

해설 기초 자본 = 기초 자산 ₩1,000,000 - 기초 부채 ₩600,000 = ₩400,000

기말 자본 = 기말 자산 ₩1,400,000 - 기말 부채 ₩800,000 = ₩600,000

자본 증감 = 기말 자본 ₩600,000 - 기초 자본 ₩400,000 = ₩200,000

기초				기말			
자산	1,000,000	부채	600,000	자산	1,400,000	부채	800,000
		자본	400,000			자본	600,000

당기순이익 ± 자본의 증감(현금배당 (-)50,000 + 유상증자 50,000 + 기타포괄이익 60,000)

자본 증감 ₩200,000 = 당기순이익 - 현금배당 ₩50,000 + 유상증자 ₩50,000 + 기타포괄이익 ₩60,000

(※ 형식적 증자인 무상증자는 자본의 변화가 없다)

당기순이익 = ₩200,000 - ₩60,000 = ₩140,000

[02-02] 시산표

43 다음은 ㈜한국의 임차료와 지급어음의 장부마감 전 계정별 원장이다. 장부 마감 시 각 계정별 원장에 기입할 내용으로 옳은 것은?

2016 관세직 9급

임차료				지급어음	
현금	₩50,000	선급비용	₩40,000	외상매입금	₩50,000

① 임차료계정 원장의 차변에 차기이월 ₩10,000으로 마감한다.

② 임차료계정 원장의 대변에 집합손익 ₩10,000으로 마감한다.

③ 지급어음계정 원장의 대변에 차기이월 ₩50,000으로 마감한다.

④ 지급어음계정 원장의 차변에 집합손익 ₩50,000으로 마감한다.

43 **정답** ②

해설 장부마감 시 손익계산서 항목은 잔액(계정별 원장의 균형을 맞추는 금액)을 집합손익으로 마감하고, 재무상태표 항목은 차기이월로 마감한다. 따라서 마감 후의 계정별 원장은 다음과 같다.

임차료				지급어음			
현금	₩50,000	선급비용	₩40,000	차기이월	₩50,000	외상매입금	₩50,000
		집합손익	₩10,000		₩50,000		₩50,000
	₩50,000		₩50,000				

44 유동자산과 유동부채에 대한 설명으로 옳지 않은 것은?   2018 국가직 7급

① 기업의 정상영업주기 내에 실현될 것으로 예상하거나, 정상영업주기 내에 판매하거나 소비할 의도가 있는 자산은 유동자산으로 분류한다.

② 보고기간 후 12개월 이내에 실현될 것으로 예상되는 자산은 유동자산으로 분류한다.

③ 보고기간 후 12개월 이상 부채의 결제를 연기할 수 있는 무조건의 권리를 가지고 있지 않은 부채는 유동부채로 분류한다.

④ 매입채무와 같이 기업의 정상영업주기 내에 사용되는 운전자본의 일부항목이라도 보고기간 후 12개월 후에 결제일이 도래할 경우 비유동부채로 분류한다.

45 주석에 관한 설명으로 옳지 않은 것은?   2020 관세직 9급

① 한국채택국제회계기준에서 요구하는 정보이지만 재무제표 어느 곳에도 표시되지 않는 정보를 제공한다.

② 재무제표 어느 곳에도 표시되지 않지만 재무제표를 이해하는 데 목적적합한 정보를 제공한다.

③ 재무제표의 이해가능성과 비교가능성에 미치는 영향을 고려하여 실무적으로 적용 가능한 한 체계적인 방법으로 표시한다.

④ 재무제표에 첨부되는 서류로 주요 계정과목의 변동을 세부적으로 기술한 보조적 명세서이다.

정답과 해설

44 **정답** ④

해설 매입채무 그리고 종업원 및 그 밖의 영업원가에 대한 미지급비용과 같은 유동부채는 기업의 정상영업주기 내에 사용되는 운전자본의 일부이다. 이러한 항목은 보고기간 후 12개월 후에 결제일이 도래한다 하더라도 유동부채로 분류한다.

45 **정답** ④

해설 주석 역시 전체 재무제표에 포함된다. 현행 재무제표에는 별도로 첨부되는 보조적 명세서가 없다.

46 『한국채택국제회계기준』에서 제시된 '상계'에 대한 설명으로 옳지 <u>않은</u> 것은? 2021 지방직 9급

① 외환손익 또는 단기매매 금융상품에서 발생하는 손익과 같이 유사한 거래의 집합에서 발생하는 차익과 차손은 중요성을 고려하지 않고 순액으로 표시한다.

② 확정급여제도의 초과적립액을 다른 제도의 확정급여채무를 결제하는 데 사용할 수 있는 법적으로 집행가능한 권리가 있고, 순액기준으로 확정급여채무를 결제할 의도가 있거나, 동시에 제도의 초과적립액을 실현하고 다른 제도의 확정급여채무를 결제할 의도가 있다면, 확정급여제도와 관련한 자산은 다른 확정급여제도와 관련된 부채와 상계한다.

③ 투자자산 및 영업용자산을 포함한 비유동자산의 처분손익은 처분대가에서 그 자산의 장부금액과 관련처분비용을 차감하여 표시한다.

④ 충당부채와 관련하여 포괄손익계산서에 인식한 비용은 제삼자의 변제와 관련하여 인식한 금액과 상계하여 표시할 수 있다.

47 재무제표 표시에 대한 설명으로 옳지 <u>않은</u> 것은? 2023 지방직 9급

① 유동성 순서에 따른 표시방법을 적용할 경우 모든 자산과 부채는 유동성의 순서에 따라 표시한다.

② 금융회사와 같은 일부 기업의 경우에는 오름차순이나 내림차순의 유동성 순서에 따른 표시방법으로 자산과 부채를 표시하는 것이 유동/비유동 구분법보다 신뢰성 있고 더욱 목적적합한 정보를 제공한다.

③ 기업이 명확히 식별 가능한 영업주기 내에서 재화나 용역을 제공하는 경우, 재무상태표에 유동자산과 비유동자산 및 유동부채와 비유동부채를 구분하여 표시한다.

④ 기업이 기존의 대출계약조건에 따라 보고기간 후 적어도 12개월 이상 부채를 차환하거나 연장할 것으로 기대하고 있고, 그런 재량권이 있더라도, 보고기간 후 12개월 이내에 만기가 도래한다면 유동부채로 분류한다.

46 **정답** ①

해설 외환손익 또는 단기매매 금융상품에서 발생하는 손익과 같이 유사한 거래의 집합에서 발생하는 차익과 차손은 순액으로 표시한다. 그러나 그러한 차익과 차손이 중요한 경우에는 구분하여 표시한다.

47 **정답** ④

해설 기업이 보고기간말 현재 기존의 대출계약조건에 따라 보고기간 후 적어도 12개월 이상 부채를 연장할 권리가 있다면, 보고기간 후 12개월 이내에 만기가 도래한다 하더라도 비유동부채로 분류한다.

※ 2024년 1월 1일부터 적용된 개정기준서에 따르면 부채의 분류는 기업이 보고기간 후 적어도 12개월 이상 부채의 결제를 연기할 권리의 행사 가능성에 영향을 받지 않는다. 부채가 비유동부채로 분류되는 기준을 충족한다면, 비록 경영진이 보고기간 후 12개월 이내에 부채의 결제를 의도하거나 예상하더라도, 또는 보고기간말과 재무제표 발행승인일 사이에 부채를 결제하더라도 비유동부채로 분류한다. 따라서, 부채를 차환하거나 연장할 것을 기대하는지와 관계없이 부채를 연장할 권리가 있다면 비유동부채로 분류한다.

48 유동부채에 대한 설명으로 옳지 않은 것은? 2024 국가직 7급

① 매입채무 그리고 종업원 및 그 밖의 영업원가에 대한 미지급비용과 같은 유동부채는 기업의 정상영업주기 내에 사용되는 운전자본의 일부이다. 이러한 항목은 보고기간 후 12개월 후에 결제일이 도래한다 하더라도 유동부채로 분류한다.

② 기업이 보고기간말 현재 기존의 대출계약조건에 따라 보고기간 후 적어도 12개월 이상 부채를 연장할 권리가 있다면, 보고기간 후 12개월 이내에 만기가 도래한다 하더라도 비유동부채로 분류한다. 만약 기업에 그러한 권리가 없다면, 차환가능성을 고려하지 않고 유동부채로 분류한다.

③ 대여자가 보고기간말 이전에 보고기간 후 적어도 12개월 이상의 유예기간을 주는 데 합의하여 그 유예기간 내에 기업이 위반사항을 해소할 수 있고, 또 그 유예기간 동안에는 대여자가 즉시 상환을 요구할 수 없다면 그 부채는 비유동부채로 분류한다.

④ 보고기간말 이전에 장기차입약정을 위반했을 때 대여자가 즉시 상환을 요구할 수 있는 채무는 보고기간 후 재무제표 발행승인일 전에 채권자가 약정위반을 이유로 상환을 요구하지 않기로 합의한다면 비유동부채로 분류한다.

48 **정답** ④

해설 보고기간말 이전에 장기차입약정의 약정사항을 위반했을 때 대여자가 즉시 상환을 요구할 수 있는 채무는 보고기간 후 재무제표 발행승인일 전에 대여자가 약정위반을 이유로 상환을 요구하지 않기로 합의하더라도 유동부채로 분류한다. 그 이유는 기업이 보고기간말 현재 그 시점으로부터 적어도 12개월 이상 결제를 연기할 수 있는 권리를 가지고 있지 않기 때문이다.

49 다음의 장부마감 전 자료를 토대로 계산한 기말 자본은? (단, 수익과 비용에는 기타포괄손익 항목이 포함되어 있지 않다)

2016 관세직 9급

수익 합계	₩2,000,000	비용 합계	₩1,000,000
자본금	₩1,000,000	주식발행초과금	₩500,000
이익잉여금	₩500,000	자기주식	₩100,000
감자차익	₩100,000	재평가잉여금	₩200,000

① ₩3,500,000 ② ₩3,300,000
③ ₩3,200,000 ④ ₩3,000,000

50 다음은 ㈜한국의 20×1년도 및 20×2년도 말 부분재무제표이다.

구분	20×1년	20×2년
자산 총계	₩45,000	₩47,000
부채 총계	₩15,000	₩14,600
당기순이익	₩4,00C	₩1,500

20×2년도 중에 ㈜한국은 ₩2,000을 유상증자하였고 현금배당 ₩3,000, 주식배당을 ₩1,000 하였다. ㈜한국의 20×2년도 포괄손익계산서상 기타포괄손익은?

2019 국가직 7급

① ₩1,600 ② ₩1,700
③ ₩1,800 ④ ₩1,900

정답과 해설

49 **정답** ③

해설 장부마감 후 이익잉여금 = 마감 전 ₩500,000 + 집합손익(수익 합계 ₩2,000,000 − 비용 합계 ₩1,000,000)
= ₩1,500,000

기말자본 = 자본금 ₩1,000,000 + 주식발행초과금 ₩500,000 + 마감 후 이익잉여금 ₩1,500,000 − 자기주식 ₩100,000 + 감자차익 ₩100,000 + 재평가잉여금 ₩200,000 = ₩3,200,000

50 **정답** ④

해설

기초		
자산 45,000	부채	15,000
	자본	30,000

기말		
자산 47,000	부채	14,600
	자본	32,400

당기순이익 1,500 ± 자본의 증감(유상증자 2,0C0 − 현금배당 3,000 ± 기타포괄손익)

자본 증가액 ₩2,400 = 당기순이익 ₩1,500 + 유상증자 ₩2,000 − 현금배당 ₩3,000 ± 기타포괄손익

기타포괄손익 = ₩1,900

※ 주식배당은 잉여금이 자본금으로 대체될 뿐, 자본의 증감에는 영향을 주지 않는다.

51 다음은 기업에서 발생한 사건들을 나열한 것이다. 이 중 회계상의 거래에 해당되는 것을 모두 고른 것은?

2012 지방직 9급

> ㄱ. 현금 ₩50,000,000을 출자하여 회사를 설립하였다.
>
> ㄴ. 원재료 ₩30,000,000을 구입하기로 계약서에 날인하였다.
>
> ㄷ. 종업원 3명을 고용하기로 하고 근로계약서를 작성하였다. 계약서에는 월급여액과 상여금액을 합하여 1인당 ₩2,000,000으로 책정하였다.
>
> ㄹ. 회사 사무실 임대계약을 하고 보증금 ₩100,000,000을 송금하였다.

① ㄱ, ㄴ, ㄷ, ㄹ ② ㄱ, ㄴ, ㄹ ③ ㄱ, ㄹ ④ ㄴ, ㄷ

52 다음은 ㈜한국의 외상거래와 관련된 내용이다. 2013년도 재무제표에 미치는 영향으로 옳지 않은 것은?

2013 국가직·관세직 9급

> ㈜한국은 2012년 4월 1일 계약금 명목으로 거래처로부터 ₩20,000을 수령하고, 2013년 2월 1일 원가 ₩50,000인 제품을 ₩80,000에 외상으로 판매하였다. 외상대금 ₩60,000은 2014년 12월 1일에 회수할 예정이다. (단, 재고자산은 계속기록법을 적용한다)

① 선수금의 감소
② 수익의 증가
③ 비유동자산의 증가
④ 순유동자산의 증가

---

51 **정답** ③

해설 회계상 거래가 되기 위해서는 재산의 변화가 있어야 하고 이를 금액으로 확정할 수 있어야 한다. 계약을 체결하거나 약속을 하는 것만으로는 재산의 변화가 없기에 거래가 성립되지 않는다.

52 **정답** ③

해설 일자별 분개는 다음과 같다.

2012. 4. 1.	(차)	현금	20,000	(대)	선수금	20,000
2013. 2. 1.	(차)	선수금	20,000	(대)	매출액	80,000
		장기매출채권	60,000			
	(차)	매출원가	50,000	(대)	재고자산	50,000
2013. 12. 31.	(차)	매출채권	60,000	(대)	장기매출채권	60,000
2014. 12. 1.	(차)	현금	60,000	(대)	매출채권	60,000

따라서 2013년에 선수금이 ₩20,000 감소하고, 매출액(수익) ₩80,000을 인식한다. 매출채권의 경우 재무제표에 보고되는 시점에는 유동자산으로 보고되므로(유동성대체) 비유동자산의 증가는 없다. 순유동자산은 '유동자산 - 유동부채'를 의미한다. 유동자산이 ₩10,000(매출채권 ₩60,000 - 재고자산 ₩50,000) 증가하고, 유동부채는 ₩20,000(선수금) 감소하므로 순유동자산은 ₩30,000 증가한다.

53 자산총액, 부채총액 및 자본총액의 변동이 없는 것은? 2017 관세직 9급 추가채용

① 건물을 장부가액으로 매각하고 대금은 1개월 후에 받기로 하였다.

② 유상증자를 하여 주주로부터 자본금을 납입받았다.

③ 주주에게 현금배당금을 지급하였다.

④ 토지를 매입하고 그에 대한 대가로 어음을 교부하였다.

54 다음은 회계순환과정을 이루고 있는 절차의 일부이다. 이 절차들의 순서가 바르게 연결된 것은? 2016 관세사

ㄱ. 분개	ㄴ. 재무제표작성
ㄷ. 결산수정분개	ㄹ. 수정 후 시산표
ㅁ. 거래의 발생	ㅂ. 원장으로 전기

① ㅁ → ㅂ → ㄱ → ㄹ → ㄷ → ㄴ

② ㄱ → ㅂ → ㄹ → ㄷ → ㄴ → ㅁ

③ ㅁ → ㄱ → ㅂ → ㄹ → ㄷ → ㄴ

④ ㅁ → ㄱ → ㅂ → ㄷ → ㄹ → ㄴ

⑤ ㅁ → ㅂ → ㄱ → ㄷ → ㄹ → ㄴ

53 **정답** ①

해설 ① 건물(자산) 장부금액이 감소하는 만큼 미수금(자산)이 증가하므르 자산, 부채, 자본의 총액에 변화가 없다.

② 납입받은 금액만큼 현금(자산)이 증가하고, 자본도 증가한다.

③ 지급한 금액만큼 현금(자산)이 감소하고, 잉여금(자본)이 감소하거나(결의 즉시 지급) 미지급배당금(부채)이 감소한다.

④ 토지(자산)와 미지급금(부채)이 동시에 증가한다.

54 **정답** ④

해설 거래의 발생 → 분개 → 원장으로 전기 → 수정 전 시산표 → 결산수정분개 → 수정 후 시산표 → 재무제표작성

55 ㈜한국은 2012년 1월 1일에 영업을 시작하여 2012년 12월 31일 다음과 같은 재무정보를 보고하였다. 재무제표의 설명으로 옳지 않은 것은?

2013 국가직·관세직 9급

현금	₩500,000	자본금	₩200,000
사무용 가구	₩1,000,000	재고자산	₩350,000
매출	₩3,000,000	미지급금	₩200,000
잡비	₩50,000	매출원가	₩2,000,000
매입채무	₩600,000	감가상각비	₩100,000

① 재무상태표에 보고된 총자산은 ₩1,850,000이다.

② 재무상태표에 보고된 총부채는 ₩800,000이다.

③ 손익계산서에 보고된 당기순이익은 ₩800,000이다.

④ 재무상태표에 보고된 총자본은 ₩1,050,000이다.

56 상품매매기업이 비용의 기능별 분류법에 따라 단일의 포괄손익계산서를 작성하는 경우 최소한 표시해야 할 항목이 아닌 것은?

2014 국가직·관세직 9급

① 법인세비용

② 매출원가

③ 금융원가

④ 특별손실

정답과 해설

55 **정답** ③

해설 총자산 = 현금 ₩500,000 + 사무용 가구 ₩1,000,000 + 재고자산 ₩350,000 = ₩1,850,000

총부채 = 미지급금 ₩200,000 + 매입채무 ₩600,000 = ₩800,000

당기순이익 = 매출 ₩3,000,000 - 잡비 ₩50,000 - 매출원가 ₩2,000,000 - 감가상각비 ₩100,000 = ₩850,000

총자본 = 총자산 ₩1,850,000 - 총부채 ₩800,000 = ₩1,050,000

총자본 = 자본금 ₩200,000 + 당기순이익 ₩850,000 = ₩1,050,000

56 **정답** ④

해설 특별손익 항목은 회계에 존재하지 않는다! 수익과 비용의 어느 항목도 당기손익과 기타포괄손익을 표시하는 보고서 또는 주석에 특별손익 항목으로 표시할 수 없다.

57 『한국채택국제회계기준』에 의해 보고할 때, 해당하는 금액이 있을 경우 재무상태표에 적어도 표시
해야 할 항목이 아닌 것은?

2011 관세직 9급

① 생물자산

② 유동자산

③ 투자부동산

④ 지분법에 따라 회계처리하는 투자자산

58 ㈜한국의 재무상태표상 기말자산항목과 기말부채항목이 다음과 같을 경우 기말자본의 금액은?

2011 관세직 9급

상품	₩500,000	선급비용	₩100,000
매입채무	₩120,000	비품	₩200,000
미지급금	₩50,000	현금	₩60,000
매출채권	₩140,000	선수수익	₩70,000

① ₩360,000　　　② ₩560,000

③ ₩760,000　　　④ ₩900,000

57 정답 ②

해설 유동자산은 재무상태표에 반드시 표시해야 할 항목에 포함되지 않는다. 유동/비유동 구분이 아닌 유동성 순서에 따른 표시방
법을 적용할 경우에는 유동자산과 비유동자산이 구분되어 표시되지 않는다.

58 정답 ③

해설 기말자산 = 상품 ₩500,000 + 선급비용 ₩100,000 + 비품 ₩200,000 + 현금 ₩60,000 + 매출채권 ₩140,000 =
₩1,000,000

기말부채 = 매입채무 ₩120,000 + 미지급금 ₩50,000 + 선수수익 ₩70,000 = ₩240,000

기말자본 = 기말자산 ₩1,000,000 - 기말부채 ₩240,000 = ₩760,000

59 『한국채택국제회계기준』에 따른 비용을 기능별로 분류할 때, 다음 중 매출원가에 영향을 미칠 수 있는 것은?

① 유형자산을 장부가액보다 낮은 가격으로 처분한다.

② 주주총회의 의결에 따라 주주들에게 배당을 지급한다.

③ 제품 구매의 이행을 위한 계약금을 지급한다.

④ 공장 건물에 대한 감가상각비를 계상한다.

60 재무제표의 작성 및 표시에 대한 설명으로 옳은 것은?

① 재무상태표상 자산과 부채는 반드시 유동성 순서에 따라 표시한다.

② 한국채택국제회계기준은 재무제표 및 연차보고서 작성 시 반드시 적용되어야 한다.

③ 매출채권에서 대손충당금을 차감하여 매출채권을 순액으로 표시하는 것은 상계표시에 해당한다.

④ 수익과 비용 어느 항목도 포괄손익계산서상에 특별손익으로 구분하여 표시할 수 없으며, 주석으로 표시하는 것도 금지하고 있다.

정답과 해설

59 **정답** ④

해설 유형자산처분손실은 영업외비용으로 처리하며, 배당금의 지급은 손익항목이 아닌 잉여금의 처분항목(자본의 감소)에 해당한다. 계약금의 지급 역시 손익에는 영향을 미치지 않고 선급금(자산의 증가)으로 처리한다. 공장 건물에 대한 감가상각비는 매출원가를 구성한다.

60 **정답** ④

해설 ① 유동성 순서에 따른 표시 외에 유동/비유동 구분표시가 가능하다.

② 한국채택국제회계기준은 오직 재무제표에만 적용하며 연차보고서, 감독기구 제출서류 또는 다른 문서에 표시되는 그 밖의 정보에 반드시 적용하여야 하는 것은 아니다.

③ 재고자산에 대한 재고자산평가충당금과 매출채권에 대한 대손충당금과 같은 평가충당금을 차감하여 관련 자산을 순액으로 측정하는 것은 상계표시에 해당하지 아니한다.

61 **재무제표 표시에 대한 설명으로 옳지 않은 것은?** 2017 지방직 9급 추가채용

① 재무제표의 항목을 소급하여 재분류하고, 이러한 소급재분류가 전기 기초 재무상태표의 정보에 중요한 영향을 미치는 경우 전기 기초 재무상태표도 전체 재무제표에 포함된다.

② 한국채택국제회계기준은 오직 재무제표에만 적용하며, 재무제표는 동일한 문서에 포함되어 함께 공표되는 그 밖의 정보와 명확하게 구분되고 식별되어야 한다.

③ 기업이 재무상태표의 자산과 부채를 유동과 비유동으로 구분표시하는 경우, 어떤 경우라도 이연법인세자산(부채)은 유동자산(부채)으로 분류하지 아니한다.

④ 일반적으로 수익과 비용은 포괄손익계산서에 특별손익 항목으로 표시할 수 없지만, 천재지변 등 예외적인 경우에 한하여 해당 수익과 비용을 특별손익 항목으로 주석에 표시할 수 있다.

62 **재무제표의 표시에 대한 설명으로 가장 옳은 것은?** 2019 서울시 7급

① 유동성 순서에 따른 표시방법이 신뢰성 있고 더욱 목적적합한 정보를 제공하는 경우를 제외하고는 자산과 부채를 유동항목과 비유동항목으로 구분하여 재무상태표에 표시한다.

② 부적절한 회계정책을 적용할 경우 공시나 주석 또는 보충자료를 통해 설명한다면 정당하다.

③ 기업은 발생기준 회계를 사용하여 모든 재무제표를 각성한다.

④ 수익과 비용의 특별손익 항목은 주석에 표시한다.

61 **정답** ④

해설 특별손익 항목은 회계에 존재하지 않는다! 수익과 비용의 어느 항목도 당기손익과 기타포괄손익을 표시하는 보고서 또는 주석에 특별손익 항목으로 표시할 수 없다.

62 **정답** ①

해설 ② 부적절한 회계정책은 이에 대하여 공시나 주석 또는 보충 자료를 통해 설명하더라도 정당화될 수 없다.
③ 기업은 현금흐름 정보를 제외하고는 발생기준 회계를 사용하여 재무제표를 작성한다. 즉, 재무제표 중 현금흐름표는 발생기준 회계를 사용하지 않는다.
④ 특별손익은 제발 그만 보내 주자!

63 ㈜관세의 다음 자료를 바탕으로 유동자산으로 분류할 수 있는 금액의 합계액은? 2014 관세사

· 정상영업주기 내 판매하거나 소비될 것으로 예상되는 재고자산	₩250,000
· 주로 단기매매목적으로 보유하고 있는 다른 회사 발행 주식	₩1,000,000
· 기업의 정상영업주기내 회수될 것으로 예상하는 매출채권	₩700,000
· 보고기간 후 12개월 이내에 회수될 것으로 예상되는 대여금	₩370,000
· 보고기간 후 12개월 이내에 만기가 도래하는 부채의 상환에 쓰도록 용도가 제한된 현금	₩440,000

① ₩1,000,000 　② ₩1,370,000 　③ ₩1,950,000
④ ₩2,320,000 　⑤ ₩2,760,000

64 회계기준에 제시된 재무제표 표시의 일반사항에 대한 설명으로 옳지 않은 것은? 2018 보험계리사

① 재무제표 항목의 표시나 분류를 변경하는 경우 실무적으로 적용할 수 없는 것이 아니라면 비교금액도 재분류해야 한다.

② 경영진은 재무제표를 작성할 때 계속기업으로서의 존속가능성을 평가해야 한다.

③ 기업은 현금흐름 정보를 제외하고는 발생기준 회계를 사용하여 재무제표를 작성한다.

④ 한국채택국제회계기준에 특정 요구사항이 열거되어 있거나 최소한의 요구사항으로 기술되어 있다면 중요하지 않더라도 그 공시를 제공해야 한다.

정답과 해설

63 정답 ⑤

해설 자산은 다음의 경우에 유동자산으로 분류한다.

(1) 기업의 정상영업주기 내에 실현될 것으로 예상하거나, 정상영업주기 내에 판매하거나 소비할 의도가 있다. (재고자산 ₩250,000, 매출채권 ₩700,000)

(2) 주로 단기매매 목적으로 보유하고 있다. (주식 ₩1,000,000)

(3) 보고기간 후 12개월 이내에 실현될 것으로 예상한다. (대여금 ₩370,000)

(4) 현금이나 현금성자산으로서, 교환이나 부채 상환 목적으로의 사용에 대한 제한 기간이 보고기간 후 12개월 이상이 아니다. (용도 제한 현금 ₩440,000)

64 정답 ④

해설 한국채택국제회계기준의 요구에 따라 공시되는 정보가 중요하지 않다면 그 공시를 제공할 필요는 없다. 이는 한국채택국제회계기준에 특정 요구사항이 열거되어 있거나 최소한의 요구사항으로 기술되어 있더라도 그러하다.

65 회계기준에 제시된 재무상태표에 대한 설명으로 옳지 않은 것은?　　　　　　　　　2018 보험계리사

① 기업의 재무상태를 이해하는 데 목적적합한 경우 추가 표시하는 중간합계를 한국채택국제회계기준
에서 요구하는 중간합계보다 부각되게 표시할 수 있다.

② 기업의 재무상태를 이해하는 데 목적적합한 정보를 제공하기 위해 기업과 거래의 성격에 따라 사용
된 용어와 항목의 순서, 또는 유사 항목의 통합방법을 변경할 수 있다.

③ 금융회사와 같은 일부 기업의 경우에는 오름차순이나 내림차순의 유동성 순서에 따른 표시방법으로
자산과 부채를 표시하는 것이 유동/비유동 구분법보다 신뢰성 있고 더욱 목적적합한 정보를 제공한다.

④ 신뢰성 있고 더욱 목적적합한 정보를 제공한다면 자산과 부채의 일부는 유동/비유동 구분법으로, 나
머지는 유동성 순서에 따른 표시방법으로 표시하는 것이 허용된다.

66 재무제표 표시에 관한 설명으로 옳은 것은?　　　　　　　　　　　　　　　　2019 관세사

① 기업은 재무제표, 연차보고서, 감독기구 제출서류 또는 다른 문서에 표시되는 그 밖의 정보 등 외부
에 공시되는 모든 재무적 및 비재무적 정보에 한국채택국제회계기준을 적용하여야 한다.

② 투자자산 및 영업용자산을 포함한 비유동자산의 처분손익은 처분대가에서 그 자산의 장부금액과 관
련처분비용을 차감하여 상계표시 한다.

③ 경영진이 기업을 청산하거나 경영활동을 중단할 의도를 가지고 있거나 청산 또는 경영활동의 중단
의도가 있을 경우에도 계속기업을 전제로 재무제표를 작성한다.

④ 한국채택국제회계기준의 요구사항을 모두 충족하지 않더라도 일부만 준수하여 재무제표를 작성한
기업은 그러한 준수 사실을 주석에 명시적이고 제한없이 기재한다.

⑤ 변경된 표시방법의 지속가능성이 낮아 비교가능성을 저해하더라도 재무제표이용자에게 신뢰성 있
고 더욱 목적적합한 정보를 제공한다고 판단할 때에는 재무제표의 표시방법을 변경한다.

정답과 해설

65 **정답** ①

해설 중간합계를 추가하여 표시할 때에는 한국채택국제회계기준에서 요구하는 중간합계와 합계보다 더 부각되어 나타나지 않도
록 한다.

66 **정답** ②

해설 ① 한국채택국제회계기준은 오직 재무제표에만 적용하며 연차보고서, 감독기구 제출서류 또는 다른 문서에 표시되는 그 밖
의 정보에 반드시 적용하여야 하는 것은 아니다.
③ 경영진이 기업을 청산하거나 경영활동을 중단할 의도를 가지고 있지 않거나, 청산 또는 경영활동의 중단 외에 다른 현실적
대안이 없는 경우가 아니면 계속기업을 전제로 재무제표를 작성한다. 만약 청산할 의도가 있는 경우에는 계속기업이 아닌 다
른 기준에 의하여 작성할 수 있으며, 이때는 그 사실과 함께 재무제표가 작성된 기준 및 그 기업을 계속기업으로 보지 않는 이
유를 공시하여야 한다.
④ 한국채택국제회계기준을 준수하여 재무제표를 작성하는 기업은 그러한 준수 사실을 주석에 명시적이고 제한 없이 기재한
다. 재무제표가 한국채택국제회계기준의 요구사항을 모두 충족한 경우가 아니라면 한국채택국제회계기준을 준수하여 작성
되었다고 기재하여서는 아니 된다.
⑤ 기업은 변경된 표시방법이 재무제표이용자에게 신뢰성 있고 더욱 목적적합한 정보를 제공하며, 변경된 구조가 지속적으
로 유지될 가능성이 높아 비교가능성을 저해하지 않을 것으로 판단할 때에만 재무제표의 표시방법을 변경한다.

67 재무상태표에 관한 설명으로 옳지 않은 것은? 2020 보험계리사

① 보고기간 후 재무제표 발행승인일 전에 장기로 차환하는 약정이 체결된 경우라 하더라도 금융부채가 보고기간 후 12개월 이내에 결제일이 도래하면 이를 유동부채로 분류한다.

② 유동자산과 비유동자산, 유동부채와 비유동부채로 구분하는 표시 방법이 신뢰성 있고 더욱 목적적합한 정보를 제공하는 경우를 제외하고는 자산과 부채는 유동성 순서에 따라 표시한다.

③ 기업은 재무제표에 표시된 개별항목을 기업의 영업활동을 나타내기에 적절한 방법으로 세분류하고, 그 추가적인 분류 내용을 재무상태표 또는 주석에 공시한다.

④ 유동자산은 보고기간 후 12개월 이내에 실현될 것으로 예상되지 않는 경우에도 재고자산과 매출채권과 같이 정상영업주기의 일부로서 판매, 소비 또는 실현되는 자산을 포함한다.

68 재무제표 표시에 관한 설명으로 옳은 것은? 2020 감정평가사

① 비용을 성격별로 분류하는 경우에는 적어도 매출원가를 다른 비용과 분리하여 공시해야 한다.

② 기타포괄손익의 항목(재분류조정 포함)과 관련한 법인세비용 금액은 포괄손익계산서에 직접 표시해야 하며 주석을 통한 공시는 허용하지 않는다.

③ 유동자산과 비유동자산을 구분하여 표시하는 경우라면 이연법인세자산을 유동자산으로 분류할 수 있다.

④ 한국채택국제회계기준에서 별도로 허용하지 않는 한, 중요하지 않은 항목이라도 유사항목과 통합하여 표시해서는 안 된다.

⑤ 경영진은 재무제표를 작성할 때 계속기업으로서의 존속가능성을 평가해야 한다.

정답과 해설

67 **정답** ②

해설 유동성 순서에 따른 표시방법이 신뢰성 있고 더욱 목적적합한 정보를 제공하는 경우를 제외하고는 유동자산과 비유동자산, 유동부채와 비유동부채로 재무상태표에 구분하여 표시한다.

68 **정답** ⑤

해설 ① 비용을 기능별로 분류하는 경우에 적어도 매출원가를 다른 비용과 분리하여 공시한다.
② 기타포괄손익의 항목(재분류조정 포함)과 관련한 법인세비용 금액은 포괄손익계산서나 주석에 공시한다.
③ 이연법인세자산(부채)은 유동자산으로 분류하지 아니한다.
④ 중요하지 않은 항목은 성격이나 기능이 유사한 항목과 통합하여 표시할 수 있다.

69 재무제표 표시에 관한 설명으로 옳은 것은?

① 각각의 재무제표는 전체 재무제표에서 동등한 비중으로 표시한다.

② 한국채택국제회계기준을 준수하여 작성된 재무제표는 국제회계기준을 준수하여 작성된 재무제표임을 주석으로 공시할 수 없다.

③ 환경 요인이 유의적인 산업에 속해 있는 기업이 제공하는 환경보고서는 한국채택국제회계기준의 적용범위에 해당한다.

④ 부적절한 회계정책이라도 공시나 주석 또는 보충 자료를 통해 설명하면 정당화될 수 있다.

⑤ 기업이 재무상태표에 유동자산과 비유동자산, 그리고 유동부채와 비유동부채로 구분하여 표시하는 경우, 이연법인세자산(부채)은 유동자산(부채)으로 분류한다.

70 재무제표 표시에 관한 설명으로 옳은 것은?

① 재무제표는 동일한 문서에 포함되어 함께 공표되는 그 밖의 정보와 명확하게 구분되고 식별되어야 한다.

② 각각의 재무제표는 전체 재무제표에서 중요성에 따라 상이한 비중으로 표시한다.

③ 상이한 성격이나 기능을 가진 항목은 구분하여 표시하므로 중요하지 않은 항목이라도 성격이나 기능이 유사한 항목과 통합하여 표시할 수 없다.

④ 동일 거래에서 발생하는 수익과 관련비용의 상계표시가 거래나 그 밖의 사건의 실질을 반영하더라도 그러한 거래의 결과는 상계하여 표시하지 않는다.

⑤ 공시나 주석 또는 보충 자료를 통해 충분히 설명한다면 부적절한 회계정책도 정당화될 수 있다.

정답과 해설

69 **정답** ①

해설 ② 한국채택국제회계기준을 준수하여 재무제표를 작성하는 기업은 그러한 준수 사실을 주석에 명시적이고 제한 없이 기재한다.

③ 많은 기업은 특히 환경 요인이 유의적인 산업에 속해 있는 경우나 종업원이 주요 재무제표이용자인 경우에 재무제표 이외에도 환경보고서나 부가가치보고서와 같은 보고서를 제공한다. 재무제표 이외의 보고서는 한국채택국제회계기준의 적용범위에 해당하지 않는다.

④ 부적절한 회계정책은 이에 대하여 공시나 주석 도는 보충 자료를 통해 설명하더라도 정당화될 수 없다.

⑤ 기업이 재무상태표에 유동자산과 비유동자산, 그리고 유동부채와 비유동부채로 구분하여 표시하는 경우, 이연법인세자산(부채)은 유동자산(부채)으로 분류하지 아니한다.

70 **정답** ①

해설 ② 각각의 재무제표는 전체 재무제표에서 동등한 비중으로 표시한다.

③ 중요하지 않은 항목은 성격이나 기능이 유사한 항목과 통합하여 표시할 수 있다.

④ 동일 거래에서 발생하는 수익과 관련비용의 상계표시가 거래나 그 밖의 사건의 실질을 반영한다면 그러한 거래의 결과는 상계하여 표시한다.

⑤ 부적절한 회계정책은 이에 대하여 공시나 주석 또는 보충 자료를 통해 설명하더라도 정당화될 수 없다.

71 다음 자료에 의한 당기순이익은?

2013 국가직 9급

기초자산총액 ₩30,000
기초부채총액 ₩26,000
기말자산총액 ₩35,000
기말부채총액 ₩28,000
당기 중의 유상증자액 ₩3,000
당기 중의 현금배당액 ₩1,000
당기 중의 주식배당액 ₩2,000

① ₩1,000 ② ₩2,000

③ ₩3,000 ④ ₩4,000

71 정답 ①

해설

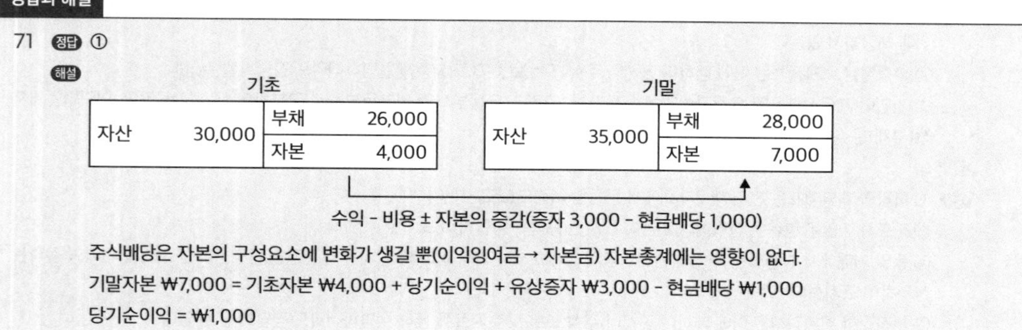

주식배당은 자본의 구성요소에 변화가 생길 뿐(이익잉여금 → 자본금) 자본총계에는 영향이 없다.

기말자본 ₩7,000 = 기초자본 ₩4,000 + 당기순이익 + 유상증자 ₩3,000 – 현금배당 ₩1,000

당기순이익 = ₩1,000

72 ㈜한국은 2012년 1월 1일에 현금 ₩1,000,000을 출자하여 설립되었다. 2012년 12월 31일 재무상태표에 자산과 부채가 다음과 같이 보고되었을 때, 기타 관련 사항을 반영한2012년 당기순이익은?

2013 지방직 9급

• 자산과 부채항목			
현금과예금	₩500,000	기타포괄손익-공정가치측정 금융자산	₩700,000
매입채무	300,000	매출채권	500,000
미수금	200,000	선수수익	50,000
미지급금	100,000	차입금	200,000

- 기타관련 사항
  - 기말에 자본 ₩100,000을 유상감자하였으며, 현금 ₩50,000을 배당으로 지급
  - 당기에 보유 중인 기타포괄손익-공정가치측정 금융자산에서 ₩70,000의 평가손실 발생

① ₩470,000 ② ₩500,000

③ ₩540,000 ④ ₩570,000

정답과 해설

72 정답 ①

해설 기말자산 = 현금과예금 ₩500,000 + FVOCI금융자산 ₩700,000 + 매출채권 ₩500,000 + 미수금 ₩200,000
= ₩1,900,000
기말부채 = 매입채무 ₩300,000 + 선수수익 ₩50,000 + 미지급금 ₩100,000 + 차입금 ₩200,000 = ₩650,000
기말자본 = 기말자산 ₩1,900,000 - 기말부채 ₩650,000 = ₩1,250,000

	기초				기말		
자산		부채		자산	1,900,000	부채	650,000
		자본	1,000,000			자본	1,250,000

수익 - 비용 ± 자본의 증감(감자 (-)100,000 - 배당 50,000 - 금융자산평가손실 70,000)

기말자본 ₩1,250,000 = 기초자본 ₩1,000,000 + 당기순이익 - 감자 ₩100,000 - 현금배당 ₩50,000 - FVOCI금융자산 평가손실 ₩70,000
당기순이익 = ₩470,000

73 다음은 ㈜한국의 2013년도 말 현재 재무상태표에 보고된 내용의 일부이다. 기초이익잉여금이 ₩2,690,000이었고 당기 중에 현금 배당 ₩20,000이 있었다면 ㈜한국의 2013년도 당기순이익은 얼마인가?

2014 서울시 9급

보통주자본금(주당 ₩100)	₩500,000
주식발행초과금	₩2,800,000
이익잉여금	₩2,780,000

① ₩60,000　　　② ₩70,000　　　③ ₩90,000

④ ₩120,000　　　⑤ ₩110,000

74 다음 자료를 기초로 기말자산 금액을 구하면 얼마인가?

2015 서울시 9급

· 기초자산	₩3,000	· 기초부채	₩1,800
· 기말부채	₩1,900	· 기말자본	?
· 총수익	₩2,000	· 총비용	₩1,700
· 주식배당	₩50	· 현금배당	₩50

· 감자의 회계처리

(차)	자본금	50	(대)	현금	30
				감자차익	20

① ₩3,200　　　② ₩3,270

③ ₩3,300　　　④ ₩3,320

---

73 정답 ⑤

해설 기말이익잉여금 ₩2,780,000 = 기초이익잉여금 ₩2,690,000 + 당기순이익 – 현금배당 ₩20,000
당기순이익 = ₩110,000

74 정답 ④

해설 주식배당(이익잉여금 → 자본금)은 자본총계에 영향을 주지 않는다.
감자로 인한 자본감소는 현금지급액 ₩30(자본금 ₩50 감소, 감자차익 ₩20 증가)과 일치한다.

	기초			기말	
		부채	1,800		부채	1,900
자산	3,000	자본	1,200	자산	자본

수익 2,000 – 비용 1,700 ± 자본의 증감(현금배당 (-)50 – 자본금 50 + 감자차익 20)

기말자본 = 기초자본 ₩1,200 + 수익 ₩2,000 – 비용 ₩1,700 – 현금배당 ₩50 – 감자 ₩30 = ₩1,420
기말자산 = 기말부채 ₩1,900 + 기말자본 ₩1,420 = ₩3,320

75 ㈜서울의 재무상태표상 각 계정별 2017년 말 잔액은 다음과 같다. 그리고 2017년 말 부채총계는 2017년 초 부채총계보다 ₩300,000만큼 더 크고, 2017년 말 자본총계는 2017년 초 자본총계보다 ₩150,000만큼 더 작다. 이를 토대로 ㈜서울의 2017년 초 자산총계를 구하면 얼마인가?

2017 서울시 9급

상품	₩700,000	선수수익	₩250,000
차입금	₩1,100,000	미수금	₩200,000
현금	₩900,000	매출채권	₩500,000
선수금	₩450,000	대여금	₩600,000

① ₩2,750,000 ② ₩2,900,000

③ ₩3,150,000 ④ ₩3,325,000

75 정답 ①

해설 기말자산 = 상품 ₩700,000 + 미수금 ₩200,000 + 현금 ₩900,000 + 매출채권 ₩500,000 + 대여금 ₩600,000
= ₩2,900,000

기말부채 = 선수수익 ₩250,000 + 차입금 ₩1,100,000 + 선수금 ₩450,000 = ₩1,800,000

기초부채 = 기말부채 ₩1,800,000 − ₩300,000 = ₩1,500,000

기초자본 = 기말자본 ₩1,100,000 + ₩150,000 = ₩1,250,000

	기초			기말	
		부채 1,500,000			부채 1,800,000
자산		자본 1,250,000	자산 2,900,000		자본 1,100,000

수익 − 비용 ± 자본의 증감

기초자산 = 기초부채 ₩1,500,000 + 기초자본 ₩1,250,000 = ₩2,750,000

76 ㈜서울의 2018년 초와 2018년 말의 총자산은 각각 ₩150,000과 ₩270,000이며, 2018년 초와 2018년 말의 총부채는 각각 ₩80,000과 ₩120,000이다. ㈜서울은 2018년 중 ₩50,000의 유상증자를 실시하고 현금배당 ₩10,000과 주식배당 ₩7,000을 실시하였다. ㈜서울의 2018년 기타포괄손익이 ₩10,000인 경우 2018년 포괄손익계산서의 당기순이익은?

2018 서울시 9급

① ₩30,000 ② ₩37,000

③ ₩40,000 ④ ₩47,000

76 정답 ①

해설

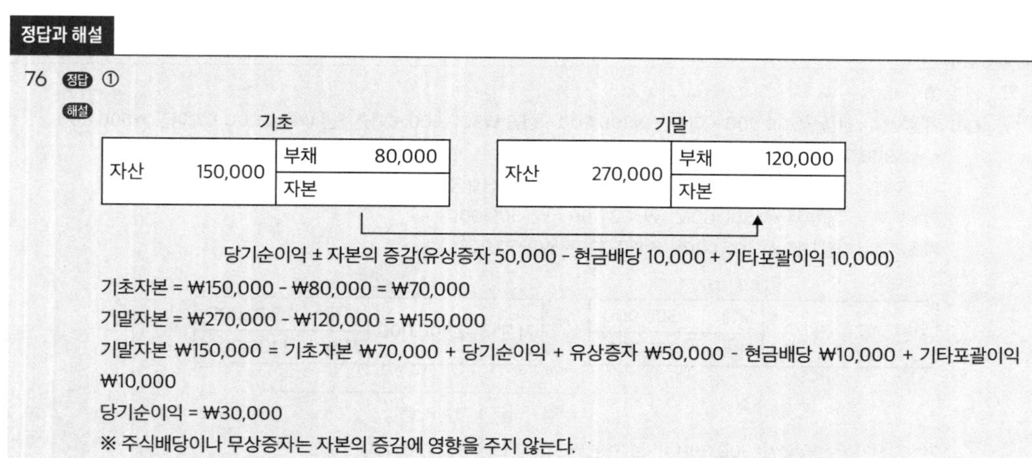

기초자본 = ₩150,000 - ₩80,000 = ₩70,000

기말자본 = ₩270,000 - ₩120,000 = ₩150,000

기말자본 ₩150,000 = 기초자본 ₩70,000 + 당기순이익 + 유상증자 ₩50,000 - 현금배당 ₩10,000 + 기타포괄이익 ₩10,000

당기순이익 = ₩30,000

※ 주식배당이나 무상증자는 자본의 증감에 영향을 주지 않는다.

77 ㈜한국은 20×1년 12월 31일에 3개의 사업부 중 사업부 A를 매각하기로 결정하였다. ㈜한국과 사업부 A의 20×1년 12월 31일 자산과 부채의 장부금액 및 20×1년의 수익과 비용 발생금액은 다음과 같다. 사업부 A의 자산은 모두 비유동자산으로 순공정가치가 ₩1,800이며, 부채의 순공정가치는 장부금액과 동일하다.

구 분	㈜한국	사업부 A
자 산	₩10,000	₩2,000
부 채	6,000	1,500
자 본	4,000	-
수 익	8,000	1,000
비 용	6,000	700

㈜한국의 20×1년 포괄손익계산서에 표시될 계속영업손익과 중단영업손익은? 2012 감정평가사

① 계속영업이익 ₩2,000 중단영업이익 ₩100
② 계속영업이익 ₩1,700 중단영업이익 ₩100
③ 계속영업이익 ₩1,800 중단영업이익 ₩100
④ 계속영업이익 ₩1,700 중단영업이익 ₩300
⑤ 계속영업이익 ₩2,000 중단영업이익 ₩300

77 **정답** ②

해설 계속영업이익 = 사업부 A를 제외한 수익(₩8,000 - ₩1,000) - 사업부 A를 제외한 비용(₩6,000 - ₩700) = ₩7,000 - ₩5,300 = ₩1,700
매각예정비유동자산에 대한 손상차손 = ₩2,000 - ₩1,800 = ₩200
중단영업손익 = 사업부 A 이익(₩1,000 - ₩700) - 손상차손 ₩200 = ₩100

78 재무제표 표시에 대한 설명으로 옳지 않은 것은? 2019 지방직 9급

① 재무제표의 목적은 광범위한 정보이용자의 경제적 의사결정에 유용한 기업의 재무상태, 재무성과와 재무상태변동에 관한 정보를 제공하는 것이다.

② 전체 재무제표는 적어도 1년마다 작성한다. 따라서 보고기간 종료일을 변경하는 경우라도 재무제표의 보고기간은 1년을 초과할 수 없다.

③ 재무제표의 목적을 충족하기 위하여 자산, 부채, 자본, 차익과 차손을 포함한 광의의 수익과 비용, 소유주로서의 자격을 행사하는 소유주에 의한 출자와 소유주에 대한 배분 및 현금흐름 정보를 제공한다.

④ 재무제표는 위탁받은 자원에 대한 경영진의 수탁책임 결과도 보여 준다.

79 현금흐름표에 관한 설명으로 옳지 않은 것은? 2023 국가직·관세직 9급

① 현금흐름표는 일정시점의 현금유입액과 현금유출액에 대한 정보를 제공하는 재무제표이다.

② 현금흐름표상의 현금흐름은 영업활동으로 인한 현금흐름, 투자활동으로 인한 현금흐름, 재무활동으로 인한 현금흐름으로 분류된다.

③ 현금흐름표는 다른 재무제표와 같이 사용되는 경우 순자산의 변화, 재무구조(유동성과 지급능력 포함), 그리고 변화하는 상황과 기회에 적응하기 위하여 현금흐름의 금액과 시기를 조절하는 능력을 평가하는 데 유용한 정보를 제공한다.

④ 역사적 현금흐름정보는 미래현금흐름의 금액, 시기 및 확실성에 대한 지표로 자주 사용된다. 또한 과거에 추정한 미래현금흐름의 정확성을 검증하고, 수익성과 순현금흐름 간의 관계 및 물가변동의 영향을 분석하는 데 유용하다.

정답과 해설

78 **정답** ②

해설 보고기간종료일을 변경하는 경우 보고기간이 1년을 초과하거나 미달할 수 있다. 이 경우에는 다음 사항을 추가로 공시한다.
(1) 보고기간이 1년을 초과하거나 미달하게 된 이유
(2) 재무제표에 표시된 금액이 완전하게 비교가능하지는 않다는 사실

79 **정답** ①

해설 현금흐름표는 일정시점이 아닌 일정기간의 현금유입액과 현금유출액에 대한 정보를 제공하는 재무제표이다. 재무제표 중 재무상태표만 일정시점(기말)에 대한 보고이며, 포괄손익계산서·자본변동표·현금흐름표는 모두 일정기간에 대한 정보를 제공하는 재무제표이다.

80 20×3년 12월 31일 현재 (주)한국의 재무제표 정보를 이용하여 계산한 유동자산 금액은?

2017 국가직 7급 수정

> - 20×1년 10월 1일 3년 만기로 발행한 사채의 장부금액 ₩100,000이 남아 있다.
> - 결산일 현재 만기가 8개월 남은 정기예금 ₩200,000이 있다.
> - 당좌예금 ₩50,000이 있다.
> - 만기가 3년 남은 정기적금 ₩500,000이 있다.
> - ₩100,000에 단기매매 목적으로 취득한 당기손익-공정가치 측정(FVPL) 금융자산의 기말 공정가치가 ₩150,000이다.

① ₩900,000　　② ₩500,000

③ ₩400,000　　④ ₩350,000

81 12월 결산법인인 ㈜한국의 2015년 기초 재무상태표상의 자산총계는 ₩300,000, 부채총계는 ₩100,000이었고, 자본항목 중 기타포괄손익누계액은 없었다. 2015년 결산마감분개 직전 재무상태표상의 자산총계는 ₩350,000, 부채총계는 ₩120,000이었고, 포괄손익계산서상의 기타포괄이익이 ₩1,000이었다. 2015년 결산마감분개 직전까지 본 문제에 기술된 사항을 제외한 자본항목의 변동은 없었고 2015 회계연도 중 현금배당금 지급액이 ₩3,000이었다면, ㈜한국의 2015 회계연도 당기순이익은?

2015 국가직 7급

① ₩26,000　　② ₩29,000

③ ₩32,000　　④ ₩33,000

정답과 해설

80 정답 ③

해설 유동자산 = 정기예금 ₩200,000 + 당좌예금 ₩50,000 + 당기손익-공정가치 측정(FVPL) 금융자산 ₩150,000
= ₩400,000

81 정답 ③

해설 장부를 마감(집합손익 → 이익잉여금)하더라도 자산과 부채는 변하지 않는다.

기초		
자산　300,000	부채	100,000
	자본	200,000

기말		
자산　350,000	부채	120,000
	자본	230,000

수익 - 비용 ± 자본의 증감(기타포괄손익누계 1,000 - 현금배당 3,000)

기말자본 = 기말자산 ₩350,000 - 기말부채 ₩120,000 = ₩230,000
기말자본 ₩230,000 = 기초자본 ₩200,000 + 당기순이익 + 기타포괄손익 ₩1,000 - 현금배당 ₩3,000
당기순이익 = ₩32,000

82 ㈜한국의 20×1년 초 자산과 부채 총계는 각각 ₩5,000,000과 ₩2,000,000이며, 20×1년 중 발생한 자본 관련 거래는 다음과 같다.

> ○ 3월 20일: 현금배당 ₩100,000을 결의하였으며, 현금배당의 10%를 이익준비금으로 적립하였다.
>
> ○ 4월 1일: 3월 20일 결의한 현금배당 ₩100,000을 주주에게 지급하였다.
>
> ○ 7월 15일: 보통주 100주(주당 액면금액 ₩500)를 주당 ₩800에 발행하였다.
>
> ○ 8월 20일: 자기주식 30주를 최초로 취득(주당 취득금액 ₩700)하였다.
>
> ○ 9월 20일: 자기주식 20주를 매각(주당 매각금액 ₩750)하였다.

㈜한국이 20×1년도 포괄손익계산서상 당기순이익과 총포괄이익으로 각각 ₩100,000과 ₩30,000을 보고했다면, 20×1년 말의 재무상태표상 자본 총계는? 2024 지방직 9급

① ₩2,994,000　　② ₩3,004,000

③ ₩3,016,000　　④ ₩3,104,000

83 중간재무보고에 대한 설명으로 옳지 않은 것은? 2019 국가직 9급

① 중간재무보고는 6개월, 3개월 등으로 보고기간을 설정할 수 있다.

② 직전 연차 재무보고서를 연결기준으로 작성하였다면 중간재무보고서도 연결기준으로 작성해야 한다.

③ 중간재무보고서는 당해 회계연도 누적기간을 직전 연차보고 기간 말과 비교하는 형식으로 작성한 재무상태표를 포함하여야 한다.

④ 중간재무보고서는 당해 회계연도 누적기간을 직전 회계연도의 동일기간과 비교하는 형식으로 작성한 현금흐름표를 포함하여야 한다.

82 정답 ②

해설 기초 자본 = 자산 ₩5,000,000 - 부채 ₩2,000,000 = ₩3,000,000

날짜	구분	자본
기초	자산 ₩5,000,000 - 부채 ₩2,000,000	₩3,000,000
3/20	현금배당 ₩100,000 결의한 만큼 부채(미지급배당금) 증가하고 자본 감소	(-)₩100,000
	이익준비금 적립은 미처분이익잉여금(자본)이 이익준비금(자본)으로 대체되는 것으로 자본 총액에는 영향 없음	-
4/1	배당지급시 자산(현금)과 부채(미지급배당금)가 동시 감소하여 자본에는 영향 없음	-
7/15	유상증자로 인해 유입된 현금 ₩80,000만큼 자산과 자본 증가	(+)₩80,000
8/20	현금 유출액(30주 × ₩700 = ₩21,000)만큼 자산과 자본 감소	(-)₩21,000
9/20	현금 유입액(20주 × ₩750 = ₩15,000)만큼 자산과 자본 증가	(+)₩15,000
이익	총포괄이익 ₩30,000만큼(당기순이익은 총포괄이익에 포함되어 있음) 자본 증가	(+)₩30,000
기말		₩3,004,000

83 정답 ③

해설 중간재무보고서의 재무상태표는 당해 '중간보고기간말'과 직전 연차보고기간말을 비교하는 형식으로 작성한다. '누적기간'은 기간개념으로 특정시점을 기준으로 하는 재무상태표가 아닌 일정기간을 기준으로 보고하는 손익계산서 등에 적용되는 개념이다.

84 ㈜서울은 20X1년 말 3개의 사업부 중 지속적인 손실이 예상되는 사업부 A를 매각하기로 결정하였다. 20X1년도 사업부 A를 포함한 ㈜서울 전체의 수익·비용과 매각이 결정된 사업부 A의 수익·비용 발생금액은 <보기>와 같다. 사업부 A의 자산은 모두 비유동자산이며, 해당 자산의 매각예정 분류 직전 장부금액은 ₩3,000, 순공정가치는 ₩2,000이다. 20X1년 말 현재 사업부 A는 중단 영업 분류기준을 충족하며, <보기>에 표시된 사업부 A의 비용에 매각예정비유동자산에 대한 손상차손은 포함되어 있지 않다. 법인세비용을 회계이익의 25%로 가정할 때, ㈜서울이 20X1년도 포괄손익계산서에 표시할 중단영업손실은?

2024 서울시 7급

<보기>

구 분	㈜서울 전체	사업부 A
수익	₩50,000	₩8,000
비용	₩28,000	₩10,000
법인세차감전순이익	₩22,000	
법인세비용	₩5,500	
당기순이익	₩16,500	

① ₩1,500
② ₩2,000
③ ₩2,250
④ ₩2,750

84 정답 ③

해설 매각예정비유동자산에 대한 손상차손 = 장부금액 ₩3,000 - 순공정가치 ₩2,000 = ₩1,000
중단영업손익(세전) = 사업부 A 이익(₩8,000 - ₩10,000) - 손상차손 ₩1,000 = (-)₩3,000
중단영업손실(세후) = ₩3,000 × (1 - 25%) = ₩2,250

주요 Topic 및 출제경향

	취득	평가	처분
주요 Topic	01 투자부동산 분류 ★	02 평가모형 ★★	03 제거 ★

▶ **9급 출제경향**(●국가직 ■관세직 ◆지방직 ○서울시)

구분	15	16	17	18	19	20	21	22	23	24	25
3.1 투자부동산 분류								●			
3.2 평가모형	●■◆				■	●■		■	●■		
3.3 제거				○							

▶ **7급 출제경향**(▲국가직 △서울시)

구분	15	16	17	18	19	20	21	22	23	24	-
3.1 투자부동산 분류						△					
3.2 평가모형		△	△	▲△	△	△					
3.3 제거						▲		▲			

구분	기본	필수	응용	심화	합계
3.1 투자부동산 분류	0	2	2	0	4
3.2 평가모형	4	3	5	0	12
3.3 제거	0	1	1	0	2
합계	4	6	8	0	18

기본문제

[03-02] 평가모형

01 자산에 대한 설명으로 옳지 않은 것은?　　　　　　　　　　　　2015 지방직 9급

① 유형자산의 감가상각방법은 적어도 매 회계연도 말에 재검토하고, 이를 변경할 경우 회계추정의 변경으로 보아 전진법으로 회계처리한다.

② 유형자산에 대해 재평가모형을 적용하는 경우 최초 재평가로 인한 장부금액의 증가액은 당기손익이 아닌 기타포괄손익으로 회계처리한다.

③ 연구개발과 관련하여 연구단계에서 발생한 지출은 당기비용으로 회계처리하고, 개발단계에서 발생한 지출은 무형자산의 인식기준을 모두 충족할 경우 무형자산으로 인식하고 그 외에는 당기비용으로 회계처리한다.

④ 투자부동산에 대해 공정가치모형을 적용하는 경우 감가상각비와 공정가치변동으로 발생하는 손익은 모두 당기손익으로 회계처리 한다.

정답과 해설

01 **정답** ④

해설 투자부동산에 대해 공정가치모형을 적용하는 경우 별도의 감가상각비를 인식하지 않는다.

02 ㈜한국은 20×1년 1월 1일 임대수익과 시세차익을 목적으로 건물을 ₩100,000,000(내용연수 10년, 잔존가치 ₩0, 정액법)에 구입하고, 해당 건물에 대해서 공정가치모형을 적용하기로 하였다. 20×1년 말 해당 건물의 공정가치가 ₩80,000,000일 경우 ㈜한국이 인식해야 할 평가손실은?

2020 국가직·관세직 9급

① 기타포괄손실 ₩10,000,000

② 당기손실 ₩10,000,000

③ 기타포괄손실 ₩20,000,000

④ 당기손실 ₩20,000,000

03 투자부동산에 대한 설명으로 옳지 않은 것은?

2022 관세직 9급

① 장기 시세차익을 얻기 위하여 보유하고 있는 토지는 투자부동산으로 분류되나, 통상적인 영업과정에서 단기간에 판매하기 위하여 보유하는 토지는 투자부동산에서 제외한다.

② 재고자산을 공정가치로 평가하는 투자부동산으로 대체하는 경우, 재고자산의 장부금액과 대체시점의 공정가치의 차액은 당기손익으로 인식한다.

③ 투자부동산에 대하여 공정가치모형을 선택한 경우 감가상각하지 않으며, 공정가치 변동으로 발생하는 손익은 기타포괄손익으로 분류한다.

④ 장래 용도를 결정하지 못한 채로 보유하고 있는 토지는 투자부동산으로 분류한다.

정답과 해설

02 **정답** ④

해설 투자부동산평가손실은 당기손익으로 보고한다.

투자부동산평가손익 = 공정가치 ₩80,000,000 - 장부금액 ₩100,000,000 = (-)₩20,000,000

03 **정답** ③

해설 투자부동산의 공정가치 변동으로 발생하는 손익은 발생한 기간의 당기손익에 반영한다.

04 ㈜한국이 20×1년 초 투자목적으로 취득한 건물과 관련된 자료는 다음과 같다.

○ 취득원가: ₩50,000	○ 내용연수: 5년
○ 잔존가치: ₩0	○ 감가상각방법: 정액법
○ 20×1년 말 공정가치: ₩60,000	

㈜한국이 해당 건물에 대하여 원가모형과 공정가치모형을 각각 적용하였을 경우, 20×1년도 당기순이익에 미치는 영향을 바르게 연결한 것은?

2023 국가직·관세직 9급

	원가모형	공정가치모형
①	₩0	₩0
②	₩10,000 감소	₩20,000 증가
③	₩10,000 감소	₩10,000 증가
④	₩20,000 증가	₩20,000 감소

04 정답 ③

해설 (1) 원가모형

20X1년 감가상각비 = (취득원가 ₩50,000 - 잔존가치 ₩0) ÷ 내용연수 5년 = ₩10,000

감가상각비 ₩10,000만큼 당기순이익이 감소한다.

(2) 공정가치모형

20X1년 투자부동산평가손익 = 공정가치 ₩60,000 - 장부금액 ₩5C,000 = (+)₩10,000

투자부동산평가이익 ₩10,000만큼 당기순이익이 증가한다.

[03-01] 투자부동산 분류

05 투자부동산에 대한 설명으로 가장 옳지 않은 것은? 2020 서울시 7급
① 장기 시세차익을 얻기 위하여 보유하고 있는 토지는 투자부동산으로 분류한다.
② 장래 자가사용할지, 통상적인 영업과정에서 단기간에 판매할지를 결정하지 못한 토지는 시세차익을 얻기 위하여 보유한다고 보아 투자부동산으로 분류한다.
③ 투자부동산은 기업이 보유하고 있는 다른 자산과는 거의 독립적으로 현금흐름을 창출한다는 점에서 자가사용부동산과 구별된다.
④ 부동산 중 일부분은 임대수익이나 시세차익을 얻기 위하여 보유하고, 일부분은 재화나 용역의 생산 또는 제공이나 관리목적에 사용하기 위하여 보유하는 경우 동 부동산은 모두 투자부동산으로 분류한다.

06 자산별 회계처리에 대한 설명으로 옳지 않은 것은? 2022 국가직 9급
① 무형자산의 상각방법은 자산의 경제적 효익이 소비될 것으로 예상되는 형태를 반영한 방법이어야 한다. 다만, 그 형태를 신뢰성 있게 결정할 수 없는 경우에는 정액법을 사용한다.
② 부동산 보유자가 부동산 사용자에게 부수적인 용역을 제공하는 경우가 있다. 전체 계약에서 그러한 용역의 비중이 경미하다면 부동산 보유자는 당해 부동산을 자가사용부동산으로 분류한다.
③ 정기적인 종합검사과정에서 발생하는 원가가 인식기준을 충족하는 경우에는 유형자산의 일부가 대체되는 것으로 보아 해당 유형자산의 장부금액에 포함하여 인식한다.
④ 재고자산을 순실현가능가치로 감액한 평가손실과 모든 감모손실은 감액이나 감모가 발생한 기간에 비용으로 인식한다.

정답과 해설

05 **정답** ④
해설 부동산 중 일부분은 임대수익이나 시세차익을 얻기 위하여 보유하고, 일부분은 재화나 용역의 생산 또는 제공이나 관리목적에 사용하기 위하여 보유할 수 있다. 부분별로 분리하여 매각할 수 있으면 각 부분을 분리하여 각각 투자부동산과 유형자산으로 회계처리한다. 부분별로 분리하여 매각할 수 없다면 재화나 용역의 생산 또는 제공이나 관리목적에 사용하기 위하여 보유하는 부분이 경미한 경우에만 해당 부동산을 투자부동산으로 분류한다.

06 **정답** ②
해설 부동산 보유자가 부동산 사용자에게 부수적인 용역을 제공하는 경우가 있다. 전체 계약에서 그러한 용역의 비중이 경미하다면 부동산 보유자는 당해 부동산을 투자부동산으로 분류한다. 예를 들면 사무실 건물의 소유자가 그 건물을 사용하는 리스이용자에게 보안과 관리용역을 제공하는 경우이다. 다른 경우에는, 부동산 사용자에게 제공하는 용역이 유의적인 경우가 있다. 예를 들면 호텔을 소유하고 직접 경영하는 경우, 투숙객에게 제공하는 용역은 전체 계약에서 유의적인 비중을 차지한다. 그러므로 소유자가 직접 경영하는 호텔은 투자부동산이 아니며 자가사용부동산이다.

07 ㈜한국은 2013년 1월 1일에 투자 목적으로 건물을 ₩10,000(내용연수 10년, 잔존가치 ₩0, 정액법 상각)에 취득하였다. 회사는 투자부동산을 공정가치모형으로 평가하고 있으며, 2013년 결산일과 2014년 결산일의 동 건물의 공정가치는 각각 ₩8,000과 ₩9,500이다. 이 경우 2013년과 2014년의 포괄손익계산서에 미치는 영향은?　　2015 국가직·관세직 9급

	2013년			2014년	
①	감가상각비	₩1,000	감가상각비		₩1,000
②	투자부동산평가손실	₩2,000	투자부동산평가이익		₩1,500
③	투자부동산평가손실	₩2,000	투자부동산평가손실		₩500
④	투자부동산평가손실	₩1,000	투자부동산평가이익		₩500

08 ㈜한국은 20×1년 초 건물을 ₩1,000,000에 취득하고 그 건물을 유형자산 또는 투자부동산으로 분류하고자 한다. 유형자산은 재평가모형을 적용하며 내용연수 10년, 잔존가치 ₩0, 정액법 상각하고, 투자부동산은 공정가치모형을 적용한다. 20×1년과 20×2년 기말 공정가치가 각각 ₩990,000, ₩750,000일 경우, 다음 설명 중 옳지 않은 것은? (단, 건물은 유형자산 또는 투자부동산의 분류요건을 충족하며, 내용연수 동안 재평가잉여금의 이익잉여금 대체는 없는 것으로 가정한다)　　2018 국가직 7급

① 건물을 유형자산으로 분류한다면, 20×1년 말 재평가잉여금(기타포괄손익)이 계상된다.

② 건물을 유형자산으로 분류한다면, 20×2년 말 재평가손실(당기손익)이 계상된다.

③ 건물을 투자부동산으로 분류한다면, 20×1년 말 투자부동산평가이익(기타포괄손익)이 계상된다.

④ 건물을 투자부동산으로 분류한다면, 20×2년 말 투자부동산평가손실(당기손익)이 계상된다.

정답과 해설

07 **정답** ②

해설 2013년 투자부동산평가손익 = 공정가치 ₩8,000 − 장부금액 ₩10,000 = (−)₩2,000

　　　2014년 투자부동산평가손익 = 공정가치 ₩9,500 − 장부금액 ₩8,000 = ₩1,500

08 **정답** ③

해설 [유형자산으로 분류 시]

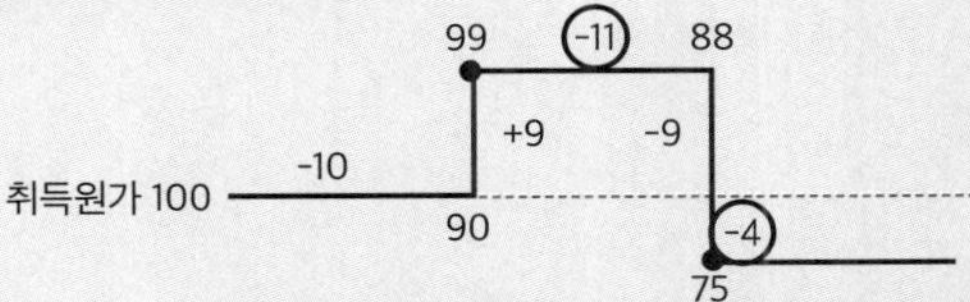

① 20X1년 말 재평가잉여금(기타포괄손익)이 ₩90,000 계상된다.

② 20X2년 말 재평가손실(당기손익)이 ₩40,000 계상된다.

[투자부동산으로 분류 시]

③ 20X1년 말 투자부동산평가손실(당기손익) ₩10,000이 계상된다.

④ 20X2년 말 투자부동산평가손실(당기손익)이 ₩240,000 계상돈다.

09 ㈜한국이 2018년 1월 초 건물을 취득하여 투자부동산으로 분류하였을 때, 다음 자료의 거래가 ㈜ 한국의 2018년 당기손익에 미치는 영향은? (단, 투자부동산에 대하여 공정가치모형을 적용하며, 감가상각비는 정액법으로 월할 계산한다)

2019 관세직 9급

○ 건물(내용연수5년, 잔존가치₩0) 취득가액은₩2,000,000이며, 이와 별도로 취득세 ₩100,000을 납부하였다.

○ 2018년 6월 말 건물의 리모델링을 위해 ₩1,000,000을 지출하였으며, 이로 인해 건물의 내용연수 가 2년 증가하였다.

○ 2018년 12월 말 건물의 공정가치는 ₩4,000,000이다.

① ₩900,000　　　　② ₩1,000,000

③ ₩1,900,000　　　　④ ₩2,000,000

09 정답 ①

해설 투자부동산평가손익 = 공정가치 ₩4,000,000 - 장부금액(취득가액 ₩2,000,000 + 취득세 ₩100,000 + 자본적지출에 해당하는 후속원가 ₩1,000,000) = ₩900,000

10 ㈜한국은 20×1년 1월 1일 건물을 ₩500,000에 취득하고 공정가치모형을 적용하는 투자부동산으로 분류하였다. ㈜한국은 20×2년 7월 1일 동 건물을 유형자산(내용연수 10년, 잔존가치 ₩0, 정액법, 월할 상각)으로 분류를 변경하여 공장으로 사용하기 시작하였다. 각 시점별 공정가치가 다음과 같을 때 옳은 것은?

2022 국가직 7급

○ 20×1년 12월 31일	₩550,000
○ 20×2년 7월 1일	₩600,000
○ 20×2년 12월 31일	₩580,000

① 20×1년 건물의 공정가치변동으로 인해 기타포괄이익이 ₩50,000 증가한다.

② 20×2년 유형자산(건물)에 대해 원가모형을 적용한다면, 건물로 인해 20×2년 당기순이익이 ₩30,000 증가한다.

③ 20×2년 유형자산(건물)에 대해 재평가모형을 적용한다면, 건물로 인해 20×2년 기타포괄이익이 ₩10,000 증가한다.

④ 20×2년 유형자산(건물)에 대해 재평가모형을 적용한다면, 건물로 인해 20×2년 당기순이익이 ₩50,000 증가한다.

정답과 해설

10 정답 ③

해설 투자부동산을 다른 자산으로 대체하는 경우 대체시점의 장부금액을 재측정하고, 이를 대체하는 자산의 원가로 대체한다.

20X1년 투자부동산 평가손익 = 공정가치 ₩550,000 - 취득원가 ₩500,000 = (+)₩50,000(당기손익)

20X2년 7월 1일 투자부동산 평가손익 = 공정가치 ₩600,000 - 장부금액 ₩550,000 = (+)₩50,000(당기손익)

(1) 대체 후 원가모형 적용 시

감가상각비 = (₩600,000 ÷ 10년) × 6개월/12개월 = ₩30,000

(2) 대체 후 재평가모형 적용 시

감가상각비 = (₩600,000 ÷ 10년) × 6개월/12개월 = ₩30,000

재평가이익(기타포괄손익) = 공정가치 ₩580,000 - 상각후원가(₩600,000 - ₩30,000) = (+)₩10,000

① 20×1년 건물의 공정가치변동으로 인해 기타포괄이익이 아닌 당기손익이 ₩50,000 증가한다.

② 20×2년 유형자산(건물)에 대해 원가모형을 적용한다면, 건물로 인해 20×2년 당기순이익은 ₩20,000(투자부동산 평가이익 ₩50,000 - 감가상각비 ₩30,000) 증가한다.

③ 20×2년 유형자산(건물)에 대해 재평가모형을 적용한다면, 건물로 인해 20×2년 기타포괄이익(재평가이익)이 ₩10,000 증가한다.

④ 20×2년 유형자산(건물)에 대해 재평가모형을 적용한다면, 건물로 인해 20×2년 당기순이익은 ₩20,000(투자부동산 평가이익 ₩50,000 - 감가상각비 ₩30,000) 증가한다.

11 투자부동산에 해당되는 항목을 모두 고른 것은?　　　　　2015 감정평가사

ㄱ. 장래 사용목적을 결정하지 못한 채로 보유하고 있는 토지

ㄴ. 직접 소유(또는 금융리스를 통해 보유)하고 운용리스로 제공하고 있는 건물

ㄷ. 제3자를 위하여 건설 또는 개발 중인 부동산

ㄹ. 자가사용부동산

ㅁ. 처분예정인 자가사용부동산

ㅂ. 금융리스로 제공한 부동산

ㅅ. 운용리스로 제공하기 위하여 보유하고 있는 미사용 건물

ㅇ. 미래에 투자부동산으로 사용하기 위하여 건설 또는 개발 중인 부동산

① ㄱ, ㄴ, ㄹ　　　　　② ㄱ, ㄴ, ㅅ, ㅇ　　　　　③ ㄱ, ㄷ, ㅁ, ㅂ

④ ㄴ, ㄷ, ㅂ, ㅇ　　　　　⑤ ㄱ, ㄴ, ㄷ, ㅁ, ㅅ, ㅇ

12 투자부동산의 분류에 관한 설명으로 옳지 않은 것은?　　　　　2018 세무사

① 통상적인 영업과정에서 단기간에 판매하기 위하여 보유하지 않고 장기 시세차익을 얻기 위하여 보유하고 있는 토지는 투자부동산으로 분류한다.

② 종업원으로부터 시장가격에 해당하는 임차료를 받고 있는 경우에도 종업원이 사용하는 부동산은 자가사용부동산이며 투자부동산으로 분류하지 않는다.

③ 장래 자가사용할지 또는 통상적인 영업과정에서 단기간에 판매할지를 결정하지 못한 토지는 자가사용부동산이며 투자부동산으로 분류하지 않는다.

④ 건물의 소유자가 그 건물 전체를 사용하는 리스이용자에게 보안과 관리용역을 제공하는 경우에는 당해 건물을 투자부동산으로 분류한다.

⑤ 투자부동산을 개발하지 않고 처분하기로 결정하는 경우에는 그 부동산이 제거될 때까지 투자부동산으로 계속 분류한다.

정답과 해설

11　**정답** ②

해설 기준서에서는 다음 항목을 투자부동산에 해당하지 않는 사례로 예시하고 있다.

(1) 통상적인 영업과정에서 판매하기 위한 부동산이나 이를 위하여 건설 또는 개발 중인 부동산(재고자산)

(2) 자가사용부동산. 미래에 자가사용하기 위한 부동산, 미래에 개발 후 자가사용할 부동산, 종업원이 사용하고 있는 부동산(종업원이 시장요율로 임차료를 지급하고 있는지는 관계없음), 처분 예정인 자가사용부동산을 포함한다.

(3) 금융리스로 제공한 부동산

12　**정답** ③

해설 토지를 자가사용할지, 통상적인 영업과정에서 단기간에 판매할지를 결정하지 못한 경우에 해당 토지는 시세차익을 얻기 위하여 보유한다고 보아 투자부동산으로 분류한다.

13 ㈜서울은 2017년 1월 1일에 취득한 건물(취득원가 ₩1,000,000, 잔존가치 ₩0, 내용연수 20년)을 투자부동산으로 분류하였다. 동 건물에 대하여 원가모형을 적용할 경우와 공정가치모형을 적용할 경우 2017년도 법인세비용차감전순이익에 미치는 영향의 차이(감가상각비와 평가손익 포함)를 올바르게 설명한 것은? (단, 2017년 말 동 건물의 공정가치는 ₩930,000이며 감가상각방법은 정액법이다.)

2017 서울시 7급

① 원가모형 적용 시 법인세비용차감전순이익이 ₩20,000 더 많다.

② 원가모형 적용 시 법인세비용차감전순이익이 ₩30,000 더 많다.

③ 공정가치모형 적용 시 법인세비용차감전순이익이 ₩10,000 더 많다.

④ 공정가치모형 적용 시 법인세비용차감전순이익이 ₩30,000 더 많다.

14 ㈜서울은 <보기>의 3가지 자산을 소유하고 있으며 투자부동산으로 분류하고 있다. ㈜서울은 투자부동산에 대하여 공정가치모형을 사용하고 있다. 20X2년 ㈜서울의 포괄손익계산서에 포함되어야 할 손익은?

2018 서울시 7급

<보기>

구분	취득원가	20X1년 말 공정가치	20X2년 말 공정가치
자산1	₩300	₩390	₩370
자산2	₩350	₩290	₩275
자산3	₩310	₩385	₩390

① ₩105 이익

② ₩80 이익

③ ₩35 손실

④ ₩30 손실

---

13 **정답** ①

해설 원가모형: 감가상각비 = ₩1,000,000 ÷ 20년 = ₩50,000

공정가치모형: 투자부동산평가손익 = 공정가치 ₩930,000 - 장부금액 ₩1,000,000 = 평가손실 ₩70,000

원가모형에서 비용을 ₩20,000 더 적게 인식하므로 이익은 ₩20,000 더 많다.

14 **정답** ④

해설 투자부동산평가손익 = 자산1(₩370 - ₩390) + 자산2(₩275 - ₩290) + 자산3(₩390 - ₩385) = (-)₩20 + (-)₩15 + ₩5 = (-)₩30

15 투자부동산의 회계처리에 대한 설명 중 가장 옳지 않은 것은? 2019 서울시 7급

① 투자부동산의 후속측정방법으로 공정가치모형을 선택할 경우, 변동된 공정가치 모형을 적용하여 감가상각비를 인식한다.

② 회사가 영업활동에 활용하지 않고, 단기적으로 판매하기 위하여 보유하지 않으며, 장기 시세차익을 얻을 목적으로 보유하는 토지는 투자부동산으로 분류한다.

③ 투자부동산에 대해서 공정가치 모형을 적용할 경우, 공정가치 변동은 당기손익으로 인식한다.

④ 투자부동산의 취득원가는 투자부동산의 구입금액과 취득에 직접적으로 관련된 지출을 포함한다.

16 자동차부품 제조업을 영위하고 하고 있는 ㈜감평은 20x1년 초 임대수익 목적으로 건물(취득원가 ₩1,000,000, 잔여 내용연수 5년, 잔존가치 ₩0, 정액법 감가상각)을 취득하였다. 한편, 20x1년 말 동 건물의 공정가치는 ₩1,200,000이다. 다음 설명 중 옳지 않은 것은? (단, 해당 건물은 매각 예정으로 분류되어 있지 않다.) 2017 감정평가사

① 원가모형을 적용할 경우, 20x1년 감가상각비는 ₩200,000이다.

② 공정가치모형을 적용할 경우, 20x1년 감가상각비는 ₩200,000이다.

③ 공정가치모형을 적용할 경우, 20x1년 평가이익은 ₩200,000이다.

④ 공정가치모형을 적용할 경우, 20x1년 당기순이익은 ₩200,000만큼 증가한다.

⑤ 공정가치모형을 적용할 경우, 20x1년 기타포괄손익에 미치는 영향은 ₩0이다.

정답과 해설

15 **정답** ①

해설 투자부동산에 대하여 공정가치모형을 선택한 경우, 매년 공정가치로 측정하고 그 변동분을 당기손익으로 인식하므로 별도의 감가상각을 수행하지 않는다.

16 **정답** ②

해설 공정가치모형을 적용할 경우 감가상각을 수행하지 않는다.
① 감가상각비 = (₩1,000,000 - ₩0) ÷ 5년 = ₩200,000
③, ④, ⑤ 공정가치 ₩1,200,000과 취득원가 ₩1,000,000의 차이를 평가이익으로 하여 당기손익으로 보고한다.

17 ㈜감평은 20x1년 초 임대수익을 얻고자 건물(취득원가 ₩1,000,000, 내용연수 5년, 잔존가치 ₩100,000, 정액법 상각)을 취득하고, 이를 투자부동산으로 분류하였다. 한편, 부동산 경기의 불황으로 20x1년 말 동 건물의 공정가치는 ₩800,000으로 하락하였다. 동 건물에 대하여 공정가치 모형을 적용할 경우에 비해 원가모형을 적용할 경우 ㈜감평의 20x1년도 당기순이익은 얼마나 증가 혹은 감소하는가? (단, 동 건물은 투자부동산의 분류요건을 충족하며, ㈜감평은 동 건물을 향후 5년 이내 매각할 생각이 없다.)

2020 감정평가사

① ₩20,000 증가   ② ₩20,000 감소   ③ ₩0

④ ₩180,000 증가   ⑤ ₩180,000 감소

18 투자부동산 회계처리 방법에 대한 설명으로 가장 옳은 것은?

2018 서울시 9급

① 원칙적으로 공정가치모형과 원가모형 중 하나를 선택할 수 있으므로 투자부동산인 토지는 공정가치 모형을 적용하고, 투자부동산인 건물은 원가모형을 적용할 수도 있다.

② 공정가치모형을 선택한 경우에는 공정가치 변동으로 발생하는 손익은 발생한 기간의 기타포괄손익에 반영한다.

③ 자가사용부동산을 공정가치로 평가하는 투자부동산으로 대체하는 경우, 대체하는 시점까지 그 부동산을 감가상각하고, 발생한 손상차손을 인식한다.

④ 공정가치모형을 최초 적용할 경우에는 유형자산의 경우와 같이 예외 규정에 따라 비교 표시되는 과거 기간의 재무제표를 소급하여 재작성하지 않는다.

---

17 **정답** ①

해설 (1) 공정가치모형을 적용할 경우 당기순이익에 미치는 영향 = 공정가치 ₩800,000 - 취득원가 ₩1,000,000 = 평가손실 ₩200,000

(2) 원가모형을 적용할 경우 당기순이익에 미치는 영향(감가상각비) = (취득원가 ₩1,000,000 - 잔존가치 ₩100,000) ÷ 5년 = 감가상각비 ₩180,000

(2) - (1) = (-)₩180,000 - (-)₩200,000 = (+)₩20,000

18 **정답** ③

해설 ① 투자부동산에 대해서는 공정가치모형과 원가모형 중 하나를 선택하여 모든 투자부동산에 동일하게 적용하는 것이 원칙이다.

② 투자부동산의 공정가치 변동으로 발생하는 손익은 발생한 기간의 당기손익에 반영한다.

③ 자가사용부동산을 공정가치로 평가하는 투자부동산으로 대체하는 경우, 사용목적 변경시점까지 유형자산에 대한 기준서를 적용한다.

④ 유형자산과 무형자산에 대해서 재평가모형을 최초 채택하는 경우에는 회계변경에 대한 예외를 규정하고 있으나, 투자부동산에 대해서는 예외 규정이 없다.

주요 Topic 및 출제경향

	취득	평가	처분
주요 Topic	01 분류 ★ 02 유형별 취득원가 ★★★ 03 교환취득 ★★★ 04 기타 취득유형 ★★ 09 자본화 차입원가 ★	05 감가상각 ★★★★ 06 재평가 ★★ 07 손상차손 ★★★★	08 처분손익 ★★★★

▶ **9급 출제경향**(●국가직 ■관세직 ◆지방직 ○서울시)

구분	15	16	17	18	19	20	21	22	23	24	25
4.1 분류											
4.2 유형별 취득원가		●■			●■◆	●■	●■	◆	■	●■	
4.3 교환취득	●		○	◆○							
4.4 기타 취득유형			○	●■	○			●			
4.5 감가상각		○	●■	●◆	●■		●■		●■		●■◆
4.6 재평가			◆○		○	◆	●■◆	●■	■	◆	
4.7 손상차손	◆○	◆		●○		◆		◆	●■	◆	
4.8 처분손익		●■◆	●■○	■				●■			◆
4.9 자본화 차입원가					●○				◆	■	

▶ **7급 출제경향**(▲국가직 △서울시)

구분	15	16	17	18	19	20	21	22	23	24	-
4.1 분류											
4.2 유형별 취득원가					▲△			▲	△	△	
4.3 교환취득		▲		▲		▲			▲△		
4.4 기타 취득유형		△	△	△			△	▲△		▲△	
4.5 감가상각			▲								
4.6 재평가	▲			△			△				
4.7 손상차손		▲	△	△			▲	▲	▲△	▲	
4.8 처분손익											
4.9 자본화 차입원가				▲			▲△		△		

구분	기본	필수	응용	심화	합계
4.1 분류	0	0	1	0	1
4.2 유형별 취득원가	7	3	9	2	21
4.3 교환취득	3	2	2	2	9
4.4 기타 취득유형	4	3	3	1	11
4.5 감가상각	5	4	8	0	17
4.6 재평가	6	3	9	0	18
4.7 손상차손	6	6	2	0	14
4.8 처분손익	5	1	3	0	9
4.9 자본화 차입원가	0	1	0	4	5
합계	36	23	37	9	105

기본문제

[04-02] 유형별 취득원가

01 유형자산의 취득원가에 대한 설명으로 옳지 않은 것은? 2016 국가직·관세직 9급

① 지상 건물이 있는 토지를 일괄취득하여 구 건물을 계속 사용할 경우 일괄구입가격을 토지와 건물의 공정가액에 따라 배분한다.

② 토지의 취득 시 중개수수료, 취득세, 등록세와 같은 소유권 이전비용은 토지의 취득원가에 포함한다.

③ 기계장치를 취득하여 기계장치를 의도한 용도로 사용하기 적합한 상태로 만들기 위해서 지출한 시운전비는 기계장치의 취득원가에 포함한다.

④ 건물 신축을 목적으로 건물이 있는 토지를 일괄취득한 경우, 구 건물의 철거비용은 신축 건물의 취득원가에 가산한다.

정답과 해설

01 **정답** ④

해설 회사가 토지를 취득한 용도는 '건물의 신축'이다. 이 용도로 만들기 위해 필요한 건물의 철거는 토지를 '경영진이 의도하는 방식'인 건물을 신축할 수 있는 상태로 만드는 데 관련되는 원가이므로 토지의 취득원가에 가산한다.

02 ㈜한국은 20×1년 초 토지, 건물 및 기계장치를 일괄취득하고 현금 ₩1,500,000을 지급하였다. 취득일 현재 자산의 장부금액과 공정가치가 다음과 같을 때, 각 자산의 취득원가는? (단, 취득자산은 철거 혹은 용도변경 없이 계속 사용한다)

2019 국가직 9급

구분	장부금액	공정가치
토지	₩1,095,000	₩1,350,000
건물	₩630,000	₩420,000
기계장치	₩380,000	₩230,000

	토지	건물	기계장치
①	₩1,350,000	₩420,000	₩230,000
②	₩1,095,000	₩630,000	₩380,000
③	₩1,095,000	₩315,000	₩162,500
④	₩1,012,500	₩315,000	₩172,500

03 ㈜한국은 공장 건물을 신축하기 위해 ㈜대한으로부터 장부가액이 각각 ₩50,000과 ₩100,000 인 건물과 토지를 ₩300,000에 일괄 취득하였다. 취득 즉시 ㈜한국은 기존 건물을 철거하면서 철거비 ₩20,000을 지출하였고 공장 건물 신축공사를 시작하였다. ㈜한국이 인식할 토지의 취득원가는?

2019 관세직 9급

① ₩200,000   ② ₩220,000

③ ₩300,000   ④ ₩320,000

정답과 해설

02 정답 ④

해설 일괄취득한 자산의 취득원가는 공정가치 비율로 안분한다.

공정가치 대비 취득원가 = ₩1,500,000 ÷ (₩1,350,000 + ₩420,000 + ₩230,000) = 75%

각 자산의 취득원가는 다음과 같다.

토지: ₩1,350,000 × 75% = ₩1,012,500

건물: ₩420,000 × 75% = ₩315,000

기계장치: ₩230,000 × 75% = ₩172,500

03 정답 ④

해설 토지의 취득원가 = 일괄취득원가 ₩300,000 + 철거비용 ₩20,000 = ₩320,000

04 ㈜한국은 20×1년 한 해 동안 영업사업부 건물의 일상적인 수선 및 유지를 위해 ₩5,300을 지출하였다. 이 중 ₩3,000은 도색비용이고 ₩2,300은 소모품 교체 비용이다. 또한, 해당 건물의 승강기 설치에 ₩6,400을 지출하였으며 새로운 비품을 ₩9,300에 구입하였다. 위의 거래 중 20×1년 12월 31일 재무상태표에 자산으로 기록할 수 있는 지출의 총액은?

2020 국가직·관세직 9급

① ₩11,700   ② ₩15,700

③ ₩18,000   ④ ₩21,000

05 ㈜한국은 20×1년 초에 토지를 새로 구입한 후, 토지 위에 새로운 사옥을 건설하기로 하였다. 이를 위해 토지 취득 후 토지 위에 있는 창고건물을 철거하였다. 토지의 취득 후 바로 공사를 시작하였으며, 토지 취득 및 신축 공사와 관련된 지출내역은 다음과 같다. 20×1년 12월 31일 현재 사옥 신축 공사가 계속 진행 중이라면 건설중인자산으로 계상할 금액은?

2021 국가직·관세직 9급

○ 토지의 구입가격	₩20,000
○ 토지의 구입에 소요된 부대비용	₩1,300
○ 토지 위의 창고 철거비용	₩900
○ 새로운 사옥의 설계비	₩2,000
○ 기초공사를 위한 땅 굴착비용	₩500
○ 건설자재 구입비용	₩4,000
○ 건설자재 구입과 직접 관련된 차입금에서 발생한 이자	₩150
○ 건설 근로자 인건비	₩1,700

① ₩8,200   ② ₩8,350

③ ₩9,100   ④ ₩9,250

---

04 **정답** ②

해설 일상적인 수선 및 유지를 위한 원가는 발생시점에 당기손익으로 인식한다. 승강기 설치 원가는 건물의 미래경제적효익을 증가시키는 자본적 지출에 해당하므로 자산의 원가에 가산하며, 비품은 기타유형자산으로 인식한다.

05 **정답** ②

해설 토지를 원하는 용도인 건물신축이 가능한 상태로 만들기 위해 들어간 모든 비용(창고 철거비용)은 토지의 취득원가에 가산한다. 토지는 취득이 완료되었으므로 건설중인자산이 아닌 토지로 보고되고, 아직 공사가 진행중인 사옥의 건설원가가 건설중인자산으로 계상된다.
건설중인자산 = 설계비 ₩2,000 + 굴착비용 ₩500 + 건설자재 구입비용 ₩4,000 + 특정차입금 차입원가 ₩150 + 인건비 ₩1,700 = ₩8,350

06 유형자산에 대한 후속 원가의 예로 그 성격이 다른 것은? (단, 후속 원가는 신뢰성 있게 측정할 수 있다)

2023 관세직 9급

① 기계장치의 생산량을 증가시킬 것으로 기대되는 부품의 부착
② 내용연수를 연장시킬 것으로 기대되는 기존 부품의 교체
③ 기계설비의 성능을 증가시킬 것으로 기대되는 핵심 부품의 교체
④ 자동차의 성능을 유지시킬 것으로 기대되는 윤활유의 교체

07 유형자산에 대한 설명으로 옳지 않은 것은?

2024 국가직·관세직 9급

① 유형자산의 일상적인 수선·유지와 관련하여 발생하는 원가는 해당 유형자산의 장부금액에 포함하여 인식하지 아니한다.
② 안전 또는 환경상의 이유로 취득하는 유형자산은 다른 자산에서 미래경제적 효익을 얻기 위해 필요한 경우에도 그 자체로는 미래경제적 효익을 얻을 수 없으므로 자산으로 인식하지 아니한다.
③ 유형자산으로 인식되기 위해서는 자산으로부터 발생하는 미래경제적 효익이 기업에 유입될 가능성이 높아야 한다.
④ 유형자산으로 인식되기 위해서는 자산의 원가를 신뢰성 있게 측정할 수 있어야 한다.

정답과 해설

06 **정답** ④

해설 보기 ①, ②, ③처럼 자산의 미래경제적효익을 증가시키는 경우는 자본적 지출로 보아 해당 지출을 자산으로 인식한다. 반면에 보기 ④처럼 일상적인 수선·유지와 관련하여 발생하는 원가는 수익적 지출로 보아 발생시점에 당기손익으로 인식한다.

07 **정답** ②

해설 안전 또는 환경상의 이유로 취득하는 유형자산은 그 자체로는 직접적인 미래경제적효익을 얻을 수 없지만, 다른 자산에서 미래경제적효익을 얻기 위하여 필요할 수 있다. 이러한 유형자산은 당해 유형자산을 취득하지 않았을 경우보다 관련 자산으로부터 미래경제적효익을 더 많이 얻을 수 있게 해 주기 때문에 자산으로 인식할 수 있다.

08 2014년 1월 1일 ㈜한국은 당사의 기계장치 X를 ㈜민국의 기계장치 Y와 교환하고, ㈜한국은 ㈜민국으로부터 현금 ₩100,000을 수령하였다. 각 회사의 기계장치의 장부가액과 공정가치에 대한 정보는 다음과 같다.

구분	기계장치 X	기계장치 Y
장부가액	₩400,000	₩300,000
공정가치	₩700,000	₩600,000

기계장치 X와 기계장치 Y의 교환거래가 상업적 실질이 있는 경우와 상업적 실질이 없는 경우 각각에 대하여 ㈜한국이 교환으로 취득한 기계장치 Y의 취득원가를 계산하면?　　2015 국가직 9급

	상업적 실질이 있는 경우	상업적 실질이 없는 경우
①	₩300,000	₩600,000
②	₩500,000	₩200,000
③	₩600,000	₩300,000
④	₩700,000	₩400,000

08 정답 ③

해설 상업적 실질이 있는 경우: 제공한 자산의 공정가치 ± 현금수수액 = ₩700,000 - ₩100,000 = ₩600,000
상업적 실질이 없는 경우: 제공한 자산의 장부금액 ± 현금수수액 = ₩400,000 - ₩100,000 = ₩300,000

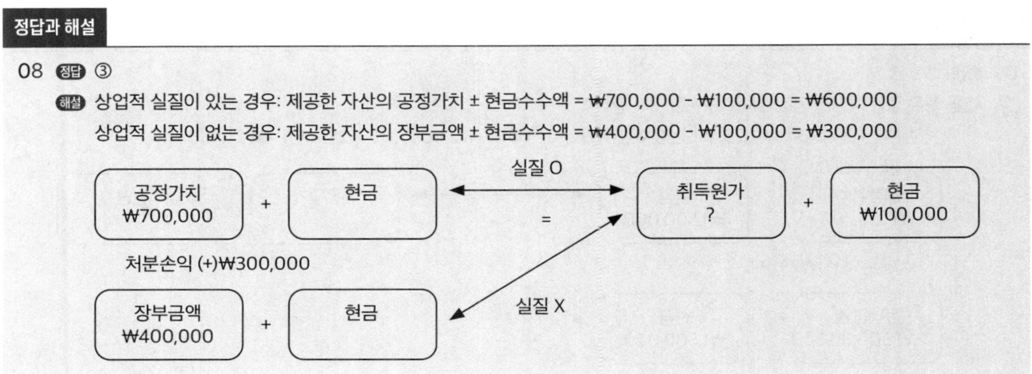

09 ㈜대한은 20×1년 1월 1일 컴퓨터 A를 취득하였다(취득원가 ₩2,100,000, 잔존가치 ₩100,000, 내용연수 5년, 정액법 상각). 20×3년 1월 1일 ㈜대한은 사용하고 있는 컴퓨터 A를 ㈜민국의 신형 컴퓨터 B와 교환하면서 현금 ₩1,500,000을 추가로 지급하였다. 교환 당시 컴퓨터 A의 공정가치는 ₩1,325,450이며, 이 교환은 상업적 실질이 있다. ㈜대한이 인식할 유형자산처분손익은?

2018 지방직 9급

① 처분손실 ₩25,450

② 처분이익 ₩25,450

③ 처분손실 ₩65,450

④ 처분이익 ₩65,450

---

09 정답 ②

해설 보유 중인 자산을 공정가치로 처분한 것과 같다.

처분손익 = 공정가치 ₩1,325,450 - 장부금액(₩2,100,000 - ₩2,000,000 × 2년/5년) = ₩25,450

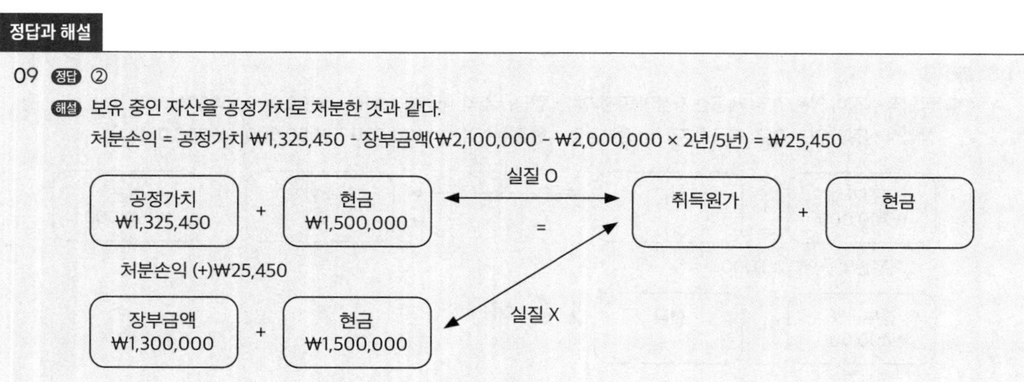

10 ㈜한국은 사용 중인 기계장치 A(장부금액 ₩300,0C0, 공정가치 ₩150,000)를 ㈜대한의 사용 중인 기계장치 B(장부금액 ₩350,000, 공정가치 ₩250,000)와 교환하였으며 공정가치 차액에 대하여 현금 ₩100,000을 지급하였다. 해당 교환거래가 상업적 실질이 존재하는 경우, ㈜한국과 ㈜대한이 각각 인식할 유형자산처분손실은?

2020 국가직 7급

	㈜한국	㈜대한
①	₩100,000	₩100,000
②	₩100,000	₩150,000
③	₩150,000	₩100,000
④	₩150,000	₩150,000

10 정답 ③

해설 ㈜한국의 처분손익 = 공정가치 ₩150,000 - 장부금액 ₩300,000 = (-)₩150,000

공정가치 ₩150,000	+	현금 ₩100,000	실질 O =	취득원가	+	현금

처분손익 (-)₩150,000

장부금액 ₩300,000	+	현금 ₩100,000	실질 X			

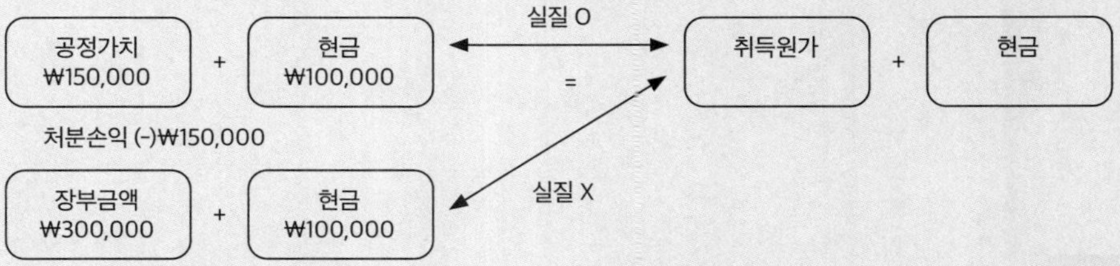

㈜대한의 처분손익 = 공정가치 ₩250,000 - 장부금액 ₩350,000 = (-)₩100,000

공정가치 ₩250,000	+	현금	실질 O =	취득원가	+	현금 ₩100,000

처분손익 (-)₩100,000

장부금액 ₩350,000	+	현금	실질 X			

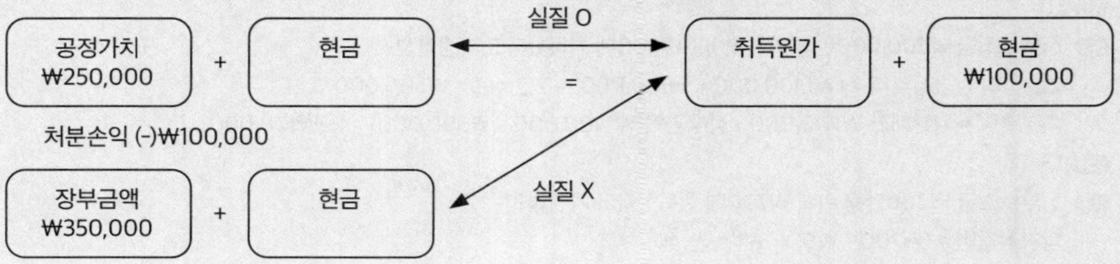

【정부보조금】

11 ㈜한국은 20×1년 1월 1일 기계장치를 ₩1,300,000(내용연수 4년, 잔존가치 ₩100,000, 정액법, 월할 상각)에 취득하면서, 정부로부터 상환의무 조건이 없는 정부보조금 ₩200,000을 수령하였다. 동 기계장치를 20×2년 12월 31일 ₩700,000에 처분한 경우 유형자산처분손익은? (단, ㈜한국은 정부보조금을 관련자산에서 차감하는 원가차감법으로 회계처리하고 있다) 2022 국가직 9급

① 유형자산처분이익 ₩100,000

② 유형자산처분이익 ₩150,000

③ 유형자산처분손실 ₩100,000

④ 유형자산처분손실 ₩150,000

12 <보기>는 ㈜서울의 기계 취득과 관련된 자료이다. 20X1년도 기계의 감가상각비는? 2024 서울시 7급

<보기>

- 20X1년 1월 1일, ₩1,000에 취득하였는데, 정부보조금 ₩300을 받았다.
- 정부보조금에 대해 비용 차감 방식(순액법)을 사용하여 회계처리한다.
- 기계의 내용연수는 5년이며, 추정 잔존가치는 ₩0, 정액법으로 감가상각한다.

① ₩0   ② ₩140

③ ₩200   ④ ₩560

정답과 해설

11 **정답** ①

해설 정부보조금 ₩200,000만큼 싸게 ₩1,100,000에 취득했다고 가정하면,

2년 간의 감가상각비 = (₩1,100,000 - ₩100,000) × 2년/4년 = ₩500,000

처분손익 = 처분대가 ₩700,000 - 장부금액(₩1,100,000 - ₩500,000) = (+)₩100,000

12 **정답** ②

해설 정부보조금 ₩300만큼 싸게 ₩700에 취득했다고 가정하면,

감가상각비 = (₩700 - ₩0) ÷ 5년 = ₩140

13 ㈜한국은 20×1년 초 ₩720,000에 구축물을 취득(내용연수 5년, 잔존가치 ₩20,000, 정액법 상각)하였으며, 내용연수 종료 시점에 이를 해체하여 원상복구해야 할 의무가 있다. 20×1년 초 복구비용의 현재가치는 ₩124,180으로 추정되며 이는 충당부채의 요건을 충족한다. 복구비용의 현재가치 계산에 적용한 할인율이 10%일 때 옳지 않은 것은? (단, 소수점 발생 시 소수점 아래 첫째자리에서 반올림한다)

2018 국가직 9급

① 20×1년 초 구축물의 취득원가는 ₩844,180이다.
② 20×1년 말 복구충당부채전입액(또는 이자비용)은 ₩12,418이다.
③ 20×1년 말 복구충당부채는 ₩136,598이다.
④ 20×1년 말 인식할 비용 총액은 ₩156,418이다.

14 다음은 ㈜한국의 구축물 관련 자료이다. ㈜한국이 20×1년 포괄손익계산서상 인식할 비용은?

2024 국가직 7급

> ○ 20×1년 초 구축물(정액법 상각, 내용연수 4년, 잔존가치 ₩0, 원가모형 적용)을 현금 ₩1,000,000을 지급하고 취득하였다.
> ○ ㈜한국은 구축물의 내용연수 종료 시점에 이를 해체하여 원상복구해야 할 의무가 있다.
> ○ 내용연수 종료 시점에 예상되는 복구비용의 20×1년 초 현재가치는 ₩200,000이며 이는 충당부채의 요건을 충족한다. (단, 복구충당부채 인식 시 적용한 할인율은 연 10%)

① ₩20,000   ② ₩220,000
③ ₩300,000   ④ ₩320,000

정답과 해설

13 정답 ④

해설 구축물의 취득원가 = ₩720,000 + 복구충당부채 ₩124,180 = ₩844,180
복구충당부채전입액(이자비용) = ₩124,180 × 유효이자율 10% = ₩12,418
20X1년 말 복구충당부채 = ₩124,180 + ₩12,418 = ₩136,598
20X1년 감가상각비 = (₩844,180 − ₩20,000) ÷ 5년 = ₩164,836
20X1년 말 인식할 비용 총액 = 감가상각비 ₩164,836 + 이자비용 ₩12,418 = ₩177,254

14 정답 ④

해설 구축물 취득원가 = ₩1,000,000 + 복구충당부채 ₩200,000 = ₩1,200,000
20X1년 감가상각비 = (₩1,200,000 − ₩0) ÷ 4년 = ₩300,000
복구충당부채전입액(이자비용) = 복구충당부채 ₩200,000 × 할인율 10% = ₩20,000
20X1년 인식할 비용 = 감가상각비 ₩300,000 + 이자비용 ₩20,000 = ₩320,000

15 ㈜한국은 20×1년 10월 1일에 기계장치를 ₩1,200,000(내용연수 4년, 잔존가치 ₩200,000)에 취득하고 연수합계법을 적용하여 감가상각하고 있다. 20×2년말 포괄손익계산서와 재무상태표에 보고할 감가상각비와 감가상각누계액은? (단, 감가상각비는 월할계산한다) 2018 국가직 9급

① 감가상각비 ₩375,000 감가상각누계액 ₩475,000
② 감가상각비 ₩375,000 감가상각누계액 ₩570,000
③ 감가상각비 ₩450,000 감가상각누계액 ₩475,000
④ 감가상각비 ₩450,000 감가상각누계액 ₩570,000

16 ㈜구봉은 20×1년 1월 1일에 생산용 기계 1대를 ₩100,000에 구입하였다. 이 기계의 내용연수는 4년, 잔존가액은 ₩20,000으로 추정되었으며 정액법에 의해 감가상각하고 있었다. ㈜구봉은 20×3년도 초에 동 기계의 성능을 현저히 개선하여 사용할 수 있게 하는 대규모의 수선을 시행하여 ₩16,000을 지출하였다. 동 수선으로 내용연수는 2년이 연장되었으나 잔존가치는 변동이 없을 것으로 추정된다. 이 기계와 관련하여 20×3년도에 인식될 감가상각비는? 2018 지방직 9급

① ₩28,000　　② ₩24,000
③ ₩20,000　　④ ₩14,000

정답과 해설

15 **정답** ①
해설 20X1년 감가상각비 = (₩1,200,000 − ₩200,000) × 4/(1+2+3+4) × 3개월/12개월 = ₩1,000,000 × 4/10 × 1/4
= ₩100,000
20X2년 감가상각비 = (₩1,200,000 − ₩200,000) × 3.75/10 = ₩375,000
20X2년 말 감가상각누계액 = ₩100,000 + ₩375,000 = ₩475,000

16 **정답** ④
해설 20X2년 말 장부금액 = ₩100,000 − (₩100,000 − ₩20,000) × 2년/4년 = ₩60,000
기계의 성능이 현저히 개선되었으므로 자본적 지출에 해당한다.
20X3년 감가상각비 = (₩60,000 + ₩16,000 − 잔존가치 ₩20,000) ÷ (2년 + 2년) = ₩14,000

17 ㈜한국은 20×1년 1월 1일에 기계장치를 ₩450,000에 취득하면서 운송비와 설치비로 ₩50,000을 지출하였다. 이 기계장치는 내용연수 5년, 잔존가치 ₩0으로 정액법을 적용하여 감가상각하고 있다. 20×3년 1월 1일 사용 중이던 동 기계장치의 생산능력을 높이고 사용기간을 연장하기 위해 ₩100,000을 지출하였으며, 일상적인 수선을 위해 ₩5,000을 지출하였다. 지출의 결과로 기계장치의 내용연수는 5년에서 7년으로 연장되었으며 잔존가치는 ₩50,000으로 변경되었다. ㈜한국이 20×3년도에 인식해야 할 감가상각비는? (단, 원가모형을 적용하며 손상차손은 없다) 2019 국가직 9급

① ₩50,000　　　　　　　② ₩60,000

③ ₩70,000　　　　　　　④ ₩80,000

18 자산의 감가상각 및 상각에 대한 설명으로 옳지 않은 것은?　　　　　　2019 관세직 9급

① 유형자산을 구성하는 일부의 원가가 당해 유형자산의 전체 원가에 비교하여 유의적이라면, 해당 유형자산을 감가상각할 때 그 부분은 별도로 구분하여 감가상각한다.

② 내용연수가 유한한 무형자산의 상각기간과 상각방법은 적어도 매 회계연도 말에 검토한다.

③ 내용연수가 비한정적인 무형자산에 대해 상각비를 인식하지 않는다.

④ 정액법을 적용하여 상각하던 기계장치가 유휴상태가 되면 감가상각비를 인식하지 않는다.

---

17 정답 ③

해설 기계장치 취득원가 = ₩450,000 + ₩50,000 = ₩500,000

20X2년 12월 31일 장부금액 = ₩500,000 - ₩500,000 × 2년/5년 = ₩300,000

20X3년 감가상각비 = {(₩300,000 + ₩100,000) - 잔존가치 ₩50,000} ÷ (7년 - 2년) = ₩70,000

18 정답 ④

해설 유형자산이 운휴 중이거나 적극적인 사용상태가 아니어도, 감가상각이 완전히 이루어지기 전까지는 감가상각을 중단하지 않는다.

19 ㈜한국은 20×1년 1월 1일 건물을 ₩110에 취득하였다. 건물의 잔존가치는 ₩10이며, 내용연수는 10년이고, 정액법으로 감가상각을 하기로 하였다. 해당 건물에 대한 감가상각과 관련한 설명으로 옳지 않은 것은?

2023 국가직·관세직 9급

① 감가상각대상금액 ₩110이 내용연수 10년에 걸쳐 배분된다.

② 20×1년에 인식되는 감가상각비는 ₩10이다.

③ 20×2년 말 해당 건물의 감가상각누계액은 ₩20으로 보고된다.

④ 20×3년 말 해당 건물의 장부금액은 ₩80으로 보고된다.

[04-06] 재평가

20 ㈜한국은 기계장치를 2016년 1월 1일 ₩100,000에 취득하여 정액법(내용연수 3년, 잔존가치 ₩10,000)으로 감가상각하였다. 2016년 말 기계장치의 공정가치가 ₩90,000인 경우 재평가모형 적용 시 인식할 재평가잉여금은?

2017 지방직 9급

① ₩10,000　　　　② ₩20,000

③ ₩30,000　　　　④ ₩40,000

정답과 해설

19 **정답** ①

해설 감가상각대상금액은 취득원가(₩110)에서 잔존가치(₩10)를 차감한 ₩100이다. 감가상각대상금액 ₩100이 내용연수 10년에 걸쳐 매년 ₩10씩 배분되므로 20X1년에 인식되는 감가상각비는 ₩10, 20X2년 말 감가상각누계액은 ₩20이다. 20X3년 말 감가상각누계액은 ₩30이 되므로 장부금액은 취득원가 ₩110에서 감가상각누계액 ₩30을 차감한 ₩80이 된다.

20 **정답** ②

해설 2016년 말 상각후원가 = ₩100,000 - (₩100,000 - ₩10,000) ÷ 3년 = ₩70,000

재평가잉여금 = 공정가치 ₩90,000 - 상각후원가 ₩70,000 = ₩20,000

21 ㈜한국은 20×1년 초에 ₩15,000을 지급하고 항공기를 구입하였다. 20×1년 말 항공기의 감가상각누계액은 ₩1,000이며, 공정가치는 ₩16,000이다. 감가상각누계액을 전액 제거하는 방법인 재평가모형을 적용하고 있으며 매년 말 재평가를 실시하고 있다. 20×2년 말 항공기의 감가상각누계액은 ₩2,000이며, 공정가치는 ₩11,000이다. 상기 의 자료만을 근거로 도출된 설명으로 옳지 않은 것은? (단, 재평가잉여금을 당해 자산을 사용하면서 이익잉여금으로 대체하는 방법은 선택하고 있지 않다)

2020 지방직 9급

① 20×1년 말 재평가잉여금은 ₩2,000이다.

② 20×1년 말 항공기의 장부금액은 ₩16,000이다.

③ 20×2년에 인식하는 재평가손실은 ₩3,000이다.

④ 20×2년에 인식하는 재평가손실은 포괄손익계산서의 비용항목으로 당기순이익에 영향을 준다.

22 다음 설비자산 자료를 이용한 20×2년 재평가잉여금 기말 잔액은? (단, 설비자산은 취득시부터 재평가모형을 적용하고, 재평가잉여금의 이익잉여금 대체를 고려하지 않는다)

2021 지방직 9급

> ○ 20×1년 1월 1일에 설비자산을 ₩30,000에 취득(정액법 상각, 내용연수 10년, 잔존가치 ₩5,000)
> ○ 20×2년 1월 1일에 동 설비자산의 감가상각방법을 연수합계법으로 변경(내용연수 4년, 잔존가치 ₩7,500)
> ○ 공정가치: 20×1년 말 ₩37,500, 20×2년 말 ₩25,000

① ₩0   ② ₩500

③ ₩9,500   ④ ₩10,000

21 정답 ③

해설

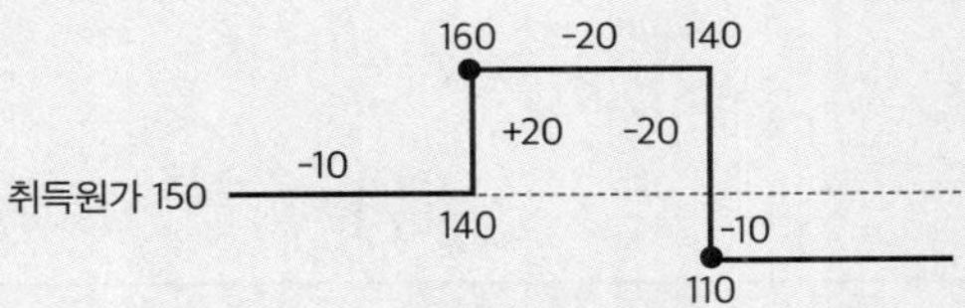

① 20X1년 말 재평가잉여금 = ₩16,000 - ₩14,000 = ₩2,000
② 항공기 장부금액은 공정가치인 ₩16,000이다.
③ 재평가손실 = (감가상각후 금액 ₩14,000 - 공정가치 ₩11,000) - 재평가잉여금 잔액 ₩2,000 = ₩1,000
④ 재평가손실 ₩1,000이 당기순이익으로 보고된다.

22 정답 ③

해설 20X1년 감가상각비 = (취득원가 ₩30,000 - 잔존가치 ₩5,000) ÷ 10년 = ₩2,500

20X2년 감가상각비 = (공정가치 ₩37,500 - 잔존가치 ₩7,500) × 4/(1+2+3+4) = ₩12,000

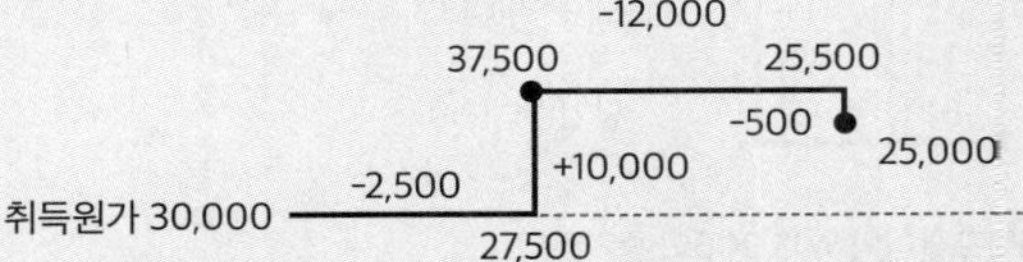

20X1년 재평가잉여금 = 공정가치 ₩37,500 - 감가상각후원가 ₩27,500 = ₩10,000
20X2년 재평가잉여금 잔액 = 기초 ₩10,000 - 감소액 (감가상각후원가 ₩25,500 - 공정가치 ₩25,000) = ₩9,500

23 유형자산 재평가모형에 대한 설명으로 옳지 않은 것은? 2022 국가직·관세직 9급

① 최초 인식 후에 공정가치를 신뢰성 있게 측정할 수 있는 유형자산은 재평가일의 공정가치에서 이후의 감가상각누계액과 손상차손누계액을 차감한 재평가금액을 장부금액으로 한다.

② 자산의 장부금액이 재평가로 인하여 증가된 경우에 그 증가액은 기타포괄손익으로 인식하고 재평가잉여금의 과목으로 자본에 가산한다. 그러나 동일한 자산에 대하여 이전에 당기손익으로 인식한 재평가감소액이 있다면 그 금액을 한도로 재평가증가액만큼 당기손익으로 인식한다.

③ 자산의 장부금액이 재평가로 인하여 감소된 경우에 그 감소액은 기타포괄손익으로 인식한다. 그러나 그 자산에 대한 재평가잉여금의 잔액이 있다면 그 금액을 한도로 재평가감소액을 당기손익으로 인식한다.

④ 특정 유형자산을 재평가할 때, 해당 자산이 포함되는 유형자산의 유형 전체를 재평가한다.

24 ㈜한국이 20×1년 초 건물을 사용할 목적으로 토지와 건물을 ₩150,000에 일괄 취득하였다. 취득일 현재 토지와 건물의 공정가치는 각각 ₩100,000이다. ㈜한국은 매년 말 토지를 재평가하며, 토지의 공정가치는 다음과 같다.

구분	20×1년 말	20×2년 말	20×3년 말
공정가치	₩80,000	₩70,000	₩90,000

㈜한국은 20×4년 초 토지를 ₩90,000에 처분하였으며, 처분시점에 재평가잉여금을 이익잉여금으로 대체하였다. ㈜한국의 토지와 관련된 회계처리의 영향으로 옳지 않은 것은? 2023 관세직 9급

① 20×1년도 당기손익의 증감은 없고 기타포괄이익 ₩5,000이 증가한다.

② 20×2년도 당기손실 ₩5,000이 발생하고 기타포괄이익 ₩5,000이 감소한다.

③ 20×3년도 당기손익의 증감은 없고 기타포괄이익 ₩20,000이 증가한다.

④ 20×4년도 자본 총계에 미치는 영향은 없다.

---

23 정답 ③

해설 자산의 장부금액이 재평가로 인하여 감소된 경우에 그 감소액은 '당기손익'으로 인식한다. 그러나 그 자산에 대한 재평가잉여금의 잔액이 있다면 그 금액을 한도로 재평가감소액을 '기타포괄손익'으로 인식한다.

24 정답 ③

해설 일괄 취득원가 ₩150,000은 토지와 건물에 공정가치 비율대로 안분한다.

토지의 취득원가 = ₩150,000 × (₩100,000/₩200,000) = ₩75,000

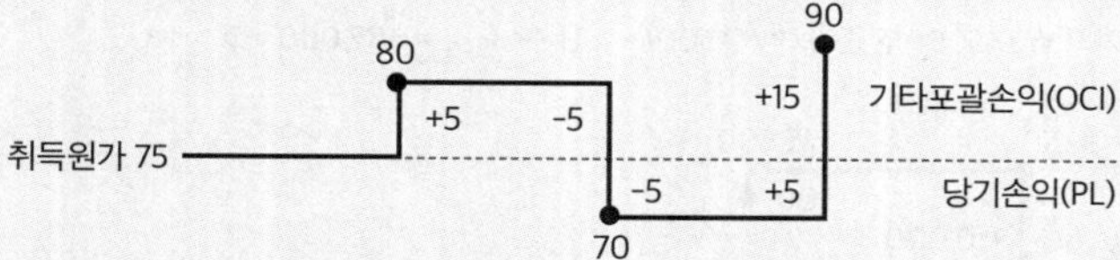

20X3년에 당기이익 ₩5,000이 증가하고, 기타포괄이익 ₩15,000이 증가한다.

20X4년 처분대가(₩90,000)와 장부금액(₩90,000)이 같으므로 처분손익은 없다. 재평가잉여금(자본) ₩15,000을 이익잉여금(자본)으로 대체하더라도 자본총계는 변하지 않는다.

25 ㈜한국은 20×1년 초 토지를 ₩10,000,000에 취득하여 재평가모형을 적용하고 있다. ㈜한국은 매년 말 토지를 재평가하며, 토지의 공정가치는 다음과 같다.

구분	20×1년 말	20×2년 말
공정가치	₩12,000,000	₩9,000,000

20×2년 말 ㈜한국의 토지 재평가 시 회계처리는?

2024 지방직 9급

① (차) 재평가잉여금 ₩2,000,000   (대) 토지 ₩3,000,000
       재평가손실 ₩1,000,000

② (차) 재평가잉여금 ₩3,000,000   (대) 토지 ₩3,000,000

③ (차) 재평가손실 ₩3,000,000   (대) 토지 ₩3,000,000

④ (차) 재평가손실 ₩1,000,000   (대) 토지 ₩1,000,000

[04-07] 손상차손

26 ㈜한국은 2014년 초에 기계장치(잔존가치 ₩0, 내용연수 5년, 정액법 상각)를 ₩5,000에 취득하고, 원가모형을 사용하여 측정하고 있다. 2014년 말에 손상징후가 있어 손상검사를 실시한 결과, 기계장치의 순공정가치는 ₩2,500, 사용가치는 ₩2,800으로 판명되었다. 이후 2015년 말에 손상이 회복되어 기계장치의 회수가능액이 ₩4,000이 된 경우 기계장치의 장부금액은?   2015 지방직 9급

① ₩2,100   ② ₩3,000   ③ ₩3,300   ④ ₩4,000

25 정답 ①

해설

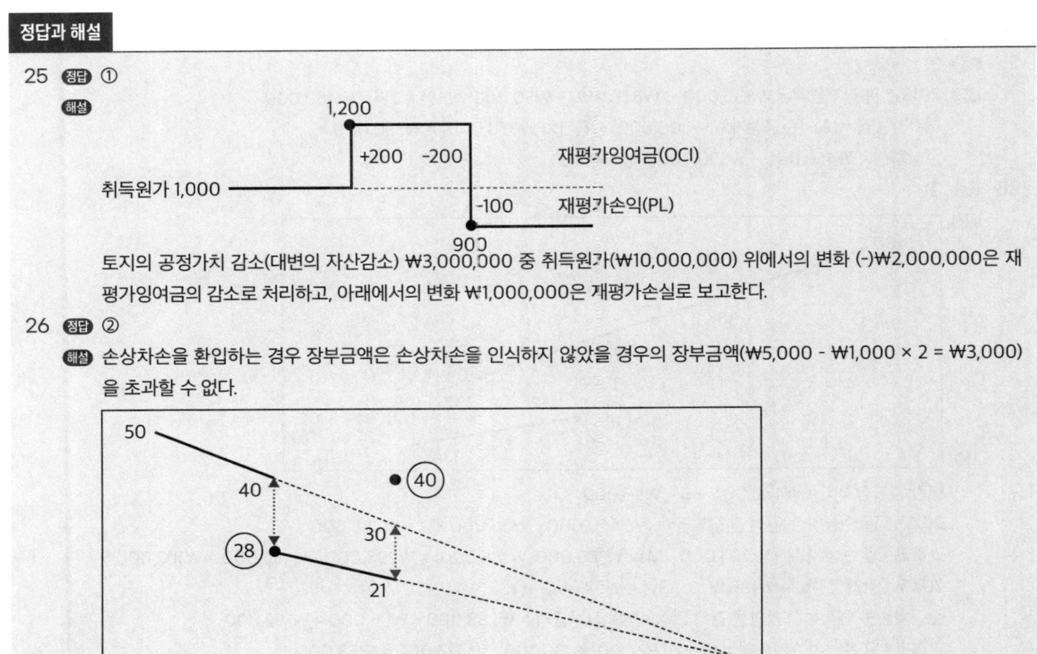

토지의 공정가치 감소(대변의 자산감소) ₩3,000,000 중 취득원가(₩10,000,000) 위에서의 변화 (−)₩2,000,000은 재평가잉여금의 감소로 처리하고, 아래에서의 변화 ₩1,000,000은 재평가손실로 보고한다.

26 정답 ②

해설 손상차손을 환입하는 경우 장부금액은 손상차손을 인식하지 않았을 경우의 장부금액(₩5,000 − ₩1,000 × 2 = ₩3,000)을 초과할 수 없다.

27 ㈜한국은 2015년 초에 취득원가 ₩850,000의 기계장치를 구입하고, 원가모형을 적용하였다. 내용연수는 4년(잔존가액 ₩50,000)이며, 감가상각은 정액법에 의한다. 2016년 말에 처음으로 손상징후가 있었으며, 기계장치의 순공정가치와 사용가치는 각각 ₩300,000과 ₩350,000이었다. 2016년 말에 인식해야 할 손상차손은?

2016 지방직 9급

① ₩0 　　　　　　② ₩50,000

③ ₩100,000 　　　④ ₩150,000

28 ㈜한국은 20×1년 초 기계를 ₩480,000(내용연수 5년, 잔존가치 ₩0, 정액법 상각)에 구입하고 원가모형을 채택하였다. 20×2년 말 그 기계에 손상징후가 있었으며, 이때 기계의 순공정가치는 ₩180,000, 사용가치는 ₩186,000으로 추정되었다. 20×3년 말 회수가능액이 ₩195,000으로 회복되었다면 옳지 않은 것은?

2018 국가직 9급

① 20×2년 말 손상차손 인식 전 장부금액은 ₩288,000이다.

② 20×2년 말 손상차손으로 인식할 금액은 ₩102,000이다.

③ 20×3년 말 감가상각비로 인식할 금액은 ₩62,000이다.

④ 20×3년 말 손상차손환입액으로 인식할 금액은 ₩71,000이다.

---

27 정답 ③

해설 2016년 말 장부금액 = ₩850,000 - (₩850,000 - ₩50,000) ÷ 4년 × 2년 = ₩450,000
회수가능액 = Max[순공정가치 ₩300,000, 사용가치 ₩350,000] = ₩350,000
손상차손 = ₩450,000 - ₩350,000 = ₩100,000

28 정답 ④

해설

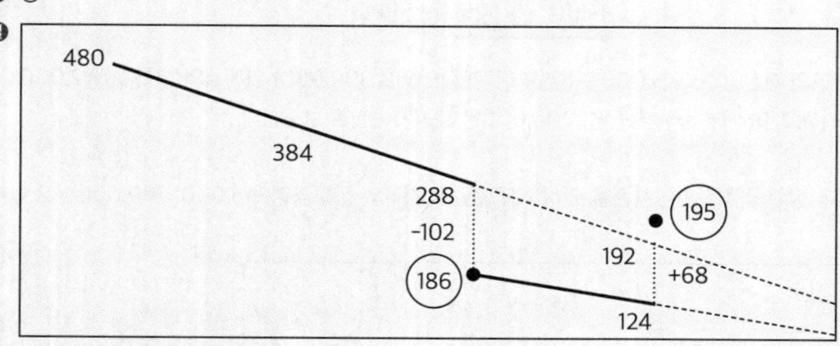

년간 감가상각비 = ₩480,000 ÷ 5 = ₩96,000
20X2년 말 손상차손 인식 전 장부금액 = ₩480,000 - ₩96,000 × 2 = ₩288,000
20X2년 말 손상차손 = ₩288,000 - Max(₩180,000, ₩186,000) = ₩288,000 - ₩186,000 = ₩102,000
20X3년 감가상각비 = ₩186,000 ÷ 3년 = ₩62,000
손상차손을 인식하지 않았을 경우 20X3년 말 장부금액 = ₩288,000 - ₩96,000 = ₩192,000
20X3년 말 손상차손환입액 = Min(₩192,000, ₩195,000) - ₩124,000 = ₩68,000

29 ㈜한국은 20×1년 1월 1일에 기계장치를 취득하고 원가모형을 적용하여 감가상각하고 있다. 기계장치와 관련된 자료는 다음과 같다.

○ 취득원가　₩2,000,000	○ 잔존가치　₩200,000
○ 내용연수　6년	○ 감가상각방법: 정액법

20×3년 말 기계장치에 대해 손상이 발생하였으며 손상시점의 순공정가치는 ₩600,000이고 사용가치는 ₩550,000이다. 20×3년 말 손상차손 인식 후 장부금액은?

2020 지방직 9급

① ₩550,000　　　　② ₩600,000

③ ₩650,000　　　　④ ₩700,000

30 ㈜한국은 20×1년 초 기계장치(내용연수 3년, 잔존가치 $\boxed{A}$, 연수합계법, 월할 상각, 원가모형 적용)를 ₩20,000에 취득하였다. 20×1년 말 기계장치의 순공정가치 ₩5,000, 사용가치 ₩4,000, 손상차손 인식액 ₩6,000이다. 20×1년 초 기계장치 취득시의 잔존가치 'A'는? (단, 잔존가치의 변동은 없다)

2022 국가직 7급

① ₩1,000　　　　② ₩2,000

③ ₩3,000　　　　④ ₩4,000

정답과 해설

29 **정답** ②

해설 20X3년 말 상각후원가 = ₩2,000,000 - (₩2,000,000 - ₩200,000) × 3년/6년 = ₩1,100,000

회수가능액 = Max[순공정가치 ₩600,000, 사용가치 ₩550,000] = ₩600,000

손상차손 인식 후 장부금액 = Min[상각후원가 ₩1,100,000, 회수가능액 ₩600,000] = ₩600,000

30 **정답** ②

해설 20X1년 말 회수가능액 = Max[순공정가치 ₩5,000, 사용가치 ₩4,000] = ₩5,000

20X1년 말 상각후원가 = 회수가능액 ₩5,000 + 손상차손 ₩6,000 = ₩11,000

20X1년 감가상각비 = 취득원가 ₩20,000 - 20X1년 말 상각후원가 ₩11,000 = ₩9,000

```
                              11,000
취득원가 20,000 ──────────────┐
                              │
                              │ -6,000
                              │
                            5,000
```

20X1년 감가상각비 ₩9,000 = (취득원가 ₩20,000 - 잔존가치 A) × 3년/(1+2+3) = (₩20,000 - A) × 3/6

₩18,000 = ₩20,000 - A

A = ₩2,000

31 ㈜한국은 20×1년 1월 1일 비품을 취득하고 원가모형을 적용하고 있다. 비품과 관련된 자료는 다음과 같다.

○ 취득원가: ₩1,000,000	○ 잔존가치: ₩0
○ 내용연수: 5년	○ 감가상각방법: 정액법
○ 회수가능액	

20×1년 말	20×2년 말
₩400,000	₩800,000

㈜한국이 비품에 대해 20×2년 12월 31일 인식해야 할 손상차손(손상차손환입)은? (단, 자산의 회수가능액 변동은 비품의 손상 혹은 그 회복에 따른 것이라고 가정하며, 감가상각은 월할 계산한다)

2023 국가직 7급

① 손상차손 ₩200,000

② 손상차손 ₩300,000

③ 손상차손환입 ₩200,000

④ 손상차손환입 ₩300,000

31 **정답** ④

해설

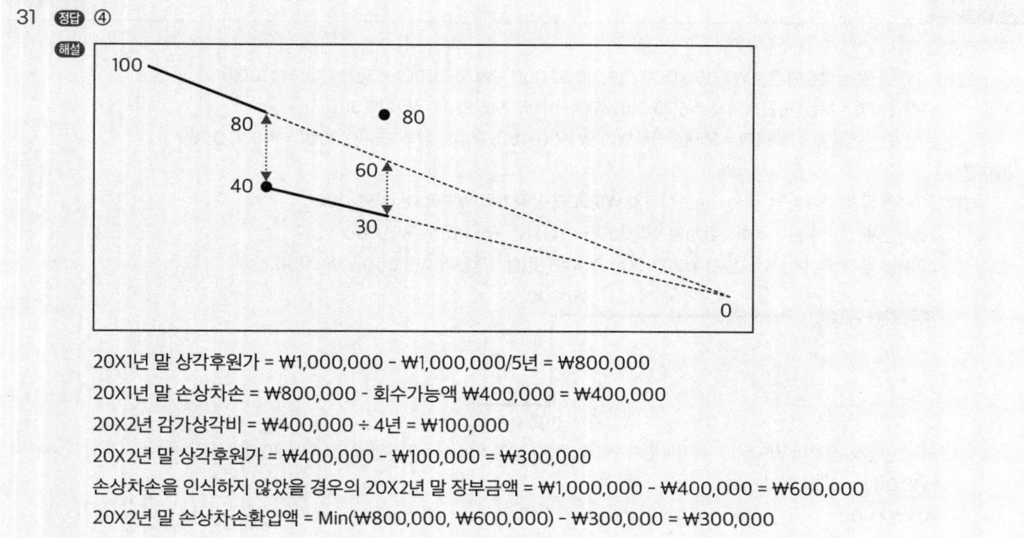

20X1년 말 상각후원가 = ₩1,000,000 - ₩1,000,000/5년 = ₩800,000

20X1년 말 손상차손 = ₩800,000 - 회수가능액 ₩400,000 = ₩400,000

20X2년 감가상각비 = ₩400,000 ÷ 4년 = ₩100,000

20X2년 말 상각후원가 = ₩400,000 - ₩100,000 = ₩300,000

손상차손을 인식하지 않았을 경우의 20X2년 말 장부금액 = ₩1,000,000 - ₩400,000 = ₩600,000

20X2년 말 손상차손환입액 = Min(₩800,000, ₩600,000) - ₩300,000 = ₩300,000

32 ㈜한국은 2015년 4월 1일 기계장치를 ₩80,000에 취득하였다. 이 기계장치는 내용연수가 5년이고 잔존가치가 ₩5,000이며, 연수합계법에 의해 월할로 감가상각한다. ㈜한국이 이 기계장치를 2016년 10월 1일 ₩43,000에 처분한 경우 기계장치 처분손익은? (단, ㈜한국은 원가모형을 적용한다)

2016 국가직·관세직 9급

① 처분손실 ₩2,000

② 처분이익 ₩2,000

③ 처분손실 ₩3,000

④ 처분이익 ₩3,000

33 ㈜한국은 2015년 1월 1일에 기계장치를 ₩200,000에 취득하고 원가모형을 적용하였다(내용연수 5년, 잔존가치 ₩0, 정액법 상각). 2015년 말 기계장치의 순공정가치와 사용가치는 각각 ₩120,000, ₩100,000이었다. 2016년 7월 1일에 ₩90,000의 현금을 받고 처분하였다. ㈜한국이 인식할 유형자산처분손익은? (단, 감가상각비는 월할 상각한다)

2017 국가직·관세직 9급

① 처분이익 ₩50,000

② 처분이익 ₩30,000

③ 처분손실 ₩15,000

④ 처분손실 ₩12,000

정답과 해설

32 **정답** ①

해설 (2015년 4월 1일 ~ 2016년 3월 31일) 감가상각비: (₩80,000 - ₩5,000) × 5/15 = ₩25,000

(2016년 4월 1일 ~ 2016년 9월 30일) 감가상각비: (₩80,000 - ₩5,000) × 4/15 × 6개월/12개월 = ₩10,000

처분손익: 처분금액 - 장부금액 = ₩43,000 - (₩80,000 - ₩35,000) = (-)₩2,000

33 **정답** ③

해설 2015년 말 상각후원가 = ₩200,000 - ₩200,000 ÷ 5년 = ₩160,000

회수가능액(순공정가치와 사용가치 중 큰 ₩120,000)이 상각후원가보다 작으므로 손상차손을 인식하고 장부금액은 ₩120,000이 된다.

2016년 1월 1일 ~ 6월 30일 감가상각비 = ₩120,000 ÷ 4년 × 6개월/12개월 = ₩15,000

유형자산처분손익 = 처분금액 ₩90,000 - 장부금액(₩120,000 - ₩15,000) = (-)₩15,000

34 ㈜한국은 2016년 5월 1일 기계장치를 ₩4,000,000에 취득하였다. 추정잔존가치는 취득원가의 10%, 내용연수는 3년, 감가상각방법은 연수합계법이며 감가상각비는 월할로 계산한다. ㈜한국이 이 기계장치를 2017년 8월 31일 ₩2,000,000에 처분할 경우 처분시점의 감가상각누계액과 처분손익은? (단, 원가모형을 적용하며 손상차손은 없다고 가정한다) 2018 관세직 9급

① 감가상각누계액 ₩1,000,000, 처분손실 ₩1,000,000

② 감가상각누계액 ₩1,800,000, 처분손실 ₩200,000

③ 감가상각누계액 ₩2,200,000, 처분이익 ₩200,000

④ 감가상각누계액 ₩2,600,000, 처분이익 ₩600,000

35 ㈜한국은 20×1년 10월 1일 기계장치를 ₩80,000(내용연수 5년, 잔존가치 ₩5,000, 연수합계법, 월할 상각)에 취득하였다. 동 기계장치를 20×3년 3월 31일 ₩40,000에 처분할 경우, 처분시점의 장부금액과 처분손익을 바르게 연결한 것은? (단, 기계장치는 원가모형을 적용하고 손상차손은 발생하지 않았다) 2022 국가직·관세직 9급

	장부금액	처분손익
①	₩35,000	손실 ₩5,000
②	₩35,000	이익 ₩5,000
③	₩45,000	손실 ₩5,000
④	₩45,000	이익 ₩5,000

34 정답 ③

해설 취득 후 1년 4개월간 보유하고 처분하였다.

첫 1년 간 감가상각비 = (취득원가 ₩4,000,000 − 잔존가치 ₩400,000) × 3/(1+2+3) = ₩1,800,000

다음 4개월 간의 감가상각비 = ₩3,600,000 × 2/6 × 4개월/12개월 = ₩400,000

감가상각누계액 = ₩1,800,000 + ₩400,000 = ₩2,200,000

처분손익 = 처분대가 ₩2,000,000 − 장부금액(₩4,000,000 − ₩2,200,000) = ₩200,000

35 정답 ③

해설 1년 6개월(20×1년 10월 1일 ~ 20×3년 3월 31일) 동안의 감가상각비 = (₩80,000 − ₩5,000) × (5 + 4 × 6/12) ÷ (1 + 2 + 3 + 4 + 5) = ₩75,000 × 7/15 = ₩35,000

처분시점의 장부금액 = ₩80,000 − ₩35,000 = ₩45,000

처분손익 = 처분대가 ₩40,000 − 장부금액 ₩45,000 = (−)₩5,000

36 ㈜한국은 20×1년 1월 1일에 토지와 토지 위의 건물을 일괄하여 ₩1,000,000에 취득하고 토지와 건물을 계속 사용하였다. 취득시점 토지의 공정가치는 ₩750,000이며 건물의 공정가치는 ₩500,000이다. 건물의 내용연수는 5년, 잔존가치는 ₩100,000이며, 정액법을 적용하여 건물을 감가상각한다(월할 상각, 원가모형 적용). 20×3년 1월 1일 ㈜한국은 더 이상 건물을 사용할 수 없어 해당 건물을 철거하였다. 건물의 철거와 관련하여 철거비용이 발생하지 않았을 경우, 20×3년 1월 1일에 인식하는 손실은?

2022 관세직 9급

① ₩120,000   ② ₩280,000

③ ₩360,000   ④ ₩400,000

36 정답 ②

해설 일괄취득원가는 공정가치 비율로 안분한다.

건물의 취득원가 = ₩1,000,000 × ₩500,000/₩1,250,000 = ₩400,000

매년의 감가상각비 = (₩400,000 − ₩100,000) ÷ 5년 = ₩60,000

20X2년 말 장부금액 = ₩400,000 − ₩60,000 × 2년 = ₩280,000

철거시점에 장부금액 ₩280,000을 폐기손실로 인식한다.

[04-02] 유형별 취득원가

37 ㈜한국은 20×1년 초 차량 A(내용연수 4년, 잔존가치 ₩0, 감가상각방법 연수합계법 적용)를 ₩900,000에 매입하면서 취득세 ₩90,000을 납부하였고, 의무적으로 매입해야 하는 국공채를 액면가 ₩100,000(현재가치 ₩90,000)에 매입하였다. 차량 A를 취득한 후 바로 영업활동에 사용하였을 때, 차량 A와 관련하여 ㈜한국이 인식할 20×2년 감가상각비는? 2019 지방직 9급

① ₩300,000 ② ₩324,000
③ ₩400,000 ④ ₩432,000

38 유형자산의 원가를 구성하는 것은? 2022 지방직 9급
① 새로운 시설을 개설하는 데 소요되는 원가
② 경영진이 의도한 방식으로 유형자산을 가동할 수 있는 장소와 상태에 이르게 하는 동안에 재화가 생산된다면 그러한 재화를 판매하여 얻은 매각금액과 그 재화의 원가
③ 유형자산이 경영진이 의도하는 방식으로 가동될 수 있으나 아직 실제로 사용되지는 않고 있는 경우 또는 가동수준이 완전조업도 수준에 미치지 못하는 경우에 발생하는 원가
④ 자산을 해체, 제거하거나 부지를 복구하는 데 소요될 것으로 최초에 추정되는 원가

---

37 **정답** ①

해설 불가피하게 매입하는 국공채의 매입가격(₩100,000)과 공정가치(₩90,000)의 차액 ₩10,000은 차량의 취득원가에 포함한다.
차량 취득원가 = 매입가격 ₩900,000 + 취득세 ₩90,000 + 국공채 매입차액 ₩10,000 = ₩1,000,000
20X2년 감가상각비 = ₩1,000,000 × 3/(1+2+3+4) = ₩300,000

38 **정답** ④

해설 ①, ③ 새로운 시설을 개설하는 데 소요되는 원가(개소리), 유형자산이 경영진이 의도하는 방식으로 가동될 수 있으나 아직 실제로 사용되지는 않고 있는 경우 또는 가동수준이 완전조업도 수준에 미치지 못하는 경우에 발생하는 원가는 유형자산의 원가에 해당하지 않는다.
② 유형자산이 정상적으로 작동되는지 여부를 시험하는 과정에서 생산된 재화(예: 장비의 시험과정에서 생산된 시제품)의 순매각금액은 과거에는 유형자산의 원가에서 차감했지만, 기준서가 개정되어 생산된 재화의 매각금액과 관련 원가를 당기손익으로 인식한다. 따라서 유형자산의 원가를 구성하지 않는다.
④ 자산을 해체, 제거하거나 부지를 복구하는 데 소요될 것으로 최초에 추정되는 원가에 대해서는 복구충당부채를 인식하고 이를 자산의 취득원가에 가산한다.

39 ㈜서울은 20X1년 초에 토지, 건물, 기계장치를 일괄하여 ₩28,500,000에 취득하였다. 취득일 현재 양도회사의 장부금액과 공정가치는 <보기>와 같다. 일괄구입 시에 추가적으로 부동산중개수수료 ₩500,000과 취득세 ₩1,000,000이 소요되었다면, 토지의 취득원가는?   2023 서울시 7급

<보기>

	장부금액	공정가치
토지	₩12,000,000	₩17,000,000
건물	₩10,500,000	₩10,200,000
기계장치	₩7,500,000	₩6,800,000

① ₩11,400,000　　② ₩12,000,000

③ ₩14,250,000　　④ ₩15,000,000

[04-03] 교환취득

40 ㈜대한은 2016년 7월 1일 기계장치를 ㈜민국의 기계장치와 교환하면서 현금 ₩500,000을 추가로 지급하였다. 교환시점에서 두 기계장치의 공정가치는 명확하였으며, 기계장치에 대한 장부금액과 공정가치는 다음과 같다. ㈜대한이 교환시점에서 인식할 기계장치의 취득원가는? (단, 이 교환거래는 상업적 실질이 있다)   2016 국가직 7급

구분	㈜대한	㈜민국
장부금액	₩2,000,000	₩5,000,000
공정가치	₩2,700,000	₩3,100,000

① ₩2,500,000　　② ₩3,100,000

③ ₩3,200,000　　④ ₩3,600,000

39 정답 ④

해설 일괄구입 원가 = ₩28,500,000 + 중개수수료 ₩500,000 + 취득서 ₩1,000,000 = ₩30,000,000
공정가치 합계 = ₩17,000,000 + ₩10,200,000 + ₩6,800,000 = ₩34,000,000
토지의 취득원가 = ₩30,000,000 × ₩17,000,000/₩34,000,000 = ₩15,000,000

40 정답 ③

해설 상업적 실질이 있는 교환거래의 경우 자산의 취득원가는 제공한 자산의 공정가치로 한다.
제공한 기계장치의 공정가치 ₩2,700,000 + 제공한 현금의 공정가치 ₩500,000 = 3,200,000

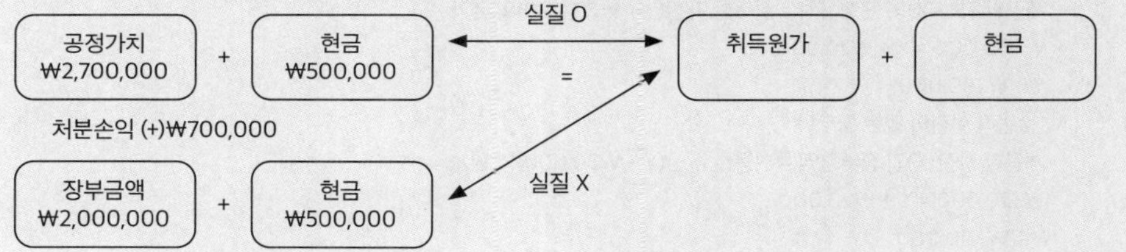

41 ㈜서울은 20X1년 1월 1일에 기계장치 X(내용연수 5년, 잔존가치 ₩0, 정액법 상각)를 ₩600,000에 취득하여 원가모형을 적용하고 있다. 20X3년 5월 1일 사용하던 기계장치 X를 기계장치 Y와 교환하였다. 교환시점에서의 기계장치 X와 기계장치 Y의 공정가치는 각각 ₩300,000과 ₩280,000이었으며, ㈜서울은 현금 ₩20,000을 수령하고 기계장치 Y를 취득하였다. 교환거래에서 상업적 실질이 있는 경우와 상업적 실질이 없는 경우 각각에 대해 ㈜서울이 인식할 기계장치 Y의 취득원가는? (단, 감가상각은 월할 계산한다.) 2023 서울시 7급

	상업적 실질이 있는 경우	상업적 실질이 없는 경우
①	₩280,000	₩300,000
②	₩280,000	₩320,000
③	₩320,000	₩300,000
④	₩320,000	₩320,000

41 정답 ①

해설 기계장치 X의 연간 감가상각비 = ₩600,000 ÷ 5년 = ₩120,000

교환시점 X의 장부금액 = ₩600,000 - (₩120,000 × (2 + 4/12)) = ₩600,000 - ₩280,000 = ₩320,000

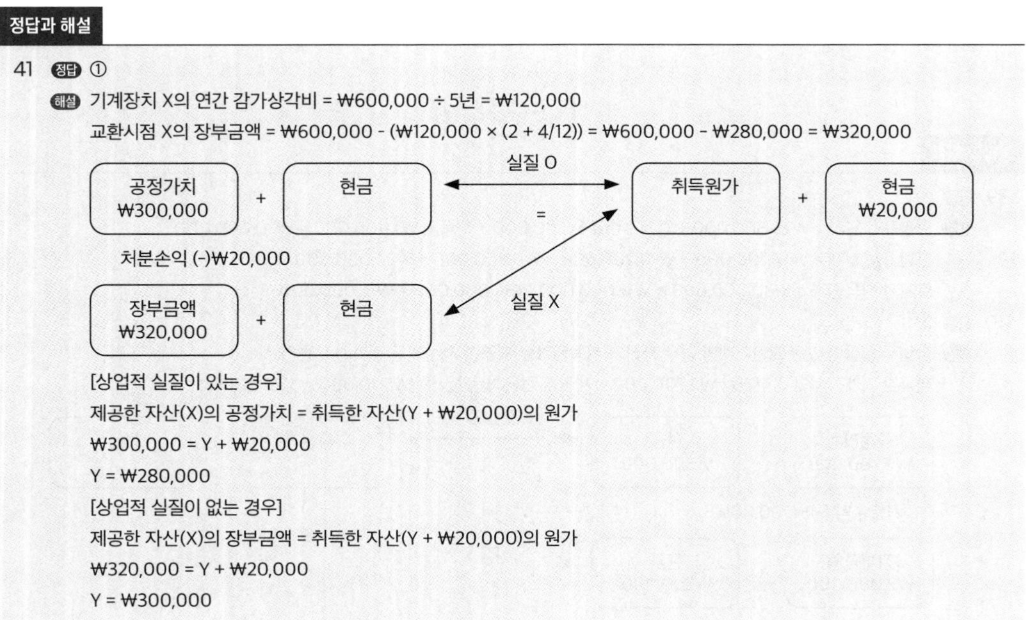

[상업적 실질이 있는 경우]

제공한 자산(X)의 공정가치 = 취득한 자산(Y + ₩20,000)의 원가

₩300,000 = Y + ₩20,000

Y = ₩280,000

[상업적 실질이 없는 경우]

제공한 자산(X)의 장부금액 = 취득한 자산(Y + ₩20,000)의 원가

₩320,000 = Y + ₩20,000

Y = ₩300,000

【정부보조금】

42 ㈜한국은 20×1년 10월 1일 ₩100,000의 정부보조금을 받아 ₩1,000,000의 설비자산을 취득 (내용연수 5년, 잔존가치 ₩0, 정액법 상각)하였다. 정부보조금은 설비자산을 6개월 이상 사용한다면 정부에 상환할 의무가 없다. 20×3년 4월 1일 동 자산을 ₩620,000에 처분한다면 이때 처분손익은? (단, 원가모형을 적용하며 손상차손은 없는 것으로 가정한다) 2018 국가직 9급

① 처분손실 ₩10,000 ② 처분이익 ₩10,000

③ 처분손실 ₩80,000 ④ 처분이익 ₩80,000

【복구충당부채】

43 ㈜한국은 당국의 허가를 받아서 자연보호구역 내의 소유토지에 주차장을 설치하였다. 이때 당국의 주차장 설치 허가조건은 3년 후 주차장을 철거하고 토지를 원상복구하는 것이다. 주차장은 2017년 1월 1일 ₩5,000,000에 설치가 완료되어 사용하기 시작하였으며, 동일자에 3년 후 복구비용으로 지출될 것으로 예상되는 금액은 ₩1,000,000으로 추정되었다. 이런 복구의무는 충당부채에 해당한다. 주차장(구축물)은 원가모형을 적용하며, 내용연수 3년, 잔존가치 ₩0, 정액법으로 감가상각한다. 2017년도 주차장(구축물)의 감가상각비는? (단, 복구공사 소요액의 현재가치 계산에 적용할 유효이자율은 연 10%이며, 3년 후 ₩1의 현재가치는 0.7513이다) 2018 관세직 9급

① ₩1,917,100 ② ₩1,932,100

③ ₩1,992,230 ④ ₩2,000,000

정답과 해설

42 **정답** ①
해설 정부보조금 ₩100,000만큼 싸게 ₩900,000에 취득했다고 가정하면,
20X3년 4월 1일까지(1.5년)의 상각비 = ₩900,000 × 1.5년/5년 = ₩270,000
처분손익 = 처분대가 ₩620,000 - 장부금액(₩900,000 - ₩270,000) = (-)₩10,000

43 **정답** ①
해설 복구충당부채 = ₩1,000,000 × 0.7513 = ₩751,300
구축물 감가상각비 = (₩5,000,000 + ₩751,300) ÷ 3년 = ₩1,917,100

44 ㈜서울은 20X1년 1월 1일에 구축물을 ₩100,000에 취득하였다. 동 구축물은 내용연수가 종료되는 시점에 원상복구해야 한다. 구축물의 내용연수는 5년, 잔존가치는 없으며 정액법으로 감가상각한다. ㈜서울은 복구비용으로 지출할 금액을 ₩30,000으로 예상하였으며 복구비용의 현재가치는 ₩18,600이었다. ㈜서울이 실제 복구 시에 지출한 금액은 ₩30,000이다. 복구 의무가 없을 경우와 비교하여 ㈜서울이 5년 동안 추가로 인식해야 하는 총비용은? 2021 서울시 7급

① ₩18,600   ② ₩30,000

③ ₩60,000   ④ ₩118,600

[04-05] 감가상각

45 유형자산의 감가상각에 대한 설명 중 옳지 않은 것은? 2017 국가직 9급

① 유형자산의 기말 공정가치 변동을 반영하기 위해 감가상각한다.

② 감가상각방법은 자산의 미래경제적효익이 소비될 것으로 예상되는 형태를 반영한다.

③ 각 기간의 감가상각액은 다른 자산의 장부금액에 포함되는 경우가 아니라면 당기손익으로 인식한다.

④ 잔존가치, 내용연수, 감가상각방법은 적어도 매 회계연도 말에 재검토한다.

정답과 해설

44 **정답** ②

해설 복구의무로 인해 복구충당부채를 인식해야 하고, 해당금액만큼 구축물의 취득원가도 증가한다. 5년 동안 추가로 인식해야 할 비용은 복구충당부채에 대한 이자비용과 구축물 증가액에 대한 감가상각비. 복구비용 예상액과 현재가치의 차이가 5년간 이자비용으로 인식되며, 구축물 증가액이 5년간 감가상각비로 인식된다.

복구충당부채에 대한 5년간의 이자비용 = 복구지출 예상액 ₩30,000 - 복구비용의 현재가치 ₩18,600 = ₩11,400

구축물 증가액에 대한 5년간의 감가상각비 = 복구충당부채 = 복구비용의 현재가치 ₩18,600

추가로 인식해야 하는 총비용 = ₩11,400 + ₩18,600 = ₩30,000

45 **정답** ①

해설 감가상각은 공정가치 변동을 반영하는 과정(자산재평가)이 아니라, 자산의 취득원가를 미래경제적효익의 소멸형태에 따라 비용으로 배분하는 과정에 해당한다.

46 ㈜한국은 2015년 7월 1일 토지와 건물을 ₩2,000,000에 일괄취득하였으며, 취득 당시 토지의 공정가치는 ₩1,000,000, 건물의 공정가치는 ₩1,500,000이었다. 건물의 경우 원가모형을 적용하며, 연수합계법(내용연수 3년, 잔존가치 ₩0)으로 상각한다. 건물에 대해 2016년에 인식할 감가상각비는? (단, 감가상각비는 월할상각한다) 　　　　　　　　　　　　　　　2017 국가직·관세직 9급

① ₩750,000　　　　　　② ₩625,000

③ ₩600,000　　　　　　④ ₩500,000

47 자산의 회계처리에 대한 내용으로 옳지 않은 것은? 　　　　　　　　　　　　2017 국가직 7급

① 1년 이내에 소멸되는 소모품은 유동자산이다.

② 자동차 회사가 제조한 자동차를 운송하기 위하여 보유하는 차량은 유형자산이고 감가상각을 한다.

③ 커피숍에서 판매를 위해 전시한 커피잔은 재고자산이다.

④ 자체 사용목적으로 건설 중인 건물은 비유동자산이고 감가상각을 한다.

48 ㈜한국은 20×1년 7월 1일 생산에 필요한 기계장치를 ₩1,200,000에 취득(내용연수 4년, 잔존가치 ₩200,000)하였다. 동 기계장치를 연수합계법을 적용하여 감가상각할 때, 20×4년 손익계산서에 보고할 감가상각비는? (단, 원가모형을 적용하고 손상차손은 없으며, 감가상각은 월할 계산한다) 　　　　　　　　　　　　　2021 국가직·관세직 9급

① ₩50,000　　　　　　② ₩150,000

③ ₩180,000　　　　　　④ ₩250,000

46 **정답** ④

해설 건물의 취득원가 = 일괄취득비용 ₩2,000,000 × 건물의 공정가치 ₩1,500,000/전체 공정가치 ₩2,500,000 = ₩1,200,000

2016년 초의 잔존내용연수는 2.5년이다.

2016년 감가상각비 = ₩1,200,000 × 2.5년/(1+2+3) = ₩500,000

47 **정답** ④

해설 유형자산의 감가상각은 자산이 사용가능한 때부터 시작한다. 따라서 아직 건설 중에 있는 건물에 대해서는 감가상각을 시작하지 않는다.

48 **정답** ②

해설 20X4년 초의 잔존내용연수는 1.5년이다.

20X4년 감가상각비 = (₩1,200,000 - ₩200,000) × 1.5년/(1+2+3+4) = ₩150,000

49 ㈜한국은 2014년 초 취득원가 ₩50,000의 토지를 매입하였으며, 재평가모형을 적용하고 있다. 해당 토지의 2014년 말 공정가치는 ₩45,000으로 추정되어 ₩5,000의 당기손실을 인식하였다. 2015년 말 토지의 공정가치는 ₩52,000으로 추정된다. ㈜한국의 2015년 말 토지에 대한 회계처리로 옳은 것은?

2015 국가직 7급

① (차변) 토지 ₩7,000 (대변) 재평가이익 ₩5,000
　　　　　　　　　　　　　　　　재평가잉여금 ₩2,000
② (차변) 토지 ₩7,000 (대변) 재평가이익 ₩7,000
③ (차변) 토지 ₩7,000 (대변) 재평가이익 ₩2,000
　　　　　　　　　　　　　　　　재평가잉여금 ₩5,000
④ (차변) 토지 ₩7,000 (대변) 재평가잉여금 ₩7,000

정답과 해설

49 **정답** ①

해설 2015년 말 공정가치 증가 ₩7,000 중 취득원가까지의 증가 ₩5,000은 당기손익(재평가이익)으로 처리하고, 취득원가를 넘어서는 변화 ₩2,000은 기타포괄손익(재평가잉여금)으로 반영한다.

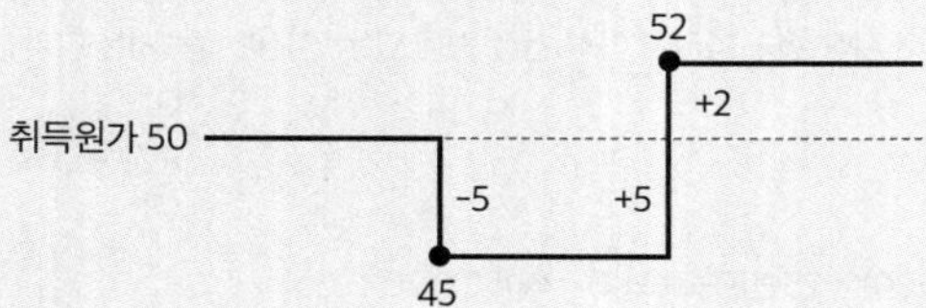

50 ㈜한국은 유형자산에 대하여 재평가모형을 사용하고 있으며, 토지를 20×1년 초 ₩1,000,000에 취득하였다. 20×1년 말 재평가 결과 토지의 공정가치는 ₩900,000이었고, 20×2년 말 재평가 결과 토지의 공정가치가 ₩1,050,000인 경우, 20×2년 말 당기손익에 포함될 자산재평가이익과 자본항목에 표시될 재평가잉여금은?

2021 국가직·관세직 9급

	자산재평가이익	재평가잉여금
①	₩0	₩50,000
②	₩50,000	₩100,000
③	₩100,000	₩50,000
④	₩150,000	₩150,000

51 ㈜서울은 20X1년 7월 1일 ₩100,000에 건물을 취득하여 유형자산으로 분류하였다. 건물의 내용연수는 5년, 잔존가치는 없으며 정액법으로 감가상각한다. 이 건물은 감가상각누계액을 전액 차감하는 방법으로 재평가모형을 적용한다. 20X1년 말과 20X2년 말 이 건물의 공정가치는 각각 ₩108,000과 ₩58,000이었다. 이 건물에 대한 회계처리가 20X2년도 당기손익에 미치는 영향은? (단, 재평가잉여금은 이익잉여금으로 대체하지 않는다.)

2021 서울시 7급

① ₩8,000 손실   ② ₩26,000 손실

③ ₩32,000 손실   ④ ₩50,000 손실

50 정답 ③

해설

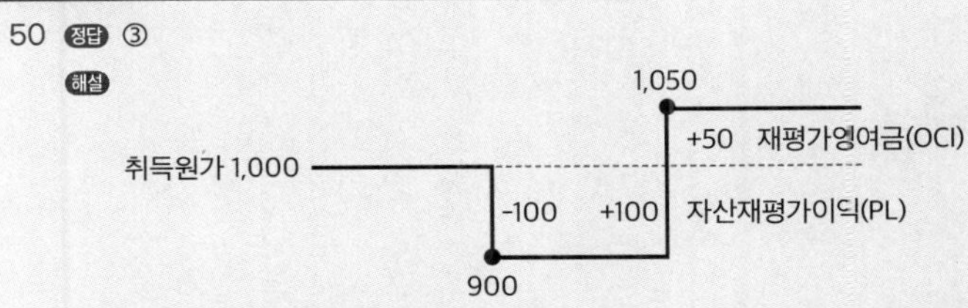

취득원가(₩1,000,000) 아래에서의 변화 ₩100,000(= ₩1,000,000 - ₩900,000)는 자산재평가손익이 되고, 위에서의 변화 ₩50,000(= ₩1,050,000 - ₩1,000,000)은 재평가잉여금이 된다.

51 정답 ③

해설

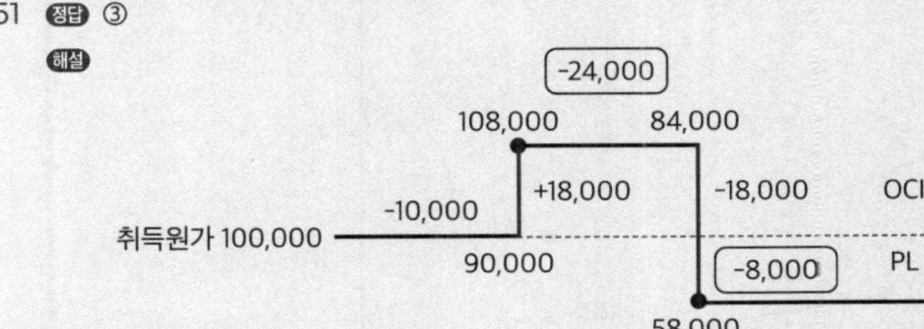

20X1년 감가상각비 = (₩100,000 ÷ 5년) × 6개월/12개월 = ₩10,000 (7월 1일 취득하였으므로, 6개월 상각한다.)

20X1년 말 재평가잉여금 = ₩108,000 - ₩90,000 = ₩18,000

20X2년 감가상각비 = ₩108,000 ÷ 4.5년 = ₩24,000

20X2년 말 재평가손실 = (상각후원가 ₩84,000 - 공정가치 ₩58,000) - 재평가잉여금 ₩18,000 = ₩26,000 - ₩18,000 = ₩8,000

20X2년 당기손익에 미치는 영향 = 감가상각비 (-)₩24,000 + 재평가손실 (-)₩8,000 = (-)₩32,000

52 ㈜한국은 20×1년 1월 1일에 기계장치를 ₩4,000,000(정액법 상각, 내용연수 5년, 잔존가치 ₩0, 원가모형 적용)에 취득하였다. 각 회계연도 말 기계장치에 대한 회수가능액은 다음과 같다.

> ○ 20×1년 말 ₩3,200,000
>
> ○ 20×2년 말 ₩1,800,000
>
> ○ 20×3년 말 ₩1,200,000
>
> ○ 20×4년 말 ₩2,000,000

㈜한국은 20×2년 말에 기계장치에 대해 손상차손이 발생하였고, 20×4년 말에 손상차손환입이 발생하였다고 판단하였다. 20×4년에 계상될 손상차손환입액은?

2021 국가직 7급

① ₩200,000　　　　　② ₩600,000

③ ₩800,000　　　　　④ ₩1,400,000

정답과 해설

52 **정답** ①

해설

① X4년 말 감가상각 후 장부금액 = X2년 말 회수가능액 ₩1,800,000 - X2년 감가상각비 (₩1,800,000 ÷ 3년) - X3년 감가상각비 (₩1,800,000 ÷ 3년) = ₩600,000

② 손상차손을 인식하지 않았을 경우 X4년 말 장부금액: ₩4,000,000 - ₩4,000,000 × 4년/5년 = ₩800,000

손상차손환입액 = Min {회수가능액 ₩2,000,000, ② ₩800,000} - ① ₩600,000 = ₩200,000

53 ㈜한국은 20×1년 7월 1일 기계장치를 ₩1,200,000에 취득(정액법, 내용연수 3년, 잔존가치 ₩0, 원가모형 적용, 월할 상각)하였다. ㈜한국은 기계장치에 대해 20×1년 말 손상차손이 발생하였고, 20×2년 말 손상차손환입이 발생하였다고 판단하였다. 기계장치의 회수가능액이 20×1년 말 ₩600,000이고, 20×2년 말 ₩700,000이면, 20×2년 말 인식할 손상차손환입액은?

2022 지방직 9급

① ₩240,000   ② ₩340,000

③ ₩400,000   ④ ₩600,000

53 정답 ①

해설

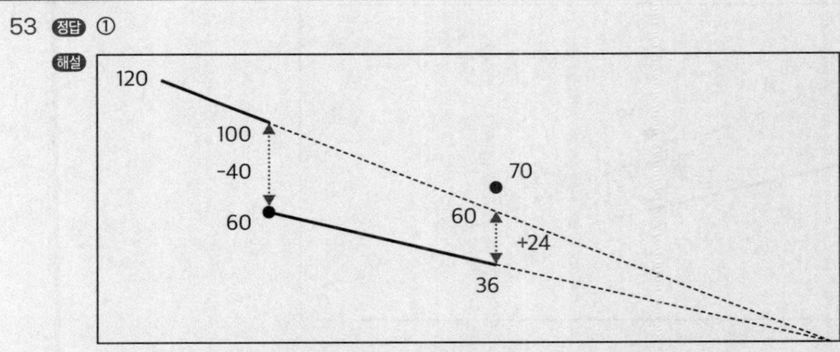

20X2년 감가상각비 = ₩600,000 ÷ 잔존내용연수 2.5년 = ₩240 000

20X2년 말 상각후원가 = ₩600,000 - ₩240,000 = ₩360,000

손상차손을 인식하지 않았을 경우의 20X2년 말 장부금액 = ₩1,200,000 - 연간상각비 ₩400,000 × 1.5년 = ₩600,000

손상차손환입액 = Min[회수가능액 ₩700,000, ₩600,000] - 상각후원가 ₩360,000 = ₩240,000

54 ㈜한국은 20×1년 7월 1일 기계장치(정액법 상각, 내용연수 3년, 잔존가치 ₩0)를 ₩36,000에 취득하여 원가모형을 적용하고 있다. 기계장치의 순공정가치와 사용가치는 다음과 같다.

구 분	20×1년 말	20×2년 말
순공정가치	₩25,000	₩17,000
사용가치	₩24,000	₩19,000

㈜한국이 20×2년 말에 인식해야 할 손상차손환입액은? (단, 자산의 회수가능액 변동은 기계장치의 손상 혹은 그 회복에 따른 것이라고 가정하며, 감가상각은 월할 계산한다)   2023 국가직·관세직 9급

① ₩2,000   ② ₩3,000

③ ₩4,000   ④ ₩5,000

55 ㈜서울은 장부금액이 ₩570,000,000인 토지를 소유하고 있으며, 토지를 원가모형으로 측정한다. 20X1년 말에는 부동산 정책의 변화에 따라 토지의 회수가능액이 ₩500,000,000으로 평가되었다. 20X3년 말에는 부동산 시세가 상승하여 해당 토지의 회수가능액이 ₩580,000,000으로 회복되었다면, ㈜서울의 20X3년 말 토지손상차손환입은?   2023 서울시 7급

① ₩20,000,000   ② ₩50,000,000

③ ₩70,000,000   ④ ₩80,000,000

54 **정답** ②

해설 20X1년 감가상각비 = (₩36,000 – ₩0) ÷ 3년 × 6/12 = ₩6,000

20X1년 말 상각후원가 = ₩36,000 – ₩6,000 = ₩30,000

20X1년 말 인식할 손상차손 = 상각후원가 ₩30,000 – 회수가능액 Max(₩25,000, ₩24,000) = ₩5,000

20X2년 말 상각후원가 = ₩25,000 – ₩25,000/2.5년 = ₩25,000 – ₩10,000 = ₩15,000

20X2년 말 회수가능액 = Max(₩17,000, ₩19,000) = ₩19,000

손상차손을 인식하지 않았을 경우의 20X2년 말 장부금액 = ₩36,000 – ₩18,000 = ₩18,000

20X2년 말 손상차손환입액 = Min(₩19,000, ₩18,000) – ₩15,000 = ₩3,000

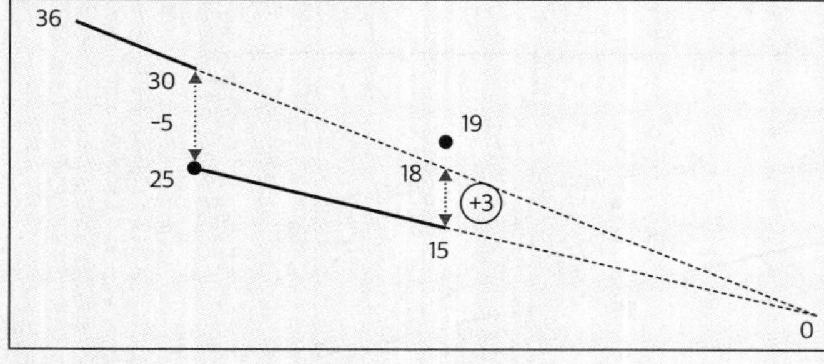

55 **정답** ③

해설 20X1년 말 손상차손 = ₩570,000,000 – ₩500,000,000 = ₩70,000,000

20X3년 말 손상차손환입 = ₩580,000,000 – ₩500,000,000 = ₩80,000,000(한도: ₩70,000,000)

※ 토지는 비상각자산이므로 '이전에 인식하였던 손상차손'을 한도로 환입한다.

손상차손환입이 한도를 초과하므로 ₩70,000,000까지만 환입한다.

56 ㈜한국의 기계장치와 관련된 자료는 다음과 같다.

> ○ 20×1년 초 기계장치를 ₩1,000,000에 취득(내용연수 10년, 잔존가치 ₩0, 정액법 상각, 원가모형 적용)하였다.
>
> ○ 20×1년 말 제품 수요가 급감함에 따라, 기계장치의 회수가능액을 ₩630,000으로 평가하여 손상차손을 인식하였다.
>
> ○ 20×2년 말 제품 수요 회복으로 인해, 회수가능액은 ₩880,000으로 상승하여 손상차손환입을 인식하였다.

기계장치가 ㈜한국의 20×1년과 20×2년의 당기순이익에 미치는 영향은?　　　2024 지방직 9급

	20×1년	20×2년
①	₩270,000 감소	₩170,000 증가
②	₩270,000 감소	₩250,000 증가
③	₩370,000 감소	₩170,000 증가
④	₩370,000 감소	₩250,000 증가

56 정답 ③

해설

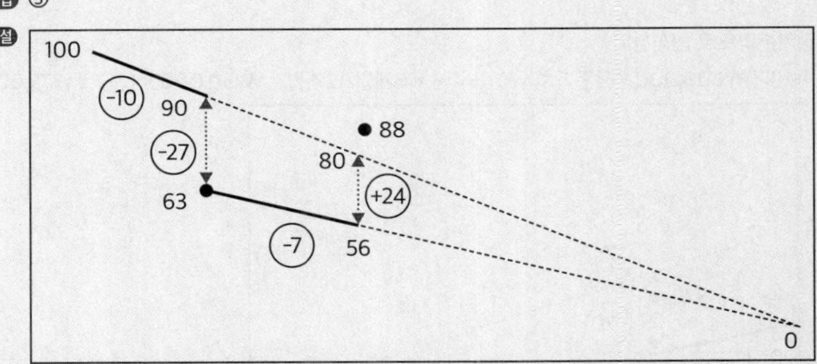

20X1년 감가상각비 = (₩1,000,000 - ₩0) ÷ 10년 = ₩100,000

20X1년 말 상각후원가 = ₩1,000,000 - ₩100,000 = ₩900,000

20X1년 말 손상차손 = ₩900,000 - ₩630,000 = ₩270,000

20X1년 당기순이익에 미치는 영향 = 감가상각비 (-)₩100,000 + 손상차손 (-)₩270,000 = (-)₩370,000

20X2년 감가상각비 = (₩630,000 - ₩0) ÷ 9년 = ₩70,000

20X2년 말 상각후원가 = ₩630,000 - ₩70,000 = ₩560,000

20X2년 말 손상차손환입 = Min[₩800,000, ₩880,000] - ₩560,000 = ₩240,000

20X2년 당기순이익에 미치는 영향 = 감가상각비 (-)₩70,000 + 손상차손환입 ₩240,000 = ₩170,000

57 ㈜한국의 기계장치와 관련된 자료는 다음과 같다.

> ○ 20×1년 초 기계장치 구입 시 지출내역
>
> > - 구입가격: ₩450,000   - 설치비: ₩40,000
> > - 운반비: ₩60,000   - 시제품 순매각금액: ₩50,000
> > - 정상 작동 여부를 시험하는 과정에서 발생한 원가: ₩50,000
>
> ○ 기계장치는 20×1년 7월 초부터 정상적으로 사용가능(정액법 상각, 내용연수 4년, 잔존가치 ₩0, 원가
>   모형 적용)
> ○ ㈜한국은 20×1년 말에 기계장치에 대해서 손상차손이 발생하였고, 20×2년 말에 손상차손환입이 발
>   생하였다고 판단함
> ○ 연도별 회수가능액
>
> | 20×1년 말 | 20×2년 말 |
> |---|---|
> | ₩420,000 | ₩370,000 |

㈜한국이 20×2년 말 인식할 손상차손환입액은? (단, 자산의 회수가능액 변동은 기계장치의 손상
혹은 그 회복에 따른 것이라 가정하고, 감가상각은 월할 계산한다)　　　　　2024 국가직 7급

① ₩12,500　　　　　　　② ₩17,500

③ ₩70,000　　　　　　　④ ₩75,000

정답과 해설

57 정답 ③

해설 기계장치의 취득원가 = 구입가격 ₩450,000 + 설치비 ₩40,000 + 운반비 ₩60,000 + 시운전비 ₩50,000
= ₩600,000

※ 시제품 순매각금액은 당기손익으로 인식한다.

20X1년 감가상각비 = (취득원가 ₩600,000 - 잔존가치 ₩0) ÷ 4년 × 6개월/12개월 = ₩150,000 × 6/12 = ₩75,000

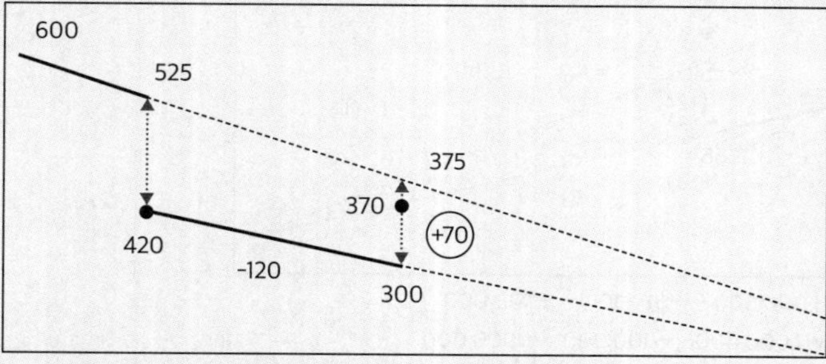

20X1년 말 상각후원가 = ₩600,000 - ₩75,000 = ₩525,000

20X1년 말 장부금액 = Min(₩525,000, 회수가능액 ₩420,000) = ₩420,000

20X2년 감가상각비 = (₩420,000 - ₩0) ÷ 3.5년 = ₩120,000

20X2년 말 상각후원가 = ₩420,000 - ₩120,000 = ₩300,000

손상차손을 인식하지 않았을 경우의 20X2년 말 장부금액 = ₩525,000 - ₩150,000 = ₩375,000

20X2년 말 손상차손환입액 = Min(₩370,000, ₩375,000) - ₩300,000 = ₩70,000

58 다음은 ㈜한국의 기계장치 장부금액 자료이다.

	2014년 기말	2015년 기말
기계장치	₩11,000,000	₩12,500,000
감가상각누계액	(₩4,000,000)	(₩4,500,000)

㈜한국은 2015년 초에 장부금액 ₩1,500,000(취득원가 ₩2,500,000, 감가상각누계액 ₩1,000,000)인 기계장치를 ₩400,000에 처분하였다. 2015년에 취득한 기계장치의 취득원가와 2015년에 인식한 감가상각비는? (단, 기계장치에 대해 원가모형을 적용한다)   2016 지방직 9급

	취득원가	감가상각비
①	₩3,000,000	₩500,000
②	₩3,000,000	₩1,500,000
③	₩4,000,000	₩1,500,000
④	₩4,000,000	₩2,000,000

58 정답 ③

해설

건물

기초	11,000,000	감소(처분)	2,500,000
증가(취득)	?	기말	12,500,000
	15,000,000		15,000,000

취득한 기계장치의 취득원가 = ₩15,000,000 - ₩11,000,000 = ₩4,000,000

감가상각누계액

감소(처분)	1,000,000	기초	4,000,000
기말	4,500,000	증가(당기상각)	?
	5,500,000		5,500,000

당기상각비 = ₩5,500,000 - ₩4,000,000 = ₩1,500,000

59 차입원가에 대한 설명으로 옳지 않은 것은?   2024 관세직 9급

① 물리적인 제작 전에 각종 인허가를 얻기 위한 활동은 적격자산을 의도된 용도로 사용가능하게 하는 데 필요한 활동에 포함된다.

② 건설목적으로 취득한 토지를 개발활동 없이 보유하는 동안 발생한 차입원가는 자본화 대상에 해당한다.

③ 적격자산이 물리적으로 완성된 경우라면 일상적인 건설 관련 후속 관리업무 등이 진행되고 있더라도 일반적으로 당해 자산을 의도된 용도로 사용가능한 것으로 본다.

④ 회계기간 중 자본화된 차입원가의 금액과 자본화가능차입원가를 산정하기 위하여 사용된 자본화이자율을 재무제표의 주석으로 공시한다.

정답과 해설

59 **정답** ②

해설 적격자산을 의도된 용도로 사용(또는 판매) 가능하게 하는 데 필요한 활동은 당해 자산의 물리적인 제작뿐만 아니라 그 이전 단계에서 이루어진 기술 및 관리상의 활동도 포함한다. 예를 들어, 물리적인 제작 전에 각종 인허가를 얻기 위한 활동 등을 들 수 있다. 그러나 자산의 상태에 변화를 가져오는 생산 또는 개발이 이루어지지 아니하는 상황에서 단지 당해 자산의 보유는 필요한 활동으로 보지 아니한다. 예를 들어, 토지가 개발되고 있는 경우 개발과 관련된 활동이 진행되고 있는 기간 동안 발생한 차입원가는 자본화 대상에 해당한다. 그러나 건설목적으로 취득한 토지를 별다른 개발활동 없이 보유하는 동안 발생한 차입원가는 자본화조건을 충족하지 못한다.

60 유형자산에 해당되는 것은?　　　　　　　　　　　　　　　2011 국가직 7급

① 주택시장의 침체로 인하여 건설회사가 소유하고 있는 미분양 상태의 아파트

② 남해안에서 양식 중인 5년 된 양식장의 참치

③ 해양 천연가스를 발굴하기 위하여 설치한 대형 해양탐사 구조물

④ 시세가 상승할 것으로 예측하여 취득하였으나 아직 사용목적을 결정하지 못한 대도시 외곽의 토지

61 유형자산의 회계처리에 대한 설명으로 옳지 않은 것은?　　　　2014 국가직·관세직 9급

① 주식을 발행하여 유형자산을 취득하는 경우 해당 주식의 발행가액이 액면가액 이상이면 액면가액에 해당되는 금액은 자본금으로, 액면가액을 초과하는 금액은 주식발행초과금으로 계상한다.

② 취득한 기계장치에 대한 취득세와 등록세 및 보유기간 중 발생된 화재보험료는 기계장치의 취득원가에 포함하여 감가상각한다.

③ 건설회사가 보유하고 있는 중장비의 주요 구성부품(예를 들면 궤도, 엔진, 굴삭기에 부착된 삽 등)의 내용연수와 경제적 효익의 소비행태가 다르다면, 해당 구성부품은 별도의 자산으로 계상하고 감가상각할 수 있다.

④ 유형자산의 내용연수가 경과되어 철거하거나 해체하게 될 경우 원상대로 회복시키는 데 소요될 복구비용(현재가치로 할인한 금액)은 유형자산의 취득원가에 포함한다.

60　정답 ③

해설　①은 판매목적의 재고자산, ②는 생물자산, ④는 투자부동산에 해당한다.

61　정답 ②

해설　취득과 관련된 세금(취득세, 등록세)은 유형자산의 취득원가에 포함하지만, 보유와 관련된 세금(화재보험료)이나 비용은 발생한 기간의 비용으로 처리한다.

62 유형자산 취득원가를 인식할 때 경영진이 의도하는 방식으로 자산을 가동하기 위해 필요한 장소와 상태에 이르게 하는 데 직접 관련되는 원가의 예로 옳지 않은 것은?

2013 국가직 7급

① 설치장소 준비 원가

② 최초의 운송 및 취급 관련 원가

③ 새로운 시설을 개설하는 데 소요되는 원가

④ 전문가에게 지급하는 수수료

63 다음 자료의 토지 취득원가는?

2017 관세직 9급 추가채용

> ○ 토지구입비 ₩500,000, 취득세 ₩20,000을 지급하였다.
>
> ○ 토지구입을 위한 조사비용 ₩15,000, 감정평가 비용 ₩20,000을 지급하였다.
>
> ○ 토지 정지작업 중에 발견된 폐기물을 몰래 투기하여 범칙금 ₩5,000을 지급하였다.

① ₩500,000 　　　　② ₩530,000

③ ₩555,000 　　　　④ ₩560,000

62 정답 ③

해설 새로운 시설을 개설하는 데 소요되는 원가, 새로운 상품과 서비스를 소개하는 데 소요되는 원가, 새로운 지역에서 또는 새로운 고객층을 대상으로 영업을 하는 데 소요되는 원가, 영업 전부 또는 일부를 재배치하거나 재편성하는 과정에서 발생하는 원가는 유형자산의 취득원가에 포함하지 않는 사례에 해당한다.

63 정답 ③

해설 토지 취득원가 = 토지구입비 ₩500,000 + 취득세 ₩20,000 + 조사비용 ₩15,000 + 감정평가 비용 ₩20,000 = ₩555,000

범칙금 ₩5,000은 '경영진이 의도하는 방식으로 자산을 가동하는 데 필요한 장소와 상태에 이르게 하는 데 직접 관련되는 원가'에 해당하지 않는다.

64 20×1년 ㈜한국의 사옥건설을 위해 매입한 토지와 건물신축과 관련된 금액이 다음과 같을 때, 토지의 취득원가는? (단, 토지진입로는 영구적이나 울타리 는 내용연수가 5년이다) 2017 지방직 9급 추가채용

내역	금액(₩)
구건물 포함 토지 매입대금	3,000
구건물 철거비	500
구건물 철거 시 발생한 고철 매각대금	300
울타리 공사비	1,000
건물을 신축한 건설회사에 지급한 건설원가	6,000
토지진입로 공사비	1,000
건물 건설 계약금	500
토지 취득 시 부담하기로 한 미지급 재산세	50
토지 취득 중개수수료	100
건축설계비	500
신축건물 지정차입금의 건설기간 이자비용	100
취득 후 토지분재산세	200

① ₩4,350   ② ₩4,500

③ ₩4,550   ④ ₩5,500

64 정답 ①

해설 토지를 건물신축이 가능한 상태로 만들기 위해 지출한 구건물의 취득대금과 철거비는 모두 토지의 취득원가에 해당한다. 내용연수가 영구적인 진입로는 토지의 취득원가를 구성하나, 내용연수가 유한한 울타리는 별도의 구축물로 인식한다. 매년 부담하는 재산세는 보유비용에 해당하므로 취득원가가 아닌 기간비용으로 처리한다. 단, 이전 토지보유자가 미납한 재산세를 대신 납부해 주는 조건으로 토지를 매입한 경우에는 토지매입을 위한 대가로 보아 취득원가에 가산한다. 건물 건설에 대한 계약금, 건설원가, 설계비, 차입원가는 모두 건물의 취득원가를 구성한다.

토지의 취득원가 = 매입대금 ₩3,000 + 순철거비(₩500 - ₩300) + 진입로 공사비 ₩1,000 + 미지급 재산세 ₩50 + 중개수수료 ₩100 = ₩4,350

65 ㈜한국은 공장을 신축하기 위하여 기존건물이 서 있던 토지를 구입하고 즉시 기존건물을 철거하였다. 관련 자료가 <보기>와 같을 때, 토지의 취득원가는?　2019 서울시 7급

<보기>

· 토지 구입가격	₩1,000,000
· 토지 취득세	₩100,000
· 토지 취득관련 중개수수료	₩100,000
· 신축공장 건축허가비용	₩20,000
· 신축공장건물 설계비용	₩50,000
· 기존건물 철거비용	₩100,000
· 기존건물 철거 시 발생한 폐자재 처분 수입	₩50,000
· 토지의 구획정리비용	₩400,000
· 신축건물공사원가	₩800,000

① ₩1,450,000　　② ₩1,550,000

③ ₩1,650,000　　④ ₩1,750,000

65 정답 ③

해설 토지를 원하는 용도인 건물신축이 가능한 상태로 만들기 위해 들어간 모든 비용(기존건물 철거비용에서 폐자재 처분 수입을 차감한 금액)은 토지의 취득원가에 가산한다.
토지의 취득원가 = 구입가격 ₩1,000,000 + 취득세 ₩100,000 + 중개수수료 ₩100,000 + 기존건물 철거비용 ₩100,000 - 폐자재 처분 수입 ₩50,000 + 구획정리비용 ₩400,000 = ₩1,650,000
신축공장 허가비용, 설계비용, 공사원가는 건물의 취득원가를 구성한다.

66 석탄을 이용하여 전력을 생산하는 ㈜한국은 신규 화력발전시설을 취득하였다. 환경법에서는 석탄을 이용한 화력발전시설의 경우 탄소저감장치의 설치를 의무화하고 있다. ㈜한국이 동 화력발전시설을 취득하는 데 발생된 항목과 금액이 다음과 같을 때, 신규 화력발전시설의 취득원가는?

2018 보험계리사

항 목	금 액	항 목	금 액
화력발전기	₩2,000,000	탄소저감장치	₩1,000,000
화력발전기 운송료	₩1,000,000	탄소저감장치 운송료	₩500,000
화력발전기 설치비	₩100,000	탄소저감장치 설치비	₩50,000
직원교육비*	₩70,000	시운전용 석탄 사용료	₩30,000
가동손실**	₩40,000	전기생산용 석탄 구입액	₩150,000

* 직원교육비는 동 화력발전시설을 직접 운영하는 직원에 대한 교육비임

** 가동손실은 화력발전기 설치 후 가동수준이 완전조업도에 미치지 못하여 발생된 금액임

① ₩3,130,000　　　　② ₩4,650,000

③ ₩4,680,000　　　　④ ₩4,720,000

67 ㈜한국은 20x1년 초 건물을 ₩100,000에 구입하면서 정부발행 채권을 액면가액(₩50,000)으로 의무매입하였다. 동 채권은 3년 만기이며, 액면이자율은 5%이고, 이자는 매년 말에 후급한다. ㈜한국은 취득한 채권을 상각후원가측정 금융자산으로 분류하였으며, 구입당시 시장이자율은 8%이다. 20x1년 초에 인식할 건물의 취득원가는 얼마인가? 단, 8%, 3기간의 단일금액 ₩1의 현재가치는 0.79, 정상연금 ₩1의 현재가치는 2.58이다.

2019 보험계리사

① ₩104,050　　　　② ₩106,450

③ ₩139,500　　　　④ ₩145,950

68 운송업체인 ㈜한국은 20x1년 초 수송기로 사용되던 중고 항공기A(공정가치 ₩500, 잔존 내용연수 4년, 잔존가치 ₩200)와 신형 여객용 항공기B(공정가치 ₩1,000, 내용연수 12년, 잔존가치 ₩200)를 ₩1,200에 일괄 매입하였다. ㈜한국은 항공기A를 수리 등을 거쳐 여객용으로 교체(자산인식요건 충족, 내용연수 및 잔존가치 변화 없음)하고, 항공기B는 시운전 등을 거쳐, 두 항공기 모두 20x1년 초부터 영업에 사용하였다. 20x1년 초 취득한 두 항공기와 관련된 다음 자료를 이용할 때, ㈜한국의 20x1년 말 항공기A의 장부가액은 얼마인가? 단, ㈜한국은 유형자산의 감가상각방법으로 연수합계법을 사용한다.

2020 보험계리사

- 항공기A 취득과정 운반비 ₩100 [㈜한국이 부담]
- 항공기A 기내설비 여객용으로 교체 ₩200
- 항공기B 시운전비 ₩100
- 항공기A 취등록세 ₩100
- 항공기B 취등록세 ₩250

① ₩540   ② ₩560

③ ₩620   ④ ₩680

69 토지의 취득원가에 포함해야 할 항목을 모두 고른 것은?

2020 감정평가사

ㄱ. 토지 중개수수료 및 취득세
ㄴ. 직전 소유자의 체납재산세를 대납한 경우, 체납재산세
ㄷ. 회사가 유지·관리하는 상하수도 공사비
ㄹ. 내용연수가 영구적이지 않은 배수공사비용 및 조경공사비용
ㅁ. 토지의 개발이익에 대한 개발부담금

① ㄱ, ㄴ, ㄷ   ② ㄱ, ㄴ, ㅁ   ③ ㄱ, ㄷ, ㄹ   ④ ㄱ, ㄷ, ㅁ   ⑤ ㄴ, ㄹ, ㅁ

정답과 해설

68 **정답** ②

해설 일괄 매입원가 ₩1,200은 공정가치 비율(₩500 : ₩1,000)대로 항공기 A(₩400)와 B(₩800)에 안분한다.

항공기 A의 취득원가 = 일괄 매입원가 안분액 ₩400 + 운반비 ₩100 + 설비 교체(자산인식요건 충족) ₩200 + 취등록세 ₩100 = ₩800

20X1년 감가상각비 = (₩800 − ₩200) × 4년/10 = ₩240

20X1년 말 장부금액 = ₩800 − ₩240 = ₩560

69 **정답** ②

해설 내용연수가 영구적이거나 유지보수 책임이 회사에 없으면 토지의 취득원가에 가산하지만 그렇지 않은 경우에는 구축물 등의 별도자산으로 인식한다.

※ 재산세는 취득이 아닌 보유와 관련된 세금으로 취득원가가 아닌 기간비용으로 인식하는 것이 원칙이다. 다만 ㄴ의 경우처럼 매도자가 보유한 기간에 대한 재산세를 대납하였다면 이는 취득을 위해 부담한 것으로 보아 취득원가에 포함한다.

70 ㈜관세는 20×1년에 표시가격 ₩50,000, 현금가격 ₩45,000인 기계장치 A를 취득하였다. 기계장치 A의 취득대가로 현금 ₩8,400과 사용중인 기계장치 B(취득원가 ₩75,000, 감가상각누계액 ₩38,000)를 제공하였다. 두 기계장치가 서로 다른 제품을 생산하는 기계장치로서 이 교환거래가 상업적 실질이 있다면 ㈜관세가 교환거래와 관련하여 인식해야 할 손익은 얼마인가?　　2015 관세사

① 손실 ₩300　　　　　② 이익 ₩300　　　　　③ 손실 ₩400
④ 이익 ₩400　　　　　⑤ 이익 ₩500

71 ㈜감평은 ㈜한국과 다음과 같은 기계장치를 상호 교환하였다.

구 분	㈜감평	㈜한국
취득원가	₩800,000	₩600,000
감가상각누계액	340,000	100,000
공정가치	450,000	480,000

교환과정에서 ㈜감평은 ㈜한국에게 현금을 지급하고, 기계장치 취득원가 ₩470,000, 처분손실 ₩10,000을 인식하였다. 교환과정에서 ㈜감평이 지급한 현금은? (단, 교환거래에 상업적 실질이 있고 각 기계장치의 공정가치는 신뢰성 있게 측정된다.)　　2020 감정평가사

① ₩10,000　　　　　② ₩20,000　　　　　③ ₩30,000
④ ₩40,000　　　　　⑤ ₩50,000

70 정답 ③

해설

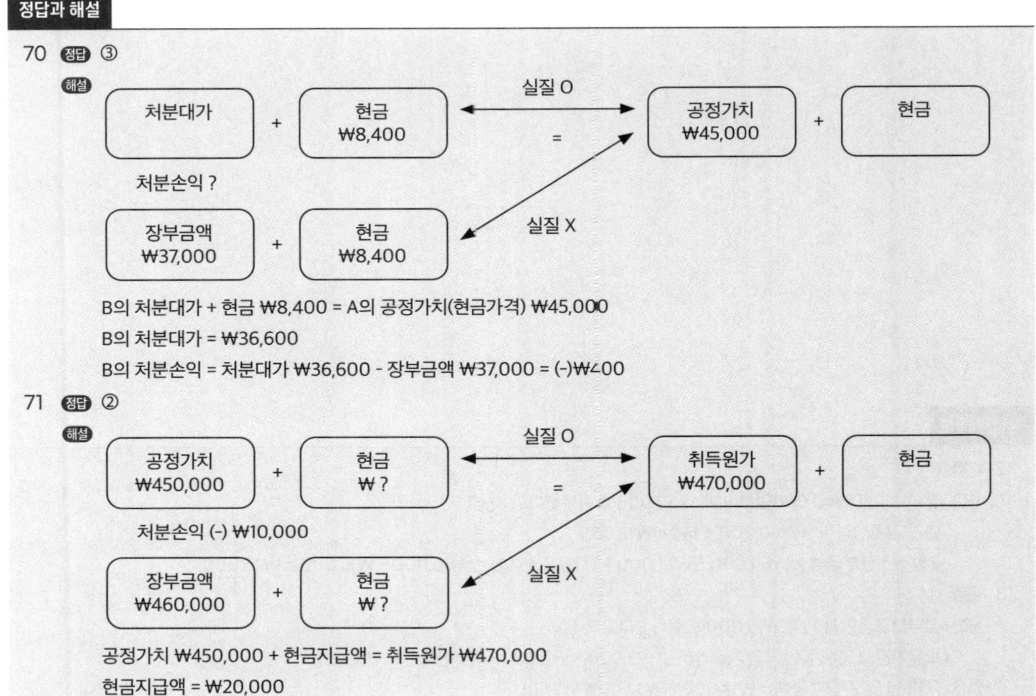

B의 처분대가 + 현금 ₩8,400 = A의 공정가치(현금가격) ₩45,000
B의 처분대가 = ₩36,600
B의 처분손익 = 처분대가 ₩36,600 - 장부금액 ₩37,000 = (-)₩400

71 정답 ②

해설

공정가치 ₩450,000 + 현금지급액 = 취득원가 ₩470,000
현금지급액 = ₩20,000

72 ㈜서울은 20×1년 10월 1일에 연구개발용 설비를 ₩100,000에 취득하면서 정부로부터 ₩40,000의 상환의무가 없는 정부보조금을 수령하였다. ㈜서울은 동 설비에 대해서 내용연수 5년, 잔존가치 ₩0, 정액법으로 감가상각을 하고 있다. 정부보조금을 관련 자산에서 차감하는 원가차감법으로 회계처리 할 경우에, 20×2년도 동 설비의 감가상각비와 기말장부금액은 각각 얼마인가?

2017 서울시 9급

	감가상각비	기말장부금액
①	₩12,000	₩45,000
②	₩12,000	₩75,000
③	₩20,000	₩45,000
④	₩20,000	₩75,000

73 ㈜한국은 2011년 7월 1일에 기계설비(내용연수 5년, 잔존가치 ₩2,000)를 ₩20,000에 취득하면서, '산업시설 및 기계 등의 설치 및 구입'으로 사용목적이 제한된 상환의무 없는 정부보조금 ₩7,000을 받았다. 2013년 12월 31일 당해 기계설비의 장부금액(순액)은? (단, ㈜한국은 당해 기계설비에 대하여 정액법을 사용하여 월할 기준으로 감가상각하며, 정부보조금은 관련된 유형자산의 차감계정으로 표시하는 회계정책을 적용하고 있다)

2014 국가직 7급

① ₩7,500   ② ₩8,600

③ ₩11,000   ④ ₩13,000

정답과 해설

72 **정답** ①

해설 정부보조금 ₩40,000만큼 싸게 ₩60,000에 취득했다고 가정하면,
년간 감가상각비 = ₩60,000 ÷ 5년 = ₩12,000
20X2년 장부금액 = ₩60,000 − ₩12,000 × (3월/12 + 1년) = ₩60,000 − ₩15,000 = ₩45,000

73 **정답** ①

해설 정부보조금만큼 싸게 ₩13,000에 취득했다고 가정하면,
보유기간(2.5년) 동안의 감가상각비: (₩13,000 − ₩2,000) × 2.5년/5년 = ₩5,500
2013년 말 순장부금액 = ₩13,000 − ₩5,500 = ₩7,500

74 ㈜감평은 20×1년 초에 해양구조물을 ₩4,000,000(내용연수 5년, 잔존가치 없음, 정액법 상각)에 취득하여 사용하고 있다. 동 해양구조물은 사용기간 종료시점에 원상복구해야 할 의무가 있으며, 종료시점의 원상복구예상금액은 ₩500,000으로 추정되었다. 원가모형을 적용할 경우 ㈜감평이 동 해양구조물의 회계처리와 관련하여 20×1년도 포괄손익계산서에 비용으로 처리할 총금액은? (단, 유효이자율은 연 10%이며 단일금액 ₩1의 현가계수(5년, 10%)는 0.62이다.) 2016 감정평가사 변형

① ₩800,000　　　② ₩831,000　　　③ ₩862,000

④ ₩893,000　　　⑤ ₩900,000

75 ㈜한국은 2006년 초에 기계장치를 ₩5,000,000에 구입하였으며, 이 기계장치의 잔존가치는 없고 내용연수는 10년이며, 감가상각은 정액법에 의한다. 이 기계장치를 5년간 사용한 후 2011년 초에 ₩1,500,000을 들여 대폭적인 수선을 한 결과 내용연수가 3년 더 연장되었다. 2011년 말에 계상해야 할 감가상각비는? 2011 관세직 9급

① ₩312,500　　　② ₩500,000

③ ₩520,000　　　④ ₩800,000

정답과 해설

74 **정답** ④

해설 복구충당부채 = ₩500,000 × 0.62 = ₩310,000

해양구조물의 취득원가 = ₩4,000,000 + ₩310,000 = ₩4,310,000

20X1년 감가상각비 = ₩4,310,000 ÷ 5년 = ₩862,000

20X1년 이자비용 = ₩310,000 × 10% = ₩31,000

비용으로 처리할 총금액 = ₩862,000 + ₩31,000 = ₩893,000

75 **정답** ②

해설 2010년 말 장부금액 = ₩5,000,000 × (1 - 5년/10년) = ₩2,500,000

내용연수가 연장되는 것은 자본적지출에 해당한다. 따라서 후속원가 ₩1,500,000을 장부금액에 가산한다.

2011년 감가상각비 = (₩2,500,000 + ₩1,500,000) ÷ (5년 + 3년) = ₩500,000

76 ㈜대한과 ㈜한국은 2010년 1월 1일에 각각 동일한 기계를 ₩100,000에 취득하였다. 두 회사 모두 기계의 내용연수는 4년이고, 잔존가치는 ₩10,000으로 추정한다. 이 기계의 감가상각을 위하여 ㈜대한은 상각률 40%의 정률법을 적용하고, ㈜한국은 연수합계법을 적용한다면, 두 회사의 2011년 12월 31일 재무상태표에 보고되는 이 기계에 대한 감가상각누계액의 차이는?　2012 지방직 9급

① ₩1,000　　　　　　② ₩4,000

③ ₩5,400　　　　　　④ ₩6,000

77 ㈜한국은 2008년 1월 1일에 추정내용연수가 8년이고 잔존가치는 ₩800,000인 절삭기계를 구입하였다. 연수합계법에 따라 2011년 12월 31일에 계상한 감가상각비는 ₩1,000,000이었다. 이 기계의 취득원가는?　2012 국가직 7급

① ₩7,200,000　　　　② ₩8,000,000

③ ₩9,800,000　　　　④ ₩9,000,000

76 **정답** ①

해설 정률법

2010년 상각비: ₩100,000 × 40% = ₩40,000

2011년 상각비: (₩100,000 − ₩40,000) × 40% = ₩24,000

2011년 말 감가상각누계액 = ₩40,000 + ₩24,000 = ₩64,000

연수합계법

2010년 상각비: (₩100,000 − ₩10,000) × (4/1+2+3+4) = ₩36,000

2011년 상각비: (₩100,000 − ₩10,000) × (3/1+2+3+4) = ₩27,000

2011년 말 감가상각누계액 = ₩36,000 + ₩27,000 = ₩63,000

77 **정답** ②

해설 2011년은 전체내용연수 8년 중 4년째가 되는 해이므로 연수합계법 상각률은 5/(1+2+3+4+5+6+7+8) = 5/36가 된다.

2011년 감가상각비 ₩1,000,000 = (취득원가 − ₩800,000) × 5/36

₩7,200,000 = 취득원가 − ₩800,000

취득원가 = ₩8,000,000

78 ㈜한국은 2011년 5월 1일에 기계장치를 취득하였다. 이 기계장치는 2011년 7월 1일부터 사용하기 시작하였고 정액법으로 감가상각한다. 기계장치의 내용연수는 5년이고 잔존가치는 취득원가의 10%이다. 2012년 말의 감가상각누계액이 ₩810,000일 때, 동 기계의 취득원가는? (단, 기계장치는 월할 상각한다)

2013 국가직 7급

① ₩1,000,000   ② ₩2,700,000

③ ₩3,000,000   ④ ₩4,000,000

79 ㈜대한은 20×1년 1월 1일 기계장치(내용연수: 5년, 잔존가치: ₩0, 정액법 상각)를 ₩1,000,000에 취득하였다. ㈜대한은 20×3년 1월 1일 감가상각방법을 연수합계법으로 변경하였다. 이 변경이 정액법을 적용할 경우에 비하여 20×3년 재무제표에 미치는 영향으로 옳지 않은 것은? 2012 관세사

① 영업활동현금흐름은 증가한다.

② 부채비율은 증가한다.

③ 당기순이익은 감소한다.

④ 운전자본은 영향이 없다.

⑤ 유형자산의 장부금액은 감소한다.

정답과 해설

78 정답 ③

해설 유형자산의 감가상각은 유형자산이 사용가능한 때부터 시작한다.

2012년 말 감가상각누계액 ₩810,000 = (취득원가 − 취득원가 × 10%) ÷ 5년 × 1.5년

₩2,700,000 = 0.9 × 취득원가

취득원가 = ₩3,000,000

79 정답 ①

해설 감가상각비(현금유출이 없는 비용이며, 투자활동과 관련되어 있기도 하다)는 영업활동현금흐름에 영향을 미치지 않는다.

정액법 감가상각비 = ₩1,000,000 ÷ 5년 = ₩200,000

20X2년 말 장부금액 = ₩1,000,000 − ₩400,000 = ₩600,000

연수합계법 감가상각비 = ₩600,000 × 3/(1+2+3) = ₩300,000

감가상각방법 변경으로 감가상각비가 ₩100,000 증가한다. 이로 인해 유형자산 장부금액과 당기순이익이 감소하고, 자본(이익잉여금)도 감소하여 부채비율이 증가한다. 운전자본에는 영향을 주지 않는다.

80 유형자산의 감가상각에 관한 설명으로 옳지 않은 것은? 2012 감정평가사

① 유형자산을 구성하는 일부의 원가가 당해 유형자산의 전체원가에 비교하여 유의적이라면, 해당 유형자산을 감가상각할 때 그 부분은 별도로 구분하여 감가상각한다.

② 유형자산의 전체원가에 비교하여 해당 원가가 유의적이지 않은 부분도 별도로 분리하여 감가상각할 수 있다.

③ 각 기간의 감가상각액은 다른 자산의 장부금액에 포함되는 경우가 아니라면 당기손익으로 인식한다.

④ 유형자산의 잔존가치와 내용연수는 적어도 매 회계연도말에 재검토한다.

⑤ 감가상각방법은 해당 자산의 공정가치 감소형태에 따라 선택한다.

81 ㈜한국은 20×1년 1월 1일에 내용연수 5년의 기계장치를 취득하였다. ㈜한국은 동 기계장치의 잔존가치를 ₩20,000으로 추정하고, 원가모형을 적용하여 연수합계법으로 감가상각하고 있다. 동 기계장치와 관련하여 ㈜한국이 20×1년도에 인식한 감가상각비는 ₩150,000이다. 취득 이후 기계장치에 대한 자산손상은 없었다면, 20×3년 12월 31일 기계장치의 장부금액은 얼마인가?

2016 보험계리사

① ₩90,000

② ₩110,000

③ ₩150,000

④ ₩360,000

80 **정답** ⑤

해설 유형자산의 감가상각방법은 자산의 미래경제적효익이 소비될 것으로 예상되는 형태를 반영한다.

81 **정답** ②

해설 20×1년 감가상각비 ₩150,000 = (취득원가 − 잔존가치 ₩20,000) × 5/15

취득원가 = ₩150,000 × 15/5 + ₩20,000 = ₩470,000

3년 간의 감가상각비 = (₩470,000 − ₩20,000) × (5 + 4 + 3)/15 = ₩360,000

20X3년 말 기계장치 장부금액 = ₩470,000 − ₩360,000 = ₩110,000

82 유형자산의 감가상각에 관한 설명으로 옳지 않은 것은?　　　　　2016 관세사

① 잔존가치와 내용연수는 적어도 매 회계기간말에 재검토한다.

② 채석장이나 매립지 등을 제외하고 토지의 내용연수는 무한하므로 감가상각을 하지 아니한다.

③ 유형자산이 운휴 중이거나 적극적인 사용상태가 아닐 경우 감가상각을 중단해야 한다.

④ 감가상각방법은 적어도 매 회계연도말에 재검토한다.

⑤ 감가상각방법은 자산의 미래경제적효익이 소비될 것으로 예상되는 형태를 반영한다.

83 ㈜한국은 취득원가 ₩100,000의 토지를 2010년 5월 3일에 처음으로 재평가하였다. 이 토지가 ₩150,000으로 재평가된 경우, 2010년 말 ㈜한국의 재무제표에 미치는 영향으로 옳은 것은?　　　　　2011 지방직 9급

① 재평가이익 ₩50,000만큼의 이익잉여금이 증가한다.

② 재평가이익 ₩50,000은 포괄손익계산서에 보고되지 않는다.

③ 재평가이익 ₩50,000만큼의 당기순이익이 증가한다.

④ 재평가이익 ₩50,000만큼의 자본이 증가한다.

정답과 해설

82 **정답** ③

해설 유형자산이 운휴 중이거나 적극적인 사용상태가 아니어도, 감가상각이 완전히 이루어지기 전까지는 감가상각을 중단하지 않는다.

83 **정답** ④

해설 재평가로 인하여 자산의 장부금액이 증가하는 경우에는 기타포괄손익으로 인식한다. 따라서 당기순이익이나 이익잉여금의 변화는 없는 대신, 포괄손익계산서상 기타포괄손익으로 보고되고 재무상태표상 기타포괄손익누계액을 구성하여 자본이 증가한다.

84 ㈜서울은 2018년 1월 초에 기계장치를 ₩1,000,000에 구입하였다. 동 기계장치의 내용연수는 5년이고 잔존가치는 없으며 정액법으로 감가상각한다. ㈜서울은 당해 기계장치에 대해 재평가모형을 적용하고 있으며 매년도 말에 자산재평가를 한다. 2018년 말 기계장치의 공정가치는 ₩1,040,000이다. 기계장치와 관련하여 감가상각누계액 전액 제거 방법에 의할 경우 ㈜서울이 2018년도에 인식할 재평가잉여금은 얼마인가?

2017 서울시 9급

① ₩40,000　　　　　② ₩100,000

③ ₩200,000　　　　　④ ₩240,000

85 ㈜한국은 원가모형을 적용해오던 건물에 대해 2017년부터 재평가모형을 적용하기로 하였다. 재평가 시 건물의 장부가액이 공정가치보다 낮을 경우, 다음 설명 중 옳지 않은 것은? (단, 다른 재무제표항목의 변동과 회계처리방법의 변경은 없다고 가정한다)

2017 관세직 9급 추가채용

① 기타포괄이익이 2017년의 포괄손익계산서에 보고된다.

② 2017년 말 부채비율(기말부채÷기말자본)이 원가모형 적용에 비해 하락한다.

③ 2017년 재평가한 건물의 감가상각비는 원가모형 적용 시의 감가상각비보다 크다.

④ 2017년 말 자기자본이익률(당기순이익÷기말자본)은 원가모형을 적용할 경우에 비해 상승한다.

---

84 정답 ④

해설 2018년 말 상각후원가 = ₩1,000,000 - ₩1,000,000 ÷ 5년 = ₩800,000

재평가잉여금 = 공정가치 ₩1,040,000 - 상각후원가 ₩800,000 = ₩240,000

※ 장부금액을 조정할 때, 비례수정법을 쓰든 누계액제거법을 쓰든 재평가잉여금에는 차이가 없다.(89번 문제 참조)

85 정답 ④

해설 ① 공정가치가 장부가액보다 높기 때문에 장부금액을 증가시키고 이를 재평가이익(기타포괄손익)으로 보고한다.

② 재평가이익은 마감분개를 통해 재평가잉여금(기타포괄손익누계액)으로 대체되므로 자본이 증가하고 부채비율이 감소한다.

③ 장부금액이 증가하였으므로 이에 따라 감가상각비도 증가한다.

④ 재평가이익은 기타포괄손익에 해당하므로 당기순이익은 변함없으나, 재평가잉여금의 증가로 기말자본이 증가하므로 자기자본이익률은 감소한다.

86 ㈜서울은 토지를 취득한 후 재평가모형에 의하여 토지에 대한 회계처리를 한다. 토지의 취득원가와 각 회기 말 토지의 공정가치는 <보기>와 같다. 토지의 재평가와 관련하여 ㈜서울이 20X3년에 인식할 당기손실과 총포괄손실은? (단, 법인세효과는 고려하지 않는다.)

2018 서울시 7급

<보기>

구분	취득원가	각 회계기간 말 공정가치		
	20X1년 초	20X1년 말	20X2년 말	20X3년 말
토지	₩2,500	₩3,000	₩2,700	₩2,300

① 당기손실 ₩400 총포괄손실 ₩0

② 당기손실 ₩300 총포괄손실 ₩100

③ 당기손실 ₩300 총포괄손실 ₩400

④ 당기손실 ₩200 총포괄손실 ₩400

87 ㈜서울은 20×1년 1월 1일에 건물을 ₩2,000,000에 취득하였다(내용연수 5년, 잔존가치 0, 정액법에 의한 감가상각). ㈜서울은 이 건물에 대하여 매년 말 공정가치로 재평가한다. 한편, 건물의 공정가치는 20×1년 12월 31일과 20×2년 12월 31일에 각각 ₩1,800,000과 ₩1,050,000이다. 동 건물에 대한 회계처리가 ㈜서울의 20×2년 당기순손익에 미치는 영향은? (결산일은 매년 12월 31일이며, 재평가잉여금은 후속기간에 이익잉여금으로 대체하지 않는다.)

2019 서울시 9급

① 순손실 ₩100,000   ② 순손실 ₩300,000

③ 순손실 ₩450,000   ④ 순손실 ₩550,000

---

86 정답 ④

해설

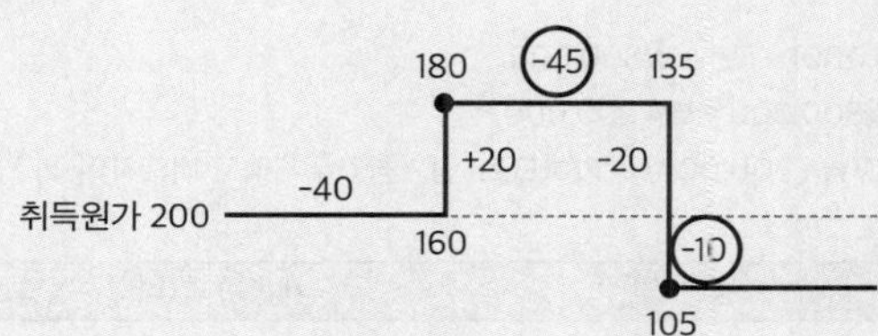

취득원가(₩2,500) 위에서의 변화 ₩200(= ₩2,700 - ₩2,500)은 기타포괄손실로 보고하고, 취득원가 아래에서의 변화 ₩200(= ₩2,500 - ₩2,300)은 당기손실로 보고한다.

총포괄손실 = 기타포괄손실 ₩200 + 당기손실 ₩200 = ₩400

87 정답 ④

해설

20X2년 감가상각비 = ₩1,800,000 ÷ 4년 = ₩450,000

20X2년 재평가손실 = (상각후원가 ₩1,350,000 - 공정가치 ₩1,050,000) - 재평가잉여금 잔액 ₩200,000 = ₩100,000

당기순손익에 미치는 영향 = 감가상각비 (-)₩450,000 + 재평가손실 (-)₩100,000 = (-)₩550,000

88 ㈜감평은 20×4년 초 ₩5,000,000(잔존가치 ₩1,000,000, 내용연수 5년, 정액법 감가상각)에
건물을 취득하였다. ㈜감평은 20×4년 말 건물을 공정가치 ₩6,300,000으로 재평가하고, 자산의
장부금액이 재평가금액과 일치하도록 감가상각누계액과 총장부금액을 비례적으로 수정하였다. ㈜
감평이 20×4년 말 재무상태표에 보고할 건물의 감가상각누계액은?

2015 감정평가사

① ₩600,000　　　　② ₩800,000　　　　③ ₩1,200,000

④ ₩1,300,000　　　　⑤ ₩2,100,000

정답과 해설

88 **정답** ③

해설 20X4년 감가상각비 = (₩5,000,000 − ₩1,000,000) ÷ 5년 = ₩800,000
20X4년 재평가 전 장부금액 = ₩5,000,000 − ₩800,000 = ₩4,200,000
재평가로 인해 장부금액이 150%(₩6,300,000/₩4,200,000) 증가하므로, 감가상각누계액도 비례하여 150% 증가한
₩1,200,000이 된다.

구분	재평가 전	재평가 후(비례수정법)
취득원가	₩5,000,000	₩7,500,000
감가상각누계액	₩800,000	₩1,200,000
장부금액	₩4,200,000	₩6,300,000

89 ㈜한국은 20×1년 초 기계장치를 ₩50,000에 취득하여 사용 중에 있으며, 동 기계장치의 내용연수는 4년, 잔존가치는 ₩10,000이다. ㈜한국은 동 기계장치를 정액법으로 감가상각하고 있으며, 회계연도 말 공정가치로 재평가하고 있다. 20×1년 말 동 기계장치의 공정가치가 ₩50,000인 경우, 감가상각누계액의 수정을 자산 장부금액의 재평가와 일치하는 방식으로 자산의 총장부금액을 조정하는 방법과 자산의 총장부금액에서 감가상각누계액을 제거하는 방법 각각에 의한 재평가잉여금의 차이는?

2018 보험계리사

① ₩0 ② ₩10,000

③ ₩20,000 ④ ₩30,000

90 ㈜감평은 20×7년 초 기계장치를 ₩5,000(내용연수 5년, 잔존가치 ₩0, 정액법 상각)에 취득하였다. 20×7년 말과 20×8년 말 기계장치에 대한 공정가치는 각각 ₩7,000과 ₩5,000이다. ㈜감평은 동 기계장치에 대해 공정가치로 재평가하고 있으며, 기계장치를 사용함에 따라 재평가잉여금 중 실현된 부분을 이익잉여금으로 직접 대체하는 정책을 채택하고 있다. 20×8년에 재평가잉여금 중 이익잉여금으로 대체되는 금액은?

2018 감정평가사

① ₩500 ② ₩750 ③ ₩1,500

④ ₩1,750 ⑤ ₩2,500

정답과 해설

89 **정답** ①

해설 20X1년 상각비 = (₩50,000 - ₩10,000) ÷ 4년 = ₩10,000

20X1년 말 상각후원가 = ₩50,000 - ₩10,000 = ₩40,000

공정가치가 ₩50,000이므로 공정가치와의 차이 ₩10,000을 재평가잉여금으로 인식한다. 이 금액(재평가잉여금)은 장부금액의 조정방법에 따라 달라지지 않기 때문에, 차이가 발생하지 않는다.

구분	재평가 전	재평가 후	
		총장부금액 조정법	감가상각누계액 제거법
취득원가	₩50,000	₩62,500	₩50,000
감가상각누계액	₩10,000	₩12,500	₩0
장부금액	₩40,000	₩50,000	₩50,000

총장부금액 조정법에 의한 분개는 다음과 같다.

(차)	기계장치	12,500	(대)	감가상각누계액	2,500
				재평가잉여금	10,000

감가상각누계액 제거법에 의한 분개는 다음과 같다

(차)	감가상각누계액	10,000	(대)	재평가잉여금	10,000

두 방법 모두 재평가잉여금을 ₩10,000 인식하게 된다.

90 **정답** ②

해설 자산을 사용함에 따라 재평가잉여금의 일부를 대체하는 경우 재평가된 금액에 근거한 감가상각액과 최초원가에 근거한 감가상각액의 차이가 이익잉여금으로 대체되는 금액이 된다.

① 최초원가에 근거한 감가상각비 = (₩5,000 - ₩0) ÷ 5년 = ₩1,000

② 재평가된 금액에 근거한 감가상각비 = (₩7,000 - ₩0) ÷ 4년 = ₩1,750

③ 이익잉여금으로 대체되는 금액 = ₩1,750 - ₩1,000 = ₩750

91 유형자산의 손상 인식과 비교할 때, 유형자산의 재평가에 대한 설명으로 옳지 않은 것은?

2020 보험계리사

① 주기적으로 수행하기 때문에 변동이 크지 않은 경우, 3년 또는 5년 마다 수행도 가능하다.

② 하락뿐만이 아닌 상승 시에도 기존의 장부금액과의 중요한 차이금액을 인식한다.

③ 손상차손 인식은 의무사항이지만 자산재평가 모형의 적용은 선택사항이다.

④ 해당자산이 포함된 유형자산의 유형 전체를 재평가할 필요는 없다.

92 다음은 20×1년 12월 31일 현재 기계(취득 20×1년 1월 1일, 내용연수 10년, 잔존가치 없음, 정액법 상각) 관련 부분재무상태표이다. 20×2년 12월 31일의 기계의 회수가능액이 ₩420억인 경우에 다음 중 옳지 않은 것은? (단, 언급된 기계는 원가모형을 적용하여 회계처리한다고 가정한다.)

2015 서울시 9급

기계	₩500억	
감가상각누계액	(₩50억)	
손상차손누계액	(₩90억)	₩360억

① 20×2년 말의 기계 장부금액은 ₩420억이다.

② 20×2년의 감가상각비는 ₩40억이다.

③ 20×2년 말 현재 손상차손을 인식하지 않았다고 가정했을 경우, 기계의 장부금액은 ₩400억이다.

④ 20×2년에는 손상차손 환입으로 ₩80억을 계상해야 한다.

91 정답 ④

해설 특정 유형자산을 재평가할 때, 해당 자산이 포함되는 유형자산의 유형 전체를 재평가한다.

92 정답 ①

해설 ①, ③ 20X2년 말 손상차손의 환입은 손상차손을 인식하지 않았을 경우의 장부금액을 한도로 한다. 손상차손을 인식하지 않았을 경우 20X2년 말 장부금액 = ₩500억 − ₩500억 × 2년/10년 = ₩400억

② 20X2년 감가상각비 = ₩360억 ÷ 9년 = ₩40억

④ 손상차손 환입액 = Min[₩420억, ₩400억] − ₩320억 = ₩80억

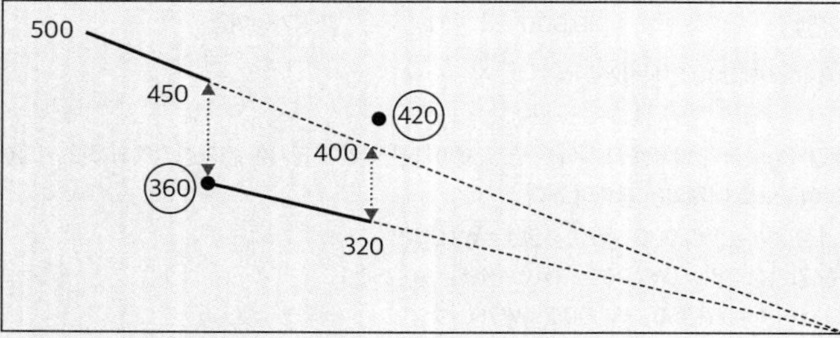

93 ㈜한국은 매년 말 모든 자산에 대하여 손상검사를 실시하고 있으며, 20×1년 말 실시한 손상검사로 영업권 손상차손 ₩5,000, 토지 손상차손 ₩20,000, 기계장치 손상차손 ₩20,000이 발생하였다. 20×1년 초 토지에 대한 재평가잉여금이 ₩30,000일 때, 손상차손 회계처리가 20×1년 포괄손익계산서의 당기순이익과 총포괄이익에 미치는 영향은?

2012 감정평가사

① 당기순이익 ₩5,000감소, 총포괄이익 ₩5,000감소

② 당기순이익 ₩25,000감소, 총포괄이익 ₩20,000감소

③ 당기순이익 ₩25,000감소, 총포괄이익 ₩45,000감소

④ 당기순이익 ₩45,000감소, 총포괄이익 ₩25,000감소

⑤ 당기순이익 ₩45,000감소, 총포괄이익 ₩45,000감소

94 다음은 ㈜한국이 보유하고 있는 건물들에 대한 자료이다. 당기에 매각한 건물들의 취득원가는?

2013 관세직 9급

항목	금액
당기 건물 취득가액	₩210,000
당기 건물 감가상각비	₩110,000
건물의 기초장부금액	₩130,000
건물의 기말장부금액	₩220,000
당기에 매각한 건물의 감가상각누계액	₩40,000

① ₩10,000   ② ₩50,000

③ ₩90,000   ④ ₩120,000

정답과 해설

93 정답 ③

해설 토지 손상차손 ₩20,000은 재평가잉여금의 감소(기타포괄손실)로 처리한다.

당기순이익에 미치는 영향 = 영업권 손상차손 (-)₩5,000 + 기계장치 손상차손 (-)₩20,000 = (-)₩25,000

기타포괄손익에 미치는 영향 = 재평가잉여금의 감소 (-)₩20,000

총포괄이익에 미치는 영향 = 당기순이익 (-)₩25,000 + 기타포괄손익 (-)₩20,000 = (-)₩45,000

94 정답 ②

해설 건물에 대한 T계정을 그려 보면 다음과 같다.

건물

기초	130,000	감소(처분)	?
		감가상각비	110,000
증가(취득)	210,000	기말	220,000
	340,000		340,000

여기서 처분한 건물의 순장부금액은 ₩340,000 - ₩110,000 - ₩220,000 = ₩10,000이다.

처분한 건물의 순장부금액이 ₩10,000이고 감가상각누계액이 ₩40,000이므로 취득원가는 ₩50,000이 된다.

95 ㈜한국은 원가모형을 적용하던 기계장치를 20×1년 1월 1일에 매각하고 처분대금은 2년 후 일시불로 ₩100,000을 받기로 하였다. 매각 당시 기계장치의 취득원가는 ₩100,000, 감가상각누계액은 ₩80,000이다. 기계장치 처분대금의 명목금액과 현재가치의 차이는 중요하며, 본 거래에 적용할 유효이자율은 6%이다. 본 거래가 20×1년 ㈜한국의 당기순이익에 미치는 영향은? (단, 2기간 6% 단일금액 ₩1의 현재가치계수는 0.89이며, 법인세효과는 고려하지 않는다) 2017 관세직 9급 추가채용

① ₩5,660 증가
② ₩69,000 증가
③ ₩74,340 증가
④ ₩80,000 증가

96 ㈜한국은 20×1년 1월 1일 기계장치를 ₩100,000에 취득하여 원가모형(잔존가치 ₩10,000, 내용연수 6년, 정액법 월할 상각)으로 평가하고 있다. 20×2년 1월 1일 ㈜한국은 기계장치의 생산능력 증대를 위해 ₩5,000을 지출하였고, 이러한 지출로 인해 기계장치의 잔존내용연수와 잔존가치 변동은 없다. ㈜한국이 20×3년 4월 1일 기계장치를 ₩65,000에 처분하였다면, 동 기계장치와 관련하여 인식할 기계장치처분손익은? 2017 지방직 9급 추가채용

① 기계장치처분이익 ₩1,250
② 기계장치처분손실 ₩1,250
③ 기계장치처분손실 ₩5,000
④ 기계장치처분손실 ₩9,000

정답과 해설

95 **정답** ③
해설 처분대가의 현재가치 = ₩100,000 × 0.89 = ₩89,000
처분손익 = 처분대가 ₩89,000 - 장부금액 (₩100,000 - ₩80,000) = ₩69,000
20X1년 이자수익 = ₩89,000 × 6% = ₩5,340
20X1년 당기순이익에 미치는 영향 = 처분이익 ₩69,000 + 이자수익 ₩5,340 = ₩74,340

96 **정답** ③
해설 20X1년 감가상각비 = (₩100,000 - ₩10,000) ÷ 6년 = ₩15,000
20X2년 ~ 20X3년 3월 31일 감가상각비 = {(₩100,000 - ₩15,000 + ₩5,000) - ₩10,000} × 1.25년/5년 = ₩80,000 × 1.25/5 = ₩20,000
기계장치처분손익 = 처분대가 ₩65,000 - 장부금액(₩105,000 - ₩15,000 - ₩20,000) = (-)₩5,000

97 ㈜한국은 20×1년 초 본사 건물을 ₩5,000,000에 취득(내용연수 20년, 잔존가치 ₩50,000, 정액법, 월할 상각)하면서 다음 조건의 국채를 액면가액으로 의무매입하여 만기까지 보유할 목적이다. 다음 중 옳은 것은?

2022 국가직 7급

> ○ 액면가액: ₩1,000,000(만기 5년, 만기 일시상환)
> ○ 표시이자율: 연 4%(매년 말 지급)
> ○ 시장이자율: 연 10%
> ○ 이자율 10%, 5년 ₩1의 현가계수 0.6
> ○ 이자율 10%, 5년 ₩1의 연금현가계수 3.8

① 건물 취득시 감가상각대상금액은 ₩5,722,000이다.

② 건물 취득원가는 ₩5,248,000이다.

③ 국채 취득시 현재가치할인차금은 ₩152,000이다.

④ 국채 취득원가는 ₩848,000이다.

98 ㈜서울은 20X1년 1월 1일에 ₩100,000을 지급하고 구기계를 신기계로 교체하였다. 교체 과정에서 구기계의 폐기손실 ₩1,000, 신기계의 운임 및 설치비 ₩10,000, 신기계를 정상적으로 사용하기 위한 종업원의 교육훈련비 ₩1,000이 소요되었다. 또한 신기계의 정상가동 전에 시운전비 ₩5,000이 발생하였으며, 해당 시운전하는 과정에서 순매각금액 ₩10,000의 시제품이 생산되었다. 동 기계의 취득원가는?

2024 서울시 7급

① ₩102,000 　　　　② ₩112,000

③ ₩115,000 　　　　④ ₩116,000

97 정답 ②

해설 국채의 공정가치(취득원가) = 표시이자 ₩40,000 × 연금현가계수 3.8 + 액면가액 ₩1,000,000 × 현가계수 0.6 = ₩152,000 + ₩600,000 = ₩752,000(보기 ④)
국채 취득시 현재가치할인차금(보기 ③) = 국채 액면가액 ₩1,000,000 - 국채의 현재가치 ₩752,000 = ₩248,000
건물의 취득원가(보기 ②) = ₩5,000,000 + (국채 매입액 ₩1,000,000 - 국채의 공정가치 ₩752,000) = ₩5,248,000
감가상각대상금액(보기 ①) = 건물의 취득원가 ₩5,248,000 - 잔존가치 ₩50,000 = ₩5,198,000

98 정답 ③

해설 기계의 취득원가 = 구입액 ₩100,000 + 운임 및 설치비 ₩10,000 + 시운전비 ₩5,000 = ₩115,000
구기계의 폐기손실과 종업원의 교육훈련비는 비용으로 인식하며, 시제품의 순매각금액 역시 별도의 손익으로 인식한다.

99 ㈜대한과 ㈜민국은 사용하고 있는 기계장치를 서로 교환하였으며 이 교환은 상업적 실질이 있다. 교환시점에서 기계장치와 관련된 자료는 다음과 같다.

구분	㈜대한	㈜민국
취득가액	₩700,000	₩600,000
장부가액	₩550,000	₩350,000

기계장치의 교환시점에서 ㈜대한의 공정가치가 ㈜민국의 공정가치보다 더 명백하다. 이 교환거래로 ㈜대한은 ₩100,000의 손실을, ㈜민국은 ₩50,000의 손실을 인식하였다. 동 교환거래는 공정가치 차이만큼 현금을 수수하는 조건이다. ㈜대한이 ㈜민국으로부터 현금을 수령하였다고 가정할 경우, ㈜대한이 수령한 현금액은? (단, 교환거래로 발생한 손익은 제시된 손익 이외에는 없다)

2018 국가직 7급

① ₩100,000 　② ₩150,000

③ ₩400,000 　④ ₩450,000

99 정답 ②

해설 [㈜대한]

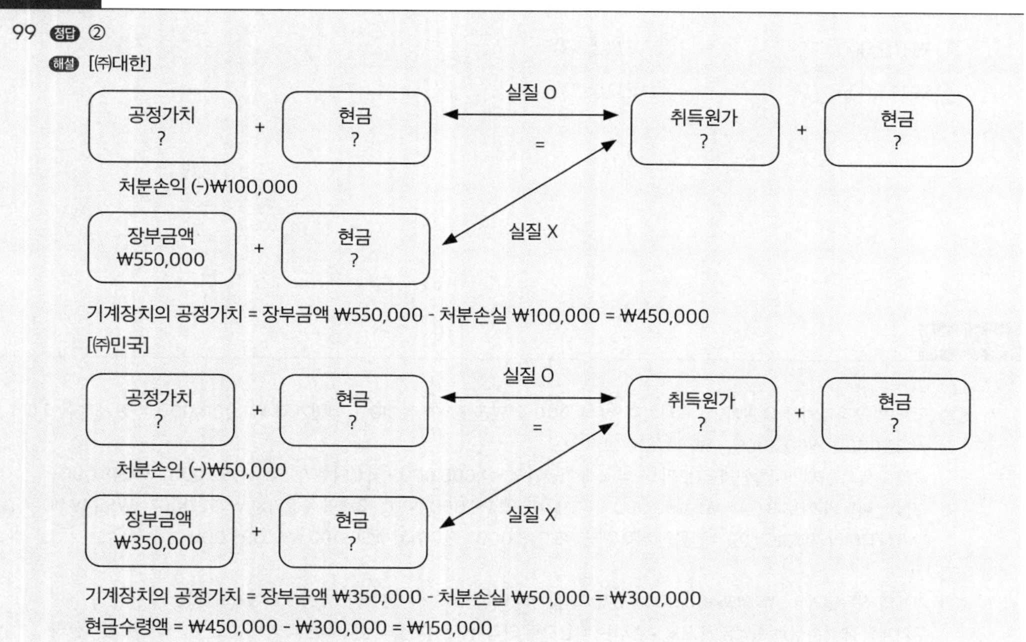

100 20×1년 1월 1일 ㈜한국과 ㈜대한은 기계장치 A와 기계장치 B를 ₩1,000,000에 각각 취득하였다. 기계장치 A와 기계장치 B에 대한자료는 다음과 같다.

구분	기계장치 A	기계장치 B
내용연수	4년	4년
잔존가치	₩200,000	₩200,000
감가상각방법	연수합계법	정액법
20×3년 1월 1일 공정가치	₩540,000	₩570,000

20×3년 1월 1일 ㈜한국은 기계장치 A를 ㈜대한의 기계장치 B와 교환 후 기계장치 B에 대해 정액법(잔존내용연수 2년, 잔존가치 ₩200,000)으로 감가상각하였으며, 20×3년 7월 1일 ㈜한국은 기계장치 B를 현금 ₩300,000에 처분하였다. ㈜한국의 기계장치 B에 대한 회계처리가 20×3년도 당기순이익에 미치는 영향은? (단, 기계장치는 원가모형을 적용하며, 교환거래는 상업적 실질이 있고 감가상각은 월할 계산한다)

2023 국가직 7급

① ₩25,000 감소 ② ₩55,000 감소

③ ₩110,000 감소 ④ ₩140,000 감소

---

100 **정답** ④

해설 20X1 ~ 20X2년 감가상각비 = (₩1,000,000 − ₩200,000) × (4+3)/(1+2+3+4) = ₩560,000

20X2년 말 기계장치 장부금액 = 취득원가 ₩1,000,000 − 감가상각누계액 ₩560,000 = ₩440,000

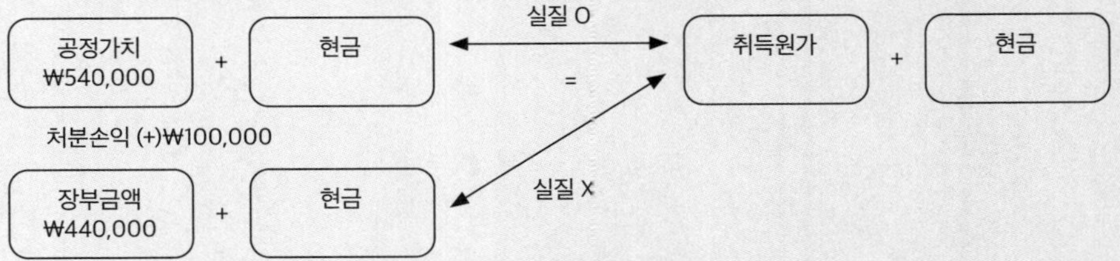

기계장치 A 처분손익 = 공정가치 ₩540,000 − 장부금액 ₩440,000 = ₩100,000

기계장치 B의 취득원가 = 제공한 자산의 공정가치 ₩540,000

기계장치 B의 감가상각비 = (₩540,000 − ₩200,000) × 0.5년/2년 = ₩85,000

기계장치 B 처분손익 = 처분대가 ₩300,000 − 장부금액(₩540,000 − ₩85,000) = (−)₩155,000

당기순이익에 미치는 영향 = B와 교환 시 처분이익 ₩100,000 − B 감가상각비 ₩85,000 − B 처분손실 ₩155,000

= (−)₩140,000

[별해]

'박스 이론'에 따라 다음과 같이 풀이할 수 있다.

20X2년 말 자산가액은 다음과 같다.

20X1 ~ 20X2년 감가상각비 = (₩1,000,000 − ₩200,000) × (4+3)/(1+2+3+4) = ₩560,000

20X2년 말 기계장치 장부금액 = 취득원가 ₩1,000,000 − 감가상각누계액 ₩560,000 = ₩440,000

20X3년 말 자산가액 = 현금 ₩300,000

자산이 전년도 말 ₩440,000에서 ₩300,000으로 ₩140,000 감소했고, 여기에 영향을 미치는 항목(처분손익, 감가상각비) 중 기타포괄손익으로 보고되는 금액은 없으므로 (−)₩140,000이 모두 당기손익에 해당한다. 따라서 당기순이익은 ₩140,000 감소한다.

 정부보조금의 회계처리와 정부지원의 공시에 대한 설명으로 옳은 것은? 2022 국가직 7급

① 정부보조금의 회계처리는 보조금을 당기손익 이외의 항목으로 인식하는 수익접근법과 보조금을 하나 이상의 회계기간에 걸쳐 당기손익으로 인식하는 자본접근법이 있다.

② 이미 발생한 비용이나 손실에 대한 보전으로 수취하는 정부보조금은 정부보조금을 수취할 권리가 발생하는 기간에 기타포괄손익으로 인식한다.

③ 자산의 취득과 관련된 보조금의 수취는 기업의 현금흐름에 중요한 변동을 일으키므로 재무상태표에 보조금이 관련 자산에서 차감하여 표시되는지와 관계없이 자산의 총투자를 보여 주기 위해 이러한 변동을 주석에 별도 항목으로 표시한다.

④ 정부보조금에 부수되는 조건의 준수와 보조금 수취에 대한 합리적인 확신이 있을 경우에만 정부보조금을 인식하며, 보조금의 수취 자체가 보조금에 부수되는 조건이 이행되었거나 이행될 것이라는 결정적인 증거를 제공하지는 않는다.

정답과 해설

101 **정답** ④

해설 ① 정부보조금에 대한 회계처리로 수익접근법과 자본접근법이 있는 것은 맞지만 내용이 뒤바뀌었다. 자본접근법이 보조금을 당기손익 이외의 항목으로 인식하는 방법이고, 수익접근법은 보조금을 하나 이상의 회계기간에 걸쳐 당기손익으로 인식하는 방법이다.

② 이미 발생한 비용이나 손실에 대한 보전으로 수취하는 정부보조금은 정부보조금을 수취할 권리가 발생하는 기간에 기타포괄손익이 아닌 당기손익으로 인식한다.

③ 자산의 취득과 이와 관련된 보조금의 수취는 기업의 현금흐름에 중요한 변동을 일으킨다. 따라서 재무상태표에 보조금이 관련 자산에서 차감하여 표시되는지와 관계없이 자산의 총투자를 보여 주기 위해 이러한 변동을 현금흐름표에 별도 항목으로 표시한다.

102 ㈜한국은 20×1액 7월 1일부터 공장건물 신축공사를 시작하여 20×2년 4월 30일에 완공하였다. ㈜한국이 공장건물의 차입원가를 자본화하는 경우 20×1년도 포괄손익계산서상 당기손익으로 인식할 이자비용은? (단, 이자비용은 월할 계산한다) 2019 국가직 9급

[공사대금 지출]

20×1. 7. 1.	20×1. 10. 1.
₩50,000	₩40,000

[차입금 현황]

구분	금액	차입일	상환(예정)일	연이자율
특정차입금	₩50,000	20×1. 7. 1.	20×2. 4. 30.	8%
일반차입금	₩25,000	20×1. 1. 1.	20×2. 6. 30.	10%

① ₩1,000   ② ₩1,500

③ ₩2,000   ④ ₩2,500

103 ㈜한국은 20×1년 1월 1일부터 적격자산인 공장건물을 신축하기 시작하였으며, 20×2년 10월 31일 완공하였다. 공사대금 지출 및 신축공사와 관련되는 차입금의 자료는 다음과 같다.

구분	지출일·차입일	금액	상환일	연 이자율
공사대금 지출액	20×1년 1월 1일	₩100,000	-	-
특정목적 차입금	20×1년 1월 1일	₩80,000	20×1년 12월 31일	5%
일반목적 차입금	20×1년 1월 1일	₩200,000	20×2년 12월 31일	10%

㈜한국이 20×1년 공장건물 신축과 관련하여 자본화한 차입원가는? (단, 이자비용은 월할 계산한다) 2021 국가직 7급

① ₩4,000   ② ₩6,000

③ ₩20,000   ④ ₩24,000

102 정답 ②

해설 특정차입금 차입원가 = ₩50,000 × 8% × 6/12 = ₩2,000

일반차입금 사용액 = 연평균지출액 (₩50,000 × 6/12 + ₩40,000 × 3/12) - 특정차입금지출액 ₩50,000 × 6/12 = ₩10,000

일반차입금 차입원가 = ₩10,000 × 10% = ₩1,000 (한도: ₩2,500)

자본화할 차입원가 = ₩2,000 + ₩1,000 = ₩3,000

일반차입금에서 발생한 이자 ₩2,500(= ₩25,000 × 10%) 중 ₩1,000은 자본화하고, 나머지 ₩1,500은 이자비용으로 인식한다.

103 정답 ②

해설 특정차입금 차입원가 = ₩80,000 × 5% × 12/12 = ₩4,000

일반차입금 사용액 = 연평균지출액 ₩100,000 - 특정차입금지출액 ₩80,000 = ₩20,000

일반차입금 차입원가 = ₩20,000 × 10% = ₩2,000 (한도: ₩20,000)

자본화할 차입원가 = 특정차입금 차입원가 ₩4,000 + 일반차입금 차입원가 ₩2,000 = ₩6,000

104 차입원가에 대한 설명으로 옳지 않은 것은? 2023 지방직 9급

① 적격자산이 물리적으로 완성된 경우라면 일상적인 건설 관련 후속 관리업무 등이 진행되고 있더라도 일반적으로 당해 자산을 의도된 용도로 사용(또는 판매) 가능한 것으로 본다.

② 적격자산을 의도된 용도로 사용(또는 판매) 가능하게 하는 데 필요한 활동은 당해 자산의 물리적인 제작활동을 포함하나 그 이전단계에서 이루어진 기술 및 관리상의 활동은 포함하지 않는다.

③ 적격자산의 건설활동을 여러 부분으로 나누어 완성하고, 남아있는 부분의 건설활동을 계속 진행하고 있더라도 이미 완성된 부분이 사용 가능하다면, 당해 부분을 의도된 용도로 사용(또는 판매) 가능하게 하는 데 필요한 대부분의 활동을 완료한 시점에 차입원가의 자본화를 종료한다.

④ 적격자산에 대한 지출은 현금의 지급, 다른 자산의 제공 또는 이자부 부채의 발생 등에 따른 지출액을 의미한다. 적격자산과 관련하여 수취하는 정부보조금과 건설 등의 진행에 따라 수취하는 금액은 적격자산에 대한 지출액에서 차감한다.

105 ㈜서울은 20X1년 공장건설을 위하여 ㈜대한과 ₩600,000에 건설계약을 체결하였다. 공사기간은 20X1년 4월 1일부터 20X1년 12월 31일까지이며, 해당 적격자산의 연평균순지출액은 ₩200,000이다. ㈜서울은 공장건설에 사용할 목적으로 20X1년 1월 1일 만기 1년, 이자율 10%로 ₩100,000을 차입하였으며, 해당 차입금 중 ₩20,000을 공사기간 중 3개월 만기 환매채에 투자하였다. 해당 환매채의 수익률은 연 10%이다. 일반차입금과 관련된 자본화이자율은 8%이며, 20X1년 중 일반차입금을 통해 발생된 이자비용은 ₩6,000이다. 20X1년 ㈜서울이 해당 공장건설과 관련하여 자본화할 총 차입원가는? (단, 이자수익 및 이자비용은 월할로 계산한다.)

2024 서울시 7급

① ₩10,300   ② ₩13,000

③ ₩14,500   ④ ₩17,400

정답과 해설

104 **정답** ②

해설 적격자산을 의도된 용도로 사용(또는 판매) 가능하게 하는 데 필요한 활동은 당해 자산의 물리적인 제작뿐만 아니라 그 이전단계에서 이루어진 기술 및 관리상의 활동도 포함한다. 예를 들어, 물리적인 제작 전에 각종 인허가를 얻기 위한 활동 등을 들 수 있다.

105 **정답** ②

해설 특정차입금에 대한 자본화기간은 차입기간(20X1년 1월 1일부터)과 건설기간(20X1년 4월 1일부터)이 겹치는 기간이다. 따라서 건설이 시작된 4월 1일부터 9개월간 발생한 차입원가만 자본화한다.

특정차입금 차입원가 = ₩100,000 × 10% × 9/12 - 일시투자수익 ₩20,000 × 10% × 3/12 = ₩7,500 - ₩500 = ₩7,000

일반차입금 사용액 = 연평균지출액 ₩200,000 - 특정차입금지출액(₩100,000 × 9/12 - ₩20,000 × 3/12) = ₩200,000 - (₩75,000 - ₩5,000) = ₩130,000

일반차입금 차입원가 = ₩130,000 × 8% = ₩10,400(한도: 실제 발생한 이자 ₩6,000)

자본화 총 차입원가 = 특정차입금 차입원가 ₩7,000 + 일반차입금 차입원가 ₩6,000 = ₩13,000

05 | **무형자산**

주요 Topic 및 출제경향

	취득	평가	처분
주요 Topic	01 자산성 ★★★ 02 영업권 ★★	03 상각 및 기타 ★★★	

▶ 9급 출제경향(●국가직 ■관세직 ◆지방직 ○서울시)

구분	15	16	17	18	19	20	21	22	23	24	25
5.1 자산성	●■	○				◆		■	■	◆	●■
5.2 영업권	●■○			○		●■				◆	
5.3 상각 및 기타			■○	■◆○	○◆					●■	

▶ 7급 출제경향(▲국가직 △서울시)

구분	15	16	17	18	19	20	21	22	23	24	-
5.1 자산성	▲			△					▲	△	
5.2 영업권		△					▲				
5.3 상각 및 기타				▲	△		▲			▲	

구분	기본	필수	응용	심화	합계
5.1 자산성	4	3	7	1	15
5.2 영업권	1	2	5	0	8
5.3 상각 및 기타	6	1	9	2	18
합계	11	6	21	3	41

기본문제

[05-01] 자산성

01 무형자산의 인식에 대한 설명으로 옳은 것은?　　　　2015 국가직·관세직 9급

① 내부 프로젝트의 연구 단계에 대한 지출은 자산의 요건을 충족하는지를 합리적으로 판단하여 무형자산으로 인식할 수 있다.

② 개발 단계에서 발생한 지출은 모두 무형자산으로 인식한다.

③ 사업결합으로 취득하는 무형자산의 취득원가는 취득일의 공정가치로 인식하고, 내부적으로 창출한 영업권은 무형자산으로 인식하지 아니한다.

④ 내부적으로 창출한 브랜드, 출판표제, 고객 목록과 이와 실질이 유사한 항목은 무형자산으로 인식한다.

정답과 해설

01　**정답** ③

해설 ① 연구 단계의 지출은 발생 시점에 전액 비용으로 인식한다.

② 개발 단계에서 발생한 지출이 자산의 요건을 모두 충족하는 경우에만 무형자산으로 인식한다.

④ 내부적으로 창출한 브랜드, 제호, 출판표제, 고객 목록과 이와 실질이 유사한 항목은 무형자산으로 인식하지 아니한다.

02 무형자산의 회계처리에 대한 설명으로 옳지 않은 것은? 2020 지방직 9급

① 무형자산을 최초로 인식할 때에는 원가로 측정한다.

② 무형자산이란 물리적 실체는 없지만 식별할 수 있는 비화폐성 자산이다.

③ 내부적으로 창출한 영업권은 자산으로 인식하지 아니한다.

④ 연구(또는 내부 프로젝트의 연구단계)에 대한 지출은 무형자산으로 인식한다.

03 무형자산에 대한 설명으로 옳지 않은 것은? 2022 관세직 9급

① 내부적으로 창출한 브랜드, 제호, 출판표제, 고객 목록과 이와 실질이 유사한 항목은 무형자산으로 인식한다.

② 계약상 권리 또는 기타 법적 권리로부터 발생하는 무형자산의 내용연수는 그러한 계약상 권리 또는 기타 법적 권리의 기간을 초과할 수는 없지만, 자산의 예상사용기간에 따라 더 짧을 수는 있다.

③ 무형자산의 상각방법은 자산의 경제적 효익이 소비될 것으로 예상되는 형태를 반영한 방법이어야 한다. 다만, 그 형태를 신뢰성 있게 결정할 수 없는 경우에는 정액법을 사용한다.

④ 새로운 제품이나 용역의 홍보원가 그리고 새로운 계층의 고객을 대상으로 사업을 수행하는 데서 발생하는 원가는 무형자산의 원가에 포함하지 않는 지출이다.

04 무형자산에 대한 설명으로 옳지 않은 것은? 2023 관세직 9급

① 생산이나 사용 전의 시제품과 모형을 설계, 제작, 시험하는 활동과 같은 개발단계의 지출은 일정요건을 충족하면 무형자산으로 인식한다.

② 새로운 지식을 얻고자 하는 활동과 같은 연구단계의 지출은 발생시점에 비용으로 인식한다.

③ 내부적으로 창출된 영업권은 원가를 신뢰성 있게 측정할 수 없고 기업이 통제하고 있는 식별가능한 자원이 아니기 때문에 자산으로 인식하지 아니한다.

④ 무형자산을 창출하기 위한 내부 프로젝트를 연구단계와 개발단계로 구분할 수 없는 경우에는 모두 개발단계에서 발생한 것으로 본다.

정답과 해설

02 정답 ④

해설 연구단계의 지출은 전액 비용으로 인식한다.

03 정답 ①

해설 내부적으로 창출한 브랜드, 제호, 출판표제, 고객 목록과 이와 실질이 유사한 항목은 무형자산으로 인식하지 아니한다.

04 정답 ④

해설 무형자산을 창출하기 위한 내부 프로젝트를 연구단계와 개발단계로 구분할 수 없는 경우에는 모두 '연구'단계에서 발생한 것으로 본다.

05 ㈜한국은 20×1년 1월 1일 ㈜대한의 지분 100%를 취득하여 흡수합병하면서, ㈜대한의 주주에게 현금 ₩60,000을 이전대가로 지급하였다. 취득일 현재 ㈜대한의 식별가능한 자산과 부채의 장부금액과 공정가치가 다음과 같을 때, ㈜한국이 인식할 영업권은?　　2024 지방직 9급

자산	장부금액	공정가치	부채 및 자본	장부금액	공정가치
현금	₩1,000	₩1,000	단기차입금	₩6,000	₩6,000
매출채권	₩2,000	₩2,000	매입채무	₩1,000	₩1,000
재고자산	₩4,000	₩5,000	자본금	₩30,000	
유형자산	₩37,000	₩46,000	이익잉여금	₩7,000	
계	₩44,000	₩54,000	계	₩44,000	

① ₩3,000　　　　② ₩6,000

③ ₩13,000　　　　④ ₩50,000

06 무형자산에 대한 설명으로 옳지 않은 것은?　　2018 관세직 9급

① 무형자산으로 정의되기 위해서는 식별가능성, 자원에 대한 통제 및 미래 경제적 효익의 존재라는 조건을 모두 충족하여야 한다.

② 무형자산에는 특허권, 상표권, 저작권 등이 있다.

③ 사업결합으로 취득한 식별가능 무형자산의 취득원가는 취득일의 공정가치로 평가한다.

④ 비한정내용연수를 가지는 것으로 분류되었던 무형자산이 이후에 유한한 내용연수를 가지는 것으로 변경된 경우에도 상각을 하지 않는다.

정답과 해설

05 **정답** ③

해설 ㈜대한의 순자산 공정가치 = 자산의 공정가치 (₩1,000 + ₩2,000 + ₩5,000 + ₩46,000) - 부채의 공정가치 (₩6,000 + ₩1,000) = ₩54,000 - ₩7,000 = ₩47,000

　　영업권 = 합병대가 ₩60,000 - 순자산 공정가치 ₩47,000 = ₩13,000

06 **정답** ④

해설 내용연수가 비한정인 무형자산에 대해서는 비한정이라는 가정이 계속해서 유효한지를 매 회계기간에 검토해야 한다. 만약 그러한 가정이 더 이상 유효하지 않다면 유한 내용연수로 변경하고 회계추정의 변경으로 보아 전진적으로 상각한다.

07 ㈜한국은 차세대 통신기술 연구개발을 위해 다음과 같이 지출하였다.

구분	2016년	2017년
연구단계	₩100,000	₩100,000
개발단계	-	₩600,000

2017년 개발단계 지출액 ₩600,000은 무형자산 인식기준을 충족하였으며, 동년 7월 1일에 개발이 완료되어 사용하기 시작하였다. 동 무형자산은 원가모형을 적용하며, 정액법(내용연수 10년, 잔존가치 ₩0)으로 상각한다. 회수가능액이 2017년 말 ₩500,000이라고 할 때, 결산 시 인식할 손상차손은? (단, 상각비는 월할계산한다) 2018 관세직 9급

① ₩40,000 ② ₩70,000

③ ₩100,000 ④ ₩260,000

08 ㈜한국은 20×1년 초에 무형자산인 라이선스를 ₩500,000(정액법 상각, 내용연수 10년, 잔존가치 ₩0, 재평가모형 적용)에 취득하였다. 20×1년 말 라이선스의 공정가치가 ₩450,000, 20×2년 말 라이선스의 공정가치가 ₩525,000이라면, 20×2년 말 인식할 재평가이익은? 2021 국가직 7급

① ₩25,000 ② ₩50,000

③ ₩75,000 ④ ₩125,000

07 **정답** ②
해설 개발비 상각액 = (₩600,000 ÷ 10년) × 6개월/12개월 = ₩30,000
손상차손 = 장부금액(₩600,000 - ₩30,000) - 회수가능액 ₩500,000 = ₩70,000

08 **정답** ④
해설

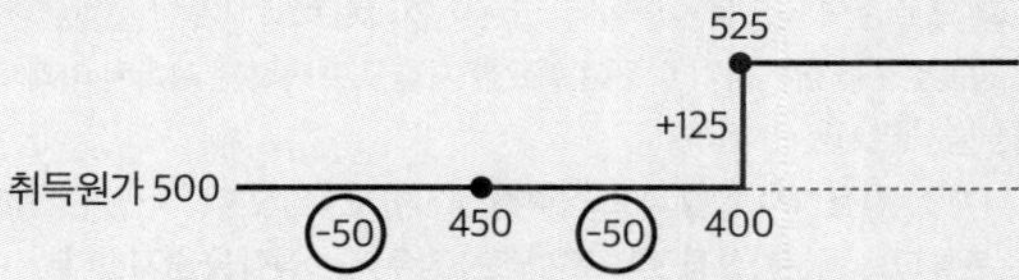

20X2년 말 상각후원가 = 20X1년 말 공정가치 ₩450,000 - 20X2년 상각비 (₩450,000 ÷ 9년) = ₩400,000
20X2년 말 재평가이익 = 20X2년 말 공정가치 ₩525,000 - 상각후원가 ₩400,000 = ₩125,000

09 무형자산에 대한 설명으로 옳은 것은? 2024 국가직·관세직 9급

① 무형자산의 회계처리는 내용연수에 따라 다르다. 내용연수가 유한한 무형자산은 상각하고, 내용연수가 비한정인 무형자산은 상각하지 아니한다.

② 무형자산을 창출하기 위한 내부 프로젝트를 연구단계와 개발단계로 구분할 수 없는 경우에는 그 프로젝트에서 발생한 지출은 모두 개발단계에서 발생한 것으로 본다.

③ 무형자산의 내용연수는 자산의 내용연수를 추정하는 시점에 평가된 표준적인 성능수준을 유지하기 위하여 필요한 지출을 초과하는 계획된 미래지출이 예상되는 경우 비한정으로 판단한다.

④ 내용연수가 유한한 무형자산은 그 자산을 더 이상 사용하지 않을 때에는 상각을 중지한다.

10 자산손상에 대한 설명으로 옳지 않은 것은? 2024 국가직 7급

① 내용연수가 비한정인 무형자산을 처음 인식한 경우에는 해당 회계연도 말 전에 손상검사를 하며, 이후 회계기간에는 손상징후와 관계없이 손상검사를 하지 않는다.

② 재평가자산의 손상차손은 해당 자산에서 생긴 재평가잉여금에 해당하는 금액까지는 기타포괄손익으로 인식한다.

③ 손상차손을 인식한 후에 수정된 장부금액에서 잔존가치를 뺀 금액을 자산의 남은 내용연수에 걸쳐 체계적인 방법으로 배분하기 위하여, 자산의 감가상각액이나 상각액을 미래 기간에 조정한다.

④ 영업권에 인식한 손상차손은 후속 기간에 환입하지 아니한다.

09 **정답** ①

해설 ② 무형자산을 창출하기 위한 내부 프로젝트를 연구단계와 개발단계로 구분할 수 없는 경우에는 그 프로젝트에서 발생한 지출은 모두 연구단계에서 발생한 것으로 본다.

③ '비한정'이라는 용어는 '무한'을 의미하지 않는다. 무형자산의 내용연수는 자산의 내용연수를 추정하는 시점에 평가된 표준적인 성능수준을 유지하기 위한 미래 유지비용과 그 수준의 비용을 부담할 수 있는 기업의 능력과 의도만을 반영한다. 자산의 내용연수를 추정하는 시점에 평가된 표준적인 성능수준을 유지하기 위하여 필요한 지출을 초과하는 계획된 미래지출에 근거하여 무형자산의 내용연수가 비한정이라는 결론을 내려서는 안 된다.

④ 내용연수가 유한한 무형자산은 그 자산을 더 이상 사용하지 않을 때도 상각을 중지하지 아니한다. 다만, 완전히 상각하거나 매각예정으로 분류되는(또는 매각예정으로 분류되는 처분자산집단에 포함되는) 경우에는 상각을 중지한다.

10 **정답** ①

해설 내용연수가 비한정인 무형자산은 매년 그리고 무형자산의 손상을 시사하는 징후가 있을 때 손상검사를 수행하여야 한다.

11 다음은 ㈜한국의 무형자산 관련 자료이다. ㈜한국의 20×2년 무형자산 관련 회계처리가 당기순이익에 미치는 영향은?

2024 국가직 7급

○ 20×1년 초 무형자산을 ₩10,000,000에 취득(정액법 상각, 내용연수 10년, 잔존가치 ₩0, 재평가모형 적용)

○ 연도별 공정가치(활성시장이 존재함)

20×1년 말	20×2년 말
₩7,200,000	₩6,000,000

① ₩400,000 감소 ② ₩800,000 감소

③ ₩1,200,000 감소 ④ ₩1,800,000 감소

11 **정답** ③

해설

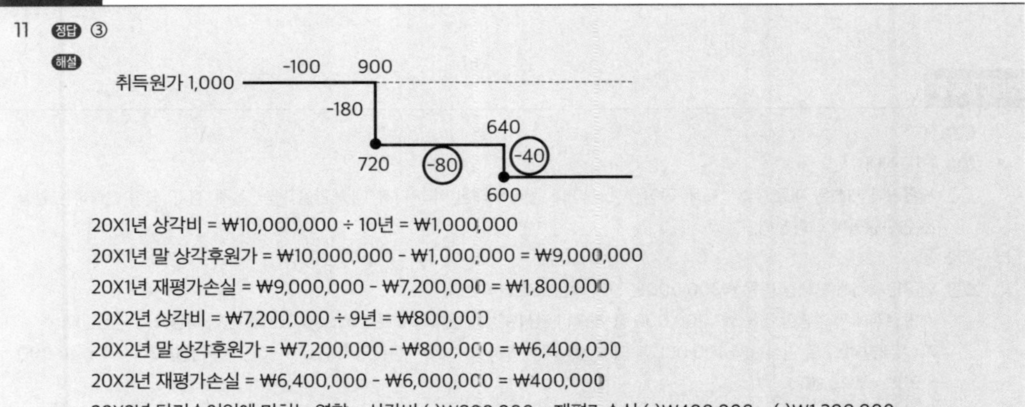

20X1년 상각비 = ₩10,000,000 ÷ 10년 = ₩1,000,000

20X1년 말 상각후원가 = ₩10,000,000 - ₩1,000,000 = ₩9,000,000

20X1년 재평가손실 = ₩9,000,000 - ₩7,200,000 = ₩1,800,000

20X2년 상각비 = ₩7,200,000 ÷ 9년 = ₩800,000

20X2년 말 상각후원가 = ₩7,200,000 - ₩800,000 = ₩6,400,000

20X2년 재평가손실 = ₩6,400,000 - ₩6,000,000 = ₩400,000

20X2년 당기순이익에 미치는 영향 = 상각비 (-)₩800,000 + 재평가손실 (-)₩400,000 = (-)₩1,200,000

[05-01] 자산성

12 내부적으로 창출한 무형자산의 개발활동이 아닌 것은?　　　　　2023 국가직 7급

① 생산이나 사용 전의 시제품과 모형을 설계, 제작, 시험하는 활동

② 새로운 기술과 관련된 공구, 지그, 주형, 금형 등을 설계하는 활동

③ 상업적 생산 목적으로 실현가능한 경제적 규모가 아닌 시험공장을 설계, 건설, 가동하는 활동

④ 새롭거나 개선된 재료, 장치, 제품, 공정, 시스템이나 용역에 대한 여러 가지 대체안을 제안, 설계, 평가, 최종 선택하는 활동

13 ㈜한국의 20×1년 연구개발 관련 자료는 다음과 같다.

> ○ 1월 31일 종료된 연구단계에서 발생한 비용 ₩300,000
>
> ○ 3월 31일 종료된 개발단계에서 발생한 비용 ₩1,000,000
>
> 　- 이 중 ₩400,000은 무형자산의 개발비 인식요건을 충족하여 개발비로 계상함
>
> 　- 개발비의 사용가능 시점은 4월 1일, 내용연수 10년, 잔존가액 없음, 정액법, 월할 상각, 활성시장이 존재하지 않음

㈜한국이 20×1년 포괄손익계산서상 인식할 비용은?　　　　　2024 지방직 9급

① ₩700,000　　　　　　　② ₩730,000

③ ₩900,000　　　　　　　④ ₩930,000

---

12 **정답** ④

해설 '연구식대'

새롭거나 개선된 재료, 장치, 제품, 공정, 시스템이나 용역에 대한 여러 가지 '대'체안을 제안, 설계, 평가, 최종 선택하는 활동은 연구활동에 해당한다.

13 **정답** ④

해설 연구단계에서 발생한 비용 ₩300,000은 전액 비용으로 인식한다.

개발단계에서 발생한 비용 ₩1,000,000 중 개발비 인식요건을 충족하지 못한 ₩600,000도 전액 비용으로 인식한다.

자산(개발비)으로 인식한 ₩400,000에 대한 상각비 = (₩400,000 - 잔존가액 ₩0) ÷ 10년 × 9개월/12개월 = ₩40,000 × 9/12 = ₩30,000

포괄손익계산서상 인식할 비용 = 연구비 ₩300,000 + 경상개발비 ₩600,000 + 상각비 ₩30,000 = ₩930,000

14 <보기>에서 무형자산의 합계(총액)는?

<보기>

• 컴퓨터 소프트웨어	₩1,000,000
• 종업원교육비	₩300,000
• 저작권	₩500,000
• 특허권등록비	₩600,000
• 내부적으로 창출한 영업권	₩800,000

① ₩1,500,000　　　　② ₩1,800,000

③ ₩2,100,000　　　　④ ₩2,900,000

[05-02] 영업권

15 ㈜한국은 ㈜민국을 합병하고 합병대가로 ₩20,000,000의 현금을 지급하였다. 합병 시점의 ㈜민국의 재무상태표상 자산총액은 ₩15,000,000이고 부채총액은 ₩9,000,000이다. ㈜민국의 재무상태표상 장부가치는 토지를 제외하고는 공정가치와 같다. 토지는 장부상 ₩5,000,000으로 기록되어 있으나, 공정가치는 합병 시점에 ₩10,000,000인 것으로 평가되었다. 이 합병으로 ㈜한국이 영업권으로 계상하여야 할 금액은?

① ₩0　　　　② ₩4,000,000

③ ₩9,000,000　　　　④ ₩14,000,000

정답과 해설

14 정답 ③

해설 무형자산 = 컴퓨터 소프트웨어 ₩1,000,000 + 저작권 ₩500,000 − 특허권등록비 ₩600,000 = ₩2,100,000

종업원교육비는 비용으로 계상(숙련된 종업원이나 교육훈련으로부터 발생하는 미래경제적효익에 대해서는 일반적으로 무형자산의 정의를 충족하기에는 충분한 통제를 가지고 있지 않다)하며, 내부적으로 창출한 영업권은 자산으로 인식하지 아니한다.

15 정답 ③

해설 ㈜민국의 순자산 공정가치 = 자산의 공정가치 (₩15,000,000 + ₩5,000,000) − 부채의 공정가치 ₩9,000,000 = ₩11,000,000

영업권 = 합병대가 − 순자산 공정가치 = ₩20,000,000 − ₩11,000,000 = ₩9,000,000

16 ㈜한국은 ㈜민국에 대한 다음의 실사 결과를 이용하여 인수를 고려하고 있다.

> ○ 자산의 장부가치: ₩4,000 (공정가치 ?)
>
> ○ 부채의 장부가치: ₩2,500 (공정가치 ₩2,500)
>
> ○ 자본금: ₩500 ○ 자본잉여금: ₩300 ○ 이익잉여금: ₩700

만약, 이 중 75%를 ₩2,000에 취득하고 영업권 ₩500을 인식한다면 ㈜민국의 자산 공정가치는?

2020 국가직·관세직 9급

① ₩3,500 ② ₩4,000

③ ₩4,500 ④ ₩5,000

[05-03] 상각 및 기타

17 무형자산에 대한 설명으로 옳은 것은? 2018 지방직 9급

① 무형자산은 유형자산과 달리 재평가모형을 사용할 수 없다.

② 라이선스는 특정 기술이나 지식을 일정지역 내에서 이용하기로 한 권리를 말하며, 취득원가로 인식하고 일정기간 동안 상각한다.

③ 내부적으로 창출한 상호, 상표와 같은 브랜드 네임은 그 경제적 가치를 측정하여 재무제표에 자산으로 기록하여 상각한다.

④ 영업권은 내용연수가 비한정이므로 상각하지 않는다.

정답과 해설

16 **정답** ③

해설 영업권 ₩500 = 취득대가 ₩2,000 - 순자산 공정가치 × 75%

순자산 공정가치 × 3/4 = ₩1,500

순자산 공정가치 = ₩2,000

자산의 공정가치 - 부채의 공정가치 ₩2,500 = 순자산 공정가치 ₩2,000

자산의 공정가치 = ₩4,500

17 **정답** ④

해설 ① 무형자산도 유형자산과 마찬가지로 원가모형이나 재평가모형을 선택할 수 있다.

② 무형자산은 내용연수가 비한정인 경우 상각하지 아니한다. 라이선스나 기타 법적 권리가 한정된 기간 동안 부여되더라도 유의적인 원가 없이 계속해서 갱신될 것이 명백한 경우에는 그 갱신기간을 무형자산의 내용연수에 포함시킨다.

③ 내부적으로 창출한 브랜드, 제호, 출판표제, 고객 목록과 이와 실질이 유사한 항목은 무형자산으로 인식하지 아니한다.

18 『한국채택국제회계기준』에서 규정하고 있는 연구활동의 예가 아닌 것은?　　　2014 관세직 9급

① 연구결과나 기타지식을 응용하는 활동

② 공정이나 시스템 등에 대한 여러 가지 대체안을 탐색하는 활동

③ 새로운 공정이나 시스템 등에 대한 여러 가지 대체안을 평가 또는 최종 선택하는 활동

④ 생산 전의 시제품과 모형을 시험하는 활동

19 '무형자산'의 회계처리에 관한 설명으로 옳지 않은 것은?　　　2011 관세사

① 기업이 사업결합에서 피취득자가 진행하고 있는 연구·개발 프로젝트를 취득한 경우 사업결합 전에 그 자산을 피취득자가 인식하였는지 여부에 관계없이 무형자산의 정의를 충족한다면 이를 영업권과 분리하여 별도의 자산으로 인식한다.

② 연구(또는 내부 프로젝트의 연구단계)에 대한 지출은 발생시점에 비용으로 인식한다.

③ 재평가한 무형자산과 같은 분류 내의 무형자산을 그 자산에 대한 활성시장이 없어서 재평가할 수 없는 경우에는 원가에서 상각누계액과 손상차손누계액을 차감한 금액으로 표시한다.

④ 기업이 외부에서 현금을 지급하고 취득한 개별 고객목록에 대한 취득 후의 지출은 고객목록의 장부 금액에 포함한다.

⑤ 내부적으로 창출한 브랜드는 무형자산으로 인식하지 아니한다.

18　**정답** ④

　　해설 생산 전의 시제품과 모형을 시험하는 활동은 개발활동에 해당한다. (연구식대!)

19　**정답** ④

　　해설 브랜드, 제호, 출판표제, 고객목록, 그리고 이와 실질이 유사한 항목(외부에서 취득하였는지 또는 내부적으로 창출하였는지에 관계없이)에 대한 취득이나 완성 후의 지출은 발생시점에 항상 당기손익으로 인식한다. 왜냐하면 그러한 지출은 사업을 전체적으로 개발하기 위한 지출과 구분할 수 없기 때문이다.

20 무형자산의 회계처리에 대한 설명으로 옳지 않은 것은? 2017 지방직 9급 추가채용

① 무형자산의 회계정책으로 원가모형이나 재평가모형을 선택할 수 있으며, 재평가모형을 적용하는 경우 공정가치는 활성시장을 기초로 하여 결정한다.

② 내부적으로 창출한 영업권은 원가를 신뢰성 있게 측정할 수 없고 기업이 통제하고 있는 식별가능한 자원이 아니기 때문에 자산으로 인식하지 아니한다.

③ 내부 프로젝트의 연구단계에서는 미래경제적효익을 창출할 무형자산이 존재한다는 것을 제시할 수 있기 때문에, 내부 프로젝트의 연구단계에서 발생한 지출은 무형자산으로 인식할 수 있다.

④ 내용연수가 유한한 무형자산의 상각은 자산을 사용할 수 있는 때부터 시작하며, 상각대상금액은 내용연수 동안 체계적인 방법으로 배분하여야 한다.

21 <보기>는 ㈜서울의 연구, 개발과 관련된 자료이다. <보기>와 관련하여 ㈜서울이 당기손익으로 인식할 연구비는? (단, 개발비로 분류되는 지출의 경우 개발비 자산인식요건을 충족한다고 가정한다.) 2018 서울시 7급

<보기>

· 새로운 지식을 얻고자 하는 활동의 지출	₩10,000
· 새롭거나 개선된 재료, 장치, 제품, 공정, 시스템이나 용역에 대한 여러가지 대체안을 제안, 설계, 평가, 최종 선택하는 활동의 지출	₩10,000
· 생산이나 사용 전의 시제품과 모형을 설계, 제작, 시험하는 활동의 지출	₩10,000
· 상업적 생산 목적으로 실현가능한 경제적 규모가 아닌 시험공장을 설계, 건설, 가동하는 활동의 지출	₩10,000
· 무형자산을 창출하기 위한 내부 프로젝트를 연구단계와 개발단계로 구분할 수 없는 경우 그 프로젝트에서 발생한 지출	₩10,000

① ₩20,000　　② ₩30,000　　③ ₩40,000　　④ ₩50,000

정답과 해설

20 정답 ③

해설 내부 프로젝트의 연구단계에서는 미래경제적효익을 창출할 무형자산이 존재한다는 것을 제시할 수 없기 때문에, 내부 프로젝트의 연구단계에서 발생한 지출은 발생시점에 비용으로 인식한다.

21 정답 ②

해설 연구식대!

내부 프로젝트를 연구단계와 개발단계로 구분할 수 없는 경우에는 연구단계로 보아 비용처리한다.

· 새로운 지**식**을 얻고자 하는 활동의 지출	₩10,000	연구비
· 새롭거나 개선된 재료, 장치, 제품, 공정, 시스템이나 용역에 대한 여러가지 '**대**'체안을 제안, 설계, 평가, 최종 선택하는 활동의 지출	₩10,000	연구비
· 생산이나 사용 전의 시제품과 모형을 설계, 제작, 시험하는 활동의 지출	₩10,000	개발비
· 상업적 생산 목적으로 실현가능한 경제적 규모가 아닌 시험공장을 설계, 건설, 가동하는 활동의 지출	₩10,000	개발비
· 무형자산을 창출하기 위한 내부 프로젝트를 연구단계와 개발단계로 구분할 수 없는 경우 그 프로젝트에서 발생한 지출	₩10,000	연구비

22 다음은 무형자산의 회계처리에 대한 설명이다. 옳지 않은 것은? 2014 보험계리사

① 사업결합으로 취득한 무형자산이 인식요건을 충족한다면, 사업결합 전에 그 자산을 피취득자가 인식하였는지 여부에 관계없이 취득자는 취득일에 피취득자의 무형자산을 영업권과 분리하여 별도로 인식한다.

② 내용연수가 비한정인 무형자산은 상각하지 아니한다. 다만 매년 그리고 무형자산의 손상을 시사하는 징후가 있을 때마다 회수가능액과 장부금액을 비교하는 손상검사를 수행하여 손상차손을 인식한다.

③ 컴퓨터로 제어되는 기계장치가 특정 컴퓨터소프트웨어가 없으면 가동이 불가능한 경우에는 그 기계장치를 소프트웨어의 일부로 보아 무형자산으로 회계처리한다.

④ 기업은 숙련된 종업원이나 교육훈련으로부터 발생하는 미래경제적효익에 대해서는 일반적으로 무형자산의 정의를 충족하기에는 충분한 통제를 가지고 있지 않으므로 무형자산의 정의를 충족할 수 없다.

23 다음은 ㈜한영의 당기 거래 내역이다. ㈜한영이 무형자산으로 보고할 수 있는 상황들로만 모두 고른 것은? 2014 감정평가사

> ㄱ. 경영진이 미래효익을 기대하고 있는 고객관계 개선 관련 프로젝트에 ₩3,000 지출
>
> ㄴ. ㈜부산의 장부에 자산으로 기록하지 않았던 품질향상 제조기법을 배타적 통제가능성과 함께 획득하고 ₩2,000 지급
>
> ㄷ. 기계를 ₩30,000에 구입하면서 기계제어 소프트웨어프로그램 구입을 위해 ₩3,000 추가 지급
>
> ㄹ. 신제품에 대한 광고비 ₩20,000 지급
>
> ㅁ. ㈜대한의 식별가능한 순자산의 공정가치는 ₩4,000인데, ㈜한영은 ㈜대한의 주식 전부를 인수하기 위해 ₩7,000 지급
>
> ㅂ. ㈜한영은 다른 회사로부터 실용신안권을 ₩5,000에 인수하였으며, 이 권리를 활용하여 얻은 수익 ₩10,000의 10%인 ₩1,000을 로열티로 지급하기로 약정
>
> ㅅ. ㈜세종의 장부상 금액 ₩1,000인 디자인권을 ₩5,000에 구입

① ㄱ, ㄴ, ㄷ ② ㄴ, ㄷ, ㅅ ③ ㅁ, ㅂ, ㅅ
④ ㄴ, ㅁ, ㅂ, ㅅ ⑤ ㄱ, ㄴ, ㄷ, ㄹ, ㅁ, ㅂ, ㅅ

22 정답 ③

해설 컴퓨터로 제어되는 기계장치가 특정 컴퓨터소프트웨어가 없으면 가동이 불가능한 경우에는 그 소프트웨어를 관련된 하드웨어의 일부로 보아 '유형자산'으로 회계처리한다.

23 정답 ④

해설 내부적으로 창출한 브랜드나 고객관계는 무형자산으로 인식되지 않는다. 따라서 내부의 고객관계 개선 프로젝트에 대한 지출이나 광고비는 무형자산에 해당하지 않는다. 반면에 외부에서 구입한 제조기법, 영업권, 실용신안권, 디자인권은 무형자산에 해당한다.

컴퓨터로 제어되는 기계장치가 특정 컴퓨터소프트웨어가 없으면 가동이 불가능한 경우에는 그 소프트웨어를 관련된 하드웨어의 일부로 보아 유형자산으로 회계처리한다.

24 무형자산에 대한 설명으로 옳은 것은? 2016 보험계리사

① 내부적으로 창출한 브랜드, 제호, 출판표제, 고객 목록은 개발하는 데 발생한 원가를 전체 사업과 구별할 수 없더라도 무형자산으로 인식한다.

② 무형자산에 대한 대금지급기간이 일반적인 신용기간보다 긴 경우 무형자산의 원가는 실제 총지급액이 된다.

③ 개별 취득하는 무형자산은 자산에서 발생하는 미래경제적효익이 기업에 유입될 가능성이 높다는 발생가능성 인식기준을 항상 충족하는 것으로 본다.

④ 내용연수가 유한한 무형자산의 잔존가치는 해당 자산의 장부금액과 같을 수는 있으나, 장부금액보다 더 클 수는 없다.

25 2011년 말 ㈜대한의 순자산 공정가치는 ₩1,000,000이고, 동종산업의 정상이익률이 14%이며, ㈜대한의 과거 5년간 평균순이익이 ₩170,000이었다. ㈜대한의 초과이익력이 무한정으로 지속될 것으로 가정할 때, ㈜대한의 영업권 평가액은? (단, 영업권평가에 적용할 할인율은 12.5%이다)

2012 지방직 9급

① ₩125,000   ② ₩140,000

③ ₩170,000   ④ ₩240,000

24 **정답** ③

해설 ① 내부적으로 창출한 브랜드, 제호, 출판표제, 고객 목록과 이와 실질이 유사한 항목은 무형자산으로 인식하지 아니한다.

② 무형자산에 대한 대금지급기간이 일반적인 신용기간보다 긴 경우 무형자산의 원가는 현금가격상당액이 된다.

③ 일반적으로 무형자산을 개별 취득하기 위하여 지급하는 가격은 그 자산이 갖는 기대 미래경제적효익이 기업에 유입될 확률에 대한 기대를 반영할 것이다. 즉, 기업은 유입의 시기와 금액이 불확실하더라도 미래경제적효익의 유입이 있을 것으로 기대한다. 따라서 개별 취득하는 무형자산은 발생가능성 인식기준을 항상 충족하는 것으로 본다.

④ 무형자산의 잔존가치는 해당 자산의 장부금액과 같거나 큰 금액으로 증가할 수도 있다. 이 경우에는 자산의 잔존가치가 이후에 장부금액보다 작은 금액으로 감소될 때까지는 무형자산의 상각액은 영(0)이 된다.

25 **정답** ④

해설 초과이익 환원법에 의하여 영업권을 평가하면 다음과 같다.

초과이익 = 평균순이익 ₩170,000 - 순자산 ₩1,000,000 × 정상이익률 14% = ₩30,000

초과이익의 현재가치 = 초과이익 ₩30,000 ÷ 할인율 12.5% = ₩240,000

26 ㈜관세는 ㈜세관을 인수하면서 ㈜세관의 발행주식 중 50%를 ₩3,000에 매입하였다. ㈜세관에 관한 재무정보와 실사결과가 다음과 같다면 ㈜관세가 인식할 영업권은 얼마인가? 2015 관세사

> 자산의 장부금액 ₩7,000 (공정가치 ₩6,000)
>
> 부채의 장부금액 ₩3,000 (공정가치 ₩4,000)
>
> 자본금 ₩1,000
>
> 자본잉여금 ₩1,000
>
> 이익잉여금 ₩2,000

① (-)₩1,000 　　② ₩0 　　③ ₩1,000

④ ₩1,500 　　⑤ ₩2,000

27 20×1년 초 ㈜한국은 ㈜대한을 합병하였다. 합병일 현재 ㈜대한의 자산에 대한 장부가치는 ₩4,700이며, 이 중 유형자산은 ₩3,500, 무형자산은 ₩1,200이다. ㈜대한의 자산에 대한 공정가치 평가결과, 유형자산의 공정가치는 ₩4,000이며, 무형자산의 공정가치는 신뢰성 있게 측정할 수 없었다. ㈜대한의 부채의 장부가치와 공정가치가 각각 ₩3,100과 ₩3,500이다. ㈜한국이 ㈜대한에 이전대가를 ₩2,000 지급한 경우, ㈜한국이 인식할 영업권은? 2018 보험계리사

① ₩200 　　② ₩400

③ ₩1,500 　　④ ₩1,600

28 ㈜대한은 20x1년 말 ㈜민국을 인수하면서 ㈜민국의 발행주식 중 60%를 ₩1,000에 취득하고 영업권 ₩100을 인식하였다. ㈜민국에 대한 20x1년 말 실사자료가 아래와 같을 때, ㈜민국의 20x1년 말 자산의 공정가치는 얼마인가?

2020 보험계리사

- 자산의 장부가치 ₩1,500(공정가치 ₩?)
- 부채의 장부가치 ₩1,000(공정가치 ₩500)
- 자본금 ₩100, 자본잉여금 ₩200, 이익잉여금 ₩500

① ₩1,000 ② ₩1,400

③ ₩1,800 ④ ₩2,000

29 무형자산에 관한 설명으로 옳지 않은 것은?

2016 관세사

① 무형자산은 물리적 실체는 없지만 식별가능한 비화폐성자산이다.

② 자산이 분리가능하거나 계약상 권리 또는 기타 법적권리로부터 발생하면 자산은 식별가능하다.

③ 내용연수가 유한한 무형자산의 상각대상금액은 내용연수 동안 체계적인 방법으로 배분하여야 한다.

④ 사업결합 전에 그 자산을 피취득자가 인식하였는지 여부에 관계없이, 취득자는 취득일에 피취득자의 무형자산을 영업권과 분리하여 인식한다.

⑤ 영업권의 용역잠재력은 언젠가는 소멸될 것이므로 영업권을 내용연수에 걸쳐서 상각한다.

정답과 해설

28 **정답** ④

해설 영업권 ₩100 = 이전대가 ₩1,000 - 순자산 공정가치 × 60%

순자산 공정가치 = (₩1,000 - ₩100) × 10/6 = ₩1,500

순자산 공정가치 ₩1,500 = 자산의 공정가치 - 부채의 공정가치 ₩500

자산의 공정가치 = ₩2,000

29 **정답** ⑤

해설 영업권은 내용연수가 비한정인 것으로 보아 상각하지 않고 손상검사만 수행한다.

30 재무상태표 작성 시 무형자산으로 분류표시되는 항목에 대한 설명으로 옳지 않은 것은?

① 내부적으로 창출한 영업권은 무형자산으로 인식하지 않는다.

② 무형자산을 상각하는 경우 상각방법은 자산의 경제적 효익이 소비되는 방법을 반영하여 정액법, 체감잔액법, 생산량비례법 등을 선택하여 적용할 수 있다.

③ 숙련된 종업원은 미래 경제적 효익에 대한 충분한 통제능력을 갖고 있지 않으므로 무형자산의 정의를 충족시키지 못하여 재무상태표에 표시하지 않는다.

④ 영업권을 제외한 모든 무형자산은 보유기간 동안 상각하여 비용 또는 기타자산의 원가로 인식한다.

31 다음 중 개별 자산의 손상 회계에 대한 설명으로 옳지 않은 것은?   2017 서울시 9급

① 보고기간 말마다 자산손상 징후가 있는지를 검토하그, 그러한 징후가 있다면 해당 자산의 회수가능액을 추정한다.

② 자산의 회수가능액이 장부금액에 못 미치는 경우에 자산의 장부금액을 회수가능액으로 감액하고 손상차손을 인식한다.

③ 내용연수가 한정되어 있는 무형자산은 자산손상 징후가 있는지에 관계없이 일 년에 한 번은 손상검사를 한다.

④ 재평가모형에 따라 재평가금액을 장부금액으로 하는 경우에는 재평가자산의 손상차손은 재평가감소액으로 처리한다.

정답과 해설

30 **정답** ④

해설 내용연수가 비한정인 무형자산은 상각하지 않는다.

31 **정답** ③

해설 내용연수가 '비한정'인 무형자산에 대해서 ① 매년 ② 무형자산의 손상을 시사하는 징후가 있을 때 각각 손상검사를 수행한다.

32 ㈜서울은 2017년 1월 1일에 무형자산인 특허권을 ₩5,000,000에 취득하여 사용하기 시작하였다. 특허권의 잔존가치는 없으며, 내용연수는 5년, 정액법을 사용하여 상각하기로 하였다. 또한 특허권에 대한 활성시장이 존재하여 ㈜서울은 매 회계연도 말에 공정가치로 재평가하기로 하였다. 단, 재평가잉여금의 일부를 이익잉여금으로 대체하는 회계처리는 하지 않기로 하였다. 각 연도별 공정가치는 <보기>와 같을 때, 이 특허권과 관련하여 ㈜서울의 2018년 포괄손익계산서에 보고될 당기손익과 재무상태표에 보고될 재평가잉여금은?

2018 서울시 9급

<보기>

2017. 12. 31.	2018. 12. 31.
₩3,600,000	₩3,100,000

① 손실: ₩600,000 재평가잉여금: ₩0

② 손실: ₩500,000 재평가잉여금: ₩0

③ 손실: ₩900,000 재평가잉여금: ₩400,000

④ 이익: ₩300,000 재평가잉여금: ₩300,000

33 내용연수가 유한한 무형자산의 상각에 대한 설명으로 가장 옳지 않은 것은?

2019 서울시 7급

① 상각기간과 상각방법은 적어도 매 회계연도 말에 검토하고, 자산의 예상 내용연수가 과거의 추정치와 다르다면 상각기간을 이에 따라 변경한다.

② 무형자산의 상각방법은 자산의 경제적 효익이 소비될 것으로 예상되는 형태를 반영한 방법이어야 한다. 다만, 그 형태를 신뢰성 있게 결정할 수 없는 경우에는 정액법을 사용한다.

③ 상각은 무형자산이 매각예정비유동자산으로 분류되는 날과 재무상태표에서 제거되는 날 중 이른 날에 중지한다.

④ 제조과정에서 사용된 무형자산의 상각액은 당기손익으로 인식한다.

정답과 해설

32 **정답** ②

해설

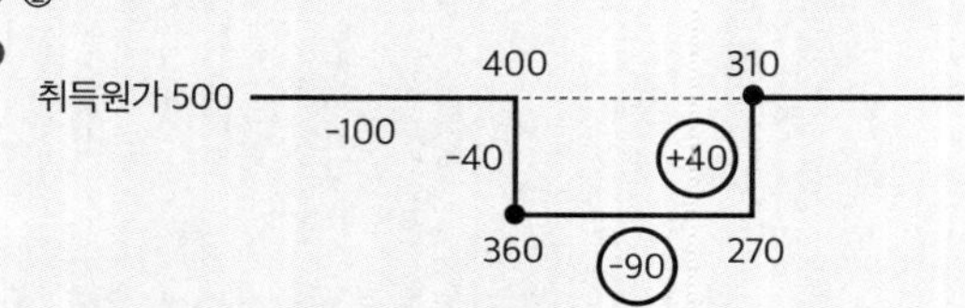

2018년 감가상각비 = ₩3,600,000 ÷ 4년 = ₩900,000

2018년 재평가이익 = Min{₩3,100,000 - ₩2,700,000, ₩400,000} = ₩400,000

2018년 당기손익 = 감가상각비 (-)₩900,000 + 재평가이익 ₩400,000 = (-)₩500,000

재평가잉여금은 없음.

33 **정답** ④

해설 제조과정에서 사용된 무형자산의 상각액은 재고자산의 원가를 구성한다.

34 무형자산의 상각 및 손상회계에 관한 설명으로 옳지 않은 것은? 2012 관세사

① 내용연수가 비한정인 무형자산의 내용연수를 유한으로 변경하는 것은 회계추정의 변경으로 회계처리한다.

② 내용연수가 비한정인 무형자산은 상각하지 아니하며, 자산손상을 시사하는 징후가 있을 때에 한하여 손상검사를 수행한다.

③ 내용연수가 유한한 무형자산의 상각은 자산이 사용가능한 때부터 시작하며, 상각기간과 상각방법은 적어도 매 회계연도 말에 검토한다.

④ 무형자산의 잔존가치는 해당 자산의 장부금액과 같거나 큰 금액으로 증가할 수도 있다.

⑤ 계약상 권리 또는 기타 법적 권리로부터 발생하는 무형자산의 내용연수는 그러한 계약상 권리 또는 기타 법적 권리의 기간을 초과할 수 없지만, 자산의 예상사용기간에 따라 더 짧을 수는 있다.

35 무형자산의 회계처리에 관한 설명으로 옳지 않은 것은? 2014 관세사

① 기업이 터널이나 교량을 건설하여 정부에 기부하는 대가로 취득하는 용역운영권은 무형자산의 일종이다.

② 사업개시활동에 대한 지출, 교육훈련비에 대한 지출은 무형자산으로 인식할 수 없다.

③ 시장에 대한 지식에서 미래경제적효익이 발생하고 이것이 법적 권리에 의해서 보호된다면 그러한 지식은 무형자산으로 인식할 수 있다.

④ 계약상 또는 기타 법적 권리가 갱신가능한 한정된 기간 동안 부여된다면, 유의적인 원가 없이 기업에 의해 갱신될 것이 명백한 경우에만 그 갱신기간을 무형자산의 내용연수에 포함한다.

⑤ 내용연수가 유한한 무형자산의 잔존가치가 장부금액을 초과할 경우에는 과거 무형자산 상각액을 소급하여 수정한다.

34 **정답** ②
해설 내용연수가 비한정인 무형자산은 '매년' 그리고 무형자산의 손상을 시사하는 징후가 있을 때 손상검사를 수행한다.

35 **정답** ⑤
해설 무형자산의 잔존가치는 해당 자산의 장부금액과 같거나 큰 금액으로 증가할 수도 있다. 이 경우에는 자산의 잔존가치가 이후에 장부금액보다 작은 금액으로 감소될 때까지는 무형자산의 상각액은 영(0)이 된다. 즉 당기 상각액이 0이 될 뿐 과거 상각액을 수정하지 않는다.

36 무형자산의 회계처리에 관한 설명으로 옳은 것을 모두 고른 것은?   2019 감정평가사

> ㄱ. 내용연수가 비한정적인 무형자산은 상각하지 않고, 무형자산의 손상을 시사하는 징후가 있을 경우에 한하여 손상검사를 수행해야 한다.
> ㄴ. 무형자산을 창출하기 위한 내부 프로젝트를 연구단계와 개발단계로 구분할 수 없는 경우에는 그 프로젝트에서 발생한 지출은 모두 연구단계에서 발생한 것으로 본다.
> ㄷ. 브랜드, 제호, 출판표제, 고객목록 및 이와 실질이 유사한 항목은 그것을 외부에서 창출하였는지 또는 내부적으로 창출하였는지에 관계없이 취득이나 완성 후의 지출은 발생시점에 무형자산의 원가로 인식한다.
> ㄹ. 내용연수가 유한한 무형자산의 잔존가치는 적어도 매 회계연도 말에는 검토하고, 잔존가치의 변동은 회계추정의 변경으로 처리한다.
> ㅁ. 무형자산은 처분하는 때 또는 사용이나 처분으로부터 미래경제적효익이 기대되지 않을 때 재무상태표에서 제거한다.

① ㄱ, ㄴ, ㄷ   ② ㄱ, ㄷ, ㄹ   ③ ㄱ, ㄹ, ㅁ   ④ ㄴ, ㄷ, ㅁ   ⑤ ㄴ, ㄹ, ㅁ

37 유·무형자산에 관한 설명으로 옳지 않은 것은?   2020 관세사

① 무형자산은 자산에서 발생하는 미래 경제적 효익이 기업에 유입될 가능성이 높고, 자산의 원가를 신뢰성 있게 측정할 수 있는 경우에만 인식한다.
② 내부적으로 창출한 무형자산이 인식기준을 충족하는지를 평가하기 위하여 무형자산의 창출과정을 연구단계와 개발단계로 구분한다.
③ 유형자산에 대한 재평가의 빈도는 재평가되는 유형자산의 공정가치 변동에 따라 달라진다.
④ 특정 유형자산을 재평가할 때, 해당 자산이 포함되는 유형자산 유형 전체를 재평가한다.
⑤ 무형자산에 대해 재평가모형을 적용할 경우에는 매 보고기간 말에 공정가치로 측정한다.

정답과 해설

36 정답 ⑤

해설 ㄱ. 내용연수가 비한정인 무형자산은 '매년' 그리고 무형자산의 손상을 시사하는 징후가 있을 때 손상검사를 수행한다.
ㄷ. 브랜드, 제호, 출판표제, 고객목록, 그리고 이와 실질이 유사한 항목(외부에서 취득하였는지 또는 내부적으로 창출하였는지에 관계없이)에 대한 취득이나 완성 후의 지출은 발생시점에 항상 당기손익으로 인식한다.

37 정답 ⑤

해설 무형자산의 재평가도(유형자산과 마찬가지로) 반드시 매년 수행할 필요는 없다. 재평가의 빈도는 재평가되는 무형자산의 공정가치의 변동성에 따라 달라진다. 재평가된 자산의 공정가치가 장부금액과 중요하게 차이가 나는 경우에는 추가적인 재평가가 필요하다. 유의적이고 급격한 공정가치의 변동 때문에 매년 재평가가 필요한 무형자산이 있는 반면에 공정가치의 변동이 경미하여 빈번한 재평가가 필요하지 않은 무형자산도 있다.

38 ㈜감평은 신약개발을 위해 20x1년 중에 연구활동관련 ₩500,000, 개발활동관련 ₩800,000을 지출하였다. 개발활동에 소요된 ₩800,000 중 ₩300,000은 20x1년 3월 1일부터 동년 9월 30일까지 지출되었으며 나머지 금액은 10월 1일 이후에 지출되었다. ㈜감평의 개발활동이 무형자산 인식기준을 충족한 것은 20x1년 10월 1일부터이며, ㈜감평은 20x2년 초부터 20x2년 말까지 ₩400,000을 추가 지출하고 신약개발을 완료하였다. 무형자산으로 인식한 개발비는 20x3년 1월 1일부터 사용이 가능하며, 내용연수 4년, 잔존가치 ₩0, 정액법으로 상각하고, 원가모형을 적용한다. ㈜감평의 20x3년 개발비 상각액은?

2020 감정평가사

① ₩225,000　　　　② ₩250,000　　　　③ ₩300,000

④ ₩325,000　　　　⑤ ₩350,000

38 정답 ①

해설 연구활동관련 지출액과, 개발활동이 무형자산 인식기준을 충족하기 전의 지출액은 비용으로 인식한다.

무형자산(개발비) 취득원가 = 20X1년 10월 1일 이후 지출액 ₩500,000 + 20X2년 지출액 ₩400,000 = ₩900,000

20X3년 개발비 상각액 = ₩900,000 ÷ 4년 = ₩225,000

39 다음은 ㈜한국이 2015년 12월 31일에 지출한 연구 및 개발활동 내역이다. ㈜한국이 2015년에 비용으로 인식할 총금액은? (단, 개발활동으로 분류되는 항목에 대해서는 지출금액의 50%가 자산인식요건을 충족했다고 가정한다)

2015 국가직 7급

○ 새로운 지식을 얻고자 하는 활동	₩100,000
○ 생산이나 사용 전의 시제품과 모형을 제작하는 활동	₩250,000
○ 상업적 생산 목적으로 실현가능한 경제적 규모가 아닌 시험공장을 건설하는 활동	₩150,000
○ 연구결과나 기타지식을 탐색, 평가, 응용하는 활동	₩300,000
○ 재료, 장치, 제품, 공정, 시스템이나 용역에 대한 여러 가지 대체안을 탐색하는 활동	₩50,000

① ₩450,000 　　② ₩550,000

③ ₩650,000 　　④ ₩700,000

40 ㈜한국은 내용연수가 유한한 무형자산에 대하여 정액법(내용연수 5년, 잔존가치 ₩0)으로 상각하여 비용처리한다. ㈜한국의 2016년 무형자산 관련 자료가 다음과 같을 때, 2016년에 인식할 무형자산상각비는? (단, 2016년 이전에 인식한 무형자산은 없으며, 무형자산상각비는 월할 상각한다)

2017 관세직 9급

○ 1월 1일: 새로운 제품의 홍보를 위해 ₩10,000을 지출하였다.
○ 4월 1일: 회계법인에 의뢰하여 평가한 '내부적으로 창출한 영업권'의 가치는 ₩200,000이었다.
○ 7월 1일: 라이선스를 취득하기 위하여 ₩5,000을 지출하였다.

① ₩500 　　② ₩2,500

③ ₩30,500 　　④ ₩32,000

정답과 해설

39 **정답** ③

　해설 연구비: 새로운 지식 ₩100,000 + 연구결과 응용 ₩300,000 + 대체안 탐색 ₩50,000 = ₩450,000
　　개발비 중 비용인식할 금액: (시제품 ₩250,000 + 시험공장 ₩150,000) × 50% = ₩200,000
　　비용인식할 금액 = ₩450,000 + ₩200,000 = ₩650,000

40 **정답** ①

　해설 제품의 홍보를 위한 지출(홍보비)이나 내부적으로 창출한 영업권은 무형자산으로 인식하지 않는다.
　　2016년 무형자산상각비 = 라이선스 ₩5,000 ÷ 5년 × 6개월/12개월 = ₩500

41 유·무형자산의 재평가모형에 대한 설명으로 옳지 않은 것은? 2019 지방직 9급

① 무형자산의 재평가모형에서 활성시장이 없는 경우 전문가의 감정가액을 재평가금액으로 할 수 있다.

② 자본에 계상된 재평가잉여금은 그 자산이 제거될 때 이익잉여금으로 직접 대체할 수 있다.

③ 재평가모형에서 원가모형으로 변경할 때 비교표시되는 과거 기간의 재무제표를 소급하여 재작성한다.

④ 자산을 재평가하는 회계정책을 최초로 적용하는 경우의 회계정책 변경은 소급적용하지 않는다.

---

41 정답 ①

해설 무형자산의 공정가치는 활성시장을 기초로 하여 측정한다. 만약 무형자산을 그 자산에 대한 활성시장이 없어서 재평가할 수 없는 경우에는 원가에서 상각누계액과 손상차손누계액을 차감한 금액으로 표시한다.

주요 Topic 및 출제경향

	취득	평가	처분
주요 Topic	01 Cut-off ★★ 02 취득원가 ★ 03 매입활동 ★★	04 원가흐름의 가정 ★★★★ 05 저가법 ★★★ 07 매출총이익률법 ★★★ 08 소매재고법 ★★	06 매출원가 ★★★★

▶ **9급 출제경향**(●국가직 ■관세직 ◆지방직 ○서울시)

구분	15	16	17	18	19	20	21	22	23	24	25
6.1 Cut-off	■		■◆				■				●■
6.2 취득원가											
6.3 매입활동			●■	○				◆		●■	
6.4 원가흐름의 가정	◆		■	◆			◆	●■	●■		■◆
6.5 저가법					■○	●■◆		■	◆	●■◆	
6.6 매출원가	◆	●■◆	○	○		●	■				
6.7 매출총이익률법	○				●		●■	◆			
6.8 소매재고법			◆	●■							

▶ **7급 출제경향**(▲국가직 △서울시)

구분	15	16	17	18	19	20	21	22	23	24	-
6.1 Cut-off						▲					
6.2 취득원가											
6.3 매입활동											
6.4 원가흐름의 가정		▲	△			△					
6.5 저가법	▲	▲	△		▲	▲	△	▲△	△	▲△	
6.6 매출원가								▲	△		
6.7 매출총이익률법					△				▲		
6.8 소매재고법				△			▲△		▲		

구분	기본	필수	응용	심화	합계
6.1 Cut-off	3	2	2	0	7
6.2 취득원가	0	0	3	0	3
6.3 매입활동	2	1	3	0	6
6.4 원가흐름의 가정	4	3	0	1	8
6.5 저가법	5	10	7	1	23
6.6 매출원가	6	2	1	0	9
6.7 매출총이익률법	3	1	4	0	8
6.8 소매재고법	2	2	0	1	5
합계	25	21	20	3	69

기본문제

[06-01] Cut-off

01 다음은 2014년 12월 31일 현재 ㈜한국의 재고자산과 관련한 자료이다. 재무상태표에 표시되는 재고자산의 금액은?

2015 관세직 9급

- 매입을 위해 운송 중인 상품 ₩250 (FOB선적지기준: ₩150, FOB도착지기준: ₩100)
- 시송품 중 매입의사가 표시되지 않은 상품: 판매가 ₩260 (원가에 대한 이익률 30%)
- 적송품 중 판매되지 않은 상품 ₩300
- 창고재고 ₩1,000 (수탁상품 ₩100 포함)

① ₩1,550 ② ₩1,610 ③ ₩1,710 ④ ₩1,750

정답과 해설

01 정답 ①

항목	재고금액
운송 중인 상품(FOB 선적지기준)	150
매입의사가 표시되지 않은 시송품의 원가	260 ÷ 130% = 200
판매되지 않은 적송품	300
창고재고(위탁받은 수탁상품 제외)	900
합계	₩1,550

02 판매자의 기말 재고자산에 포함되지 않는 것은? 2017 관세직 9급

① 고객이 구매의사를 표시하지 아니하고, 반환금액을 신뢰성있게 추정할 수 없는 시용판매 상품

② 위탁판매를 하기 위하여 발송한 후, 수탁자가 창고에 보관 중인 적송품

③ 판매대금을 일정기간에 걸쳐 분할하여 회수하는 조건으로 판매 인도한 상품

④ 도착지 인도조건으로 선적되어 운송 중인 미착상품

03 다음은 ㈜한국의 20×1년 1월 1일부터 12월 31일까지 재고자산 관련 자료이다. 20×1년 ㈜한국의 매출원가는? 2020 국가직 7급

○ 기초 재고자산 ₩200,000

○ 당기 매입액 ₩1,000,000

○ 기말 재고자산 ₩100,000 (창고보관분 실사 금액)

○ 미착상품 ₩60,000 (도착지 인도조건으로 매입하여 12월 31일 현재 운송 중)

○ 적송품 ₩200,000 (이 중 12월 31일 현재 80% 판매 완료)

○ 시송품 ₩60,000 (이 중 12월 31일 현재 고객이 매입 의사표시를 한 금액 ₩20,000)

① ₩780,000　　② ₩820,000

③ ₩920,000　　④ ₩1,020,000

정답과 해설

02 **정답** ③

해설 할부판매상품의 경우 제품을 인도하는 시점에 수익을 전액 인식하고 재고자산을 전액 제거한 다음 분할하여 회수할 금액에 대해서 매출채권을 인식한다.

03 **정답** ④

해설 기말재고자산 = 실사 ₩100,000 + 적송품 미판매분(₩200,000 × 20%) + 시송품(₩60,000 - ₩20,000) = ₩180,000

매출원가 = 기초재고 ₩200,000 + 당기매입 ₩1,000,000 - 기말재고 ₩180,000 = ₩1,020,000

04 도소매기업인 ㈜한국의 2016년 1월 1일부터 12월 31일까지 영업활동과 관련된 자료가 다음과 같을 때, 2016년 매출원가는? (단, 모든 매입거래는 외상 매입거래이다)   2017 국가직·관세직 9급

기초매입채무	₩43,000
기말매입채무	₩41,000
매입채무 현금상환	₩643,000
기초재고자산	₩30,000
기말재고자산	₩27,000

① ₩642,000 ② ₩644,000
③ ₩646,000 ④ ₩647,000

04 정답 ②

해설

매입채무

⊖ 결제(현금상환)	643,000	초	43,000
말	41,000	⊕ 당기매입	?
	684,000		684,000

당기매입액 = ₩684,000 − ₩43,000 = ₩641,000

재고자산

초	30,000	⊖ 매출원가	?
⊕ 당기매입	641,000	말	27,000
	671,000		671,000

매출원가 = ₩671,000 − ₩27,000 = ₩644,000

05 다음은 ㈜한국의 20×1년 상품매매와 관련한 자료이다.

○ 매출액	₩7,500	○ 기초상품재고액	₩2,000
○ 기초매입채무	₩500	○ 기말상품재고액	₩1,000
○ 기말매입채무	₩3,000		

㈜한국이 매출원가의 50%를 이익으로 가산하여 상품을 판매할 경우, 20×1년 상품매입을 위한 현금 유출액은?

2022 지방직 9급

① ₩1,500 　② ₩2,500

③ ₩3,000 　④ ₩5,000

---

05 **정답** ①

해설 매출원가 × (1 + 50%) = 매출액 ₩7,500
매출원가 = ₩5,000

재고자산

초	2,000	⊖ 매출원가	5,000
⊕ 당기매입	?	말	1,000
	6,000		6,000

당기매입액 = ₩6,000 − ₩2,000 = ₩4,000

매입채무

⊖ 결제(현금지급)		초	500
말	3,000	⊕ 당기매입	4,000
	4,500		4,500

현금지급액 = ₩4,500 − ₩3,000 = ₩1,500

06 다음은 ㈜한국의 2015년 1월의 상품매매에 관한 기록이다. 계속기록법에 의한 이동평균법으로 상품거래를 기록할 경우 2015년 1월의 매출총이익은?

2015 지방직 9급

일 자	내 역	수 량	매입단가	판매단가
1월 1일	전기이월	150개	₩100	
1월 15일	현금매입	50개	₩140	
1월 20일	현금매출	100개		₩150
1월 25일	현금매입	100개	₩150	
1월 28일	현금매출	100개		₩160

① ₩2,000 ② ₩4,000
③ ₩7,000 ④ ₩9,000

07 재고자산의 회계처리에 대한 설명으로 옳지 않은 것은?

2018 지방직 9급

① 재고자산의 취득 시 구매자가 인수운임, 하역비, 운송기간 동안의 보험료 등을 지불하였다면, 이는 구매자의 재고자산의 취득원가에 포함된다.

② 위탁상품은 수탁기업의 판매시점에서 위탁기업이 수익으로 인식한다.

③ 재고자산의 매입단가가 지속적으로 하락하는 경우, 선입선출법을 적용하였을 경우의 매출총이익이 평균법을 적용하였을 경우의 매출총이익보다 더 높게 보고된다.

④ 재고자산의 매입단가가 지속적으로 상승하는 경우, 계속기록법하에서 선입선출법을 사용할 경우와 실지재고조사법하에서 선입선출법을 사용할 경우의 매출원가는 동일하다.

정답과 해설

06 정답 ③

해설 1월 15일 평균단가: (150개 × ₩100 + 50개 × ₩140) ÷ 200개 = ₩110
1월 20일 매출총이익: 100개 × (₩150 - ₩110) = ₩4,000
1월 25일 평균단가: (100개 × ₩110 + 100개 × ₩150) ÷ 200개 = ₩130
1월 28일 매출총이익: 100개 × (₩160 - ₩130) = ₩3,000
1월의 매출총이익: ₩4,000 + ₩3,000 = ₩7,000

07 정답 ③

해설 재고자산의 매입단가가 지속적으로 하락하는 경우 선입선출법에 의한 매출원가(단가가 하락하기 전 비싼 기초재고가 매출원가로 인식됨)가 평균법에 의한 매출원가보다 더 높다. 따라서 매출총이익은 선입선출법이 더 작게 보고된다.

08 다음은 ㈜한국의 20×1년 상품 매입 및 매출 관련 자료이다. 선입선출법을 적용할 경우, 20×1년도 기말재고자산과 매출총이익을 바르게 연결한 것은? (단, 재고자산 감모 및 평가손실은 발생하지 않았으며, 재고자산 수량결정은 계속기록법에 의한다)

2022 국가직·관세직 9급

일자	구분	수량	단가
1월 1일	기초재고	20개	₩150
5월 1일	매입	30개	₩200
7월 1일	매출	25개	₩300
9월 1일	매입	20개	₩180
11월 1일	매출	25개	₩320

	기말재고자산	매출총이익
①	₩3,000	₩5,900
②	₩3,000	₩6,500
③	₩3,600	₩5,900
④	₩3,600	₩6,500

09 다음은 ㈜한국의 20×1년 상품과 관련된 자료이다. ㈜한국이 선입선출법을 적용할 경우, 20×1년 기말재고자산 금액은? (단, 재고자산에 대한 감모 및 평가손실은 발생하지 않았다)

2023 국가직·관세직 9급

> ○ 기초상품재고액은 ₩5,000(개당 취득원가 ₩500)이다.
> ○ 기중에 상품 100개(개당 매입가격 ₩500)를 매입하였으며, 매입운임으로 개당 ₩50이 지출되었다.
> ○ 기중에 매입한 상품 중 하자가 있어 개당 ₩50의 할인(매입에누리)을 받았다.
> ○ 기중에 상품 50개를 판매하였다.

① ₩25,000　　　② ₩30,000

③ ₩35,000　　　④ ₩40,000

08 **정답** ④

해설 기말재고 수량 = 20개 + 30개 - 25개 + 20개 - 25개 = 20개

기말재고자산 = 20개 × ₩180(9월 1일 매입단가) = ₩3,600

매출원가 = 기초재고 (20개 × ₩150) + 당기매입 (30개 × ₩200 + 20개 × ₩180) - 기말재고 ₩3,600 = ₩3,000 + ₩9,600 - ₩3,600 = ₩9,000

매출총이익 = 매출액 (25개 × ₩300 + 25개 × ₩320) - 매출원가 ₩9,000 = ₩6,500

09 **정답** ②

해설 기초재고수량 = 기초상품재고액 ₩5,000 ÷ 개당 취득원가 ₩500 = 10개

기말재고수량 = 기초재고 10개 + 당기매입 100개 - 판매 50개 = 60개

선입선출법을 적용하므로, 기말재고 60개의 원가는 당기에 매입한 100개의 원가로 기록된다.

당기매입단가 = 개당 매입가격 ₩500 + 개당 매입운임 ₩50 - 개당 매입에누리 ₩50 = ₩500

기말재고자산 금액 = 수량 60개 × 단가 ₩500 = ₩30,000

10 ㈜한국의 2018년 재고자산 관련 자료는 다음과 같다.

○ 기초재고액	₩10,000	○ 재고자산 당기순매입액	₩100,000
○ 기말 재고자산(장부수량)	100개	○ 장부상 취득단가	₩500/개
○ 기말 재고자산(실사수량)	90개	○ 추정판매가액	₩450/개
○ 현행대체원가	₩380/개	○ 추정판매수수료	₩50/개

㈜한국은 재고자산감모손실 중 40%를 정상적인 감모로 간주하며, 재고자산평가손실과 정상적 재고자산감모손실을 매출원가에 포함한다. ㈜한국이 2018년 포괄손익계산서에 보고할 매출원가는? (단, 재고자산은 계속기록법을 적용하며 기초재고자산의 재고자산평가충당금은 ₩0이다)

2019 관세직 9급

① ₩60,000　　　② ₩71,000

③ ₩75,000　　　④ ₩79,000

11 다음은 도·소매 기업인 ㈜한국의 상품과 관련된 자료이다. 정상적 원인에 의한 재고감모손실은 매출원가로, 비정상적 감모손실은 기타비용으로 보고하는 경우 ㈜한국이 당기에 인식해야 할 매출원가는? (단, 재고감모손실의 30%는 비정상적 원인, 나머지는 정상적 원인에 의해 발생되었다)

2020 국가직·관세직 9급

기초상품재고액	₩100,000
당기상품매입액	₩900,000
기말상품재고액(장부금액)	₩220,000
기말상품재고액(실사금액)	₩200,000

① ₩766,000　　　② ₩786,000

③ ₩794,000　　　④ ₩800,000

10　**정답** ②
　해설 회사가 인식할 총비용 = 기초재고(보고금액) ₩10,000 + 당기매입 ₩100,000 - 기말재고(보고금액) 90개 × (₩450 - ₩50) = ₩74,000
　　비정상감모손실 = 10개 × ₩500 × 60% = ₩3,000
　　매출원가 = 총비용 ₩74,000 - 재고자산감모손실 ₩3,000 = ₩71,000

11　**정답** ③
　해설 총비용 = 기초재고(보고금액) ₩100,000 + 당기매입 ₩900,000 - 기말재고(보고금액) ₩200,000 = ₩800,000
　　기타비용(비정상감모손실) = (장부금액 ₩220,000 - 실사금액 ₩200,000) × 30% = ₩6,000
　　매출원가 = 총비용 ₩800,000 - 기타비용 ₩6,000 = ₩794,000

12 다음은 ㈜한국의 재고자산 관련 자료로서 재고자산감모손실은 장부상 수량과 실지재고 수량과의 차이에 의해 발생한다. 기말상품의 실지재고 수량은?

2020 지방직 9급

○ 기초상품재고액	₩120,000
○ 당기매입액	₩900,000
○ 장부상 기말상품재고액(단위당 원가 ₩1,000)	₩200,000
○ 재고자산감모손실	₩30,000

① 100개 ② 140개

③ 170개 ④ 200개

13 ㈜한국의 20×1년 12월 31일 재고자산 관련 자료는 다음과 같다.

○ 장부상 재고수량 5,000개
○ 실지재고 조사수량 4,500개
○ 재고자산 단위당 취득원가 ₩500/개
○ 재고자산 단위당 순실현가능가치 ₩350/개

㈜한국이 20×1년 12월 31일에 인식해야 할 재고자산감모손실과 재고자산평가손실을 바르게 연결한 것은?

2022 관세직 9급

	재고자산감모손실	재고자산평가손실
①	₩175,000	₩175,000
②	₩175,000	₩750,000
③	₩250,000	₩675,000
④	₩250,000	₩750,000

12 정답 ③

해설 기말상품 장부수량 = 기말재고 ₩200,000 ÷ 단위당 원가 ₩1,000 = 200개
재고자산감모손실 ₩30,000 = (장부수량 200개 - 실사수량) × 단위당 원가 ₩1,000
실사수량 = 200개 - 30개 = 170개

13 정답 ③

해설 감모손실과 평가손실 중 감모손실을 먼저 인식한다.
재고자산감모손실 = 감모수량(5,000개 - 4,500개) × 단위당 취득원가 ₩500/개 = ₩250,000
재고자산평가손실 = 4,500개 × (취득원가 ₩500 - 순실현가능가치 ₩350)/개 = ₩675,000

14 ㈜한국의 20×1년 말 재고자산(상품) 관련 자료는 다음과 같다.

○ 장부상 재고수량	1,100개
○ 실지재고 조사수량	1,000개
○ 재고자산감모손실	₩50,000
○ 재고자산평가손실	₩40,000

㈜한국의 20×1년 말 재고자산(상품)의 단위당 순실현가능가치는?　　　　2024 지방직 9급

① ₩40　　　　　　　② ₩460

③ ₩500　　　　　　④ ₩540

[**06-06**] **매출원가**

---

15 다음 설명 중 옳지 않은 것은?　　　　2015 지방직 9급

① 회사 차량으로 상품을 배송하던 중 접촉사고가 발생하여 차량이 파손되고 그 손해금액이 파악된 경우 이는 회계상의 거래에 해당한다.

② 회사가 기말에 기간경과로 발생한 이자비용을 계상하기 위해 사용한 미지급비용 계정은 영구계정에 해당한다.

③ 회사의 기초상품재고액이 기말상품재고액보다 큰 경우 회사의 당기 상품매입액은 매출원가보다 크다.

④ 제조원가명세서는 『한국채택국제회계기준』에서 규정하고 있는 전체 재무제표에 포함되지 않는다.

14 정답 ②

해설 재고자산감모손실 ₩50,000 = (장부상 재고수량 1,100개 - 실지재그 조사수량 1,000개) × 단위당 취득원가
단위당 취득원가 = ₩500
재고자산평가손실 ₩40,000 = 실지재고 조사수량 1,000개 × (단위당 취득원가 ₩500 - 단위당 순실현가능가치)
단위당 취득원가 ₩500 - 단위당 순실현가능가치 = ₩40
단위당 순실현가능가치 = ₩500 - ₩40 = ₩460

15 정답 ③

해설 ① 자산가치의 감소가 발생하는 거래에 해당한다.
② 미지급비용은 재무상태표에 보고되는 부채항목으로 다음 회계기간에 이월되서 계속 존재하는 영구계정에 해당한다. 반면에 다음기로 이월되지 않고 집합손익으로 대체되는 손익계산서 항목이나, 기중에는 사용하지만 재무제표에 보고되지는 않는 가지급금, 가수금 등의 미결산계정은 임시계정에 해당한다.
③ '매출원가 = 기초재고 + 당기매입 - 기말재고'에서 '매출원가 - 당기매입 = 기초재고 - 기말재고'가 성립한다. 기초상품재고가 기말재고보다 크다면 우변이 0보다 크다는 의미이므로 좌변도 0보다 크기 위해 매출원가가 당기매입보다 크게 된다. 즉, 당기상품매입은 매출원가보다 작다.
④ 사업보고서, 연차보고서, 제조원가명세서, 주기 등은 재무제표에 해당하지 않는다.

16 ㈜한국의 2016년 재고자산 자료가 다음과 같을 때, ㈜한국의 2016년 매출액은? 2016 국가직·관세직 9급

> o 기초상품재고 ₩2,000
>
> o 당기매입액 ₩10,000
>
> o 기말상품재고 ₩4,000
>
> o 매출원가에 가산되는 이익률 10%

① ₩6,600 ② ₩7,200

③ ₩8,000 ④ ₩8,800

17 다음 자료를 이용하여 기초 상품 재고액을 계산하면? 2016 지방직 9급

• 총매출액	₩300,000	• 매출에누리	₩20,000
• 총매입액	₩210,000	• 매입할인	₩10,000
• 매출총이익	₩100,000	• 기말상품재고액	₩55,000

① ₩15,000 ② ₩25,000

③ ₩35,000 ④ ₩45,000

정답과 해설

16 **정답** ④

해설 매출원가 = 기초 ₩2,000 + 매입 ₩10,000 − 기말 ₩4,000 = ₩8,000

매출액 = ₩8,000 + ₩8,000 × 10% = ₩8,800

17 **정답** ③

해설 매출원가 = 순매출액(₩300,000 − ₩20,000) − 매출총이익 ₩100,000 = ₩180,000

매출원가 ₩180,000 = 기초재고 + 당기순매입 ₩200,000 − 기말재고 ₩55,000

기초재고 = ₩35,000

18 ㈜한국의 수정전시산표의 각 계정잔액이 다음과 같다. 매출총이익이 ₩2,000일 때, 총매입액은?

2020 국가직 9급

매출관련 자료		매입관련 자료	
총매출	₩11,000	총매입	?
매출에누리	₩1,000	매입에누리	₩800
매출운임	₩300	매입운임	₩200
재고관련 자료			
기초재고	₩600		
기말재고	₩500		

① ₩8,500 ② ₩8,600

③ ₩8,700 ④ ₩8,800

18 정답 ①

해설 ※ 매출총이익이 주어졌으므로, 매출원가를 통해서 접근한다.

순매출액 = 총매출 ₩11,000 - 매출에누리 ₩1,000 = ₩10,000 (매출운임은 판관비에 해당한다)

매출원가 = 매출액 ₩10,000 - 매출총이익 ₩2,000 = ₩8,000

매출원가 ₩8,000 = 기초재고 ₩600 + 당기매입 - 기말재고 ₩500

당기매입 = ₩7,900

당기매입 ₩7,900 = 총매입 - 매입에누리 ₩800 + 매입운임 ₩200

총매입 = ₩7,900 + ₩800 - ₩200 = ₩8,500

19 다음은 20×1년 ㈜한국의 재무제표와 거래 자료 중 일부이다.

기초매입채무	₩4,000
기말매입채무	₩6,000
현금지급에 의한 매입채무 감소액	₩17,500
기초상품재고	₩6,000
기말상품재고	₩5,500
매출총이익	₩5,000

20×1년 손익계산서상 당기 매출액은?

2021 관세직 9급

① ₩24,000 　　② ₩25,000

③ ₩26,000 　　④ ₩27,000

20 <보기>의 자료를 이용하여 계산한 매출총이익으로 가장 옳은 것은?

2023 서울시 7급

<보기>

- 재고자산은 기초에서 기말까지 ₩500 감소했다.
- 당기 매입은 ₩230이고, 매입에누리가 ₩30이다.
- 매출은 ₩1,000이다.

① ₩200 　　② ₩300

③ ₩500 　　④ ₩700

정답과 해설

19 **정답** ②

해설

매입채무

⊖ 결제(현금지급)	17,500	초	4,000
말	6,000	⊕ 당기매입	?
	23,500		23,500

당기매입액 = ₩23,500 - ₩4,000 = ₩19,500

재고자산

초	6,000	⊖ 매출원가	
⊕ 당기매입	19,500	말	5,500
	25,500		25,500

매출원가 = ₩25,500 - ₩5,500 = ₩20,000

매출액 = 매출원가 ₩20,000 + 매출총이익 ₩5,000 = ₩25,000

20 **정답** ②

해설 매출원가 = 기초재고 + 당기매입 - 기말재고 = (기초재고 - 기말재고) + 당기순매입(매입 - 매입에누리) = ₩500 + ₩230 - ₩30 = ₩700

매출총이익 = 매출액 ₩1,000 - 매출원가 ₩700 = ₩300

21 ㈜한국의 20×1년의 상품매출액은 ₩1,000,000이며, 매출총이익률은 20%이다. 20×1년의 기초 상품재고액이 ₩50,000이고 당기의 상품매입액이 ₩900,000이라고 할 때, 20×1년 말의 재무 상태표에 표시될 기말상품재고액은?

2019 국가직 9급

① ₩70,000　　　　　　② ₩100,000

③ ₩150,000　　　　　　④ ₩180,000

22 ㈜한국의 재고자산과 관련한 자료가 다음과 같을 때, 홍수로 소실된 상품의 추정원가는?

2021 국가직·관세직 9급

○ 20×1년 1월 1일 기초상품재고액은 ₩250,000이다.
○ 20×1년 7월 31일 홍수가 발생하여 ₩150,000의 상품만 남고 모두 소실되었다.
○ 20×1년 7월 31일까지 당기상품매입액은 ₩1,300,000이다.
○ 20×1년 7월 31일까지 당기매출액은 ₩1,200,000이다.
○ ㈜한국의 매출총이익률은 20%이다.

① ₩200,000　　　　　　② ₩260,000

③ ₩440,000　　　　　　④ ₩590,000

정답과 해설

21 　정답 ③
　해설　매출원가 = 매출액 ₩1,000,000 × 매출원가율 80% = ₩800,000
　　　매출원가 ₩800,000 = 기초재고 ₩50,000 + 당기개입 ₩900,000 - 기말재고
　　　기말재고 = ₩150,000

22 　정답 ③
　해설　매출원가 = 매출액 ₩1,200,000 × 매출원가율 80% = ₩960,000
　　　매출원가 ₩960,000 = 기초재고 ₩250,000 + 당기매입 ₩1,300,000 - 소실 전 재고
　　　소실 전 재고 = ₩590,000
　　　재고자산 소실액 = ₩590,000 - ₩150,000 = ₩440,000

23 ㈜한국은 실지재고조사법을 적용하고 있으며, 20×1년 12월 31일 화재로 인해 창고에 보관하고 있던 재고자산 일부가 소실되었다. ㈜한국의 과거 매출총이익률은 25%이고, 20×1년 중 재고자산 거래 내역이 다음과 같을 때, 기말재고자산 추정액은?

2022 지방직 9급

○ 총매출액	₩215,000	○ 총매입액	₩140,000
○ 매입환출	₩5,000	○ 기초재고자산	₩18,000
○ 매출에누리	₩20,000	○ 매입할인	₩13,000
○ 매입운임	₩10,000	○ 매출환입	₩15,000

① ₩5,000 ② ₩8,000

③ ₩15,000 ④ ₩20,000

23 정답 ③

해설 매출액 = 총매출액 ₩215,000 - 매출에누리 ₩20,000 - 매출환입 ₩15,000 = ₩180,000

매입액 = 총매입액 ₩140,000 - 매입환출 ₩5,000 - 매입할인 ₩13,000 + 매입운임 ₩10,000 = ₩132,000

매출원가 = 매출액 ₩180,000 × 매출원가율(1 - 25%) = ₩135,000

매출원가 ₩135,000 = 기초재고 ₩18,000 + 당기매입₩132,000 - 기말재고

기말재고 = ₩150,000 - ₩135,000 = ₩15,000

24 ㈜한국의 2017년도 재고자산과 관련된 자료는 다음과 같다. 선입선출법에 의한 소매재고법을 적용할 경우 기말재고자산 원가는?

2018 관세직 9급

구분	원가	소매가
기초재고	₩48,000	₩80,000
당기매입	₩120,000	₩160,000
매출	–	₩150,000

① ₩54,000 ② ₩58,500

③ ₩63,000 ④ ₩67,500

---

24 정답 ④

해설

재고자산(원가)

기초재고	48,000	매출원가	?
매입	120,000	기말재고	?
	168,000		

재고자산(매가)

기초재고	80,000	매출액	150,000
매입	160,000	기말재고	?
	240,000		240,000

기말재고(매가) = ₩240,000 − ₩150,000 = ₩90,000

원가율(당기매입) = ₩120,000 ÷ ₩160,000 = 75%

기말재고(원가) = 매가 ₩90,000 × 원가율 75% = ₩67,500

25 ㈜한국은 재고자산에 대해 저가기준 선입선출소매재고법을 사용하고 있다. 재고자산 관련 자료가 다음과 같을 경우 기말재고자산은?

구분	원가	판매가
기초재고	₩10,000	₩20,000
순매입	₩180,000	₩300,000
순인상액	-	₩60,000
순인하액	-	₩10,000
순매출	-	₩250,000

① ₩60,000   ② ₩70,000

③ ₩75,000   ④ ₩80,000

25 정답 ①

해설

재고자산(원가)

기초재고	10,000	매출원가	?
매입	180,000	기말재고	?
	190,000		190,000

재고자산(매가)

기초재고	20,000	순매출액	250,000
순매입	300,000		
순인상	60,000		
순인하	(10,000)	기말재고	?
	370,000		370,000

기말재고(매가) = ₩370,000 - ₩250,000 = ₩120,000

원가율(당기매입, 저가기준) = ₩180,000 ÷ (₩300,000 + ₩60,000) = 50%

※ 소매재고법에 저가법을 적용하면 순인상액만 반영하고 순인하액은 제외하여 원가율을 낮춘다.

기말재고(원가) = 매가 ₩120,000 × 원가율 50% = ₩60,000

[06-01] Cut-off

26 ㈜한국의 2015년 기초상품은 ₩2,000이고 당기상품매입액은 ₩15,000이다. 상품에 대해 실지재고조사법을 적용하고 있으며 다음의 자료를 고려하지 않은 기말상품은 ₩2,000이다. ㈜한국의 2015년 매출원가는? (단, 상품과 관련된 평가손실과 감모손실은 없다고 가정한다) 2017 지방직 9급 수정

> ○ 반품조건부로 판매한 상품 ₩3,000 중 ₩2,000은 반품액을 합리적으로 예측할 수 없으며, ₩1,000은 반품률이 20%로 추정된다.
>
> ○ 2015년 12월 24일에 FOB 선적지인도조건으로 매입한 상품 ₩1,000이 2016년 1월 2일에 입고되었다.
>
> ○ 시용판매한 상품 중 2015년 말 현재 고객이 구입의사를 표시하지 않은 금액은 ₩1,000(판매가)이며 시용매출의 경우 매출총이익률은 10%이다.
>
> ○ 위탁판매를 하기 위해 발송한 상품 중 기말 현재 수탁자가 보관 중인 적송품은 ₩3,000이다.

① ₩6,900　　　　　② ₩7,900

③ ₩8,100　　　　　④ ₩9,100

26 **정답** ②

해설 기말재고자산 = 기말상품 ₩2,000 + FOB 선적지인도조건 ₩1,000 + 시용판매 ₩1,000 × (1 - 10%) + 적송품 ₩3,000
= ₩6,900
매출원가 = 기초재고 ₩2,000 + 당기매입 ₩15,000 - 기말재고 ₩6,900 - 반환제품회수권 (₩2,000 + ₩1,000 × 20%)
= ₩7,900
※ 반품조건부 판매에서 매출원가는 기말재고자산 외에 반환제품회수권도 차감하여 구한다. 반품액을 합리적으로 예측할 수 없다면 전액이, 반품액을 추정할 수 있다면 반품추정액이 반환제품회수권에 해당한다.

27 ㈜한국의 20×1년 기초재고자산은 ₩100,000, 당기매입액은 ₩200,000이다. ㈜한국은 20×1년 12월 말 결산과정에서 재고자산 실사 결과 기말재고가 ₩110,000인 것으로 파악되었으며, 다음의 사항은 고려하지 못하였다. 이를 반영한 후 ㈜한국의 20×1년 매출원가는?

2021 관세직 9급

> ○ 도착지 인도조건으로 매입한 상품 ₩20,000은 20×1년 12월 31일 현재 운송 중이며, 20×2년 1월 2일 도착 예정이다.
> ○ 20×1년 12월 31일 현재 시용판매를 위하여 고객에게 보낸 상품 ₩40,000(원가) 가운데 50%에 대하여 고객이 구매의사를 표시하였다.
> ○ 20×1년 12월 31일 현재 ㈜민국에 담보로 제공한 상품 ₩50,000은 창고에 보관 중이며, 재고자산 실사 시 이를 포함하였다.

① ₩170,000   ② ₩180,000

③ ₩190,000   ④ ₩220,000

---

27 정답 ①

해설 기말재고자산 = 실사 ₩110,000 + 시용판매(₩40,000 × 50%) = ₩130,000

※ 담보제공상품은 저당권이 실행되기 전까지는 회사의 재고자산에 포함하여야 한다. 기말 실사 시 이미 포함하였으므로 추가로 반영할 필요는 없다.

매출원가 = 기초재고 ₩100,000 + 당기매입 ₩200,000 - 기말재고 ₩130,000 = ₩170,000

28 다음 자료를 이용한 당기 매입채무 현금지급액은?

2024 국가직·관세직 9급

○ 당기 매출액	₩200
○ 기초 상품재고액	₩30
○ 기말 상품재고액	₩20
○ 기초 매입채무	₩50
○ 기말 매입채무	₩60
○ 매출총이익률	20%
○ 당기 매입액 중 외상매입 비율	60%

① ₩80   ② ₩90

③ ₩140   ④ ₩150

28 **정답** ①

해설 매출총이익이나 매출총이익률이 주어지면 매출원가로 접근한다.

매출원가 = 매출액 ₩200 × (1 - 매출총이익률 20%) = ₩160

매출원가 ₩160 = 기초재고 ₩30 + 당기매입 - 기말재고 ₩20

당기매입액 = ₩150

당기매입액 중 외상매입액 = ₩150 × 60% = ₩90

매입채무

⊖ 결제(현금지급)	?	초	50
말	60	⊕ 외상매입	90
	140		140

매입채무 현금지급액 = ₩140 - ₩60 = ₩80

29 재고자산에 대한 설명으로 옳은 것은?　　　　　　　　　　　　　　　2017 관세직 9급

① 기초재고자산 금액과 당기매입액이 일정할 때, 기말재고자산금액이 과대계상 될 경우 당기순이익은 과소계상 된다.

② 선입선출법은 기말에 재고로 남아있는 항목은 가장 최근에 매입 또는 생산된 항목이라고 가정하는 방법이다.

③ 실지재고조사법을 적용하면 기록유지가 복잡하고 번거롭지만 특정시점의 재고자산 잔액과 그 시점까지 발생한 매출원가를 적시에 파악할 수 있는 장점이 있다.

④ 도착지 인도기준에 의해서 매입이 이루어질 경우, 발생하는 운임은 매입자의 취득원가에 산입하여야 한다.

30 <보기>는 ㈜서울의 재고자산과 관련된 자료이다. 재고자산에 대한 원가흐름의 가정으로 선입선출법을 적용하는 경우 평균법을 적용하는 경우 대비 매출원가의 감소액은? (단, 재고자산과 관련된 감모손실이나 평가손실 등 다른 원가는 없으며, ㈜서울은 재고자산 매매거래에 대해 계속기록법을 적용한다.)　　　　　　　　　　　　　　　2020 서울시 7급

<보기>

일자	구분	수량	매입단가
1월 1일	기초재고	100개	₩10
5월 8일	매입	50개	₩13
8월 23일	매출	80개	
11월 15일	매입	30개	₩14

① ₩80　　　　　　　　② ₩120

③ ₩200　　　　　　　④ ₩240

정답과 해설

29 **정답** ②

해설 ① 기말재고자산금액이 과대계상 될 경우 대차평균의 원리에 따라 당기순이익도 과대계상 된다.
③ 계속기록법에 해당하는 설명이다.
④ 도착지 인도기준이므로 도착하기 전까지 발생하는 비용은 판매자가 부담하게 된다.

30 **정답** ①

해설 선입선출법 적용 시 매출원가 = 80개 × ₩10 = ₩800
평균법 적용 시 매출원가 = (100개 × ₩10 + 50개 × ₩13) × 80개/150개 = ₩1,650 × 80개/150개 = ₩880
매출원가 감소액 = ₩880 - ₩800 = ₩80

31 다음은 ㈜한국의 20×1년 6월 중 재고자산의 매입 및 매출과 관련된 자료이다. 선입선출법과 가중평균법을 적용한 매출원가는? (단, 재고수량 결정은 실지재고조사법에 따른다) 2021 지방직 9급

구분	수량	×	단가	=	금액
기초재고(6월 1일)	12		₩100		₩1,200
당기매입:					
6월 10일	20		₩110		₩2,200
6월 15일	20		₩130		₩2,600
6월 26일	8		₩150		₩1,200
판매가능액	60				₩7,200
당기매출:					
6월 12일	24				
6월 25일	20				
기말재고(6월 30일)	16				

	선입선출법	가중평균법
①	₩4,960	₩5,014
②	₩4,960	₩5,280
③	₩5,560	₩5,014
④	₩5,560	₩5,280

31 **정답** ②
해설 선입선출법 매출원가 = 12개 × ₩100 + 20개 × ₩110 + 12개 × ₩130 = ₩1,200 + ₩2,200 + ₩1,560 = ₩4,960
가중평균법 매출원가 = (₩7,200 ÷ 60개) × 44개 = ₩120 × 44개 = ₩5,280

32 다음은 ㈜한국의 재고자산 관련 자료이다. 기말상품의 실사수량과 단위당 순실현가능가치는? (단, 재고자산감모손실은 실사수량과 장부상 재고수량의 차이로 인해 발생한 계정이며, 재고자산평가손실은 취득원가와 순실현가능가치의 차이로 인해 발생한 계정이다)   2015 국가직 7급

o 기초상품재고액(재고자산평가충당금 없음)	₩20,000
o 당기매입액	₩400,000
o 장부상 기말상품재고액(단위당 원가 ₩2,000)	₩200,000
o 재고자산감모손실	₩20,000
o 재고자산평가손실	₩18,000

	기말상품 실사수량	기말상품 단위당 순실현가능가치
①	80개	₩1,800
②	80개	₩2,000
③	90개	₩1,800
④	90개	₩2,000

33 ㈜한국의 2016년 기초상품재고는 ₩50,000이고 당기매입원가는 ₩80,000이다. 2016년 말 기말상품재고는 ₩30,000이며, 순실현가능가치는 ₩23,000이다. 재고자산평가손실을 인식하기 전 재고자산평가충당금 잔액으로 ₩2,000이 있는 경우, 2016년 말에 인식할 재고자산평가손실은?   2016 국가직 7급

① ₩3,000 ② ₩5,000

③ ₩7,000 ④ ₩9,000

정답과 해설

32 **정답** ③

해설 감모손실을 먼저 인식하고, 평가손실을 인식한다.

감모손실 ₩20,000 = ₩2,000 × (장부수량 100개 - 실사수량)

실사수량 = 90개

평가손실 ₩18,000 = 90개 × (원가 ₩2,000 - NRV)

NRV = ₩1,800

33 **정답** ②

해설 보충법에 의하여 다음과 같이 풀이한다.

① 결과: ₩30,000 - ₩23,000 = ₩7,000

② 잔액: ₩2,000

③ 보충 = ₩7,000 - ₩2,000 = ₩5,000

34 ㈜한국의 20×1년 기말재고 관련 자료는 다음과 같으겨 품목별로 저가법을 적용한다.

품목	수량	취득원가	예상판매가격	예상판매비용
상품a	2	@₩5,000	@₩7,000	@₩1,500
상품b	3	@₩8,000	@₩9,000	@₩2,000
상품c	2	@₩2,500	@₩3,000	@₩1,000

기초상품재고액은 ₩50,000, 당기총매입액은 ₩1,000,000, 매입할인은 ₩50,000이며, ㈜한국은 재고자산평가손실을 매출원가에 포함한다. ㈜한국의 20×1년 포괄손익계산서상 매출원가는?

2019 국가직 7급

① ₩962,000   ② ₩964,000

③ ₩965,000   ④ ₩1,050,000

35 ㈜한국의 기말 재고자산평가충당금은?

2020 국가직 7급

○ 재고자산은 실지재고조사법과 총평균법 적용	
○ 기말 재고자산 장부상 취득단가	₩85/개
○ 기말 재고자산 현행대체원가	₩74/개
○ 기말 재고자산 순실현가치	₩83/개
○ 기말 재고자산(장부수량)	480개
○ 기말 재고자산(실사수량)	476개
○ 기초 재고자산평가충당금	₩0

① ₩0   ② ₩340

③ ₩952   ④ ₩5,236

정답과 해설

34 **정답** ③

해설

품목	수량	취득원가	순실현가능가치	보고금액
상품a	2	₩5,000	₩5,500	2 × Min(₩5,000, ₩5,500) = ₩10,000
상품b	3	₩8,000	₩7,000	3 × Min(₩8,000, ₩7,000) = ₩21,000
상품c	2	₩2,500	₩2,000	2 × Min(₩2,500, ₩2,000) = ₩4,000
합계				₩35,000

매출원가 = 기초재고(보고금액) ₩50,000 + 당기매입 (₩1,00C,000 - ₩50,000) - 기말재고(보고금액) ₩35,000 = ₩965,000

35 **정답** ③

해설 평가충당금 = 실사수량 476개 × (장부상 취득단가 ₩85 - 순실현가치 ₩83) = ₩952

평가손실보다 감모손실을 먼저 인식하므로 장부수량이 아닌 실사수량을 바탕으로 평가충당금을 계산한다.

36 재고자산의 순실현가능가치에 대한 설명으로 옳지 않은 것은? 2022 국가직 7급

① 순실현가능가치를 추정할 때에는 재고자산으로부터 실현가능한 금액에 대하여 추정일 현재 사용가능한 가장 신뢰성 있는 증거에 기초하여야 한다.

② 순실현가능가치를 추정할 때 재고자산의 보유 목적도 고려하여야 하는데, 예를 들어 확정판매계약 또는 용역계약을 이행하기 위하여 보유하는 재고자산의 순실현가능가치는 계약가격에 기초한다.

③ 완성될 제품이 원가 이상으로 판매될 것으로 예상하는 경우에는 그 생산에 투입하기 위해 보유하는 원재료 및 기타 소모품을 감액하지 아니하며, 원재료 가격이 하락하여 제품의 원가가 순실현가능가치를 초과할 것으로 예상되더라도 해당 원재료를 순실현가능가치로 감액하지 않는다.

④ 매 후속기간에 순실현가능가치를 재평가하며, 재고자산의 감액을 초래했던 상황이 해소되거나 경제 상황의 변동으로 순실현가능가치가 상승한 명백한 증거가 있는 경우에는 최초의 장부금액을 초과하지 않는 범위 내에서 평가손실을 환입한다.

37 〈보기〉는 12월 말 결산법인 ㈜서울의 20X1년 12월 31일 기말재고자산 평가와 관련된 자료이다. 20X1년 당기매입액은 기초재고의 5배이며, 당기 매출원가는 ₩518,000이다. 재고감모분 중 50%는 정상감모로 판단하며, 정상감모손실과 재고자산평가손실은 전액 매출원가에 포함한다. 20X1년 ㈜서울의 당기매입액은? 2022 서울시 7급

<보기>

장부수량	실지재고수량	취득단가	단위당 순실현가능가치
100개	80개	₩1,000	₩900

① ₩100,000 　② ₩200,000

③ ₩400,000 　④ ₩500,000

36 **정답** ③

해설 완성될 제품이 원가 이상으로 판매될 것으로 예상하는 경우에는 그 생산에 투입하기 위해 보유하는 원재료 및 기타 소모품을 감액하지 아니한다. 그러나 원재료 가격이 하락하여 제품의 원가가 순실현가능가치를 초과할 것으로 예상된다면 해당 원재료를 순실현가능가치로 감액한다.

37 **정답** ④

해설 기초재고를 A라 하면,

총비용 = 기초재고(보고금액) A + 당기매입 5A - 기말재고(보고금액) 80개 × ₩900 = 6A - ₩72,000

비정상감모손실 = 20개 × 50% × ₩1,000 = ₩10,000

매출원가 ₩518,000 = 총원가(6A - ₩72,000) - 비정상감모손실 ₩10,000 = 6A - ₩82,000

6A = ₩600,000

A(기초재고) = ₩100,000

당기매입액 = ₩100,000 × 5배 = ₩500,000

38 ㈜서울은 선입선출법을 사용하고 있으며, 20X1년 재고자산과 관련된 자료가 <보기>와 같을 때, 20X1년 매출원가로 가장 옳은 것은? (단, 평가손실과 정상감모손실은 매출원가로, 비정상감모손실은 기타비용으로 처리한다.)

2023 서울시 7급

<보기>

> · 기초 재고: 80개 단가 ₩300
>
> · 매입: 300개 단가 ₩350
>
> · 매출: 310개 단가 ₩700
>
> · 기말 재고: 실사수량 60개, 개당 순실현가능가치 ₩230
>
> · 재고자산감모 중 10%는 원가성이 없는 비정상감모

① ₩104,500   ② ₩108,000

③ ₩111,850   ④ ₩112,250

39 재고자산에 대한 설명으로 옳지 않은 것은?

2024 국가직·관세직 9급

① 재고자산은 취득원가와 순실현가능가치 중 낮은 금액으로 측정하고, 취득원가는 매입원가, 전환원가 및 재고자산을 현재의 장소에 현재의 상태로 이르게 하는 데 발생한 기타 원가 모두를 포함한다.

② 재고자산을 순실현가능가치로 감액하는 저가법은 항목별로 적용한다. 그러나 경우에 따라서는 서로 비슷하거나 관련된 항목들을 통합하여 적용하는 것이 적절할 수 있다.

③ 재고자산의 순실현가능가치가 상승한 증거가 명백한 경우 최초의 장부금액을 초과하지 않는 범위 내에서 평가손실을 환입한다. 그 결과 새로운 장부금액은 취득원가와 수정된 순실현가능가치 중 큰 금액이 된다.

④ 순실현가능가치의 상승으로 인한 재고자산 평가손실의 환입은 환입이 발생한 기간의 비용으로 인식된 재고자산 금액의 차감액으로 인식한다.

---

38 정답 ③

해설 총비용 = 기초재고(보고금액) + 당기매입 - 기말재고(보고금액) = 기초(80개 × ₩300) + 당기매입(300개 × ₩350) - 기말(60개 × ₩280) = ₩24,000 + ₩105,000 - ₩16,800 = ₩112,200
장부상 수량 = 기초 80개 + 매입 300개 - 매출 310개 = 70개
감모수량 = 장부상 수량 70개 - 실사수량 60개 = 10개
기타비용(비정상감모손실) = 10개 × 10% × ₩350 = ₩350
※ 원가흐름 가정이 선입선출법이므로 장부상 기말 재고 70개의 단가는 당기 매입한 ₩350이 된다.
매출원가 = 총비용 ₩112,200 - 기타비용 ₩350 = ₩111,850

39 정답 ③

해설 재고자산의 감액을 초래했던 상황이 해소되거나 경제상황의 변동으로 순실현가능가치가 상승한 명백한 증거가 있는 경우에는 최초의 장부금액을 초과하지 않는 범위 내에서 평가손실을 환입한다. 그 결과 새로운 장부금액은 취득원가와 수정된 순실현가능가치 중 작은 금액이 된다.

40 ㈜한국의 20×1년 재고자산(상품) 관련 자료는 다음과 같다.

> ○ 기초 재고자산의 재고자산평가손실충당금은 ₩10,000이며, 이를 차감하기 전 기초 재고자산가액
>   은 ₩50,000이다.
> ○ 기중 재고자산 매입액은 ₩100,000이다.
> ○ 기말 재고자산 현황
>   - 단위당 취득원가: ₩100   - 장부수량: 250개
>   - 단위당 순실현가능가치: ₩80   - 실사수량: 240개
> ○ 재고자산평가손실 또는 재고자산평가손실환입과 재고자산감모손실은 전액 매출원가에 반영한다.

㈜한국의 20×1년 포괄손익계산서상 매출원가는?   2024 국가직 7급

① ₩115,000   ② ₩120,800

③ ₩125,000   ④ ₩130,800

41 ㈜서울의 20X1년 12월 31일 재고자산 장부수량은 500개, 실지재고수량은 480개이며, 재고자산
단위당 순실현가능 가치는 ₩1,000, 취득단가는 ₩1,200이다. ㈜서울의 20X1년 재고자산 매입액
은 ₩1,000,000이며, 기초 재고자산은 ₩100,000이다. 재고자산 감모 중 40%는 정상적인 감모
이며, 정상적인 감모손실과 재고자산평가손실이 모두 매출원가에 포함되는 경우 20X1년 12월 31
일 ㈜서울의 매출원가는? (단, ㈜서울은 재고자산을 실지재고조사법으로 기록하고 있다.)

2024 서울시 7급

① ₩605,600   ② ₩620,000

③ ₩624,400   ④ ₩634,200

정답과 해설

40 **정답** ②

해설 기초재고(보고금액) = ₩50,000 - 평가손실충당금 ₩10,000 = ₩40,000

기말재고(보고금액) = Min(취득원가 ₩100, NRV ₩80) × 실사수량 240개 = ₩19,200

총비용 = 기초재고(보고금액) ₩40,000 + 당기매입 ₩100,000 - 기말재고(보고금액) ₩19,200 = ₩120,800

재고자산평가손실과 감모손실이 전액 매출원가에 반영되므로, 기타비용으로 보고되는 금액 없이 총비용 ₩120,800이 매출
원가로 보고된다.

41 **정답** ①

해설 총비용 = 기초재고(보고금액) ₩100,000 + 당기 매입 ₩1,000,000 - 기말재고(보고금액) 480개 × ₩1,000 = ₩620,000

기타비용(비정상감모손실) = 20개 × 60% × ₩1,200 = ₩14,400

매출원가 = 총비용 ₩620,000 - 기타비용 ₩14,400 = ₩605,600

42 다음은 ㈜한국의 2016년 거래 자료이다. 2016년 말 재무상태표상 매입채무 잔액은? (단, 매입거래는 모두 외상거래이다)

2016 관세직 9급

• 기초매입채무	₩8,000
• 당기 중 매입채무 현금지급액	₩35,000
• 기초상품재고	₩12,000
• 기말상품재고	₩11,000
• 당기매출액	₩50,000
• 매출총이익	₩10,000

① ₩12,000 ② ₩13,000

③ ₩14,000 ④ ₩15,000

42 **정답** ①

해설 매출원가 ₩40,000(매출액 ₩50,000 - 매출총이익 ₩10,000) = 기초재고 ₩12,000 + 당기매입 - 기말재고 ₩11,000

당기매입 = ₩39,000

매입채무

⊖ 결제(현금지급)	35,000	초	8,000
말	?	⊕ 당기매입	39,000
	47,000		47,000

기말 매입채무 = ₩47,000 - ₩35,000 = ₩12,000

43 ㈜한국의 20×1년 상품 관련 자료가 다음과 같을 때, 20×1년 매출총이익과 기말상품재고액을 바르게 연결한 것은?

2022 국가직 7급

○ 기초상품재고액: ₩100,000

○ 4월 8일: 상품 ₩900,000을 현금 매입

○ 7월 7일: 원가 ₩700,000(판매가 ₩910,000)인 상품을 시용 판매

○ 12월 8일: 고객으로부터 시용 상품(판매가 ₩650,000)에 대해 구매 의사표시 받음

	매출총이익	기말상품재고액
①	₩150,000	₩350,000
②	₩150,000	₩500,000
③	₩210,000	₩350,000
④	₩210,000	₩500,000

43 정답 ②

해설 매출액 = 구매의사 표시 받은 시용상품의 판매가 ₩650,000

원가율 = 원가 ₩700,000 ÷ 판매가 ₩910,000 = 1/1.3

매출원가 = 매출액 ₩650,000 × 원가율 1/1.3 = ₩500,000

매출총이익 = 매출액 ₩650,000 - 매출원가 ₩500,000 = ₩150,000

창고보유 재고원가 = 기초상품 ₩100,000 + 매입 ₩900,000 - 시용판매(원가) ₩700,000 = ₩300,000

구매 의사표시를 받지 못한 시용상품 원가 = ₩700,000 - ₩500,000 = ₩200,000

기말상품재고 = 창고보유 ₩300,000 + 시용상품 ₩200,000 = ₩500,000

44 다음은 ㈜한국의 20×1년 12월 31일 수정전시산표의 일부이다. 20×1년 12월 31일 ㈜한국의 창고에 화재가 발생하여 보관 중인 재고자산이 전부 소실되었다. ㈜한국의 매출총이익률이 40%인 경우 화재로 인해 소실된 기말재고자산은? (단, ㈜한국은 재고자산을 실지재고조사법으로 기록하고 있다)

2023 국가직 7급

수정전시산표

재고자산	₩100,000	매출	₩510,000
매입	₩390,000	매입에누리와 환출	₩6,000
매입운임	₩30,000	매입할인	₩14,000
매출할인	₩10,000		

① ₩100,000 ② ₩120,000

③ ₩180,000 ④ ₩200,000

44 정답 ④

해설 매출원가율 = 1 - 매출총이익률 40% = 60%

(순)매출액 = 매출 ₩510,000 - 매출할인 ₩10,000 = ₩500,000

매출원가 = 매출액 ₩500,000 × 매출원가율 60% = ₩300,000

당기 매입원가 = 매입 ₩390,000 + 매입운임 ₩30,000 - 매입에누리와 환출 ₩6,000 - 매입할인 ₩14,000 = ₩400,000

매출원가 ₩300,000 = 기초재고 ₩100,000 + 당기매입 ₩400,000 - (소실 전) 기말재고

(소실 전) 기말재고 = ₩500,000 - ₩300,000 = ₩200,000

45 ㈜한국은 재고자산평가방법으로 소매재고법을 적용하고 있다. 다음 자료를 이용한 ㈜한국의 2017년 매출원가는? (단, 단위원가결정방법으로 가중평균법을 적용한다)

2017 지방직 9급

	원가	매가
2017년 기초재고	₩250,000	₩400,000
2017년 순매입액	₩1,250,000	₩1,600,000
2017년 매입운임	₩100,000	-
2017년 순매출액	-	₩1,800,000

① ₩1,120,000 　② ₩1,160,000

③ ₩1,280,000 　④ ₩1,440,000

45 정답 ④

해설

재고자산(원가)

기초재고	250,000	매출원가	?
당기매입	1,350,000	기말재고	?
	1,600,000		1,600,000

재고자산(매가)

기초재고	400,000	순매출액	1,800,000
당기매입	1,600,000	기말재고	?
	2,000,000		2,000,000

기말재고(매가) = ₩2,000,000 - ₩1,800,000 = ₩200,000

매출원가율 = ₩1,600,000 ÷ ₩2,000,000 = 80%

기말재고(원가) = ₩200,000 × 80% = ₩160,000

매출원가 = ₩1,600,000 - ₩160,000 = ₩1,440,000

46 ㈜한국은 선입선출법에 의한 원가기준 소매재고법을 사용하고 있다. 기말재고액(원가)은 ₩1,600 이고, 당기매입원가율이 80%인 경우 순인상액과 종업원할인은?

2021 국가직 7급

구분	원가	매가
기초재고	₩2,000	₩4,000
당기매입액	₩16,000	₩18,000
매출액		₩20,000
순인상액		㉠
순인하액		₩1,000
종업원할인		㉡

	순인상액(㉠)	종업원할인(㉡)
①	₩1,500	₩1,500
②	₩1,500	₩2,000
③	₩3,000	₩1,500
④	₩3,000	₩2,000

46 정답 ④

해설

재고자산(원가)

기초재고	2,000	매출원가	?
순매입	16,000	기말재고	1,600
	18,000		

재고자산(매가)

기초재고	4,000	순매출액	20,000
순매입	18,000	종업원할인	㉡
순인상	㉠		
순인하	(1,000)	기말재고	?

당기 매입원가율 80% = 순매입(원가) ₩16,000 ÷ (순매입 + 순인상 − 순인하)

(순매입 + 순인상 − 순인하) = ₩20,000

₩18,000 + ㉠ − ₩1,000 = ₩20,000

㉠ = ₩3,000

기말재고(매가) × 당기매입원가율 80% = 기말재고(원가) ₩1,600

기말재고(매가) = ₩2,000

종업원할인(㉡) = (기초재고 ₩4,000 + 순매입 ₩18,000 + 순인상 ₩3,000 − 순인하 ₩1,000) − (순매출액 ₩20,000 + 기말재고 ₩2,000) = ₩24,000 − ₩22,000 = ₩2,000

47 12월 결산법인인 서울㈜는 실지재고조사법으로 회계처리하는 회사이다. 서울㈜는 상품을 20×1년 12월 28일 선적지인도조건(FOB shipping point)으로 외상 매입하였으며, 12월 31일 현재 운송중이다. 서울㈜는 해당 매입분에 대한 매입기록을 하지 않았으며, 기말재고자산에 누락하였다. 이에 대한 20×1년 말 자산, 부채, 자본, 당기순이익에 미치는 영향으로 올바른 것은? 2014 서울시 9급

① 자산 : 영향 없음, 부채 : 과소 계상, 자본 : 과대 계상, 당기순이익 : 과대 계상

② 자산 : 영향 없음, 부채 : 과대 계상, 자본 : 과소 계상, 당기순이익 : 과소 계상

③ 자산 : 과소 계상, 부채 : 과소 계상, 자본 : 영향 없음, 당기순이익 : 영향 없음

④ 자산 : 과소 계상, 부채 : 영향 없음, 자본 : 과소 계상, 당기순이익 : 과소 계상

⑤ 자산 : 과소 계상, 부채 : 과대 계상, 자본 : 과소 계상, 당기순이익 : 영향 없음

48 20x1년 말 현재 ㈜감평의 외부감사 전 재무상태표 상 재고자산은 ₩1,000,000이다. ㈜감평은 실지재고조사법을 사용하여 창고에 있는 상품만을 기말재고로 보고하였다. 회계감사 중 공인회계사는 ㈜감평의 기말 재고자산과 관련하여 다음 사항을 알게 되었다.

> ○ 20x1년 12월 27일 FOB 선적지 조건으로 ㈜한국에게 판매한 상품(원가 ₩300,000)이 20x1년 말 현재 운송 중에 있다.
>
> ○ 수탁자에게 20x1년 중에 적송한 상품(원가 ₩100,000) 중 40%가 20x1년 말 현재 판매완료되었다.
>
> ○ 고객에게 20x1년 중에 인도한 시송품의 원가는 ₩200,000이며, 이 중 20x1년 말까지 매입의사표시를 해 온 금액이 ₩130,000이다.
>
> ○ 20x1년 12월 29일 FOB 도착지 조건으로 ㈜민국으로부터 매입한 상품(원가 ₩200,000)이 20x1년 말 현재 운송 중에 있다.

위의 내용을 반영하여 작성된 20x1년 말 재무상태표 상 재고자산은? 2018 감정평가사

① ₩1,010,000 ② ₩1,110,000 ③ ₩1,130,000

④ ₩1,330,000 ⑤ ₩1,430,000

정답과 해설

47 **정답** ③

해설 재고자산(자산)과 매입채무(부채)를 동시에 누락하였으므로 자산과 부채가 과소계상된다. 매출원가는 '기초재고 + 당기매입 - 기말재고'로 계산하는데 당기매입과 기말재고에 같은 금액이 누락되기 때문에 매출원가에 미치는 영향이 없다. 따라서 당기순이익과 자본에는 영향을 주지 않는다.

48 **정답** ③

해설 기말 재고자산 = 창고에 있는 상품 ₩1,000,000 + 미판매 적송품 (₩100,000 × 60%) + 매입의사 미표시 시송품 ₩70,000 = ₩1,130,000

※ 선적지 인도조건으로 판매한 경우 기말 재고자산에서 제외하여야 한다. 창고에 있는 상품만 기말재고로 보고하였으므로 선적한 상품은 제외되었다. 따라서 따로 조정할 필요는 없다. 도착지 조건으로 매입한 상품도 아직 도착 전(운송중)이므로 재고자산에 포함하지 않는다.

49 2011년 8월 1일 ㈜한국은 개당 ₩800의 선풍기 400개를 ㈜서울에 판매를 위탁하고 운송비용 ₩1,000을 현금으로 지급하였다. 2012년 12월 31일 현재 200개의 선풍기를 판매하고 200개는 남아있으며 판매수수료 10%, 판매촉진비 ₩2,000을 차감한 잔액을 회수하였다. 2012년 12월 31일 현재 ㈜한국의 재고자산 금액은?

2012 국가직·관세직 9급

① ₩160,000 ② ₩160,500

③ ₩142,000 ④ ₩152,000

50 재고자산에 관한 설명으로 옳지 않은 것은?

2019 관세사

① 재고자산은 취득원가와 순실현가능가치 중 낮은 금액으로 측정한다.

② 재고자산의 취득원가는 매입원가, 전환원가 및 재고자산을 현재의 장소에 현재의 상태로 이르게 하는 데 발생한 기타원가모두를 포함한다.

③ 재료원가, 노무원가 및 기타제조원가 중 비정상적으르 낭비된 부분은 재고자산의 취득원가에 포함할 수 없으며 발생기간의 비용으로 인식하여야 한다.

④ 표준원가법에 의한 원가측정방법은 그러한 방법으로 평가한결과가 실제 원가와 유사한 경우에도 사용할 수 없다.

⑤ 매입할인, 리베이트및 기타유사한 항목은 재고자산의 매입원가를 결정할 때 차감한다.

정답과 해설

49 정답 ②

해설 위탁상품원가: (₩800 × 400개 + ₩1,000) × (200개/400개) = ₩160,500
판매가능상태로 만들기 위해 발생한 운송비용은 취득원가에 포함하여 자산처리한 다음 판매시점에 비용으로 인식한다. 판매수수료와 판촉비는 판관비에 해당한다.

50 정답 ④

해설 표준원가법이나 소매재고법 등의 원가측정방법은 그러한 방법으로 평가한 결과가 실제 원가와 유사한 경우에 편의상 사용할 수 있다.

51 ㈜감평의 20×1년도 상품 매입과 관련된 자료이다. 20×1년도 상품 매입원가는? (단, ㈜감평은 부가가치세 과세사업자이며, 부가가치세는 환급대상에 속하는 매입세액이다.) 2021 감정평가사

항목	금액	비고
당기매입	₩110,000	부가가치세 ₩10,000 포함
매입운임	10,000	
하역료	5,000	
매입할인	5,000	
리베이트	2,000	
보관료	3,000	후속 생산단계에 투입하기 전에 보관이 필요한 경우가 아님
관세납부금	500	

① ₩108,500 ② ₩110,300 ③ ₩110,500

④ ₩113,500 ⑤ ₩123,500

51 **정답** ①

해설 매입원가 = 당기매입 (₩110,000 - 부가가치세 ₩10,000) + 매입운임 ₩10,000 + 하역료 ₩5,000 - 매입할인 ₩5,000 - 리베이트 ₩2,000 + 관세납부금 ₩500 = ₩108,500

※ 재고자산의 매입원가는 매입가격에 수입관세와 제세금(과세당국으로부터 추후 환급받을 수 있는 금액은 제외), 매입운임, 하역료 그리고 완제품, 원재료 및 용역의 취득과정에 직접 관련된 기타 원가를 가산한 금액이다. 후속 생산단계에 투입하기 전에 보관이 필요한 경우 이외의 보관원가는 재고자산의 취득원가에 포함할 수 없으며 발생기간의 비용으로 인식하여야 한다.

52 다음은 ㈜한국의 상품 매입 및 매출 관련 자료이다. 매출총이익은? (단, 상품의 매입과 매출은 신용으로만 이루어진다)

2013 국가직 7급

o 기초 매출채권	₩120,000
o 기말 매출채권	₩80,000
o 당기 매출관련 현금회수액	₩890,000
o 기초 매입채무	₩80,000
o 기말 매입채무	₩130,000
o 당기 매입관련 현금지급액	₩570,000
o 기초 상품재고	₩70,000
o 기말 상품재고	₩90,000

① ₩210,000
② ₩250,000
③ ₩340,000
④ ₩400,000

52 정답 ②

해설

매출채권

초	120,000	⊖ 현금회수	890,000
⊕ 매출액		말	80,000
	970,000		970,000

매출액 = ₩970,000 - ₩120,000 = ₩850,000

매입채무

⊖ 결제(현금지급)	570,000	초	80,000
말	130,000	⊕ 당기매입	?
	700,000		700,000

당기매입액 = ₩700,000 - ₩80,000 = ₩620,000

재고자산

초	70,000	⊖ 매출원가	?
⊕ 당기매입	620,000	말	90,000
	690,000		690,000

매출원가 = ₩690,000 - ₩90,000 = ₩600,000

매출총이익 = 매출액 ₩850,000 - 매출원가 ₩600,000 = ₩250,000

53 ㈜한국의 2017년 재고자산과 매입채무 T계정에 대한 설명 중 옳지 않은 것은? 2017 관세직 9급 추가채용

		재고자산	
기초재고	₩600,000	매출원가	₩5,150,000
X	?	기말재고	400,000
	₩5,550,000		₩5,550,000

		매입채무	
현금	₩5,030,000	기초매입채무	₩700,000
기말매입채무	620,000	Y	?
	₩5,650,000		₩5,650,000

○ 재고자산 매입거래는 모두 외상거래이다.

○ 재고자산은 계속기록법을 적용한다.

○ 재고자산회전율과 매입채무회전율의 분모 계산 시 기초와 기말의 평균값을 이용한다.

① 당기 매입채무 결제로 인한 현금유출액은 ₩5,030,000이다.

② 당기 재고자산 매입금액은 ₩5,080,000이다.

③ 재고자산회전율은 10.3이다.

④ 매입채무회전율은 7.5이다.

53 정답 ②

해설 X에 들어갈 금액이 재고자산 매입금액에 해당한다. 이는 Y에 들어갈 매입채무 증가액과도 같은 금액이다.

X = ₩5,550,000 - ₩600,000 = ₩4,950,000

Y = ₩5,650,000 - ₩700,000 = ₩4,950,000

평균재고자산 = (기초 ₩600,000 + 기말 ₩400,000) ÷ 2 = ₩500,000

재고자산회전율 = 매출원가 ₩5,150,000 ÷ 평균재고자산 ₩500,000 = 10.3회

평균매입채무 = (기초 ₩700,000 + 기말 ₩620,000) ÷ 2 = ₩660,000

매입채무회전율 = 당기매입액 ₩4,950,000 ÷ 평균매입채무 ₩660,000 = 7.5회

54 다음 자료를 이용하여 계산한 기말매입채무 잔액은? (단, 매입은 모두 외상으로 한다.) 2012 감정평가사

기초매입채무	₩8,000	매입채무상환	₩35,000
기초상품재고	12,000	기말상품재고	11,000
당기매출	50,000	매출총이익	10,000

① ₩11,000　　　　② ₩12,000　　　　③ ₩13,000

④ ₩14,000　　　　⑤ ₩15,000

54 정답 ②

해설 매출총이익이나 매출총이익률이 주어지면 매출원가로 접근한다.

매출원가 = 당기매출 ₩50,000 - 매출총이익 ₩10,000 = ₩40,000

재고자산

초	12,000	⊖ 매출원가	40,000
⊕ 당기매입	?	말	11,000
	51,000		51,000

당기매입액 = ₩51,000 - ₩12,000 = ₩39,000

매입채무

⊖ 결제(현금지급)	35,000	초	8,000
말	?	⊕ 당기매입	39,000
	47,000		47,000

기말 매입채무 = ₩47,000 - ₩35,000 = ₩12,000

55 ㈜한국의 20×1년 기말재고자산에 대한 자료가 다음과 같을 때, 20×1년 말에 인식할 재고자산평가손실은? (단, 기초재고는 없으며, 원재료 b를 이용하여 생산되는 제품 B는 향후에 원가 이상으로 판매될 것으로 예상된다)

2017 지방직 9급 추가채용

품목(수량)	단위당 취득원가	단위당 판매가격	단위당 추정판매비
제품 A(10개)	₩10,000	₩9,500	₩500
원재료 b(100 kg)	₩2,000	₩1,500	₩0

① ₩10,000　　② ₩50,000

③ ₩55,000　　④ ₩60,000

56 ㈜관세의 20×1년 12월 31일 현재 재고자산(상품)에 대한 자료는 다음과 같다.

수 량	장부상 단가	단위당 예상 판매가격	단위당 예상 판매비용
1,000단위	₩100	₩110	₩30

㈜관세가 20×1년 말 보유하고 있는 재고자산 중 200단위는 20×2년 1월 1일에 ㈜무역에게 단위당 ₩130에 판매하기로 확정계약되어 있다. ㈜관세가 20×1년도에 인식할 재고자산평가손실은 얼마인가?

2014 관세사

① ₩0　　　　② ₩8,000　　　　③ ₩10,000

④ ₩16,000　　⑤ ₩20,000

55 정답 ①

해설 제품 A의 순실현가능가치 = (단위당 판매가격 ₩9,500 - 단위당 추정판매비 ₩500) × 10개 = ₩90,000
제품 A의 재고자산평가손실 = 취득원가 ₩100,000 - 순실현가능가치 ₩90,000 = ₩10,000
원재료 b의 경우 완성된 제품 B가 원가 이상으로 판매될 것으로 예상되기 때문에 감액하지 않는다.

56 정답 ④

해설 제품 A의 순실현가능가치 = (단위당 판매가격 ₩9,500 - 단위당 추정판매비 ₩500) × 10개 = ₩90,000
제품 A의 재고자산평가손실 = 취득원가 ₩100,000 - 순실현가능가치 ₩90,000 = ₩10,000
원재료 b의 경우 완성된 제품 B가 원가 이상으로 판매될 것으로 예상되기 때문에 감액하지 않는다.

구분	수량	장부상 단가	순실현가능가치	평가손실
확정계약	200단위	₩100	₩130 - ₩30 = ₩100	(₩100 - ₩100) × 200단위 = ₩0
일반판매	800단위	₩100	₩110 - ₩30 = ₩80	(₩100 - ₩80) × 800단위 = ₩16,000

57 재고자산의 회계처리에 관한 설명으로 옳지 않은 것은? 2020 보험계리사

① 표준원가법이나 소매재고법 등의 원가측정방법은 그러한 방법으로 평가한 결과가 실제 원가와 유사한 경우에 편의상 사용할 수 있다.

② 생물자산에서 수확한 농림어업 수확물로 구성된 재고자산은 공정가치에서 처분부대원가를 뺀 금액으로 측정하여 수확시점에 최초로 인식한다.

③ 통상적으로 상호 교환될 수 없는 재고자산항목의 원가와 특정 프로젝트별로 생산되고 분리되는 재화 또는 용역의 원가는 개별법을 사용하여 결정한다.

④ 완성될 제품이 원가 이상으로 판매될 것으로 예상하는 경우에도 그 생산에 투입하기 위해 보유하는 원재료 및 기타 소모품을 감액한다.

58 상품매매기업인 ㈜감평은 계속기록법과 실지재고조사법을 병행하고 있다. ㈜감평의 20x1년 기초재고는 ₩10,000(단가 ₩100)이고, 당기매입액은 ₩30,000(단가 ₩100), 20x1년 말 현재 장부상 재고수량은 70개이다. ㈜감평이 보유하고 있는 재고자산은 진부화로 인해 단위당 순실현가능가치가 ₩80으로 하락하였다. ㈜감평이 포괄손익계산서에 매출원가로 ₩36,000을 인식하였다면, ㈜감평의 20x1년 말 현재 실제재고수량은? (단, 재고자산감모손실과 재고자산평가손실은 모두 매출원가에 포함한다.) 2020 감정평가사

① 40개　　② 50개　　③ 65개　　④ 70개　　⑤ 80개

57 **정답** ④

해설 완성될 제품이 원가 이상으로 판매될 것으로 예상하는 경우에는 그 생산에 투입하기 위해 보유하는 원재료 및 기타 소모품을 감액하지 아니한다.

58 **정답** ②

해설 매출원가 ₩36,000 = 기초재고(보고금액) ₩10,000 + 당기매입 ₩30,000 - 기말재고(보고금액)

기말재고(보고금액) = ₩4,000

기말재고(보고금액) ₩4,000 = 실제재고수량 × min{단가 ₩100, 순실현가능가치 ₩80}

실제재고수량 = ₩4,000 ÷ ₩80 = 50개

59 ㈜한국은 실지재고조사법을 적용하며 저가법 적용에 따른 평가손실 및 평가손실환입을 매출원가에 반영하고 있다. ㈜한국의 20x1년 상품 매입금액은 ₩100,000이며, 20x0년 말과 20x1년 말 상품재고는 아래와 같을 때, 20x1년 상품매출원가는 얼마인가?　　　2021 보험계리사

구분	20x0년 말	20x1년 말
상품	₩25,000	₩30,000
상품평가충당금	₩(5,000)	₩(2,000)

① ₩90,000　　　　② ₩92,000

③ ₩95,000　　　　④ ₩97,000

60 다음은 ㈜관세의 20×1년 기말상품과 관련된 자료이다. ㈜관세는 재고자산감모손실과 재고자산평가손실(환입)을 매출원가에서 조정한다. 재고자산평가충당금 기초잔액이 ₩100 존재할 때, 20×1년 재고자산감모손실과 재고자산평가손실(환입)이 매출원가에 미치는 순영향은?　　　2021 관세사

장부재고	실지재고	단위당 원가	단위당 순실현가능가치
200개	180개	₩10	₩9

① ₩80 증가　　　② ₩100 증가　　　③ ₩180 증가

④ ₩280 증가　　　⑤ ₩380 증가

59　정답 ②

해설 매출원가 = 기초재고(보고금액) ₩20,000 + 당기매입 ₩100,000 - 기말재고(보고금액) ₩28,000 = ₩92,000

60　정답 ④

해설 (1) 재고자산감모손실 = (200개 - 180개) × ₩10 = ₩200

　　(2) 재고자산평가손실

　　　ㄱ. 결과: 180개 × (₩10 - ₩9) = ₩180

　　　ㄴ. 잔액: ₩100

　　　ㄷ. 보충: ₩180 - ₩100 = ₩80

　　(3) 매출원가에 미치는 순영향 = 감모손실 ₩200 + 평가손실 ₩80 = ₩280 증가

61 20x1년 말 ㈜한국의 재고자산 평가와 관련된 자료는 다음과 같다. ㈜한국은 단일 품목의 재고자산을 판매하고 있다.

구분	수량	단위당 취득원가	단위당 판매가	단위당 판매비용
재고자산	800개	₩500	₩600	₩50

재고자산 중 500개는 단위당 ₩400에 확정판매계약이 체결되어 있다. 확정판매계약에서는 판매비용이 발생하지 않는다. 20x1년 말 ㈜한국의 재고자산 장부금액은 얼마인가?　　2022 보험계리사

① ₩400,000　　　　　② ₩440,000

③ ₩365,000　　　　　④ ₩350,000

62 ㈜한국의 회계자료가 다음과 같을 때, 기말 재무상태표에 표시될 매출채권은?　　2017 지방직 9급 추가채용

○ 당기현금매출액	₩500	○ 기초매출채권	₩1,500
○ 기초상품재고액	₩1,000	○ 기말상품재고액	₩1,200
○ 당기매출총이익	₩700	○ 당기매출채권회수액	₩2,000
○ 당기상품매입액	₩2,500		

① ₩1,500　　　　　② ₩2,000

③ ₩2,500　　　　　④ ₩3,000

61 정답 ④

해설

구분	수량	장부상 단가	순실현가능가치	보고금액
확정계약	500개	₩500	₩400	Min(₩500, ₩400) × 500개 = ₩200,000
일반판매	300개	₩500	₩600 - ₩50 = ₩550	Min(₩500, ₩550) × 300개 = ₩150,000
합계				₩350,000

62 정답 ②

해설　※ 매출총이익이 주어졌으므로, 매출원가를 구해서 접근한다.

매출원가 = 기초상품 ₩1,000 + 당기상품매입 ₩2,500 - 기말상품 ₩1,200 = ₩2,300

매출액 = 매출원가 ₩2,300 + 매출총이익 ₩700 = ₩3,000

외상매출액 = 총매출액 ₩3,000 - 현금매출액 ₩500 = ₩2,500

매출채권

초	1,500	⊖ 현금회수	2,000
⊕ 외상매출액	2,500	말	?
	4,000		4,000

기말 매출채권 = ₩4,000 - ₩2,000 = ₩2,000

63 ㈜한국은 상품을 신용에 의해서만 판매하는데, 경리담당자가 판매대금의 회수 과정에서 공금을 횡령하였다. 매출채권의 실제 기말잔액은 ₩50,000이고, 기중에 대손처리된 금액은 없다. ㈜한국이 매출원가에 20%를 가산하여 판매가를 결정한다고 할 때, 다음 자료를 이용하여 경리담당자의 횡령액을 계산하면?

2011 지방직 9급

> • 기초상품재고액 ₩20,000
> • 당기상품매입액 ₩100,000
> • 기말상품재고액 ₩10,000
> • 매출채권 기초잔액 ₩30,000
> • 매출채권 회수보고액 ₩40,000

① ₩60,000   ② ₩72,000

③ ₩110,000   ④ ₩122,000

64 다음은 상품거래와 관련된 자료이다. 매출원가 대비 매출총이익률이 25%인 경우 기말상품재고액은?

2013 지방직 9급

총매출액	₩1,755,000	매출에누리	₩180,000
총매입액	900,000	매입에누리	45,000
기초상품재고액	990,000		

① ₩461,250   ② ₩506,250

③ ₩585,000   ④ ₩615,000

63 **정답** ②

해설 매출원가 = 기초재고 ₩20,000 + 당기매입 ₩100,000 - 기말재고 ₩10,000 = ₩110,000

매출액 = ₩110,000 + ₩110,000 × 20% = ₩132,000

횡령액 = 기초매출채권 ₩30,000 + 당기매출 ₩132,000 - 매출채권 회수액 ₩40,000 - 기말매출채권 ₩50,000
= ₩72,000

64 **정답** ③

해설 매출원가가 100일 때 매출총이익은 25 매출액은 125가 되므로, 매출액 대비 매출원가율 = 100/125 = 80%

매출원가 = 순매출액(₩1,755,000 - ₩180,000) × 80% = ₩1,260,000

매출원가 ₩1,260,000 = 기초재고 ₩990,000 + 당기순매입 (₩900,000 - ₩45,000) - 기말재고

기말재고 = ₩585,000

65 ㈜한국은 20x1년 12월 31일 창고에 화재가 발생하여 재고자산의 80%가 소실되었다. ㈜한국의 장부를 검토하여 다음과 같은 정보를 확인하였다. 재고자산 추정손실금액은 얼마인가? 단, ㈜한국의 매출과 매입은 모두 신용거래이며, 최근 3년간 평균매출총이익률은 30%이다.

2019 보험계리사

- 기초 매입채무: ₩30,000
- 기말 매입채무: ₩20,000
- 기초 재고자산: ₩10,000
- 기초 매출채권: ₩60,000
- 기말 매출채권: ₩40,000
- 당기 매출채권 현금회수액: ₩50,000
- 당기 매입채무 현금지급액: ₩40,000

① ₩8,000
② ₩10,000
③ ₩15,200
④ ₩19,000

65 정답 ③

해설

매출채권

초	60,000	⊖ 현금회수	50,000
⊕ 매출액	?	말	40,000
	90,000		90,000

매출액 = ₩90,000 - ₩60,000 = ₩30,000

매출원가 = 매출액 ₩30,000 × 매출원가율(1 - 30%) = ₩21,000

매입채무

⊖ 결제(현금지급)	40,000	초	30,000
말	20,000	⊕ 당기매입	?
	60,000		60,000

당기매입액 = ₩60,000 - ₩30,000 = ₩30,000

재고자산

초	10,000	⊖ 매출원가	21,000
⊕ 당기매입	30,000	말	?
	40,000		40,000

기말 재고자산 = ₩40,000 - ₩21,000 = ₩19,000

손실금액 = 기말재고 ₩19,000 × 80% = ₩15,200

66 2017년 2월부터 4월까지의 ㈜서울의 예상 상품 매출액은 다음과 같다.

월별	예상 매출액
2월	₩460,000
3월	₩500,000
4월	₩400,000

매월 기말재고액은 다음 달 예상 매출원가의 50%이며, 상품의 매출총이익률은 40%이다. ㈜서울의 3월 예상 상품매입액은 얼마인가?

2017 서울시 9급

① ₩270,000 ② ₩280,000

③ ₩290,000 ④ ₩300,000

66 **정답** ①

해설 3월 예상매출원가 = 예상매출액 ₩500,000 × 매출원가율 60% = ₩300,000

4월 예상매출원가 = 예상매출액 ₩400,000 × 매출원가율 60% = ₩240,000

3월 기초재고(2월 기말재고) = 3월 예상매출원가 ₩300,000 × 50% = ₩150,000

3월 기말재고 = 4월 예상매출원가 ₩240,000 × 50% = ₩120,000

3월 예상매출원가 ₩300,000 = 기초재고 ₩150,000 + 예상매입액 − 기말재고 ₩120,000

예상매입액 = ₩270,000

67 ㈜한국은 재고자산에 대해 가중평균법을 적용하고 있으며, 2016년 상품거래 내역은 다음과 같다. 상품거래와 관련하여 실지재고조사법과 계속기록법을 각각 적용할 경우, 2016년도 매출원가는? (단, 상품과 관련된 감모손실과 평가손실은 발생하지 않았다)

2016 국가직 7급

일자	적요	수량	단가	금액
1/1	기초재고	100개	₩8	₩800
3/4	매입	300개	₩9	₩2,700
6/20	매출	(200개)		
9/25	매입	100개	₩10	₩1,000
12/31	기말재고	300개		

	실지재고조사법	계속기록법
①	₩1,800	₩1,700
②	₩1,750	₩1,700
③	₩1,700	₩1,750
④	₩1,800	₩1,750

67 정답 ④

해설 실지재고조사법 평균단가 = (₩800 + ₩2,700 + ₩1,000) ÷ 500개 = ₩9
매출원가 = ₩9 × 200개 = ₩1,800
계속기록법하의 매출원가 = (₩800 + ₩2,700) × 200개/400개 = ₩1,750

68 ㈜한국의 20×1년 재고자산 관련 자료가 다음과 같을 때, ㈜한국의 20×1년 재고자산 매입액은? (단, 재고자산평가손실과 원가성 있는 재고자산감모손실은 포괄손익계산서의 매출원가에 포함한다)

2023 지방직 9급

- 기초 재고자산 ₩50,000
- 기말 장부상 재고자산 수량 110단위
- 기말 실제 재고자산 수량 100단위
- 기말 장부상 재고자산의 단위당 원가 ₩1,000
- 기말 재고자산의 단위당 순실현가능가치 ₩950
- 20×1년 포괄손익계산서상 매출원가 ₩651,000
- 재고자산감모손실 중 40%는 원가성 없음

① ₩689,000

② ₩694,000

③ ₩700,000

④ ₩702,000

68 **정답** ③

해설 재고자산감모손실 = (장부수량 110단위 - 실제수량 100단위) × 장부상 단가 ₩1,000 = ₩10,000

원가성 없는 재고자산감모손실 = 재고자산감모손실 ₩10,000 × 40% = ₩4,000

총비용 = 매출원가 ₩651,000 + 원가성 없는 재고자산감모손실 ₩4,000 = ₩655,000

기말재고(보고금액) = 실제수량 100단위 × Min(원가 ₩1,000, NRV ₩950) = ₩95,000

총비용 ₩655,000 = 기초재고(보고금액) ₩50,000 + 당기매입 - 기말재고(보고금액) ₩95,000

당기매입 = ₩655,000 + ₩45,000 = ₩700,000

69 ㈜한국은 원가기준 소매재고법을 사용하고 있으며, 원가흐름은 선입선출법을 가정하고 있다. 다음 자료를 근거로 한 기말 재고자산 원가는?

2018 국가직 9급

구분	원가	판매가
기초재고	₩1,200	₩3,000
당기매입액	₩14,900	₩19,900
매출액		₩20,000
인상액		₩270
인상취소액		₩50
인하액		₩180
인하취소액		₩60
종업원할인		₩200

① ₩1,890
② ₩1,960
③ ₩2,086
④ ₩2,235

69 정답 ③

해설

재고자산(원가)

기초재고	1,200	매출원가	?
순매입	14,900	기말재고	?
	16,100		

재고자산(매가)

기초재고	3,000	매출액	20,000
순매입	19,900	종업원할인	200
순인상	220	기말재고	?
순인하	(120)		
	23,000		23,000

기말재고(매가) = ₩23,000 − ₩20,200 = ₩2,800

원가율(당기) = ₩14,900 ÷ (₩19,900 + ₩220 − ₩120) = 74.5%

기말재고(원가) = 매가 ₩2,800 × 원가율 74.5% = ₩2,086

주요 Topic 및 출제경향

	취득	평가	처분
주요 Topic	01 생물자산의 인식 ★	02 생물자산의 평가 ★	03 제거 ★

▶ **9급 출제경향**(●국가직 ■관세직 ◆지방직 ○서울시)

구분	15	16	17	18	19	20	21	22	23	24	25
7.1 생물자산의 인식											
7.2 생물자산의 평가		■						◆			

▶ **7급 출제경향**(▲국가직 △서울시)

구분	15	16	17	18	19	20	21	22	23	24	-
7.1 생물자산의 인식											
7.2 생물자산의 평가											

구분	기본	필수	응용	심화	합계
7.1 생물자산의 인식	0	0	0	0	0
7.2 생물자산의 평가	1	0	2	1	4
합계	1	0	2	1	4

기본문제

[07-02] 생물자산의 평가

01 생물자산과 수확물의 인식과 측정에 대한 설명으로 옳지 않은 것은?　　2022 지방직 9급

① 생물자산에서 수확된 수확물은 수확시점에 공정가치에서 처분부대원가를 뺀 금액으로 측정하여야 한다.

② 생물자산의 공정가치에서 처분부대원가를 뺀 금액을 산정할 때에 추정 매각부대원가를 차감하기 때문에 생물자산의 최초인식시점에 손실이 발생할 수 있다.

③ 생물자산을 최초에 원가에서 감가상각누계액과 손상차손누계액을 차감한 금액으로 측정하고, 그 이후 그러한 생물자산의 공정가치를 신뢰성 있게 측정할 수 있더라도 최초 적용한 측정방법을 변경하지 않는다.

④ 공정가치에서 처분부대원가를 뺀 금액으로 측정하는 생물자산과 관련된 정부보조금에 다른 조건이 없는 경우에는 이를 수취할 수 있게 되는 시점에만 당기손익으로 인식한다.

정답과 해설

01 **정답** ③

해설 생물자산의 공정가치는 신뢰성 있게 측정할 수 있다고 추정한다. 그러나 생물자산을 최초로 인식하는 시점에 시장 공시가격을 구할 수 없고, 대체적인 공정가치측정치가 명백히 신뢰성 없게 결정되는 경우에는 최초 인식 시점에 한해 그러한 추정에 반론이 제기될 수 있다. 그러한 경우 생물자산은 원가에서 감가상각누계액과 손상차손누계액을 차감한 금액으로 측정한다. 이후 그러한 생물자산의 공정가치를 신뢰성 있게 측정할 수 있게 되면 공정가치에서 처분부대원가를 뺀 금액으로 측정한다.

02 ㈜신성축산은 20X1년 1월 초에 수익용으로 젖소를 ₩1,500,000에 매입하였는데, 그 젖소는 농림어업자산의 인식요건을 충족한다. 20X1년 12월 31일 젖소의 공정가치는 ₩2,250,000이며 사육에 소요된 비용은 ₩450,000이다. 20X1년 12월 말에 젖소로부터 원유를 생산하기 시작하였으며, 생산된 원유를 공정가치 ₩300,000에 판매하였다. 판매를 위해 ₩50,000의 비용이 발생되었다면, 20X1년도 ㈜신성축산의 당기순이익은?

2014 감정평가사

① ₩300,000　　　　② ₩550,000　　　　③ ₩600,000

④ ₩1,000,000　　　　⑤ ₩1,050,000

03 '농림어업'에 관한 회계처리로 옳지 않은 것은?

2015 감정평가사

① 생물자산은 최초 인식시점과 매 보고기간말에 공정가치에서 추정 매각부대원가를 차감한 금액(순공정가치)으로 측정하여야 한다. 다만, 공정가치를 신뢰성 있게 측정할 수 없는 경우는 제외한다.

② 생물자산에서 수확된 수확물은 수확시점에 순공정가치로 측정하여야 한다.

③ 생물자산을 최초 인식시점에 순공정가치로 인식하여 발생하는 평가손익과 생물자산의 순공정가치 변동으로 발생하는 평가손익은 발생한 기간의 당기손익에 반영한다.

④ 수확물을 최초 인식시점에 순공정가치로 인식하여 발생하는 평가손익은 발생한 기간의 기타포괄손익에 반영한다.

⑤ 순공정가치로 측정하는 생물자산과 관련된 정부보조금에 다른 조건이 없는 경우에는 이를 수취할 수 있게 되는 시점에만 당기손익으로 인식한다.

정답과 해설

02 **정답** ②

해설 당기수익 = 젖소의 공정가치 증가분 (₩2,250,000 - ₩1,500,000) + 수확물의 공정가치 ₩300,000 = ₩1,050,000
당기비용 = 사육비용 ₩450,000 + 판매비용 ₩50,000 = ₩500,000
당기순이익 = ₩1,050,000 - ₩500,000 = ₩550,000

03 **정답** ④

해설 수확물을 최초 인식시점에 공정가치에서 처분부대원가를 뺀 금액으로 인식하여 발생하는 평가손익은 발생한 기간의 '당기손익'에 반영한다.

04 ㈜한국은 2016년 1월 1일에 1년 된 돼지 5마리를 보유하고 있다. ㈜한국은 2016년 7월 1일에 1년 6개월 된 돼지 2마리와 새로 태어난 돼지 3마리를 매입하였다. 돼지의 일자별 마리당 순공정가치가 다음과 같을 때, ㈜한국이 동 생물자산과 관련하여 2016년도 기말 재무상태표 상에 표시할 생물자산은? (단, 2016년 중 매각 등 감소된 돼지는 없다)

2016 관세직 9급

일자	내용	마리당 순공정가치
2016년 1월 1일	1년 된 돼지	₩8,000
2016년 7월 1일	1년 6개월 된 돼지	₩12,000
2016년 7월 1일	새로 태어난 돼지	₩3,000
2016년 12월 31일	6개월 된 돼지	₩5,000
2016년 12월 31일	2년 된 돼지	₩15,000

① ₩120,000 ② ₩141,000

③ ₩150,000 ④ ₩156,000

04 정답 ①

해설 2년 된 돼지 7마리(기초 5 + 매입 2) × ₩15,000 + 6개월 된 돼지 3마리 × ₩5,000 = ₩120,000

<table>
<tr><td>

08

</td><td>

현금및현금성자산

</td></tr>
</table>

주요 Topic 및 출제경향

구분	취득	평가	처분
주요 Topic	01 현금분류★★	02 은행계정조정표★★★★	

▶ **9급 출제경향**(●국가직 ■관세직 ◆지방직 ○서울시)

구분	15	16	17	18	19	20	21	22	23	24	25
8.1 현금분류					■	●■		■			
8.2 은행계정조정표		●●■○	◆	◆			◆		◆		■

▶ **7급 출제경향**(▲국가직 △서울시)

구분	15	16	17	18	19	20	21	22	23	24	-
8.1 현금분류											
8.2 은행계정조정표		△	△		▲				△		

구분	기본	필수	응용	심화	합계
8.1 현금분류	2	1	2	0	5
8.2 은행계정조정표	5	1	2	1	9
합계	7	2	4	1	14

기본문제

[08-01] 현금분류

01 ㈜한국의 2018년 12월 31일 결산일 현재 다음의 현금 및 예금 등의 자료를 이용할 때, 2018년 재무상태표에 보고할 현금및현금성자산 금액은?

2019 관세직 9급

○ 현금	₩30,000
○ 우편환증서	₩100,000
○ 우표와 수입인지	₩20,000
○ 은행발행 자기앞수표	₩20,000
○ 보통예금(사용제한 없음)	₩10,000
○ 정기적금(만기 2022년 1월 31일)	₩200,000
○ 당좌차월	₩50,000
○ 당좌개설보증금	₩80,000
○ 환매조건부 채권	₩300,000
(2018년 12월 1일 취득, 만기 2019년 1월 31일)	

① ₩360,000   ② ₩440,000

③ ₩460,000   ④ ₩660,000

정답과 해설

01 **정답** ③

해설 현금 ₩30,000 + 우편환증서 ₩100,000 + 자기앞수표 ₩20,000 + 보통예금 ₩10,000 + 환매조건부 채권(취득당시 만기 3개월 이내) ₩300,000 = ₩460,000

우표와 수입인지는 소모품, 잔여만기가 1년을 초과하는 정기적금과 인출에 제한이 있는 당좌개설보증금은 장기금융상품, 당좌차월은 단기차입금에 해당한다.

02 기말재무상태표에 현금및현금성자산으로 보고될 금액은?

2022 관세직 9급

○ 우표	₩4,000	○ 당좌차월	₩50,000
○ 당좌예금	₩10,000	○ 타인발행 수표	₩20,000
○ 지폐와 주화	₩12,000	○ 우편환증서	₩5,000
○ 수입인지	₩8,000	○ 환매채(취득 당시 60일 이내 환매조건)	₩40,000
○ 보통예금	₩16,000		

① ₩98,000 ② ₩103,000

③ ₩116,000 ④ ₩166,000

[08-02] 은행계정조정표

03 다음 자료를 토대로 계산한 ㈜한국의 정확한 당좌예금 잔액은?

2016 국가직·관세직 9급

• ㈜한국의 조정 전 당좌예금 계정 잔액	₩12,200
• 은행 예금잔액증명서 상 잔액	₩12,500
• ㈜한국에서 발행하였으나 은행에서 미인출된 수표	₩2,000
• ㈜한국에서 입금처리하였으나 은행에서 미기록된 예금	₩700
• ㈜한국에서 회계처리하지 않은 은행수수료	₩500
• 타회사가 부담할 수수료를 ㈜한국에 전가한 은행의 오류	₩200
• ㈜한국에서 회계처리하지 않은 이자비용	₩300

① ₩10,700 ② ₩11,400

③ ₩13,400 ④ ₩14,100

02 정답 ②

해설 현금및현금성자산 = 당좌예금 ₩10,000 + 타인발행 수표 ₩20,000 + 지폐와 주화 ₩12,000 + 우편환증서 ₩5,000 + 환매채(취득 당시 만기 3개월 이내임) ₩40,000 + 보통예금 ₩16,000 = ₩103,000

※ 우표와 수입인지는 소모품, 당좌차월은 단기차입금에 해당한다.

03 정답 ②

해설

구분	회사측	은행측
조정 전 잔액	₩12,200	₩12,500
기발행미인출수표		(-) 2,000
은행미기입예금		(+) 700
은행수수료	(-) 500	
은행의 오류		(+) 200
회사의 오류	(-) 300	
정확한 잔액	**₩11,400**	**₩11,400**

04 ㈜대한의 2016년 말 현재 은행계정조정표와 관련된 자료는 다음과 같다. 은행 측은 기발행미인출수표가 누락되었음을 확인하였다. 기발행미인출수표 금액은?

2017 지방직 9급

> ○ 은행의 예금잔액증명서상 금액: ₩20,000
>
> ○ ㈜대한의 장부상 금액: ₩17,000
>
> ○ 은행의 예금잔액증명서에는 반영되어 있으나 ㈜대한의 장부에 반영되지 않은 금액
>
>   - 예금이자: ₩1,000
>
>   - 부도수표: ₩2,000
>
> ○ 은행은 ㈜민국의 발행수표 ₩6,000을 ㈜대한의 발행수표로 착각하여 ㈜대한의 당좌예금계좌에서 인출하여 지급하였다.

① ₩16,000　　　　② ₩14,000

③ ₩12,000　　　　④ ₩10,000

정답과 해설

04 **정답** ④

해설

구분	회사측	은행측
수정 전 잔액	₩17,000	₩20,000
예금이자	(+) 1,000	
부도수표	(-) 2,000	
은행측 오류		(+) 6,000
기발행미인출수표		?
정확한 잔액	₩16,000	₩16,000

₩20,000 + ₩6,000 - 기발행미인출수표 = ₩16,000

기발행미인출수표 = ₩10,000

05 ㈜한국의 20×6년 12월 31일에 당좌예금 장부상 잔액이 ₩37,500이었고, 당좌예금과 관련된 다음의 사건이 확인되었다면, ㈜한국이 거래은행에서 받은 20×6년 12월 31일자 예금잔액증명서상 당좌예금 잔액은?

2018 지방직 9급

> ㄱ. ㈜한국의 거래처에서 매출대금 ₩15,000을 은행으로 입금하였으나, ㈜한국은 이 사실을 알지 못했다.
>
> ㄴ. 은행은 당좌거래 관련 수수료 ₩2,000을 ㈜한국의 예금계좌에서 차감하였다.
>
> ㄷ. 은행 측 잔액증명서에는 반영되어 있으나 ㈜한국의 장부에 반영되지 않은 다른 예금에 대한 이자수익이 ₩5,000있다.
>
> ㄹ. 은행 측 잔액증명서에는 반영되어 있으나 ㈜한국의 장부에 반영되지 않은 부도수표가 ₩6,000있다.
>
> ㅁ. ㈜한국은 은행에 ₩47,000을 예금하면서 ₩74,000으로 잘못 기록하였으나, 은행계좌에는 ₩47,000으로 올바로 기록되어 있다.

① ₩22,500 　　② ₩24,500

③ ₩34,500 　　④ ₩76,500

정답과 해설

05 정답 ①

구분	회사측	은행측
조정 전 잔액	₩37,500	?
미통지입금	(+) ₩15,000	
당좌수수료	(-) ₩2,000	
이자수익	(+) ₩5,000	
부도수표	(-) ₩6,000	
회사 기입오류	(-)₩27,000	
정확한 잔액	₩22,500	₩22,500

은행측 조정사항이 없으므로 정확한 잔액 ₩22,500이 은행측 잔액이 된다.

06 ㈜한국은 20×1년 6월 말 주거래 A은행 측 당좌예금 잔액 ₩13,000이 당사의 당좌예금 장부 잔액과 일치하지 않는 것을 확인하였다. 다음과 같은 차이를 조정한 후 ㈜한국과 A은행의 당좌예금 잔액은 ₩12,000으로 일치하였다. ㈜한국의 수정 전 당좌예금 잔액은?

2021 지방직 9급

○ A은행이 ㈜한국의 당좌예금에서 ₩3,000을 잘못 출금하였다.

○ A은행이 ㈜한국의 받을어음을 추심하고 ₩3,000을 당좌예금에 입금하였으나, ㈜한국은 이를 모르고 있었다.

○ ㈜한국이 기발행한 ₩4,000의 수표가 A은행에 아즈 제시되지 않았다.

○ ㈜한국이 ₩3,000의 수표를 발행하면서 장부에는 ₩8,000으로 잘못 기장하였다.

○ ㈜한국이 20×1년 6월 12일에 입금한 ₩1,000의 수표가 부도로 판명되었으나, ㈜한국은 이를 모르고 있었다.

① ₩5,000   ② ₩8,000

③ ₩9,000   ④ ₩10,000

정답과 해설

06 **정답** ①

해설 차이 조정 후의 정확한 잔액 ₩12,000이 주어졌으므로 회사측 조정사항만 역으로 추적하면 회사측 수정 전 잔액을 구할 수 있다.

구분	회사측
수정 전 잔액	?
은행측 오류	
추심완료어음	(+) 3,000
기발행미인출수표	
회사측 오류	(+) 5,000
부도수표	(-) 1,000
정확한 잔액	**₩12,000**

㈜한국의 수정전 잔액 = ₩12,000 + ₩1,000 − ₩5,000 − ₩3,000 = ₩5,000

참고로 은행측조정사항까지 모두 표시하면 다음과 같다.

구분	회사측	은행측
조정 전 잔액	?	₩13,000
은행측 오류		(+) 3,000
추심완료어음	(+) 3,000	
기발행미인출수표		(-) 4,000
회사측 오류	(+) 5,000	
부도수표	(-) 1,000	
정확한 잔액	**₩12,000**	**₩12,000**

07 20×1년 5월 말 ㈜한국의 수정 전 당좌예금 장부잔액과 거래은행 측 수정 전 당좌예금잔액이 일치하지 않는 원인은 다음과 같다. ㈜한국의 수정 전 당좌예금 장부잔액이 ₩160,000일 때, 거래은행 측 수정 전 당좌예금잔액은?

2023 지방직 9급

> ○ ㈜한국이 거래은행에 입금처리한 수표 ₩30,000이 5월 19일에 부도처리되었으나, ㈜한국에는 아직 통보되지 않았다.
> ○ 거래처인 ㈜서울이 상품구입대금 ₩20,000을 ㈜한국의 당좌예금계좌에 입금하였으나, ㈜한국에는 아직 통보되지 않았다.
> ○ 거래은행은 ㈜한국의 20×1년 5월분 수수료 ₩40,000을 ㈜한국의 당좌예금계좌에서 차감하였으나, ㈜한국은 이를 모르고 있다.
> ○ ㈜한국이 기발행한 수표 ₩10,000이 아직 거래은행에 지급제시되지 않았다.
> ○ ㈜한국은 현금 ₩20,000을 당좌예금계좌에 입금하였으나, 거래은행에서는 아직 입금처리가 되지 않았다.

① ₩70,000 ② ₩100,000

③ ₩160,000 ④ ₩180,000

---

07 정답 ②

구분	회사측	은행측
수정 전 잔액	₩160,000	?
부도수표	(-) 30,000	
미통지입금	(+) 20,000	
수수료	(-) 40,000	
기발행미인출수표		(-) 10,000
은행미기입예금		(+) 20,000
정확한 잔액	₩110,000	₩110,000

은행측 수정전 잔액 = ₩110,000 - ₩10,000 = ₩100,000

[08-01] 현금분류

08 재무상태표에 현금및현금성자산으로 표시될 금액은? 2020 국가직·관세직 9급

○ 수입인지	₩50,000
○ 송금수표	₩50,000
○ 선일자수표	₩50,000
○ 자기앞수표	₩100,000
○ 타인발행수표	₩100,000
○ 당좌개설보증금	₩100,000
○ 취득 당시 만기 120일인 양도성예금증서	₩100,000

① ₩400,000 　　② ₩350,000

③ ₩300,000 　　④ ₩250,000

08 정답 ④

해설 현금및현금성자산 = 송금수표 ₩50,000 + 자기앞수표 ₩100,000 + 타인발행수표 ₩100,000 = ₩250,000
수입인지(소모품), 선일자수표(매출채권), 당좌개설보증금(인출에 지한이 있으므로 장기금융상품), 양도성예금증서(취득 당시 만기가 3개월을 초과하므로 단기금융상품)는 현금및현금성자산에 해당하지 않는다.

09 ㈜한국은 20×1년 12월 1일을 기준으로 현금실사를 실시한 결과 현금잔액이 장부상 잔액보다 ₩100,000이 적은 것을 확인하고 차이금액을 현금과부족 계정을 이용하여 회계처리하였다. ㈜한국은 여비교통비로 20×1년 11월에 ₩120,000을 현금 지급하였으나 장부에 기록하지 않은 것을 결산일에 발견하였으며, 그 밖의 원인을 밝혀내지 못한 현금과부족은 잡이익(잡손실)으로 보고하였다. ㈜한국이 결산일에 할 수정분개는? 2019 국가직 7급

		차변		대변	
①	여비교통비	₩120,000	현금과부족	₩120,000
	현금과부족	₩20,000	잡이익	₩20,000
②	현금과부족	₩120,000	여비교통비	₩120,000
	잡손실	₩20,000	현금과부족	₩20,000
③	여비교통비	₩100,000	현금과부족	₩100,000
	현금과부족	₩20,000	잡이익	₩20,000
④	현금과부족	₩100,000	여비교통비	₩100,000
	잡손실	₩20,000	현금과부족	₩20,000

정답과 해설

09 **정답** ①

해설 일자별 분개는 다음과 같다.

12월 1일	(차)	현금과부족	100,000	(대)	현금및현금성자산	100,000
12월 31일	(차)	여비교통비	120,000	(대)	현금과부족	120,000
	(차)	현금과부족	20,000	(대)	잡이익	20,000

10 ㈜대전의 20×1년 말 재무상태표 상의 현금및현금성자산 금액은 ₩7,000이다. 다음 자료를 이용할 때 20×1년 말 ㈜대전의 당좌예금 잔액은 얼마인가? (단, 자료에 제시되지 않은 현금및현금성자산 항목은 없으며, 20×1년 말 기준환율은 €1=₩1,500, \$1=₩1,000이다.)   2013 관세사

> · 국내통화 ₩100   · 외국환 통화 €2   · 의국환 통화 \$1
> · 보통예금 ₩200   · 수입인지 ₩300   · 우편환 ₩400
> · 양도성예금증서(취득: 20×1년 12월1일, 만기: 20×2년 1월31일) ₩500
> · 당좌예금 (?)

① ₩1,800   ② ₩2,200   ③ ₩2,300
④ ₩2,700   ⑤ ₩4,800

11 ㈜관세의 20×1년 말 재무상태표의 현금및현금성자산은 ₩30,000이다. 다음 자료를 이용할 때 20×1년 말 ㈜관세의 외국환통화(\$)는? (단, 20×1년 말 기준환율은 \$1=₩1,100이다.)   2021 관세사

> ○ 지점전도금 ₩500   ○ 우편환 ₩3,000
> ○ 당좌예금 ₩400   ○ 선일자수표 ₩1,000
> ○ 만기가 도래한 국채 이자표 ₩500   ○ 외국환통화 (?)
> ○ 배당금지급통지표 ₩7,500   ○ 차용증서 ₩1,000
> ○ 양도성예금증서(취득: 20×1년 12월 1일, 만기: 20×2년 1월 31일) ₩500

① \$10   ② \$16   ③ \$20
④ \$26   ⑤ \$30

정답과 해설

10 **정답** ①

해설 외국환 통화는 기말 환율을 적용하여 평가한다.

현금및현금성자산 금액 ₩7,000 = 국내통화 ₩100 + 외국환 ₩3,000(€2) + 외국환 ₩1,000(\$1) + 보통예금 ₩200 + 우편환 ₩400 + 양도성예금증서(취득 당시 만기 3개월 이내) ₩500 + 당좌예금

당좌예금 = ₩1,800

11 **정답** ②

해설 현금및현금성자산 ₩30,000 = 지점전도금 ₩500 + 우편환 ₩3,000 + 당좌예금 ₩400 + 만기도래 국채이자표 ₩500 + 외국환통화 + 배당금지급통지표 ₩7,500 + 양도성예금증서 ₩500

현금및현금성자산 ₩30,000 = ₩12,400 + 외국환통화

외국환통화 = ₩17,600

외국환통화 ₩17,600 = X × ₩1,100/\$

X = \$16

12 다음의 자료를 이용한 20x3년 6월 30일 조정 전 은행측 잔액증명서상의 금액은?

> (1) 20x3년 6월30일 조정 전 회사측 당좌예금 잔액 ₩200,000
>
> (2) 은행측 잔액증명서상의 금액과 회사측 잔액과의 차이를 나타내는 원인
>
>   - 은행예금 이자 ₩15,000
>
>   - 회사발행미지급수표 ₩100,000
>
>   - 어음추심수수료 ₩1,000
>
>   - 회사에 미통지 된 예금 ₩120,000

① ₩234,000   ② ₩334,000

③ ₩384,000   ④ ₩434,000

정답과 해설

12 **정답** ④

해설

구분	회사측	은행측
수정 전 잔액	₩200,000	?
은행예금 이자	(+) 15,000	
기발행미인출수표		(-) 100,000
추심수수료	(-) 1,000	
미통지예금	(+) 120,000	
정확한 잔액	₩334,000	₩334,000

은행측 수정전 잔액 = ₩334,000 + ₩100,000 = ₩434,000

13 ㈜광화문은 20×3년 12월 24일 자금담당 직원이 은행에서 회사자금을 인출하여 횡령하고 잠적한 사건이 발생하였다. 12월 24일 현재 회사 장부상 당좌예금계정 잔액을 검토한 결과 ₩76,000으로 확인되었다. 그리고 동 일자의 은행 예금잔액증명서상 금액은 ₩40,000으로 확인되었다. 회사측 잔액과 은행측 잔액이 차이가 나는 이유를 조사한 결과는 다음과 같았다. 아래의 자료 이외에는 차이가 날 이유가 없다면 자금담당 직원이 횡령한 것으로 의심되는 금액은 얼마인가?　2013 관세사

> · ㈜광화문이 ₩50,000을 입금하였으나 예금잔액증명서에는 반영되지 않았다.
> · 은행에서 수수료 ₩10,000을 인출하였으나 ㈜광화문에서는 이를 반영하지 못하고 있었다.
> · ㈜광화문에서 당좌수표 ₩40,000을 발행하였으나 아직 은행에 제시되지 않았다.
> · 매출거래처는 통보하지 않고 ㈜광화문의 당좌예금계좌에 외상대금 ₩16,000을 송금하였다.
> · 은행은 ㈜을지로의 발행수표 ₩12,000을 실수로 ㈜광화문의 당좌예금계좌에서 인출하여 지급하였다.

① ₩4,000　　　　② ₩8,000　　　　③ ₩20,000

④ ₩36,000　　　　⑤ ₩42,000

13 정답 ③

해설 횡령액을 x라 할 경우, 회사측 잔액은 횡령액만큼 감소한다.

구분	회사측	은행측
수정 전 잔액	₩76,000	₩40,000
은행미기입예금		(+) 50,000
은행 수수료	(-) 10,000	
기발행미인출수표		(-) 40,000
미통지예금	(+) 16,000	
은행측 기입오류 수정		(+) 12,000
횡령액	x	
정확한 잔액	₩82,000 - x	₩62,000

₩82,000 - x = ₩62,000

x = ₩20,000

14 12월 말 결산법인인 ㈜서울은 당좌예금계좌를 보유하고 있으며, 20X1년 말 현재 은행에서 보내온 당좌예금잔액증명서의 잔액은 ₩14,000이다. ㈜서울의 당좌예금 잔액과 은행측 당좌예금 잔액 차이의 원인은 <보기>와 같다. ㈜서울의 20X1년 말 수정 전 장부상 당좌예금 계정잔액은?

2023 서울시 7급

<보기>

- 은행은 ㈜대한이 발행한 수표 ₩60,000을 ㈜서울의 당좌예금계좌에서 차감하였다.
- 은행은 ㈜서울의 받을어음을 추심하여 ₩20,000을 입금하였으나 ㈜서울은 모르고 있었다.
- 매출채권 중 ₩78,000이 현금으로 입금되었으나, ㈜서울은 이를 ₩87,000으로 잘못 기록하였다.
- ㈜서울이 발행한 수표 중 ₩21,000의 수표가 12월 말까지 은행에 제시되지 않았다.
- ㈜서울이 매입채무 결제를 위해 수표 ₩69,000을 발행하면서 장부에는 ₩66,000으로 기록하였다.
- ㈜서울이 12월 31일에 ₩45,000을 은행에 입금하였으나, 은행은 20X2년 1월 2일에 입금처리하였다.

① ₩72,000 ② ₩84,000

③ ₩90,000 ④ ₩98,000

14 **정답** ③

해설

구분	회사측	은행측
수정 전 잔액	?	₩14,000
은행측 오류		(+) 60,000
추심어음	(+) 20,000	
매출채권 기입오류	(−) 9,000	
기발행미인출수표		(−) 21,000
매입채무 기입오류	(−) 3,000	
은행미기입예금		(+) 45,000
정확한 잔액		

정확한 잔액 = ₩14,000 + ₩60,000 − ₩21,000 + ₩45,000 = ₩98,000

회사측 조정 전 잔액 + ₩20,000 − ₩9,000 − ₩3,000 = ₩98,000

회사측 조정 전 잔액 = ₩98,000 − ₩8,000 = ₩90,000

주요 Topic 및 출제경향

	취득	평가	처분
주요 Topic	01 매출차감 ★	02 대손충당금 ★★★	03 현금회수액 ★★ 04 어음할인과 팩토링 ★★

▶ **9급 출제경향**(●국가직 ■관세직 ◆지방직 ○서울시)

구분	15	16	17	18	19	20	21	22	23	24	25
9.1 매출차감											
9.2 대손충당금		◆	○	■			◆		◆		●■
9.3 현금회수액		◆		○	○		●■				
9.4 어음할인과 팩토링	○									●■	

▶ **7급 출제경향**(▲국가직 △서울시)

구분	15	16	17	18	19	20	21	22	23	24	-
9.1 매출차감										△	
9.2 대손충당금		▲			▲						
9.3 현금회수액					▲						
9.4 어음할인과 팩토링				▲							

구분	기본	필수	응용	심화	합계
9.1 매출차감	0	1	1	0	2
9.2 대손충당금	4	1	3	1	9
9.3 현금회수액	2	1	3	0	6
9.4 어음할인과 팩토링	0	1	2	0	3
합계	6	4	9	1	20

기본문제

[09-02] 대손충당금

01 ㈜한국의 매출채권과 그에 대한 미래현금흐름 추정액은 다음과 같다. 충당금설정법을 사용할 경우, 기말에 인식하여야 하는 대손상각비는? (단, 할인효과가 중요하지 않은 단기매출채권이며, 기중 대손충당금의 변동은 없다)

2016 지방직 9급

	기초	기말
매출채권	₩26,000	₩30,000
추정 미래현금흐름	₩24,500	₩26,500

① ₩2,000 　　　② ₩3,000

③ ₩4,000 　　　④ ₩5,000

정답과 해설

01 **정답** ①

해설 ㄱ. 결과: ₩30,000 − ₩26,500 = ₩3,500

ㄴ. 잔액: ₩26,000 − ₩24,500 = ₩1,500

ㄷ. 보충: ₩3,500 − ₩1,500 = ₩2,000

02 ㈜한국은 고객에게 60일을 신용기간으로 외상매출을 하고 있으며, 연령분석법을 사용하여 기대신용손실을 산정하고 있다. 2017년 말 현재 ㈜한국은 매출채권의 기대신용손실을 산정하기 위해 다음과 같은 충당금설정률표를 작성하였다. 2017년 말 매출채권에 대한 손실충당금(대손충당금) 대변잔액 ₩20,000이 있을 때, 결산시 인식할 손상차손(대손상각비)은?

2018 관세직 9급

구분	매출채권금액	기대신용손실률
신용기간 이내	₩1,000,000	1.0%
1~30일 연체	₩400,000	4.0%
31~60일 연체	₩200,000	20.0%
60일 초과 연체	₩100,000	30.0%

① ₩66,000 　　② ₩76,000

③ ₩86,000 　　④ ₩96,000

03 ㈜한국은 회수불능채권에 대하여 대손충당금을 설정하고 있으며 기말 매출채권 잔액의 1%가 회수불가능할 것으로 추정하고 있다. 다음 자료를 이용하여 ㈜한국이 20×2년 포괄손익계산서에 인식할 대손상각비는?

2021 지방직 9급

○ 매출채권, 대손충당금 장부상 자료

구분	20×1년 말	20×2년 말
매출채권	₩900,000	₩1,000,000
대손충당금	₩9,000	?

○ 20×2년 중 매출채권 대손 및 회수 거래

- 1월 10일: ㈜대한의 매출채권 ₩5,000이 회수불가능한 것으로 판명
- 3월 10일: ㈜민국의 매출채권 ₩2,000이 회수불가능한 것으로 판명
- 6월 10일: 1월 10일에 대손처리되었던 ㈜대한의 매출채권 ₩1,500 회수

① ₩1,000 　　② ₩6,500

③ ₩8,000 　　④ ₩10,000

02 **정답** ②

해설 ㄱ. 결과: ₩1,000,000 × 1% + ₩400,000 × 4% − ₩200,000 × 20% + ₩100,000 × 30% = ₩10,000 + ₩16,000 + ₩40,000 + ₩30,000 = ₩96,000

ㄴ. 잔액: ₩20,000

ㄷ. 보충: ₩96,000 − ₩20,000 = ₩76,000

03 **정답** ②

해설 ㄱ. 결과: 기말 매출채권 잔액 ₩1,000,000 × 1% = ₩10,000

ㄴ. 잔액: 기초(전기말) ₩9,000 − ₩5,000(1/10) − ₩2,000(3/10) − ₩1,500(6/10) = ₩3,500

ㄷ. 보충: ₩10,000 − ₩3,500 = ₩6,500

04 ㈜한국의 20×1년 매출채권 관련 자료가 다음과 같을 때, 20×1년에 인식할 손상차손은?

2023 지방직 9급

> ○ 20×1년 초 매출채권에 대한 손실충당금 잔액은 ₩30,000이다.
>
> ○ 20×1년 중 매출채권 ₩60,000이 회수불능으로 확정되었다.
>
> ○ 20×1년 말 매출채권 잔액은 ₩500,000이며, 동 매출채권에 대하여 추정한 기대신용손실액은 ₩20,000이다.

① ₩20,000 ② ₩30,000

③ ₩50,000 ④ ₩60,000

[**09-03**] **현금회수액**

05 당기 매출액은 ₩300,000이고 대손상각비는 ₩20,000이다. 매출채권과 대손충당금의 기초 및 기말 자료가 다음과 같을 때, 고객으로부터 유입된 현금은? (단, 매출은 모두 외상매출로만 이루어진다)

2016 지방직 9급

	기초	기말
매출채권	₩300,000	₩500,000
대손충당금	₩20,000	₩20,000

① ₩80,000 ② ₩100,000

③ ₩200,000 ④ ₩280,000

정답과 해설

04 정답 ③

해설 ㄱ. 결과: 기대신용손실 ₩20,000

ㄴ. 잔액: 기초 ₩30,000 - 대손 확정 ₩60,000 = (-)₩30,000

ㄷ. 보충: ₩20,000 - (-)₩30,000 = ₩50,000

05 정답 ①

해설

대손충당금

⊖ 대손확정	?	초	20,000
말	20,000	⊕ 대손상각비	20,000
	40,000		40,000

대손확정액 = ₩40,000 - ₩20,000 = ₩20,000

매출채권

초	300,000	⊖ 현금회수	?
		⊖ 대손확정	20,000
⊕ 매출액	300,000	말	500,000
	600,000		600,000

현금회수액 = ₩600,000 - ₩520,000 = ₩80,000

06 ㈜한국은 모든 매출이 외상으로 발생하는 회사이다. 당기 총매출액은 ₩800,000이며, 매출채권으로부터 회수한 현금유입액은 ₩600,000이다. 다음의 당기 매출채권 관련 자료를 사용하여 ㈜한국이 인식할 당기 손상차손(대손상각비)은?

2021 국가직·관세직 9급

	기초	기말
매출채권	₩500,000	₩450,000
손실충당금(대손충당금)	₩50,000	₩50,000

① ₩250,000 ② ₩350,000

③ ₩450,000 ④ ₩550,000

06 정답 ①

해설

매출채권

초	500,000	⊖ 현금회수	600,000
		⊖ 대손확정	?
⊕ 매출액	800,000	말	450,000
	1,300,000		1,300,000

대손확정액 = ₩1,300,000 − ₩1,050,000 = ₩250,000

대손충당금

⊖ 대손확정	250,000	초	50,000
말	50,000	⊕ 대손상각비	?
	300,000		300,000

대손상각비 = ₩300,000 − ₩50,000 = ₩250,000

[09-01] 매출차감

07 <보기>는 ㈜서울의 12월 중 매출거래 내역이다. ㈜서울은 계속기록법을 적용하고 있으며, 내부 관리목적상 매출환입 및 에누리계정과 매출할인계정을 사용하여 회계처리하고 있다. ㈜서울의 12월 중 순매출액은?

2024 서울시 7급

<보기>

- 12월 1일 ㈜대한에게 5/10, n/30의 신용조건으로 상품₩100,000을 외상으로 판매하였다.
- 12월 8일, 12월 1일 판매한 상품 중 ₩10,000이 품질하자 등의 이유로 ㈜대한으로부터 반송되었다.
- 12월 9일 ㈜대한으로부터 외상판매 대금을 전부 회수하였다.

① ₩82,500 ② ₩85,500

③ ₩88,500 ④ ₩90,500

07 정답 ②

해설 '5/10, n/30'의 조건이므로 10일 내에 결제하는 경우 5%의 할인이 발생한다.

순매출액 = (총매출액 ₩100,000 - 매출환입(반품) ₩10,000) × (1 - 매출할인 5%) = ₩90,000 - ₩4,500 = ₩85,500

08 ㈜한국은 2016년 10월 1일 거래처의 파산으로 매출채권 ₩2,000을 회수할 수 없게 되었으며,대손에 대한 회계처리는 충당금설정법을 적용하고 있다. 2015년과 2016년의 매출채권 관련 자료가 다음과 같을 때, 2016년 12월 31일 대손충당금 설정에 대한 분개로 옳은 것은? (단, 2015년 초 대손충당금 잔액은 없으며, 미래현금흐름추정액의 명목금액과 현재가치의 차이는 중요하지 않다)

2016 국가직 7급

구분	2015년 말	2016년 말
매출채권	₩100,000	₩120,000
추정미래현금흐름	₩96,000	₩118,900

	차변		대변	
①	대손상각비	₩900	대손충당금	₩900
②	대손상각비	₩1,100	대손충당금	₩1,100
③	대손충당금	₩900	대손충당금환입	₩900
④	대손충당금	₩1,100	대손충당금환입	₩1,100

08 **정답** ③

해설 ㄱ. 결과: ₩120,000 − ₩118,900 = ₩1,100

ㄴ. 잔액: 기초(₩100,000 − ₩96,000) − 대손발생 ₩2,000 = ₩2,000

ㄷ. 보충: ₩1,100 − ₩2,000 = (−)₩900

09 ㈜대한의 기초 및 기말 재무상태표의 매출채권 잔액은 각각 ₩1,000,000과 ₩2,000,000이고, 기초 매출채권 중 절반이 당기 중에 현금으로 회수되었다. ㈜대한의 당기 매출원가 및 매출총이익률이 각각 ₩7,500,000과 25%인 경우에 ㈜대한의 당기 매출액 중 현금 회수액은?　2019 국가직 7급

① ₩7,000,000　② ₩7,500,000　③ ₩8,000,000　④ ₩8,500,000

10 20×1년 초 ㈜한국은 거래처에 상품을 판매하고 액면금액 ₩100,000인 무이자부어음(6개월 만기)을 수취하였다. ㈜한국은 3개월간 해당 어음을 보유한 후 거래은행에 연 10%로 할인받았다. ㈜한국이 받을어음 소유에 따른 위험과 보상의 대부분을 거래은행에 이전하였다면 받을어음 할인 시점에 인식할 매출채권처분손실은? (단, 이자는 월할 계산한다)　2024 국가직·관세직 9급

① ₩0　② ₩2,500　③ ₩3,000　④ ₩5,000

정답과 해설

09 **정답** ④

해설 매출총이익률이 주어진 경우 1차적으로 매출원가율을 이용하여 접근한다.

매출원가율 = 1 - 매출총이익률 25% = 75%

매출액 × 매출원가율 75% = 매출원가 ₩7,500,000

매출액 = ₩10,000,000

매출채권

초	1,000,000	⊖ 현금회수	?
⊕ 매출액	10,000,000	말	2,000,000
	11,000,000		11,000,000

현금회수액 = ₩11,000,000 - ₩2,000,000 = ₩9,000,000

기초 매출채권 중 현금회수액 = 기초 매출채권 ₩1,000,000 × 50% = ₩500,000

당기 매출액 중 현금회수액 = 총 현금회수액 ₩9,000,000 - 기초 매출채권 중 현금회수액 ₩500,000 = ₩8,500,000

10 **정답** ②

해설 (1) 만기가치 = ₩100,000

(2) 할인액 = ₩100,000 × 할인율 10% × 3/12 = ₩2,500

※ 무이자부어음의 경우 할인액이 곧 처분손실이 된다.

(3) 수령액 = ₩100,000 - ₩2,500 = ₩97,500

(4) 어음 장부금액 = ₩100,000

(5) 어음처분손익 = 처분금액 ₩97,500 - 장부금액 ₩100,000 = (-)₩2,500

[별해]

처분손익(간편법) ≒ ₩100,000 × (0% - 10%) × 3/12 = (-)₩2,500

11 20×1년 1월 1일에 ㈜한국은 20×1년 12월 31일부터 대년 말 ₩100,000씩 3년간 수취하는 조건으로 상품을 할부판매하였다. 이 상품의 현금판매가격은 ₩257,710으로 취득 당시의 유효이자율 8%를 반영하여 결정된 것이다. 유효이자율법을 적용하여 회계처리하는 경우, 20×1년 12월 31일 판매대금 ₩100,000을 회수할 때 인식하여야 하는 이자수익은? (단, 계산금액은 소수점 첫째자리에서 반올림한다.)

2012 감정평가사

① ₩8,000   ② ₩16,000   ③ ₩20,617

④ ₩22,266   ⑤ ₩24,000

12 ㈜한국은 제조업을 영위하는 기업으로 20x1년 말 ₩3,000,000에 해당하는 매출채권 포트폴리오를 갖고 있으며 한 지역에서만 영업한다. ㈜한국의 고객들은 다수의 작은 고객들로 구성되어 있으며 유의적인 금융요소가 없다. 20x1년 초 손실충당금 (대손충당금) 잔액은 ₩20,000이다. 20x1년 중 회수가 불가능하게 되어 장부에서 제거한 매출채권은 ₩7,500이고, 20x0년에 회수불능으로 장부에서 제거한 매출채권 ₩3,000을 20x1년 중에 다시 회수하였다. ㈜한국은 매출채권의 기대신용손실을 결정하기 위하여 충당금 설정률표를 이용한 결과 20x1년 말의 손실충당금 잔액을 ₩58,500으로 추정하였다. ㈜한국의 매출채권과 관련한 회계처리가 당기순이익에 미치는 영향을 계산하시오.

2021 보험계리사

① ₩15,500 감소   ② ₩38,500 감소

③ ₩43,000 감소   ④ ₩58,500 감소

정답과 해설

11 **정답** ③

해설 이자수익 = ₩257,710 × 8% = ₩20,617

참고로 만기까지 유효이자율 상각표를 그리면 다음과 같다.

일자	유효이자(8%)	회수액	원금회수액	장부금액
20X1. 1. 1.				257,710
20X1. 12. 31.	20,617	100,000	79,383	178,327
20X2. 12. 31.	14,266	100,000	85,734	92,593
20X3. 12. 31.	7,407	100,000	92,593	0

12 **정답** ③

해설 ㄱ. 결과: ₩58,500

ㄴ. 잔액: 기초 ₩20,000 - 대손확정 ₩7,500 + 대손회수 ₩3,000 = ₩15,500

ㄷ. 보충: ₩58,500 - ₩15,500 = ₩43,000

13 12월 결산법인인 서울㈜의 20×1년 1월 1일 외상매출금은 ₩1,100,000, 대손충당금은 ₩80,000 이다. 20×1년 중 ₩3,000,000의 외상매출이 발생하였으며, 이 중 매출환입은 ₩100,000이다. 20×1년 중 외상매출금의 회수액은 ₩2,500,000이며, ₩100,000의 외상매출금이 회수불능으로 대손처리되었고, 대손처리한 외상매출금 중 ₩50,000이 회수되었다. 서울㈜는 회수불능채권에 대하여 대손충당금을 설정하고 있으며, 매출채권 비율기준에 따라 매출채권의 5%를 회수불능채권 으로 추정할 경우 20×1년 대손상각비는 얼마인가?

2014 서울시 9급

① ₩25,000 　　　　② ₩40,000 　　　　③ ₩55,000

④ ₩70,000 　　　　⑤ ₩100,000

13 **정답** ②

해설 매출액 = 외상매출 ₩3,000,000 - 매출환입 ₩100,000 = ₩2,900,000

매출채권

초	1,100,000	⊖ 현금회수	2,500,000
		⊖ 대손확정	100,000
⊕ 매출액	2,900,000	말	?
	4,000,000		4,000,000

기말 매출채권 = ₩4,000,000 - ₩2,600,000 = ₩1,400,000

기말 대손충당금 = ₩1,400,000 × 5% = ₩70,000

대손충당금

⊖ 대손확정	100,000	초	80,000
		⊕ 대손회수	50,000
말	70,000	⊕ 대손상각비	?
	170,000		170,000

대손상각비 = ₩170,000 - ₩130,000 = ₩40,000

14 ㈜한국의 2012년 초 매출채권은 ₩100,000이며 대손충당금은 ₩10,000이었다 그리고 ㈜한국의 2012년도 상품매출은 ₩1,000,000이며 상품의 하자로 인한 매출에누리가 ₩20,000이었다. 또한 2012년 중 고객으로부터의 판매대금 회수금액은 ₩700,000이었으며, 대손확정액은 ₩5,000이었다. 2012년 말 매출채권 손상에 대해 평가를 한 결과 미래현금흐름의 현재가치가 ₩290,000으로 추정될 때, ㈜한국이 당기비용으로 인식할 대손상각비는? 2013 국가직 7급

① ₩70,000 ② ₩75,000 ③ ₩80,000 ④ ₩85,000

15 다음 자료를 이용하여 계산한 ㈜관세의 기말 매출채권 잔액은? 2018 관세사

> ○ 기초 매출채권은 ₩10,000이고, 당기 매출채권 현금회수액은 ₩40,000이며, 당기 현금매출액은 ₩7,000이다.
> ○ 기초와 기말의 상품재고액은 각각 ₩16,000과 ₩22,000이며, 당기상품매입액은 ₩32,000이다.
> ○ 당기 매출총이익은 ₩13,000이다.

① ₩0 ② ₩1,000 ③ ₩2,000
④ ₩22,000 ⑤ ₩35,000

정답과 해설

14 **정답** ③

해설 매출액 = 상품매출 ₩1,000,000 - 매출에누리 ₩20,000 = ₩980,000

매출채권

초	100,000	⊖ 현금회수	700,000
		⊖ 대손확정	5,000
⊕ 매출액	980,000	말	?
	1,080,000		1,080,000

기말 매출채권 = ₩1,080,000 - ₩705,000 = ₩375,000

기말 대손충당금 = 기말 매출채권 ₩375,000 - 회수가능액(미래현금흐름의 현재가치) ₩290,000 = ₩85,000

대손충당금

⊖ 대손확정	5,000	초	10,000
말	85,000	⊕ 대손상각비	?
	90,000		90,000

대손상각비 = ₩90,000 - ₩10,000 = ₩80,000

15 **정답** ③

해설 매출총이익 혹은 매출총이익률이 주어지면 매출원가로 풀어간다.

매출원가 = 기초재고 ₩16,000 + 당기매입 ₩32,000 - 기말재고 ₩22,000 = ₩26,000

매출액 = 매출원가 ₩26,000 + 매출총이익 ₩13,000 = ₩39,000

외상매출액 = 매출액 ₩39,000 - 현금매출액 ₩7,000 = ₩32,000

매출채권

초	10,000	⊖ 현금회수	40,000
⊕ 외상매출액	32,000	말	?
	42,000		42,000

기말 매출채권 = ₩42,000 - ₩40,000 = ₩2,000

16 다음은 ㈜한국의 매출채권 및 대손에 대한 자료이다. 기말 매출채권 잔액에 대한 미래 현금흐름을 추정하여 ₩4,500이 회수될 것으로 예상하였다. 20x1년 ㈜한국이 매출채권에 대해 인식할 손상차손(대손상각비)은 얼마인가?

2020 보험계리사

- 20x1년 1월 1일 대손충당금 기초잔액 ₩2,000
- 20x1년 3월 1일 회수불능으로 판단된 매출채권 ₩3,000
- 20x1년 7월 1일 전기 대손처리된 ₩1,500 매출채권 회수
- 20x1년 10월 1일 당기 대손처리된 매출채권 중 ₩500 회수
- 20x1년 12월 31일 기말수정분개 이전 매출채권 잔액 ₩8,000

① ₩2,000 　② ₩2,500

③ ₩3,000 　④ ₩3,500

정답과 해설

16 **정답** ②

해설 대손회수액 = 전기 대손처리 회수 ₩1,500 + 당기 대손처리 회수 ₩500 = ₩2,000

기말 대손충당금 = 기말수정분개 이전 매출채권 잔액 ₩8,000 - 회수 예상액 ₩4,500 = ₩3,500

대손충당금

⊖ 대손확정	3,000	초	2,000
		⊕ 대손회수	2,000
말	3,500	⊕ 대손상각비	?
	6,500		6,500

대손상각비 = ₩6,500 - ₩4,000 = ₩2,500

[별해]

'결-잔-보'를 이용하여 다음과 같이 풀이하는 것도 가능하다.

ㄱ. 결과: 기말수정분개 이전 매출채권 잔액 ₩8,000 - 회수 예상액 ₩4,500 = ₩3,500

ㄴ. 잔액: 기초(전기말) ₩2,000 - 대손확정 ₩3,000 + 매출채권 회수 ₩2,000 = ₩1,000

ㄷ. 보충: ₩3,500 - ₩1,000 = ₩2,500

17 다음 자료를 이용하여 계산한 ㈜관세의 기말 순매출채권은?

> ○ 기초 순매출채권은 ₩10,000이다.
>
> ○ 당기 중 매출채권 ₩2,000이 회수불능으로 판단되었다.
>
> ○ 당기에 고객으로부터 유입된 현금은 ₩30,000이다.
>
> ○ 당기 포괄손익계산서상 매출액은 ₩40,000이고 매출채권손상차손은 ₩3,000이다.

① ₩14,000　　　② ₩15,000　　　③ ₩16,000

④ ₩17,000　　　⑤ ₩18,000

정답과 해설

17 **정답** ④

해설 매출채권과 대손충당금을 통합한 순액 T계정은 다음과 같이 그릴 수 있다.

매출채권(순액)

초(순액)	10,000	⊖ 현금회수	30,000
		⊖ 대손상각비	3,000
⊕ 매출액	40,000	말(순액)	?
	50,000		50,000

기말 순매출채권 = ₩50,000 - ₩33,000 = ₩17,000

18 ㈜한국은 2011년 3월 1일에 상품판매대금 ₩400,000을 만기 3개월의 어음(액면이자율 연 9%)으로 수령하였다. ㈜한국은 5월 1일에 대한은행에서 연 12% 이자율로 동 어음을 할인하였다. 이 받을어음의 할인이 금융자산 제거조건을 충족할 때, ㈜한국이 행할 회계처리는? (단, 이자는 월할 계산한다)

2013 국가직 7급

①	(차변)	현금	₩404,910	(대변)	매출채권	₩400,000
		금융자산처분손실	₩1,090		이자수익	₩6,000
②	(차변)	현금	₩404,800	(대변)	매출채권	₩400,000
		금융자산처분손실	₩1,200		이자수익	₩6,000
③	(차변)	현금	₩406,000	(대변)	매출채권	₩400,000
		금융자산처분손실	₩3,000		이자수익	₩9,000
④	(차변)	현금	₩402,000	(대변)	매출채권	₩400,000
		금융자산처분손실	₩2,000		이자수익	₩4,000

19 ㈜관세는 20×1년 1월 1일에 상품판매대가로 이자부약속어음(6개월 만기, 액면 ₩10,000, 표시이자율 연 6%)을 받았고, 4개월 후인 5월 1일에 은행에서 연 12%의 이자율로 할인하였다. 받을어음의 할인이 제거요건을 충족한다면, 어음의 할인으로 인해 ㈜관세가 20×1년 5월 1일에 인식할 채권처분손실은 얼마인가?

2015 관세사

① ₩100 ② ₩106 ③ ₩200
④ ₩206 ⑤ ₩300

18 정답 ①

해설 (1) 만기가치 = ₩400,000 + ₩400,000 × 9% × 3/12 = ₩409,000

(2) 할인액 = ₩409,000 × 12% × 1/12 = ₩4,090

(3) 수령액 = ₩409,000 − ₩4,090 = ₩404,910

(4) 어음 장부금액 = ₩400,000 + 미수이자 ₩400,000 × 9% × 2/12 = ₩406,000

(5) 금융자산처분손익 = 처분금액(수령액) ₩404,910 − 장부금액 ₩406,000 = (−)₩1,090

[별해]

모든 보기의 금융자산처분손실이 다르므로 다음과 같이 금융자산처분손익을 간편법으로 구하여 풀 수 있다.

처분손익(간편법) ≒ ₩400,000 × (9% − 12%) × 1/12 = (−)₩1,000

처분손실은 간편법으로 구한 ₩1,000보다 약간 더 큰 ₩1,090이 된다.

19 정답 ②

해설 처분손익(간편법) ≒ ₩10,000 × (6% − 12%) × 2/12 = (−)₩100

처분손실은 간편법으로 구한 ₩100보다 약간 더 큰 ₩106이 된다.

20 ㈜한국의 20×8년 손실충당금(대손충당금) 기초잔액은 ₩30이고 20×8년 12월 31일에 매출채권 계정을 연령별로 채무불이행률을 검사하고, 다음의 연령분석표를 작성하였다.

결제일 경과기간	매출채권	채무불이행률
미경과	₩90,000	1%
1일~30일	₩18,000	2%
31일~60일	₩9,000	5%
61일~90일	₩6,000	15%
91일 이상	₩4,000	30%

20×9년 1월 10일에 거래처인 ㈜부도의 파산으로 인해 매출채권 ₩4,500의 회수불능이 확정되었다. ㈜한국이 20×9년 1월 10일 인식할 손상차손(대손상각비)은?

2019 국가직 7급

① ₩630   ② ₩660

③ ₩690   ④ ₩720

정답과 해설

20 **정답** ③

해설 20X8년 말 대손충당금 설정액 = ₩90,000 × 1% + ₩18,000 × 2% + ₩9,000 × 5% + ₩6,000 × 15% + ₩4,000 × 30% = ₩900 + ₩360 + ₩450 + ₩900 + ₩1,200 = ₩3,810

20X9년 1월 10일의 회계처리는 다음과 같다.

(차)	대손충당금	3,810	(대)	매출채권	4,500
	대손상각비	690			

※ 이 문제에 대해 '왜 기초잔액 ₩30은 풀이에 반영해 주지 않나요?'라는 질문을 많이 한다. 20X9년 기초잔액이 아닌 20X8년 기초 대손충당금 잔액은 20X9년 손상차손에 영향을 주지 않는다. 20X8년 말 대손충당금(결과)은 20X8년 기초 대손충당금 잔액이 얼마이든지 상관없이 다음과 같이 ₩3,810이 된다 시험 문제의 난이도를 높이는 방법 중 하나가 풀이에 필요 없는 자료를 제시하는 것이다.

20X8년 결산 전 잔액이	₩30인 경우	₩1,000인 경우	₩4,000인 경우
ㄱ. 결과	₩3,810	₩3,810	₩3,810
ㄴ. 잔액	₩30	₩1,000	₩4,000
ㄷ. 보충	₩3,780	₩2,810	(-)₩190

주요 Topic 및 출제경향

주요 Topic	취득	평가	처분
	01 분류 및 취득원가 ★	02 평가손익 ★★★★ 03 손상차손과 분류변경 ★	04 처분손익 ★★★★

▶ **9급 출제경향**(●국가직 ■관세직 ◆지방직 ○서울시)

구분	15	16	17	18	19	20	21	22	23	24	25
10.1 분류 및 취득원가	●■			○				■			
10.2 평가손익	○	◆							◆	◆	◆
평가손익(채권)			●■								
10.3 손상차손과 분류변경				◆							
10.4 처분손익	●◆	◆○			○	◆	■◆	●■			
처분손익(채권)					■◆						

▶ **7급 출제경향**(▲국가직 △서울시)

구분	15	16	17	18	19	20	21	22	23	24	-
10.1 분류 및 취득원가			▲								
10.2 평가손익	▲	▲									
평가손익(채권)		△				△			▲	△	
10.3 손상차손과 분류변경	▲						△	▲△			
10.4 처분손익					△	△					
처분손익(채권)			△	▲							

구분	기본	필수	응용	심화	합계
10.1 분류 및 취득원가	3	1	2	0	6
10.2 평가손익	2	2	3	0	7
평가손익(채권)	0	2	4	1	7
10.3 손상차손과 분류변경	0	1	1	1	3
10.4 처분손익	4	2	7	2	15
처분손익(채권)	1	1	0	1	3
합계	10	9	17	5	41

기본문제

[10-01] 분류 및 취득원가

01 금융자산 및 기업 간 투자에 대한 설명으로 옳은 것은?　　　　　2015 국가직·관세직 9급 수정

① 관계기업투자주식을 보유한 기업이 피투자회사로부터 배당금을 받는 경우 관계기업투자주식의 장부가액은 증가한다.

② 타회사가 발행한 채무증권의 취득 금액이 해당 기업의 보통주 가격의 20% 이상이 되는 경우, 해당 기업의 경영에 유의적인 영향력을 미칠 수 있기에 관계기업투자로 분류한다.

③ 금융자산이 계약 조건에 따라 특정일에 원리금 지급만으로 구성되어 있는 현금흐름이 발생하며, 회사가 이를 계약상 현금흐름을 수취하기 위해 보유하는 것이 목적인 사업모형하에서 보유하는 경우 해당 금융자산을 당기손익-공정가치로 측정한다.

④ 금융자산이 계약 조건에 따라 특정일에 원리금 지급만으로 구성되어 있는 현금흐름이 발생하며, 회사가 이를 계약상 현금흐름의 수취와 금융자산의 매도 둘 다를 통해 목적을 이루는 사업모형하에서 보유하는 경우 해당 금융자산을 기타포괄손익-공정가치로 측정한다.

정답과 해설

01 **정답** ④

해설 ① 피투자회사로부터 배당금을 받는 경우에는 관계기업투자주식의 장부금액을 감소시킨다.

② 지분증권이 아닌 채무증권은 어떠한 경우에도 관계기업투자로 분류할 수 없다.

③ 금융자산이 계약 조건에 따라 특정일에 원리금 지급만으로 구성되어 있는 현금흐름이 발생하며, 회사가 이를 계약상 현금흐름을 수취하기 위해 보유하는 것이 목적인 사업모형하에서 보유하는 경우 해당 금융자산을 상각후원가로 측정한다.

02 금융자산에 대한 설명으로 옳은 것은? 2022 관세직 9급

① 금융자산은 상각후원가로 측정하거나 기타포괄손익 - 공정가치로 측정하는 경우가 아니라면, 당기손익 - 공정가치로 측정한다.

② 계약상 현금흐름을 수취하기 위해 보유하는 것이 목적인 사업모형하에서 금융자산을 보유하고, 계약 조건에 따라 특정일에 원금과 원금잔액에 대한 이자 지급만으로 구성되어 있는 현금흐름이 발생한다면 금융자산을 기타포괄손익 - 공정가치로 측정한다.

③ 계약상 현금흐름의 수취와 금융자산의 매도 둘 다를 통해 목적을 이루는 사업모형하에서 금융자산을 보유하고, 계약조건에 따라 특정일에 원리금 지급만으로 구성되어 있는 현금흐름이 발생한다면 금융자산을 상각후원가로 측정한다.

④ 당기손익 - 공정가치로 측정되는 지분상품에 대한 특정 투자에 대하여는 후속적인 공정가치 변동을 기타포괄손익으로 표시하도록 최초 인식시점에 선택할 수도 있다. 다만, 한번 선택했더라도 이를 취소할 수 있다.

---

02 정답 ①

해설 ② 계약상 현금흐름을 수취하기 위해 보유하는 것이 목적인 사업모형하에서 금융자산을 보유하고, 계약 조건에 따라 특정일에 원금과 원금잔액에 대한 이자 지급만으로 구성되어 있는 현금흐름이 발생한다면 금융자산을 '상각후원가'로 측정한다.
③ 계약상 현금흐름의 수취와 금융자산의 매도 둘 다를 통해 목적을 이루는 사업모형하에서 금융자산을 보유하고, 계약조건에 따라 특정일에 원리금 지급만으로 구성되어 있는 현금흐름이 발생한다면 금융자산을 '기타포괄손익 - 공정가치'로 측정한다.
④ 당기손익 - 공정가치로 측정되는 지분상품에 대한 특정 투자에 대하여는 후속적인 공정가치 변동을 기타포괄손익으로 표시하도록 최초 인식시점에 선택할 수도 있다. 다만, 한번 선택하면 이를 취소할 수 없다.

【지분증권】

03 ㈜대한은 2016년 초에 ㈜민국의 주식 10주를 ₩300,000(@₩30,000)에 취득하고 수수료 ₩20,000을 별도로 지급하였으며, 동 주식을 당기손익-공정가치 측정(FVPL) 금융자산으로 분류하였다. 2016년 말 동 주식의 공정가치가 주당 ₩34,000일 때, ㈜대한이 동주식에 대하여 인식해야 할 평가이익은?

2016 지방직 9급 수정

① ₩10,000   ② ₩20,000

③ ₩30,000   ④ ₩40,000

04 ㈜한국은 20×1년 1월 초 A사 지분상품을 ₩10,000에 매입하면서 매입수수료 ₩500을 현금으로 지급하고, 기타포괄손익 - 공정가치 측정 금융자산으로 분류하였다. 20×1년 12월 말 A사 지분상품의 공정가치가 ₩8,000이라면, 20×1년 말 ㈜한국이 인식할 A사 지분상품 관련 평가손익은?

2023 지방직 9급

① 금융자산평가손실(당기손익) ₩2,000
② 금융자산평가손실(기타포괄손익) ₩2,000
③ 금융자산평가손실(당기손익) ₩2,500
④ 금융자산평가손실(기타포괄손익) ₩2,500

정답과 해설

03 정답 ④

해설 평가이익 = (공정가치 ₩34,000 - 취득원가 ₩30,000) × 10주 = ₩40,000
FVPL 금융자산 취득시 발생하는 거래원가는 취득원가에 가산하지 않고 당기비용으로 인식한다.

04 정답 ④

해설 금융자산 취득원가 = 매입액 ₩10,000 + 매입수수료 ₩500 = ₩10,500
금융자산평가손익 = 공정가치 ₩8,000 - 장부금액 ₩10,500 = (-)₩2,500
기타포괄손익 - 공정가치 측정 금융자산이므로 평가손실 ₩2,500은 기타포괄손익으로 보고한다.

 ㈜한국의 다음 20×1년 주식 거래가 당기순이익에 미치는 영향은?　　2024 지방직 9급

> ○ 2월 27일: A주식(당기손익 - 공정가치 측정 금융자산)을 ₩120,000에 매입하고 거래수수료로
>   ₩5,000을 지출하였다.
> ○ 10월 6일: B주식(기타포괄손익 - 공정가치 측정 금융자산)을 ₩90,000에 매입하고 거래수수료로
>   ₩2,000을 지출하였다.
> ○ 결산일 현재 공정가치는 A주식 ₩117,000, B주식 ₩99,000이다.

① ₩3,000 증가　　　　② ₩6,000 증가

③ ₩8,000 감소　　　　④ ₩10,000 감소

[10-04]　처분손익

【지분증권】

06 ㈜대한은 2014년 12월 1일에 ㈜민국의 주식을 ₩1,500,000에 취득하고 기타포괄손익-공정가치 측정(FVOCI) 선택 금융자산으로 분류하였다. 동 주식의 공정가치는 2014년 말 ₩1,450,000이었으며, 2015년 말 ₩1,600,000이었다. ㈜대한이 2016년 중에 동 주식을 ₩1,650,000에 처분하였을 경우, 2016년의 당기순이익 및 총포괄이익에 미치는 영향은? (단, 세금효과는 고려하지 않는다)

2016 지방직 9급 수정

	당기순이익	총포괄이익
①	₩150,000 증가	₩50,000 증가
②	₩150,000 증가	₩150,000 증가
③	영향 없음	₩50,000 증가
④	₩50,000 증가	₩100,000 감소

정답과 해설

05 **정답** ③

해설 FVOCI 금융자산의 매입 수수료는 취득원가에 가산하지만, FVPL 금융자산의 매입수수료는 당기비용으로 인식한다.
FVPL 금융자산 평가손실 = A주식 공정가치 ₩117,000 - A주식 취득원가 ₩120,000 = (-)₩3,000
FVOCI 금융자산(B주식)의 평가손익은 기타포괄손익으로 보고한다.
당기순이익에 미치는 영향 = FVPL 거래수수료 (-)₩5,000 + FVPL 금융자산 평가손실 (-)₩3,000 = (-)₩8,000

06 **정답** ③

해설 FVOCI 선택 금융자산의 경우 당기손익으로 보고하는 처분손익이 발생하지 않는다.
다만 처분일까지의 공정가치 변동을 금융자산평가손익(기타포괄손익)으로 인식하므로 총포괄이익에는 영향을 준다.
처분일까지의 평가손익 = 처분금액 ₩1,650,000 - 장부금액 ₩1,600,000 = ₩50,000(OCI)

07 ㈜한국은 20×1년 중에 지분증권을 ₩6,000에 현금으로 취득하였으며, 이 가격은 취득시점의 공정가치와 동일하다. 지분증권 취득 시 매매수수료 ₩100을 추가로 지급하였다. 동 지분증권의 20×1년 말 공정가치는 ₩7,000이며, ㈜한국은 20×2년 초에 지분증권 전부를 ₩7,200에 처분하였다. ㈜한국이 지분증권을 취득 시 기타포괄손익 - 공정가치 측정 금융자산으로 분류한 경우 20×1년과 20×2년 당기순이익에 미치는 영향은?

2020 지방직 9급

	20×1년 당기순이익에 미치는 영향	20×2년 당기순이익에 미치는 영향
①	₩900 증가	₩1,100 증가
②	₩1,000 증가	₩1,100 증가
③	영향 없음	₩900 증가
④	영향 없음	영향 없음

08 ㈜한국은 20×1년 중에 ㈜민국의 지분상품을 ₩80,000에 취득하고, 이를 기타포괄손익 - 공정가치측정금융자산으로 선택분류하였다. 이 지분상품의 20×1년 말, 20×2년 말 공정가치는 각각 ₩70,000, ₩110,000이다. ㈜한국이 20×3년에 이 지분상품을 ₩90,000에 모두 처분하였을 경우 처분손익은? (단, 거래원가는 없다)

2021 지방직 9급

① ₩0

② 처분손실 ₩10,000

③ 처분이익 ₩10,000

④ 처분손실 ₩20,000

09 다음은 ㈜한국이 20×1년과 20×2년에 ㈜대한의 지분상품을 거래한 내용이다.

20×1년			20×2년
취득금액	매입수수료	기말 공정가치	처분금액
₩1,000	₩50	₩1,100	₩1,080

동 지분상품을 당기손익 – 공정가치 측정 금융자산 또는 기타포괄손익 – 공정가치 측정 금융자산으로 분류하였을 경우, 옳지 않은 것은?

2022 국가직·관세직 9급

① 당기손익 – 공정가치 측정 금융자산으로 분류할 경우, 20×1년 당기이익이 ₩50 증가한다.

② 기타포괄손익 – 공정가치 측정 금융자산으로 분류할 경우, 20×1년 기타포괄손익누계액이 ₩50 증가한다.

③ 당기손익 – 공정가치 측정 금융자산으로 분류할 경우, 20×2년 당기이익이 ₩20 감소한다.

④ 기타포괄손익 – 공정가치 측정 금융자산으로 분류할 경우, 20×2년 기타포괄손익누계액이 ₩30 감소한다.

【채무증권】

10 ㈜한국은 20×1년 초 채무상품 A를 ₩950,000에 취득하고, 상각후원가 측정 금융자산으로 분류하였다. 채무상품 A로부터 매년 말 ₩80,000의 현금이자를 수령하며, 취득일 현재 유효이자율은 10%이다. 채무상품 A의 20×1년 말 공정가치는 ₩980,000이며, 20×2년 초 해당 채무상품 A의 50%를 ₩490,000에 처분하였을 때 ㈜한국이 인식할 처분손익은?

2019 지방직 9급

① 처분손실 ₩7,500

② 처분손익 ₩0

③ 처분이익 ₩7,500

④ 처분이익 ₩15,000

정답과 해설

09 정답 ④

해설

	20×1년	20×2년
FVPL	당기손익에 미치는 영향 = 매입수수료 (-)₩50 + 평가손익 (+)₩100 = (+)₩50	당기손익에 미치는 영향(처분시점의 재측정손익) = ₩1,080 - ₩1,100 = (-)₩20
FVOCI	기타포괄손익에 미치는 영향 = 기말 공정가치 ₩1,100 - 취득원가 ₩1,050 = (+)₩50	기타포괄손익에 미치는 영향(처분시점의 재측정손익) = ₩1,080 - ₩1,100 = (-)₩20

10 정답 ③

해설

일자	유효이자	액면이자	상각액	상각후원가
20X1년 초				₩950,000
20X1년 말	₩95,000	₩80,000	₩15,000	₩965,000

금융자산 처분이익 = 처분금액 ₩490,000 - 상각후원가 ₩965,000 × 50% = ₩490,000 - ₩482,500 = ₩7,500

[10-01] 분류 및 취득원가

11 다음 거래로 취득한 금융자산의 세부분류와 측정금액은?   2017 국가직 7급 수정

> ㈜한국은 한국거래소에서 투자목적으로 ㈜서울의 주식 1주를 ₩10,000에 구입하고 수수료 ₩1,000을 지급하였다. ㈜한국은 당해 주식을 단기매매 목적으로 취득하였다.

① 당기손익-공정가치 측정(FVPL) 금융자산 ₩11,000

② 기타포괄손익-공정가치 측정(FVOCI) 금융자산 ₩11,000

③ 당기손익-공정가치 측정(FVPL) 금융자산 ₩10,000

④ 기타포괄손익-공정가치 측정(FVOCI) 선택 금융자산 ₩10,000

11 정답 ③

해설 투자목적으로 취득한 지분상품은 당기손익-공정가치 측정(FVPL) 금융자산으로 분류한다. 회사의 선택에 따라 기타포괄손익-공정가치 측정(FVOCI) 금융자산으로 선택할 수도 있으나, 단기매매 목적으로 취득한 경우에는 이러한 선택을 할 수 없다. FVPL에 해당하는 경우에 거래원가(수수료)는 취득원가(공정가치)에 가산하지 않고 당기비용으로 인식한다.

【지분증권】

12 ㈜한국은 2015년 중 단기매매 목적으로 ㈜대한과 ㈜민국의 주식을 다음과 같이 매입하였다. 취득 시 총 매입금액의 1%인 ₩8,200을 거래수수료로 지급하였다. 주식의 주당 취득원가와 결산일인 2015년 12월 31일 현재 주식의 주당 공정가치 다음과 같을 경우, 주식평가에 대한 회계처리로 옳은 것은?

2015 국가직 7급 수정

구분	보유수량	주당 취득원가	주당 공정가치
㈜대한	100주	₩8,000	₩10,000
㈜민국	10주	₩2,000	₩3,000

① (차변) FVPL금융자산　₩201,800　(대변) 금융자산평가이익　₩201,800

② (차변) FVPL금융자산　₩210,000　(대변) 금융자산평가이익　₩210,000

③ (차변) FVOCI금융자산　₩201,800　(대변) 금융자산평가이익　₩201,800

④ (차변) FVOCI금융자산　₩210,000　(대변) 금융자산평가이익　₩210,000

13 ㈜한국은 2016년 중 장기보유 목적으로 A주식을 매입하여 기타포괄손익-공정가치 측정(FVOCI) 금융자산으로 선택분류하였고, 단기시세차익 목적으로 B주식을 매입하였다. ㈜한국은 2016년 말 A주식과 B주식을 보유하고 있으며, 두 주식에 대한 취득원가와 공정가치는 다음과 같다. 2016년 말 재무제표에 미치는 영향으로 옳지 않은 것은? (단, 취득한 주식은 발행기업에 유의한 영향을 미치지 않는다)

2016 국가직 7급 수정

종목	취득원가	2016년 말 공정가치
A주식	₩100,000	₩90,000
B주식	₩60,000	₩70,000

① 당기순이익이 ₩10,000 증가한다.

② 기타포괄손익이 ₩10,000 감소한다.

③ 이익잉여금은 변하지 않는다.

④ 총포괄손익은 변하지 않는다.

정답과 해설

12 **정답** ②

해설 단기매매목적의 지분증권을 취득하는 경우 FVOCI 금융자산으로 선택할 수 없고 FVPL금융자산으로 분류한다. FVPL의 경우 거래수수료는 취득원가에 가산하지 않고 당기비용 처리하므로 기말에 인식할 금융자산평가이익은 ㈜대한 100주 × (₩10,000 - ₩8,000) + ㈜민국 10주 × (₩3,000 - ₩2,000) = ₩210,000이 된다.

13 **정답** ③

해설 기타포괄손익-공정가치 측정(FVOCI) 금융자산에 해당하는 A주식에 대한 평가손실 ₩10,000은 기타포괄손익으로 보고한다. 단기매매 목적의 B주식은 FVPL금융자산에 해당하므로 평가이익 ₩10,000은 당기손익으로 보고한다. 당기손익으로 보고하는 FVPL평가이익 ₩10,000은 결산과정에서 이익잉여금으로 대체되므로 그 결과 이익잉여금도 ₩10,000 증가하게 된다. 당기순이익(FVPL 평가이익 ₩10,000)과 기타포괄손익(FVOCI 평가손실 ₩10,000)의 합계인 총포괄손익은 ₩0이 된다.

14 20×1년 1월 1일 ㈜한국은 채무상품을 ₩952,000에 발행하였다. 채무상품과 관련된 자료는 다음과 같다.

> ○ 액면금액: ₩1,000,000(만기 3년)
> ○ 표시이자율: 연 10%(매년 말 이자지급)

㈜대한은 20×1년 4월 1일 ㈜한국이 발행한 채무상품을 ₩981,000(미수이자 포함)에 취득하여 상각후원가 측정 금융자산으로 분류하였다. ㈜대한이 채무상품의 취득일부터 만기일까지 인식할 총 이자수익은? (단, ㈜대한은 20×3년 말까지 채무상품을 보유하고 있다)   2023 국가직 7급

① ₩294,000 ② ₩300,000
③ ₩319,000 ④ ₩348,000

15 ㈜서울은 20X1년 초 회사채(액면금액 ₩10,000, 표시이자율 5%, 이자는 매년 말 후급, 만기 20X3년 말)를 ₩8,800에 구입하고, 상각후원가측정(AC) 금융자산으로 분류하였다. 20X1년 이자수익이 ₩880일 때, 20X2년과 20X3년에 인식할 이자수익의 합은? (단, ㈜서울은 20X3년 말까지 회사채를 보유하고 있다.)   2024 서울시 7급

① ₩1,820 ② ₩1,830
③ ₩1,840 ④ ₩1,850

14 **정답** ③

해설 취득시점의 분개는 다음과 같다.

(차)	미수이자	25,000	(대)	현금	981,000
	금융자산	956,000			

미수이자 = 액면금액 ₩1,000,000 × 표시이자율 10% × 3개월/12개월 = ₩25,000

만기까지 수령하게 될 표시이자 ₩300,000 중 미수이자와 상계하는 ₩25,000은 20X1년 1월 1일 ~ 3월 31일까지의 이자(해당 기간 보유자의 이자수익)에 해당하므로 ₩275,000이 이자수익이 된다. 여기에 ₩956,000에 취득한 금융자산을 액면금액 ₩1,000,000에 상환받음으로써 생기는 차액 ₩44,000도 보유기간의 이자에 해당한다.

총 이자수익 = 액면이자 ₩300,000 - 미수이자 ₩25,000 + 취득원가와 액면금액의 차이 ₩44,000 = ₩319,000

[별해]

'박스 이론'에 따라 다음과 같이 풀이할 수 있다.

취득일의 자산가액은 ₩981,000(= 금융자산 + 미수이자수익)이다.

만기일의 자산가액은 ₩1,300,000(= 3년간 액면이자 ₩300,000 + 액면상환액 ₩1,000,000)이 된다.

증가한 ₩319,000은 모두 이자수익에 해당한다.

15 **정답** ①

해설 만기까지 인식할 이자수익 총액 = 현금이자(₩10,000 × 5% × 3년) + (액면금액 ₩10,000 - 취득원가 ₩8,800) = ₩1,500 + ₩1,200 = ₩2,700

20X2년과 20X3년에 인식할 이자수익의 합 = 3년간 인식할 이자수익 총액 ₩2,700 - 20X1년 이자수익 ₩880 = ₩1,820

16 금융자산이 손상되었다는 객관적인 증거에 해당하지 않는 것은?　　2018 지방직 9급

① 금융자산의 발행자나 지급의무자의 유의적인 재무적 어려움

② 이자지급의 지연과 같은 계약 위반

③ 금융자산 관련 무위험이자율이 하락하는 경우

④ 채무자의 파산

16　**정답** ③

　　해설 발행자나 지급의무자의 재무적 어려움, 계약 위반, 채무자의 파산 등은 해당자산이 손상되었다는 객관적인 증거가 될 수 있다. 반면에 무위험이자율은 말 그대로 개별자산의 위험이 반영되지 않은 무위험자산에 대한 이자율로 개별 금융자산의 손상을 나타내지 않는다.

【지분증권】

17 ㈜한국은 2013년 10월 초에 주식 10주를 주당 ₩2,000에 취득하고 수수료로 ₩1,000의 현금을 지급하였다. 2013년 12월 31일 주식의 공정가치는 주당 ₩2,200이었다. 2014년 1월 2일에 ㈜한국은 동 주식을 주당 ₩2,150에 모두 처분하였다. ㈜한국은 취득한 주식을 기타포괄손익-공정가치 측정(FVOCI) 선택 금융자산으로 분류한다. 다음 중 옳지 않은 것은? (단, 법인세는 무시한다)

2015 국가직 9급 수정

① 당기손익-공정가치 측정(FVPL) 금융자산으로 분류하여도 2014년 당기순이익에 미치는 영향은 동일하다.

② 당기손익-공정가치 측정(FVPL) 금융자산으로 분류하여도 2014년 12월 31일의 자본총계에 미치는 영향은 동일하다.

③ 당기손익-공정가치 측정(FVPL) 금융자산으로 분류하면 2013년도의 당기순이익은 동 주식 취득으로 인해 ₩1,000 증가한다.

④ 2014년 1월 2일 주식 처분 시에 주식처분이익은 발생하지 않는다.

17 **정답** ①

해설 ① FVPL의 경우 처분손실 (₩2,200 - ₩2,150) × 10주 = ₩500만큼 당기순이익이 감소한다. 반면에 FVOCI선택 금융자산의 경우 처분일까지의 공정가치 변동을 기타포괄손익으로 인식하고 처분손익은 별도로 인식하지 않기 때문에 당기순이익에 미치는 영향이 없다.

② 주식을 ₩21,000에 취득한 다음 ₩21,500에 처분하고 나면 현금이 ₩500 증가한다. 이 증가한 자산만큼 자본도 증가한다. FVPL의 경우 이 ₩500이 당기순이익을 거쳐 이익잉여금으로 증가하고, FVOCI선택 금융자산의 경우 ₩500이 기타포괄손익을 거쳐 기타포괄손익누계액으로 증가한다. 만약 처분 시점에 기타포괄손익을 잉여금으로 대체한다면 FVOCI선택 금융자산의 경우도 이익잉여금이 ₩500 증가한다. 어쨌거나, 자본총계가 ₩500 증가한다는 점은 같다.

③ 수수료비용 ₩1,000만큼 당기손익이 감소하고, 평가손익 ₩2,000(= ₩22,000 - ₩20,000)만큼 당기순이익이 증가하여 합계 ₩1,000만큼 당기순이익이 증가한다.

④ FVOCI 선택 금융자산의 경우 처분시점에 처분손익이 발생하지 않는다.

18 ㈜한국은 20×1년 중 ㈜민국의 주식을 매매수수료 ₩1,000을 포함하여 총 ₩11,000을 지급하고 취득하였으며, 기타포괄손익 – 공정가치 측정 금융자산으로 분류하였다. 동 주식의 20×1년 말 공정가치는 ₩12,000이었으며, 20×2년 중에 동 주식을 ₩11,500에 모두 처분하였을 경우, 동 금융자산과 관련한 설명 중 옳은 것은?

2021 관세직 9급

① 취득금액은 ₩10,000이다.

② 20×1년 당기순이익을 증가시키는 평가이익은 ₩1,000이다.

③ 20×2년 당기순이익을 감소시키는 처분손실은 ₩500이다.

④ 20×2년 처분손익은 ₩0이다.

【채무증권】

19 ㈜한국은 20×1년 1월 1일에 액면금액 ₩1,000,000(액면이자율 연 8%, 유효이자율 연 10%, 이자지급일 매년 12월 31일, 만기 3년)의 사채를 ₩950,258에 발행하였다. ㈜민국은 이 사채를 발행과 동시에 전액 매입하여 상각후원가 측정 금융자산으로 분류하였다. 다음 설명 중 옳지 않은 것은? (단, 거래비용은 없고 유효이자율법을 적용하며, 소수점 발생 시 소수점 아래 첫째 자리에서 반올림한다)

2019 관세직 9급

① ㈜한국의 20×1년 12월 31일 재무상태표상 사채할인발행차금 잔액은 ₩34,716이다.

② ㈜민국이 20×2년 1월 1일에 현금 ₩970,000에 동 사채 전부를 처분할 경우 금융자산 처분이익 ₩19,742을 인식한다.

③ ㈜민국은 20×1년 12월 31일 인식할 이자수익 중 ₩15,026을 상각후원가 측정 금융자산으로 인식한다.

④ ㈜한국이 20×1년 12월 31일 인식할 이자비용은 ₩95,026이다.

18 정답 ④

해설 ① 취득금액은 수수료를 포함한 ₩11,000이다.

② FVOCI평가손익은 당기손익에 영향을 주지 않고 기타포괄손익으로 보고된다.

③, ④ 처분수수료를 제외하면 FVOCI 처분시 당기손익에 미치는 영향은 없고, 처분손익은 ₩0이 된다.

19 정답 ②

해설

일자	유효이자	액면이자	상각액	상각후원가
20X1. 1. 1.				₩950,258
20X1. 12. 31.	₩95,026	₩80,000	₩15,026	₩965,284

20X1년 12월 31일 사채할인발행차금 잔액 = ₩1,000,000 − ₩965,284 = ₩34,716

금융자산 처분이익 = 처분금액 ₩970,000 − 상각후원가 ₩965,284 = ₩4,716

20 다음의 보기 중 금융상품으로만 묶인 것은? 2013 관세직 9급

ㄱ. 선급비용	ㄴ. 투자사채	ㄷ. 매출채권
ㄹ. 대여금	ㅁ. 이연법인세자산	

① ㄱ, ㄴ, ㄷ
② ㄱ, ㄹ, ㅁ
③ ㄴ, ㄷ, ㄹ
④ ㄷ, ㄹ, ㅁ

21 다음 중 금융자산에 대한 설명으로 옳지 않은 것은? 2021 보험계리사
① 금융자산은 거래상대방에게서 현금 등 금융자산을 수취할 계약상 권리를 포함한다.
② 당기손익-공정가치 측정 금융자산의 최초인식은 공정가치로 한다.
③ 기대신용손실모형을 적용하는 경우 채무불이행이나 연체 같은 계약 위반을 신용의 손상으로 볼 수 있다.
④ 계약상 현금흐름의 수취와 금융자산의 매도 둘 다를 통해 목적을 이루는 사업모형의 경우 금융자산을 상각후원가 측정으로 분류한다.

20 **정답** ③
해설 선급비용은 서비스를 제공받게 될 뿐, 현금이나 금융자산으로 결제도 지 않기 때문에 금융상품에 해당하지 않는다. 이연법인세자산의 경우 계약에 의해 발생한 것이 아니므로 금융상품에 해당하지 않는다.
21 **정답** ④
해설 계약상 현금흐름의 수취와 금융자산의 매도 둘 다를 통해 목적을 이루는 사업모형의 경우 금융자산을 기타포괄손익-공정가치 측정 금융자산으로 분류한다.

22 ㈜한국은 2011년 9월 5일에 취득한 ㈜서울의 주식을 기타포괄손익-공정가치 측정(FVOCI) 금융자산으로 선택한 후 2012년 12월 31일 현재에도 그대로 보유하고 있다. 동 주식의 공정가치가 다음과 같이 변화하였다면, 2012년 ㈜한국의 재무상태표에 보고될 금융자산평가손익과 포괄손익계산서에 보고될 금융자산평가손익은?

2012 국가직·관세직 9급 수정

취득시 공정가치	공정가치(시가)	
2011년	2011년 말	2012년 말
₩500,000	₩480,000	₩510,000

	재무상태표	포괄손익계산서
①	평가이익 ₩10,000	평가이익 ₩30,000
②	평가이익 ₩30,000	평가이익 ₩10,000
③	평가이익 ₩10,000	평가이익 ₩10,000
④	평가이익 ₩30,000	평가이익 ₩30,000

23 다음은 ㈜한국이 보유하고 있는 금융자산에 관한 자료이다. 2011년 말 금융자산평가손익이 포괄손익에 미치는 영향은? (단, 회사가 보유한 주식은 중대한 영향력을 행사할 수 없다)

2013 국가직·관세직 9급 수정

구분	2010.5.1 취득원가	2010.12.31 공정가치	2011.12.31 공정가치
당기손익-공정가치 측정(FVPL) 금융자산	₩1,200,000	₩1,100,000	₩1,400,000
기타포괄손익-공정가치 측정(FVOCI) 선택 금융자산	₩1,000,000	₩1,500,000	₩1,700,000

① ₩200,000　② ₩300,000　③ ₩500,000　④ ₩900,000

22　**정답** ①

해설 당기 공정가치의 변동액 ₩30,000(= 당기말 공정가치 ₩510,000 - 전기말 공정가치 ₩480,000)은 포괄손익계산서에 기타포괄손익으로 보고된다. 그리고 취득원가와 공정가치의 차이 ₩10,000(= 당기말 공정가치 ₩510,000 - 취득원가 ₩500,000)은 재무상태표에 기타포괄손익누계액으로 보고된다.

23　**정답** ③

해설 공정가치 변동분(FVPL ₩300,000 + FVOCI ₩200,000 = ₩500,000)이 포괄손익으로 보고된다.

문제에서 당기손익에 미치는 영향을 묻는지, 기타포괄손익에 미치는 영향을 묻는지, 총포괄손익에 미치는 영향을 묻는지 구분하여 답을 하여야 한다.

구분	2010년	2011년
당기손익 - FVPL 변동	(-)₩100,000	(+)₩300,000
기타포괄손익 - FVOCI 변동	(+)₩500,000	(+)₩200,000
총포괄손익 - 합계	(+)₩400,000	(+)₩500,000

24 ㈜감평은 20x1년 초 주당 액면금액이 ₩150인 ㈜한국의 보통주 20주를 주당 ₩180에 취득하였고, 총거래원가 ₩150을 지급하였다. ㈜감평은 동 주식을 기타포괄손익-공정가치 측정 금융자산으로 분류하였고 20x1년 말 동 주식의 공정가치는 주당 ₩240이다. 동 금융자산과 관련하여 20x1년 인식할 기타포괄이익은?

2021 감정평가사

① ₩1,050   ② ₩1,200   ③ ₩1,350

④ ₩1,600   ⑤ ₩1,950

25 ㈜관세는 20×1년 초 채무상품(액면금액 ₩100,000, 표시이자율 연 12%, 매년말 이자지급, 5년 만기)을 ₩107,582에 구입하여 기타포괄손익-공정가치측정 금융자산으로 분류하였다. 취득 당시 유효이자율은 연 10%이고, 20×1년 말 동 채무상품의 공정가치가 ₩98,000이다. 20×1년 ㈜관세가 이 금융자산과 관련하여 인식할 기타포괄손실은? (단, 화폐금액은 소수점 첫째자리에서 반올림한다.)

2019 관세사 변형

① ₩7,582   ② ₩8,340

③ ₩9,812   ④ ₩10,434

24 정답 ①

해설 취득원가 = ₩180 × 20주 + ₩150 = ₩3,750

금융자산평가이익(기타포괄이익) = ₩240 × 20주 - ₩3,750 = ₩1,050

25 정답 ②

해설

일자	유효이자	표시이자	상각액	상각후원가	공정가치
20X1년 초				₩107,582	
20X1년 말	₩10,758	₩12,000	(-)₩1,242	₩106,340	₩98,000

금융자산평가손익(기타포괄손익) = 공정가치 ₩98,000 - 상각후원가 ₩106,340 = (-)₩8,340

※ 정석대로라면 다음과 같이 '결-잔-보'를 통해 접근하여야 하나, 첫 해에는 잔액이 ₩0이므로 결과(기타포괄손익누계액)가 보충(기타포괄손익)과 같다.

　ㄱ. 결과: 20X1년 말 공정가치 ₩98,000 - 상각후원가 ₩106,340 = (-)₩8,340

　　ㄴ. 잔액: ₩0

　　ㄷ. 보충(ㄱ-ㄴ): (-)₩8,340 - ₩0 = (-)₩8,340

26 ㈜관세는 20×1년 1월 1일 ㈜한국이 발행한 사채(액면금액 ₩50,000, 만기 5년, 표시이자율 연 5% 매년 말 지급)를 ₩45,900에 취득하고, 이를 기타포괄손익-공정가치 측정 금융자산으로 분류하였다. 사채의 20×1년 말 공정가치는 ₩47,000이고, 20×2년 말 공정가치는 ₩48,000이다. ㈜관세가 동 금융자산과 관련하여 20×2년도에 인식할 이자수익은? (단, 취득 당시 유효이자율은 연 7%이며, 계산시 화폐금액은 소수점 첫째자리에서 반올림한다.) 2020 관세사

① ₩3,263 ② ₩3,290 ③ ₩3,360
④ ₩3,649 ⑤ ₩3,886

27 ㈜관세는 20×1년 초 사채(액면금액 ₩100,000, 4년 만기, 표시이자율 연 7%, 이자는 매년 말 지급)를 ₩90,490에 취득하고 상각후원가 측정 금융자산으로 분류하였다. 취득 당시 사채의 유효이자율은 연 10%이다. 20×1년 말 동 사채의 공정가치가 ₩92,000일 때, 20×1년 말 상각후원가 측정 금융자산의 장부금액은? (단, 금융자산 손상은 없다.) 2022 관세사

① ₩89,951 ② ₩92,000 ③ ₩92,539
④ ₩94,049 ⑤ ₩97,490

26 정답 ①

해설

일자	유효이자	표시이자	상각액	상각후원가
20X1. 1. 1.				45,900
20X1. 12. 31.	3,213	2,500	713	46,613
20X2. 12. 31.	3,263			

27 정답 ③

해설

일자	유효이자	표시이자	상각액	상각후원가
20X1년 초				90,490
20X1년 말	9,049	7,000	2,049	92,539

상각후원가 측정 금융자산이므로 공정가치와 관계없이 상각후원가로 보고한다.

28 ㈜서울은 2016년 초에 발행된 ㈜한양의 사채(액면금액 ₩1,000,000)를 ₩946,800에 취득하여 기타포괄손익-공정가치 측정(FVOCI) 금융자산으로 분류하였다. 2016년 말 사채의 공정가치가 ₩960,000일 때, ㈜서울이 인식할 금융자산평가손익(기타포괄손익)은 얼마인가? (단, 사채의 표시이자율은 연 4%로 매년 말에 지급되는 조건이며, 유효이자율은 연 6%이다.) 2016 서울시 7급 수정

① 평가이익 ₩13,200

② 평가이익 ₩16,808

③ 평가손실 ₩3,608

④ 평가손실 ₩5,808

29 20×1년 설립된 ㈜한국은 20×1년 초 공정가치 ₩1,500,000인 채무상품을 매입하면서 기타포괄손익-공정가치 측정 금융자산으로 인식하였다. 동 채무상품의 표시이자율과 유효이자율은 연 5%로 동일하며, 만기는 10년이다. 동 채무상품의 취득시점 신용은 손상되어 있지 않았다. 20×1년 말 동 채무상품의 공정가치는 ₩1,470,000, 기대신용손실은 ₩20,000로 측정되었다. ㈜한국이 20×1년 기타포괄손익에 인식한 누적손실은? 2018 보험계리사

① ₩10,000　　② ₩20,000

③ ₩30,000　　④ ₩50,000

28 **정답** ③

해설

일자	유효이자	표시이자	상각액	상각후원가	공정가치
2016년 초				₩946,800	
2016년 말	₩56,808	₩40,000	₩16,808	₩963,608	₩960,000

금융자산평가손익 = ₩960,000 - ₩963,608 = (-)₩3,608

※ 첫 해이므로 결과(기타포괄손익누계액)와 보충(기타포괄손익)이 같다.

29 **정답** ①

해설 표시이자율과 유효이자율이 동일하므로, 상각후원가는 ₩1,500,000이 된다. 상각후원가와 공정가치의 차액 ₩30,000을 기타포괄손익으로 인식한다. 그런 다음, 기대신용손실에 해당하는 ₩20,000을 당기손익으로 인식하고 기타포괄손익에서 조정(차감)한다. 따라서 기타포괄손익으로 보고되는 금액은 ₩10,000이 된다.

30 ㈜한국은 20x1년 1월 1일 ㈜대한의 주식 10주를 ₩100,000에 취득하고, 당기손익-공정가치 측정 (FVPL) 금융자산으로 분류하였다. 해당 주식 관련 자료는 다음과 같다. 주식 관련 거래가 ㈜한국의 20x1년 당기순이익에 미치는 영향은 얼마인가?

2022 보험계리사

> - ㈜대한은 20x1년 3월 20일 주당 ₩500의 현금배당을 결의하였고, 3월 31일에 지급하였다.
> - ㈜한국은 20x1년 6월 1일 ㈜대한 주식 5주를 주당 ₩9,000에 처분하였다.
> - 20x1년 말 ㈜대한 주식의 1주당 주가는 ₩13,200이다.

① ₩9,000 증가

② ₩11,000 증가

③ ₩12,000 증가

④ ₩16,000 증가

31 ㈜서울은 20×1년 중에 지분상품을 ₩101,000의 현금을 지급하고 취득하였다. 취득 시 지급한 현금에는 ₩1,000의 취득관련 거래원가가 포함되어 있으며, ㈜서울은 지분상품을 기타포괄손익-공정가치 측정 금융자산으로 분류하는 것을 선택하였다. ㈜서울은 20×2년 2월 초에 지분상품 전부를 처분하였다. ㈜서울이 20×1년도 재무제표와 20×2년도 재무제표에 상기 지분상품과 관련하여 인식할 기타포괄손익의 변동은? (단, 20×1년 말과 20×2년 2월 초 지분상품의 공정가치는 각각 ₩120,000과 ₩125,000이며, 처분 시 거래원가는 고려하지 않는다.)

2019 서울시 9급

		20X1년	20X2년
①	기타포괄이익:	₩19,000 증가	변동 없음
②	기타포괄이익:	₩19,000 증가	₩5,000 증가
③	기타포괄이익:	₩20,000 증가	변동 없음
④	기타포괄이익:	₩20,000 증가	₩5,000 증가

30 정답 ④

해설 배당금수익 = ₩500 × 10주 = (+)₩5,000

처분주식에 대한 처분손익 = (₩9,000 - ₩10,000) × 5주 = (-)₩5,000

보유주식에 대한 평가손익 = (₩13,200 - ₩10,000) × 5주 = (+)₩16,000

당기순이익에 미치는 영향 = (+)₩5,000 + (-)₩5,000 + (+)₩16,000 = (+)₩16,000

31 정답 ②

해설 20X1년 기타포괄손익(평가손익) = ₩120,000 - ₩101,000 = ₩19,000

20X2년 기타포괄손익(처분일까지의 평가손익) = ₩125,000 - ₩120,000 = ₩5,000

32 ㈜한국은 투자 목적으로 A사채와 B주식을 취득하였다. ㈜한국은 A사채로부터 원리금 수취와 매매 차익 모두를 기대하고 있으며, B주식의 공정가치 변동액을 기타포괄손익으로 인식하도록 선택하였다. 다음 설명 중 옳지 않은 것은?

2019 보험계리사

① ㈜한국은 A사채의 공정가치 변동액을 기타포괄손익으로 인식한다.

② ㈜한국이 A사채를 당기손익-공정가치 측정 범주로 재분류하는 경우 재분류 전에 인식한 기타포괄손익누계액은 당기손익으로 재분류한다.

③ ㈜한국은 B주식으로 인해 수령한 배당금을 당기손익으로 인식한다.

④ ㈜한국이 B주식을 처분할 때 기 인식한 기타포괄손익누계액을 당기손익으로 재분류할 수 있다.

33 ㈜한국은 20x1년 중 증권시장에서 주식A와 주식B를 취득한 후, 20x3년 중 모두 처분하였다. 주식 거래가액 및 보유 기간 중 공정가치가 다음과 같을 때, 두 주식을 모두 당기손익공정가치측정(FVPL)금융자산으로 분류한 경우와 기타포괄손익공정가치측정(FVOCI)금융자산으로 분류한 경우, 각 분류 방법에 따른 ㈜한국의 20x3년 당기손익의 차이는 얼마인가?

2020 보험계리사

구분	20x1년 중 취득원가	20x1년 말 공정가치	20x2년 말 공정가치	20x3년 중 처분가액 (공정가치)
주식A	₩100	₩80	₩120	₩130
주식B	₩200	₩300	₩250	₩180

① ₩40　　　　② ₩50

③ ₩60　　　　④ ₩70

32 **정답** ④

해설 FVOCI 선택 금융자산의 경우 기타포괄손익누계액을 당기손익으로 재분류할 수 없다. (재택급여!)

33 **정답** ③

해설

구분	20x2년 말 공정가치	20x3년 중 처분가액	공정가치 변동
주식A	₩120	₩130	(+)₩10
주식B	₩250	₩180	(-)₩70

FVPL로 분류하는 경우 공정가치의 변동합계 (-)₩60이 당기손익으로 보고된다. 반면에 FVOCI의 경우 당기손익에 미치는 영향이 없다. 따라서 ₩60의 차이가 발생한다.

34 ㈜한국은 20x1년 10월 1일 A회사 주식을 ₩1,050,000에 취득하였다. 동 주식의 공정가치는 각 회계기간별로 다음과 같이 변동하였으며, ㈜한국은 20x3년 2월 1일 A회사 주식을 모두 처분하였다. ㈜한국이 동 주식을 당기손익-공정가치측정(FVPL)금융자산으로 분류한 경우, 20x3년 포괄손익계산서의 당기손익에 미치는 영향은 얼마인가?

2021 보험계리사

구분	20x1년 말 공정가치	20x2년 말 공정가치	20x3년 2월 1일 처분가액(공정가치)
A회사 주식	₩1,100,000	₩1,200,000	₩1,100,000

① ₩50,000 이익
② ₩100,000 이익
③ ₩50,000 손실
④ ₩100,000 손실

35 ㈜관세는 20×1년 중 ㈜대한의 보통주 100주, 200주, 400주를 각각 1주당 ₩100, ₩200, ₩500에 순차적으로 취득하고, 기타포괄손익-공정가치 측정 금융자산으로 선택하여 분류하였다. 20×1년 말 ㈜대한의 보통주 1주당 공정가치는 ₩400이다. ㈜관세가 20×2년 중 보유하고 있던 ㈜대한의 보통주 100주를 1주 당 ₩300(공정가치)에 매각하였을 때 처분손익은?

2021 관세사

① ₩20,000 손실
② ₩10,000 손실
③ ₩0
④ ₩10,000 이익
⑤ ₩20,000 이익

정답과 해설

34 **정답** ④
해설 처분손익 = 처분금액(공정가치) ₩1,100,000 - 20X2년 말 장부금액 ₩1,200,000 = (-)₩100,000

35 **정답** ③
해설 지분상품을 FVOCI 측정 금융자산으로 선택분류한 경우 처분손익은 발생하지 않는다.

36 ㈜관세의 20×1년 당기손익-공정가치 측정 금융자산 관련 자료는 다음과 같다. 동 금융자산과 관련하여 ㈜관세가 20×1년 인식할 당기손익은?

2022 관세사

> ○ 4월 1일: ㈜한국의 주식 50주를 거래원가 ₩1,500을 포함하여 ₩41,500에 취득
>
> ○ 6월 9일: 4월 1일 취득한 주식 중 30주를 주당 ₩90C에 처분(처분시 거래원가는 없음)
>
> ○ 12월 31일: ㈜한국의 주당 공정가치는 ₩700임

① ₩1,000 손실　　② ₩500 손실　　③ ₩0
④ ₩1,000 이익　　⑤ ₩3,000 이익

36 정답 ②

해설 취득원가 = ₩40,000 ÷ 50주 = ₩800/주, 거래원가 ₩1,500은 비용으로 인식한다.

처분주식에 대한 처분손익 = (₩900 - ₩800) × 30주 = (+)₩3,000

보유주식에 대한 평가손익 = (₩700 - ₩800) × 20주 = (-)₩2,000

20X1년 인식할 당기손익 = 거래원가 (-)₩1,500 + 처분손익 (+)₩3,000 + 평가손익 (-)₩2,000 = (-)₩500

37 ㈜한국은 2016년 1월 1일 A주식 100주를 주당 ₩10,000에 취득하여 기타포괄손익-공정가치 측정(FVOCI) 선택 금융자산으로 분류하였으며, 2016년 4월 1일 3년 만기 B회사채(2016년 1월 1일 액면발행, 액면가액 ₩1,000,000, 표시이자율 연 4%, 매년 말 이자지급)를 ₩1,010,000에 취득하여 상각후원가 측정(AC) 금융자산으로 분류하였다. 2016년 말 A주식의 공정가치는 주당 ₩9,500이고, B회사채의 공정가치는 ₩1,050,000이다. ㈜한국의 A주식과 B회사채 보유가 2016년도 당기손익 및 기타포괄손익에 미치는 영향은?　2017 국가직·관세직 9급 수정

① 당기손익 ₩40,000 감소, 기타포괄손익 ₩30,000 증가

② 당기손익 ₩40,000 증가, 기타포괄손익 ₩50,000 감소

③ 당기손익 ₩30,000 증가, 기타포괄손익 불변

④ 당기손익 ₩30,000 증가, 기타포괄손익 ₩50,000 감소

38 금융자산의 회계처리에 대한 설명으로 타당한 것을 <보기>에서 모두 고른 것은?　2022 서울시 7급

<보기>

ㄱ. 지분상품에 대해서는 신용위험의 유의적 증가여부와 상관없이 손상을 인식하지 않는다.

ㄴ. 당기손익-공정가치 측정 금융자산은 취득 시 발생하는 거래원가를 공정가치에 가산한다.

ㄷ. 채무상품의 경우 신용위험이 유의적으로 증가하지 않았다고 판단되는 경우에는 손상을 인식하지 않는다.

ㄹ. 채무상품 중 기타포괄손익 - 공정가치 측정 금융자산으로 분류된 경우 후속기간 동안 공정가치로 평가하여 보고한다.

① ㄱ, ㄴ　　　　　　　② ㄱ, ㄹ

③ ㄴ, ㄷ　　　　　　　④ ㄷ, ㄹ

정답과 해설

37 정답 ④

해설 A주식: 평가손익 (₩9,500 - ₩10,000) × 100주 = (-)₩50,000이 기타포괄손익으로 보고된다.

B회사채: 액면발행하였다고 되어 있으므로 유효이자율은 표시이자율과 같은 연 4%이다.

이자수익(₩1,000,000 × 4% × 보유기간 9/12 = ₩30,000)이 당기손익으로 보고된다.

따라서 당기손익(이자수익) ₩30,000 증가, 기타포괄손익(평가손실) ₩50,000 감소

※ B회사채의 경우, 정확히는 다음과 같이 사채의 취득금액과 액면금액이 같기 때문에 표시이자율과 유효이자율이 같게 된다.

취득시점 미수이자 = ₩1,000,000 × 4% × 3/13 = ₩10,000

사채 취득금액 = 취득대가 ₩1,010,000 - 미수이자 ₩10,000 = ₩1,000,000

38 정답 ②

해설 ㄴ. 당기손익-공정가치 측정 금융자산의 경우에는 거래원가를 당기비용으로 인식한다.

ㄷ. 신용위험이 유의적으로 증가한 경우에는 매 보고기간 말에 '전체기간' 기대신용손실에 해당하는 금액으로 손실충당금을 측정하고, 금융상품의 신용위험이 유의적으로 증가하지 아니한 경우에는 보고기간 말에 '12개월 기대신용손실'에 해당하는 금액으로 손실충당금을 측정한다.

39 ㈜한국의 당기손익-공정가치 측정(FVPL) 금융자산에 대한 거래가 다음과 같은 경우, 2015년의 법인세비용차감전순손익에 미치는 영향은? (단, 단가산정은 평균법에 의한다) 2015 지방직 9급 수정

- 2014년에 A사 주식 100주(액면금액 주당 ₩5,000)를 ₩500,000에 취득하였으며, 2014년 말 공정가치는 ₩550,000이다.
- 2015년 2월에 A사는 현금배당 10%(액면기준)와 주식배당 10%를 동시에 실시하였으며, ㈜한국은 A사로부터 배당금과 주식을 모두 수취하였다.
- 2015년 10월에 보유 중이던 A사 주식 중 55주를 주당 ₩6,000에 처분하였다.
- 2015년 말 A사 주식의 주당 공정가치는 ₩7,000이다.

① ₩160,000 증가
② ₩185,000 증가
③ ₩205,000 증가
④ ₩215,000 증가

40 12월 결산법인 ㈜서울은 20X1년 2월 20일 ㈜경기의 주식 100주를 취득하고 당기손익-공정가치 측정 범주로 분류하였다. 20X1년 12월 31일 ㈜경기의 1주당 공정가치는 ₩1,200이다. 20X2년 3월 1일 ㈜경기는 무상증자 20%를 실시하였으며, ㈜서울은 무상신주 20주를 수령하였다. 20X2년 7월 1일 ㈜경기주식 60주를 ₩81,000에 처분하고 거래원가 ₩1,000을 차감한 금액을 수령하였을 경우 동 거래가 20X2년 ㈜서울의 법인세차감전순이익에 미치는 영향은? 2020 서울시 7급

① ₩21,000 증가
② ₩20,000 증가
③ ₩9,000 증가
④ ₩8,000 증가

39 정답 ④

해설 배당금수익: 100주 × ₩5,000 × 10% = ₩50,000
주식배당은 보유주식수만 증가(100주 → 110주)할 뿐 별도로 수익으로 인식하지 않는다. 늘어난 주식수만큼 주당 단가는 하락(주당 장부금액 ₩5,500 → ₩5,500/1.1 = ₩5,000)한다.
금융자산처분손익 = 55주 × (₩6,000 - ₩5,000) = ₩55,000
금융자산평가손익 = 55주 × (₩7,000 - ₩5,000) = ₩110,000
법인세비용차감전순손익에 미치는 영향 = 배당금수익 ₩50,000 + 처분이익 ₩55,000 + 평가이익 ₩110,000 = ₩215,000

40 정답 ②

해설 60주에 대한 장부금액 = (₩1,200 × 100주) × 60주/120주 = ₩60,000
법인세차감전순이익에 미치는 영향 = 처분대가 ₩81,000 - 거래원가 ₩1,000 - 장부금액 ₩60,000 = ₩20,000

41 ㈜한국은 20×1년 초 타사발행 사채A(액면금액 ₩500,000, 액면이자율 연 8%, 유효이자율 연 10%, 이자 매년 말 후급)를 ₩460,000에 취득하고, 이를 '기타포괄손익 – 공정가치측정금융자산'으로 분류하였다. 사채A의 20×1년 기말 공정가치는 ₩520,000이며, 20×2년 초 사채A의 50%를 ₩290,000에 처분하였다. 사채A와 관련하여 ㈜한국이 인식할 20×1년 평가이익과, 20×2년 처분이익은?

2018 국가직 7급

① 평가이익 ₩54,000, 처분이익 ₩30,000

② 평가이익 ₩54,000, 처분이익 ₩57,000

③ 평가이익 ₩60,000, 처분이익 ₩30,000

④ 평가이익 ₩60,000, 처분이익 ₩57,000

41 정답 ②

해설

일자	유효이자	표시이자	상각액	상각후원가
20X1. 1. 1.				460,000
20X1. 12. 31.	46,000	40,000	6,000	466,000

평가이익 = 공정가치 ₩520,000 - 상각후원가 ₩466,000 = ₩54,000

처분이익 = 처분대가 ₩290,000 - 상각후원가 ₩466,000 × 50% = ₩57,000

※ FVOCI금융자산의 경우 당기순이익으로 보고되는 처분손익은 AC금융자산과 같다.

11 | 금융부채

주요 Topic 및 출제경향

	취득	평가	처분
주요 Topic	01 사채의 발행 ★	02 이자비용 ★★★★★	03 사채상환 ★★★

▶ 9급 출제경향(●국가직 ■관세직 ◆지방직 ○서울시)

구분	15	16	17	18	19	20	21	22	23	24	25
11.1 사채의 발행											◆
11.2 이자비용	■	●■	●■◆	●	●○	■◆	●■◆	●■	●■◆	●■	●■
11.3 사채상환	◆○				■		■			◆	

▶ 7급 출제경향(▲국가직 △서울시)

구분	15	16	17	18	19	20	21	22	23	24	-
11.1 사채의 발행				▲							
11.2 이자비용	▲		△		▲△	▲△			△	▲	
11.3 사채상환		▲		△			△	△			

구분	기본	필수	응용	심화	합계
11.1 사채의 발행	0	1	3	0	4
11.2 이자비용	15	5	7	1	28
11.3 사채상환	2	3	6	1	12
합계	17	9	16	2	44

기본문제

[11-02] 이자비용

01 사채의 발행에 관한 설명으로 옳지 않은 것은? 2015 관세직 9급

① 할인발행은 유효이자율이 표시이자율보다 큰 경우이다.

② 할증발행의 경우 발행연도의 현금지급이자는 사채이자비용보다 크다.

③ 할인발행의 경우 만기가 가까워질수록 사채의 이자비용이 감소한다.

④ 할증발행과 할인발행은 사채의 만기금액이 동일하다.

정답과 해설

01 정답 ③

해설 할인발행의 경우 만기가 가까워질수록 사채의 장부금액도 증가하고 이자비용도 증가한다.

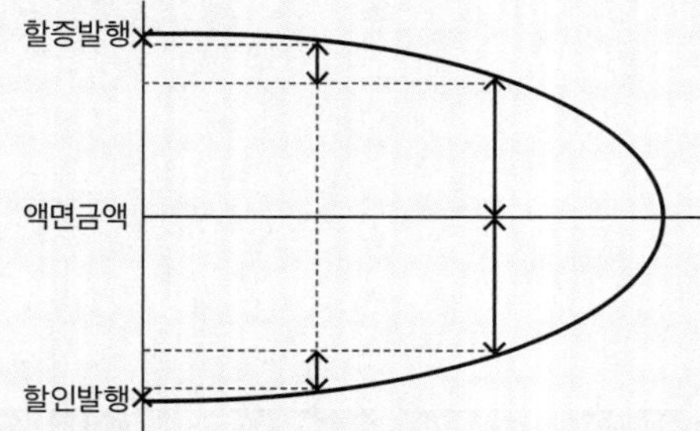

02 사채발행차금을 유효이자율법에 따라 상각할 때 설명으로 옳지 않은 것은? (단, 이자율은 0보다 크다)

2016 국가직·관세직 9급

① 할증발행 시 상각액은 매기 감소한다.

② 할인발행 시 이자비용은 매기 증가한다.

③ 할인발행 시 상각액은 매기 증가한다.

④ 할증발행 시 이자비용은 매기 감소한다.

03 ㈜한국은 2016년 1월 1일 액면금액 ₩1,000,000, 만기 3년의 사채를 유효이자율 연 10%를 적용하여 ₩925,390에 발행하였다. 2016년 12월 31일 장부금액이 ₩947,929이라면 이 사채의 표시이자율은?

2017 국가직·관세직 9급

① 7% ② 8%

③ 9% ④ 10%

02 정답 ①

해설 상각액은 할증발행과 할인발행 모두 매기 증가한다.

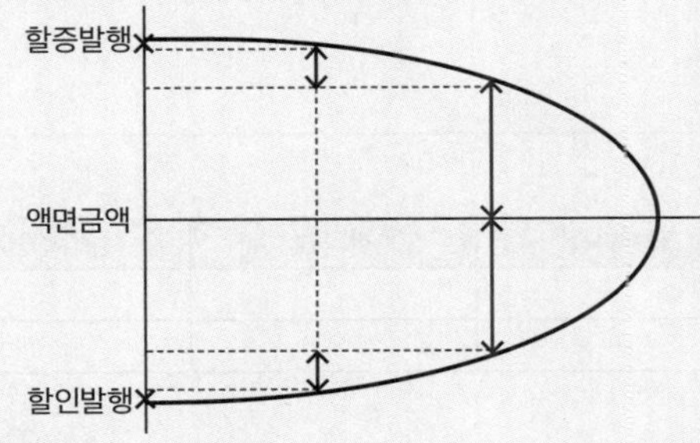

03 정답 ①

해설

일자	유효이자	표시이자	상각액	상각후원가
2016. 1. 1				925,390
2016. 12. 31	92,539	?	?	947,929

사채할인발행차금상각액은 2016년 말 장부금액(₩947,929)과 취득금액(₩925,390)의 차액인 ₩22,539이다. 유효이자 ₩92,539과 표시이자의 차이가 상각액 ₩22,539이므로 표시이자는 ₩70,000이 된다. 따라서 표시이자율은 ₩70,000 ÷ ₩1,000,000 = 7%이다.

04 ㈜한국은 20×1년 1월 1일 액면금액 ₩100,000, 만기 3년의 사채를 ₩92,410에 발행하였다. 사채의 연간 액면이자는 매년 말 지급되며 20×1년 12월 31일 사채의 장부금액은 ₩94,730이다. 사채의 연간 액면이자율을 추정한 것으로 가장 가까운 것은? (단, 사채발행 시 유효이자율은 9%이다)

2018 국가직 9급

① 5%   ② 6%

③ 7%   ④ 8%

05 ㈜한국은 20×1년 1월 1일에 액면금액 ₩120,000, 만기 2년, 이자지급일이 매년 12월 31일인 사채를 발행하였다. ㈜한국의 회계담당자는 다음과 같은 유효이자율법에 의한 상각표를 작성하였다. ㈜한국의 동 사채에 대한 설명으로 옳은 것은?

2019 국가직 9급

날짜	이자지급	유효이자	상각액	장부금액
20×1. 1. 1.				₩115,890
20×1. 12. 31.	₩10,800	₩12,748	₩1,948	₩117,838
20×2. 12. 31.	₩10,800	₩12,962	₩2,162	₩120,000

① 사채의 표시이자율은 연 8%이다.

② 20×1년 말 사채할인발행차금 상각액은 ₩2,162이다.

③ 20×2년 말 사채관련 유효이자비용은 ₩12,962이다.

④ 사채의 유효이자율은 연 12%이다.

정답과 해설

04 **정답** ②

해설

일자	유효이자	표시이자	상각액	상각후원가
20X1. 1. 1.				92,410
20X1. 12. 31.	?	?	?	94,730

유효이자 = ₩92,410 × 9% = ₩8,317

상각액 = ₩94,730 - ₩92,410 = ₩2,320

유효이자 ₩8,317 - 표시이자 = 상각액 ₩2,320

표시이자 = ₩5,997

액면이자율 = ₩5,997 ÷ ₩100,000 ≒ 6%

05 **정답** ③

해설 ① 사채의 표시이자율 = 이자지급 ₩10,800 ÷ 액면금액 ₩120,000 = 9%

② 20×1년 말 사채할인발행차금 상각액은 ₩1,948이다.

④ 사채의 유효이자율 = 유효이자 ₩12,748 ÷ 장부금액 ₩115,980 = 11%

06 유효이자율법에 의한 사채할인발행차금 또는 사채할증발행차금에 대한 설명으로 옳은 것은?

2020 관세직 9급

① 사채를 할증발행할 경우, 인식하게 될 이자비용은 사채할증발행차금에서 현금이자 지급액을 차감한 금액이다.

② 사채를 할인발행할 경우, 사채할인발행차금 상각액은 점차 감소한다.

③ 사채를 할인발행 또는 할증발행할 경우 마지막 기간 상각완료 후 장부가액은 사채의 액면금액이 된다.

④ 사채할인발행차금의 총발생액과 각 기간 상각액의 합계금액은 같고, 사채할증발행차금의 총발생액과 각 기간 상각액의 합계금액은 다르다.

07 ㈜한국은 20×1년 1월 1일에 액면금액 ₩100,000, 액면이자율 연 8%, 5년 만기의 사채를 ₩92,416에 발행하였다. 이자는 매년 12월 31일에 지급하기로 되어 있고 20×1년 1월 1일 시장이자율은 연 10%이다. 동 사채의 회계처리에 대한 설명으로 옳지 않은 것은? (단, 계산결과는 소수점 아래 첫째 자리에서 반올림한다)

2020 지방직 9급

① 사채발행 시 차변에 현금 ₩92,416과 사채할인발행차금 ₩7,584을 기록하고, 대변에 사채 ₩100,000을 기록한다.

② 20×1년 12월 31일 이자지급 시 차변에 사채이자비용 ₩9,242을 기록하고 대변에 현금 ₩8,000과 사채할인발행차금 ₩1,242을 기록한다.

③ 20×1년 12월 31일 사채의 장부금액은 ₩91,174이다.

④ 사채만기까지 인식할 총 사채이자비용은 액면이자 합계액과 사채할인발행차금을 합한 금액이다.

정답과 해설

06 정답 ③

해설 ① 사채를 할증발행할 경우, 만기까지 인식할 이자비용 총액은, 현금이자 지급액에서 사채할증발행차금을 차감한 금액이다.

② 사채는 할인발행과 할증발행 모두, 시간이 지나면서 상각액이 점차 증가한다. (가속상각)

③, ④ 사채할인발행차금과 사채할증발행차금 모두 각 기간 상각액의 합계액은 총발생액과 같게 된다. 따라서 마지막 기간 상각완료 후에는 사채발행차금이 모두 제거되고 장부가액과 사채의 액면금액이 같아진다.

07 정답 ③

해설

일자	유효이자	표시이자	상각액	상각후원가
20X1. 1. 1.				92,416
20X1. 12. 31.	9,242	8,000	1,242	93,658

20X1년 12월 31일 사채의 장부금액은 ₩92,416 + ₩1,242 = ₩93,658이 된다.

08 ㈜한국은 20×1년 1월 1일에 액면금액 ₩1,000,000, 표시이자율 연 8%, 이자지급일 매년 12월 31일, 만기 3년인 사채를 할인발행하였다. 만기까지 상각되는 연도별 사채할인발행차금 상각액은 다음과 같다.

20×1. 12. 31.	20×2. 12. 31.	20×3. 12. 31.
₩15,025	₩16,528	₩18,195

이에 대한 설명으로 옳지 않은 것은?　　　　　　　　　　　　　　　　　　　2020 국가직 7급

① 20×2년 12월 31일에 인식할 이자비용은 ₩96,528이다.

② 20×1년 1월 1일 사채의 발행금액은 ₩950,252이다.

③ 이 사채의 표시이자율은 유효이자율보다 낮다.

④ 이 사채의 발행 기간에 매년 인식하는 이자비용은 동일한 금액이다.

09 상각후원가측정금융부채로 분류하는 사채의 회계처리에 대한 설명으로 옳지 않은 것은?

2021 국가직·관세직 9급

① 사채발행시 사채발행비가 발생한 경우의 유효이자율은 사채발행비가 발생하지 않는 경우보다 높다.

② 사채의 액면이자율이 시장이자율보다 낮은 경우 사채를 할인발행하게 된다.

③ 사채를 할증발행한 경우 사채의 장부금액은 시간이 흐를수록 감소한다.

④ 사채의 할인발행과 할증발행의 경우 사채발행차금상각액이 모두 점차 감소한다.

정답과 해설

08 **정답** ④

해설 ① 사채할인발행차금 상각액 ₩16,528과 액면이자 ₩80,000의 합계인 ₩96,528이 이자비용이 된다.

② 사채액면금액에서 사채할인발행차금 총액 ₩49,748(= ₩15,025 + ₩16,528 + ₩18,195)을 차감한 ₩950,252가 발행금액에 해당한다.

③ 사채가 할인발행되었으므로 표시이자율이 유효이자율보다 낮다.

④ 사채가 할인발행된 경우, 복리방식의 유효이자율법에 따라 이자비용을 인식하면 이자비용은 매년 증가한다.

09 **정답** ④

해설 사채는 할인발행과 할증발행 모두, 시간이 지나면서 상각액이 점차 증가한다. (가속상각)

10 ㈜한국은 20×1년 1월 1일에 사채(표시이자율 10%, 만기 3년, 액면금액 ₩100,000, 이자 후급)를 ₩95,200에 발행하였다. 20×1년 이자비용이 ₩11,400 발생하였을 경우, 20×1년 말 사채의 장부금액은?

2021 지방직 9급

① ₩95,200 ② ₩96,600
③ ₩98,600 ④ ₩101,400

11 ㈜한국은 20×1년 1월 1일 액면금액 ₩1,000,000, 액면이자율 연 10%, 만기 3년, 매년말 이자지급조건의 사채를 ₩951,980에 발행하였다. 사채의 발행차금에 대한 회계처리는 유효이자율법을 적용하고 있으며, 사채발행일의 시장이자율은 연 12%이다. 사채발행일의 시장이자율과 유효이자율이 일치한다고 할 때, ㈜한국이 사채의 만기일까지 3년간 인식할 총 이자비용은?

2022 국가직·관세직 9급

① ₩300,000 ② ₩348,020
③ ₩360,000 ④ ₩368,020

정답과 해설

10 **정답** ②

해설 이자비용 ₩11,400이 유효이자에 해당하므로, 이를 바탕으로 상각표를 그리면 다음과 같다.

일자	유효이자	표시이자	상각액	상각후원가
20X1. 1. 1.				95,200
20X1. 12. 31.	11,400	10,000	1,400	96,600

11 **정답** ②

해설 3년 간 총 이자비용 = 액면이자 ₩1,000,000 × 10% × 3년 + 사채할인발행차금 상각액(₩1,000,000 - ₩951,980)
= ₩300,000 + ₩48,030 = ₩348,020

12 ㈜한국은 20×1년 1월 1일 액면금액이 ₩1,000,000인 사채(액면이자율 8%, 만기 3년)를 ₩950,263에 발행하였다. ㈜한국이 발행한 사채와 관련한 설명으로 옳지 않은 것은? (단, 액면이자는 매년 말 지급하고, 원금은 만기에 일시 상환한다)

2023 국가직·관세직 9급

① 사채발행 시 액면이자율이 시장이자율보다 낮다.

② 매년 인식해야 할 이자비용은 증가한다.

③ 만기까지 인식해야 할 이자비용의 총액은 ₩240,000이다.

④ 이자비용으로 지출하는 현금은 매년 ₩80,000으로 일정하다.

13 ㈜한국은 20×1년 초 액면금액 ₩1,000,000의 사채(액면이자율 연 12%, 유효이자율 연 10%, 만기 3년)를 발행하였으며, 발행 시부터 만기까지 인식한 총이자비용은 ₩310,263이다. 20×1년 초 이 사채의 발행가액은? (단, 액면이자는 매년 말 지급하고, 원금은 만기에 일시 상환한다)

2023 지방직 9급

① ₩1,049,737　　　　② ₩1,310,163

③ ₩1,360,000　　　　④ ₩1,670,263

정답과 해설

12 **정답** ③

해설 ① 사채발행금액 ₩950,263이 액면금액 ₩1,000,000보다 낮으므로 할인발행되었다. 사채의 액면이자율이 시장이자율보다 낮을 때 사채가 할인발행된다.

② 할인발행된 사채의 경우 시간이 경과하면 장부금액이 액면금액을 향해 증가하고, 장부금액 증가에 따라 이자비용도 같이 증가한다.

③ 만기까지 인식할 총이자비용 = 액면이자 총액 (₩1,000,000 × 8% × 3년) + 사채할인발행차금 (₩1,000,000 − ₩950,263) = ₩240,000 + ₩49,737 = ₩289,737

④ 매년 액면이자에 해당하는 ₩80,000이 현금으로 지급된다.

13 **정답** ①

해설 만기까지 인식한 총이자비용 ₩310,263 = 액면이자 (₩1,000,000 × 12% × 3년) + 사채할인발행차금 − 사채할증발행차금

사채할증발행차금 = ₩360,000 − ₩310,263 = ₩49,737

사채발행가액 = 액면금액 ₩1,000,000 + 사채할증발행차금 ₩49,737 = ₩1,049,737

14 사채에 대한 설명으로 옳지 않은 것은?

① 사채발행 시 시장이자율이 액면이자율보다 높은 경우 할인발행 된다.

② 사채를 할인발행한 경우 매년 인식할 이자비용은 증가한다.

③ 사채할증발행차금 잔액은 매년 감소한다.

④ 사채할인발행차금 상각액은 매년 감소한다.

15 ㈜한국은 20×1년 초 사채(상각후원가측정 금융부채)를 다음의 조건으로 발행하였다. 이에 대한 설명으로 옳지 않은 것은?

○ 액면금액: ₩2,000,000	○ 발행금액: ₩1,900,000
○ 액면이자율: 연 8%	○ 유효이자율: 연 10%
○ 액면이자는 매년 말 지급하고, 원금은 만기에 일시 상환	

① 20×1년 이자비용은 ₩190,000이다.

② 20×1년 사채할인발행차금 상각액은 ₩30,000이다.

③ 20×1년 말 사채할인발행차금의 잔액은 ₩60,000이다.

④ 20×2년 초 사채 전액을 ₩1,910,000에 조기상환한다면 상환이익은 ₩20,000이다.

정답과 해설

14 **정답** ④

해설 차금상각액은 할인발행과 할증발행 모두 매년 증가(가속상각)한다.

15 **정답** ③

해설 유효이자율 상각표는 다음과 같다.

일자	유효이자	표시이자	상각액	상각후원가
20X1년 초				1,900,000
20X1년 말	190,000	160,000	30,000	1,930,000

20X1년 말 사채할인발행차금 잔액 = 액면금액 ₩2,000,000 − 상각후원가 ₩1,930,000 = ₩70,000

20X2년 초 사채상환이익 = 장부금액 ₩1,930,000 − 상환액 ₩1,910,000 = ₩20,000

16 ㈜한국은 액면 ₩1,000,000의 사채를 2015년 초에 ₩950,260으로 발행하였다. 발행 당시 사채의 유효이자율은 10%, 표시이자율은 8%, 이자는 매년 말 후급, 만기일은 2017년 말이다. ㈜한국이 해당 사채 전액을 2016년 초에 ₩960,000의 현금을 지급하고 상환할 경우 사채상환이익(손실)은?

2015 지방직 9급

① ₩5,286 손실　　　　　② ₩5,286 이익

③ ₩6,436 손실　　　　　④ ₩6,436 이익

17 ㈜한국은 2016년 1월 1일에 액면가액 ₩1,000, 액면이자율 연 8%, 유효이자율 연 10%, 만기 3년, 이자지급일 매년 12월 31일인 사채를 발행하였다. ㈜한국은 유효이자율법을 적용하여 사채할인발행차금을 상각하고 있으며, 2017년 12월 31일 사채의 장부금액은 ₩982이다. ㈜한국이 2018년 6월 30일 동 사채를 ₩1,020에 조기상환하였다면, 이때의 사채상환손실은? (단, 계산은 월할 계산하며, 소수점 발생 시 소수점 아래 첫째 자리에서 반올림한다)

2019 관세직 9급

① ₩11　　　　　② ₩20

③ ₩29　　　　　④ ₩31

정답과 해설

16 **정답** ②

해설

일자	유효이자	표시이자	상각액	장부금액
2015년 초				₩950,260
2015년 말	₩95,026	₩80,000	₩15,026	₩965,286

사채상환손익 = 장부금액 ₩965,286 - 상환금액 ₩960,000 = 상환이익 ₩5,286

17 **정답** ③

해설

일자	유효이자	액면이자	상각액	상각후원가
2017. 12. 31.				982
2018. 6. 30.	49	40	9	991

유효이자 = ₩982 × 10% × 6/12 = ₩49

액면이자 = ₩1,000 × 8% × 6/12 = ₩40

사채상환손익 = 장부금액 ₩991 - 상환금액 ₩1,020 = (-)₩29

[11-01] 사채의 발행

18 ㈜한국은 1월 1일 액면금액 ₩50,000(액면이자율 연 8%, 이자 매년 말 후급)의 사채를 발행하고자 하였으나, 실제로 같은 해 4월 1일에 발행하였다. 1월 1일과 4월 1일의 유효이자율은 10%로 동일한 것으로 가정하며, 1월 1일 사채의 현재가치는 ₩47,513이다. 다음 설명 중 옳지 않은 것은? (단, 사채발행비는 발생되지 않았고, 사채이자는 월단위로 계산하며, 소수점 발생 시 소수점 이하 첫째자리에서 반올림한다)

2018 국가직 7급

① 4월 1일의 사채액면이자 미지급액은 ₩1,000이다.
② 4월 1일의 사채장부금액은 ₩47,701이다.
③ 4월 1일의 현금수령액은 ₩48,701이다.
④ 4월 1일의 사채할인발행차금은 ₩2,487이다.

18 정답 ④

해설

일자	유효이자	표시이자	상각액	상각후원가
20X1. 1. 1.				47,513
20X1. 12. 31.	4,751	4,000		
	× 3/12	× 3/12		
20X1. 4. 1.	1,188	1,000	188	47,701

액면이자 미지급액 = ₩4,000 × 3/12 = ₩1,000

4월 1일 현금수령액 = 상각후원가 ₩47,701 + 미지급이자 ₩1,000 = ₩48,701

4월 1일 사채할인발행차금 = ₩50,000 - ₩47,701 = ₩2,299

19 ㈜한국은 2013년 1월 1일 자금조달을 위해 액면가액 ₩10,000, 표시이자율 6%, 만기 3년, 매년 말 이자지급 조건의 사채를 발행하였다. 사채를 발행할 당시 시장이자율이 12%였다면, 2014년도에 인식할 사채 관련 이자비용은? (단, 사채발행 시 사채의 현재가치는 아래의 현재가치표를 이용하여 계산하고, 계산과정에서 현가계수 외의 소수점 이하는 소수 첫째 자리에서 반올림한다)

2015 관세직 9급

기간	6%		12%	
	단일금액	연금	단일금액	연금
3년	0.84	2.67	0.71	2.40

① ₩696   ② ₩1,025

③ ₩1,076   ④ ₩1,198

20 ㈜한국은 2015년 1월 1일에 액면금액 ₩100,000의 사채(표시이자율 연 10%, 이자지급일 매년 12월 31일, 만기 2년)를 ₩96,620에 발행하였다. 발행사채의 유효이자율이 연 12%인 경우, 이 사채로 인하여 ㈜한국이 만기까지 부담해야 할 총이자비용은?

2015 국가직 7급

① ₩20,000   ② ₩23,380

③ ₩25,380   ④ ₩27,380

정답과 해설

19 **정답** ③

해설 사채의 발행금액 = ₩600 × 2.40 + ₩10,000 × 0.71 = ₩8,540

일자	유효이자	표시이자	상각액	장부금액
2013. 1. 1				₩8,540
2013. 12. 31	₩1,025	₩600	₩425	₩8,965
2014. 12. 31	₩1,076			

20 **정답** ②

해설 이자비용 총액 = 현금지급이자 총액 (₩100,000 × 10% × 2년) + 사채할인발행차금 (₩100,000 − ₩96,620)
= ₩20,000 + ₩3,380 = ₩23,380

21 ㈜한국은 2017년 4월 1일 사채(표시이자율 10%, 만기 3년, 액면금액 ₩100,000)를 ₩95,200에 발행하였다. 한편, 사채의 발행과 관련된 사채발행비 ₩2,000이 발생하였다. ㈜한국이 사채발행으로 만기까지 인식해야 할 이자비용 총액은?

2017 지방직 9급

① ₩30,000　　　　② ₩34,800

③ ₩35,200　　　　④ ₩36,800

22 ㈜한국은 20×7년 1월 1일에 다음과 같은 조건으로 3년 만기 사채를 발행하였다.

> ○ 발행일: 20×7년 1월 1일
> ○ 액면금액: ₩100,000
> ○ 이자지급: 매년 12월 31일에 액면금액의 연 8% 이자 지급
> ○ 발행가액: ₩105,344

발행일 현재 유효이자율은 6%이며, 유효이자율법에 따라 이자를 인식하고 이자는 매년 12월 31일에 지급한다. 연도별 상각액은 20×7년도 ₩1,679, 20×8년도 ₩1,780, 20×9년도 ₩1,885이며, 상각액 합계액은 ₩5,344이다. 이 사채 발행 시부터 만기까지 인식할 총 이자비용은? (단, 사채발행비는 발생하지 않았다)

2019 국가직 7급

① ₩5,344　　　　② ₩18,656

③ ₩24,000　　　　④ ₩42,656

정답과 해설

21 **정답** ④

해설 사채발행비 ₩2,000은 사채발행으로 인한 현금유입액을 감소시켜 사채할인발행차금을 구성한다.

이자비용 총액 = 현금지급이자 총액 (₩100,000 × 10% × 3년) + 사채할인발행차금 (₩100,000 − ₩93,200)

= ₩30,000 + ₩6,800 = ₩36,800

22 **정답** ②

해설 액면이자율이 유효이자율보다 높으므로 사채는 할증발행된다. 이 경우 만기까지 인식할 총 이자비용은 현금이자 지급액에 사채할증발행차금을 차감한 금액이 된다.

총 이자비용 = 액면이자 ₩8,000 × 3년 − 사채할증발행차금 ₩5,344 = ₩18,656

23 ㈜서울은 20X1년 1월 1일에 액면이자율 8%, 액면금액₩10,000,000인 3년 만기 사채를 발행하였다. 액면이자는 매년 12월 31일에 지급하며, 발행금액은 발행시점의 시장이자율 6%를 기준으로 결정하였다. 현재가치 표는 <보기>와 같다. ㈜서울이 사채발행차금을 매 회계기간 말에 유효이자율법으로 상각한다면, 20X1년 말 사채의 장부금액은? (단, 사채발행비는 없으며, 원금은 만기에 일시 상환한다.)

2023 서울시 7급

기간 (n)	단일금액 1원의 현재가치			정상연금 1원의 현재가치		
	6%	7%	8%	6%	7%	8%
1	0.9434	0.9346	0.9259	0.9434	0.9346	0.9259
2	0.8900	0.8734	0.8573	1.8334	1.8080	1.7833
3	0.8396	0.8163	0.7938	2.6730	2.6243	2.5771
4	0.7921	0.7629	0.7350	3.4651	3.3872	3.3121

<보기>

① ₩10,000,000　　② ₩10,188,452

③ ₩10,366,464　　④ ₩10,534,400

23 정답 ③

해설 사채의 발행금액 = 액면금액 ₩10,000,000 × 0.8396(6%, 3기간 현가) + 액면이자 ₩800,000 × 2.6730(6%, 3년 연금 현가) = ₩8,396,000 + ₩2,138,400 = ₩10,534,400

일자	유효이자	표시이자	상각액	상각후원가
20X1년 초				10,534,400
20X1년 말	632,064	800,000	167,936	10,366,464

24 ㈜한국은 2014년 1월 1일 액면금액 ₩10,000인 사채(3년 만기, 표시이자율 5%)를 할인발행하였다. 2015년 1월 1일 동 사채의 장부금액은 ₩9,600이고, 2015년도에 발생한 이자비용은 ₩600이다. ㈜한국이 2016년 1월 1일 해당 사채를 ₩9,800에 조기상환 하였다면, 이에 대한 분개로 옳은 것은?
2016 국가직 7급

		차변		대변	
①	사채	₩10,000	현금		₩9,800
			사채상환이익		₩200
②	사채	₩10,000	현금		₩9,800
	사채상환손실	₩100	사채할인발행차금		₩300
③	사채	₩10,000	현금		₩9,800
	사채상환손실	₩700	사채할인발행차금		₩900
④	사채	₩10,000	현금		₩9,800
	사채상환손실	₩800	사채할인발행차금		₩1,000

25 ㈜한국은 20×1년 1월 1일에 액면가 ₩10,000, 만기 3년, 표시이자율 8%, 이자지급일이 매년 12월 31일인 사채를 ₩9,503에 할인발행하였다. 이 사채를 20×2년 1월 1일에 ₩9,800을 지급하고 조기상환할 때, 사채상환손익은? (단, 발행일의 유효이자율은 10%이고, 금액은 소수점 첫째자리에서 반올림한다)
2021 관세직 9급

① 사채상환손실 ₩18　　② 사채상환손실 ₩147
③ 사채상환이익 ₩18　　④ 사채상환이익 ₩147

정답과 해설

24 **정답** ②

해설

일자	유효이자	표시이자	상각액	상각후원가
2015. 1. 1				9,600
2015. 12. 31	600	500	100	9,700

사채상환손익 = 장부금액 ₩9,700 - 상환금액 ₩9,800 = (-)₩100

25 **정답** ②

해설 상환시점까지 유효이자율 상각표는 다음과 같다.

일자	유효이자	표시이자	상각액	상각후원가
20X1. 1. 1.				9,503
20X1. 12. 31.	950	300	150	9,653

사채상환손익 = 장부금액 ₩9,653 - 상환액 ₩9,800 = (-)₩147

26 ㈜서울은 20X1년 초 만기 3년(일시상환), 액면금액 ₩100,000인 사채를 ₩92,500에 발행하였다. 사채의 표시이자율은 연 7%(매년 말 지급조건)이고, 사채발행일의 유효이자율은 연 10%이다. ㈜서울이 20X3년 초 사채 액면금액 전부를 ₩98,000에 조기상환하는 경우, ㈜서울이 조기상환 시점에 사채상환손실로 인식할 금액은? (단, 사채는 상각후원가로 측정한다.)   2021 서울시 7급

① ₩775   ② ₩875

③ ₩975   ④ ₩1,075

26 **정답** ①

해설

일자	유효이자	표시이자	상각액	상각후원가
20X1. 1. 1.				92,500
20X1. 12. 31.	9,250	7,000	2,250	94,750
20X2. 12. 31.	9,475	7,000	2,475	97,225

사채상환손익 = 장부금액 ₩97,225 - 상환금액 ₩98,000 = (-)₩775

[별해]

20X3년 초 사채의 장부금액은 남아 있는 현금흐름을 발행시점의 유효이자율로 할인한 값과 같다. 20X3년 초 기준으로 남아 있는 현금흐름은 20X3년 말에 지급할 원금 ₩100,000과 이자 ₩7,000이므로 장부금액은 다음과 같다.

20X3년 초 사채 장부금액 = ₩107,000 ÷ (1 + 10%) = ₩107,000 ÷ 1.1 = ₩97,273

사채상환손익 = 장부금액 ₩97,273 - 상환금액 ₩98,000 = (-)₩727

27 금융상품의 인식과 측정에 대한 설명으로 옳지 않은 것은?　　2012 국가직 7급 수정

① 금융자산은 최초 인식 시에 공정가치로 측정한다.

② 금융자산의 정형화된 매입 또는 매도는 매매일이나 결제일에 인식하거나 제거한다.

③ 사채의 표시이자율과 시장이자율이 동일하더라도 사채의 발행시점에 따라 할인발행 되거나 할증발행 된다.

④ 상각후원가 측정 금융자산의 이자수익은 금융자산의 총 장부금액에 유효이자율을 적용하는 유효이자율법으로 계산한다.

28 ㈜한국은 20×1년 초 액면금액 ₩1,000,000(액면이자율 연 7%, 이자지급 매년말, 만기 20×3년 말)의 사채를 발행하였으며, 동 사채의 발행시점 유효이자율은 연 5%이고, 사채발행비는 ₩60,000이다. 사채의 발행으로 유입된 현금은? 단, 계산금액은 소수점 첫째자리에서 반올림한다.　　2018 보험계리사

할인율	단일금액 ₩1의 현재가치			정상연금 ₩1의 현재가치		
	1기	2기	3기	1기	2기	3기
5%	0.9523	0.9070	0.8638	0.9523	1.8594	2.7232
7%	0.9345	0.8734	0.8163	0.9345	1.8080	2.6243

① ₩940,002　　　② ₩994,424

③ ₩1,000,002　　　④ ₩1,054,424

27 정답 ③

해설 사채의 표시이자율과 시장이자율이 동일하다면 발행시점에 상관없이 액면발행된다.

28 정답 ④

해설 사채의 발행금액 = 액면금액 ₩1,000,000 × 0.8638 + 액면이자 ₩70,000 × 2.7232 = ₩863,800 + ₩190,624 = ₩1,054,424

※ 유효이자율은 거래원가(사채발행비)를 차감한 현금유입액(발행금액)과 사채의 미래현금지급액의 현재가치를 일치시키는 이자율이다. 즉, 사채발행비가 이미 유효이자율에 반영되어 있으므로 추가로 차감하지 않는다.

사채의 발행금액 = 원금과 이자를 '시장이자율'로 할인한 현재가치 - 사채발행비
= 원금과 이자를 '유효이자율'로 할인한 현재가치

29 ㈜감평은 20x1년 초 상각후원가(AC)로 측정하는 금융부채에 해당하는 회사채(액면금액 ₩1,000,000, 액면이자율 연 10%, 만기 3년, 매년 말 이자지급)를 발행하였다. 회사채 발행시점의 시장이자율은 연 12%이나 유효이자율은 연 13%이다. ㈜감평이 동 회사채 발행과 관련하여 직접적으로 부담한 거래원가는? (단, 계산금액은 소수점 첫째자리에서 반올림하며, 단수차이로 인한 오차가 있으면 가장 근사치를 선택한다.)

2020 감정평가사

기간	단일금액 ₩1의 현재가치			정상연금 ₩1의 현재가치		
	10%	12%	13%	10%	12%	13%
3	0.7513	0.7118	0.6931	2.4868	2.4018	2.3612

① ₩22,760   ② ₩30,180   ③ ₩48,020

④ ₩52,130   ⑤ ₩70,780

30 사채할인발행차금의 상각이 당기순이익과 사채의 장부금액에 미치는 영향은?

2012 관세직 9급

	당기순이익	사채의 장부금액
①	증가	증가
②	증가	감소
③	감소	증가
④	감소	감소

정답과 해설

29 **정답 ①**

해설 원금과 이자를 '시장이자율'로 할인한 현재가치 - 사채발행비 = 원금과 이자를 '유효이자율'로 할인한 현재가치

사채발행비 = 원금과 이자를 '시장이자율'로 할인한 현재가치 - 원금과 이자를 '유효이자율'로 할인한 현재가치 = (₩1,000,000 × 0.7118 + ₩100,000 × 2.4018) - (₩1,000,000 × 0.6931 + ₩100,000 × 2.3612) = ₩1,000,000 × (0.7118 - 0.6931) + ₩100,000 × (2.4018 - 2.3612) = ₩18,700 + ₩4,060 = ₩22,760

30 **정답 ③**

해설 사채할인발행차금 상각액은 이자비용을 구성하게 된다. 따라서 이자비용이 증가하고 당기순이익이 감소하게 된다. 또한 사채할인발행차금은 사채의 차감항목이므로 상각으로 인해 할인발행차금이 감소하면 사채의 장부금액은 증가하게 된다.

31 사채의 발행 및 발행 후 회계처리에 대한 설명으로 옳지 않은 것은?

① 상각후원가로 측정하는 사채의 경우 사채발행비가 발생한다면 액면발행, 할인발행, 할증발행 등 모든 상황에서 유효이자율은 사채발행비가 발생하지 않는 경우보다 높다.

② 사채를 할증발행한 경우 사채이자비용은 현금이자지급액에 사채 할증발행차금 상각액을 가산하여 인식한다.

③ 사채의 할증발행 시 유효이자율법에 의해 상각하는 경우 기간경과에 따라 매기 인식하는 할증발행차금의 상각액은 증가한다.

④ 사채의 할인발행 시 유효이자율법에 의해 상각하는 경우 기간경과에 따라 매기 인식하는 할인발행차금의 상각액은 증가한다.

32 사채 이자비용에 대한 설명으로 옳은 것은? (단, 이자율은 0보다 크다)

① 사채가 할증발행된다면 만기에 가까워질수록 매년 사채의 유효이자는 증가한다.

② 사채가 할인발행된다면 만기에 가까워질수록 매년 사채의 유효이자는 감소한다.

③ 사채가 할증발행된다면 매년 사채의 유효이자는 액면이자보다 적다.

④ 사채가 액면발행된다면 매년 사채의 유효이자는 액면이자와 같지 않다.

정답과 해설

31 **정답** ②

해설 ① 사채발행비가 있는 경우 현금수령액이 감소하므로 할인율에 해당하는 유효이자율이 증가한다.

② 사채를 할증발행한 경우 사채이자비용은 현금이자지급액에 사채 할증발행차금 상각액을 '차감'하여 인식한다.

③, ④ 차금상각액은 할인발행과 할증발행 모두 매기 증가한다.

32 **정답** ③

해설 ① 사채가 할증발행되면 만기에 가까워질수록 장부금액이 감소하고, 이에 따라 유효이자도 감소한다.

② 사채가 할인발행되면 만기에 가까워질수록 장부금액이 증가하고, 이에 따라 유효이자도 증가한다.

③ 사채의 액면이자가 유효이자보다 큰 경우에 사채가 할증발행된다. 따라서 할증발행된 사채의 유효이자는 액면이자보다 적다.

④ 사채가 액면발행되는 경우 유효이자와 액면이자가 같다.

33 ㈜서울은 20×1년 초에 <보기>와 같은 조건의 사채를 발행하였다. 사채 발행 시 거래원가를 고려하지 않은 유효이자율은 연 6%(기간 3, 단일금액의 현가계수는 0.84, 연금의 현가계수는 2.67)이다. 중도상환이 없다고 할 때, ㈜서울이 사채의 전체 기간 동안 인식할 총 이자비용은?

2019 서울시 9급

<보기>

액면금액: ₩1,000,000
이자지급: 매년 12월 31일에 액면금액의 4% 이자 지급
상환: 20×3년 말에 일시 상환
사채 발행 시 거래원가: ₩1,500

① ₩120,000   ② ₩121,500

③ ₩173,200   ④ ₩174,700

34 ㈜한국은 20X8년 1월 1일에 3년 만기 사채를 발행하였다. 매년 말 액면이자를 지급하고 유효이자율법에 따라 사채할인발행차금을 상각한다. 20X9년 말 이자와 관련된 회계처리는 <보기>와 같고, <보기>의 거래가 반영된 20X9년 말 사채의 장부금액은 ₩430,000이다. 이 경우 사채의 유효이자율은?

2019 서울시 7급

<보기>

(차)	이자비용	60,000	(대)	사채할인발행차금	30,000
				현금	30,000

① 14%   ② 15%

③ 16%   ④ 17%

정답과 해설

33 **정답** ④

해설 사채 발행금액 = 액면이자 ₩40,000 × 2.67 + 액면금액 ₩1,000,000 × 0.84 - 사채발행비 ₩1,500 = ₩106,800 + ₩840,000 -₩1,500 = ₩945,300

사채할인발행차금 = 액면금액 ₩1,000,000 - 발행금액 ₩945,300 = ₩54,700

총 이자비용 = 액면이자 ₩40,000 × 3년 + 사채할인발행차금 ₩54,700 = ₩174,700

34 **정답** ②

해설 차변의 이자비용은 유효이자에 해당하고, 대변의 현금은 표시이자, 사채할인발행차금은 상각액에 해당한다.

일자	유효이자	표시이자	상각액	상각후원가
20X8년 말				?
20X9년 말	60,000	30,000	30,000	430,000

20X8년 말 상각후원가 + 상각액 ₩30,000 = 20X9년 말 상각후원가 ₩430,000

20X8년 말 상각후원가 = ₩400,000

20X8년 상각후원가 ₩400,000 × 유효이자율 = 유효이자 ₩60,000

유효이자율 = ₩60,000 ÷ ₩400,000 = 15%

35 ㈜세무는 20X1년 초 5년 만기 사채를 발행하여 매년 말 액면이자를 지급하고 유효이자율법에 의하여 이자비용을 인식하고 있다. 20X2년 말 이자와 관련하여 다음과 같은 회계처리 후 사채의 장부금액이 ₩84,000이 되었다면, 20X3년 말 사채의 장부금액은?
2018 세무사

(차)	이자비용	8,200	(대)	사채할인발행차금	2,000
				현금	6,200

① ₩86,200　　　　② ₩86,600　　　　③ ₩87,000

④ ₩87,200　　　　⑤ ₩87,600

36 다음 중 사채 전체기간의 총 이자비용이 표시이자 총액보다 큰 상황을 설명하는 것은?
2021 보험계리사

① 사채장부가액이 매년 증가하는 경우

② 사채발행가액이 액면가액보다 큰 경우

③ 표시이자율이 유효이자율보다 큰 경우

④ 사채이자비용이 매년 감소하는 경우

35 정답 ①

해설 분개를 유효이자율 상각표로 옮겨 보면 다음과 같다.

일자	유효이자	표시이자	상각액	상각후원가
20X1. 12. 31.				?
20X2. 12. 31.	8,200	6,200	2,000	84,000

20X1년 말 장부금액 = 20X2년 말 장부금액 ₩84,000 - 상각액 ₩2,000 = ₩82,000

유효이자율 = 20X2년 유효이자 ₩8,200 ÷ 20X1년 말 장부금액 ₩82,000 = 10%

20X3년 말 장부금액은 다음과 같다.

일자	유효이자	표시이자	상각액	상각후원가
20X2. 12. 31.				84,000
20X3. 12. 31.	8,400	6,200	2,200	86,200

36 정답 ①

해설 사채가 할인발행된 경우 '총 이자비용 = 표시이자 총액 + 사채할인발행차금'이므로 할인발행된 경우를 묻는 질문이다. 사채가 할인발행되면 사채발행가액은 액면금액보다 작으며, 표시이자율이 유효이자율보다 작다. 사채장부가액은 매년 증가하고, 그에 따라 이자비용도 매년 증가한다.

37 ㈜지방은 20X3년 1월 1일에 액면금액 ₩1,000, 표시이자율 연 7% 만기 2년, 매년 말에 이자를 지급하는 사채를 발행하였다. 다음은 ㈜지방이 작성한 사채상각표의 일부를 나타낸 것이다.

2014 지방직 9급

일자	유효이자	표시이자	사채할인발행차금 상각	장부금액
20X3. 1. 1.				?
20X3. 12. 31.	?	?	₩25	?
20X4. 12. 31.	?	?	₩27	₩1,000

위의 자료를 이용한 사채에 대한 설명으로 옳지 않은 것은?

① 2년간 이자비용으로 인식할 총금액은 ₩140이다.

② 사채의 발행가액은 ₩948이다.

③ 20X4년 1월 1일에 사채를 ₩1,000에 조기상환할 경우 사채상환손실은 ₩27이다.

④ 사채의 이자비용은 매년 증가한다.

38 ㈜서울은 액면금액이 ₩100,000, 표시이자율이 연 10%(1년에 1회 이자지급)인 사채를 이자지급일에 현금 ₩113,000을 지급하고 조기상환하였다. 이때 사채상환손실이 ₩8,000이었다면, 상환시점의 사채할인발행차금은?

2018 서울시 7급

① ₩8,000 ② ₩5,000

③ ₩3,000 ④ ₩2,000

37 **정답** ①

해설 ① 이자비용 총액 = 현금지급이자 총액 (₩1,000 × 7% × 2년) + 사채할인발행차금 (₩25 + ₩27) = ₩140 + ₩52 = ₩192

　　② 사채의 발행가액 = 액면금액 ₩1,000 - 사채할인발행차금 ₩52 = ₩948

　　③ 20X3년 말 장부금액 = ₩948 + ₩25 = ₩973, 사채상환손익 = 장부금액 ₩973 - 상환금액 ₩1,000 = (-)₩27

　　④ 할인발행의 경우 매년 사채 장부금액과 이자비용이 증가한다.

38 **정답** ②

해설 사채상환금액 = 현금지급액 ₩113,000 - 액면이자 ₩10,000 = ₩103,000

　　사채상환손실 ₩8,000 = 사채상환금액 ₩103,000 - 사채장부금액

　　사채장부금액 = ₩95,000

　　사채장부금액 ₩95,000 = 액면금액 ₩100,000 - 사채할인발행차금

　　사채할인발행차금 = ₩5,000

39 ㈜서울은 20x7년 1월 1일 액면금액 ₩10,000, 표시 이자율 연 12%(이자는 매년 말 지급), 유효이 자율 연 10%, 3년 만기, 수의상환사채를 ₩10,500에 발행하였다. ㈜서울은 수의상환선택권을 행 사하여 20x9년 1월 1일 동 사채 전체를 ₩10,300에 상환하였다. 이 거래와 관련하여 ㈜서울이 인 식할 사채상환손익은?

2011 감정평가사

① ₩115 손실   ② ₩115 이익   ③ ₩315 손실
④ ₩315 이익   ⑤ ₩200 손실

40 상각후원가로 후속측정하는 일반사채에 관한 설명으로 옳지 않은 것은?

2019 관세사

① 사채를 할인발행하고 중도상환 없이 만기까지 보유한 경우, 발행자가 사채발행시점부터 사채만기까 지 포괄손익계산서에 인식한 이자비용의 총합은 발행시점의 사채할인발행차금과 연간 액면이자 합 계를 모두 더한 값과 일치한다.

② 사채발행비가 존재하는 경우, 발행시점의 발행자의 유효이자율은 발행시점의 시장이자율보다 낮다.

③ 사채를 할증발행한 경우, 중도상환이 없다면 발행자가 포괄손익계산서에 인식하는 사채관련 이자비 용은 매년 감소한다.

④ 사채를 할인발행한 경우, 중도상환이 없다면 발행자가 재무상태표에 인식하는 사채의 장부금액은 매년 체증적으로 증가한다.

⑤ 사채를 중도상환 할 때 거래비용이 없고 시장가격이 사채의 내재가치를 반영하는 경우, 중도상환시 점의 시장이자율이 사채발행시점의 유효이자율보다 크다면 사채발행자 입장에서 사채상환이익이 발생한다.

39 정답 ①

해설

일자	유효이자	표시이자	상각액	상각후원가
20X1. 1. 1.				10,500
20X1. 12. 31.	1,050	1,200	150	10,350
20X2. 12. 31.	1,035	1,200	165	10,185

사채상환손익 = 장부금액 ₩10,185 - 상환액 ₩10,300 = (-)₩115

※ 수의(隨意 따를 수, 뜻 의)상환사채는 뜻에 따라 상환할 수 있는 사채로, 발행자의 뜻에 따라 만기전에 상환할 수 있는 사 채를 의미한다.

40 정답 ②

해설 사채발행비가 존재하는 경우, 사채발행비만큼 현금유입액이 감소하는데 이는 결국 상환기간에 걸쳐 이자비용으로 인식하므 로 이자비용을 증가시킨다. 이자비용이 증가한다는 것은 그만큼 유효이자율이 증가한다는 것을 의미하므로, 결국 유효이자 율이 시장이자율보다 높아진다.

41 ㈜감평은 20×1년 1월 1일 액면금액 ₩1,000,000(만기 3년, 표시이자율 연 6%, 매년 말 이자지급)의 사채를 발행하였으며, 사채의 발행 당시 유효이자율은 연 10%이었다. ㈜감평은 20×2년 6월 30일 사채를 조기상환하였다. 조기상환시 발생한 사채상환손실은 ₩32,000이다. ㈜감평이 유효이자율법을 적용할 때, 상환일까지의 경과이자를 포함한 사채조기상환금액은? (단, 이자비용은 월할계산하고, 계산금액은 소수점 첫째자리에서 반올림하며, 단수차이로 인한 오차가 있으면 가장 근사치를 선택한다.)

2019 감정평가사 변형

기간	단일금액 ₩1의 현재가치		정상연금 ₩1의 현재가치	
	6%	10%	6%	10%
1	0.943	0.909	0.943	0.909
2	0.890	0.826	1.833	1.736
3	0.840	0.751	2.673	2.487

① ₩948,754 ② ₩996,300 ③ ₩978,754 ④ ₩1,008,754 ⑤ ₩1,055,266

42 ㈜관세는 20×1년 1월 1일 사채(액면금액 ₩1,000,000, 표시이자율 연 8%, 매년 말 이자지급, 만기 3년)를 ₩950,263에 발행하였다. ㈜관세는 동 사채를 20×3년 1월 1일에 전액 상환하였으며 발행시점부터 상환직전까지 인식한 총 이자비용은 ₩191,555이었다. 사채상환시 사채상환손실이 ₩8,182인 경우 ㈜관세가 지급한 현금은?

2021 관세사

① ₩960,000 ② ₩970,000 ③ ₩980,000 ④ ₩990,000 ⑤ ₩1,000,000

---

41 정답 ④

해설 사채 발행금액 = 액면금액 ₩1,000,000 × 0.751 + 액면이자 ₩60,000 × 2.487 = ₩751,000 + 149,220 = 900,220

일자	유효이자	표시이자	상각액	상각후원가
20X1. 1. 1.				900,220
20X1. 12. 31.	90,022	60,000	30,022	930,242
20X2. 6. 30.	93,024 × 6/12= 46,512	30,000	16,512	946,754

사채상환손익 (-)₩32,000 = 장부금액 ₩946,754 - 원금 상환액

원금 상환액 = ₩978,754

경과이자를 포함한 조기상환금액 = ₩978,754 + 경과이자 ₩30,000 = ₩1,008,754

42 정답 ④

해설

일자	유효이자	표시이자	상각액	상각후원가
20X1. 1. 1.				950,263
20X1. 12. 31.	?	80,000	?	?
20X2. 12. 31.	?	80,000	?	?
합계	191,555	160,000	31,555	

2년간 인식한 총 이자비용 ₩191,555이 2년간의 유효이자다. 2년간 표시이자는 ₩160,000이므로 2년간 상각액은 ₩191,555 - ₩160,000 = ₩31,555가 되고, 20X2년 말 상각후원가는 ₩950,263 + ₩31,555 = ₩981,818이 된다.

사채상환손익 (-)₩8,182 = 장부금액(상각후원가) ₩981,818 - 상환액

상환액 = ₩981,818 + ₩8,182 = ₩990,000

43 ㈜서울이 20×1년 1월 1일에 액면금액 ₩500,000, 매년 말 액면이자 8%, 3년 만기인 사채를 할인발행하였다. 사채할인발행차금은 유효이자율법에 따라 상각한다. 20×1년 말과 20×2년 말 사채 장부금액이 <보기>와 같고, 해당 사채가 만기상환 되었다고 할 때, ㈜서울이 20×2년부터 20×3년까지 2년 간 사채와 관련하여 인식한 총 이자비용은? 　　　　　2020 서울시 7급

<보기>

・20X1년 말 사채 장부금액 = ₩482,600　　　　・20X2년 말 사채 장부금액 = ₩490,900

① ₩86,500　　　　② ₩89,100

③ ₩97,400　　　　④ ₩106,500

44 ㈜한국이 발행한 사채(액면금액 ₩100,000, 액면이자율 연 8%, 발행 시 유효이자율 연 10%)의 20×1년 말 장부금액은 ₩95,000이다. ㈜한국은 20×2년 말 동 사채에 대한 액면이자를 지급한 후 즉시 사채 전부를 ₩98,000에 상환하였다. 사채가 ㈜한국의 20×2년 당기순이익에 미치는 영향은? (단, 액면이자는 매년 말 지급하고, 원금은 만기에 일시 상환한다) 　　　　　2024 지방직 9급

① ₩8,000 감소　　　　② ₩9,500 감소

③ ₩10,000 감소　　　　④ ₩11,000 감소

43 정답 ③

해설 20X1년 말 사채 장부금액(₩482,600)과 액면금액(₩500,000)의 차이가 사채할인발행차금에 해당하는데, 이는 만기까지 2년 간 인식할 이자비용에 해당한다.

2년 간 총 이자비용 = 액면이자 ₩500,000 × 8% × 2년 + 사채할인발행차금 상각액(₩500,000 - ₩482,600)

= ₩80,000 + ₩17,400 = ₩97,400

44 정답 ④

해설

일자	유효이자	표시이자	상각액	상각후원가
20X1년 말				95,000
20X2년 말	9,500	8,000	1,500	96,500

20X2년 이자비용 = 20X1년 말 장부금액 ₩95,000 × 유효이자율 연 10% = ₩9,500

사채상환손익 = 20X2년 말 장부금액 ₩96,500 - 상환금액 ₩98,000 = (-)₩1,500

20X2년 당기순이익에 미치는 영향 = 이자비용 (-)₩9,500 + 사채상환손실 (-)₩1,500 = (-)₩11,000

주요 Topic 및 출제경향

주요 Topic	01 충당부채 ★★★★ 02 보고기간후사건 ★ 03 종업원급여 ★

▶ **9급 출제경향**(●국가직 ■관세직 ◆지방직 ○서울시)

구분	15	16	17	18	19	20	21	22	23	24	25
12.1 충당부채	○	■◆	●■◆					●■◆	●■	■	●■
12.2 보고기간후사건											
12.3·종업원급여						◆					

▶ **7급 출제경향**(▲국가직 △서울시)

구분	15	16	17	18	19	20	21	22	23	24	-
12.1 충당부채	▲	△			△	▲△	▲				
12.2 보고기간후사건								▲	▲		
12.3 종업원급여			△	△			▲		△	△	

구분	기본	필수	응용	심화	합계
12.1 충당부채	6	4	6	1	17
12.2 보고기간후사건	1	0	4	0	5
12.3 종업원급여	0	0	0	1	1
합계	7	4	10	2	23

기본문제

[12-01] 충당부채

01 2015년에 제품의 결함으로 인하여 피해를 입었다고 주장하는 고객이 ㈜한국을 상대로 손해배상청구 소송을 제기하였다. 법률전문가는 2015년 재무제표가 승인되는 시점까지는 회사의 책임이 밝혀지지 않을 가능성이 높다고 조언하였다. 그러나 2016년 말 현재 ㈜한국에 소송이 불리하게 진행 중이며, 법률전문가는 ㈜한국이 배상금을 지급하게 될 가능성이 높다고 조언하였다. ㈜한국의 충당부채 또는 우발부채 인식과 관련된 설명으로 옳지 않은 것은? **2016 관세직 9급**

① 충당부채는 현재의 의무가 존재하고, 경제적 효익을 갖는 자원이 유출될 가능성이 높으며, 당해 금액을 신뢰성 있게 추정할 수 있을 경우에 인식한다.

② 2015년의 경우 현재의 의무가 없고, 배상금을 지급할 가능성이 아주 낮다고 하더라도 우발부채로 공시할 의무는 있다.

③ 2016년 말에는 현재 의무가 존재하고 배상금에 대한 지급가능성이 높으므로, 배상금을 신뢰성 있게 추정할 수 있다면 충당부채를 인식해야 한다.

④ 만약 2016년 말에 배상금을 신뢰성 있게 추정할 수 없다면 이를 충당부채로 인식하지 않고 우발부채로 공시한다.

정답과 해설

01 **정답** ②

해설 우발부채에 해당하더라도 자원의 유출가능성이 '아주 낮다면' 주석 공시가 불필요하다.

02 충당부채와 우발부채에 대한 설명으로 옳지 않은 것은?   2016 지방직 9급

① 충당부채는 지출의 시기 또는 금액이 불확실한 부채이다.

② 충당부채와 우발부채 모두 재무상태표에 인식하지 않고 주석으로 공시한다.

③ 충당부채로 인식하기 위해서는 현재 의무가 존재하여야 할 뿐만 아니라 당해 의무를 이행하기 위해 경제적 효익이 내재된 자원의 유출가능성이 높아야 한다.

④ 현재 의무를 이행하기 위한 자원의 유출가능성은 높으나 신뢰성 있는 금액의 추정이 불가능한 경우에는 우발부채로 공시한다.

03 충당부채에 대한 설명으로 옳지 않은 것은?   2017 국가직·관세직 9급

① 충당부채를 인식하기 위해서는 과거사건의 결과로 현재 의무가 존재하여야 한다.

② 충당부채를 인식하기 위한 현재의 의무는 법적 의무로서 의제의무는 제외된다.

③ 충당부채의 인식요건 중 경제적효익이 있는 자원의 유출가능성이 높다는 것은 발생할 가능성이 발생하지 않을 가능성보다 더 높다는 것을 의미한다.

④ 충당부채를 인식하기 위해서는 과거 사건으로 인한 의무가 기업의 미래행위와 독립적이어야 한다.

04 충당부채에 대한 설명으로 옳지 않은 것은?   2022 국가직·관세직 9급

① 충당부채로 인식하는 금액은 현재의무를 보고기간 말에 이행하기 위하여 필요한 지출에 대한 최선의 추정치이어야 한다.

② 미래의 예상 영업손실은 충당부채로 인식하지 아니한다.

③ 현재의무를 이행하기 위하여 필요한 지출 금액에 영향을 미치는 미래 사건이 일어날 것이라는 충분하고 객관적인 증거가 있는 경우에도, 그 미래 사건을 고려하여 충당부채 금액을 추정하지 않는다.

④ 화폐의 시간가치 영향이 중요한 경우에 충당부채는 의무를 이행하기 위하여 예상되는 지출액의 현재가치로 평가한다.

05 20×1년 초에 영업을 개시한 ㈜한국은 품질보증 기간을 1년으로 하여 에어컨을 판매하고 있다. 20×1년 에어컨 판매 수량은 500대이고, 대당 판매가격은 ₩1,000이며, 동종업계의 과거 경험에 따르면 제품보증비용은 대당 ₩50이 발생할 것으로 추정된다. 20×1년 중 실제 제품보증비 지출이 ₩10,000이면, ㈜한국의 20×1년 말 재무상태표에 표시될 제품보증충당부채는? 2022 지방직 9급

 ① ₩5,000 ② ₩15,000 ③ ₩25,000 ④ ₩40,000

06 충당부채, 우발부채 및 우발자산에 대한 설명으로 옳지 않은 것은? 2024 관세직 9급

 ① 충당부채는 결제에 필요한 미래 지출의 시기 또는 금액에 불확실성이 있다는 점에서 매입채무와 미지급비용과 같은 그 밖의 부채와 구별된다.

 ② 과거사건에 의하여 발생하였으나, 기업이 전적으로 통제할 수 없는 하나 이상의 불확실한 미래사건의 발생 여부에 의하여서만 그 존재가 확인되는 잠재적 의무는 충당부채로 처리한다.

 ③ 우발자산은 미래에 전혀 실현되지 않을 수도 있는 수익을 인식하는 결과를 가져올 수 있기 때문에 재무제표에 인식하지 아니한다.

 ④ 충당부채의 인식요건인 현재의 의무는 법적의무뿐만 아니라 의제의무도 포함한다.

[12-02] 보고기간후사건

07 보고기간후사건에 대한 설명으로 옳지 않은 것은? 2023 국가직 7급

 ① 보고기간말에 존재하였던 상황에 대한 정보를 보고기간 후에 추가로 입수한 경우에는 그 정보를 반영하여 공시 내용을 수정한다.

 ② 경영진이 보고기간 후에, 기업을 청산하거나 경영활동을 중단할 의도를 가지고 있거나, 청산 또는 경영활동의 중단 외에 다른 현실적 대안이 없다고 판단하는 경우에는 계속기업의 기준에 따라 재무제표를 작성해서는 아니 된다.

 ③ 보고기간 후부터 재무제표 발행승인일 전 사이에 배당을 선언한 경우, 보고기간말에 부채로 인식한다.

 ④ 수정을 요하지 않는 보고기간후사건을 반영하기 위하여 재무제표에 인식된 금액을 수정하지 아니한다.

[12-01] 충당부채

08 TV를 제조하여 판매하는 ㈜한국은 보증기간 내에 제조상 결함이 발견된 경우, 제품을 수선하거나 새 제품으로 교환해 주는 제품보증정책을 취하고 있다. 이에 대한 회계처리 방법으로 옳지 않은 것은? 2015 국가직 7급

① 경제적효익을 갖는 자원의 유출가능성이 높고 금액을 신뢰성 있게 추정할 수 있는 경우, 충당부채로 인식한다.

② 경제적효익을 갖는 자원의 유출가능성이 높으나 금액을 신뢰성 있게 추정할 수 없는 경우, 충당부채로 인식한다.

③ 경제적효익을 갖는 자원의 유출가능성이 높지 않으나 아주 낮지도 않은 경우, 우발부채로 공시한다.

④ 경제적효익을 갖는 자원의 유출가능성이 아주 낮은 경우, 공시하지 아니한다.

09 충당부채, 우발부채, 우발자산에 대한 설명으로 옳지 않은 것은? 2017 지방직 9급

① 우발자산은 경제적 효익의 유입가능성이 높지 않은 경우에 주석으로 공시한다.

② 의무를 이행하기 위하여 경제적 효익이 있는 자원을 유출할 가능성이 높지 않은 경우 우발부채를 주석으로 공시한다.

③ 우발부채와 우발자산은 재무제표에 인식하지 아니한다.

④ 현재의무를 이행하기 위하여 해당 금액을 신뢰성 있게 추정할 수 있고 경제적 효익이 있는 자원을 유출할 가능성이 높은 경우 충당부채로 인식한다.

정답과 해설

08 **정답** ②
  해설 자원의 유출가능성이 높으나 금액을 신뢰성 있게 추정할 수 없는 경우에는 우발부채로 주석공시한다.
09 **정답** ①
  해설 우발자산은 재무제표에 인식하지 않고, 경제적 효익의 유입 가능성이 '높은 경우에' 주석으로 공시한다.

10 충당부채와 우발부채에 대한 설명으로 옳은 것은? 2020 국가직 7급

① 미래의 예상 영업손실에 대하여 충당부채로 인식한다.

② 우발부채는 자원의 유출가능성을 최초 인식시점에 판단하며 지속적으로 평가하지 않는다.

③ 제삼자와 연대하여 의무를 지는 경우에는 이행할 전체 의무 중 제삼자가 이행할 것으로 예상되는 부분을 우발부채로 처리한다.

④ 다수의 항목과 관련되는 충당부채를 측정하는 경우에 해당의무는 가능한 모든 결과에 관련된 확률 중 최댓값으로 추정한다.

11 충당부채, 우발부채 및 우발자산에 대한 설명으로 옳은 것은? 2023 국가직·관세직 9급

① 의무를 이행하기 위하여 경제적 효익이 있는 자원을 유출할 가능성이 희박하지 않다면, 우발부채를 재무제표에 인식한다.

② 예상되는 자산 처분이 충당부채를 생기게 한 사건과 밀접하게 관련되어 있다면, 예상되는 자산 처분이익은 충당부채를 측정하는 데 고려한다.

③ 수익의 실현이 거의 확실하다면, 관련 자산은 우발자산이 아니므로 해당 자산을 재무제표에 인식하는 것이 타당하다.

④ 손실부담계약을 체결하고 있는 경우에는 관련된 현재의무를 우발부채로 인식하고 측정한다.

---

10 **정답** ③

해설 ① 미래의 예상 영업손실은 충당부채로 인식하지 아니한다.

② 우발부채는 처음에 예상하지 못한 상황에 따라 변할 수 있으므로, 경제적 효익이 있는 자원의 유출 가능성이 높아졌는지를 판단하기 위하여 우발부채를 지속적으로 평가한다.

④ 다수의 항목과 관련되는 충당부채를 측정하는 경우에 해당 의무는 가능한 모든 결과에 관련된 확률을 가중평균하여 추정한다. 이러한 통계적 추정방법을 '기댓값'이라고 한다.

11 **정답** ③

해설 ① 우발부채는 재무제표에 인식하지 않고, 주석에 공시한다. 따라서, 의무를 이행하기 위하여 경제적 효익이 있는 자원을 유출할 가능성이 희박하지 않다면, 우발부채를 공시한다.

② 예상되는 자산 처분이 충당부채를 생기게 한 사건과 밀접하게 관련되었더라도 예상되는 자산 처분이익은 충당부채를 측정하는 데 고려하지 아니한다. 예상되는 자산 처분이익은 해당 자산과 관련된 회계처리를 다루는 한국채택국제회계기준서에서 규정하는 시점에 인식한다.

④ 손실부담계약을 체결하고 있는 경우에는 관련된 현재의무를 '충당부채'로 인식하고 측정한다.

12 〈보기〉는 ㈜대한의 20X1년 말 결산 절차 중에 처리해야 할 사항들을 요약해 놓은 것이다. ㈜대한이 재무상태표에 인식해야 할 충당부채 금액은? (단, 제시된 금액은 모두 신뢰성 있게 측정되었다.)

2019 서울시 7급

〈보기〉

1. 20X1년 중 판매한 제품에 대한 보증수리비용은 총 ₩2,000,000이 예상되며, 향후 2년간 발생할 것으로 예상된다.

2. 20X1년 중 ㈜민국의 은행차입 ₩4,000,000에 대하여 지급보증을 해 주었으나 영업부진으로 인하여 ㈜민국이 부도처리되었다. ㈜민국은 은행차입에 대한 상환능력이 없는 것으로 평가되었다. 해당 금액 지급의 일차적 책임은 ㈜대한에게 있다.

3. ㈜대한은 20X1년 말 해상구조물을 현금 ₩3,000,000에 구입하였다. 환경과 관련된 법률에서는 이 구조물의 추정 내용연수가 종료된 후에는 훼손된 환경을 원상복구하도록 하고 있다. 이를 위하여 지출될 것으로 추정되는 금액은 ₩1,000,000이며, 현재가치는 ₩500,000이다.

① ₩9,500,000　　　　② ₩7,000,000

③ ₩6,500,000　　　　④ ₩6,000,000

13 충당부채와 우발부채에 관한 설명으로 옳지 않은 것은?　　2016 감정평가사

① 충당부채를 인식하기 위해서는 당해 의무를 이행하기 위하여 경제적효익을 갖는 자원이 유출될 가능성이 매우 높아야 한다.

② 우발부채는 경제적효익을 갖는 자원의 유출을 초래할 현재의무가 있는지의 여부가 아직 확인되지 아니한 잠재적 의무이므로 부채로 인식하지 않는다.

③ 재무제표는 미래 시점의 예상 재무상태가 아니라 보고기간말의 재무상태를 표시하는 것이므로, 미래영업을 위하여 발생하게 될 원가에 대하여는 충당부채를 인식하지 않는다.

④ 충당부채로 인식되기 위해서는 과거사건으로 인한 의무가 기업의 미래행위(즉, 미래 사업행위)와 독립적이어야 한다.

⑤ 상업적 압력 때문에 공장에 특정 정화장치를 설치하기 위한 비용지출을 계획하고 있는 경우 공장운영방식을 바꾸는 등의 미래행위를 통하여 미래의 지출을 회피할 수 있으므로 당해 지출은 현재의무가 아니며 충당부채도 인식하지 아니한다.

정답과 해설

12 **정답** ③

해설 제품보증에 대한 충당부채 ₩2,000,000 + 보증에 대한 충당부채 ₩4,000,000 + 복구충당부채(지출 추정액의 현재가치) ₩500,000 = ₩6,500,000

13 **정답** ①

해설 자원을 유출할 가능성이 '매우 높아야' 하는 것이 아니라, '높아야' 한다.

14 전자제품의 제조 및 판매를 목적으로 20×0년에 설립된 ㈜관세는 20×0년과 20×1년에 각각 ₩200,000과 ₩300,000의 매출액(3년 간 무상수리 조건임)을 인식하였다. ㈜관세는 매출액의 5%를 품질보증비용으로 추정하고 있다. ㈜관세가 판매한 제품의 품질보증(무상수리)을 위해 20×0년과 20×1년에 각각 ₩3,000과 ₩6,000을 지출하였을 때, 제품매출과 관련하여 ㈜관세가 20×1년에 인식할 품질보증비용은? (단, 상기 품질보증은 확신 유형의 보증으로서 보증활동 자체가 제품판매와 구분되는 수익창출활동은 아니다. 또한 충당부채의 측정 시 화폐의 시간가치는 고려하지 않는다.)

2018 관세사

① ₩6,000   ② ₩11,000   ③ ₩15,000
④ ₩16,000   ⑤ ₩17,000

15 충당부채의 측정에 관한 설명으로 옳지 않은 것은?

2020 보험계리사

① 화폐의 시간가치 효과가 중요한 경우 충당부채는 의무를 이행하기 위하여 예상되는 지출액의 현재가치로 평가한다.

② 현재가치 평가에 사용되는 할인율은 부채의 특유위험과 화폐의 시간가치에 대한 현행 시장의 평가를 반영한 세전 이율이다.

③ 현재가치 평가에 사용되는 할인율에 반영되는 위험에는 미래 현금흐름을 추정할 때 고려된 위험까지 반영한다.

④ 충당부채 금액에 영향을 미치는 미래사건이 발생할 것이라는 충분하고 객관적인 증거가 있는 경우에는 그러한 미래사건을 감안하여 충당부채 금액을 추정한다.

정답과 해설

14 **정답** ③

해설 ㄱ. 결과: 20X1년 말 현재 예상되는 잔여 의무 = (₩200,000 + ₩300,000) × 5% - (₩3,000 + ₩6,000) = ₩25,000 - ₩9,000 = ₩16,000

ㄴ. 잔액: 기초(20X0년 말 예상했던 잔여 의무 ₩200,000 × 5% - ₩3,000) ₩7,000 - 당기 보증 지출 ₩6,000 = ₩1,000

ㄷ. 보충 = ㄱ - ㄴ = ₩15,000

15 **정답** ③

해설 현재가치 평가에 사용되는 할인율에 반영되는 위험에는 미래 현금흐름을 추정할 때 고려한 위험은 반영하지 아니한다.

16 20×1년 말 현재 ㈜관세는 판매된 제품의 하자로 인해 고객들에게 배상의무를 이행해야 할 확률이 매우 높으며, 의무 이행을 위해서는 ₩500,000이 지출될 것으로 신뢰성 있게 추정된다. 한편, 이러한 하자 원인은 부품 공급처 중 한 회사로부터 제공받은 부품의 불량과도 무관하지 않다. 따라서 ㈜관세가 의무를 이행한다면 불량부품을 공급한 거래처로부터 이행금액의 30%를 변제받을 수 있을 것이 확실하다. 동 하자와 관련하여 ㈜관세가 20×1년 말 재무상태표에 인식할 충당부채와 20×1년도 포괄손익계산서의 당기순이익에 미치는 영향은?

2020 관세사

	충당부채	당기순이익
①	₩350,000	₩150,000 증가
②	₩350,000	₩350,000 증가
③	₩350,000	₩500,000 증가
④	₩500,000	₩350,000 감소
⑤	₩500,000	₩500,000 감소

17 ㈜감평은 20×1년 2월 초 영업을 개시하여 2년간 제품보증 조건으로 건조기(대당 판매가격 ₩100)를 판매하고 있다. 20×1년 1,500대, 20×2년 4,000대의 건조기를 판매하였으며, 동종업계의 과거 경험에 따라 판매수량 대비 평균 3%의 보증요청이 있을 것으로 추정되고 보증비용은 대당 평균 ₩20이 소요된다. 당사가 제공하는 보증은 확신유형의 보증이며 연도별 보증이행 현황은 다음과 같다.

구분	20×1년	20×2년
20×1년 판매분	5대	15대
20×2년 판매분		30대

20×2년 말 보증손실충당부채는? (단, 보증요청의 발생가능성이 높고 금액은 신뢰성 있게 측정되었다. 충당부채의 현재가치요소는 고려하지 않는다.)

2021 감정평가사

① ₩800 ② ₩1,000 ③ ₩1,200
④ ₩1,800 ⑤ ₩2,300

정답과 해설

16 **정답** ④

해설 기업은 전체 의무 금액에 대하여 책임이 있으므로, 제삼자가 변제할 수 없게 되면 전체 의무 금액을 이행해야 할 책임을 진다. 이 경우에 전체 의무 금액을 충당부채로 인식하고 기업이 의무를 이행한다면 변제를 받을 것이 거의 확실하게 되는 때에만 그 예상 변제금액을 별도의 자산으로 인식한다. 따라서 ₩500,000을 충당부채와 비용으로 인식한다. 변제받을 것이 확실한 금액 ₩150,000은 별도의 자산과 수익으로 인식한다. 따라서 당기순이익에 미치는 영향은 ₩150,000 − ₩500,000 = (−)₩350,000이 된다. 이때 충당부채와 관련하여 포괄손익계산서에 인식한 비용은 제삼자의 변제와 관련하여 인식한 금액과 상계하여 표시할 수 있다.

17 **정답** ⑤

해설 결과: 20×2년 말 현재 예상되는 잔여 의무 = {(1,500대 + 4,000대) × 3% − (20대 + 30대)} × ₩20/대 = 115대 × ₩20/대 = ₩2,300

※ 제품 보증기간이 2년이므로 20×1년 판매분에 대한 보증의무가(20X1년 12월 31일 판매분은 2년 후인 20X3년 12월 31일에 보증이 종료한다) 아직 남아 있다.

18 다음은 각각 독립적인 사건으로, '재무제표에 인식된 금액의 수정을 요하는 보고기간후사건'에 해당하는 것을 모두 고른 것은?

2016 감정평가사

> ㄱ. 보고기간말에 존재하였던 현재의무가 보고기간 후에 소송사건의 확정에 의해 확인되는 경우
> ㄴ. 보고기간말과 재무제표 발행승인일 사이에 투자자산의 공정가치가 하락하는 경우
> ㄷ. 보고기간말 이전에 구입한 자산의 취득원가나 매각한 자산의 대가를 보고기간 후에 결정하는 경우

① ㄱ　　② ㄴ　　③ ㄴ, ㄷ　　④ ㄱ, ㄷ　　⑤ ㄱ, ㄴ, ㄷ

19 보고기간후사건에 관한 설명으로 옳지 않은 것은?

2017 감정평가사

① 보고기간 후부터 재무제표 발행승인일 전 사이에 배당을 선언한 경우에는 보고기간말에 부채로 인식한다.

② 보고기간말 이전에 구입한 자산의 취득원가나 매각한 자산의 대가를 보고기간후에 결정하는 경우는 수정을 요하는 보고기간후사건이다.

③ 보고기간말과 재무제표 발행승인일 사이에 투자자산의 공정가치의 하락은 수정을 요하지 않는 보고기간후사건이다.

④ 보고기간 후에 발생한 화재로 인한 주요 생산 설비의 파손은 수정을 요하지 않는 보고기간후사건이다.

⑤ 경영진이 보고기간 후에, 기업을 청산하거나 경영활등을 중단할 의도를 가지고 있다고 판단하는 경우에는 계속기업의 기준에 따라 재무제표를 작성해서는 아니 된다.

정답과 해설

18 **정답** ④

해설 보고기간 말 존재하였던 상황(현재의무, 자산의 구입)에 대해 증거를 제공하는 사건은 이를 반영하기 위하여 재무제표에 인식된 금액을 수정한다. 보고기간말과 재무제표 발행승인일 사이에 투자자산의 공정가치가 하락한 것은 일반적으로 보고기간말의 상황과 관련된 것이 아니라 보고기간 후에 발생한 상황이 반영된 것이다. 따라서 그 투자자산에 대해서 재무제표에 인식된 금액을 수정하지 아니한다.

19 **정답** ①

해설 배당은 주주총회 등을 통해 선언하기 전까지는 지급의무가 발생하지 않는다. 따라서 보고기간 후에 지분상품 보유자에 대해 배당을 선언한 경우, 그 배당금을 보고기간말의 부채로 인식하지 아니한다.

20 ㈜감평은 20x1년 12월 31일자로 종료되는 회계연도 재무제표의 이사회 승인을 앞두고 있다. 아래의 각 상호 독립된 사건은 재무제표에 반영되어 있지 않지만 보고기간말 이후 발생한 것이다. '수정을 요하는 보고기간후사건'을 모두 고른 것은? (단, 주석으로 공시되는 금액은 제외한다.)

2019 감정평가사

> ㄱ. 관계회사의 금융기관 차입에 대해 ₩30,000의 지급보증 약정을 체결하였다.
>
> ㄴ. 생산공장에 화재가 발생하여 ₩50,000의 생산설비가 파손되었다.
>
> ㄷ. 20x1년 말 현재 피고로 계류중이던 손해배상소송에서 ₩10,000의 손해배상 확정판결을 받았다.
>
> ㄹ. 내부규정에 의해 20x1년 말 지급하여야 할 상여금 지급액이 ₩25,000으로 확정되었다.

① ㄱ, ㄴ　　② ㄱ, ㄷ　　③ ㄴ, ㄹ　　④ ㄷ, ㄹ　　⑤ ㄴ, ㄷ, ㄹ

21 다음 중 수정을 요하지 않는 보고기간후사건은? 2020 관세사

① 보고기간말과 재무제표 발행승인일 사이에 투자자산의 공정가치가 하락한 경우

② 보고기간말 이전에 구입한 자산의 취득원가나 매각한 자산의 대가를 보고기간 후에 결정하는 경우

③ 보고기간말에 존재하였던 현재의무가 보고기간 후에 소송사건의 확정에 의해 확인되는 경우

④ 보고기간말 이전 사건의 결과로서 보고기간말에 종업원에게 지급하여야 할 법적 의무나 의제의무가 있는 이익분배나 상여금지급 금액을 보고기간 후에 확정하는 경우

⑤ 재무제표가 부정확하다는 것을 보여 주는 부정이나 오류를 발견한 경우

정답과 해설

20 **정답** ④

해설 지급보증 약정(ㄱ)이나 화재(ㄴ)는 보고기간 말에 존재하였던 상황이 아니라 보고기간 후에 발생한 상황이므로 수정을 요하지 않는다. 20x1년 말 존재하였던 소송의 결과가 확정되거나, 20x1년 말 존재하였던 상여금 지급금액이 확정된 경우에는 수정을 요하는 보고기간후사건에 해당한다.

21 **정답** ①

해설 수정을 요하지 않는 보고기간후사건의 예로는 보고기간말과 재무제표 발행승인일 사이에 투자자산의 공정가치 하락을 들 수 있다. 공정가치의 하락은 일반적으로 보고기간말의 상황과 관련된 것이 아니라 보고기간 후에 발생한 상황이 반영된 것이다. 따라서 그 투자자산에 대해서 재무제표에 인식된 금액을 수정하지 아니한다.

22 충당부채에 대한 설명으로 가장 옳지 않은 것은? 2020 서울시 7급

① 보고기간 말마다 충당부채의 잔액을 검토하고, 보고기간 말 현재 최선의 추정치를 반영하여 조정한다.

② 충당부채와 관련하여 포괄손익계산서에 인식한 비용은 제삼자의 변제와 관련하여 인식한 금액과 상계하여 표시할 수 없다.

③ 제삼자가 지급하지 않더라도 기업이 해당 금액을 지급할 의무가 없는 경우에는 이를 충당부채에 포함하지 아니한다.

④ 충당부채를 현재가치로 평가하여 표시하는 경우에는 장부금액을 기간 경과에 따라 증액하고 해당 증가금액은 차입원가로 인식한다.

23 ㈜대한은 퇴직급여제도로 확정급여제도를 채택하고 있다. 20×1년 초 확정급여채무의 장부금액은 ₩15,000이며, 사외적립자산의 공정가치는 ₩12,000이다. 20×1년의 확정급여제도와 관련하여 발생한 재측정요소는 확정급여채무 재측정손실 ₩2,500, 사외적립자산 재측정이익 ₩600이다. 다음의 자료를 이용할 때, 20×1년 말 순확정급여부채는? (단, 자산인식상한은 고려하지 않는다)

2021 국가직 7급

> ○ 20×1년 순확정급여부채 계산 시 적용되는 할인율은 연 10%이다.
>
> ○ 20×1년 당기근무원가는 ₩4,000이다.
>
> ○ 20×1년 말 퇴직종업원에게 ₩3,000의 현금이 사외적립자산에서 지급되었다.
>
> ○ 20×1년 말 사외적립자산에 ₩5,000을 현금으로 출연하였다.

① ₩4,200　　② ₩4,400　　③ ₩4,600　　④ ₩4,800

22 정답 ②

해설 재무상태표의 자산과 부채 관점에서, 제삼자가 변제할 것으로 예상되는 금액은 별도의 자산으로 인식할 수 있을 뿐, 관련부채와 상계하여 표시하지 못한다. 하지만 손익계산서에, 충당부채와 관련하여 포괄손익계산서에 인식한 비용은 제삼자의 변제와 관련하여 인식한 금액과 상계하여 표시할 수 있다.

23 정답 ①

해설

구분	기초	기여금 납부	퇴직급여 지급	당기손익		기타포괄	기말
				근무원가	이자변동	재측정	
확정급여채무	15,000		⊖3,000	⊕4,000	⊕1,500	⊕2,500	?
(-)사외적립자산	12,000	⊕5,000	⊖3,000		⊕1,200	⊕600	?
=확정급여부채	3,000						

기말 확정급여채무 = 기초 ₩15,000 - 퇴직급여 지급 ₩3,000 + 당기근무원가 ₩4,000 + 이자변동 (₩15,000 × 10%) + 재측정손실 ₩2,500 = ₩20,000

기말 사외적립자산 = 기초 ₩12,000 + 기여금 납부 ₩5,000 - 퇴직급여 지급 ₩3,000 + 이자변동 (₩12,000 × 10%) + 재측정이익 ₩600 = ₩15,800

기말 확정급여부채 = 확정급여채무 ₩20,000 - 사외적립자산 ₩15,800 = ₩4,200

13 | **자본**

주요 Topic	01 자본의 구성 ★★★ 02 주식발행 ★★ 03 감자 ★ 04 자기주식 ★★ 05 이익잉여금의 처분 ★★★ 06 자본의 증감 ★★★★★ 07 지분법 ★

▶ **9급 출제경향**(●국가직 ■관세직 ◆지방직 ○서울시)

구분	15	16	17	18	19	20	21	22	23	24	25
13.1 자본의 구성	○	◆		■			●■				
13.2 주식발행			●■○	○		■		●■			
13.3 감자											
13.4 자기주식			◆						●■		
13.5 이익잉여금의 처분		○		●■	◆	■		◆			
13.6 자본의 증감	■	◆○	○	●■○	●■○	●■	◆			◆	◆
13.7 지분법		○		◆				◆			

▶ **7급 출제경향**(▲국가직 △서울시)

구분	15	16	17	18	19	20	21	22	23	24	-
13.1 자본의 구성					△						
13.2 주식발행											
13.3 감자											
13.4 자기주식		△			▲				△	▲	
13.5 이익잉여금의 처분			△					▲		△	
13.6 자본의 증감	▲			△	△	▲	△		▲		
13.7 지분법			▲△			△	▲	△		△	

구분	기본	필수	응용	심화	합계
13.1 자본의 구성	1	1	3	1	6
13.2 주식발행	2	2	1	1	6
13.3 감자	0	0	1	0	1
13.4 자기주식	1	4	3	0	8
13.5 이익잉여금의 처분	0	4	9	3	16
13.6 자본의 증감	7	4	5	2	18
13.7 지분법	0	3	0	3	6
합계	11	18	22	10	61

기본문제

[13-01] 자본의 구성

01 포괄손익계산서에서 당기순손익과 총포괄손익 간에 차이를 발생시키는 항목은?　　2018 관세직 9급

① 확정급여제도 재측정요소

② 감자차손

③ 자기주식처분이익

④ 사채상환손실

정답과 해설

01　정답 ①

해설 기타포괄손익에 해당하는 항목을 묻는 내용이다.

02 ㈜한국은 주식할인발행차금 잔액 ₩500,000이 있는 상태에서 주당 액면금액 ₩5,000인 보통주 1,000주를 주당 ₩10,000에 발행하였다. 주식발행과 관련한 직접적인 총비용은 ₩800,000이 발생하였다. 이 거래의 결과에 대한 설명으로 옳은 것은? (단, 모든 거래는 현금거래이다)

2020 관세직 9급

① 주식발행관련비용 ₩800,000은 비용처리 된다.
② 자본증가액은 ₩9,200,000이다.
③ 주식할인발행차금 잔액은 ₩500,000이다.
④ 주식발행초과금 잔액은 ₩4,500,000이다.

02 **정답** ②

해설 ① 주식발행관련비용은 직접비용으로 자본에서 차감하여, 결국 주식발행초과금을 감소시킨다.
② 자본증가액은 결국 현금 증가액에 해당하는 ₩9,200,000이다.
③ 주식할인발행차금은 주식발행초과금과 상계하여 모두 없어진다.
④ 주식발행초과금은 자본조달액 ₩9,200,000에서 자본금 ₩5,000,000과 주식할인발행차금 상계 ₩500,000을 제외한 ₩3,700,000이 된다.

(차)	현금	9,200,000	(대)	자본금	5,000,000
				주식할인발행차금	500,000
				주식발행초과금	3,700,000

03 20×1년 1월 1일 설립한 ㈜한국의 자본관련 거래는 다음과 같다.

일자	거래 내역
1월 1일	보통주 1,000주를 주당₩120(액면금액 ₩100)에 발행하고, 주식발행과 관련된 직접비용 ₩700을 현금 지급하였다.
7월 1일	보통주 1,000주를 주당₩90(액면금액 ₩100)에 발행하고, 주식발행과 관련된 직접비용은 발생하지 않았다.

이와 관련된 설명으로 옳은 것은?

2022 국가직·관세직 9급

① 1월 1일 현금 ₩120,000이 증가한다.

② 1월 1일 주식발행과 관련된 직접비용 ₩700을 비용으로 계상한다.

③ 7월 1일 자본금 ₩90,000이 증가한다.

④ 12월 31일 재무상태표에 주식발행초과금으로 표시될 금액은 ₩9,300이다.

[13-04] 자기주식

04 다음은 ㈜한국의 20×1년도 자기주식과 관련된 거래이다. 자본 총계가 증가하는 거래만을 모두 고르면?

2023 국가직·관세직 9급

ㄱ. 자기주식 1,000주를 주당 ₩700에 취득하였다.

ㄴ. 자기주식 200주를 주당 ₩800에 재발행하였다.

ㄷ. 자기주식 300주를 소각하였다.

ㄹ. 자기주식 500주를 주당 ₩600에 재발행하였다.

① ㄱ, ㄴ   ② ㄱ, ㄷ   ③ ㄴ, ㄹ   ④ ㄷ, ㄹ

정답과 해설

03 **정답** ④

해설 ① 1월 1일 현금은 ₩119,300(= ₩120 × 1,000주 - ₩700) 증가한다.

② 직접비용 ₩700은 자본에서 차감하여, 주식발행초과금을 감소시킨다.

③ 자본금은 액면금액에 해당하는 ₩100,000(= ₩100 × 1,000주)이 증가한다.

④ 1월 1일 주식발행초과금 ₩19,300이 발생하고, 7월 1일 ₩10,000이 감소하여 기말 재무상태표에는 ₩9,300이 보고된다.

1월 1일	(차)	현금	119,300	(대)	자본금	100,000
					주식발행초과금	19,300
7월 1일	(차)	현금	90,000	(대)	자본금	100,000
		주식발행초과금	10,000			

04 **정답** ③

해설 ㄱ. 주식 취득액 ₩700,000만큼 현금(자산)이 감소하고 그 결과 자본도 감소한다.

ㄴ. 주식 처분액 ₩160,000만큼 현금(자산)이 증가하고 그 결과 자본도 증가한다.

ㄷ. 주식소각은 현금 유출입이 없고, 자산과 부채의 증감도 없으므로 그 결과 자본도 불변이다.

ㄹ. 주식 처분액 ₩300,000만큼 현금(자산)이 증가하고 그 결과 자본도 증가한다.

05 주식회사의 자본을 실질적으로 증가시키는 거래는? 2015 관세직 9급

① 임의적립금을 적립하다.

② 이익준비금을 재원으로 무상증자를 실시하다.

③ 주식배당을 실시하다.

④ 주주로부터 자산을 무상으로 기부받다.

06 자본의 변동을 가져오는 거래는? (단, 제시된 거래 이외의 거래는 고려하지 않는다) 2018 국가직 9급

① 기계장치를 외상으로 구입하였다.

② 자기주식을 현금으로 구입하였다.

③ 미래에 제공할 용역의 대가를 미리 현금으로 받았다.

④ 외상으로 판매한 대금이 전액 회수되었다.

정답과 해설

05 **정답** ④

해설 ① 이익잉여금 구성항목의 변화만 발생하므로 자본 총계에는 영향을 주지 않는다.

② 이익잉여금이 자본금으로 대체될 뿐 자본총계의 변화가 없다.

③ 이익잉여금이 자본금으로 대체될 뿐 자본총계의 변화가 없다.

④ 무상으로 기부받은 자산의 공정가치만큼 자산이 증가하고, 자산수증이익(당기손익)이 발생하여 이익잉여금이 증가하게 된다.

06 **정답** ②

해설 ① 자산(기계장치)과 부채(미지급금)가 같은 금액 증가하므로, 자본의 변동은 없다.

② 자산(현금)이 감소하고, 자본도 감소(자기주식)한다. 자기주식은 (-)자본항목이다.

③ 자산(현금)과 부채(선수수익)가 같은 금액 증가한다.

④ 매출채권(자산)이 감소한만큼, 현금(자산)이 증가하므로 자산의 변화가 없고 자본의 변동도 없다.

07 자본에 관한 설명으로 옳은 것만을 모두 고른 것은?

> ㄱ. 주식분할을 실시하면 자본 총액은 변동하지 않고 자본금은 증가한다.
>
> ㄴ. 주식배당을 실시하면 자본 총액은 변동하지 않고 자본금은 증가한다.
>
> ㄷ. 유상증자를 실시하면 자본 총액은 변동하지 않고 자본금은 증가한다.
>
> ㄹ. 무상증자를 실시하면 자본 총액은 변동하지 않고 자본금은 증가한다.

① ㄱ, ㄴ ② ㄱ, ㄷ

③ ㄴ, ㄹ ④ ㄷ, ㄹ

08 다음은 ㈜한국의 2018년 1월 1일 자본계정의 내역이다.

자본:	
자본금 (보통주, 주당 액면가 ₩1,000)	₩3,000,000
자본잉여금	₩1,500,000
이익잉여금	₩5,500,000
자본 총계	₩10,000,000

다음과 같은 거래가 발생하였을 때, ㈜한국의 2018년 말 재무상태표상 자본 총계는? (단, 기초 주식할인발행차금은 없다)

> ○ 4월 1일: 증자를 결의하고 보통주 1,000주(주당 액면가 ₩1,000)를 주당 ₩2,000에 전액 현금으로 납입받았다. 이때 신주발행비 ₩500,000은 모두 현금으로 지급하였다.
> ○ 5월 1일: ㈜한국이 발행한 보통주 100주를 주당 ₩3,000에 매입하였다.
> ○ 11월 1일: 자기주식 전량을 주당 ₩2,000에 외부 매각하였다.
> ○ ㈜한국의 2018년 당기순이익은 ₩1,000,000이며, 2019년 3월 말 주주총회에서 보통주 1주당 0.1주의 주식배당을 결의하였다.

① ₩12,400,000 ② ₩12,500,000

③ ₩12,800,000 ④ ₩12,900,000

정답과 해설

07 **정답** ③

해설 ㄱ. 주식분할의 경우 주식수가 증가하고 액면금액은 감소하지만 자본 총액과 자본금 모두 변하지 않는다.

ㄴ. 주식배당의 경우 이익잉여금이 감소하고 자본금이 증가하지만, 자본총액은 변하지 않는다.

ㄷ. 유상증자를 실시하면 액면금액만큼 자본금이 증가하고, 유입된 현금만큼 자본 총액도 증가한다.

ㄹ. 무상증자를 실시하면 이익잉여금(이익준비금)이나 자본잉여금이 감소하고 자본금이 증가하지만, 자본총액은 변하지 않는다.

08 **정답** ①

해설 기말 자본총계 = 기초 자본 ₩10,000,000 + 증자로 인한 자본증가 (1,000주 × ₩2,000 - 신주발행비 ₩500,000) - 자기주식 매입 (100주 × ₩3,000) + 자기주식 매각 (100주 × ₩2,000) + 당기순이익 ₩1,000,000 = ₩10,000,000 + ₩1,500,000 - ₩300,000 + ₩200,000 + ₩1,000,000 = ₩12,400,000

09 20×1년 초 설립한 ㈜한국의 자본거래는 다음과 같다. ㈜한국의 20×1년 말 자본총액은?

2020 국가직 7급

> ○ 20×1년 1월: 보통주 1,000주(주당 액면가 ₩5,000)를 액면발행하였다.
> ○ 20×1년 3월: 자기주식 200주를 주당 ₩6,000에 매입하였다.
> ○ 20×1년 4월: 자기주식 200주를 주당 ₩7,000에 매입하였다.
> ○ 20×1년 5월: 3월에 구입한 자기주식 100주를 주당 ₩8,000에 처분하였다.
> ○ 20×1년 9월: 3월에 구입한 자기주식 100주를 주당 ₩9,000에 처분하였다.

① ₩3,600,000　　② ₩4,100,000　　③ ₩5,000,000　　④ ₩5,500,000

10 무상증자, 주식배당, 주식분할, 주식병합에 대한 설명으로 옳지 않은 것은?　　2021 지방직 9급

① 무상증자로 자본금은 변동하지 않는다.

② 주식배당은 발행주식수를 증가시킨다.

③ 주식분할은 발행주식수를 증가시킨다.

④ 주식병합으로 자본금은 변동하지 않는다.

11 재무상태표상 자본총액이 증가하는 거래는?　　2023 국가직 7급

① 액면금액 ₩5,000인 보통주를 주당 ₩4,000에 할인발행하였다.

② 자기주식처분이익 중 ₩10,000을 자본금으로 대체하였다.

③ 주주총회에서 주식배당 ₩6,000을 결의하였다.

④ 보통주 액면금액 ₩5,000을 ₩500으로 분할하였다.

09 정답 ②

해설 자본의 증감은 자산과 부채의 변동으로 파악한다.

월	자산, 부채 변동	금액
1월	주식발행(현금자산 증가)	(+)₩5,000 × 1,000주 = (+)₩5,000,000
3월	자기주식 매입(현금자산 감소)	(-)₩6,000 × 200주 = (-)₩1,200,000
4월	자기주식 매입(현금자산 감소)	(-)₩7,000 × 200주 = (-)₩1,400,000
5월	자기주식 처분(현금자산 증가)	(+)₩8,000 × 100주 = (+)₩800,000
9월	자기주식 처분(현금자산 증가)	(+)₩9,000 × 100주 = (+)₩900,000
합계		₩4,100,000

10 정답 ①

해설 무상증자의 경우에도 새로운 주식을 발행하여 교부하므로, 주식의 액면금액 합계인 자본금이 증가한다.

11 정답 ①

해설 ① 주당 ₩4,000만큼 현금이 유입되어 자산이 증가하므로, 자본도 증가한다.

②, ③, ④ 자산과 부채의 변동이 없으므로 자본도 변동이 없다.

[13-01] 자본의 구성

12 단일 포괄손익계산서를 작성할 때, 당기순손익의 산정 이후에 포함될 수 있는 것만을 모두 고른 것은?

2016 지방직 9급

> ㄱ. 당기손익-공정가치 측정 금융자산 평가이익
>
> ㄴ. 기타포괄손익-공정가치 측정(FVOCI) 금융자산 평가손실
>
> ㄷ. 해외사업장 환산외환차이
>
> ㄹ. 유형자산손상차손
>
> ㅁ. 확정급여제도의 재측정요소
>
> ㅂ. 세후 중단영업손익

① ㄱ, ㄴ, ㄹ　　② ㄴ, ㄷ, ㅁ　　③ ㄴ, ㄷ, ㅂ　　④ ㄷ, ㅁ, ㅂ

[13-02] 주식발행

13 ㈜한국의 2016년 자본 관련 거래가 다음과 같을 때, 2016년에 증가한 주식발행초과금은? (단, 기초 주식할인발행차금은 없다고 가정한다)

2017 국가직·관세직 9급

> ○ 3월 2일: 보통주 100주(주당 액면금액 ₩500)를 주당 ₩700에 발행하였다.
>
> ○ 5월 10일: 우선주 200주(주당 액면금액 ₩500)를 주당 ₩600에 발행하였다.
>
> ○ 9월 25일: 보통주 50주(주당 액면금액 ₩500)를 발행하면서 그 대가로 건물을 취득하였다. 취득 당시 보통주 주당 공정가치는 ₩1,000이었다.

① ₩20,000　　② ₩40,000　　③ ₩45,000　　④ ₩65,000

정답과 해설

12　**정답** ②

해설 기타포괄손익에 해당하는 항목을 묻는 문제이다.

13　**정답** ④

해설 현물출자의 경우 취득하는 자산의 공정가치를 주식의 발행금액으로 하는 것이 원칙이나, 발행주식의 공정가치가 출자자산의 공정가치보다 더 신뢰성있게 측정할 수 있는 경우에는 주식의 공정가치를 발행금액으로 한다. 문제의 경우 건물의 공정가치는 주어지지 않고, 주식의 공정가치만 주어졌으므로 주식의 공정가치를 발행가액으로 한다.

주식발행초과금 = 3월 2일 (₩700 - ₩500) × 100주 + 5월 10열 (₩600 - ₩500) × 200주 + 9월 25일 (₩1,000 - ₩500) × 50주 = ₩20,000 + ₩20,000 + ₩25,000 = ₩65,000

14 ㈜한국은 2016년 초 보통주 10주(주당 액면금액 ₩500, 주당발행금액 ₩600)를 발행하였으며, 주식발행과 직접 관련된 원가 ₩100이 발생하였다. ㈜한국의 주식발행에 대한 설명으로 옳은 것은? (단, 기초 주식할인발행차금은 없다고 가정한다)　　　2017 관세직 9급

① 자본은 ₩6,000 증가한다.

② 자본금은 ₩5,900 증가한다.

③ 자본잉여금은 ₩900 증가한다.

④ 주식발행과 직접 관련된 원가 ₩100은 당기비용으로 인식한다.

[13-04]　자기주식

15 ㈜한국은 자기주식에 대하여 원가법을 적용하고 있다. 기중에 자기주식 20주를 외상으로 ₩40,000에 취득하였고 이 중 10주를 현금 ₩30,000에 처분하였다. 이 주식거래로 인한 결과로 옳지 않은 것은? (단, 기초 자기주식처분손익은 없다고 가정한다)　　　2017 지방직 9급

① 자산은 ₩30,000 증가한다.

② 자본은 ₩20,000 감소한다.

③ 부채는 ₩40,000 증가한다.

④ 자본잉여금은 ₩10,000 증가한다.

14　정답 ③

해설 주식발행시 회계처리는 다음과 같다.

(차)	현금	5,900	(대)	자본금	5,000
				주식발행초과금	900

자본은 총 ₩5,900이 증가하며 ₩5,000은 자본금으로, ₩900은 자본잉여금(주식발행초과금)으로 증가한다. 주식발행과 관련한 직접비 ₩100은 발행가액에서 차감하여 주식발행초과금에 반영(감소)한다.

15　정답 ②

해설 일자별 회계처리는 다음과 같다.

취득시점	(차)	자기주식	40,000	(대)	미지급금	40,000
처분시점	(차)	현금	30,000	(대)	자기주식	20,000
					자기주식처분이익	10,000

결국, 자산은 ₩30,000(현금), 부채는 ₩40,000(미지급금) 증가한다. 자본잉여금은 ₩10,000(자기주식처분이익) 증가한다. 자본은 자기주식 (-)₩20,000(자본조정)과 자기주식처분이익 ₩10,000(자본잉여금)의 합계인 (-)₩10,000만큼 증가, 즉 ₩10,000만큼 감소한다.

16 자본에 대한 설명으로 옳지 않은 것은? (자기주식의 회계처리는 원가법을 따른다)　　2019 국가직 7급

① 자기주식을 취득원가보다 낮은 금액으로 매각한 경우 자기주식처분손실이 발생하며 포괄손익계산서에 비용으로 계상한다.

② 감자 시 주주에게 지급하는 대가가 감소하는 주식의 액면금액보다 적을 때에는 차액을 감자차익으로 기록한다.

③ 실질적 감자의 경우 자본금과 자산이 감소하며, 감자차익 또는 감자차손이 발생할 수 있다.

④ 결손을 보전하기 위한 목적으로 형식적 감자를 실시하는 경우 자본금 감소가 이월결손금보다 큰 경우에는 감자차익이 발생한다.

17 〈보기〉는 20X1년 ㈜서울의 자기주식 거래 관련 자료이다. ㈜서울의 20X1년 10월 26일 회계처리에 대한 자기주식처분손실은?　　2023 서울시 7급

〈보기〉	
날짜	**거래 내용**
1월 21일	자기주식 100주를 주당 ₩10,000에 취득하다.
2월 25일	자기주식 중 20주를 주당 ₩11,000에 처분하다.
7월 29일	자기주식 중 30주를 주당 ₩12,000에 처분하다.
10월 26일	자기주식 중 40주를 주당 ₩7,000에 처분하다.

① ₩40,000　　　　② ₩60,000

③ ₩80,000　　　　④ ₩120,000

정답과 해설

16　**정답** ①

　해설 ① 자기주식처분손실은 비용이 아닌 자본항목(자본조정)으로 계상한다.

　②, ③ 실질적 감자는 유상감자를 의미하는데, 회사가 지급하는 대가가 액면금액보다 적을 때에는 감자차익이, 반대의 경우에는 감자차손이 발생한다.

　④ 형식적 감자는 현금유출이 없는 무상감자를 의미한다. 결손보전 목적의 무상감자는 감소하는 자본금만큼 이월결손금을 감소시키고, 나머지는 감자차익으로 처리한다. 다음과 같은 분개가 이루어진다.

(차)	자본금	XXX	(대)	이월결손금	XXX
				감자차익	XXX

17　**정답** ①

　해설 자기주식처분이익 잔액 = 2월 25일(₩11,000 - ₩10,000) × 20주 + 7월 29일(₩12,000 - ₩10,000) × 30주 = ₩20,000 + ₩60,000 = ₩80,000

　10월 26일 자기주식처분손실 = (₩10,000 - ₩7,000) × 40주 = ₩120,000

　자기주식처분손실 ₩120,000 중 ₩80,000은 자기주식처분이익과 우선상계하고 나머지 ₩40,000만 자기주식처분손실로 인식한다.

(차)	현금	280,000	(대)	자기주식	400,000
	자기주식처분이익	80,000			
	자기주식처분손실	40,000			

18 다음은 20×1년 초 설립된 ㈜한국의 20×1년 중 자기주식 거래내역이다. ㈜한국의 6월 30일 자기주식 관련 분개는?

2024 국가직 7급

일 자	자기주식 거래	주당 금액	주식 수
4월 1일	취득	₩6,200	30주
5월 1일	처분	₩6,300	10주
6월 30일	처분	₩5,900	10주

① (차) 현 금 ₩59,000 (대) 자기주식 ₩62,000
　　자기주식처분손실 ₩3,000

② (차) 현 금 ₩59,000 (대) 자기주식 ₩62,000
　　자기주식처분이익 ₩1,000
　　자기주식처분손실 ₩2,000

③ (차) 현 금 ₩59,000 (대) 자기주식 ₩50,000
　　　　　　　　　　　 자기주식처분이익 ₩9,000

④ (차) 현 금 ₩59,000 (대) 자기주식 ₩63,000
　　자기주식처분손실 ₩4,000

18 정답 ②

해설 자기주식 취득원가(4월 1일 취득금액) = ₩6,200 × 10주 = ₩62,000
자기주식처분손실은 자기주식처분이익과 우선상계한다.
자기주식처분이익(5월 1일) 상계액 = (₩6,300 − ₩6,200) × 10주 = ₩1,000

(차)	현금	59,000	(대)	자기주식	62,000
	자기주식처분이익	1,000			
	자기주식처분손실	2,000			

19 ㈜한국은 2012년 1월 1일 영업을 개시하였으며, 2016년 12월 31일 현재 자본금은 다음과 같다. 모든 주식은 영업개시와 동시에 발행되었으며, 현재까지 배당을 실시한 적이 없다. 2017년 3월 정기 주주총회에서 2016년 12월 31일을 배당기준일로 하여 ₩95,000의 현금배당을 선언하였다. ㈜한국의 보통주 주주에게 귀속될 배당금액은?

2018 관세직 9급

○ 보통주(주당액면 ₩5,000, 발행주식수 60주)	₩300,000
○ 우선주(5%, 비누적적, 비참가적; 주당액면 ₩5,000, 발행주식수 20주)	₩100,000
○ 우선주(5%, 누적적, 완전참가적; 주당액면 ₩5,000, 발행주식수 40주)	₩200,000

① ₩15,000 ② ₩25,000
③ ₩30,000 ④ ₩50,000

19 **정답** ③

해설 1. 누적배당: ₩200,000 × 5% × 4년 = ₩40,000

2. 비참가 우선주배당: ₩100,000 × 5% = ₩5,000

3. 나머지 배당률 = (₩95,000 – ₩45,000) ÷ (₩300,000 + ₩200,000) 〉참가배당률 5%

나머지 배당률이 참가배당률보다 크므로, 잔여배당 ₩50,000을 보통주와 참가적우선주의 자본금 비율(3:2)로 안분한다.

구분	누적배당	비참가배당	참가배당
우선주(비누적, 비참가)		₩5,000	
우선주(누적, 완전참가)	₩40,000		₩20,000
보통주			₩30,000

20 다음은 ㈜한국의 20×1년 12월 31일 현재의 수정후시산표 잔액이다.

계정과목	차변	계정과목	대변
현금	₩20,000	매입채무	₩20,000
매출채권	₩10,000	차입금	₩100,000
재고자산	₩5,000	감가상각누계액	₩50,000
토지	₩100,000	대손충당금	₩2,000
건물	₩200,000	자본금	?
매출원가	₩10,000	이익잉여금	₩9,000
감가상각비	₩5,000	매출	₩20,000
급여	₩1,000		
합계	₩351,000	합계	₩351,000

㈜한국의 20×1년 12월 31일 현재 재무상태표의 이익잉여금과 자본총계는? 2020 관세직 9급

	이익잉여금	자본총계
①	₩13,000	₩163,000
②	₩13,000	₩150,000
③	₩10,000	₩150,000
④	₩10,000	₩163,000

20 **정답** ①

해설 당기손익 = 매출액 ₩20,000 - 매출원가 ₩10,000 - 감가상각비 ₩5,000 - 급여 ₩1,000 = ₩4,000

당기손익은 마감분개를 통해 이익잉여금으로 대체되므로 재무상태표의 이익잉여금은 ₩9,000 + 당기손익 ₩4,000 = ₩13,000이 된다.

자본금은 대변합계 ₩351,000에서 자본금을 제외한 나머지 금액 합계 ₩201,000을 차감한 ₩150,000이다.

결국 자본총계는 자본금 ₩150,000과 이익잉여금 ₩13,000을 더한 ₩163,000이 된다.

21 ㈜한국은 20×1년 초 영업을 개시하였으며, 이후 자본금의 변동은 없었다. 20×3년 말 발행주식에 대한 자료는 다음과 같다.

2022 국가직 7급

보통주	주당 액면금액 ₩1,000, 발행주식 수 3,500주
우선주	주당 액면금액 ₩1,000, 발행주식 수 1,500주(연 배당률 5%, 누적적, 완전참가적)

㈜한국은 20×1년과 20×2년에 배당가능이익이 부족하여 배당금을 지급하지 못하였으나, 20×3년 이익배당을 위해 20×4년 3월 주주총회에서 보통주에 대한 5%의 배당율과 ₩1,000,000의 현금배당을 결의하였다. 보통주와 우선주에 배분되는 배당금을 바르게 연결한 것은?

	보통주 배당금	우선주 배당금
①	₩355,000	₩645,000
②	₩405,000	₩595,000
③	₩595,000	₩405,000
④	₩645,000	₩355,000

22 ㈜서울의 회계담당자가 20X1년도 장부 마감 도중에 병원에 입원하였다. 현재까지 진행된 마감 현황을 살펴본 결과 모든 수익계정과 비용계정의 잔액은 ₩0이었고, 집합손익계정의 대변합계는 ₩90,800, 차변합계는 ₩45,500으로 나타났다. 이익잉여금계정 차변에는 중간배당(현금) ₩6,000이 기록되어 있으며, 이를 반영한 이익잉여금의 잔액은 ₩52,000으로 표시되어 있다. ㈜서울의 20X1년 기초자본금이 ₩120,000일 때, 장부 마감 후 20X1년도 기말재무상태표에 표시될 자본총계는? (단, ㈜서울의 자본은 자본금과 이익잉여금만으로 구성되어 있으며 20X1년 중 상기 중간배당 외에 자본거래는 없다고 가정한다.)

2024 서울시 7급

① ₩76,700   ② ₩172,000

③ ₩196,700   ④ ₩217,300

정답과 해설

21 **정답** ③

해설 1. 누적배당: 우선주(₩1,000 × 1,500주) × 5% × 2년분 = ₩150,000

2. 비참가 우선주배당: 없음

3. 나머지 배당률 = (₩1,000,000 − ₩150,000) ÷ (보통주 ₩3,500,000 + 참가우선주 ₩1,500,000) > 참가배당률 5%

나머지 배당률이 참가배당률보다 크므로, 잔여배당 ₩850,000을 보통주와 우선주의 자본금 비율(7:3)로 안분한다.

구분	누적배당	비참가배당	참가배당	합계
우선주	₩150,000	-	₩255,000	₩405,000
보통주	-	-	₩595,000	₩595,000

22 **정답** ④

해설 집합손익의 대변잔액 ₩45,300(= 대변합계 ₩90,800 − 차변합계 ₩45,500)은 장부 마감을 통해 이익잉여금으로 대체된다. 이익잉여금 잔액 ₩52,000에는 이미 중간배당이 반영되어 있으므로 추가로 중간배당을 반영할 필요는 없다.

기말 이익잉여금 = ₩52,000 + ₩45,300 = ₩97,300

기말 자본총계 = 자본금 ₩120,000 + 이익잉여금 ₩97,300 = ₩217,300

23 다음 중 자본의 구성항목은 변동이 없고, 주당 액면금액의 변동만 발생하는 자본거래는?

2015 국가직 7급

① 유상증자

② 주식분할

③ 무상증자

④ 주식배당

24 ㈜한국의 2017년 이익잉여금 기초 잔액은 ₩50,000이었으며, 2017년 중 다음의 거래가 있었다.

> ○ 원가 ₩1,000의 컴퓨터 1대를 ₩5,000에 판매하였으며, 판매대금 중 ₩1,500은 현금으로 수취하였고 잔액은 외상으로 하였다.
> ○ 건물에 대한 감가상각비 ₩200, 기계에 대한 감가상각비 ₩100을 인식하였다.
> ○ 장기차입금에 대한 당기 이자비용 ₩400을 현금 지급하였다.
> ○ 배당결의를 하고 배당금 ₩300을 현금 지급하였다.

㈜한국의 2017년도 당기순이익과 2017년 말 이익잉여금은 각각 얼마인가?

2018 관세직 9급

	당기순이익	이익잉여금
①	₩3,000	₩53,000
②	₩3,000	₩53,300
③	₩3,300	₩53,000
④	₩3,300	₩53,300

23 **정답** ②

　해설 주식분할이나 주식병합은 자본의 구성항목 변화 없이 액면금액과 주식수만 변동하게 된다.

24 **정답** ③

　해설 당기순이익 = 매출액 ₩5,000 - 매출원가 ₩1,000 - 감가상각비 ₩300 - 이자비용 ₩400 = ₩3,300

　이익잉여금 = 기초 이익잉여금 ₩50,000 + 당기순이익 ₩3,300 - 배당금 ₩300 = ₩53,000

　비용은 자본의 감소를 초래하는 경제적효익의 감소로서, 지분참여자에 대한 분배와 관련된 것은 제외한다. 따라서 배당의 지급은 비용이 아닌, 이익잉여금의 처분에 해당한다.

25 ㈜한국의 20×1년 12월 31일의 재무상태표상의 자본은 보통주자본금 ₩100,000(주식수 100주, 주당 액면금액 ₩1,000), 주식발행초과금 ₩30,000, 이익잉여금 ₩50,000으로 구성되어 있다. 20×2년의 자본과 관련된 거래내역이 다음과 같을 때, 자본 변동에 대한 설명으로 옳지 않은 것은? (단, 자기주식에 대하여 원가법을 적용하고, 기초 자기주식처분손익은 없다)
2019 국가직 9급

> ○ 3월 10일: 주주에게 보통주 한 주당 0.1주의 주식배당을 결의하였다.
> ○ 3월 31일: 3월 10일에 결의한 주식배당을 실시하였다.
> ○ 4월 9일: 자기주식 10주를 주당 ₩2,100에 취득하였다.
> ○ 6월 13일: 4월 9일 취득한 자기주식 4주를 주당 ₩2,200에 매각하였다.
> ○ 8월 24일: 4월 9일 취득한 자기주식 6주를 주당 ₩1,700에 매각하였다.
> ○ 11월 20일: 보통주 1주를 2주로 하는 주식분할을 의결하고 시행하였다.

① 자본과 관련된 거래로 인해 이익잉여금은 ₩8,000 감소한다.

② 자기주식처분손실은 ₩2,000이다.

③ 20×2년 12월 31일의 보통주자본금은 ₩110,000이다.

④ 20×2년 12월 31일의 보통주 주식수는 220주이다.

26 ㈜한국의 20×1년 초 자본잉여금은 ₩1,000,000이다. 당기에 다음과 같은 거래가 발생하였을 때, 20×1년 말 자본잉여금은? (단, 다음 거래를 수행하는 데 충분한 계정 금액을 보유하고 있으며, 자기주식에 대하여 원가법을 적용한다)
2020 국가직·관세직 9급

> ○ 2월에 1주당 액면금액이 ₩2,000인 보통주 500주를 1주당 ₩3,000에 발행하였다.
> ○ 3월에 주주총회에서 총액 ₩200,000의 배당을 결의하였다.
> ○ 4월에 자기주식 100주를 1주당 ₩2,500에 취득하였다.
> ○ 3월에 결의한 배당금을 4월에 현금으로 지급하였다.
> ○ 4월에 취득한 자기주식 40주를 9월에 1주당 ₩4,000에 처분하였다.

① ₩1,000,000　　　　② ₩1,110,000

③ ₩1,510,000　　　　④ ₩1,560,000

25 **정답** ①

해설 ① 주식배당으로 인한 이익잉여금 감소액 = 100주 × 주식배당 비율 0.1 × 주당 액면금액 ₩1,000 = ₩10,000

② 자기주식처분손익 = 4주 × (₩2,200 - ₩2,100) + 6주 × (₩1,700 - ₩2,100) = ₩400 - ₩2,400 = (-)₩2,000

③ 기말 보통주자본금 = 기초 ₩100,000 + 주식배당으로 인한 자본금 증가액 ₩10,000 = ₩110,000

④ 기말 보통주주식수 = (기초 100주 + 주식배당 10주) × 주식분할 2배 = 220주

26 **정답** ④

해설 주식발행초과금(2월) = (₩3,000 - ₩2,000) × 500주 = ₩500,000

자기주식처분이익(4월) = (₩4,000 - ₩2,500) × 40주 = ₩60,000

20×1년 말 자본잉여금 = 기초 자본잉여금 ₩1,000,000 + 주식발행초과금 ₩500,000 + 자기주식처분이익 ₩60,000 = ₩1,560,000

27 ㈜한국은 20×1년 1월 1일 장기투자 목적으로 ㈜서울의 발행주식 중 25%를 취득하였고, 이 주식에 지분법을 적용하고 있다. 취득 시점에 ㈜서울의 순자산장부금액에 대한 ㈜한국의 지분금액은 취득 당시 매입가격과 일치하였다. ㈜서울은 20×1년 당기순이익으로 ₩12,000을 보고하였고 동일 회계연도에 ₩6,000의 현금을 배당하였다. ㈜한국의 20×1년 회계연도 말 재무상태표에 표시된 ㈜서울에 대한 투자주식 금액이 ₩50,000이라면, ㈜한국의 20×1년 1월 1일 ㈜서울 주식의 취득원가는? (단, 두 기업 간 내부거래는 없었다)   2017 국가직 7급

① ₩48,500   ② ₩50,000   ③ ₩51,500   ④ ₩53,000

28 ㈜한국은 20×1년 초에 A 사 유통보통주식 1,000주 가운데 30%에 해당하는 주식을 주당 ₩2,000에 취득함으로써 A 사에 유의적인 영향력을 행사하게 되었다. A 사는 20×1년 9월 말에 1주당 ₩50의 현금배당을 선언하고 지급하였으며, 20×1년 말에 당기순손실 ₩200,000을 보고하였다. ㈜한국이 20×1년 말 재무상태표에 표시할 관계기업투자주식은?   2022 지방직 9급

① ₩525,000   ② ₩540,000   ③ ₩585,000   ④ ₩600,000

29 20×1년 1월 1일에 ㈜서울은 ㈜대한의 유통보통주식 200주(지분율: 40%)를 주당 ₩500에 취득함으로써 ㈜대한에 유의적인 영향력을 행사하게 되었다. 6월 30일에 ㈜대한은 ₩4,000의 현금배당을 선언하고 지급하였고, 12월 31일에 20×1년도의 당기순이익으로 ₩10,000을 보고하였다. 20×1년 12월 31일 관계기업투자주식의 장부금액은?   2024 서울시 7급

① ₩98,400   ② ₩102,400   ③ ₩104,000   ④ ₩105,600

정답과 해설

27 **정답** ①
  해설 지분법손익 = ₩12,000 × 25% = ₩3,000
  20X1년 말 투자주식 장부금액 ₩50,000 = 취득원가 + 지분법이익 ₩3,000 - 현금배당 ₩6,000 × 25%
  취득원가 = ₩50,000 - ₩1,500 = ₩48,500

28 **정답** ①
  해설 지분법손익: (-)₩200,000 × 30% = (-)₩60,000
  관계기업투자주식: 취득원가 (300주 × ₩2,000) + 지분법이익 (-)₩60,000 - 현금배당 (300주 × ₩50) = ₩600,000 - ₩60,000 - ₩15,000 = ₩525,000

29 **정답** ②
  해설 관계기업투자주식 = 취득원가(200주 × ₩500) + 피투자회사의 자본증감(현금배당 (-)₩4,000 + 당기순이익 ₩10,000) × 지분율 40% = ₩100,000 + ₩6,000 × 40% = ₩102,400

30 기타포괄손익 항목 중 재분류조정과 관련하여 성격이 다른 것은?   2014 관세직 9급

① 재평가잉여금

② 기타포괄손익-공정가치로 측정하는 채무상품에 대한 투자에서 발생한 손익

③ 해외사업환산손익

④ 현금흐름위험회피 파생상품평가손익 중 위험회피에 효과적인 부분

31 기타포괄손익 중 재분류조정이 가능한 것은?   2019 서울시 7급

① 유형자산의 재평가잉여금

② 확정급여제도의 재측정요소

③ 기타포괄손익-공정가치 측정항목으로 지정한 지분상품의 평가손익

④ 기타포괄손익-공정가치 측정 채무상품의 평가손익

32 다음 중 자본조정에 속하지 않는 것은?   2014 보험계리사

① 자기주식처분손실   ② 자기주식

③ 미교부주식배당금   ④ 감자차익

30 **정답** ①

　해설 재평가잉여금은 당기손익으로 재분류하지 않는 데 반해, 나머지 항목은 당기손익으로 재분류되는 항목이다.

31 **정답** ④

　해설 재택급여!

32 **정답** ④

　해설 감자차익은 자본잉여금에 해당한다.

33 ㈜서울은 주당 액면금액 ₩5,000인 보통주 100주를 ₩800,000에 유상증자하였다. 유상증자 시 ㈜서울의 장부에는 ₩110,000의 주식할인발행차금이 계상되어 있었고, 주식발행과 직접 관련된 원가 ₩50,000과 간접원가 ₩15,000이 발생하였다. ㈜서울의 유상증자로 인한 자본의 증가액은 얼마인가?

2017 서울시 9급

① ₩625,000 ② ₩640,000

③ ₩735,000 ④ ₩750,000

34 ㈜한국은 액면가액 ₩5,000인 주식 10,000주를 주당 ₩5,000에 발행하였다. ㈜한국은 유통주식 수의 과다로 인한 주가관리차원에서 20×1년에 1,000주를 매입소각하기로 주주총회에서 결의하였다. ㈜한국은 두 번에 걸쳐 유통주식을 매입하여 소각하였는데 20×1년 6월 1일에 주당 ₩4,000에 500주를 매입한 후 소각했고, 20×1년 9월 1일에 주당 ₩7,000에 500주를 매입한 후 소각했다고 한다면 20×1년 9월 1일의 감자차손익 잔액은?

2011 국가직 7급

① 감자차익　　₩500,000

② 감자차손　₩1,000,000

③ 감자차손　　₩500,000

④ 감자차익　₩1,000,000

33 **정답** ④

해설 주식발행과 관련한 직접원가는 발행가액에서 차감하여 주식발행초과금 혹은 주식할인발행차금에 반영하고, 간접원가는 비용으로 인식한다. 주식발행시 회계처리는 다음과 같다.

(차)	현금	750,000	(대)	자본금	500,000
				주식할인발행차금	110,000
				주식발행초과금	140,000
(차)	제비용	15,000	(대)	현금	15,000

자본 증가액 = 자본금 ₩500,000 + 주식발행초과금 ₩250,000 = ₩750,000

34 **정답** ③

해설 6월 1일: (액면가액 ₩5,000 - 매입가액 ₩4,000) × 500주 = 감자차익 ₩500,000

9월 1일: (액면가액 ₩5,000 - 매입가액 ₩7,000) × 500주 = 감자차손 ₩1,000,000

감자차손익 잔액 = 감자차손 ₩1,000,000 - 감자차익 ₩500,000 = 감자차손 ₩500,000

6월 1일	(차)	자본금	2,500,000	(대)	현금	2,000,000
					감자차익	500,000
9월 1일	(차)	자본금	2,500,000	(대)	현금	3,500,000
		감자차익	500,000			
		감자차손	500,000			

35 2011년 12월 1일 거래에 대한 회계처리과정에서 나타나는 계정과 금액으로 옳은 것은?

2011 관세직 9급 수정

> ○ 2011년 1월 1일: 보통주자본금 ₩10,000이고, 주식발행초과금 ₩2,000이며, 이익잉여금 ₩1,000이다.
>
> ○ 2011년 4월 1일: 자기주식 10주를 주당 ₩700에 취득하였다. 취득한 자기주식은 주당 ₩600(주당 액면금액 ₩500)에 발행한 보통주이었다.
>
> ○ 2011년 12월 1일: 2011년 4월 1일에 취득한 자기주식 5주를 소각하였다.

① 자기주식처분손실　　₩1,000
② 감자차손　　　　　　₩1,000
③ 감자차익　　　　　　₩1,000
④ 자기주식처분이익　　₩1,000

35 정답 ②

해설 4월 1일 회계처리

(차)	자기주식	7,000	(대)	현금	7,000

12월 1일 회계처리

(차)	자본금	2,500	(대)	자기주식	3,500
	감자차손	1,000			

36 다음은 당기 중에 발생한 ㈜서울의 자기주식 관련거래이다. 12월 31일에 ㈜서울이 인식해야 할 감자차손과 자기주식처분손실은 각각 얼마인가?

2016 서울시 7급

> 3월 1일: ㈜서울이 발행한 보통주(주당 액면금액 ₩2,000) 중 100주를 주당 ₩5,000에 취득하였다.
>
> 6월 1일: 자기주식 중 30주를 주당 ₩7,000에 매각하였다.
>
> 8월 1일: 자기주식 중 30주를 주당 ₩2,000에 매각하였다.
>
> 12월 1일: 자기주식 중 나머지 40주를 소각하였다.

	감자차손	자기주식처분손실
①	₩120,000	₩30,000
②	₩150,000	₩30,000
③	₩160,000	₩20,000
④	₩160,000	₩40,000

36 정답 ①

해설 6월 1일: 자기주식처분이익 (₩7,000 - ₩5,000) × 30주 = ₩60,000

8월 1일: 자기주식처분손실 (₩5,000 - ₩2,000) × 30주 - 처분이익₩60,000 = ₩30,000

자기주식처분손실은 자기주식처분이익과 우선 상계한다.

12월 1일: 감자차손 (취득금액 ₩5,000 - 액면금액 ₩2,000) × 40주 = ₩120,000

3월 1일	(차)	자기주식	500,000	(대)	현금	500,000
6월 1일	(차)	현금	210,000	(대)	자기주식	150,000
					자기주식처분이익	60,000
8월 1일	(차)	현금	60,000	(대)	자기주식	150,000
		자기주식처분이익	60,000			
		자기주식처분손실	30,000			
12월1일	(차)	자본금	80,000	(대)	자기주식	200,000
		감자차손	120,000			

37 ㈜한국은 20×1년 7월 1일 자기주식 100주(1주당 액면 ₩500)을 1주당 ₩800에 취득하였다. ㈜한국은 동 자기주식 중 50주를 20×1년 10월 1일 1주당 ₩1,000에 처분하였다. 다음 설명 중 옳은 것은?

2019 보험계리사

① 20×1년 7월 1일 자기주식의 장부금액은 ₩50,000이다.

② 20×1년 7월 1일 자기주식 취득 거래로 인해 자본총액이 ₩80,000 증가한다.

③ 20×1년 10월 1일 자기주식 처분 거래로 인해 당기순이익이 ₩20,000 증가한다.

④ 20×1년 10월 1일 자기주식 처분 거래로 인해 자본총액이 ₩50,000 증가한다.

정답과 해설

37 **정답** ④

해설

7월 1일	(차)	자기주식(자본조정)	80,000	(대)	현금	80,000
10월 1일	(차)	현금	50,000	(대)	자기주식(자본조정)	40,000
					자기주식처분이익(자본잉여금)	10,000

① 7월 1일 자기주식의 장부금액은 ₩80,000이다.

② 7월 1일 자기주식 취득 거래로 인해 자본총액이 ₩80,000 감소한다.

③ 10월 1일 자기주식 처분이 당기순이익에 미치는 영향은 없다.

④ 자본의 차감항목에 해당하는 자기주식(자본조정)이 감소하여 자본총액이 ₩40,000 증가하고, 자기주식처분이익에 해당하는 자본총액이 ₩10,000 증가하여 합계 ₩50,000만큼 자본총액이 증가한다.

38 다음은 2011년 12월 31일 ㈜한국의 자본계정에 관한 정보이다. 보통주 1주당 배당액은?

2013 국가직 9급

○ 자본금내역

　보통주 ₩10,000,000

　우선주 A(배당률 5%, 비누적적·비참가적) ₩5,000,000

　우선주 B(배당률 5%, 누적적·완전참가적) ₩5,000,000

○ 모든 주식은 개업시 발행하였으며 발행한 모든 주식의 주당 액면금액은 ₩5,000이다.

○ 우선주에 대한 1년분 배당이 연체되었다.

○ 정관에 의하여 이사회는 ₩1,550,000의 현금배당을 결의하였다.

① ₩400　　　　② ₩350

③ ₩300　　　　④ ₩250

정답과 해설

38 **정답** ②

해설 1. 누적배당: B ₩5,000,000 × 5% × 1년분 = ₩250,000

2. 비참가 우선주배당: A ₩5,000,000 × 5% × 1년분 = ₩250,000

3. 나머지 배당률 = (₩1,550,000 − ₩500,000) ÷ (보통주 ₩10,000,000 + 참가우선주 ₩5,000,000) > 참가배당률 5%

나머지 배당률이 참가배당률보다 크므로, 잔여배당 ₩1,050,000을 보통주와 우선주의 자본금 비율(2:1)로 안분한다.

구분	누적배당	비참가배당	참가배당
우선주 A(비누적, 비참가)		₩250,000	
우선주 B(누적, 완전참가)	₩250,000		₩350,000
보통주			₩700,000

보통주 주식수 = 보통주 자본금 ₩10,000,000 ÷ 액면금액 ₩5,000 = 2,000주

보통주 1주당 배당액 = 보통주 배당총액 ₩700,000 ÷ 보통주 주식수 2,000주 = ₩350

39 ㈜서울의 2015년 12월 31일 현재 자본계정은 아래와 같다. ㈜서울은 2012년 1월 1일에 설립되었으며 당기까지 배당은 없었다. 2016년 2월 3일 개최예정인 주주총회에서 ₩240,000의 배당을 선언할 예정이다. 우선주의 배당률이 5%라고 가정할 때, 우선주의 유형에 따른 배당금과 관련된 다음의 설명 중 옳지 않은 것은?

2016 서울시 9급

○ 보통주자본금(액면 @₩100, 주식 수 8,000주)	₩800,000
○ 우선주자본금(액면 @₩100, 주식 수 4,000주)	₩400,000
○ 이익잉여금	₩1,000,000

① 누적적이고 비참가적 우선주의 경우, 보통주 배당금은 ₩160,000이고 우선주 배당금은 ₩80,000이다.

② 비누적적이고 완전참가적 우선주의 경우, 보통주 배당금은 ₩160,000이고 우선주 배당금은 ₩80,000이다.

③ 비누적적이고 비참가적 우선주의 경우, 보통주 배당금은 ₩216,000이고 우선주 배당금은 ₩24,000이다.

④ 비누적적이고 부분참가적(배당률 11%까지) 우선주의 경우, 보통주 배당금은 ₩196,000이고 우선주 배당금은 ₩44,000이다.

39 정답 ③

해설 비누적적 비참가적 우선주 배당금: ₩400,000 × 5% = ₩20,000

구분		누적배당(3년)	비참가배당(5%)	나머지 배당률	참가배당	총 배당금
누적적·비참가적	우선주	₩60,000	₩20,000	-		₩80,000
	보통주				₩160,000	₩160,000
비누적적·완전참가적	우선주	-	-	₩240,000/₩1,200,000 > 5%	₩80,000	₩80,000
	보통주				₩160,000	₩160,000
비누적적·비참가적	우선주	-	₩20,000	-		₩20,000
	보통주				₩220,000	₩220,000
비누적적·부분참가적	우선주	-	-	₩240,000/₩1,200,000 > 11%	₩44,000	₩44,000
	보통주				₩196,000	₩196,000

※ 나머지 배당률이 참가배당률보다 높으면 보통주와 참가우선주에 자본금 비율대로 안분하여 참가배당한다.

※ 부분참가적 우선주의 경우 나머지 배당률의 범위에 따라 다음과 같이 참가배당한다.

① 나머지 배당률 〈 우선주 배당률(5%) : 우선주 배당률만큼 배당

② 우선주 배당률(5%) 〈 나머지 배당률 〈 부분참가 배당률(11%) : 자본금 비율대로 안분

③ 부분참가 배당률(11%) 〈 나머지 배당률 : 우선주에 부분참가 배당률만큼 배당

40 주당 액면가액이 ₩500인 보통주 500,000주를 발행하고 있고, 이익잉여금 잔액이 ₩100,000,000인 ㈜한국은 20X1년 2월에 5%의 주식배당과 주당 ₩15의 현금배당을 선언하였다. 이러한 배당 선언이 회사의 자본에 미치는 영향으로 옳지 않은 것은?

2011 국가직 7급

① 이익잉여금 ₩20,000,000이 배당의 재원으로 사용되었다.

② 현금배당액은 ₩7,500,000이 될 예정이다.

③ 주식배당액은 ₩7,500,000이 될 예정이다.

④ 배당선언으로 부채 ₩7,500,000이 증가한다.

41 다음의 자본항목 중 감소과정에서 이익잉여금의 변동을 수반할 수 없는 항목은?

2015 보험계리사

① 감자차손 ② 미교부주식배당금

③ 주식할인발행차금 ④ 자기주식처분손실

정답과 해설

40 **정답** ③

해설 현금배당액 = 500,000주 × ₩15 = ₩7,500,000

주식배당액 = 500,000주 × 5% × 액면가액 ₩500 = ₩12,500,000

배당의 재원이 되는 이익잉여금 = 현금배당 ₩7,500,000 + 주식배당 ₩12,500,000 = ₩20,000,000

배당선언일의 회계처리는 다음과 같다.

| (차) | 미처분이익잉여금 | 20,000,000 | (대) | 미지급배당금(부채) | 7,500,000 |
| | | | | 미교부주식배당(자본조정) | 12,500,000 |

41 **정답** ②

해설 자본거래에서 발생하는 손실에 해당하는 감자차손, 주식할인발행차금, 자기주식처분손실은 이익잉여금과 우선 상계한다. 상계하면 자본거래손실과 이익잉여금이 동시에 감소한다.

42 ㈜관세는 20×1년 1월 1일에 설립된 회사로 설립일 이후 자본금 변동은 없었으며, 20×3년 12월 31일 현재 보통주자본금과 우선주자본금 내역은 다음과 같다.

보통주(주당 액면금액 ₩5,000, 10주)	₩50,000
우선주(5% 배당률, 주당 액면금액 ₩5,000, 5주)	₩25,000
계	₩75,000

㈜관세가 20×3년 회계연도에 대한 정기주주총회(20×4년도 2월 15일 개최)에서 설립이후 처음으로 ₩10,000의 현금배당지급을 결의하였다면, 보통주 주주에게 배분될 현금배당금은? (단, 우선주는 비누적적/부분참가적(8%) 우선주를 가정하며, 계산 시 화폐금액은 소수점 첫째자리에서 반올림한다.)

2016 관세사

① ₩5,000　　② ₩6,250　　③ ₩6,667　　④ ₩8,000　　⑤ ₩8,750

43 ㈜관세의 20x1년 12월 31일 재무상태표에 표시된 이익잉여금은 ₩300,000으로 이에 대한 세부항목은 이익준비금 ₩30,000과 임의적립금 ₩60,000 그리고 미처분이익잉여금 ₩210,000이다. ㈜관세는 20x2년 2월 27일에 개최한 정기주주총회에서 20x1년도 재무제표에 대해 다음과 같이 결산승인하였다.

○ 임의적립금 이입액	₩20,000	○ 이익준비금 적립액	₩10,000
○ 자기주식처분손실 상각액	₩10,000	○ 현금 배당액	₩100,000

㈜관세가 20x2년 2월 27일의 결산승인사항을 반영한 후 이익잉여금은? (단, 이익준비금은 자본금의 1/2에 미달한다고 가정한다.)

2017 관세사

① ₩180,000　　② ₩190,000　　③ ₩200,000　　④ ₩210,000　　⑤ ₩220,000

42 정답 ④

해설 나머지 배당률 (= ₩10,000 ÷ ₩75,000) 〉 부분참가배당률 8%

나머지 배당률이 부분참가배당률보다 크므로, 우선주에 최대배당(8%, ₩2,000)을 한 뒤 나머지를 보통주에 배당한다.

구분	누적배당	비참가배당	나머지 배당
우선주(비누적, 부분참가)	-	-	₩2,000
보통주			₩8,000

43 정답 ②

해설 기말 이익잉여금 ₩300,000 - 자기주식처분손실 상각 ₩10,000 - 현금 배당액 ₩100,000 = ₩190,000

※ 적립금의 적립과 이입은 이익잉여금의 구성항목이 바뀔 뿐 이익잉여금 총액의 변화는 없다.

44 ㈜감평은 20x1년부터 20x3년까지 배당가능이익의 부족으로 배당금을 지급하지 못하였으나, 20x4년도에는 영업의 호전으로 ₩220,000을 현금배당 할 계획이다. ㈜감평의 20x4년 12월 31일 발행주식수가 보통주 200주(주당 액면금액 ₩3,000, 배당률 4%)와 우선주 100주(비누적적, 완전참가적 우선주, 주당 액면금액 ₩2,000, 배당률 7%)인 경우, 보통주배당금으로 배분해야 할 금액은?

2017 감정평가사

① ₩120,000 ② ₩136,500 ③ ₩140,000
④ ₩160,500 ⑤ ₩182,000

정답과 해설

44 **정답** ④

해설 우선주(7%, ₩14,000)와 보통주(4%, ₩24,000)에 기본배당을 하고 남은 배당금 ₩182,000은 액면금액 비율(₩200,000 : ₩600,000)대로 우선주와 보통주에 추가배당한다.
우선주에 대한 추가배당 = ₩182,000 × (100주 × ₩2,000)/(100주 × ₩2,000 + 200주 × ₩3,000) = ₩182,000 × ₩200,000/₩800,000 = ₩45,500
보통주에 대한 추가배당 = ₩182,000 × ₩600,000/₩800,000 = ₩136,500

구분	누적배당	비참가배당	기본배당	추가배당
우선주(비누적, 완전참가)	-	-	₩14,000	₩45,500
보통주			₩24,000	₩136,500

보통주배당금 = ₩24,000 + ₩136,500 = ₩160,500

※ 일반적으로 보통주의 배당률은 사전에 정해져 있지 않다. 배당우선주의 경우 사전에 배당률이 정해져 있고, 사전에 정한 배당률을 기준으로 누적배당을 하거나 참가배당을 판단하는 것이지 보통주의 배당률은 정해져 있지 않다. 이 때문에 출제 가능성은 낮고 출제시 논란이 될 수 있는 예외적인 문제에 해당하나, 타 시험에서 기출되었기에 만약의 경우를 대비할 필요는 있다. 만약 보통주의 배당률이 문제처럼 우선주와 다르게 주어진다면 보통주와 우선주에 대해 각각 주어진 기본배당을 지급한 다음 같은 비율로 참가배당을 지급하는 것으로 풀도록 하자.

45 ㈜한국의 20x1년 1월 1일 자본의 내역은 다음과 같다. ㈜한국은 20x1년 3월 15일 20x0년 재무제 표를 확정하고 20x0년 12월 28일을 배당기준일로 하여 1주당 ₩200의 현금배당을 결의하였다. ㈜한국은 현금배당의 10%를 이익준비금으로 적립하고 있으며, 20x1년 당기순이익은 ₩50,000 이다. 20x1년 12월 31일 미처분이익잉여금은 얼마인가?　　　2019 보험계리사

- 보통주 자본금(100주×₩500)	₩50,000
- 주식발행초과금	₩32,000
- 이익준비금	₩20,000
- 미처분이익잉여금	₩100,000

① ₩78,000　　② ₩128,000　　③ ₩130,000　　④ ₩150,000

46 ㈜관세의 20×2년 2월 중 개최된 주주총회에서 이루어진 20×1년 재무제표에 대한 결산승인 내역 은 다음과 같다. ㈜관세의 결산 승인 전 미처분이익잉여금이 ₩43,000일 때, 결산 승인 내역을 반 영한 후의 차기이월미처분이익잉여금은? (단, 이익준비금 설정은 고려하지 않는다.)　　　2022 관세사

○ 임의적립금 이입액	₩3,000
○ 주식할인발행차금 상각액	2,000
○ 현금배당액	10,000

① ₩27,000　　② ₩28,000　　③ ₩32,000　　④ ₩33,000　　⑤ ₩34,000

정답과 해설

45 정답 ②

해설

20X1년 1월 1일 미처분이익잉여금	₩100,000
현금배당(100주 × ₩200/주)	(-)₩20,000
이익준비금(₩20,000 × 10%)	(-)₩2,000
당기순이익	(+)₩50,000
20X1년 12월 31일 미처분이익잉여금	₩128,000

46 정답 ⑤

해설 차기이월미처분이익잉여금 = 미처분이익잉여금 ₩43,000 + 임으적립금 이입액 ₩3,000 - 주식할인발행차금 상각액 ₩2,000 - 현금배당액 ₩10,000 = ₩34,000

47 자본에 관한 다음 설명으로 옳은 것을 모두 고르면? 2014 국가직·관세직 9급

> ㄱ. 이익잉여금은 당기순이익의 발생으로 증가하고 다른 요인으로는 증가하지 않는다.
>
> ㄴ. 주식배당을 실시하면 자본금은 증가하지만 이익잉여금은 감소한다.
>
> ㄷ. 무상증자를 실시하면 발행주식수는 증가하지만 자본총액은 변동하지 않는다.
>
> ㄹ. 주식분할을 실시하면 발행주식수는 증가하지만 이익잉여금과 자본금은 변동하지 않는다.

① ㄱ, ㄴ, ㄷ

② ㄱ, ㄴ, ㄹ

③ ㄱ, ㄷ, ㄹ

④ ㄴ, ㄷ, ㄹ

48 주식배당과 주식분할이 자본에 미치는 영향에 대한 설명으로 옳지 않은 것은? 2012 지방직 9급

		주식배당	주식분할
①	자본총계	불변	불변
②	이익잉여금	감소	불변
③	주당액면가	불변	감소
④	법정자본금	증가	증가

47 **정답** ④

해설 재분류조정을 하지 않는 기타포괄손익(재평가잉여금 등)을 이익잉여금으로 대체하는 경우 당기손익으로 재분류하는 조정을 거치지 않으므로, 당기순이익의 증가 없이 이익잉여금이 증가한다.

48 **정답** ④

해설 주식배당의 경우 자본금이 증가하지만, 주식분할의 경우 감소한 액면가액만큼 주식수가 증가하므로 자본금의 변화는 없다.

49 다음 거래로 인한 당기총자본의 증가 금액은 얼마인가?

> · 주식 100주를 주당 ₩10,000에 현금 발행하였다.
>
> · 자기주식 10주를 주당 ₩9,000에 현금 취득하였다.
>
> · 위 자기주식 가운데 5주를 주당 ₩10,000에 현금 재발행하고 나머지는 전부 소각하였다.
>
> · 주식발행초과금 ₩100,000을 자본금으로 전입하고 주식을 발행하였다.

① ₩910,000

② ₩960,000

③ ₩1,010,000

④ ₩1,060,000

정답과 해설

49 **정답** ②

해설 총자본의 증가: 주식발행 100주 × ₩10,000 - 자기주식 취득 10주 × ₩9,000 + 자기주식 재발행 5주 × ₩10,000 = ₩960,000

자기주식은 취득시점에 자본에서 차감하므로, 소각하더라도 추가적인 자본감소는 발생하지 않는다. 소각된 자기주식금액만큼 자본금과 감자차손익으로 반영된다. 주식발행초과금을 자본금으로 전입하는 무상증자의 경우 감소하는 자본잉여금만큼 자본금이 증가하므로 자본총액에 미치는 영향은 없다. 각각에 대한 회계처리는 다음과 같다.

주식발행	(차)	현금	1,000,000	(대)	납입자본	1,000,000

문제에서 액면금액이 주어져 있지 않으므로 납입자본 중 얼마가 자본금이 되고 얼마가 주식발행초과금 혹은 주식할인발행차금이 되어야 하는지는 알 수 없다. 하지만, 액면금액에 상관없이 증가하는 자본총액은 10,000이 된다.

자기주식취득	(차)	자기주식	90,000	(대)	현금	90,000
자기주식처분	(차)	현금	50,000	(대)	자기주식	45,000
					자기주식처분이익	5,000
자기주식소각	(차)	납입자본	45,000	(대)	자기주식	45,000

마찬가지로 액면금액이 주어지지 않았으므로 납입자본 중 얼마가 자본금이 되고 얼마가 감자차익 혹은 감자차손이 되어야 하는지 알 수 없으나, 자기주식 감소(자본증가)와 납입자본 감소(자본감소)가 같은 금액 발생하므로 자본총액에 미치는 영향은 없다.

자본전입	(차)	주식발행초과금	100,000	(대)	자본금(납입자본)	100,000

주식발행초과금을 자본금으로 전입하는 경우 해당 금액만큼 자본금이 증가한다. 다만, 액면금액에 따라 발행주식수는 달라진다.

50 다음은 2011년 초 ㈜한국의 부분재무상태표이다.

자본금(액면금액 ₩5,000)	₩5,000,000
주식발행초과금	₩2,500,000
이익준비금	₩1,000,000
미처분이익잉여금	₩3,000,000

㈜한국은 2011년 2월 25일에 주주총회를 개최할 예정이고 주주총회에서 다음의 네 개 안 중 하나를 선택할 예정이다.

ㄱ. 미처분이익잉여금을 기초로 주식 500주를 배당하기로 결정한다.

ㄴ. 주식발행초과금을 기초로 주식 500주를 발행하여 무상 증자한다.

ㄷ. 주식을 1:2로 분할한다.

ㄹ. 주식을 3:1로 병합한다.

각 경우의 액면금액으로 옳은 것은?

2012 국가직 7급

	ㄱ	ㄴ	ㄷ	ㄹ
①	₩5,000	₩5,000	₩2,500	₩15,000
②	₩2,500	₩2,500	₩5,000	₩5,000
③	₩5,000	₩5,000	₩5,000	₩5,000
④	₩2,500	₩2,500	₩2,500	₩15,000

정답과 해설

50 **정답** ①

해설 주식배당이나 무상증자는 주식의 액면금액을 변화시키지 않는다. 주식을 분할하면(쪼개면) 분할비율만큼 액면금액이 감소 (₩5,000 → ₩2,500)하고, 주식을 병합하면(합치면) 병합비율만큼 액면금액이 증가(₩5,000 → ₩15,000)한다.

51 자본에 미치는 영향에 관한 설명으로 옳은 것은? (단, 각 거래는 독립적이다.) 2021 관세사

① 액면금액 ₩500인 보통주 30주를 주당 ₩700에 발행하면 보통주자본금은 ₩21,000 증가한다.

② 보통주주식발행초과금 중 ₩10,000을 자본전입하여 액면금액 ₩500인 보통주 20주를 발행하면 자본총액은 증가한다.

③ 이월결손금 ₩80,000을 보전하기 위하여 액면금액과 발행금액이 ₩500으로 동일한 발행주식 400주를 2주당 1주의 비율로 감소시키면 자본잉여금 ₩20,000이 증가한다.

④ 주주총회에서 유통보통주 1,000주에 대해 ₩20,000의 현금배당이 선언되면 자본은 불변한다.

⑤ 액면금액 ₩500인 자기주식 10주를 주당 현금 ₩700에 취득할 경우 자본금 ₩5,000이 증가한다.

51 **정답** ③

해설 ① 자본금은 액면금액의 합계인 ₩15,000(= 30주 × ₩500)만큼 증가한다.

② 형식적인 증자에 해당하는 무상증자를 하더라도 자본총액은 변하지 않는다.

③ 200주 감자로 인해 감자차익(자본잉여금) ₩100,000(= 400주 × ½ × ₩500)이 생겨나지만, 이월결손금 ₩80,000과 상계하고 나면 자본잉여금은 ₩20,000이 증가한다. 분개로 나타내면 다음과 같다.

(차)	자본금	100,000	(대)	감자차익	100,000
(차)	감자차익	80,000	(대)	이월결손금	80,000

④ 배당선언시점에 이익잉여금(자본)이 감소하고 미지급배당(부채)이 증가한다.

⑤ 자기주식을 취득하더라도 소각하기 않는 한 자본금에 영향을 주지 않는다.

52 자본에 관한 설명 중 옳지 않은 것은? 2021 국가직·관세직 9급

① 자본조정은 당해 항목의 성격상 자본거래에 해당하지만, 자본의 차감 성격을 가지는 것으로 자본금이나 자본잉여금으로 처리할 수 없는 누적적 적립금의 성격을 갖는 계정이다.

② 상환우선주의 보유자가 발행자에게 상환을 청구할 수 있는 권리를 보유하고 있는 경우, 이 상환우선주는 자본으로 분류하지 않는다.

③ 자본잉여금은 납입된 자본 중에서 액면금액을 초과하는 금액 또는 주주와의 자본거래에서 발생하는 잉여금을 처리하는 계정이다.

④ 기타포괄손익누계액 중 일부는 당기손익으로의 재분류조정과정을 거치지 않고 직접 이익잉여금으로 대체할 수 있다.

53 ㈜한국은 2016년 초 보통주 200주(주당 액면금액 ₩5,000, 주당 발행금액 ₩6,000)를 발행하였으며, 주식 발행과 관련된 직접원가 ₩80,000과 간접원가 ₩10,000이 발생하였다. ㈜한국의 주식발행에 대한 설명으로 옳은 것은? (단, 기초 주식할인발행차금은 없다고 가정한다) 2017 국가직 9급

① 자본의 증가는 ₩1,200,000이다.

② 자본잉여금의 증가는 ₩120,000이다.

③ 주식발행초과금의 증가는 ₩110,000이다.

④ 주식발행과 관련된 직·간접원가 ₩90,000은 비용으로 인식한다.

52 **정답** ①

해설 일반기업회계기준에 따르면 자본조정은 당해 항목의 성격으로 보아 자본거래에 해당하나 최종 납입된 자본으로 볼 수 없거나 자본의 '가감' 성격으로 자본금이나 자본잉여금으로 분류할 수 없는 항목이다. 자본조정에는 자본에 가산하는 성격의 미교부주식배당금, 신주청약증거금, 주식매입선택권 등도 포함된다(쓰레기통).

53 **정답** ②

해설 주식발행과 관련한 직접원가는 발행가액에서 차감하여 주식발행초과금 혹은 주식할인발행차금에 반영하고, 간접원가는 비용으로 인식한다. 주식발행시 회계처리는 다음과 같다.

(차)	현금	1,120,000	(대)	자본금	1,000,000
				주식발행초과금	120,000
(차)	제비용	10,000	(대)	현금	10,000

따라서 자본은 ₩1,120,000(자본금 ₩1,000,000 + 주식발행초과금 ₩120,000)이 증가하고(이후에 결산과정을 거치면 제비용이 당기손익을 감소시켜 이익잉여금에 반영되므로 최종적인 자본증가는 ₩1,110,000이 되지만 발행시점의 자본증가는 ₩1,120,000이 된다), 주식발행초과금은 ₩120,000 증가한다. 주식발행과 관련된 간접원가는 비용으로 인식하지만, 직접원가는 발행가액에서 차감하여 자본에 직접 반영한다.

54 ㈜한국은 20×1년 1월 1일 영업을 시작하였으며, 20×2년 말 현재 자본금 계정은 다음과 같다.

> ○ 보통주(주당액면가액 ₩5,000, 발행주식수 80주)   ₩400,000
>
> ○ 우선주A(배당률 10%, 비누적적·비참가적; 주당 액면가액 ₩5,000, 발행주식수 40주)   ₩200,000
>
> ○ 우선주B(배당률 5%, 누적적·완전참가적; 주당 액면가액 ₩5,000, 발행주식수 80주)   ₩400,000

모든 주식은 영업개시와 동시에 발행하였으며, 그 이후 아직 배당을 한 적이 없다. 20×3년 초 ₩100,000의 배당을 선언하였다면 배당금 배분과 관련하여 옳은 것은?   2018 국가직 9급

① 보통주 소유주에게 배당금 ₩20,000 지급

② 보통주 소유주에게 배당금 우선 지급 후 우선주A 소유주에게 배당금 지급

③ 우선주A 소유주에게 배당금 ₩30,000 지급

④ 우선주B 소유주에게 배당금 ₩50,000 지급

---

54 정답 ④

해설 1. 누적배당: B ₩400,000 × 5% × 1년 = ₩20,000

2. 비참가 우선주배당: A ₩200,000 × 10% = ₩20,000

3. 나머지 배당률 = (₩100,000 − ₩40,000) ÷ (₩400,000 + ₩400,000) > 참가배당률 5%

나머지 배당률이 참가배당률보다 크므로, 잔여배당 ₩60,000을 보통주와 참가우선주의 자본금 비율(1:1)로 안분한다.

구분	누적배당	비참가배당	참가배당
우선주A(비누적, 비참가)		₩20,000	
우선주B(누적, 완전참가)	₩20,000		₩30,000
보통주			₩30,000

우선주B에 대한 배당금 = ₩20,000 + ₩30,000 = ₩50,000

55 20×1년 자본과 관련한 다음 정보를 이용할 때, 20×1년 말 재무상태표에 표시될 이익잉여금은?

2019 지방직 9급

> ○ 20×1년 기초 이익잉여금 ₩200
>
> ○ 2월 25일: 주주총회에서 현금 ₩100 배당 결의와 함께 이익준비금 ₩10과 배당평균적립금 ₩20 적립 결의
>
> ○ 6월 30일: 전기 이전부터 보유하던 장부금액 ₩30의 자기주식을 ₩32에 매각
>
> ○ 20×1년 당기순이익 ₩250

① ₩320

② ₩350

③ ₩352

④ ₩450

56 소유주에 대한 비현금자산의 분배에 대한 설명으로 옳지 않은 것은?

2022 지방직 9급

① 기업은 분배를 선언하고 소유주에게 관련 자산을 분배할 의무를 부담할 때, 미지급배당을 부채로 인식하여야 한다.

② 소유주에게 배당으로 비현금자산을 분배해야하는 부채는 분배될 자산의 공정가치로 측정한다.

③ 각 보고기간말과 결제일에, 기업은 미지급배당의 장부금액을 검토하고 조정하며, 이 경우 미지급배당의 장부금액 변동은 분배금액에 대한 조정으로 자본에서 인식한다.

④ 기업이 미지급배당을 결제할 때, 분배된 자산의 장부금액과 미지급배당의 장부금액이 차이가 있다면 이를 당기손익으로 인식하지 않는다.

정답과 해설

55 **정답** ②

해설 기말 이익잉여금 = 기초 ₩200 - 현금배당 ₩100 + 당기순이익 ₩250 = ₩350

※ 이익잉여금은 이익준비금, 임의적립금, 미처분이익잉여금으로 구성된다. 따라서 이익준비금이나 임의적립금을 적립하더라도 이익잉여금 내에서 구성이 바뀔 뿐, 이익잉여금 총액에는 변화가 없다. 자기주식은 자본조정, 자기주식처분이익은 자본잉여금으로 처리한다.

56 **정답** ④

해설 기업이 미지급배당을 결제할 때, 분배된 자산의 장부금액과 미지급배당의 장부금액이 차이가 있다면 이를 당기손익으로 인식한다. 현물배당(소유주에 대한 비현금자산의 분배)에 대한 시점별 회계처리는 다음과 같다.

현물배당을 결의하는 시점(배당선언일)에 분배될 비현금자산의 공정가치로 측정한 다음(보기 ②) 이를 미지급배당금(부채)으로 인식하고 미처분이익잉여금을 대체한다(보기 ①).

배당선언일	(차)	미처분이익잉여금	XXX	(대)	미지급현물배당(FV)	XXX

그런 다음 실제 배당을 지급하는 결제일(선언일과 결제일 사이에 보고기간말이 존재하면 보고기간말과 결제일)에 비현금자산의 공정가치 변동을 추가로 반영한다(보기 ③).

보고기간말	(차)	미처분이익잉여금	XXX	(대)	미지급현물배당(FV 증가)	XXX
(결제일)	(차)	미지급현물배당(FV 감소)	XXX	(대)	미처분이익잉여금	XXX

그리고 나서 분배되는 자산의 장부금액(BV)과 미지급배당의 장부금액(FV)의 차이를 당기손익으로 인식한다(보기 ④).

배당지급	(차)	미지급현물배당(FV)	XXX	(대)	비현금자산(BV)	XXX
					비현금자산처분이익	XXX

57 다음은 ㈜한국의 2015년 12월 31일 자본 내역이다.

자본	
자본금 (액면금액 @₩500)	₩3,000,000
주식발행초과금	1,500,000
이익준비금	2,000,000
미처분이익잉여금	5,500,000
	₩12,000,000

㈜한국은 주권상장법인이며, 2016년 2월 주주총회에서 2,000주의 주식배당과 이익준비금을 재원으로 한 2,000주의 무상증자를 실시하기로 하였다. 주식배당과 무상증자를 실시하여 주식을 교부하였다면, ㈜한국의 자본금은?

2016 지방직 9급

① ₩3,000,000   ② ₩4,000,000

③ ₩5,000,000   ④ ₩6,000,000

58 ㈜서울의 20X1년 초 자본 총계가 ₩100,000이고, 20X1년 중 자본 관련 거래가 〈보기〉와 같을 때 20X1년 말 자본 총계는?

2021 서울시 7급

〈보기〉

- 주당 액면가 ₩1,000의 보통주 10주를 주당 ₩900에 발행하였다.
- 전기에 주당 ₩2,000에 매입한 자기주식 10주를 소각하였다(상법상 자본금 감소 규정에 따름).
- 현금배당 ₩1,000을 실시하고 이익준비금으로 ₩100을 적립하였으며, 주식배당 ₩1,000을 결의하고 지급하였다.
- 기타포괄손익-공정가치 측정 금융자산의 공정가치가 ₩2,500 증가하였다.
- 20X1년의 총포괄이익은 ₩5,000이다.

① ₩111,000   ② ₩112,000

③ ₩113,000   ④ ₩114,000

57 정답 ③

해설 새로 발행한 4,000주에 대한 액면금액만큼 자본금은 증가한다.

자본금 = ₩3,000,000 + 4,000주 × ₩500 = ₩5,000,000

58 정답 ③

해설 자본에 미치는 영향은 다음과 같다.

기초 자본		₩100,000
유상증자	10주 × ₩900	(+)₩9,000
주식소각	영향 없음	–
현금배당	준비금 적립과 주식배당은 영향 없음	(-)₩1,000
총포괄이익	금융자산 공정가치 증가 ₩2,500이 포함되어 있음	(+)₩5,000
기말 자본		₩113,000

59 ㈜한국은 2016년 4월 1일에 ㈜대한의 의결권 있는 주식 25%를 ₩1,000,000에 취득하였다. 취득 당시 ㈜대한의 자산과 부채의 공정가치는 각각 ₩15,000,000, ₩12,000,000이다. ㈜대한은 2016년 당기순이익으로 ₩600,000을 보고하였으며 2017년 3월 1일에 ₩200,000의 현금배당을 지급하였다. 2017년 9월 1일에 ㈜한국은 ㈜대한의 주식 전부를 ₩930,000에 처분하였다. 위의 관계기업투자에 대한 설명으로 옳은 것은? 2018 지방직 9급

① ㈜대한의 순자산 공정가치는 ₩3,000,000이므로 ㈜한국은 ㈜대한의 주식 취득 시 ₩250,000의 영업권을 별도로 기록한다.

② ㈜대한의 2016년 당기순이익은 ㈜한국의 관계기업투자 장부금액을 ₩150,000만큼 증가시킨다.

③ ㈜대한의 현금배당은 ㈜한국의 당기순이익을 ₩50,000만큼 증가시킨다.

④ ㈜한국의 관계기업투자 처분손실은 ₩70,000이다.

60 ㈜대한은 20×1년 1월 1일에 ㈜한국의 지분 30%를 ₩30,600에 취득하여 유의적인 영향력을 행사하게 되었다. 20×1년 1월 1일 ㈜한국의 장부상 순자산가액은 ₩100,000이며, 장부금액과 공정가치가 다른 항목은 다음과 같다.

구분	장부금액	공정가치	비고
상각자산	₩9,000	₩10,000	정액법 상각, 잔여내용연수 5년, 잔존가치 ₩0
재고자산	₩3,000	₩4,000	20×1년 중 모두 ㈜A에 판매

㈜한국의 20×1년 당기순이익이 ₩2,200일 때, ㈜대한이 20×1년 인식할 지분법평가이익은?

2021 국가직 7급

① ₩60 ② ₩300

③ ₩600 ④ ₩660

59 정답 ②

해설 ① 관계기업투자와 관련된 영업권은 별도로 기록하지 않고 관계기업투자주식의 장부금액에 포함된다.

② 당기순이익 ₩600,000에 지분율 25%를 곱한 ₩150,000만큼 관계기업투자주식의 장부금액이 증가하고, 이를 지분법이익으로 당기손익에 반영한다.

③ 현금배당을 받은 만큼 현금이 증가하고, 관계기업투자주식의 장부금액을 차감한다.

④ 처분시점 장부금액 = 취득원가 ₩1,000,000 + 지분법이익 ₩150,000 - 현금배당 ₩200,000 × 25% = ₩1,100,000

처분손익 = 처분대가 ₩930,000 - 장부금액 ₩1,100,00 = (-)₩170,000

60 정답 ②

해설 투자차액 = ₩30,600 - ₩100,000 × 30% = ₩600

투자차액(상각자산) = (₩10,000 - ₩9,000) × 30% = ₩300 ☞ 상각기간(5년)에 걸쳐 ₩60씩 실현

투자차액(재고자산) = (₩4,000 - ₩3,000) × 30% = ₩300 ☞ 판매시점인 20X1년에 전액 실현

20X1년 실현된 순자산 과소평가액에 대한 지분 = 상각자산 ₩60 + 재고자산 ₩300 = ₩360

20X1년 지분법평가이익 = ㈜한국의 당기순이익 ₩2,200 × 30% - 실현된 순자산 과소평가액 ₩360 = ₩300

61 12월 31일 결산법인 ㈜서울은 20X1년 1월 1일 ㈜대한의 발행주식 40%를 ₩1,000,000에 취득하여 유의적인 영향력을 행사할 수 있게 되었다. 주식 취득일 현재 식별할 수 있는 ㈜대한의 순자산 장부금액은 ₩2,000,000이며, 유형자산이 공정가치보다 ₩200,000 과소평가 되었다. 해당 유형자산은 5년간 정액법으로 감가상각한다. 20X1년 ㈜대한의 당기순이익은 ₩200,000이며, 20X2년 당기순이익은 ₩300,000이고 20X2년 ₩100,000의 현금배당을 하였다. ㈜서울이 보유하고 있는 ㈜대한의 주식을 지분법으로 평가할 때 설명으로 가장 옳은 것은? (㈜서울은 ㈜대한 주식 이외의 주식은 보유하고 있지 않다.)

2022 서울시 7급

① 20X1년 12월 31일 ㈜서울이 보고할 지분법이익은 ₩70,000이다.

② 20X2년 12월 31일 ㈜서울이 보고할 지분법이익은 ₩102,000이다.

③ 20X1년 12월 31일 ㈜서울이 보고할 관계기업투자주식은 ₩1,070,000이다.

④ 20X2년 12월 31일 ㈜서울이 보고할 관계기업투자주식은 ₩1,128,000이다.

61 **정답** ④

해설 투자차액(유형자산) ₩200,000 ☞ 5년간 ₩40,000씩 실현

20X1년 지분법손익 = (당기순이익 ₩200,000 - 투자차액 ₩40,000) × 지분율 40% = ₩64,000

20X2년 지분법손익 = (당기순이익 ₩300,000 - 투자차액 ₩40,000) × 지분율 40% = ₩104,000

20X1년 말 관계기업투자주식 = 취득원가 ₩1,000,000 + 20X1년 지분법손익 ₩64,000 = ₩1,064,000

20X2년 말 관계기업투자주식 = 20X1년 말 관계기업투자주식 ₩1,064,000 + 20X2년 지분법손익 ₩104,000 - 배당수령액(₩100,000 × 40%) = ₩1,128,000

14 | 수익의 인식

주요 Topic	01 수익인식 ★★★
	02 유형별 수익인식 ★★★
	03 건설계약 ★★★★
	04 손익의 계산 ★★
	05 법인세회계 ★

▶ 9급 출제경향(●국가직 ■관세직 ◆지방직 ○서울시)

구분	15	16	17	18	19	20	21	22	23	24	25
14.1 수익인식	◆			■	●■◆	●■		●■		●■◆	●■◆
14.2 건설계약	■	■○	◆○		○						■
14.3 유형별 수익인식			●		◆						
14.4 손익의 계산			■		●■			■			
14.5 법인세회계	○	○	○								

▶ 7급 출제경향(▲국가직 △서울시)

구분	15	16	17	18	19	20	21	22	23	24	-
14.1 수익인식	▲	▲		▲△	▲	▲	▲	△	▲	▲△	
14.2 건설계약		▲△	▲△				△	▲△			
14.3 유형별 수익인식		▲		▲	△	△				▲	
14.4 손익의 계산		▲									
14.5 법인세회계	▲	▲△	△	△	△		▲△	▲△	▲△	△	

구분	기본	필수	응용	심화	합계
14.1 수익인식	9	3	11	1	24
14.2 건설계약	0	5	2	2	9
14.3 유형별 수익인식	0	2	5	2	9
14.4 손익의 계산	1	2	2	2	7
14.5 법인세회계	0	0	0	5	5
합계	10	12	20	12	54

기본문제

[14-01] 수익인식

01 ㈜한국은 2017년 1월 1일 상품을 ₩3,500,000에 판매하였다. 판매 시에 현금 ₩500,000을 수령하고, 잔금 ₩3,000,000은 2017년 말부터 매년 달 ₩1,000,000씩 3년에 걸쳐 받기로 하였다. 이 매출거래와 관련하여 2017년에 인식할 매출액과 이자수익은? (단, 유효이자율은 10%이다)

2018 관세직 9급

기간	단일금액 ₩1의 현재가치	정상연금 ₩1의 현재가치
1	0.9091	0.9091
2	0.8264	1.7355
3	0.7513	2.4868

	매출액	이자수익		매출액	이자수익
①	₩1,500,000	₩75,130	②	₩1,500,000	₩248,680
③	₩2,986,800	₩75,130	④	₩2,986,800	₩248,680

정답과 해설

01 **정답** ④

해설 매출액 = ₩500,000 + ₩1,000,000 × 2.4868(3기간, 10% 연금현가계수) = ₩2,986,800

이자수익 = ₩2,486,800 × 10% = ₩248,680. 참고로 3년에 걸쳐 인식할 이자수익은 다음과 같다.

일자	이자수익	현금수령액	상각액	장부금액
2017. 1. 1.				2,486,800
2017. 12. 31.	248,680	1,000,000	751,320	1,735,480
2018. 12. 31.	173,548	1,000,000	826,452	909,028
2019. 12. 31.	90,972	1,000,000	909,028	0

02 '고객과의 계약에서 생기는 수익'에 제시되어 있는 고객과의 계약을 식별하기 위한 기준과 일치하는 내용은?

2019 국가직 9급

① 계약당사자들이 계약을 서면으로만 승인해야 하며, 각자의 의무를 수행하기로 확약한다.

② 이전할 재화나 용역에 대한 각 당사자의 권리를 식별할 수 있다면, 재화나 용역의 대가로 받는 지급조건은 식별할 수 없어도 된다.

③ 계약에 상업적 실질 없이 재화나 용역을 서로 주고받을 수 있다.

④ 고객에게 이전할 재화나 용역에 대하여 받을 권리를 갖게 될 대가의 회수 가능성이 높다.

03 고객과의 계약에서 생기는 수익에 대한 설명으로 옳지 않은 것은?

2019 지방직 9급

① 고객에게 이전할 재화나 용역에 대하여 받을 권리를 갖게 될 대가의 회수 가능성이 높지 않더라도, 계약에 상업적 실질이 존재하고 이전할 재화나 용역의 지급조건을 식별할 수 있으면 고객과의 계약으로 회계처리한다.

② 수익을 인식하기 위해서는 '고객과의 계약 식별', '수행의무 식별', '거래가격 산정', '거래가격을 계약 내 수행의무에 배분', '수행의무를 이행할 때 수익인식'의 단계를 적용한다.

③ 거래가격 산정 시 제삼자를 대신해서 회수한 금액은 제외하며, 변동대가, 비현금 대가, 고객에게 지급할 대가 등이 미치는 영향을 고려한다.

④ 고객에게 약속한 자산을 이전하여 수행의무를 이행할 때 수익을 인식하며, 자산은 고객이 그 자산을 통제할 때 이전된다.

02 **정답** ④

해설 ① 계약의 승인은 서면뿐만 아니라, 구두나 그 밖의 사업 관행에 따른 방법으로도 가능하다.

② 이전할 재화나 용역과 관련된 각 당사자의 권리를 식별할 수 있어야 하며, 지급조건도 식별할 수 있어야 한다.

③ 계약에 상업적 실질이 있어야 한다.

03 **정답** ①

해설 대가의 회수 가능성이 높아야 고객과의 계약으로 회계처리할 수 있다.

04 '고객과의 계약에서 생기는 수익'의 측정에 대한 설명으로 옳지 않은 것은?　　　2019 국가직 7급

① 거래가격은 고객에게 약속한 재화나 용역을 이전하고 그 대가로 기업이 받을 권리를 갖게 될 것으로 예상하는 금액이며, 제삼자를 대신하여 회수한 금액(예: 일부 판매세)도 포함한다.

② 계약에서 약속한 대가에 변동금액이 포함된 경우에 고객에게 약속한 재화나 용역을 이전하고 그 대가로 받을 권리를 갖게 될 금액을 추정한다.

③ 고객이 현금 외의 형태로 대가를 약속한 계약의 경우에 거래가격을 산정하기 위하여 비현금 대가를 공정가치로 측정한다.

④ 고객에게 지급할 대가에는 기업이 고객에게 지급하거나 지급할 것으로 예상하는 현금 금액을 포함한다.

05 고객과의 계약으로부터 발생하는 수익에서 거래가격 산정에 대한 설명으로 옳지 않은 것은?

2020 국가직·관세직 9급

① 거래가격을 산정하기 위해서는 계약 조건과 기업의 사업관행을 참고한다.

② 기업에 특성이 비슷한 계약이 많은 경우에 '기댓값'은 변동대가(금액)의 적절한 추정치일 수 있다.

③ 고객과의 계약에서 약속한 대가는 고정금액, 변동금액 또는 둘 다를 포함할 수 있다.

④ 비현금대가의 공정가치가 대가의 형태만이 아닌 이유로 변동된다면, 변동대가 추정치의 제약규정을 적용하지 않는다.

04　정답 ①

해설　제삼자를 대신해서 회수한 금액은 제외한다.

05　정답 ④

해설　고객이 약속한 비현금 대가의 공정가치가 대가의 형태만이 아닌 이유로 변동된다면(예: 공정가치가 기업의 성과에 따라 달라질 수 있음), 변동대가 추정치의 제약규정(변동대가와 관련된 불확실성이 해소될 때, 이미 인식한 누적 수익 중 유의적인 부분을 되돌리지 않을 가능성이 매우 높은 정도까지만 거래가격에 포함)을 적용한다.

06 고객과의 계약에서 생기는 수익에서 측정에 대한 설명으로 옳지 않은 것은?　2022 국가직·관세직 9급

① 기업이 받을 권리를 갖게 될 변동대가(금액)에 미치는 불확실성의 영향을 추정할 때에는 그 계약 전체에 하나의 방법을 일관되게 적용한다.

② 거래가격은 고객에게 약속한 재화나 용역을 이전하고 그 대가로 기업이 받을 권리를 갖게 될 것으로 예상하는 금액이며, 제삼자를 대신해서 회수한 금액도 포함된다.

③ 거래가격을 산정하기 위하여 기업은 재화나 용역을 현행 계약에 따라 약속대로 고객에게 이전할 것이고 이 계약은 취소·갱신·변경 되지 않을 것이라고 가정한다.

④ 계약에서 약속한 대가에 변동금액이 포함된 경우에 고객에게 약속한 재화나 용역을 이전하고 그 대가로 받을 권리를 갖게 될 금액을 추정한다.

07 '고객과의 계약에서 생기는 수익'에서 계약의 식별기준으로 옳지 않은 것은?　2024 국가직·관세직 9급

① 계약 당사자들이 계약을 승인하고 각자의 의무를 수행하기로 확약한다.

② 계약의 결과로 기업의 미래 현금흐름의 위험, 시기, 금액이 변동되지 않을 것으로 예상된다.

③ 이전할 재화나 용역과 관련된 각 당사자의 권리와 지급조건을 식별할 수 있다.

④ 고객에게 이전할 재화나 용역에 대하여 받을 권리를 갖게 될 대가의 회수 가능성이 높다.

06　정답 ②

해설 거래가격은 고객에게 약속한 재화나 용역을 이전하고 그 대가로 기업이 받을 권리를 갖게 될 것으로 예상하는 금액이며, 제삼자를 대신해서 회수한 금액은 '제외'한다.

07　정답 ②

해설 고객과의 계약으로 회계처리하기 위해서는, 계약에 상업적 실질이 있어야 한다. 상업적 실질이 있다는 것은 계약의 결과로 기업의 미래 현금흐름의 위험, 시기, 금액이 변동될 것으로 예상된다는 것을 의미한다.

08 ㈜한국은 20×1년 초 고객과 총 대가 ₩500,000(설치용역 수수료 ₩50,000 포함)에 기계장치를 판매한 뒤 설치해 주기로 계약하였다. 기계장치 판매와 설치용역은 별개의 수행의무이다. 고객은 기계장치를 인도 시점에 통제하지만, 설치용역에 대한 통제는 기간에 걸쳐 이전된다. ㈜한국은 20×1년 11월 초 고객에게 기계장치를 인도하였고, 20×1년 말 설치용역에 대한 진행률은 40%이다. ㈜한국이 20×1년 포괄손익계산서상 인스할 수익은?

① ₩200,000   ② ₩450,000

③ ₩470,000   ④ ₩500,000

09 고객과의 계약에서 생기는 수익에 대한 설명으로 옳지 않은 것은?

① 계약의 각 당사자가 전혀 수행되지 않은 계약에 대해 상대방(들)에게 보상하지 않고 종료할 수 있는 일방적이고 집행 가능한 권리를 갖는다면, 그 계약은 존재하지 않는다고 본다.

② 하나의 계약은 고객에게 재화나 용역을 이전하는 여러 약속을 포함한다. 그 재화나 용역들이 구별된다면 약속은 수행의무이고 별도로 회계처리한다.

③ 일반적으로 고객과의 계약에는 기업이 고객에게 이전하기로 약속하는 재화나 용역을 분명히 기재한다. 그러나 고객과의 계약에서 식별되는 수행의무는 계약에 분명히 기재한 재화나 용역에만 한정되지 않을 수 있다.

④ 거래가격은 고객에게 약속한 재화나 용역을 이전하고 그 대가로 기업이 받을 권리를 갖게 될 것으로 예상하는 금액이며, 제삼자를 대신해서 회수한 금액(여: 일부 판매세)도 포함한다.

---

08 **정답** ③

해설 기계장치 판매대가 ₩450,000은 인도시점인 20X1년 11월 초에 수익으로 인식하고, 설치용역 수수료 ₩50,000은 진행률만큼(₩50,000 × 40% = ₩20,000) 20X1년 수익으로 인식한다. 따라서 20X1년에 인식할 수익은 기계장치 판매대가 ₩450,000 + 설치용역 수수료 ₩20,000 = ₩470,000이 된다.

09 **정답** ④

해설 거래가격은 고객에게 약속한 재화나 용역을 이전하고 그 대가로 기업이 받을 권리를 갖게 될 것으로 예상하는 금액이며, 제삼자를 대신해서 회수한 금액(예: 일부 판매세)은 '제외'한다.

10 2016년 초에 설립된 ㈜한국의 손익 자료가 다음과 같을 때, 2016년도의 당기순이익은? (단, 손상차손은 없다고 가정한다)

2017 관세직 9급 수정

매출	₩2,000,000	매출원가	₩500,000
유형자산 감가상각비	₩100,000	유형자산 재평가잉여금	₩200,000
임대수익	₩100,000	이자비용	₩100,000
FVPL금융자산평가손실	₩200,000	FVOCI금융자산평가손실	₩100,000

① ₩1,000,000 ② ₩1,100,000

③ ₩1,200,000 ④ ₩1,300,000

정답과 해설

---

10 **정답** ③

해설 당기순이익 = 매출액 ₩2,000,000 - 매출원가 ₩500,000 - 감가상각비 ₩100,000 + 임대수익 ₩100,000 - 이자비용 ₩100,000 - FVPL금융자산평가손실 ₩200,000 = ₩1,200,000

유형자산 재평가잉여금과 FVOCI금융자산평가손실은 기타포괄손익에 해당한다.

[14-01] 수익인식

11 수익인식 단계에 대한 설명으로 옳은 것은? 2019 관세직 9급

① 수익인식 5단계 순서는 '수행의무 식별→계약식별→거래가격 산정→거래가격 배분→수행의무별 수익인식'이다.

② 계약 개시시점에 고객과의 계약에서 약속한 재화나 용역을 검토하여 고객에게 구별되는 재화나 용역을 이전하기로 한 약속을 하나의 수행의무로 식별한다.

③ 거래가격은 고객에게 약속한 재화나 용역을 이전하고 그 대가로 기업이 받을 권리를 갖게 될 것으로 예상하는 금액이며, 이때 제삼자를 대신하여 회수한 금액을 포함한다.

④ 계약 당사자들이 계약을 승인하고 각자의 의무를 수행하기로 확약하거나, 이전할 재화나 용역과 관련된 각 당사자의 권리를 식별할 수만 있으면 계약을 식별할 수 있다.

12 건설회사인 ㈜서울은 20X1년 초 ㈜대한과 ₩1,000,000의 공장건설 계약을 체결하였다. 동 계약은 기간에 걸쳐서 이행하는 수행의무로, 계약조건에 〈보기〉와 같이 공사기간 경과에 따른 위약금이 포함된다. ㈜서울이 기댓값에 의해 거래가격을 산정할 때, 동 건설 계약의 거래가격은?

2022 서울시 7급

〈보기〉

구분	발생확률	변동대가
기간준수	50%	₩0
1달 경과	30%	₩100,000
2달 경과	20%	₩200,000

① ₩930,000 　　② ₩970,000

③ ₩990,000 　　④ ₩1,000,000

11 **정답** ②

해설 ① '계약식별→수행의무 식별→거래가격 산정→거래가격 배분→수행의무별 수익인식'의 순서다.

③ 제삼자를 대신해서 회수한 금액은 제외한다.

④ 다섯가지 기준(보기의 조건 외에 지급조건 식별, 상업적 실질, 대가의 회수가능성이 높을 것)을 모두 충족하는 때에 고객과의 계약으로 처리할 수 있다.

12 **정답** ①

해설 거래가격(기댓값) = 기간준수시 대가 ₩1,000,000 × 확률 50% + 1달 경과 대가 (₩1,000,000 − ₩100,000) × 확률 30% + 2달 경과 대가 (₩1,000,000 − ₩200,000) × 확률 20% = ₩500,000 + ₩270,000 + ₩160,000 = ₩930,000

13 고객과의 계약에서 생기는 수익의 거래가격 산정에 대한 설명으로 옳지 않은 것은?　2023 국가직 7급

① 유의적인 금융요소를 반영하여 약속한 대가를 조정할 때에는 계약 개시시점에 기업과 고객이 별도 금융거래를 한다면 반영하게 될 할인율을 사용한다.

② 유의적인 금융요소를 반영한 계약의 개시 후에 이자율이나 그 밖의 상황이 달라지는 경우, 할인율을 새로 수정한다.

③ 고객에게서 받은 대가의 일부나 전부를 고객에게 환불할 것으로 예상하는 경우에는 환불부채를 인식한다.

④ 고객에게 지급할 대가가 고객에게서 받은 구별되는 재화나 용역에 대한 지급이라면, 다른 공급자에게서 구매한 경우와 같은 방법으로 회계처리한다.

[**14-02**] **건설계약**

---

14 ㈜한국은 2012년에 ㈜민국과 컨설팅용역을 3년간 제공하기로 하는 계약을 체결하였으며, 총 계약 금액은 ₩5,000,000이다. ㈜한국의 용역수익 인식은 진행기준을 적용하고 있으며, 3년 동안의 컨설팅 용역과 관련된 원가 자료는 다음과 같다. ㈜한국의 2013년 용역이익은?　2015 관세직 9급

	2012년	2013년	2014년
당기발생 용역원가	₩600,000	₩900,000	₩1,700,000
용역완료 시까지 추가요소 용역원가	₩2,400,000	₩1,500,000	

① ₩600,000　　　　② ₩975,000

③ ₩1,000,000　　　④ ₩1,600,000

13 정답 ②

해설 유의적인 금융요소를 반영하여 약속한 대가(금액)를 조정할 때에는 계약 개시시점에 기업과 고객이 별도 금융거래를 한다면 반영하게 될 할인율을 사용한다. 이 할인율은 고객이나 기업이 제공하는 담보나 보증(계약에 따라 이전하는 자산을 포함)뿐만 아니라 계약에 따라 금융을 제공받는 당사자의 신용 특성도 반영할 것이다. 기업이 고객에게 재화나 용역을 이전할 때(또는 이전하는 대로) 고객이 그 재화나 용역의 대가를 현금으로 결제한다면 지급할 가격으로 약속한 대가의 명목금액을 할인하는 이자율을 식별하여 그 할인율을 산정할 수 있다. 계약 개시 후에는 이자율이나 그 밖의 상황이 달라져도(예: 고객의 신용위험 평가의 변동) 그 할인율을 새로 수정하지 않는다.

14 정답 ①

해설 (1) 결과(누적이익): 추정이익{계약금액 ₩5,000,000 − 추정원가 (₩600,000 + ₩900,000 + ₩1,500,000)} × 누적진행률 50%(₩1,500,000/₩3,000,000) = ₩1,000,000

(2) 잔액(전기누적): 전기 추정이익{계약금액 ₩5,000,000 − 추정원가 (₩600,000 + ₩2,400,000) × 누적진행률 20%(₩600,000/₩3,000,000) = ₩400,000

(3) 보충((1) − (2)): ₩1,000,000 − ₩400,000 = ₩600,000

15 ㈜대한은 2014년 1월 1일에 도로건설계약(공사기간 : 2014.1.1 ~ 2016.12.31)을 체결하고 공사를 진행하였다. 총계약수익은 ₩300,000이며, 이 도로를 건설하는 데 필요한 총 계약원가는 ₩200,000으로 추정되었다. 당해 건설계약에서 실제로 발생한 누적계약원가가 다음과 같을 때, 이 건설계약에 대한 설명으로 옳지 않은 것은? (단, 진행률은 실제 발생한 누적계약원가를 추정총계약원가로 나눈 비율로 계산한다)

2016 관세직 9급

	2014년	2015년	2016년
누적계약원가	₩50,000	₩130,000	₩200,000

① 2014년의 계약진행률은 25%이다.

② 2016년의 계약수익은 ₩105,000이다.

③ 2015년까지의 누적계약진행률은 65%이다.

④ 2015년에 인식할 계약이익은 ₩65,000이다.

16 ㈜한국은 2016년 1월 1일 계약금액이 ₩5,000,000인 교량건설 정액도급계약을 수주하였고, 2017년 12월 31일에 완공하였다. ㈜한국은 진행기준으로 수익과 비용을 인식하며, 교량건설과 관련된 발생원가와 회수대금은 다음과 같다. ㈜한국이 2017년에 계상해야 할 이익은? (단, 진행률은 발생원가에 기초하여 계산한다)

2017 지방직 9급

	발생원가	회수대금
2016년	₩1,600,000	₩2,200,000
2017년	₩2,400,000	₩2,800,000

① ₩1,000,000　② ₩600,000　③ ₩500,000　④ ₩400,000

정답과 해설

15 **정답** ④

해설

	2014	2015	2016
누적진행률	₩50,000/₩200,000 = 25%	₩130,000/₩200,000 = 65%	100%
누적수익	₩300,000 × 25% = ₩75,000	₩300,000 × 65% = ₩195,000	₩300,000
계약수익	₩75,000	₩195,000 - ₩75,000 = ₩120,000	₩300,000 - ₩195,000 = ₩105,000
당기비용	₩50,000	₩80,000	₩70,000
계약이익	₩25,000	₩40,000	₩35,000

16 **정답** ②

해설 (1) 결과(누적이익): 이익(계약금액 ₩5,000,000 - 누적원가 ₩4,000,000) × 누적진행률 100% = ₩1,000,000

(2) 잔액(전기누적): 전기 추정이익 ₩1,000,000 × 전기누적진행률 40%(₩1,600,000/₩4,000,000) = ₩400,000

(3) 보충((1) - (2)): ₩1,000,000 - ₩400,000 = ₩600,000

※ 사실 이 문제의 경우, 2016년에 총공사예정원가가 얼마였는지 제시되어 있지 않아 출제오류로 봐야 할 불완전한 문제다. 활용할 수 있는 단서는 2017년 발생원가 ₩2,400,000뿐인데 이 금액이 2016년에 예상했던 공사원가와 일치한다고 가정하고 풀 수밖에 없다. 수험생 입장에서는 나중에 이의제기를 하더라도, 시험장에서는 일단 출제자의 의도를 짐작해서 답을 골라내는 게 현명한 대처다.

17 ㈜한국은 20×1년 1월 1일 총계약금액 ₩60,000의 건설공사를 수주하였다. ㈜한국이 진행기준을 사용하여 해당 건설공사를 회계처리하는 경우, 20×2년 말 재무상태표에 표시할 미청구공사(유동자산) 금액은?

2017 국가직 7급

항 목	20×1년	20×2년	20×3년
발생 누적계약원가	₩8,000	₩35,000	₩50,000
총계약예정원가	40,000	50,000	50,000
계약대금청구	10,000	30,000	20,000
계약대금회수	7,000	28,000	25,000

① ₩2,000 ② ₩3,000
③ ₩40,000 ④ ₩42,000

18 ㈜한국은 20×1년 초 건설계약을 체결하고 공사(기간: 3년, 계약금액: ₩2,000,000)를 진행하고 있으며, 진행률은 발생원가에 기초한 투입법으로 추정하고 있다. 20×1년 공사원가가 ₩300,000 발생하였고, 완성시까지 추가소요원가는 ₩900,000이다. 20×1년 공사대금으로 ₩350,000을 청구하였다면, 재무상태표에 표시될 계약자산(미청구공사) 금액은? (단, ㈜한국은 건설용역에 대한 통제가 기간에 걸쳐 이전한 것으로 판단한다)

2022 국가직 7급

① ₩110,000 ② ₩150,000
③ ₩200,000 ④ ₩500,000

정답과 해설

17 정답 ①

해설 누적이익 = 예상이익(계약금액 ₩60,000 - 추정원가 ₩50,000) × 누적진행률 70% = ₩7,000

미성공사 = 누적이익 ₩7,000 + 누적발생원가 ₩35,000 = ₩42,000

누적청구액(₩10,000 + ₩30,000) - 미성공사 ₩42,000 = 미청구공사 ₩2,000

[별해]

손실이 예상되는 공사가 아니므로 다음과 같이 간단하게 풀어도 된다.

누적진행률 = 누적계약원가 ₩35,000 ÷ 총계약예정원가 ₩50,000 = 70%

누적수익 = 계약금액 ₩60,000 × 누적진행률 70% = ₩42,000

누적청구액 = ₩10,000 + ₩30,000 = ₩40,000

미청구공사 = 누적수익 ₩42,000 - 누적청구액 ₩40,000 = ₩2,000

18 정답 ②

해설 누적진행률 = 누적발생원가 ₩300,000 ÷ 총예정원가(발생 ₩300,000 + 추가 ₩900,000)

= ₩300,000 ÷ ₩1,200,000 = 25%

누적이익 = 예상이익(계약금액 ₩2,000,000 - 추정원가 ₩1,200,000) × 누적진행률 25% = ₩200,000

미성공사 = 누적이익 ₩200,000 + 누적발생원가 ₩300,000 = ₩500,000

누적청구액 ₩350,000 - 미성공사 ₩500,000 = 미청구공사 ₩150,000

[별해]

손실이 예상되는 공사가 아니므로 다음과 같이 간단하게 풀어도 된다.

누적수익 = 계약금액 ₩2,000,000 × 누적진행률 25% = ₩500,000

미청구공사 = 누적수익 ₩500,000 - 누적청구액 ₩350,000 = ₩150,000

19 ㈜한국은 20×1년부터 상품 A(단위당 판매가 ₩100,000, 단위당 매입원가 ₩60,000)의 위탁판매를 시작하면서, 수탁자에게 단위당 ₩10,000의 판매수수료를 지급하기로 하였다. 20×1년 ㈜한국이 수탁자에게 적송한 상품 A는 100개이며, 적송운임 ₩40,000은 ㈜한국이 부담하였다. 수탁자는 이 중 50개를 20×1년에 판매하였다. 20×1년 ㈜한국이 상품 A의 위탁판매와 관련하여 인식할 당기이익은?

2019 지방직 9급

① ₩1,460,000   ② ₩1,480,000

③ ₩1,500,000   ④ ₩2,960,000

20 ㈜한국이 20×1년 중 다음의 위탁약정에서 인식한 영업이익이 ₩40,000일 때, 판매한 적송품의 단위당 원가는?

2024 국가직 7급

> ○ 12월 1일: 위탁자인 ㈜한국은 수탁자인 ㈜대한과 상품 위탁약정을 체결
>   - 위탁판매 수수료는 매출액의 10%
>   - 수탁자의 판매운임은 위탁자 부담
>   - 이전된 상품 통제권은 ㈜한국이 계속 보유
> ○ 12월 10일: ㈜한국은 ㈜대한에 상품 1,000개를 적송함
> ○ 12월 20일: ㈜대한은 최종소비자에게 상품 600개를 개당 ₩2,500에 판매하고, 판매운임 ₩50,000과 위탁판매 수수료를 판매금액에서 공제한 후 ㈜한국에 송금

① ₩1,260   ② ₩2,100

③ ₩2,183   ④ ₩2,200

정답과 해설

19 **정답** ②
해설 수익 = 50개 × ₩100,000 = ₩5,000,000
비용 = 50개 × (매입원가 ₩60,000 + 판매수수료 ₩10,000) + 적송운임 ₩40,000 × 50개/100개 = ₩3,520,000
이익 = ₩5,000,000 - ₩3,520,000 = ₩1,480,000

20 **정답** ②
해설 영업이익 ₩40,000 = 600개 × ₩2,500 × (1 - 위탁수수료 10%) - 판매운임 ₩50,000 - 적송품 원가 = ₩1,350,000 - ₩50,000 - 적송품 원가
적송품 원가 = ₩1,300,000 - 영업이익 ₩40,000 = ₩1,260,000
적송품의 단위당 원가 = ₩1,260,000 ÷ 600개 = ₩2,100

21 제조기업인 ㈜한국의 20×1년도 자료를 이용하여 영업손익을 계산하면? 2019 국가직 9급 수정

○ 매출액	₩100,000	○ 이자비용	₩5,000
○ 이자수익	₩10,000	○ 매출원가	₩70,000
○ 감가상각비	₩10,000	○ 종업원급여	₩5,000
○ 기타포괄손익-공정가치 측정 　금융자산 평가이익	₩10,000	○ 광고선전비	₩5,000

① 영업이익 ₩10,000

② 영업손실 ₩10,000

③ 영업이익 ₩20,000

④ 영업손실 ₩20,000

22 다음 자료를 이용한 ㈜한국의 당기순이익은? 2019 관세직 9급

○ 매출액	₩60,000	○ 임대료수익	₩1,000
○ 매출원가	₩20,000	○ 미지급급여	₩500
○ 급여	₩10,000	○ 선급비용	₩3,000
○ 감가상각비	₩6,000	○ 선수수익	₩6,000
○ 대손상각비	₩2,000	○ 미지급 배당금	₩1,000
○ 자기주식처분이익	₩3,000	○ 유형자산처분이익	₩30,000
○ 기타포괄손익 - 공정가치 측정 　금융자산평가손실	₩5,000		

① ₩48,000　　　　② ₩50,000

③ ₩52,000　　　　④ ₩53,000

정답과 해설

21 **정답** ①

해설 영업이익 = 매출액 ₩100,000 - 매출원가 ₩70,000 - 판관비(감가상각비 ₩10,000 + 종업원급여 ₩5,000 + 광고선전비 ₩5,000) = ₩10,000

※ 이자비용과 이자수익은 영업외손익에 해당하며, FVOCI금융자산 평가이익은 기타포괄손익에 해당한다.

22 **정답** ④

해설 당기순이익 = 매출액 ₩60,000 + 임대료수익 ₩1,000 - 매출원가 ₩20,000 - 급여 ₩10,000 - 감가상각비 ₩6,000 - 대손상각비 ₩2,000 + 유형자산처분이익 ₩30,000 = ₩53,000

※ 선급비용은 자산, 미지급급여·선수수익·미지급배당금은 부채에 해당한다. 자기주식처분이익은 자본잉여금, 기타포괄손익-공정가치 측정 금융자산평가손실은 기타포괄손익으로 보고한다.

23 회계기준에 제시된 수익 인식 단계에 대한 설명으로 옳지 않은 것은?　　　　2018 보험계리사

① 핵심 원칙에 따라 수익을 인식하기 위해서는 1단계 '고객과의 계약을 식별'부터 5단계 '수행의무를 이행할 때 수익을 인식'까지의 단계를 적용해야 한다.

② 고객이 재화나 용역 그 자체에서나 쉽게 구할 수 있는 다른 자원과 함께하여 효익을 얻을 수 있고, 그 약속을 계약 내의 다른 약속과 별도로 식별해 낼 수 있다면 재화나 용역은 구별된다.

③ 거래가격은 고객에게 약속한 재화나 용역을 이전하고 그 대가로 기업이 받을 권리를 갖게 될 고정금액이다.

④ 거래가격은 일반적으로 계약에서 약속한 각 구별되는 재화나 용역의 상대적 개별 판매가격을 기준으로 배분한다.

24 회계기준에 제시된 거래가격 산정에 대한 설명으로 옳지 않은 것은?　　　　2018 보험계리사

① 거래가격은 제삼자를 대신해서 회수한 금액을 포함한다.

② 대가(금액)는 할인(discount), 리베이트, 환불, 공제(credits), 가격할인(price concessions), 장려금(incentives), 성과보너스, 위약금이나 그 밖의 비슷한 항목 때문에 변동될 수 있다.

③ 고객에게서 받은 대가의 일부나 전부를 고객에게 환불할 것으로 예상하는 경우에는 환불부채를 인식한다.

④ 고객이 현금 외의 형태로 대가를 약속한 계약의 경우에 거래가격을 산정하기 위하여 비현금 대가(또는 비현금 대가의 약속)를 공정가치로 측정한다.

---

23 정답 ③

해설 거래가격은 고정금액, 변동금액 또는 둘 다를 포함할 수 있다.

24 정답 ①

해설 거래가격은 제삼자를 대신해서 회수한 금액을 제외한다.

25 ㈜한국은 20×1년 고객과 수행의무 A, B, C를 이행하고 거래가격 ₩1,000의 대가를 받는 계약을 체결하였다. 고객과의 계약에서 생기는 수익을 인식하기 위한 조건은 모두 충족하였고, 수익인식을 위한 자료가 아래와 같을 때, ㈜한국이 20×1년도에 인식할 수익은? 단, 수행의무 C는 당기에 신규 개발된 용역으로 개별 판매가격이 정해지지 않았다. 2018 보험계리사

수행의무	A	B	C
㈜한국 개별판매가격	₩150	₩300	?
㈜한국 발생원가	?	₩200	₩100
경쟁사 판매가격	₩200	₩300	?
20×1년 중 수행의무 이행 여부	미이행	수행의무 이행	수행의무 이행

① ₩550　　② ₩750　　③ ₩800　　④ ₩850

26 다음 중 고객과의 계약으로 회계처리하기 위한 충족기준에 해당되지 않는 것은? 2019 보험계리사

① 계약 당사자들이 계약을 서면으로, 구두로, 그 밖의 사업 관행에 따라 승인하고 각자의 의무를 수행하기로 확약한다.

② 이전할 재화나 용역의 지급조건을 식별할 수 있다.

③ 고객에게 이전할 재화나 용역에 대하여 받을 권리를 갖게 될 대가의 회수 가능성이 높다.

④ 계약 당사자들이 그 활동이나 과정에서 생기는 위험과 효익을 공유한다.

25 **정답** ④

해설 C의 개별판매가격을 추정해야 하는데, 시장평가 조정 접근법(시장자료 없음)이나 예상원가 이윤 가산 접근법(적정이윤 자료 없음)은 사용할 수 없다. 잔여접근법으로 다음과 같이 C의 개별판매가격을 추정한다.
C의 개별판매가격 = 총 거래가격 ₩1,000 - A와 B의 개별 판매가격 합계 ₩450 = ₩550
수행의무를 이행한 B와 C의 개별판매가격 합계 ₩850(= B ₩300 + C ₩550)이 20X1년에 인식할 수익이 된다.

26 **정답** ④

해설 계약 당사자들이 그 활동이나 과정에서 생기는 위험과 효익을 공유한다면, 그 계약상대방은 고객이 아니다.

27 다음은 문구 제조업체인 ㈜한국의 20x1년 거래자료이다. ㈜한국이 20x1년에 인식할 수익은?

2019 보험계리사

- ㈜한국은 소매체인점인 A고객에게 ₩100,000의 제품을 판매하였고, 계약 개시시점에 ₩5,000(환불불가)을 지급하였다. 동 지급액은 A고객이 ㈜한국의 제품을 선반에 올리는 데 필요한 변경에 대해 A고객에게 보상하는 것이다.
- ㈜한국은 제품을 판매하면서 B고객으로부터 공정가치 ₩100,000의 차량운반구와 현금 ₩20,000을 수령하였다.

① ₩195,000 ② ₩200,000 ③ ₩215,000 ④ ₩220,000

28 '고객과의 계약에서 생기는 수익'에서 언급하고 있는 수익인식의 5단계 순서로 옳은 것은?

2019 관세사

ㄱ. 고객과의 계약식별	ㄴ. 수행의무의 식별	ㄷ. 거래가격 산정
ㄹ. 거래가격을 계약 내 수행의무에 배분	ㅁ. 수행의무 충족시 수익인식	

① ㄱ → ㄴ → ㄷ → ㄹ → ㅁ
② ㄱ → ㄷ → ㄴ → ㄹ → ㅁ
③ ㄴ → ㄱ → ㄷ → ㄹ → ㅁ
④ ㄴ → ㄷ → ㄱ → ㄹ → ㅁ
⑤ ㄷ → ㄱ → ㄴ → ㄹ → ㅁ

27 **정답** ③

해설 A고객에 대한 수익 = ₩100,000 - ₩5,000 = ₩95,000

※ 고객에게 지급할 대가가 고객이 제공하는 별도의 재화나 용역의 대가에 해당하지 않는다면, 그 대가는 거래가격, 즉 수익에서 차감하여 회계처리한다.

B고객에 대한 수익 = 차량운반구(비현금대가)의 공정가치 ₩100,000 + 현금 ₩20,000 = ₩120,000

※ 고객이 현금 외의 형태로 대가를 약속한 계약의 경우에 거래가격을 산정하기 위하여 비현금 대가를 공정가치로 측정한다.

한국이 인식할 수익 = ₩95,000 + ₩120,000 = ₩215,000

28 **정답** ①

해설 계모가배식!

29 다음 중 기간에 걸쳐 수익을 인식하기 위한 기준에 포함되지 않는 것은?　　　2020 보험계리사

① 기업이 수행의무를 이행하거나 구별되는 재화나 용역을 이전하는 기업의 노력과 변동 지급조건이 명백하게 관련되어 있다.

② 고객은 기업이 수행하는 대로 기업의 수행에서 제공하는 효익을 동시에 얻고 소비한다.

③ 기업이 수행하여 만들어지거나 가치가 높아지는 대로 고객이 통제하는 자산을 기업이 만들거나 그 자산가치를 높인다.

④ 기업이 수행하여 만든 자산이 기업 자체에는 대체 용도가 없고, 지금까지 수행을 완료한 부분에 대해 집행 가능한 지급청구권이 기업에 있다.

30 ㈜한국은 20x1년 제품A, B, C를 인도하고 거래가격 ₩1,000의 대가를 받는 계약을 체결하였고, 고객과의 계약에서 생기는 수익을 인식하기 위한 모든 조건을 충족하였다. 제품A와 제품B는 20x1년 11월 1일에 인도하였고, 제품C는 20x2년 2월 1일에 인도하였다. 20x1년 말에 제품의 개별판매가격이 변동하여 거래가격도 ₩900으로 변경되었다. 개별판매가격의 자료가 다음과 같을 때, ㈜한국이 20x1년에 인식할 수익은 얼마인가?　　　2020 보험계리사

구분	제품A	제품B	제품C
20x1년 계약 개시시점 개별판매가격	₩360	₩240	₩600
20x1년 말 개별판매가격	₩350	₩200	₩450

① ₩450　　　　　② ₩495

③ ₩500　　　　　④ ₩550

정답과 해설

29 **정답** ①

해설 다음 기준 중 어느 하나를 충족하면, 기업은 재화나 용역에 대한 통제를 기간에 걸쳐 이전하므로, 기간에 걸쳐 수행의무를 이행하는 것이고 기간에 걸쳐 수익을 인식한다.

(1) 고객은 기업이 수행하는 대로 기업의 수행에서 제공하는 효익을 동시에 얻고 소비한다.

(2) 기업이 수행하여 만들어지거나 가치가 높아지는 대로 고객이 통제하는 자산(예: 재공품)을 기업이 만들거나 그 자산 가치를 높인다.

(3) 기업이 수행하여 만든 자산이 기업 자체에는 대체 용도가 없고, 지금까지 수행을 완료한 부분에 대해 집행 가능한 지급청구권이 기업에 있다.

※ 보기 ①은 변동대가를 계약 전체에 배분할 것인지, 계약 중 일부에 배분할 것인지를 정할 때 고려하는 기준이다.

30 **정답** ①

해설 거래가격의 후속 변동은 계약 개시시점과 같은 기준으로 계약상 수행의무에 배분한다. 따라서 변동한 거래가격 ₩900을 계약 개시시점 개별판매가격 비율(3:2:5)대로 배분한다.

20X1년에 인식할 수익 = 제품 A에 대한 대가 ₩900 × ₩360/₩1,200 + 제품 B에 대한 대가 ₩900 × ₩240/₩1,200 = ₩270 + ₩180 = ₩450

31 고객과의 계약에서 생기는 수익에 관한 설명으로 옳지 않은 것은? 2021 감정평가사

① 거래가격을 산정하기 위해서는 계약 조건과 기업의 사업 관행을 참고하며, 거래가격에는 제삼자를 대신해서 회수한 금액은 제외한다.

② 고객과의 계약에서 약속한 대가는 고정금액, 변동금액 또는 둘 다를 포함할 수 있다.

③ 변동대가의 추정이 가능한 경우, 계약에서 가능한 결과치가 두 가지뿐일 경우에는 기댓값이 변동대가의 적절한 추정치가 될 수 있다.

④ 기업이 받을 권리를 갖게 될 변동 대가(금액)에 미치는 불확실성의 영향을 추정할 때에는 그 계약 전체에 하나의 방법을 일관되게 적용한다.

⑤ 고객에게서 받은 대가의 일부나 전부를 고객에게 환불할 것으로 예상하는 경우에는 환불부채를 인식한다.

32 고객과의 계약으로 식별하기 위한 기준에 관한 설명으로 옳지 않은 것은? 2021 감정평가사

① 계약 당사자들이 계약을 서면으로, 구두로 또는 그 밖의 사업 관행에 따라 승인하고 각자의 의무를 수행하기로 확약한다.

② 이전할 재화나 용역과 관련된 각 당사자의 권리를 식별할 수 있다.

③ 이전할 재화나 용역의 지급조건을 식별할 수 있다.

④ 계약에 상업적 실질을 요하지는 않는다.

⑤ 고객에게 이전할 재화나 용역에 대하여 받을 권리를 갖게 될 대가의 회수 가능성이 높다.

정답과 해설

31 **정답** ③

해설 계약에서 가능한 결과치가 두 가지뿐일 경우(예: 기업이 성과보너스를 획득하거나 획득하지 못하는 경우)에는 '가능성이 가장 높은 금액'이 변동대가의 적절한 추정치가 될 수 있다.

32 **정답** ④

해설 계약에는 상업적 실질이 있어야 한다(계약의 결과로 기업의 미래 현금흐름의 위험, 시기, 금액이 변동될 것으로 예상된다).

33 ㈜한국은 상품을 ₩6,000에 고객에게 판매하고, 고객으로부터 경비용역을 2개월간 제공받는 계약을 20x1년 9월 1일에 체결하였다. ㈜한국은 경비용역의 대가로 ₩4,000을 지급하기로 했으며, 경비용역의 공정가치는 ₩2,000이다. ㈜한국은 20x1년 10월 1일 제품을 인도하고 ₩6,000을 수령하였고, 고객으로부터 20x1년 10월 1일부터 11월 30일까지 경비용역을 제공받고 ₩4,000을 지급하였다. ㈜한국이 상품 판매와 관련하여 인식할 수익은 얼마인가?

2022 보험계리사

① ₩2,000   ② ₩4,000

③ ₩8,000   ④ ₩10,000

34 ㈜서울은 장기건설계약에 대하여 진행기준을 적용하고 있다. 2017년도에 계약금액 ₩20,000의 사무실용 빌딩 건설계약을 하였다. 2017년 말 현재 공사진행률은 30%, 당기에 인식한 공사이익의 누계액은 ₩1,500이고 추정 총계약원가는 ₩15,000이다. 또한, 2018년 말 현재 공사진행률은 60%, 지금까지 인식한 공사이익의 누계액은 ₩2,400이고 추정총계약원가는 ₩16,000이다. 2018년도에 발생한 계약원가는 얼마인가?

2017 서울시 9급

① ₩4,500   ② ₩5,100

③ ₩6,000   ④ ₩9,600

정답과 해설

33 **정답** ②

해설 고객에게 지급할 대가(금액)가 고객에게서 받은 구별되는 재화나 용역의 공정가치를 초과한다면, 그 초과액을 거래가격에서 차감하여 회계처리한다.

수익 차감액 = 고객에게 지급할 대가 ₩4,000 - 고객에게서 받은 경비용역의 공정가치 ₩2,000 = ₩2,000

상품 판매와 관련하여 인식할 수익 = 상품 판매액 ₩6,000 - 수익 차감액 ₩2,000 = ₩4,000

34 **정답** ②

해설 2018년 누적진행률 60% = 누적발생원가 ÷ 추정원가 ₩16,000

2018년 누적발생원가 = ₩9,600

2017년 누적진행률 30% = 누적발생원가 ÷ 추정원가 ₩15,000

2017년 누적발생원가 = ₩4,500

2018년도에 발생한 계약원가 = 2018년 누적원가 ₩9,600 - 2017년 누적원가 ₩4,500 = ₩5,100

35 ㈜서울은 20×1년부터 건설계약을 체결하고 공사를 진행하였다. 계약금액은 ₩200,000, 추정 총계약원가는 ₩150,000이다. 계약원가는 20×1년에 20%, 20×2년에 50%, 그리고 20×3년에 나머지가 지출될 것으로 추정되었고 실제 발생액과 일치하였다. 20×3년에 완성된 공사는 발주자에게 즉시 인도되었다. 해당 공사와 관련하여, ㈜서울이 20×3년에 인식할 진행기준과 완성기준에서의 이익의 차이는? (단, 진행기준의 진행률은 누적발생계약원가를 기준으로 결정한다.)

2019 서울시 9급

① ₩15,000　　　　② ₩20,000

③ ₩35,000　　　　④ ₩50,000

36 수익인식 시점이 재화·용역의 판매시점인 경우로 가장 옳지 않은 것은? 2020 서울시 7급

① 반품가능 재화의 판매로서 반품 관련 위험을 신뢰성 있게 추정할 수 없는 경우
② 수탁자가 재화의 소유에 따른 효익과 위험을 부담하지 않고 위탁자의 대리인으로서 재화를 맡아서 판매하는 위탁판매
③ 할부대금의 회수가 장기에 걸쳐 분할되어 있는 장기할부판매
④ 상품권발행 후 재화를 인도하고 상품권을 받은 경우

---

35 **정답** ③

해설 [진행기준]

(1) 결과(누적이익): 예정이익(계약금액 ₩200,000 − 예정원가 ₩150,000) × 누적진행률 100% = ₩50,000

(2) 잔액(전기누적): 전기말 예정이익 ₩50,000 × 전기 누적진행률 70% = ₩35,000

(3) 보충((1) − (2)): ₩50,000 − ₩35,000 = ₩15,000

[완성기준]

공사이익 = 계약금액 ₩200,000 − 총계약원가 ₩150,000 = ₩50,000

[이익차이]

₩50,000 − ₩15,000 = ₩35,000

36 **정답** ①

해설 반품 관련 위험을 추정할 수 없는 경우에는 판매시점에 매출을 인식하지 않고 환불부채로 처리한다. 추후에 반품권이 소멸되는 시점에 반품되지 않은 부분에 대해서 매출을 인식한다.

37 건강식품을 생산하는 ㈜감평은 ㈜대한에 판매를 위탁하고 있다. ㈜감평은 20x1년 초 단위당 판매 가격이 ₩2,000(단위당 원가 ₩1,400)인 건강식품 100단위를 ㈜대한에 발송하였으며, 운반비 ₩8,000을 운송업체에 현금으로 지급하였다. 한편, ㈜대한은 ㈜감평으로부터 수탁한 건강식품 중 60%를 20x1년도에 판매하였다. ㈜감평은 판매금액의 5%를 ㈜대한에 수수료로 지급한다. 이 거래로 20x1년도에 ㈜대한이 인식할 수익(A)과 ㈜감평이 인식할 매출원가(B)는? 2019 감정평가사

① A: ₩6,000 B: ₩84,000　　② A: ₩6,000 B: ₩88,800

③ A: ₩6,240 B: ₩84,000　　④ A: ₩6,240 B: ₩88,800

⑤ A: ₩8,000 B: ₩84,000

38 ㈜한국은 20x1년 6월 1일 액면금액 ₩100,000인 상품권 10매를 10% 할인한 금액으로 발행하였 다. 상품권의 만기는 발행일로부터 3년이며, 고객은 상품권 액면금액의 80% 이상 사용하면 잔액 을 현금으로 돌려받을 수 있다. 20x1년 12월 말까지 회수된 상품권은 7매이며, 판매한 상품의 가 격에 맞추기 위해 잔액 ₩20,000을 고객에게 현금으로 지급하였다. ㈜한국이 상품권과 관련하여 20x1년에 인식할 수익은 얼마인가? 2019 보험계리사

① ₩610,000　　　　　② ₩630,000

③ ₩680,000　　　　　④ ₩700,000

37　**정답** ②

　해설 대한이 인식할 수익 = 판매대가(100단위 × 60% × ₩2,000) × 수수료율 5% = ₩6,000

　　※ 대리인인 대한은 순액에 해당하는 수수료를 자신의 수익으로 인식한다.

　　감평의 매출원가 = (₩1,400 × 100단위 + 운반비 ₩8,000) × 60% = ₩88,800

　　※ 적송품에 대한 운반비는 적송품원가에 포함한다.

38　**정답** ①

　해설 수익 인식액 = 회수된 상품권 7매 × ₩100,000 × (1 - 할인액 10%) - 잔액 지급액 ₩20,000 = ₩610,000

39 ㈜한국은 제품A를 3개월 이내 반품가능 조건으로 판매하고 있다. 20x1년 말에 200개를 개당 ₩40에 판매하였고, 반품률은 10%로 예상하고 있다. 제품의 원가율이 80%일 경우, 해당 판매가 ㈜한국의 20x1년 당기순이익에 미치는 영향은?
2020 보험계리사

① ₩800 증가　　　　② ₩1,440 증가

③ ₩1,600 증가　　　④ ₩2,240 증가

40 ㈜관세는 20×1년 1월 1일 제품 200개(개당 원가 ₩200)를 개당 ₩300에 판매하는 계약을 ㈜한국과 체결하고 즉시 제품을 인도하였으며, 동 자산에 대한 통제는 ㈜한국에 이전되었다. 동 거래는 45일 이내에 반품하면 즉시 환불해 주는 반품권이 부여된 거래이다. 이러한 경험이 상당히 많은 ㈜관세는 과거 경험 등에 기초하여 판매수량의 5%가 반품될 것으로 추정하였다. 동 거래로 ㈜관세가 20×1년 1월 1일에 인식할 부채는?
2020 관세사

① ₩0　　　　② ₩1,000　　　③ ₩2,000

④ ₩3,000　　⑤ ₩4,000

---

41 상품매매 기업인 ㈜우리의 결산시점에서 각 계정의 잔액이 다음과 같을 때 매출원가와 매출총이익은?

2014 지방직 9급

기초재고	₩48,000	당기총매입	₩320,000
매입에누리	₩3,000	매입할인	₩2,000
매입운임	₩1,000	매입환출	₩4,000
당기총매출	₩700,000	매출할인	₩16,000
매출에누리	₩18,000	매출환입	₩6,000
매출운임	₩1,000	광 고 비	₩39,000
급 여	₩60,000	수선유지비	₩5,000
기말재고	₩30,000		

	매출원가	매출총이익
①	₩329,000	₩331,000
②	₩330,000	₩330,000
③	₩332,000	₩328,000
④	₩338,000	₩362,000

41 정답 ②

해설 매입운임은 재고자산 매입원가(매입액)에 포함하는 반면, 매출운임은 별도의 운송비로 비용처리한다.

(순)매출액 = 당기총매출 ₩700,000 - 매출할인 ₩16,000 - 매출에누리 ₩18,000 - 매출환입 ₩6,000 = ₩660,000

(순)매입액 = 당기총매입 ₩320,000 - 매입에누리 ₩3,000 - 매입할인 ₩2,000 + 매입운임 ₩1,000 - 매입환출 ₩4,000 = ₩312,0000

매출원가 = 기초재고 ₩48,000 + 당기매입 ₩312,000 - 기말재고 ₩30,000 = ₩330,000

매출총이익 = 매출액 ₩660,000 - 매출원가 ₩330,000 = ₩330,000

42 다음은 제조업을 영위하는 ㈜한국의 2017년 말 회계자료이다. 2017년 포괄손익계산서에 보고할 영업이익은?

2017 관세직 9급 추가채용

○ 매출액	₩300,000
○ 매출원가	₩128,000
○ 대손상각비(매출채권)	₩4,000
○ 급여(판매사원)	₩30,000
○ 사채이자비용	₩2,000
○ 감가상각비(본사건물)	₩3,000
○ 임차료(영업점)	₩20,000
○ 임대료	₩15,000
○ 법인세비용	₩50,000

① ₩83,000   ② ₩106,000

③ ₩115,000   ④ ₩130,000

42 정답 ③

해설 영업이익 = 매출액 ₩300,000 - 매출원가 ₩128,000 - 판관비(대손상각비 ₩4,000 + 급여 ₩30,000 + 감가상각비 ₩3,000 + 임차료 ₩20,000 = ₩115,000
사채이자비용은 영업외비용, 임대료는 영업외수익에 해당한다. 법인세비용은 당기순이익을 구할 때 법인세비용차감전순이익에서 차감한다.

43 ㈜한국은 대형 옥외전광판을 단위당 ₩30,000,000에 판매하고, 옥외전광판에 대한 연간 유지서비스를 단위당 ₩20,000,000에 제공하고 있다. 옥외전광판의 매출원가는 단위당 ₩20,000,000이며, 연간 유지서비스 원가는 단위당 ₩10,000,000이 발생한다. ㈜한국은 20×1년 7월 1일에 옥외전광판 1단위와 이에 대한 1년간 유지서비스를 묶어서 ₩40,000,000에 판매하고 설치완료하였다. 이와 관련한 설명으로 옳지 않은 것은? (단, 기간은 월할 계산한다)

2021 국가직 7급

① 20×1년 7월 1일에 인식한 매출액은 ₩24,000,000이다.

② 20×1년의 매출액은 ₩32,000,000이다.

③ 20×1년의 매출총이익은 ₩7,000,000이다.

④ 20×2년의 매출총이익은 ₩6,000,000이다.

43 **정답** ④

해설 두 가지 수행의무(옥외전광판 판매, 유지서비스)에 대하여 개별 판매가격의 비율(3:2)에 따라 거래가격 ₩40,000,000을 배분하고, 전광판 판매는 판매시점에, 유지서비스는 기간에 걸쳐 수익을 인식한다.

수행의무	거래가격	가격배분(수익)	원가	수익인식
전광판 판매	₩40,000,000	₩24,000,000(3/5)	₩20,000,000	20X1년 7월 1일
유지서비스		₩16,000,000(2/5)	₩10,000,000	20X1년(6/12), 20X2년(6/12)

① 20X1년 7월 1일에 전광판 판매에 대한 매출액 ₩24,000,000을 인식한다.

② 20X1년의 매출액은 전광판 판매 ₩24,000,000 + 유지서비스 ₩16,000,000 × 6/12 = ₩32,000,000이다.

③ 20X1년의 매출총이익은 전광판 판매 (₩24,000,000 − ₩20,000,000) + 유지서비스 (₩16,000,000 − ₩10,000,000) × 6/12 = ₩4,000,000 + ₩3,000,000 = ₩7,000,000이다.

④ 20X2년의 매출총이익은 유지서비스 (₩16,000,000 − ₩10,000,000) × 6/12 = ₩3,000,000이다.

44 ㈜한국은 2014년 초에 시작되어 2016년 말에 완성도 는 건설계약을 ₩300,000에 수주하였다. ㈜
한국은 진행기준으로 수익과 비용을 인식하며, 건설계약과 관련된 원가는 다음과 같다. ㈜한국이
2016년에 인식할 공사손익은? (단, 진행률은 발생한 누적계약원가를 추정총계약원가로 나누어 계
산한다)

2016 국가직 7급

구분	2014년	2015년	2016년
당기발생원가	₩30,000	₩50,000	₩120,000
완성 시까지 추가소요원가	₩70,000	₩20,000	–

① ₩60,000 이익　　　　② ₩60,000 손실

③ ₩80,000 이익　　　　④ ₩80,000 손실

45 ㈜서울은 20X1년 중 ㈜대한의 기숙사를 건설하는 계약을 체결하였으며 총 계약금액은 ₩20,000
이다. 20X1년에 발생한 공사원가 ₩2,000이고, 향후 예상 투입원가는 ₩8,000이다. 20X2년
에 설계변경이 있었고, 이로 인한 원가 상승을 반영하여 계약금액을 ₩22,000으로 변경하였다.
20X2년에 발생한 공사원가는 ₩4,000이고, 향후 예상 투입 원가는 ₩6,000이다. 이 기숙사는
20X3년 중에 완공되었다. 원가기준 투입법으로 진행률을 측정할 때, ㈜서울이 동 계약과 관련하여
20X2년에 인식할 공사이익은?

2022 서울시 7급

① ₩2,000　　　　② ₩3,000

③ ₩7,000　　　　④ ₩11,000

정답과 해설

44 **정답** ②
　해설 (1) 결과(누적이익): 추정이익(₩300,000 - ₩200,000) × 누적진행률 100% = ₩100,000
　　(2) 잔액(전기누적): 전기 추정이익{₩300,000 - 추정원가(₩80,000 + ₩20,000)} × 누적진행률 80%
　　(₩80,000/₩100,000) = ₩160,000
　　(3) 보충((1) - (2)): ₩100,000 - ₩160,000 = (-)₩60,000

45 **정답** ②
　해설 (1) 결과(누적이익): 추정이익{계약금액 ₩22,000 - 추정원가 (₩2,000 + ₩4,000 + ₩6,000)} × 누적진행률 50%
　　(₩6,000/₩12,000) = ₩10,000 × 50% = ₩5,000
　　(2) 잔액(전기누적): 전기 추정이익{계약금액 ₩20,000 - 추정원가 (₩2,000 + ₩8,000)} × 누적진행률
　　20%(₩2,000/₩10,000) = ₩10,000 × 20% = ₩2,000
　　(3) 보충((1) - (2)): ₩5,000 - ₩2,000 = ₩3,000

46 ㈜대한은 20×1년 12월 초 위탁판매를 위해 ㈜민국에게 단위당 원가 ₩1,200인 상품 500개를 적송하면서 운임 ₩30,000을 현금 지급하였다. 20×2년 1월 초 위탁판매와 관련하여 ㈜대한은 ㈜민국에서 다음과 같은 판매현황을 보고받았다.

매출액	400개×@₩1,500 =	₩600,000
판매수수료	₩18,000	
운임 및 보관료	₩12,000	(₩30,000)
㈜대한에게 송금한 금액		₩570,000

㈜대한이 위탁판매와 관련하여 20×1년 재무제표에 인식할 매출액과 적송품 금액은? (단, ㈜대한은 계속기록법을 채택하고 있다)

2018 국가직 7급

	매출액	적송품 금액
①	₩570,000	₩120,000
②	₩570,000	₩126,000
③	₩600,000	₩120,000
④	₩600,000	₩126,000

46 **정답** ④

해설 매출액 = ₩600,000 (수탁자에게 지급하는 판매수수료나 운임 및 보관료는 별도의 영업비용에 해당한다)

적송품 금액 = 적송품 원가(₩1,200 × 500개 + 운임 ₩30,000) × 100개/500개 = ₩126,000

47 12월 결산법인 ㈜서울은 20X1년 12월 1일 고객에게 A제품을 ₩50,000(원가 ₩40,000)에 인도하고 현금을 수령하였으며, ㈜서울은 20X2년 3월 31일에 동 A제품을 고객으로부터 ₩58,000에 재매입할 수 있는 콜옵션을 보유하고 있다. 20X2년 3월 31일 A제품의 시장가치는 20X1년 12월 1일 예상과 동일한 ₩56,000이며, ㈜서울은 20X2년 3월 31일 콜옵션을 행사하지 않았다. 동 거래에 대한 설명으로 가장 옳은 것은?

2020 서울시 7급

① ㈜서울은 20X1년 12월 1일 해당거래를 리스계약으로 회계처리 한다.
② ㈜서울은 20X1년 12월 31일 해당거래로 인식할 이자비용은 없다.
③ ㈜서울은 20X1년 12월 1일 해당거래로 인식할 매출액은 ₩50,000이다.
④ ㈜서울은 20X2년 3월 31일 해당거래로 인식할 매출액은 ₩58,000이다.

48 ㈜한국은 2016년 1월 1일 영업을 개시하였다. 2016년 12월 31일 회계자료가 다음과 같을 때, 2016년도 매출총이익은?

2016 국가직 7급

매출총액	₩200,000	매입에누리	₩1,000	임차료	₩5,000
매입총액	₩100,000	매출운임	₩5,000	급여	₩15,000
매입운임	₩10,000	매출할인	₩5,000	매입할인	₩1,000
이자수익	₩10,000	기말상품재고	₩15,000	기계처분손실	₩2,000

① ₩102,000　② ₩112,000　③ ₩122,000　④ ₩132,000

47 정답 ④

해설 기업이 재매입할 수 있는 콜옵션을 보유하고 있으므로, 고객은 제품을 통제하지 못한다. 따라서 매출이 아닌 리스약정이나 금융약정으로 처리한다. 재매입가격(₩58,000)이 판매가격(₩50,000)보다 높으므로 이 경우에는 ₩8,000의 이자를 부담하고 돈을 빌리는 금융약정(제품담보부차입)으로 회계처리 한다. 만약 기업이 만기까지 옵션을 행사하지 않는다면 이때 부채를 제거하고 수익을 인식하는데, 재매입가격(₩58,000)을 부채로 계상해 두었다가(최초의 부채는 ₩50,000이지만 기간경과에 따른 이자비용 ₩8,000이 부채로 가산된다) 이를 수익(매출)으로 인식한다. 따라서 20X2년 3월 31일에 ₩58,000을 매출로 인식한다. 이 거래의 일자별 회계처리는 다음과 같다(계속기록법을 가정한다).

20X1. 12. 1.	(차)	현금	50,000	(대)	부채	50,000
20X1. 12. 31.	(차)	이자비용	2,000	(대)	부채	2,000
20X2. 3. 31.	(차)	이자비용	6,000	(대)	부채	6,000
		부채	58,000		매출	58,000
		매출원가	40,000		재고자산	40,000

48 정답 ①

해설 매입운임은 재고자산 매입원가(매입액)에 포함하는 반면, 매출운임은 별도의 운송비로 비용처리한다.

매출액 = 매출총액 ₩200,000 - 매출할인 ₩5,000 = ₩195,000
매출원가 = 기초재고 ₩0 + 당기매입(매입총액 ₩100,000 - 매입에누리 ₩1,000 + 매입운임 ₩10,000 - 매입할인 ₩1,000) - 기말재고 ₩15,000 = ₩108,000 - ₩15,000 = ₩93,000
매출총이익 = 매출액 ₩195,000 - 매출원가 ₩93,000 = ₩102,000

49 다음 ㈜한국의 20×1년 자료를 이용한 매출총이익과 영업이익을 바르게 연결한 것은?

2022 관세직 9급

○기초상품재고액	₩10,000	○기말상품재고액	₩12,000
○당기상품총매입액	₩20,000	○매입운임	₩2,000
○매입에누리	₩1,000	○매입환출	₩600
○매입할인	₩400	○당기상품총매출액	₩27,000
○판매운임	₩2,500	○매출에누리	₩1,800
○매출환입	₩1,200	○매출할인	₩500
○판매사원 급여	₩1,000		

	매출총이익	영업이익
①	₩5,500	₩2,000
②	₩5,500	₩4,500
③	₩8,000	₩4,500
④	₩8,000	₩7,000

50 법인세에 대한 설명으로 가장 옳지 않은 것은?

2021 서울시 7급

① 이연법인세부채는 가산할 일시적차이와 관련하여 미래 회계기간에 납부할 법인세 금액이다.

② 이연법인세자산과 부채는 신뢰성 있게 현재가치로 할인한다.

③ 이연법인세자산의 일부 또는 전부에 대한 혜택이 사용되기에 충분한 과세소득이 발생할 가능성이 더 이상 높지 않다면 이연법인세자산의 장부금액을 감액시킨다.

④ 이연법인세자산의 장부금액은 매 보고기간 말에 검토한다.

정답과 해설

49 **정답** ①

해설 매출액 = 총매출액 ₩27,000 - 매출에누리 ₩1,800 - 매출환입 ₩1,200 - 매출할인 ₩500 = ₩23,500

당기매입액 = 총매입액 ₩20,000 + 매입운임 ₩2,000 - 매입에누리 ₩1,000 - 매입환출 ₩600 - 매입할인 ₩400 = ₩20,000

매출원가 = 기초재고 ₩10,000 + 당기매입 ₩20,000 - 기말재고 ₩12,000 = ₩18,000

매출총이익 = 매출액 ₩23,500 - 매출원가 ₩18,000 = ₩5,500

판관비 = 판매운임 ₩2,500 + 판매사원 급여 ₩1,000 = ₩3,500

영업이익 = 매출총이익 ₩5,500 - 판관비 ₩3,500 = ₩2,000

50 **정답** ②

해설 이연법인세자산과 부채는 현재가치로 할인하지 아니한다.

51 법인세에 대한 설명으로 옳지 않은 것은?　　　　　　　　　　　　　2022 국가직 7급

① 일시적차이는 재무상태표상 자산 또는 부채의 장부금액과 세무기준액의 차이이며, 가산할 일시적차이와 차감할 일시적차이로 구분된다.

② 자산의 세무기준액은 자산의 장부금액이 회수될 때 기업에 유입될 과세대상 경제적효익에서 세무상 차감될 금액을 말하며, 만약 그러한 경제적효익이 과세대상이 아니라면, 자산의 세무기준액은 장부금액과 일치한다.

③ 미사용 세무상결손금과 세액공제가 사용될 수 있는 미래과세소득의 발생가능성이 높은 경우 그 범위 안에서 이월된 미사용 세무상결손금과 세액공제에 대하여 이연법인세자산을 인식한다.

④ 이연법인세자산의 일부 또는 전부에 대한 혜택이 사용되기에 충분한 과세소득이 발생할 가능성이 더 이상 높지 않다면 이연법인세자산의 장부금액을 감액시키며, 이후 감액된 금액은 사용되기에 충분한 과세소득이 발생할 가능성이 높아져도 환입하지 않는다.

52 법인세회계에 대한 설명으로 옳지 않은 것은?　　　　　　　　　　　2023 국가직 7급

① 이연법인세 자산과 부채는 할인하지 아니한다.

② 기업이 순액으로 결제하거나, 자산을 실현하는 동시에 부채를 결제할 의도가 없더라도 기업이 인식된 금액에 대한 법적으로 집행가능한 상계권리를 가지고 있는 경우 당기법인세자산과 당기법인세부채를 상계할 수 있다.

③ 이연법인세부채와 이연법인세자산을 측정할 때에는 브고기간말에 기업이 관련 자산과 부채의 장부금액을 회수하거나 결제할 것으로 예상되는 방식에 따른 세효과를 반영한다.

④ 법인세비용은 당기법인세비용과 이연법인세비용으로 구성된다.

정답과 해설

51 **정답** ④

해설 과세소득이 발생할 가능성이 더 이상 높지 않다면 이연법인세자산의 장부금액을 감액시키는 것은 맞다. 하지만, 감액된 금액은 사용되기에 충분한 과세소득이 발생할 가능성이 높아지면 그 범위 내에서 환입한다.

52 **정답** ②

해설 기업이 순액으로 결제하거나, 자산을 실현하는 동시에 부채를 결제할 의도가 있어야 상계할 수 있다. 기준서에서는 다음과 같이 기술하고 있다.

> K-IFRS 제1012호 문단 71
> 다음의 조건을 모두 충족하는 경우에만 당기법인세자산과 당기법인세부채를 상계한다.
> (1) 기업이 인식된 금액에 대한 법적으로 집행가능한 상계권리를 가지고 있다.
> (2) 기업이 순액으로 결제하거나, 자산을 실현하는 동시에 부채를 결제할 의도가 있다.

53 법인세에 대한 설명으로 가장 옳지 않은 것은? 2023 서울시 7급

① 과거 회계기간의 당기법인세에 대하여 소급공제가 가능한 세무상결손금과 관련된 혜택은 자산으로 인식한다.

② 영업권을 최초로 인식하는 경우, 이연법인세부채를 인식한다.

③ 기업이 인식된 금액에 대한 법적으로 집행가능한 상계권리를 가지고 있지 않다면, 당기법인세자산과 당기법인세부채를 상계하지 아니한다.

④ 이연법인세 자산과 부채는 할인하지 아니한다.

54 법인세에 대한 설명으로 가장 옳지 않은 것은? 2024 서울시 7급

① 사업결합에서 발생한 영업권의 장부금액이 세무기준액보다 작을 경우에 그 차이로 이연법인세부채가 발생한다.

② 과세대상수익의 수준에 따라 적용되는 세율이 다른 경우에는 일시적차이가 소멸될 것으로 예상되는 기간의 과세소득(세무상결손금)에 적용될 것으로 기대되는 평균세율을 사용하여 이연법인세자산과 부채를 측정한다.

③ 매 보고기간 말에 인식되지 않은 이연법인세자산에 대하여 재검토한다.

④ 미사용 세액공제가 사용될 수 있는 미래 과세소득의 발생가능성이 높은 경우 그 범위 안에서 이월된 미사용 세액공제에 대하여 이연법인세자산을 인식한다.

---

53 **정답** ②

해설 모든 가산할 일시적차이에 대하여 이연법인세부채를 인식하지만, 영업권을 최초로 인식하는 경우에는 이연법인세부채를 인식하지 아니한다. 영업권은 사업결합시 이전한 대가와 순자산 공정가치의 차액에 해당하는데, 여기에 대해 이연법인세부채를 인식하면, 해당 금액이 다시 영업권으로 인식되어 무한반복되는 문제가 발생한다.

예를 들어, 다음과 같이 순자산 ₩40,000인 회사를 합병하며 대가 ₩60,000을 지급해 ₩20,000의 영업권을 인식한다고 하자.

(차)	자산	100,000	(대)	부채	60,000
	영업권	20,000		현금	60,000

여기에 대해 세법상 영업권이 인정되지 않는 일시적차이로 인해 20%의 이연법인세부채를 인식한다면, 회계처리는 다음과 같이 바뀐다.

(차)	자산	100,000	(대)	부채	60,000
	영업권	20,000		현금	60,000
	영업권	4,000		이연법인세부채	4,000

영업권이 ₩4,000 증가했는데, 그러면 다시 이연법인세부채가 ₩800 증가하고, 그럼 다시 영업권이 ₩800 증가해서 이연법인세 ₩160이 증가하는 식의 순환문제가 발생한다.

54 **정답** ①

해설 모든 가산할 일시적차이에 대하여 이연법인세부채를 인식하지만, 영업권을 최초로 인식하는 경우에는 이연법인세부채를 인식하지 아니한다. 영업권은 사업결합시 이전한 대가와 순자산 공정가치의 차액에 해당하는데, 여기에 대해 이연법인세부채를 인식하면, 해당 금액이 다시 영업권으로 인식되어 무한반복되는 문제가 발생한다.

15 | 회계변경과 오류수정

주요 Topic	
	01 회계변경 ★★★★
	02 결산수정 ★★★★★
	03 오류수정 ★★★★★

▶ **9급 출제경향**(●국가직 ■관세직 ◆지방직 ○서울시)

구분	15	16	17	18	19	20	21	22	23	24	25
15.1 회계변경			●		◆○	◆			◆		
15.2 결산수정	●■◆	●■	●■◆	●■◆○	●■	●■	●■◆	●■	●■◆	●■	●■◆
15.3 오류수정	●■	●■○	○	■	◆○				●■	■	

▶ **7급 출제경향**(▲국가직 △서울시)

구분	15	16	17	18	19	20	21	22	23	24	-
15.1 회계변경	▲	▲△	▲		▲	△	▲△	△			
15.2 결산수정		▲	▲	▲	▲	▲		▲△	▲△	▲	
15.3 오류수정	▲	▲△	▲	△	△			▲	△	△	

구분	기본	필수	응용	심화	합계
15.1 회계변경	4	6	5	2	17
15.2 결산수정	15	21	9	9	54
15.3 오류수정	5	4	7	3	19
합계	24	31	21	14	90

기본문제

[15-01] 회계변경

01 회계변경을 회계정책의 변경과 회계추정의 변경으로 분류할 때, 그 분류가 다른 것은? 2017 국가직 9급

① 감가상각자산의 감가상각방법을 정률법에서 정액법으로 변경

② 감가상각자산의 내용연수를 10년에서 15년으로 변경

③ 감가상각자산의 잔존가치를 취득원가의 10%에서 5%로 변경

④ 감가상각자산의 측정모형을 원가모형에서 재평가모형으로 변경

정답과 해설

01 **정답** ④

해설 감가상각방법, 내용연수, 잔존가치의 변경은 모두 추정의 변경에 해당한다. 측정모형을 원가모형에서 재평가모형으로 변경하는 것은 정책의 변경이다.

02 ㈜한국이 20×1년에 재고자산 평가방법을 선입선출법에서 총평균법으로 변경한 결과 20×1년 기초 재고자산과 기말재고자산이 각각 ₩50,000, ₩20,000 감소하였다. 이와 같은 회계변경이 ㈜한 국의 20×1년 기초이익잉여금과 당기순이익에 미치는 영향은?

2019 지방직 9급

	기초이익잉여금	당기순이익
①	₩50,000 감소	₩20,000 감소
②	₩50,000 증가	₩20,000 감소
③	₩50,000 감소	₩30,000 증가
④	영향 없음	₩30,000 증가

03 회계정책, 회계추정의 변경, 오류의 수정에 대한 설명으로 옳지 않은 것은?

2020 지방직 9급

① 회계정책의 변경은 특정기간에 미치는 영향이나 누적효과를 실무적으로 결정할 수 없는 경우를 제 외하고는 소급적용한다.

② 회계정책의 변경과 회계추정의 변경을 구분하는 것이 어려운 경우에는 이를 회계정책의 변경으로 본다.

③ 측정기준의 변경은 회계추정의 변경이 아니라 회계정책의 변경에 해당한다.

④ 전기오류는 특정기간에 미치는 오류의 영향이나 오류의 누적효과를 실무적으로 결정할 수 없는 경 우를 제외하고는 소급재작성에 의하여 수정한다.

---

02 정답 ③

해설

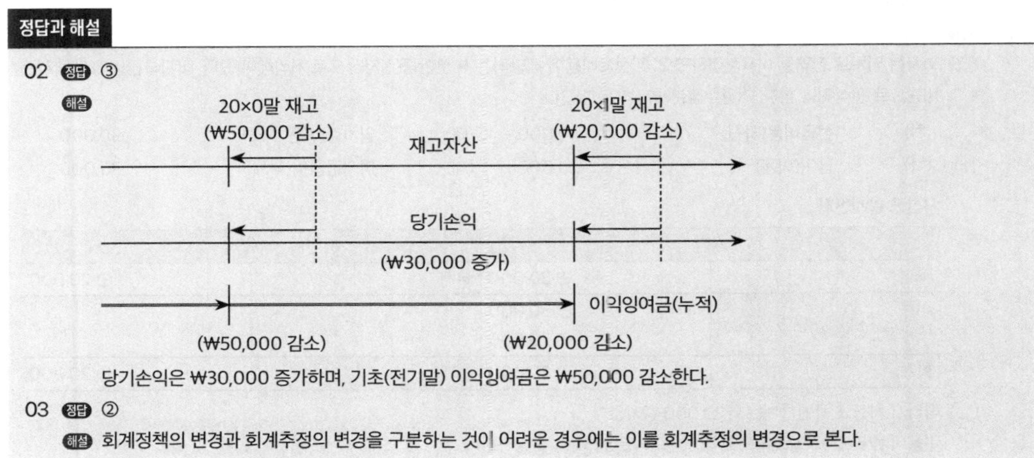

당기손익은 ₩30,000 증가하며, 기초(전기말) 이익잉여금은 ₩50,000 감소한다.

03 정답 ②

해설 회계정책의 변경과 회계추정의 변경을 구분하는 것이 어려운 경우에는 이를 회계추정의 변경으로 본다.

04 ㈜한국은 20×1년 10월 초 기계장치를 ₩100,000(내용연수 4년, 잔존가치 ₩20,000, 연수합계법, 월할 상각)에 취득한 후, 20×2년 1월 초 ₩30,000의 자본적 지출을 하였다. 그 결과 20×2년 1월 초 기계장치의 내용연수는 10년, 잔존가치는 ₩50,000으로 추정되었다. ㈜한국이 20×2년 1월 초부터 감가상각 방법을 정액법으로 변경하였다면, 20×2년 포괄손익계산서에 보고할 감가상각비는? (단, 원가모형을 적용하고, 손상차손은 발생하지 않았다) 2023 지방직 9급

① ₩7,200   ② ₩10,200

③ ₩12,200   ④ ₩37,200

[15-02] 결산수정

05 ㈜한국의 기말수정사항이 다음과 같을 때, 기말수정분개가 미치는 영향에 대한 설명으로 옳지 않은 것은? (단, 법인세는 무시한다) 2015 국가직·관세직 9급

> • 4월 1일 1년간의 임차료 ₩120,000을 현금으로 지급하면서 전액을 임차료로 기록하였다.
> • 12월에 급여 ₩20,000이 발생되었으나, 기말 현재 미지급 상태이다.

① 수정후시산표의 차변합계가 ₩50,000만큼 증가한다.

② 당기순이익이 ₩10,000만큼 증가한다.

③ 자산총액이 ₩30,000만큼 증가한다.

④ 부채총액이 ₩20,000만큼 증가한다.

정답과 해설

04 정답 ①

해설 20X1년 감가상각비 = (취득원가 ₩100,000 - 잔존가치 ₩20,000) × 4/(1+2+3+4) × 3개월/12 = ₩8,000

20X2년 초 장부금액 = 취득원가 ₩100,000 - 감가상각누계액 ₩8,000 + 자본적 지출 ₩30,000 = ₩122,000

20X2년 감가상각비 = (₩122,000 - ₩50,000) ÷ 10년 = ₩7,200

※ 정확하게는 20×2년 1월 초 기계장치의 '잔존'내용연수가 10년으로 변경되었다고 표현해야 한다.

05 정답 ①

해설 회사는 임차료 전액을 비용처리하였으나, 선급비용에 해당하는 부분만큼은 자산으로 처리해야 한다. 미지급급여에 대해서는 비용으로 인식해야 한다. 기말수정분개는 다음과 같다.

(차)	선급비용(자산)	30,000	(대)	임차료(비용 취소)	30,000
(차)	급여(비용)	20,000	(대)	미지급급여(부채)	20,000

시산표 합계변화

차변		대변	
자산	⊕ 30,000	부채	⊕ 20,000
비용	⊖ 30,000 ⊕ 20,000		
합계	⊕ 20,000	합계	⊕ 20,000

따라서 시산표 차변합계는 ₩20,000 증가한다.

비용이 ₩10,000 감소하므로 당기순이익은 ₩10,000 증가한다.

06 수정전시산표와 수정후시산표의 비교를 통한 수정분개 추정으로 옳지 않은 것은?

2017 국가직·관세직 9급

구분	계정과목	수정전시산표	수정후시산표
㉠	이자비용	₩3,000	₩5,000
㉠	미지급이자	₩1,000	₩3,000
㉡	상품	₩1,500	₩2,500
㉡	매입	₩6,000	₩0
㉡	매출원가	₩0	₩5,000
㉢	선급보험료	₩2,400	₩1,200
㉢	보험료	₩2,000	₩3,200
㉣	선수임대수익	₩1,800	₩1,200
㉣	임대수익	₩1,500	₩2,100

		차변		대변	
①	㉠	이자비용 ₩2,000	미지급이자 ₩2,000		
②	㉡	매출원가 ₩6,000	매입 ₩7,000		
		상품 ₩1,000			
③	㉢	보험료 ₩1,200	선급보험료 ₩1,200		
④	㉣	선수임대수익 ₩600	임대수익 ₩600		

06 정답 ②

해설 ② 수정전과 후를 비교하면 상품이 ₩1,000 증가하고, 매입 ₩6,000 감소, 매출원가 ₩5,000 증가하였으므로 수정분개는 다음과 같다.

(차)	상품	₩1,000	(대)	매입	₩6,000
	매출원가	₩5,000			

07 기말수정사항이 다음과 같을 때, 기말수정분개가 미치는 영향으로 옳지 않은 것은? 2018 관세직 9급

○ 기중에 구입한 소모품 ₩1,000,000을 소모품비로 처리하였으나, 기말 현재 남아 있는 소모품은 ₩200,000이다. (단, 기초 소모품 재고액은 없다)

○ 당기에 발생한 미수이자수익 ₩1,000,000에 대한 회계처리가 이루어지지 않았다.

① 당기순이익이 ₩800,000 증가한다.

② 자산총액이 ₩1,200,000 증가한다.

③ 부채총액은 변동이 없다.

④ 수정후잔액시산표의 차변합계가 ₩1,000,000 증가한다.

07 정답 ①

해설 기말수정분개는 다음과 같다.

(차)	소모품(자산 증가)	200,000	(대)	소모품비(비용 취소)	200,000
(차)	미수이자수익(자산 증가)	1,000,000	(대)	이자수익(수익 증가)	1,000,000

시산표 합계변화

차변			대변		
자산	⊕ 200,000 ⊕ 1,000,000		부채		
비용	⊖ 200,000		수익		⊕ 1,000,000
합계	⊕ 1,000,000		합계		⊕ 1,000,000

당기순이익은 수익증가 ₩1,000,000과 비용감소 ₩200,000으로 ₩1,200,000 증가한다.

08 ㈜한국의 2017년 중 거래가 다음과 같을 때 옳은 것은?

> ○ ㈜한국은 2017년 중 용역을 제공하기로 하고 현금 ₩120,000을 받았다. 2017년 선수용역수익계
> 정의 기초잔액은 ₩30,000이고, 기말잔액은 ₩40,000일 때 2017년도에 인식한 용역수익은?
>
> ○ ㈜한국은 2017년 중 건물임차료로 현금 ₩70,000을 미리 지급하였다. 2017년 선급임차료계정의
> 기초잔액은 ₩10,000이고, 기말잔액은 ₩30,000일 때 2017년도에 인식한 임차료는?

	용역수익	임차료
①	₩110,000	₩50,000
②	₩110,000	₩70,000
③	₩120,000	₩50,000
④	₩120,000	₩70,000

---

08 **정답** ①

해설 선수수익과 선급임차료에 대한 T계정을 그리면 다음과 같다.

선수수익(부채)

⊖ 수익인식	?	초	30,000
말	40,000	⊕ 현금수령	120,000
	150,000		150,000

용역수익 = ₩150,000 - ₩40,000 = ₩110,000

선급임차료(자산)

초	10,000	⊖ 비용인식	?
⊕ 현금지급	70,000	말	30,000
	80,000		80,000

임차료(비용) = ₩80,000 - ₩30,000 = ₩50,000

09 다음은 창고임대업을 영위하는 ㈜한국의 20×1년 결산 관련 자료이다.

계정	내용
보험료	○ 기초 선급보험료 잔액 ₩3,000 ○ 7월 1일에 보험을 갱신하고 1년분 보험료 ₩12,000을 현금으로 지급하고 자산으로 회계처리함
임대료	○ 기초 선수임대료 잔액 ₩3,000 ○ 4월 1일에 임대차계약을 갱신하고 1년분 임대료 ₩24,000을 현금으로 수령하고 수익으로 회계처리함

보험료와 임대료가 20×1년도 세전이익에 미치는 영향은? (단, 보험료와 임대료 이외의 다른 계정은 고려하지 않으며, 기간은 월할 계산한다)

2019 국가직 9급

① ₩12,000　　② ₩15,000　　③ ₩18,000　　④ ₩21,000

10 ㈜한국의 다음 거래에 대한 기말수정분개로 옳지 않은 것은? (단, 모든 거래는 월할 계산한다)

2019 관세직 9급

구분	거래
㉠	12월 1일에 대여금의 향후 3개월분 이자수익 ₩9,000을 현금으로 수령하고 전액 선수수익으로 계상하였다.
㉡	소모품 ₩5,000을 현금 구입하고 소모품으로 계상하였다. 기말 실사 결과 소모품 재고는 ₩2,000이었다.
㉢	12월 1일에 향후 3개월분 이자비용 ₩3,000을 현금으로 지급하고 이를 전액 이자비용으로 계상하였다.
㉣	12월 1일에 비품 ₩6,000을 구입하였다. 비품의 내용연수는 5년, 잔존가치는 없으며 정액법으로 상각한다.

		차변		대변	
①	㉠	이자수익	₩3,000	선수수익	₩3,000
②	㉡	소모품비	₩3,000	소모품	₩3,000
③	㉢	선급비용	₩2,000	이자비용	₩2,000
④	㉣	감가상각비	₩100	감가상각누계액	₩100

09 정답 ①

해설 전기에 이연시킨 선급보험료와 선수임대료는 당기에 모두 비용과 수익으로 실현된다.

20X1년 보험료 = 기초 선급보험료 실현 ₩3,000 + 지급한 보험료 중 당기분 ₩12,000 × 6개월/12개월 = ₩9,000

20X1년 임대수익 = 기초 선수임대료 실현 ₩3,000 + 수령한 임대료 중 당기분 ₩24,000 × 9개월/12개월 = ₩21,000

세전이익에 미치는 영향 = 임대수익 ₩21,000 - 보험료 ₩9,000 = ₩12,000

10 정답 ①

해설 ㉠의 경우 거래일의 분개와 기말수정분개는 각각 다음과 같다.

12월 1일	(차)	현금	9,000	(대)	선수수익	9,000
기말수정	(차)	선수수익	3,000	(대)	이자수익	3,000

11 ㈜한국은 화재보험에 가입된 기계장치를 사용하고 있으며, 〈3월 말 수정후시산표 일부〉의 기계장치와 관련된 계정은 다음과 같다.

〈3월 말 수정후시산표 일부〉

○ 선급보험료: ₩450,000

○ 기계장치: ₩6,000,000(감가상각누계액 ₩2,400,000)

다음의 〈추가자료〉를 고려하여 기계장치의 화재보험료 1년 총액과 3월 말 기준 기계장치의 잔존내용연수는? (단, ㈜한국은 매월 말 결산을 수행한다.) 2019 관세직 9급

〈추가자료〉

○ 매년 1월 1일 기계장치에 대한 화재보험을 갱신하며, 보험료 12개월분을 미리 현금으로 지급한다.

○ 기계장치의 내용연수는 5년, 잔존가치 ₩0, 정액법으로 상각한다.

	화재보험료 1년 총액	3월 말 기준 기계장치의 잔존내용연수
①	₩450,000	12개월
②	₩450,000	24개월
③	₩600,000	36개월
④	₩600,000	60개월

11 정답 ③

해설 3월 말 선급보험료 ₩450,000 = 보험료 1년 총액 × 9개월/12개월

보험료 1년 총액 = ₩600,000

3월 말 기계장치 장부금액 ₩3,600,000 = ₩6,000,000 × 잔존내용연수(월)/60개월

잔존내용연수 = 36개월

12 ㈜한국의 다음 기말조정사항에 대한 수정분개가 당기순이익에 미치는 영향(증가 또는 감소)이 나머지 셋과 다른 것은?

2020 국가직·관세직 9급

① 당기 7월 1일에 1년 만기 정기예금(연 6% 이자율)에 가입하고 현금 ₩1,000,000을 입금하였으나, 결산일까지 이자 수령일이 도래하지 않아 이자관련 회계처리는 하지 않았다.

② 비품에 대한 당기 감가상각비 ₩30,000을 회계처리 하지 않았다.

③ 당기 11월 1일에 소모품을 ₩50,000에 현금으로 구입하고 자산으로 인식하였다. 기말 결산일에 미사용 소모품 ₩20,000이 남아 있음을 확인하였다.

④ 당기 4월 1일부터 회사 건물을 ㈜민국에게 1년간 임대하고, 1개월에 ₩10,000씩 1년분 임대료 ₩120,000을 현금으로 받아 전액 수익으로 기록하였다.

13 ㈜한국은 20×1년 말 결산 중 다음 항목에 대한 기말수정분개가 누락된 것을 발견하였다. 누락된 기말수정분개가 20×1년 당기순이익에 미치는 영향은? (단, 기간은 월할 계산한다)

2022 국가직·관세직 9급

○ 20×1년 7월 1일 1년치 보험료 ₩120,000을 현금지급하고 전액 선급보험료로 처리하였다.

○ 20×1년 1월 1일 자산으로 계상된 소모품 ₩200,000 중 12월 말 현재 보유하고 있는 소모품은 ₩100,000이다.

○ 20×1년 3월 1일 사무실 일부를 임대하고 1년치 임대료 ₩240,000을 현금으로 수령하면서 전액 수익으로 처리하였다.

① ₩60,000 증가

② ₩100,000 증가

③ ₩60,000 감소

④ ₩200,000 감소

정답과 해설

12 **정답** ①

해설 ① 이자수익(수익) 인식으로 당기순이익이 증가한다.

② 감가상각비(비용) 인식으로 당기순이익이 감소한다.

③ 사용분 ₩30,000을 소모품비(비용)로 인식하므로 당기순이익이 감소한다.

④ 임대기간이 미도래한 3개월 분에 대해 임대료(수익)를 감소시키고 부채(선수수익)로 인식하므로 당기순이익이 감소한다.

13 **정답** ④

해설 선급보험료 ₩120,000 중 기간경과분 ₩60,000을 비용으로 인식해야 한다.

소모품 감소액 ₩100,000을 비용으로 인식해야 한다.

1년치 임대료 ₩240,000 중 기간이 경과하지 않은 2개월 분 ₩40,000은 수익이 아닌 부채(선수수익)로 인식해야 한다.

당기순이익에 미치는 영향 = 보험료 (-)₩60,000 + 소모품비 (-)₩100,000 + 임대수익 (-)₩40,000 = (-)₩200,000

14 ㈜한국은 휴대전화 판매를 영위하는 회사이며, 다음의 거래를 누락한 상태에서 당기순이익을 ₩40,000으로 산정하였다. 다음 거래를 추가로 반영할 경우 포괄손익계산서상 당기순이익은?

2022 국가직·관세직 9급

미수이자수익 발생	₩10,000
선수수익의 수익실현	₩40,000
매출채권의 현금회수	₩20,000
매입채무의 현금상환	₩7,000
미지급이자비용 발생	₩3,000

① ₩50,000　　　　② ₩87,000

③ ₩100,000　　　④ ₩110,000

15 다음은 상품매매기업인 ㈜한국의 재고자산에 대한 자료이다. 실지재고조사법에 따른 결산수정분개로 옳은 것은?

2023 국가직·관세직 9급

> ○ 기초상품재고액: ₩1,000　　　　　○ 당기상품매입액: ₩6,000
> ○ 기말상품재고액: ₩2,000

①	(차)	상품	₩2,000	(대)	매입	₩7,000
		매출원가	₩5,000			
②	(차)	매입	₩5,000	(대)	매출원가	₩5,000
③	(차)	매입	₩6,000	(대)	매출원가	₩7,000
		상품	₩1,000			
④	(차)	상품	₩2,000	(대)	상품	₩1,000
		매출원가	₩5,000		매입	₩6,000

14 **정답** ②

해설 수정 전 당기순이익 ₩40,000 + 이자수익 발생 ₩10,000 + 실현된 선수수익 ₩40,000 - 이자비용 발생 ₩3,000
= ₩87,000
※ 매출채권의 현금회수나 매입채무의 현금상환은 자산과 부채가 상계될 뿐, 손익에는 영향을 주지 않는다.

15 **정답** ④

해설 기초상품재고액과 당기상품매입액은 매출원가로 대체하고, 기말상품저고액은 매출원가에서 차감한다.

(차)	매출원가	₩1,000	(대)	상품(기초)	₩1,000
	매출원가	₩6,000		매입	₩6,000
	상품(기말)	₩2,000		매출원가	₩2,000

결국, '매출원가 = 기초재고 + 당기매입 - 기말재고'의 식에 따라 매출원가 = 기초상품재고액 ₩1,000 + 당기상품매입액 ₩6,000 - 기말상품재고액 ₩2,000 = ₩5,000이 되며, 분개는 다음과 같이 통합해서 나타낼 수 있다.

(차)	상품(기말)	₩2,000	(대)	상품(기초)	₩1,000
	매출원가	₩5,000		매입	₩6,000

16 ㈜한국은 20×1년 7월 1일 창고를 임대하고 1년분 임대료 ₩300,000을 현금 수령하여 임대료수익으로 회계처리하였다. ㈜한국이 임대료와 관련하여 기말 수정분개를 하지 않은 경우, ㈜한국의 재무제표에 미치는 영향에 대한 설명으로 옳은 것은? (단, 기간은 월할 계산한다) 2023 관세직 9급

① 부채와 당기순이익이 모두 과대계상된다.

② 부채는 과소계상되고 당기순이익은 과대계상된다.

③ 자산과 당기순이익이 모두 과소계상된다.

④ 자산은 과소계상되고 당기순이익은 과대계상된다.

17 ㈜한국은 20×1년 7월 초 현금 ₩10,000을 정기예금(연 이자율 10%, 1년 만기, 이자는 만기일시 지급 조건)에 가입하고, 20×1년 말 결산 시 정기예금에 대한 이자수익을 장부에 기록하지 않았다. 이러한 기말수정분개 누락이 20×1년 말 자산과 20×1년 당기순이익에 미치는 영향을 바르게 연결한 것은? (단, 기간은 월할 계산한다) 2023 지방직 9급

	자산	당기순이익
①	₩500 과소계상	₩500 과소계상
②	₩500 과대계상	₩500 과대계상
③	₩1,000 과소계상	₩1,000 과소계상
④	₩1,000 과대계상	₩1,000 과대계상

16 정답 ②

해설 임대료수익으로 처리한 ₩300,000 중 기간이 도래하지 않은 ₩150,000을 선수수익(부채)으로 다음과 같이 대체하여야 한다.

12/31	(차)	임대료수익(수익 감소)	₩150,000	(대)	선수수익(부채 증가)	₩150,000

수익 감소와 부채 증가를 누락하였으므로, 당기순이익은 과대계상되고 부채는 과소계상된다.

17 정답 ①

해설 20X1년 발생이자 = ₩10,000 × 10% × 6개월/12 = ₩500

다음과 같은 분개가 누락되었다.

(차)	미수이자(자산)	₩500	(대)	이자수익(수익)	₩500

자산 ₩500계상이 누락되었으므로 ₩500 과소계상, 수익 ₩500계상이 누락되었으므로 당기순이익 ₩500 과소계상된다.

18 ㈜한국의 기말 수정분개와 관련된 자료가 다음과 같을 때, 기말 수정분개를 반영한 후 당기순이익은? (단, 기간은 월할 계산한다) 2024 관세직 9급

> ○ 4월 1일: 화재보험에 가입하고 1년분 보험료 ₩3,600을 선급하고 자산으로 인식하였다.
>
> ○ 8월 1일: 건물을 임차하고 1년분 임차료 ₩2,400을 선급하고 전액 비용으로 인식하였다.
>
> ○ 10월 1일: 창고를 1년간 임대하기로 하고 받은 현금 ₩4,800을 선수수익으로 인식하였다.
>
> ○ 기말 수정분개 반영 전 당기순이익은 ₩5,000이다.

① ₩2,100   ② ₩2,500

③ ₩4,900   ④ ₩5,100

19 다음 결산수정분개 중 자산이 감소하고 비용이 발생하는 것은? 2024 국가직 7급

① 수익은 발생하였으나 아직 현금을 수취하지 않아 이를 인식하기 위한 결산수정분개

② 비용은 발생하였으나 아직 현금을 지출하지 않아 이를 인식하기 위한 결산수정분개

③ 선수임대료 중 기간 경과로 수익이 실현된 부분을 인식하기 위한 결산수정분개

④ 선급보험료 중 기간 경과된 부분을 비용으로 인식하기 위한 결산수정분개

정답과 해설

18 **정답** ③

해설

수정분개 전 당기순이익		₩5,000
수정사항	선급보험료(자산) ₩3,600 중 기간이 경과(9개월/12개월)한 ₩2,700은 비용으로 인식해야 한다.	(-)₩2,700
	전액 비용으로 인식한 임차료 ₩2,400 중 기간이 미경과(7개월/12개월)한 ₩1,400은 비용처리를 취소하고 선급비용(자산)으로 대체해야 한다.	(+)₩1,400
	선수수익(부채)으로 인식한 ₩4,800 중 기간이 경과(3개월/12개월)한 ₩1,200은 수익으로 인식해야 한다.	(+)₩1,200
수정분개 반영 후 당기순이익		₩4,900

19 **정답** ④

해설 ① 수익은 발생하였으나 아직 현금을 수취하지 않아 이를 인식하기 위한 결산수정분개(수익 발생, 자산 증가)

(차)	미수수익(자산)	XXX	(대)	수익	XXX

② 비용은 발생하였으나 아직 현금을 지출하지 않아 이를 인식하기 위한 결산수정분개(비용 발생, 부채 증가)

(차)	비용	XXX	(대)	미지급비용(부채)	XXX

③ 선수임대료 중 기간 경과로 수익이 실현된 부분을 인식하기 위한 결산수정분개(수익 발생, 부채 감소)

(차)	선수수익(부채)	XXX	(대)	수익	XXX

④ 선급보험료 중 기간 경과된 부분을 비용으로 인식하기 위한 결산수정분개(비용 발생, 자산 감소)

(차)	비용	XXX	(대)	선급비용(자산)	XXX

20 ㈜한국의 외부감사인은 ㈜한국이 제시한 2017년도 포괄손익계산서에서 다음과 같은 오류가 있음을 발견하였다.

2018 관세직 9급

○ 임차료 과대계상액	₩900,000
○ 이자수익 과소계상액	₩600,000
○ 감가상각비 과소계상액	₩500,000
○ 기말상품 과대계상액	₩300,000

오류를 수정한 후의 올바른 당기순이익은? (단, 오류 수정 전 당기순이익은 ₩10,000,000이다)

① ₩9,300,000　　② ₩9,500,000　　③ ₩9,800,000　　④ ₩10,700,000

21 ㈜한국은 당기에 다음과 같은 오류를 발견하고, 장부 마감 전에 이를 수정하였다. 오류수정 전 당기순이익이 ₩100,000이라고 할 때, 오류수정 후 당기순손익은?

2019 지방직 9급

○ 당기 7월 1일 수령한 선수임대료 ₩120,000을 전액 임대료수익으로 계상하였다. (임대기간은 당기 7월 1일부터 차기 6월 30일까지이다)
○ 당기 발생 미지급급여 ₩100,000을 누락하고 인식하지 않았다.
○ 당기 발생 미수이자 ₩40,000을 누락하고 인식하지 않았다.
○ FOB 도착지 인도조건으로 당기 12월 29일 선적하여 차기 1월 5일 인도예정인 상품에 대해 당기 12월 29일에 매출 ₩200,000과 매출원가 ₩150,000을 인식하였다.

① 당기순이익 ₩30,000　　② 당기순이익 ₩70,000
③ 당기순손실 ₩70,000　　④ 당기순손실 ₩150,000

20 정답 ④

해설 기말상품을 과대계상하면, 자산증가로 이익도 과대계상된다.

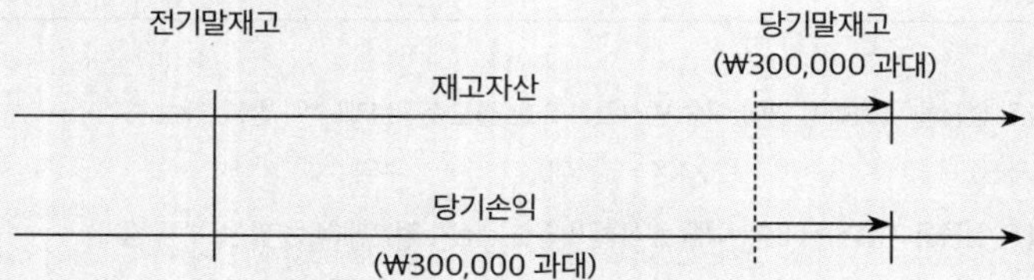

수정 후 당기순이익 = 수정 전 ₩10,000,000 + 임차료 과대계상(비용감소) ₩900,000 + 이자수익 과소계상(수익증가) ₩600,000 - 감가상각비 과소계상(비용증가) ₩500,000 - 기말재고 과대계상(이익 감소) ₩300,000 = ₩10,700,000

21 정답 ③

해설 수정 후 당기순손익 = 수정 전 ₩100,000 - 선수임대료 미경과분(수익 아님) ₩60,000 - 미지급급여(비용임) ₩100,000 + 미수이자(수익임) ₩40,000 - 미착상품에 대해 인식한 이익(이익 아님) ₩50,000 = (-)₩70,000

22 ㈜한국의 수정전시산표상 수익총액은 ₩800,000이며 비용총액은 ₩500,000이다. 다음의 결산 수정 사항을 반영할 경우, ㈜한국의 당기순이익은?

2023 국가직·관세직 9급

> ○ 당해연도에 이자수익 ₩60,000이 발생하였으나 장부에 반영하지 않았다.
>
> ○ 당해연도에 발생한 급여 ₩80,000을 장부에 반영하지 않았다.
>
> ○ 보험료 ₩120,000을 지급하면서 전액 자산으로 인식하였으나 이 중 다음연도에 해당하는 금액은 ₩90,000이다.
>
> ○ 임대료 ₩240,000을 수취하면서 전액 수익으로 인식하였으나 당해연도에 해당하는 금액은 ₩80,000이다.

① ₩30,000   ② ₩90,000

③ ₩110,000   ④ ₩170,000

23 20×1년 4월 1일 ㈜한국은 1년 만기 정기예금(연 이자율 6%)에 현금을 예치하였으며, 만기일에 원금과 이자를 수취한다. ㈜한국이 결산일에 이자에 대한 회계처리를 누락한 경우, 20×1년 말 재무제표에 미치는 영향으로 옳은 것은?

2024 국가직·관세직 9급

① 부채에 영향은 없고, 당기순이익이 과대계상된다.

② 자산과 당기순이익이 모두 과소계상된다.

③ 자산은 과대계상되고, 당기순이익은 과소계상된다.

④ 자산과 자본은 과소계상되고, 당기순이익은 과대계상된다.

22 정답 ②

해설 자산으로 인식한 보험료 ₩120,000 중 선급비용(다음연도에 해당하는 금액) ₩90,000을 제외한 ₩30,000(당해연도에 해당하는 금액)은 비용에 해당한다.

수익으로 인식한 임대료 ₩240,000 중 당해연도에 해당하는 금액 ₩80,000을 뺀 ₩160,000(선수수익)은 수익에 해당하지 않는다.

당기순이익 = 수정 전(₩800,000 − ₩500,000) + 이자수익(수익임) ₩60,000 − 급여(비용임) ₩80,000 − 보험료(비용임) ₩30,000 − 임대료(수익 아님) ₩160,0000 = ₩300,000 + ₩60,000 − ₩80,000 − ₩30,000 − ₩160,000 = ₩90,000

23 정답 ②

해설 다음과 같은 수정분개가 누락된 것이다.

(차)	미수이자(자산)	XXX	(대)	이자수익	XXX

이자수익이 과소계상되었으므로 당기순이익이 과소계상되고, 미수이자가 누락되어 자산 역시 과소계상된다. 마감분개를 통해 증가해야 할 자본(순자산)도 과소계상된다.

24 ㈜한국은 보유 중인 매출채권 중 회수가 어려울 것으로 예상되는 금액을 회계기간 말에 추정하여 대손충당금을 설정하고 있다. ㈜한국이 기말에 인식하여야 할 대손과 관련된 회계처리를 누락한 경우, 재무제표에 미치는 영향으로 옳은 것은? (단, 대손충당금 기초잔액은 없다)　2024 관세직 9급

① 당기순이익의 과소계상

② 매출채권의 과소계상

③ 대손충당금의 과소계상

④ 대손상각비 과대계상

정답과 해설

24 　**정답** ③

해설 다음과 같은 회계처리가 누락된 것이다.

(차)	대손상각비(비용)	XXX	(대)	대손충당금(매출채권 차감)	XXX

따라서, 대손충당금과 대손상각비가 과소계상된다. 비용인 대손상각비가 과소계상되면 당기순이익은 과대계상된다. 매출채권의 차감항목인 대손충당금이 과소계상되면 매출채권은 과대계상된다.

[15-01] 회계변경

25 기업회계기준서 제1008호 '회계정책, 회계추정의 변경 및 오류'에 대한 설명으로 옳은 것은?

2015 국가직 7급

① 회계정책의 변경은 특정기간에 미치는 영향이나 누적효과를 실무적으로 결정할 수 없는 경우를 제외하고는 소급적용한다.

② 과거에 발생하지 않았거나 발생하였어도 중요하지 않았던 거래, 기타 사건 또는 상황에 대하여 새로운 회계정책을 적용하는 경우는 회계정책의 변경에 허당된다.

③ 유형자산이나 무형자산에 대하여 재평가하는 회계정책을 최초로 적용하는 경우의 회계정책 변경은 소급법을 적용한다.

④ 회계정책의 변경과 회계추정의 변경을 구분하기가 어려운 경우에는 이를 회계정책의 변경으로 본다.

26 ㈜한국은 2010년 1월 1일 건물을 ₩1,000,000에 구입하여 2015년 12월 31일까지 정액법(내용연수는 10년, 잔존가치 ₩100,000)으로 감가상각하였다. 2016년 1월 1일 동 건물에 대해 감가상각방법을 정액법에서 연수합계법으로 변경하였으며, 잔존가치는 ₩40,000으로 재추정하였고 향후 5년을 더 사용할 수 있을 것으로 예상하였다. 2016년 말에 인식해야 할 동 건물의 감가상각비는? (단, 유형자산에 대해 원가모형을 적용한다)

2016 국가직 7급

① ₩84,000   ② ₩90,000

③ ₩96,000   ④ ₩140,000

정답과 해설

25 **정답** ①

해설 ② 다음의 경우는 회계정책의 변경에 해당하지 아니한다. (1) 과거에 발생한 거래와 실질이 다른 거래, 기타 사건 또는 상황에 대하여 다른 회계정책을 적용하는 경우 (2) 과거에 발생하지 않았거나 발생하였어도 중요하지 않았던 거래, 기타 사건 또는 상황에 대하여 새로운 회계정책을 적용하는 경우

③ 자산을 재평가하는 회계정책을 최초로 적용하는 경우의 회계정책 변경은 소급법을 적용하지 않고, 재평가개시일부터 전진법을 적용하여 회계처리 한다.

④ 회계정책의 변경과 회계추정의 변경을 구분하는 것이 어려운 경우에는 이를 회계추정의 변경으로 본다.

26 **정답** ④

해설 정액법에서 매년 감가상각비: (₩1,000,000 - ₩100,000) ÷ 10년 = ₩90,000

2015년 12월 31일 장부금액 = ₩1,000,000 - ₩90,000 × 6년 = ₩460,000

2016년 감가상각비 = (₩460,000 - ₩40,000) × 5/(1+2+3+4+5) = ₩140,000

27 회계정책의 변경에 해당하지 않는 것은? 2017 국가직 7급

① 유형자산 감가상각 방법을 정액법에서 정률법으로 변경

② 투자부동산 평가방법을 원가모형에서 공정가치모형으로 변경

③ 재고자산 측정방법을 선입선출법에서 평균법으로 변경

④ 영업권에 대해 정액법 상각에서 손상모형으로 변경

28 ㈜서울은 취득원가가 ₩200,000이고 잔존가치가 ₩20,000으로 추정되는 유형자산의 내용연수를 10년으로 예상하고 정액법을 적용하여 6년 간 상각하여 왔다. 7차년도에 동 유형자산을 8년 동안 더 사용할 수 있는 것으로 재추정하였고, 잔존가치도 ₩5,000으로 재추정하였다. 7차년도의 감가상각비는? 2020 서울시 7급

① ₩10,000   ② ₩10,875

③ ₩11,125   ④ ₩12,875

27 **정답** ①

해설 유형자산 감가상각방법의 변경은 미래경제적효익의 소비행태에 대한 추정이 바뀌는 것으로, 회계추정의 변경에 해당한다.

※ 이 문제의 경우 출제오류가 있다고 판단한다. 현행 회계기준은 영업권에 대한 상각을 허용하지 않는다. 따라서 보기 ④는 '일반적으로 인정되는 회계원칙'이 아닌 회계정책에서 '일반적으로 인정되는 회계원칙'의 회계정책으로의 변경에 해당되어 오류수정으로 보아야 한다. 따라서 ①과 ④ 모두 정답처리 되는 것이 옳다.

28 **정답** ②

해설 변경 전 연간 감가상각비 = (₩200,000 - ₩20,000) ÷ 10년 = ₩18,000

6년 차 말 상각후원가 = ₩200,000 - ₩18,000 × 6년 = ₩92,000

7차년도 감가상각비 = (₩92,000 - ₩5,000) ÷ 8년 = ₩10,875

※ '8년 동안 더' 사용할 수 있다는 것이 최초의 내용연수 10년에 추가로 '8년 동안 더' 사용(18년)한다는 것인지, 재추정 시점부터 8년 동안 더 사용한다는 것인지 표현이 모호한 면이 있다.

29 ㈜서울은 20X1년 초 건물을 구입(취득원가 ₩300,000, 내용연수 5년, 잔존가치 ₩0, 연수합계법으로 상각)하여 원가모형을 적용하였다. 20X3년 초 동 건물에 대한 감가상각방법을 정액법으로 변경하였으며, ₩40,000의 자본적지출로 내용연수는 3년 연장되었고 잔존가치는 ₩10,000 증가하였다. ㈜서울이 인식할 동 건물의 20X3년 감가상각비는? 2021 서울시 7급

① ₩21,250 　　　　② ₩25,000

③ ₩41,250 　　　　④ ₩55,000

30 회계정책, 회계추정의 변경 및 오류에 대한 설명으로 옳지 않은 것은? 2023 지방직 9급

① 투입변수나 측정기법의 변경이 회계추정치에 미치는 영향은 전기오류수정에서 비롯되지 않는 한 회계추정치 변경이다.

② 기업의 재무상태, 재무성과 또는 현금흐름을 특정한 의도대로 표시하기 위하여 중요하거나 중요하지 않은 오류를 포함하여 작성된 재무제표는 한국채택국제회계기준에 따라 작성되었다고 할 수 없다.

③ 회계추정의 변경효과가 변경이 발생한 기간과 미래기간에 모두 영향을 미치는 경우 발생한 기간에는 회계추정 변경 효과를 당기손익에 포함하여 전진적으로 인식하고, 미래기간에는 회계추정 변경 효과를 기타포괄손익으로 하여 전진적으로 인식한다.

④ 당기 중에 발견한 당기의 잠재적 오류는 재무제표의 발행승인일 전에 수정한다. 그러나 중요한 오류를 후속기간에 발견하는 경우, 이러한 전기오류는 해당 후속기간의 재무제표에 비교표시된 재무정보를 재작성하여 수정한다.

---

31 ㈜한국의 2014년 12월 31일 결산 시 당기순이익 ₩400,000이 산출되었으나, 다음과 같은 사항이 누락되었다. 누락 사항을 반영할 경우의 당기순이익은? (단, 법인세는 무시한다)　　2015 관세직 9급

- 기중소모품 ₩50,000을 구입하여 자산으로 기록하였고 기말 현재 소모품 중 ₩22,000이 남아있다.
- 2014년 12월분 급여로 2015년 1월 초에 지급 예정인 금액 ₩25,000이 있다.
- 2014년 7월 1일에 현금 ₩120,000을 은행에 예금하였다(연이자율 10%, 이자지급일은 매년 6월 30일).
- 2014년도의 임차료 ₩12,000이 미지급 상태이다.

① ₩341,000　　　　② ₩347,000
③ ₩353,000　　　　④ ₩369,000

정답과 해설

31　**정답** ①

해설 소모품비 = 매입 ₩50,000 - 기말 ₩22,000 = ₩28,000
미수이자 = ₩120,0000 × 10% × 6개월/12개월 = ₩6,000
수정 후 당기순이익 = 수정 전 ₩400,000 - 소모품비 ₩28,000 - 미지급급여 ₩25,000 + 미수이자 ₩6,000 - 미지급임
차료 ₩12,000 = ₩341,000

32 ㈜한국의 결산수정사항이 다음과 같은 경우, 기말수정분개가 미치는 영향으로 옳지 않은 것은?
(단, 법인세비용에 미치는 영향은 없다고 가정한다)

2015 지방직 9급

> • 4월 1일 1년간의 보험료 ₩12,000을 지급하고 전액을 선급보험료계정에 차기 하였다.
> • 당해 회계연도의 임대료 수익 ₩6,000이 발생되었으나 12월 31일 현재 회수되지 않고 다음 달 말일에 회수할 예정이다.

① 수정후잔액시산표의 대변합계는 ₩6,000만큼 증가한다.

② 당기순이익이 ₩3,000만큼 증가한다.

③ 자산총액이 ₩3,000만큼 감소한다.

④ 부채총액은 변동이 없다.

33 회계 기말에 행할 결산수정 사항이 아닌 것은?

2016 국가직·관세직 9급

① 기중에 사용된 소모품 금액을 소모품 계정으로부터 소모품비 계정으로 대체한다.

② 거래 중인 회사의 부도로 대손이 확정된 매출채권에 대해 대손충당금과 상계처리한다.

③ 건물에 대한 감가상각비를 인식한다.

④ 실지재고조사법에 따라 상품에 대한 매출원가를 인식한다.

32 정답 ②

해설 선급보험료(자산) 처리한 ₩12,000 중 당기비용에 해당하는 ₩9,000(= ₩12,000 × 9개월/12개월)을 비용으로 인식한다.

(차)	보험료(비용 인식)	9,000	(대)	선급보험료(자산 감소)	9,000

발생한 임대수익 ₩6,000을 인식하고, 미수수익으로 자산계상한다.

(차)	미수임대수익(자산 증가)	6,000	(대)	임대료수익(수익 인식)	6,000

시산표 합계변화

차변		대변	
자산	⊖ 9,000 ⊕ 6,000	수익	⊕ 6,000
비용	⊕ 9,000		
합계	⊕ 6,000	합계	⊕ 6,000

수익이 ₩6,000 증가하고 비용이 ₩9,000 증가하므로 당기순이익은 ₩3,000 감소한다.

33 정답 ②

해설 대손확정된 채권에 대한 회계처리는 기중에 대손확정 시점에 이루어진다.

34 다음의 자료를 이용하여 행한 수정분개로 옳지 않은 것은?

수정전시산표항목	수정분개사항
상품 ₩100,000 매입 ₩600,000	기말상품재고액 ₩300,000
소모품 ₩200,000 소모품비 ₩0	소모품 기말재고액 ₩50,000
임차료 ₩100,000 선급임차료 ₩0	기말 미경과 임차료 ₩50,000
감가상각비 ₩0 감가상각누계액 – 건물 ₩100,000	당기 건물 감가상각비 ₩100,000

① (차)　상품　　　　₩200,000　(대)　매입　　　　　　　₩600,000
　　　　매출원가　　₩400,000
② (차)　소모품비　　₩150,000　(대)　소모품　　　　　　₩150,000
③ (차)　임차료　　　 ₩50,000　(대)　선급임차료　　　　 ₩50,000
④ (차)　감가상각비　₩100,000　(대)　감가상각누계액 – 건물　₩100,000

35 ㈜한국은 보험업을 영위하는 회사이며, 보험상품을 판매시점에 전액 부채로 인식하는 회계처리방식을 선택하고 있다. ㈜한국은 기중에 보험상품 ₩20,000을 ㈜대한에 판매하였다. ㈜한국과 맺은 보험계약과 관련하여 ㈜대한이 수행한 결산수정분개는 다음과 같다. ㈜한국이 ㈜대한과 맺은 보험계약에 대해 수행해야 할 결산수정분개로 옳은 것은?

(차변) 보험료비용 ₩10,000　　　　(대변) 선급보험료 ₩10,000

	차변		대변	
①	선수보험료	₩10,000	보험료수익	₩10,000
②	보험료비용	₩10,000	선급보험료	₩10,000
③	보험료수익	₩10,000	선수보험료	₩10,000
④	선수보험료	₩10,000	선급보험료	₩10,000

정답과 해설

34 정답 ③

해설 ① 기초상품과 당기매입액만 주어졌는데 기말상품재고를 이용해서 매출원가를 계상해야 한다.
매출원가 = 기초상품 ₩100,000 + 당기매입 ₩600,000 – 기말상품 ₩300,000 = ₩400,000
③ 기말 미경과 임차료는 선급임차료에 해당하므로 자산계상하고 비용을 취소시켜야 한다.

(차)　　선급임차료　　　₩50,000　(대)　　임차료　　　　₩50,000

35 정답 ①

해설 보험료를 지급하는 ㈜대한이 선급보험료 중 ₩10,000을 비용으로 인식했다는 것은, 보험료 중 ₩10,000에 대한 비용인식기간이 경과하였음을 의미한다. ㈜한국의 입장에서는 부채(선수수익)계상한 부분 중 ₩10,000에 대해 수익인식기간이 경과하였음을 의미하므로 ₩10,000을 수익(보험료수익)으로 인식하고 부채(선수보험료)를 감소시키는 결산수정이 필요하다.

36 ㈜한국은 2015년 3월 1일에 건물 임대 시 1년분 임대료 ₩360,000을 현금으로 수취하고 임대수익으로 처리하였으나 기말에 수정분개를 누락하였다. 그 결과 2015년도 재무제표에 미치는 영향으로 옳은 것은?

2017 지방직 9급

① 자산총계 ₩60,000 과대계상
② 자본총계 ₩60,000 과소계상
③ 부채총계 ₩60,000 과소계상
④ 비용총계 ₩60,000 과대계상

37 다음은 ㈜한국이 20×1년도 재무제표 작성 시 누락한 거래들이다. 이를 반영할 경우 20×1년도에 증가하는 당기순이익은?

2018 국가직 9급

○ 토지 최초 재평가로 인한 기말 평가이익	₩30,000
○ 사업결합과정에서 발생한 염가매수차익	₩15,000
○ 공정가치모형 적용 투자부동산의 기말 평가이익	₩14,000
○ 주식 취득 시 발생한 거래원가(단, 주식은 당기손익 - 공정가치 측정 금융자산으로 분류)	₩10,000

① ₩5,000
② ₩19,000
③ ₩29,000
④ ₩49,000

36 정답 ③

해설 수익으로 인식한 임대료 ₩360,000 중 기간이 미경과(2개월/12개월)한 ₩60,000은 선수수익(부채)으로 계상하여야 한다. 이를 누락하였으므로, 수익(자본)이 ₩60,000 과대계상되고 부채가 ₩60,000 과소계상된다.

37 정답 ②

해설 증가하는 당기순이익 = 염가매수차익 ₩15,000 + 투자부동산 평가이익 ₩14,000 - FVPL 금융자산 거래원가 ₩10,000 = ₩19,000
토지 최초 재평가로 인한 평가이익은 기타포괄이익으로 인식한다.

38 ㈜한국은 회계연도 중에는 현금주의에 따라 회계처리하며, 기말수정분개를 통해 발생주의로 전환하여 재무제표를 작성한다. ㈜한국의 기말 수정후시산표상 차변(또는 대변)의 합계금액은 ₩1,025,000이다. 기말수정사항이 다음과 같을 때, 수정전시산표상 차변(또는 대변)의 합계금액은?

2019 관세직 9급

| ○ 소모품 기말재고액 | ₩30,000 | ○ 기간 미경과 보험료 | ₩55,000 |
| ○ 미수수익 미계상액 | ₩15,000 | ○ 미지급이자 미계상액 | ₩10,000 |

① ₩915,000　　　　② ₩965,000

③ ₩1,000,000　　　④ ₩1,025,000

39 ㈜한국은 매월 말 결산을 하고 재무제표를 작성한다. ㈜한국의 20×1년 3월 31일 수정전시산표상 총수익과 총비용은 각각 ₩10,000과 ₩4,500이다. 다음과 같은 수정분개 사항이 있다고 할 때, 20×1년 3월 31일에 보고할 포괄손익계산서상 당기순이익은?

2019 국가직 7급

○ 직원의 3월 급여 ₩900이 발생하였으며 4월 10일에 지급될 예정이다.

○ 3월 건물 임대료가 ₩500 발생하였으나 아직 현금으로 수취하지 못하였다.

○ 건물에 대한 3월 감가상각비가 ₩400이다.

○ 2월에 구입하여 자산으로 기록한 소모품 중 3월에 사용한 소모품은 ₩200이다.

○ 2월에 선수수익으로 계상한 금액 중 3월에 제공한 용역이 ₩1,200이다.

① ₩4,500　　　　② ₩5,200

③ ₩5,700　　　　④ ₩6,100

정답과 해설

38 **정답** ③

해설 시산표 합계변화

차변		대변	
자산	소모품 ⊕30,000	부채	미지급이자 ⊕10,000
	선급보험료 ⊕55,000		
	미수수익 ⊕15,000		
비용	소모품비 ⊖30,000	수익	수익 ⊕15,000
	보험료 ⊖55,000		
	이자비용 ⊕10,000		
합계	⊕25,000	합계	⊕25,000

수정전시산표상 합계 + 합계변화 ₩25,000 = 수정후시산표상 합계 ₩1,025,000

수정전시산표상 합계 = ₩1,000,000

39 **정답** ③

해설 수정 후 당기순이익 = 수정 전 ₩5,500 - 급여 ₩900 + 임대수익 ₩500 - 감가상각비 ₩400 - 소모품비 ₩200 + 용역수익 ₩1,200 = ₩5,700

40 20×1년 초 설립한 ㈜한국의 20×1년 말 수정전시산표는 회계기록상 계정잔액의 오류가 없었음에도 불구하고, 차변 합계와 대변 합계가 일치하지 않았다.

계정과목	차변	대변
현금	₩200	
매출	₩300	
매출채권	₩500	
건물	₩1,000	
미지급금		₩150
재고자산	₩200	
선급보험료		₩50
자본금		₩1,000
소모품	₩30	
선수수익	₩50	
미수수익		₩10
차입금		₩500
매입채무	₩50	
임차비용	₩30	
급여	₩30	
합계	₩2,390	₩1,710

위의 수정전시산표상의 오류와 다음 결산조정사항을 반영한 후 ㈜한국의 20×1년 말 수정후시산표상 차변 합계는? (단, ㈜한국은 저가법 적용 시 재고자산평가충당금 계정을 사용한다)

2020 국가직·관세직 9급

○ 20×1년 말 재고자산의 순실현가치는 ₩10으로 확인되었다.

○ 차입금의 차입일은 20×1년 7월 1일, 연 이자율 4%, 만기 1년이며, 이자는 차입원금 상환 시 일시 지급한다.

① ₩1,850　　② ₩2,050　　③ ₩2,250　　④ ₩2,590

40 **정답** ③

해설 [시산표 수정]

수익에 해당하는 매출 잔액은 차변에 나타날 수 없고 대변에 기재되어야 한다. 이처럼 계정잔액(금액)의 오류는 없었더라도, 전기과정에서 위치(차변, 대변)에 대한 오류가 있음을 알 수 있다. 위치를 수정하여야 하는 항목은 다음과 같다.

계정과목	차변	대변
매출(수익)		₩300
선급보험료(자산)	₩50	
선수수익(부채)		₩50
미수수익(자산)	₩10	
매입채무(부채)		₩50
합계	₩60	₩400

위치 수정 후 차변 합계 = ₩2,390 + ₩60 - ₩400 = ₩2,050

위치 수정 후 대변 합계 = ₩1,710 - ₩60 + ₩400 = ₩2,050

다음 페이지에 해설 계속 ▶

41 ㈜한국의 20×1년 중 발생한 거래는 다음과 같다.

(1)	20×1년 7월 1일 만기 1년의 정기예금에 현금 ₩100,000을 예치하였다. 정기예금의 연 이자율은 4%이며, 만기시점에 이자를 받는다.
(2)	종업원에 대한 급여는 매월 말에 지급했으나, 20×1년 12월 급여 ₩1,000은 20×1년 12월 31일에 지급하지 않고 20×2년 1월 3일에 지급하였다.
(3)	20×1년 11월 1일에 창고를 6개월간 임대하고, 1개월에 ₩1,000씩 6개월 임대료 ₩6,000을 현금으로 받아 수익으로 처리하였다.

20×1년에 발생한 기중 거래 및 결산 수정사항을 반영하여 발생기준과 현금기준으로 회계처리 하였을 때, 20×1년 당기순이익에 각각 미치는 영향은?

2020 관세직 9급

	발생기준	현금기준
①	₩3,000 감소	₩0
②	₩3,000 증가	₩0
③	₩3,000 증가	₩6,000 증가
④	₩3,000 감소	₩6,000 증가

[결산수정으로 인한 시산표 합계변화]

재고자산 평가손실 = 장부금액 ₩200 - 순실현가치 ₩10 = ₩190

차입금 이자비용 = ₩500 × 4% × 6개월/12개월 = ₩10

차변		대변	
자산		자산 차감항목	재고자산평가충당금 ⊕190
비용	재고평가손실 ⊕190 이자비용 ⊕10	부채	차입금 ⊕10
합계	⊕200	합계	⊕200

수정후시산표 차변 합계 = ₩2,050 + ₩200 = ₩2,250

41 정답 ③

해설

	발생기준	현금기준
(1)	이자수익: ₩100,000 × 4% × 6/12 = ₩2,000	현금유입: ₩0
(2)	종업원급여: (-)₩1,000	현금유출: ₩0
(3)	임대수익: ₩1,000 × 2개월 = ₩2,000	현금유입: ₩6,000
합계	₩3,000	₩6,000

※ 이 문제에 대해 '11월 1일에 ₩6,000을 수익으로 인식했지만, 아직 4개월은 경과하지 않았기 때문에 ₩4,000만큼 수익을 감소시켜야 하는 거 아닌가요? 왜 ₩2,000이 증가하나요?'라고 질문하는 경우가 많다. 마지막 물음을 다시 한번 읽어 보기 바란다. 지금 이 문제의 질문은 '결산 수정사항이 당기순이익에 미치는 영향'이 아니다. '기중 거래 및 결산 수정사항이 당기순이익에 미치는 영향'을 묻고 있다. 즉, 기중 거래로 ₩6,000의 수익이 증가하지만, 결산 수정으로 ₩4,000이 감소해서 결국 합계인 ₩2,000만큼 증가하는 것이다.

42 ㈜한국은 상품을 외상매출하고 거래대금을 지급받지 않는 대신 거래상대방에게 상환해야 할 같은 금액의 채무를 변제하였다. 이 거래가 ㈜한국의 자산, 부채, 수익 및 순이익에 미치는 영향을 옳게 짝 지은 것은? (단, 판매한 상품의 매출원가는 거래대금의 80%이고 재고자산은 계속기록법을 적용한다)

2020 국가직 7급

	자산	부채	수익	순이익
①	감소	감소	증가	증가
②	불변	감소	불변	증가
③	증가	불변	증가	불변
④	감소	불변	증가	불변

43 ㈜한국의 수정후시산표상 자산, 부채, 수익, 비용, 자본금 금액이 다음과 같을 때, 기초이익잉여금은?

2021 국가직·관세직 9급

계정과목	금액	계정과목	금액
매출	₩120,000	현금	₩130,000
매출원가	₩100,000	재고자산	₩200,000
급여	₩50,000	매입채무	₩170,000
선급비용	₩70,000	미지급금	₩50,000
미지급비용	₩80,000	미수수익	₩50,000
자본금	₩40,000	기초이익잉여금	?

① ₩40,000　② ₩110,000　③ ₩140,000　④ ₩300,000

정답과 해설

42 **정답** ①

해설 매출을 인식하고 매출채권 증가 대신 부채가 감소한다. 매출액의 80%에 해당하는 금액만큼 재고자산이 감소하고(계속기록법) 해당 금액을 매출원가로 인식한다. 매출액을 100이라고 가정하면 다음과 같은 영향을 미치게 된다.

차변		대변	
자산	재고자산 ⊖80	부채	채무 ⊖100
비용	매출원가 ⊕80	수익	매출액 ⊕100

자산 감소, 부채 감소, 수익 증가, 순이익(100 - 80) 증가

43 **정답** ③

해설 차변항목 합계와 대변항목 합계가 일치해야 한다. 자료를 시산표의 차변과 대변으로 전기한다고 생각하면 다음과 같이 옮길 수 있다.

차변		대변	
현금	130,000	매출	120,000
매출원가	100,000	매입채무	170,000
재고자산	200,000	미지급금	50,000
급여	50,000	미지급비용	80,000
선급비용	70,000	자본금	40,000
미수수익	50,000	기초이익잉여금	?
합계	600,000	합계	600,000

기초이익잉여금 = ₩600,000 - ₩460,000 = ₩140,000

44 다음은 ㈜한국과 관련된 거래이다. 기말 수정분개가 재무제표에 미치는 영향으로 옳은 것은? (단, 기간은 월할 계산한다)

2021 국가직·관세직 9급

> ○ 8월 1일 건물을 1년간 임대하기로 하고, 현금 ₩2,400을 수취하면서 임대수익으로 기록하였다.
>
> ○ 10월 1일 거래처에 현금 ₩10,000을 대여하고, 1년 후 원금과 이자(연 이자율 4%)를 회수하기로 하였다.
>
> ○ 11월 1일 보험료 2년분 ₩2,400을 현금지급하고, 보험료로 회계처리하였다.

① 자산이 ₩2,100만큼 증가한다.

② 비용이 ₩200만큼 증가한다.

③ 수익이 ₩100만큼 증가한다.

④ 당기순이익이 ₩900만큼 증가한다.

44 **정답** ④

해설 임대수익 ₩2,400 중 7개월 분 ₩1,400은 선수임대료(부채)에 해당한다.

미수이자 ₩10,000 × 4% × 3/12 = ₩100을 이자수익으로 인식한다.

2년치 보험료 지급액 중 22개월 분 ₩2,200은 선급비용(자산)에 해당한다.

차변		대변	
자산	미수이자 ⊕100 선급비용 ⊕2,200	부채	선수임대료 ⊕1,400
비용	보험료 ⊖2,200	수익	임대수익 ⊖1,400 이자수익 ⊕100
합계	⊕100	합계	⊕100

당기순이익 변동 = 수익감소 (-)₩1,300 + 비용감소 ₩2,200 = ₩900

45 제조업을 영위하는 ㈜한국의 20×1년 말 재무상태표에는 매출채권에 대한 손실충당금(대손충당금) 기초 잔액은 ₩200,000이며, 이익잉여금 기초 잔액은 ₩30,000이었다. 20×1년 중 발생한 다음 사항을 반영하기 전의 당기순이익은 ₩150,000이다.

> ○ 당기 중 거래처에 대한 매출채권 ₩70,000이 회수불능으로 확정되었다.
>
> ○ 20×1년 말 매출채권 총액에 대한 기대신용손실액은 ₩250,000이다.
>
> ○ 7월 1일 임대목적으로 ₩200,000의 건물을 취득하였다. 내용연수는 20년이고 잔존가치는 없다. ㈜한국은 투자부동산에 대해서 공정가치모형을 적용한다. 결산일인 20×1년 말 건물의 공정가치는 ₩250,000이다.

㈜한국의 20×1년 당기순이익과 20×1년 말 이익잉여금은?　　　　2021 관세직 9급

	당기순이익	이익잉여금
①	₩80,000	₩70,000
②	₩90,000	₩70,000
③	₩80,000	₩110,000
④	₩90,000	₩110,000

45 **정답** ③

　해설 [대손상각비 인식]

　　ㄱ. 결과: ₩250,000

　　ㄴ. 잔액: 기초 ₩200,000 - 대손확정 ₩70,000 = ₩130,000

　　ㄷ. 보충: ₩250,000 - ₩130,000 = ₩120,000

　　[투자부동산 평가]

　　평가이익 = ₩250,000 - ₩200,000 = ₩50,000

　　당기순이익 = ₩150,000 - 대손상각비 ₩120,000 + 평가이익 ₩50,000 = ₩80,000

　　이익잉여금 = 기초 이익잉여금 ₩30,000 + 당기순이익 ₩80,000 = ₩110,000

46 다음 수정분개를 반영하지 못할 경우 재무상태와 손익에 미치는 영향으로 옳은 것은? 2021 지방직 9급

○ 종업원급여 미지급액	₩10,000
○ 선급보험료(자산) 중 기간이 경과하여 실현된 금액	₩10,000
○ 외상매출금 중 현금으로 회수된 금액	₩10,000
○ 선수임대료(부채) 중 기간이 경과하여 실현된 금액	₩10,000
○ 차입금 이자 미지급액	₩10,000

① 법인세차감전순이익은 ₩20,000 과소 계상된다.

② 비용은 ₩30,000 과대 계상된다.

③ 부채는 ₩10,000 과소 계상된다.

④ 자산은 ₩30,000 과소 계상된다.

46 정답 ③

해설 수정사항을 반영하면 다음과 같은 변화가 생긴다.

차변		대변	
자산	선급보험료 ⊖10,000 현금 ⊕10,000 매출채권 ⊖10,000	부채	미지급급여 ⊕10,000 선수임대료 ⊖10,000 미지급이자 ⊕10,000
비용	급여 ⊕10,000 보험료 ⊕10,000 이자비용 ⊕10,000	수익	임대수익 ⊕10,000
합계	⊕20,000	합계	⊕20,000

이러한 수정분개를 반영하지 못했으므로 재무제표에 미치는 영향은 반대로 나타난다. 자산 ₩10,000 과대계상, 부채 ₩10,000 과소계상, 수익 ₩10,000 과소계상, 비용 ₩30,000 과소계상 순이익 ₩20,000 과대계상 된다.

47 ㈜한국의 20×1년 초 재무상태표상 자산총액 ₩800,000, 부채총액 ₩500,000이다. 다음 거래 내역과 관련 결산조정 사항을 반영한 20×1년 말 재무상태표상 자산총액과 부채총액을 바르게 연결한 것은? (단, 기간은 월할 계산한다)

2022 국가직 7급

일자	거래 내역
3월 1일	1년치 화재보험료 ₩120,000 현금 지급하고 전액 비용 인식
8월 1일	1년치 건물임대료 ₩240,000 현금 수취하고 전액 수익 인식

	자산총액	부채총액
①	₩560,000	₩380,000
②	₩920,000	₩500,000
③	₩940,000	₩640,000
④	₩1,040,000	₩620,000

47 정답 ③

해설 비용 인식한 보험료 ₩120,000 중 2개월 분(₩20,000)은 아직 기간이 도래하지 않았으므로, 비용을 취소하고 선급비용(자산)으로 인식한다.

수익으로 인식한 임대료 ₩240,000 중 7개월 분(₩140,000)은 아직 기간이 도래하지 않았으므로, 수익을 취소하고 선수수익(부채)으로 인식한다.

차변		대변	
자산	선급보험료 ⊕20,000	부채	선수임대수익 ⊕140,000
비용	보험료 ⊖20,000	수익	임대수익 ⊖140,000
합계	0	합계	0

자산총액 = 기초 ₩800,000 + 현금 증감(보험료 지급 -₩120,000 + 임대료 수취 ₩240,000) + 선급보험료 ₩20,000
= ₩940,000

부채총액 = 기초 ₩500,000 + 선수임대수익 ₩140,000 = ₩640,000

48 다음 거래 중 수정분개를 하지 않았을 경우, 20×1년 말 당기순이익에 미치는 영향은? 2023 국가직 7급

○ 당기 발생한 미수임대료	₩1,000
○ 당기 인식한 수익 중 선수수익 해당액	₩300
○ 외상매출금 회수	₩500
○ 당기 발생한 미지급급여	₩100
○ 토지 최초 재평가증가액	₩400

① ₩600 과소   ② ₩800 과소

③ ₩1,000 과소   ④ ₩1,500 과소

48 **정답** ①

해설 수정분개를 하는 경우 당기순이익에 미치는 영향은 다음과 같다.
- 당기 발생한 미수임대료는 수익이므로 더해 준다.
- 당기 인식한 수익 중 선수수익 해당액은 수익에 해당하지 않으므로 차감한다.
- 외상매출금 회수는 매출채권(자산)이 현금(자산)으로 대체될 뿐 손익에는 영향이 없다.
- 당기 발생한 미지급급여는 비용에 해당하므로 차감한다.
- 토지 최초 재평가증가액은 기타포괄손익으로 인식하므로 당기손익에는 영향이 없다.

수정분개가 당기순이익에 미치는 영향 = 미수임대료(수익) ₩1,000 - 선수수익(수익 아님) ₩300 - 미지급급여(비용) ₩100 = ₩600 증가

이러한 분개를 하지 않았으므로 당기순이익은 ₩600 과소계상 됐다.

49 ㈜한국이 다음 거래를 수정분개 할 경우, 당기순이익에 미치는 영향은? (단, 기간은 월할 계산한다)

2023 국가직 7급

> ○ 12월 31일 소모품 계정잔액은 ₩30,000이나 실제 소모품 재고액은 ₩15,000이다.
>
> ○ 11월 1일에 은행으로부터 ₩2,000,000(이자율 연 6%)을 차입하였다.
>
> ○ 7월 1일 1년 만기 보험으로 ₩36,000을 지급하고 선급보험료로 회계처리하였다.
>
> ○ 12월 31일 선급임차료 계정잔액이 ₩14,000이나 기간미경과분은 ₩9,000이다.
>
> ○ 9월 1일 건물 임대계약으로 2년치 임대료 ₩240,000을 수령하고 선수임대료로 회계처리하였다.
>
> ○ 10월 1일 정기예금(1년 만기, 이자율 연 6%)에 ₩1,000,000을 예금하였다.

① ₩3,000 감소

② ₩83,000 감소

③ ₩7,000 증가

④ ₩33,000 증가

정답과 해설

49 **정답** ①

해설

구분			손익영향
소모품 잔액을 ₩15,000 감소시키면서 소모품비로 처리한다.			(-)₩15,000
(차)　　소모품비　　15,000　　(대)　　소모품　　15,000			
이자비용 = ₩2,000,000 × 6% × 2개월/12개월			(-)₩20,000
보험료 = 선급보험료 ₩36,000 × 6개월/12개월			(-)₩18,000
기간경과분 임차료 = 선급임차료 ₩14,000 - 미경과분 ₩9,000			(-)₩5,000
임대수익 = 선수임대료 ₩240,000 × 4개월/24개월			(+)₩40,000
이자수익 = ₩1,000,000 × 6% × 3개월/12개월			(+)₩15,000
합계			(-)₩3,000

50 ㈜서울은 20X1년 12월 31일 〈보기〉와 같은 결산수정사항을 확인하였다. 〈보기〉의 모든 결산수정
사항 반영이 당기순이익에 미치는 영향으로 가장 옳은 것은? (단, 이자와 임대료는 월할 계산한다.)

2023 서울시 7급

〈보기〉

- 20X1년 8월 1일 ㈜대한에게 ₩600,000을 차입하였고, 1년 후 원금과 이자 연 10%를 상환하기로 약
  정하였다.
- 20X1년 4월 1일 향후 3년치 창고 임대료를 ₩480,000 현금으로 수령하면서 선수임대료로 회계처
  리하였다.
- 기초 소모품은 ₩30,000, 당기 구입이 ₩70,000이었으며, 기말 소모품 가액은 ₩40,000으로 파악되
  었다.

① ₩25,000 감소 ② ₩65,000 감소
③ ₩35,000 증가 ④ ₩85,000 증가

51 다음은 ㈜한국의 20×1년 결산수정 자료이다.

- ○ 6월 초 창고를 임대하면서 수령한 연간 임대료 ₩12,000을 전액 부채로 인식하였다.
- ○ 10월 초 건물에 대한 연간 화재보험료 ₩24,000을 현금지급하면서 전액 비용으로 인식하였다.
- ○ 당해 연도에 발생한 건물 임차료 ₩10,000과 급여 ₩20,000을 장부에 반영하지 않았다.

㈜한국의 결산수정분개가 20×1년 당기순이익에 미치는 영향은? (단, 기간은 월할 계산한다)

2024 국가직 7급

① ₩5,000 감소 ② ₩6,000 감소
③ ₩28,000 감소 ④ ₩31,000 감소

50 정답 ③
해설 • 이자비용 = ₩600,000 × 10% × 5개월/12개월 = ₩25,000
- 임대수익 = ₩480,000 × 9개월/36개월 = ₩120,000
- 소모품비 = 기초 ₩30,000 + 구입 ₩70,000 - 기말 ₩40,000 = ₩60,000
당기순이익에 미치는 영향 = 이자비용 (-)₩25,000 + 임대수익 ₩120,000 + 소모품비 (-)₩60,000 = ₩35,000

51 정답 ①
해설 • 부채(선수수익)로 인식한 임대료 ₩12,000 중 기간이 경과한 7개월 분 ₩7,000을 수익으로 인식한다.
- 비용으로 인식한 보험료 ₩24,000중 기간이 미경과한 9개월 분 ₩18,000을 선급비용으로 인식한다.
당기순이익에 비치는 영향 = 임대수익 ₩7,000 + 보험료(비용 아님) ₩18,000 - 건물 임차료 ₩10,000 - 급여 ₩20,000
= (-)₩5,000

52 ㈜대한은 2016년에 처음 회계감사를 받았는데, 기말상품재고에 대하여 다음과 같은 오류가 발견되었다. 각 연도별로 ㈜대한이 보고한 당기순이익이 다음과 같을 때, 2016년의 오류 수정 후 당기순이익은? (단, 법인세효과는 무시한다)

2016 국가직 9급

연도	당기순이익	기말상품재고 오류
2014년	₩15,000	₩2,000(과소평가)
2015년	₩20,000	₩3,000(과소평가)
2016년	₩25,000	₩2,000(과대평가)

① ₩25,000　　② ₩23,000　　③ ₩22,000　　④ ₩20,000

53 ㈜대한은 ㈜민국에게 판매 위탁한 상품 중 기말 현재 판매되지 않은 상품(원가 ₩10,000)을 기말재고자산에 판매가(₩15,000)로 포함시켰다. 이로 인한 당기와 차기의 순이익에 미치는 영향으로 옳은 것은?

2016 관세직 9급

① 당기에만 순이익이 과대계상된다.
② 당기에만 순이익이 과소계상된다.
③ 순이익이 당기에는 과대, 차기에는 과소계상된다.
④ 순이익이 당기에는 과소, 차기에는 과대계상된다.

52 정답 ④

해설

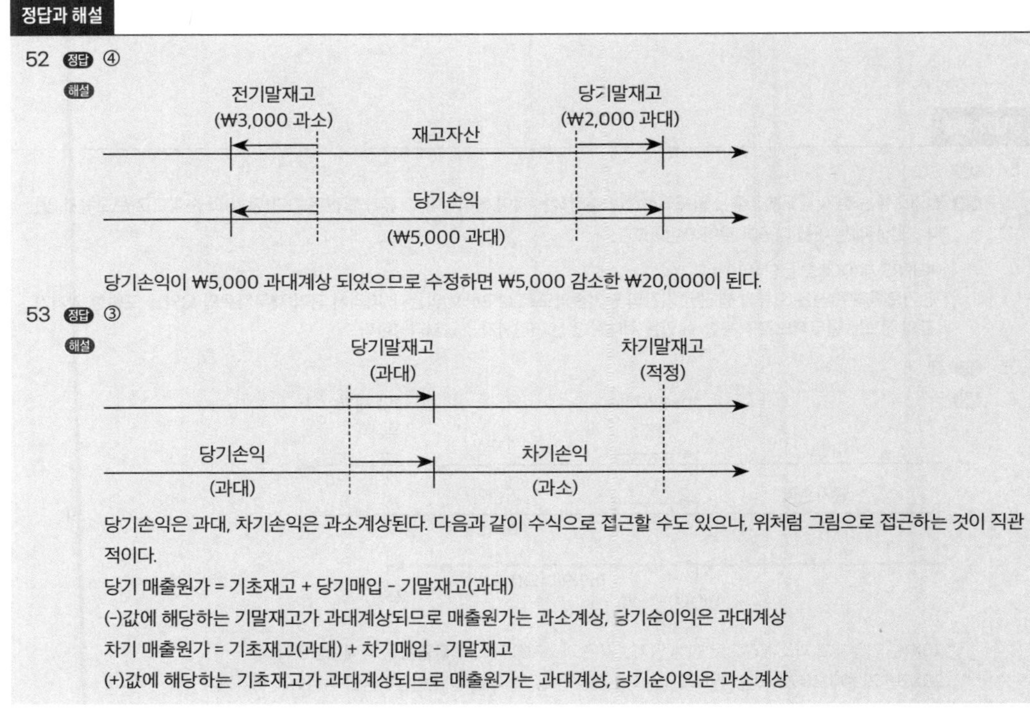

당기손익이 ₩5,000 과대계상 되었으므로 수정하면 ₩5,000 감소한 ₩20,000이 된다.

53 정답 ③

해설

당기손익은 과대, 차기손익은 과소계상된다. 다음과 같이 수식으로 접근할 수도 있으나, 위처럼 그림으로 접근하는 것이 직관적이다.

당기 매출원가 = 기초재고 + 당기매입 − 기말재고(과대)
(−)값에 해당하는 기말재고가 과대계상되므로 매출원가는 과소계상, 당기순이익은 과대계상
차기 매출원가 = 기초재고(과대) + 차기매입 − 기말재고
(+)값에 해당하는 기초재고가 과대계상되므로 매출원가는 과대계상, 당기순이익은 과소계상

54 회계정책, 회계추정의 변경 및 오류에 대한 설명으로 옳지 않은 것은? 2022 국가직 7급

① 과거에 발생한 거래와 실질이 다른 거래, 기타 사건 또는 상황에 대하여 다른 회계정책을 적용하는 것은 회계정책의 변경에 해당하지 아니한다.

② 추정의 근거가 되었던 상황의 변화, 새로운 정보의 획득, 추가적인 경험의 축적이 있는 경우 추정의 수정이 필요할 수 있다. 성격상 추정의 수정은 과거기간과 연관되지 않으며 오류수정으로 보지 아니한다.

③ 당기 기초시점에 과거기간 전체에 대한 오류의 누적효과를 실무적으로 결정할 수 없는 경우, 실무적으로 적용할 수 있는 가장 이른 날부터 전진적으로 오류를 수정하여 비교정보를 재작성한다.

④ 전기오류의 수정은 오류가 발견된 기간의 당기손익으로 보고하고, 과거 재무자료의 요약을 포함한 과거기간의 정보는 실무적으로 적용할 수 있는 최대한 앞선 기간까지 소급재작성한다.

55 실지재고조사법을 채택하고 있는 ㈜서울은 20X1년 말 실시한 재고조사에서 1개 창고의 재고를 실수로 누락하였고, 이로 인해 20X1년 기말재고가 과소평가되었다. 20X2년 말 재고조사에서는 오류가 없었다면, 20X1년 오류가 ㈜서울의 20X1년 및 20X2년 재무제표에 미친 영향에 대한 설명으로 가장 옳지 않은 것은? 2023 서울시 7급

① 20X1년 매출원가 과대평가

② 20X1년 당기순이익 과소평가

③ 20X2년 기초재고자산 과소평가

④ 20X2년 이익잉여금 과대평가

54 정답 ④

해설 전기오류는 전기 재무제표를 소급재작성하여 수정하는 것이 원칙이며, 오류가 발견된 기간(당기)의 손익으로 보고하지 않는다. 기준서에는 이를 다음과 같이 표현하고 있다.

K-IFRS 제1008호 문단 42
전기오류의 수정은 오류가 발견된 기간의 당기손익으로 보고하지 않는다. 따라서 과거 재무자료의 요약을 포함한 과거기간의 정보는 실무적으로 적용할 수 있는 최대한 앞선 기간까지 소급재작성한다.

55 정답 ④

해설

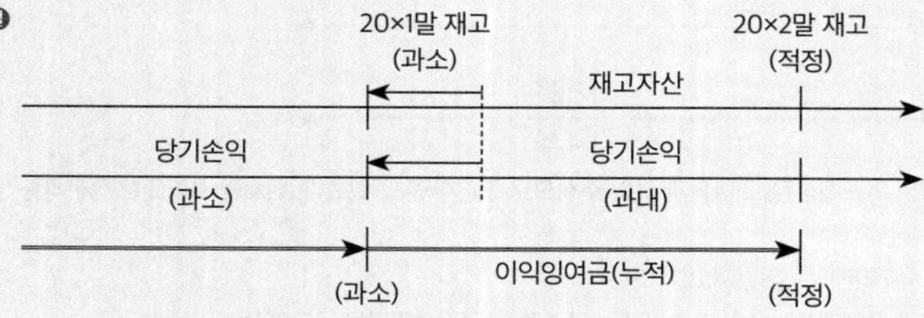

20X1년 기말재고 과소계상으로 인해 당기손익은 과소계상되고, 매출원가는 과대계상된다.
20X2년 기초재고(=20X1년 기말재고)는 과소계상되고, 20X2년 말 이익잉여금은 적정하게 평가된다.

56 회계변경 또는 회계선택 결과로 당기순이익이 감소하는 것은? (단, 회계변경은 모두 정당한 변경으로 간주한다)

2017 관세직 9급 추가채용

① 매입한 재고자산의 단가가 계속 상승할 때, 재고자산 단위원가 결정방법을 가중평균법에서 선입선출법으로 변경하였다.

② 정액법을 적용하여 감가상각하는 비품의 내용연수를 5년에서 7년으로 변경하였다.

③ 신규취득 기계장치의 감가상각비 계산 시 정액법이 아닌 정률법을 선택하였다.

④ 정액법으로 감가상각하는 기계장치에 대해 수선비가 발생하여 이를 수익적 지출이 아닌 자본적 지출로 처리하였다.

57 ㈜한국은 2017년에 재고자산의 단위원가결정방법을 변경한 결과 2017년의 기초재고자산과 기말재고자산이 각각 ₩50,000과 ₩30,000 증가하였다. 이러한 회계변경의 효과로 인한 2017년 기초이익잉여금의 변동액은? (단, 회계변경은 모두 정당한 변경으로 간주하며 법인세 효과는 고려하지 않는다)

2017 관세직 9급 추가채용

① ₩30,000 증가

② ₩50,000 증가

③ ₩80,000 증가

④ ₩20,000 감소

56 **정답** ③

해설 ① 재고자산의 단가가 계속 상승하는 경우, 기말재고자산이 기초재고자산보다 증가하였다면 선입선출법이 가중평균법보다 이익이 크게 나타난다.

② 정액법 상각에서 내용연수가 증가하면 매년 인식하는 감가상각비는 감소하여 이익이 증가한다.

③ 정률법은 가속상각에 해당하는 방법으로 취득초기에 정액법보다 감가상각비를 크게 인식하여 당기순이익이 감소한다.

④ 수익적 지출에 해당하면 전액 비용으로 인식하지만, 자본적 지출에 해당하면 자산으로 계상한 후 내용연수에 걸쳐 감가상각비로 나누어 인식하기 때문에 비용인식액이 작고 당기순이익이 증가한다.

57 **정답** ②

해설

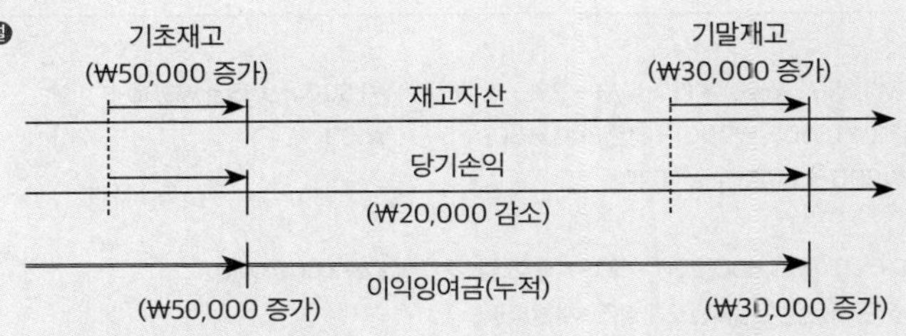

기초재고 증가액 ₩50,000만큼 기초 이익잉여금도 증가한다.

58 ㈜한국은 20×1년 1월 1일 기계장치를 ₩1,550에 취득하고 연수합계법(잔존가치 ₩50, 내용연수 5년)으로 감가상각하였다. 20×3년 1월 1일 현재 동 기계장치의 감가상각방법을 정액법으로 변경하고, 잔존내용연수를 20×7년 말까지인 5년으로 변경하였다. 잔존가치의 변동이 없다고 할 경우 ㈜한국이 20×3년 포괄손익계산서에 인식할 감가상각비와 재무상태표에 인식할 감가상각누계액은?

2017 지방직 9급 추가채용

	감가상각비	감가상각누계액
①	₩100	₩900
②	₩120	₩1,020
③	₩100	₩1,000
④	₩120	₩1,120

59 ㈜서울은 2017년 3월 1일에 기계장치A(내용연수 5년, 잔존가치 ₩0)를 ₩3,600,000에 취득하여 원가모형을 적용하고 있다. 2018년 초 기계장치A에 대해 감가상각방법을 기존의 연수합계법에서 정액법으로 변경하였다면 2018년도 감가상각비는? (단, 감가상각은 월할계산한다.)　2019 서울시 9급

① ₩540,000

② ₩624,000

③ ₩864,000

④ ₩960,000

58　**정답** ②

　해설 20X2년 말 감가상각누계액 = (₩1,550 − ₩50) × (5 + 4)/(1 + 2 + 3 + 4+ 5) = ₩1,500 × 9/15 = ₩900

　　　20X3년 감가상각비 = {장부금액(₩1,550 − ₩900) − 잔존가치 ₩50} ÷ 5년 = ₩120

　　　20X3년 말 감가상각누계액 = ₩900 + ₩120 = ₩1,020

59　**정답** ②

　해설 2017년 말 장부금액 = ₩3,600,000 − ₩3,600,000 × 5/15 × 10개월/12개월 = ₩2,600,000

　　　회계변경 시점인 2018년 초의 잔존내용연수는 4년 2개월(50개월)이다.

　　　2018년 감가상각비 = ₩2,600,000 × 12개월/50개월 = ₩624,000

60 회계변경과 오류수정에 관한 설명으로 옳지 않은 것은? 2015 관세사

① 거래, 기타 사건 또는 상황에 대하여 구체적으로 적용할 수 있는 한국채택국제회계기준이 없는 경우, 경영진은 판단에 따라 회계정책을 개발 및 적용하여 회계정보를 작성할 수 있다.

② 한국채택국제회계기준에서 특정 범주별로 서로 다른 회계정책을 적용하도록 규정하거나 허용하는 경우를 제외하고는 유사한 거래, 기타 사건 및 상황에는 동일한 회계정책을 선택하여 일관성 있게 적용한다.

③ 기업은 한국채택국제회계기준에서 회계정책의 변경을 요구하는 경우에 회계정책을 변경할 수 있다.

④ 과거에 발생한 거래와 실질이 다른 거래, 기타 사건 또는 상황에 대하여 다른 회계정책을 적용하는 경우는 회계정책의 변경에 해당하지 아니한다.

⑤ 측정기준의 변경은 회계정책의 변경이 아니라 회계추정치 변경에 해당한다.

61 12월 결산법인인 서울㈜는 결산 중 20×1년 9월 1일 1년분의 화재보험료 ₩600,000을 현금으로 지급하면서 보험료로 회계처리 하였으며, 20×1년 1월 1일 자산으로 계상된 소모품 ₩200,000 중 12월 말 현재 보유하고 있는 소모품은 ₩50,000인 사실을 추가적으로 확인하였다. 이에 대한 수정분개가 모두 반영된 경우 자산 또는 법인세비용차감전순이익에 미치는 영향으로 올바른 것은?

2014 서울시 9급

① 법인세비용차감전순이익은 ₩250,000 증가한다.

② 자산이 ₩400,000 증가한다.

③ 법인세비용차감전순이익은 ₩150,000 감소한다.

④ 자산이 ₩150,000 감소한다.

⑤ 법인세비용차감전순이익은 ₩400,000 증가한다.

60 정답 ⑤

해설 측정기준의 변경은 회계추정치 변경이 아니라 회계정책의 변경에 해당한다.

61 정답 ①

해설 회사가 비용인식한 보험료 ₩600,000 중 기간미경과분(8개월/12개월)은 선급비용(자산)에 해당한다.

(차)	선급비용(자산 증가)	400,000	(대)	보험료(비용 취소)	400,000

소모품 중 사용분(₩200,000 - ₩50,000)은 비용처리하여야 한다.

(차)	소모품비(비용 인식)	150,000	(대)	소모품(자산 감소)	150,000

자산증가 = 선급비용 증가 ₩400,000 - 소모품 감소 ₩150,000 = ₩250,000 증가

법인세비용차감전순이익 = 비용감소 ₩400,000 - 비용인식 ₩150,000 = ₩250,000 증가

62 12월 결산법인인 서울㈜의 20×1년 법인세비용차감전순이익은 ₩1,000,000이다. 그러나 확인 결과 급여미지급액 ₩100,000, 유형자산의 감가상각액 ₩100,000, 차입금 이자 미지급액 ₩50,000, 대여금 이자 미수액 ₩50,000, 외상매출금 ₩100,000을 현금으로 회수한 것에 대한 회계처리가 누락된 것으로 나타났다. 누락한 회계처리를 반영한 법인세비용차감전순이익은 얼마인가?

2014 서울시 9급

① ₩800,000
② ₩850,000
③ ₩900,000
④ ₩950,000
⑤ ₩1,000,000

63 결산정리사항 중 당기순이익에 미치는 영향이 나머지와 다른 하나는?

2012 국가직 7급

① 선급보험료 계상
② 선수임대료 계상
③ 대손상각비 계상
④ 미지급이자 계상

62 **정답** ①

해설 법인세비용차감전순이익 = 수정 전 ₩1,000,000 - 급여 ₩100,000 - 감가상각비 ₩100,000 - 이자비용 ₩50,000 + 이자수익 ₩50,000 = ₩800,000
외상매출금의 회수는 매출채권이 감소하고 현금이 증가하는 자산대체가 일어날 뿐, 손익에는 영향이 없다.

63 **정답** ①

해설 선급보험료를 계상한다는 것은, 회사가 비용으로 처리한 보험료 중 일부가 기간경과 하지 않았으므로 비용처리를 취소하고 이를 자산(선급비용)으로 인식한다는 의미이다. 선수임대료를 계상한다는 것은 회사가 수익으로 인식한 임대료 중 일부가 선수임대료에 해당하므로 수익을 감소시키고 이를 부채로 인식한다는 의미이다. 대손상각비와 미지급이자를 계상하는 것은 회사가 인식하지 않은 비용을 인식하는 것이다. 따라서 선급보험료만 당기순이익을 증가(비용감소)시키고 나머지는 당기순이익을 감소시킨다.

64 결산수정분개에 대한 설명으로 옳지 않은 것은? 2017 관세직 9급 추가채용

① 장래에 용역을 제공하기로 하고 대금을 미리 받은 경우, 결산기말까지 용역을 제공한 부분은 선수수익으로 계상하고 미제공한 부분은 부채로 계상한다.

② 유형자산 감가상각 시 차변은 감가상각비로 계상하고 대변은 감가상각누계액으로 계상한다.

③ 당기에 속하는 전기료를 지급하지 않았다면 차변에 비용으로 계상하고 대변에 미지급비용으로 계상한다.

④ 소모품 취득 시 자산으로 기록하였다면 결산기말까지 사용한 부분만큼 비용으로 처리한다.

65 ㈜서울은 12월 말 결산법인이며 〈보기〉는 기말수정사항이다. 기말수정분개가 ㈜서울의 재무제표에 미치는 영향으로 가장 옳은 것은? (단, 법인세는 무시한다) 2018 서울시 9급

〈보기〉

- 3월 1일에 1년간 보험료 ₩300,000을 현금으로 지급하면서 전액 보험료로 기록하였다.
- 4월 1일에 소모품 ₩300,000을 현금으로 구입하면서 전액 소모품으로 기록하였다. 기말에 실시한 결과 소모품은 ₩70,000으로 확인되었다.
- 5월 1일에 1년간 건물 임대료로 ₩300,000을 수취하면서 전액 임대료수익으로 기록하였다.

① 자산이 ₩180,000만큼 증가한다.

② 부채가 ₩100,000만큼 감소한다.

③ 비용이 ₩180,000만큼 증가한다.

④ 당기순이익이 ₩80,000만큼 감소한다.

64 정답 ①

해설 장래에 용역을 제공하기로 하고 대금을 미리 받은 경우, 결산기말까지 용역을 제공한 부분은 수익으로 인식하고 미제공한 부분은 선수수익으로 부채계상한다.

65 정답 ③

해설 각각의 수정분개는 다음과 같다.

보험료	(차)	선급보험료(자산 증가)	50,000	(대)	보험료(비용 취소)	50,000
소모품	(차)	소모품비(비용 인식)	230,000	(대)	소모품(자산 감소)	230,000
임대료	(차)	임대료수익(수익 취소)	100,000	(대)	선수임대료(부채 증가)	100,000

시산표 합계변화

차변		대변	
자산	⊕ 50,000 ⊖ 230,000	부채	⊕ 100,000
비용	⊖ 50,000 ⊕ 230,000	수익	⊖ 100,000
합계	0	합계	0

자산은 ₩180,000 감소하고, 부채는 ₩100,000 증가한다. 비용이 ₩180,000 증가하고 수익이 ₩100,000 감소하여 당기순이익은 ₩280,000 감소한다.

66 ㈜서울의 20×1년 말 수정전잔액시산표와 수정후잔액시산표 상 선급비용의 차변잔액은 각각 ₩840,000과 ₩160,000이다. 선급비용 차변잔액의 변화와 관련된 설명으로 옳은 것은?

2013 관세사

① 자산의 변화는 없으나 이익잉여금이 ₩160,000 감소한다.

② 자산이 ₩680,000 증가한다.

③ 이익잉여금이 ₩160,000 증가한다.

④ 비용이 ₩680,000 발생한다.

⑤ 당기순손익에 미치는 영향은 없다.

67 ㈜한국은 20X1년 선급보험료계정의 기초잔액이 ₩400 이었으며 이는 전부 20X1년 중에 기간이 경과되었다. 또한 20X1년 7월 1일 2년분 보험료 ₩1,800을 지급하였다. 회사는 보험료를 지급할 때 선급보험료로 기록하고 회계기말에 수정분개를 실시하고 있다. ㈜한국의 20X1년 포괄손익계산서에 계상될 보험료는 얼마인가?

2015 보험계리사

① ₩0　　② ₩850　　③ ₩1,350　　④ ₩2,200

정답과 해설

66 **정답** ④

해설 수정후잔액시산표에서 선급비용 차변 잔액이 ₩680,000감소했으므로 다음 분개와 같이 비용을 인식한 경우에 해당한다.

(차)	비용	680,000	(대)	선급비용	680,000

자산(선급비용)이 ₩680,000 감소하고 비용이 ₩680,000 증가한다.

67 **정답** ②

해설 20X1년 보험료 = 기초 선급보험료 실현 ₩400 + 지급한 보험료 중 당기분 ₩1,800 × 6개월/24개월 = ₩850

68 ㈜서울은 이자수취일이 다음 회계연도에 도래하는 대여금에 대한 이자수익을 당기에 계상하는 기말수정분개를 누락하였다. 이러한 누락이 당기 재무제표에 미치는 영향으로 적절한 설명은?

2015 보험계리사

① 당기에 현금으로 수취해야 할 이자수익이 수익으로 계상되지 않았으므로 기말현금이 과소계상된다.

② 당기에 이자수익이 과소 계상되며 이로 인해 당기 재무상태표상 순자산이 과대계상된다.

③ 당기 포괄손익계산서상 당기순이익과 당기 재무상태표상 자본 및 자산은 과소계상된다.

④ 당기 재무상태표상 자산, 부채, 자본에 영향을 주지 않으며 다음 회계연도의 재무상태표상 자산이 과대계상된다.

69 ㈜관세는 20×1년 장부마감 이전에 다음과 같은 사항을 확인하였으나, 20×1년 10월 1일에 보험료 ₩1,200을 지급(1개월 ₩100, 20×1년 10월 1일부터 20×2년 9월 30일까지 보장)하고 전액 자산으로 인식한 거래에 대하여 기말 수정분개가 누락된 것을 발견하였다. ㈜관세가 이에 대한 기말 수정분개를 반영하여 장부를 마감하였을 때, 20×1년 기말부채는?

2021 관세사

○ 기초자산	₩10,000	○ 기초부채	₩7,000
○ 기말자산	₩15,000		
○ 총수익	₩12,000	○ 총비용	₩9,000
○ 유상증자	₩1,000	○ 현금배당	₩100

① ₩8,100 ② ₩8,400 ③ ₩8,600
④ ₩8,700 ⑤ ₩9,000

---

68 **정답** ③

해설 다음과 같은 수정분개가 누락된 것이다.

(차)	미수이자(자산)	XXX	(대)	이자수익	XXX

이자수익이 과소계상되었으므로 당기순이익이 과소계상되고, 마감분개를 통해 증가해야 할 자본(순자산)도 과소계상된다. 미수이자가 누락되어 자산 역시 과소계상된다.

69 **정답** ①

해설

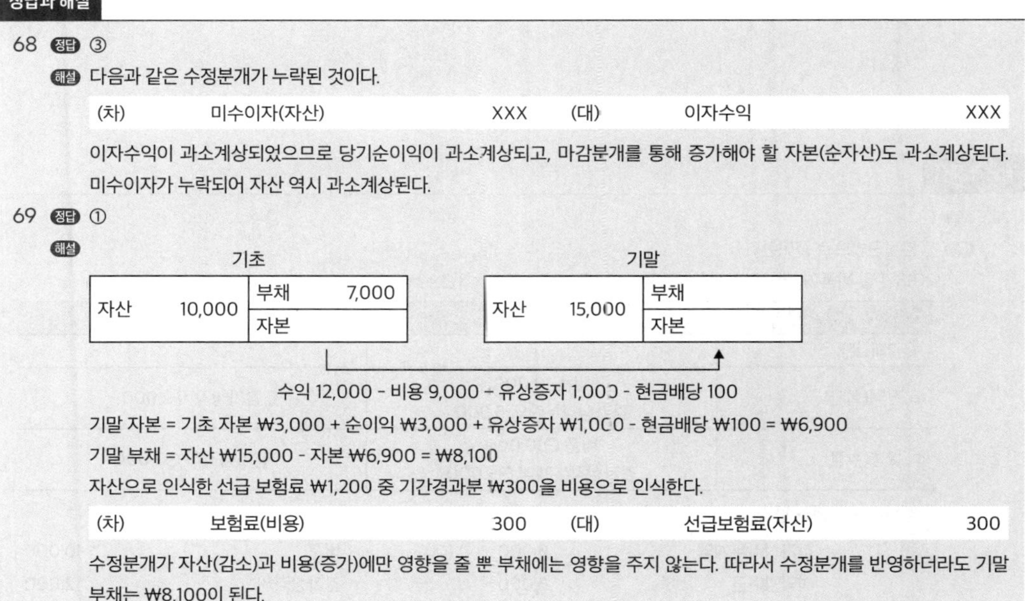

기말 자본 = 기초 자본 ₩3,000 + 순이익 ₩3,000 + 유상증자 ₩1,000 - 현금배당 ₩100 = ₩6,900

기말 부채 = 자산 ₩15,000 - 자본 ₩6,900 = ₩8,100

자산으로 인식한 선급 보험료 ₩1,200 중 기간경과분 ₩300을 비용으로 인식한다.

(차)	보험료(비용)	300	(대)	선급보험료(자산)	300

수정분개가 자산(감소)과 비용(증가)에만 영향을 줄 뿐 부채에는 영향을 주지 않는다. 따라서 수정분개를 반영하더라도 기말부채는 ₩8,100이 된다.

70 다음은 ㈜한국의 비품과 관련된 내용이다. 오류수정 분개로 옳은 것은?

> ㈜한국은 2011년 1월 1일 비품에 대해 수선비 ₩10,000을 비용으로 회계처리 했어야 하나 이를 비품의 장부가액에 가산하여 정액법으로 상각하였다. 2011년 1월 1일 수선비 지출시 비품의 잔여 내용연수는 5년이고 잔존가치는 없다. 2013년도 재무제표 마감 전 수선비 지출에 대한 오류가 발견되었다. (단, 법인세효과는 무시하며 해당 비품의 최초 취득원가는 ₩500,000이다)

① (차) 이익잉여금　　　₩10,000　(대) 비품　　　　　₩10,000
　　　　감가상각누계액　₩6,000　　　　감가상각비　₩6,000
② (차) 이익잉여금　　　₩10,000　(대) 비품　　　　　₩10,000
　　　　감가상각누계액　₩2,000　　　　감가상각비　₩2,000
③ (차) 이익잉여금　　　₩4,000　(대) 비품　　　　　₩10,000
　　　　감가상각누계액　₩6,000
④ (차) 이익잉여금　　　₩6,000　(대) 비품　　　　　₩10,000
　　　　감가상각누계액　₩6,000　　　　감가상각비　₩2,000

정답과 해설

70 **정답** ④

해설 증분접근법으로 풀이한다.

2013년 말 비품에 대한 감가상각누계액 = (₩10,000 ÷ 5년) × 3년 = ₩6,000

2013년	FP	PL
ㄱ. 결과(正)	-	-
ㄴ. 잔액(회사)	비품 10,000 감가상각누계액 6,000	감가상각비 2,000
ㄷ. 보충(수정)	비품 ⊖10,000 감가상각누계액 ⊖6,000	감가상각비 ⊖2,000

수정분개는 다음과 같다.

(차) 감가상각누계액　6,000　(대) 비품　　　　10,000
　　　이익잉여금　　　6,000　　　감가상각비　2,000

71 ㈜서울은 20×1년 초에 기계장치에 대한 수선비 ₩30,000을 기계장치에 대한 자본적지출로 처리하면서, 잔존내용연수 5년, 잔존가액 ₩0, 정액법으로 감가상각하는 오류를 범하였다. 또한 20×1년 초에 취득한 비품 ₩20,000을 자산으로 인식하지 않고 당기소모품비로 처리했는데, 동 비품은 잔존내용연수 4년, 잔존가액 ₩0, 정액법으로 감가상각했어야 옳았다. 다음 중 두 오류의 수정이 20×2년 순이익에 미치는 영향으로 옳은 것은? (단, 이러한 오류는 중대하며 20×2년도 장부는 마감되지 않은 상태이다.)

2017 서울시 9급

① ₩1,000 증가

② ₩1,000 감소

③ ₩11,000 증가

④ ₩11,000 감소

72 장부를 마감하기 전에 발견한 오류 중 당기순이익에 영향을 미치는 항목은?

2013 국가직 7급

① 기타포괄손익-공정가치 측정(FVOCI) 금융자산에 대한 평가이익을 계상하지 않았다.

② 자기주식처분이익을 과소계상하였다.

③ 매각예정으로 분류하였으나 중단영업 정의를 충족하지 않는 비유동자산을 재측정하여 인식하는 평가손익을 중단영업 손익에 포함하였다.

④ 원가모형을 적용하는 유형자산의 손상차손을 계상하지 않았다.

71 정답 ①

해설 순이익(PL)에 미치는 영향

기계장치: 감가상각비 ₩6,000(= ₩30,000 ÷ 5년) 취소 ☞ 순이익 ₩6,000 증가

비품: 감가상각비 ₩5,000(= ₩20,000 ÷ 4년) 인식 ☞ 순이익 ₩5,000 감소

※ 직관적 접근이 어렵다면 다음과 같이 '회-정-수'로 접근한다.

구분	기계장치		비품	
	20X1년	20X2년	20X1년	20X2년
ㄱ. 회사인식	⊖6,000	⊖6,000	⊖20,000	
ㄴ. 바른손익	⊖30,000	-	⊖5,000	⊖5,000
ㄷ. (ㄴ - ㄱ)		⊕6,000		⊖5,000

문제에서 20X2년 순이익에 미치는 영향을 물어보았다. 장부가 마감된 20X1년의 오류는 이익잉여금에서 조정하므로 20X2년 순이익에는 영향을 미치지 않는다.

72 정답 ④

해설 ① 기타포괄손익으로 보고될 항목이므로 당기손익에 미치는 영향은 없다.

② 자본항목(자본잉여금)에서 조정될 내용이므로 당기손익에 미치는 영향은 없다.

③ 당기순이익은 계속영업손익과 중단영업손익의 합계로 구성된다. 평가손익을 계속영업손익에 포함시키느냐 중단영업손익에 포함시키느냐는 당기순이익 합계에 영향을 미치지 않는다. 계속영업손익과 중단영업손익의 구성금액이 바뀔 뿐(중단영업손익이 증가하면 계속영업손익은 그만큼 감소하고, 중단영업손익이 감소하면 계속영업손익은 증가한다) 당기순이익에 미치는 영향은 없다.

73 ㈜서울은 20X1년과 20X2년에 당기순이익으로 각각 ₩1,000,000과 ₩2,000,000을 보고하였다. 그러나 20X1년과 20X2년의 당기순이익에는 〈보기〉와 같은 중요한 오류가 포함되어 있었다. 이러한 오류가 20X1년과 20X2년의 당기순이익에 미친 영향으로 가장 옳은 것은? 2018 서울시 7급

〈보기〉

구분	20X1년	20X2년
감가상각비	₩100,000 과대계상	₩200,000 과대계상
기말선급보험료	₩30,000 과소계상	₩20,000 과소계상
기말미지급임차료	₩10,000 과대계상	₩40,000 과대계상
기말재고자산	₩70,000 과소계상	₩50,000 과소계상

	20X1년	20X2년
①	₩210,000 과대계상	₩200,000 과대계상
②	₩210,000 과대계상	₩200,000 과소계상
③	₩210,000 과소계상	₩200,000 과대계상
④	₩210,000 과소계상	₩200,000 과소계상

73 정답 ④

해설 감가상각비(비용)를 과대계상하면 이익은 감소한다.
선급보험료는 자산에 해당한다. 자산을 과소계상하면 대차평균에 따라 이익은 감소(자본감소)한다.
미지급임차료는 부채에 해당한다. 부채를 과대계상하면 대차평균에 따라 이익은 감소(자본감소)한다.
재고자산을 과소계상하면 대차평균에 따라 이익은 감소(자본감소)한다.
선급보험료, 미지급임차료, 재고자산의 오류는 자동조정 유형에 해당하므로 차기에는 반대의 영향을 미친다.

	20X1년	20X2년
감가상각비	⊖100,000	⊖200,000
선급보험료	⊖30,000	⊕30,000 ⊖20,000
미지급임차료	⊖10,000	⊕10,000 ⊖40,000
재고자산	⊖70,000	⊕70,000 ⊖50,000
손익에 미치는 영향	⊖210,000	**⊖200,000**

74 ㈜서울의 20×3년도 재무제표에는 〈보기〉와 같은 오류가 포함되어 있다. 오류수정 전 ㈜서울의 20×3년 말 이익잉여금이 ₩67,000일 때, 오류수정의 영향을 모두 반영한 ㈜서울의 20×3년 말 이익잉여금은? (단, 오류는 모두 중대하며, 법인세는 없다-.)

2019 서울시 9급

〈보기〉

(가)	20×2년 말 재고자산 과대계상 ₩30,000
	20×3년 말 재고자산 과대계상 ₩20,000
(나)	20×1년 초에 비용으로 인식했어야 할 수선비 ₩8,000을 기계장치의 장부금액에 가산(20×1년 초 현재 기계장치의 잔존 내용연수는 4년, 잔존가치 없이 정액법 상각)

① ₩41,000 ② ₩43,000

③ ₩45,000 ④ ₩47,000

74 정답 ③

해설 20X3년 말 오류수정 전 재무상태표에 남아 있는 오류의 영향은 다음과 같다.

기계장치 장부금액 = ₩8,000 - ₩8,000 × 3년/4년 = ₩2,000

차변		대변	
자산	재고자산 과대계상 ⊕20,000	부채	
	기계장치 장부금액 ⊕2,000	자본	이익잉여금 ?
합계	⊕22,000	합계	⊕22,000

자산이 ₩22,000 과대계상된 만큼, 이익잉여금도 ₩22,000만큼 과대계상 되어 있다.

수정 후 이익잉여금 = 수정 전 ₩67,000 - 과대계상액 ₩22,000 = ₩45,000

75 다음은 ㈜한국의 상품에 대한 매입·매출의 수정 전 내역이다. 기초상품 ₩100,000, 기말상품 ₩120,000일 때, 상품매출에 대한 올바른 매출총이익은? 2021 보험계리사

- 상품매입 ₩368,000, 매입운임 ₩15,000(판매관리비 계상)

- 상품매출 ₩1,000,000, 판매운임 ₩60,000(판매관리비 계상), 판매상품 하자로 인한 매출대금 할인
 금액 ₩50,000(영업외비용 계상)

① ₩587,000　　　　　　② ₩602,000

③ ₩637,000　　　　　　④ ₩652,000

76 ㈜감평은 취득원가 ₩2,500(처분당시 장부금액은 ₩1,500, 원가모형 적용)인 기계장치를 20×1년 초 ₩1,600에 처분하였다. ㈜감평은 기계장치 장부금액을 제거하지 않고 처분대가를 잡수익으로 처리하고, 20×1년과 20×2년 각각 취득원가의 10%를 감가상각비로 계상하였다. 이러한 오류는 20×3년 초 발견되었고, 20×2년도의 장부가 마감되었다면, ㈜감평의 20×3년 당기순이익에 미치는 영향은? (단, 상기 오류는 오류의 영향이나 오류의 누적효과를 실무적으로 결정할 수 있으며 중요한 오류에 해당한다.) 2021 감정평가사

① 영향없음　　　　　　② ₩100 증가　　　　　　③ ₩250 증가

④ ₩500 증가　　　　　　⑤ ₩600 증가

정답과 해설

75 **정답** ①

해설 매입운임은 매입액에 포함하여야 하며, 하자로 인한 할인액은 매출액에서 차감한다.

매출액 = ₩1,000,000 - 매출에누리 ₩50,000 = ₩950,000

매출원가 = 기초재고 ₩100,000 + 당기매입(₩368,000 + ₩15,000) - 기말재고 ₩120,000 = ₩363,000

매출총이익 = 매출액 ₩950,000 - 매출원가 ₩363,000 = ₩587,000

76 **정답** ①

해설 손익에 대한 증분접근법(회-정-수)으로 풀이한다.

20X3년	PL
ㄱ. 회사	-
ㄴ. 정(正)	-
ㄷ. 수정(ㄴ - ㄱ)	-

20X3년 초에 오류가 발견되었으므로 회사는 20X3년에 감가상각비를 인식하지 않았다(ㄱ). 그리고 20X1년 초에 처분하였으므로 20X3년에는 아무런 회계처리를 하지 않는 것이 맞다(ㄴ). 따라서 손익에 미치는 영향은 없다. 재무상태표에 남아 있는 기계장치와 감가상각누계액을 제거하고 차액은 이익잉여금으로 처리한다.

77 ㈜한국은 20×6년 4월초 기계장치를 ₩1,000,000에 취득하였다. 해당자산의 내용연수는 4년, 잔존가치는 0이며, 연수합계법으로 감가상각하였다. ㈜한국은 20×8년 1월초 기계장치의 잔존가치를 ₩105,000로 변경하였으며 감가상각방법은 정액법으로 변경하였다. 잔존가치와 감가상각방법의 변경 외 다른 회계추정의 변동이 없다면, 20×8년 인식할 감가상각비는? (단, 추정치의 변경은 모두 정당한 회계변경으로 가정하고, 감가상각비는 월할 상각한다) 2019 국가직 7급

① ₩90,000   ② ₩120,000

③ ₩165,000   ④ ₩220,000

78 ㈜한국은 20×1년 초 기계장치를 ₩10,000(정액법 상각, 내용연수 4년, 잔존가치 ₩2,000, 원가모형 적용)에 취득하였다. 기계장치 관련 자료가 다음과 같을 때 옳은 것은? 2021 국가직 7급

> ○ 20×2년 중 최초로 기계장치에 대해 재평가모형으로 변경하였으며, 재평가 시 기존의 감가상각누계액은 전액 제거한 후 공정가치로 평가한다. (상각방법, 내용연수, 잔존가치의 변동은 없다)
> ○ 20×2년 말 기계장치의 공정가치는 ₩12,000이다.
> ○ 20×3년 말 기계장치를 현금 ₩8,000을 받고 처분하였다.

① 20×1년 감가상각비는 ₩2,500이다.
② 20×2년 재평가잉여금은 ₩4,000이다.
③ 20×3년 감가상각비는 ₩5,000이다.
④ 20×3년 기계장치 처분이익은 ₩2,000이다.

77 **정답** ②

해설 20X7년 말 장부금액 = ₩1,000,000 - ₩1,000,000 × 4/10 - ₩1,000,000 × 3/10 × 9/12 = ₩1,000,000 - ₩400,000 - ₩225,000 = ₩375,000

회계변경 시점인 20X8년 초의 잔존내용연수는 2년 3개월(27개월)이다.

20X8년 감가상각비 = (₩375,000 - ₩105,000) × 12개월/27개월 = ₩120,000

78 **정답** ③

해설

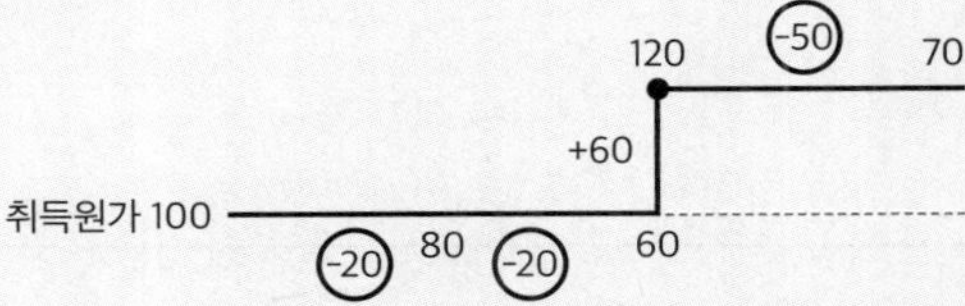

① 20X1년 감가상각비 = (취득원가 ₩10,000 - 잔존가치 ₩2,000) ÷ 4년 = ₩2,000
② 20X2년 재평가잉여금 = 공정가치 ₩12,000 - 상각후원가 ₩6,000 = ₩6,000
③ 20X3년 감가상각비 = (공정가치 ₩12,000 - 잔존가치 ₩2,000) ÷ 잔존내용연수 2년 = ₩5,000
④ 기계장치처분손익 = 처분대가 ₩8,000 - 장부금액 ₩7,000 = ₩1,000

79 결산과정에서 아래의 수정사항을 반영하기 전 법인세비용차감전순이익이 ₩100,000인 경우, 수정사항을 반영한 후의 법인세비용차감전순이익은? (단, 수정전시산표상 재평가잉여금과 기타포괄손익-공정가치 측정(FVOCI) 금융자산 평가손익의 잔액은 없다)   2015 지방직 9급

> • 선급보험료 ₩30,000 중 1/3의 기간이 경과하였다.
>
> • 대여금에 대한 이자발생액은 ₩20,000이다.
>
> • 미지급급여 ₩4,000이 누락되었다.
>
> • 자산재평가손실 ₩50,000이 누락되었다.
>
> • 기타포괄손익-공정가치 측정(FVOCI) 금융자산 평가이익 ₩16,000이 누락되었다.
>
> • 자기주식처분이익 ₩30,000이 누락되었다.

① ₩56,000 ② ₩72,000
③ ₩102,000 ④ ₩106,000

79 정답 ①

해설 수정 후 법인세비용차감전순이익 = 수정 전 순이익 ₩100,000 - 보험료 ₩10,000 + 이자수익 ₩20,000 - 미지급급여 ₩4,000 - 자산재평가손실 ₩50,000 = ₩56,000
FVOCI 금융자산 평가이익은 기타포괄손익에 해당하며, 자기주식처분이익은 자본잉여금으로 처리하므로 손익에는 영향을 주지 않는다.

80 ㈜한국의 2014년 말 수정전시산표와 결산정리사항은 다음과 같다. 결산정리사항을 반영한 2014년 말 재무상태표 상의 자산 총액은?

2017 지방직 9급

수정전시산표

현금	₩92,000	매입채무	₩32,000
매출채권	65,000	대손충당금 - 매출채권	2,000
상품	5,000	단기차입금	35,000
매입	100,000	미지급금	50,000
건물	300,000	미지급비용	10,000
임차료	10,000	감가상각누계액 - 건물	30,000
급여	7,500	자본금	250,000
보험료	3,500	이익잉여금	40,000
이자비용	5,000	매출	135,000
		임대수익	4,000
	₩588,000		₩588,000

〈결산정리사항〉

○ 2014년 말 재고자산은 ₩3,500이다.

○ 건물 ₩300,000은 2013년 1월 1일에 취득하였고 정액법(내용연수 10년, 잔존가액 ₩0)으로 상각한다. (단, 건물은 원가모형을 적용한다)

○ 보험료 미경과액은 ₩1,750이다.

○ 2014년 말 현재 매출채권의 회수가능액을 ₩60,000으로 추정하였다.

① ₩397,250

② ₩430,000

③ ₩462,250

④ ₩530,000

---

80 **정답** ①

해설 결산정리사항을 통해 자산 잔액은 다음과 같이 바뀌게 된다.

상품 ₩5,000 ☞ ₩3,500

건물 감가상각누계액 ₩30,000 ☞ ₩60,000(2014년 감가상각비 ₩300,000 ÷ 10년 = ₩30,000)

선급보험료 ₩0 ☞ ₩1,750(보험료 미경과분)

매출채권 대손충당금 ₩2,000 ☞ ₩5,000(₩65,000 - ₩60,000)

자산총액 = 현금 ₩92,000 + 매출채권 ₩65,000 + 상품 ₩5,000 ₩3,500 + 건물 ₩300,000 - 대손충당금(매출채권) ₩2,000 ₩5,000 - 감가상각누계액(건물) ₩30,000 ₩60,000 + 선급보험료 ₩1,750 = ₩397,250

81 ㈜한국은 20×1년 1월 1일 영업을 시작하였다. 20×1년과 20×2년에 발생한 다음 거래들을 참고하여 20×2년 말 재무제표에 자산으로 계상하여야 할 금액은? (단, 일자는 월할 계산하며, 금액 정보가 없는 자산항목은 계산에 반영하지 않는다)

2017 국가직 7급

일자	내용
20×1. 3. 1.	제품 제작용 기기를 ₩10,000에 구입하면서 운반비 ₩500과 설치비 ₩1,500을 함께 지급하였다. 감가상각은 내용연수 5년, 잔존가액 ₩0으로 정액법을 사용한다.
20×2. 1. 7.	20×1년 말에 주차장으로 사용할 목적으로 토지를 ₩100,000에 구입하고 구입한 토지 위의 사용하지 못하는 건물에 대한 철거비용으로 ₩20,000을 지급하였다. 철거에서 파생된 고철은 ₩5,000에 처분하였다.
20×2. 6. 1.	₩6,000 상당의 소모품을 구입하여 20×2년 12월 31일까지 3/4을 사용하였다.
20×2. 7. 1.	₩100,000 상당의 상품을 매입하여 이 중 ₩10,000 상당의 상품은 불량으로 인하여 반품하고 나머지 상품 중 90%는 20×2년 12월 31일까지 판매하였다.
20×2. 10. 1.	₩20,000의 무상증자를 실시하였다.

① ₩128,100　　　② ₩133,100

③ ₩134,100　　　④ ₩153,100

81 **정답** ②

해설

거래일자	내용	자산금액
20×1. 3. 1.	취득원가 = 구입비 ₩10,000 + 운반비 ₩500 + 설치비 ₩1,500 = ₩12,000 1년 10개월간의 감가상각비 = (₩12,000 - ₩0) × 1/5년 × 22개월/12개월 = ₩4,400 기말 장부금액 = ₩12,000 - ₩4,400 = ₩7,600	₩7,600
20×2. 1. 7.	토지의 취득원가 = 구입가격 ₩100,000 + 철거비용 ₩20,000 - 부산물매각 ₩5,000 = ₩115,000	₩115,000
20×2. 6. 1.	기말 장부금액 = ₩6,000 × 1/4 = ₩1,500	₩1,500
20×2. 7. 1.	기말 상품 = (₩100,000 - 매입환출 ₩10,000) × (1 - 90%) = ₩9,000	₩9,000
20×2. 10. 1.	무상증자는 자산, 부채, 자본의 변동이 없다.	-
합계		₩133,100

82 ㈜한국이 다음 결산수정사항들을 반영한 결과에 대한 설명으로 옳은 것은?

〈수정전시산표 잔액〉

자산	₩120,000	부채	₩80,000
수익	₩90,000	비용	₩70,000

〈결산수정사항〉

○ 당기 중 건물을 임대하면서 현금 ₩6,000을 받고 모두 수익으로 처리하였다. 이 중 당기에 해당하는 임대료는 ₩2,000이다.

○ 당기 중 보험료 ₩5,000을 지급하면서 모두 자산으로 처리하였다. 이 중 다음 연도에 해당하는 보험료는 ₩2,000이다.

○ 차입금에 대한 당기 발생이자는 ₩1,000이다.

○ 대여금에 대한 당기 발생이자는 ₩2,000이다.

① 수정후시산표상의 수익은 ₩92,000이다.

② 수정후시산표상의 비용은 ₩78,000이다.

③ 수정후시산표상의 당기순이익은 ₩14,000이다.

④ 수정후시산표상의 자산총액은 ₩121,000이다.

82 정답 ③

해설 **시산표 합계변화**

임대수익 처리한 ₩6,000 중 ₩2,000을 제외한 ₩4,000은 선수임대료(부채)에 해당하므로, 수익을 취소(감소)시켜야 한다.
보험료 ₩5,000 중 ₩2,000이 다음 연도에 해당하는 보험료이기 때문에 당기 보험료는 ₩3,000이다.

차변		대변	
자산	선급보험료 ⊖3,000 미수이자 ⊕2,000	부채	선수임대료 ⊕4,000 미지급이자 ⊕1,000
비용	보험료 ⊕3,000 이자비용 ⊕1,000	수익	임대수익 감소 ⊖4,000 이자수익 ⊕2,000
합계		합계	

수정후시산표상

자산 = ₩120,000 - ₩3,000 + ₩2,000 = ₩119,000

부채 = ₩80,000 + ₩4,000 + ₩1,000 = ₩85,000

수익 = ₩90,000 - ₩4,000 + ₩2,000 = ₩88,000

비용 = ₩70,000 + ₩3,000 + ₩1,000 = ₩74,000

당기순이익 = 수익 ₩88,000 - 비용 ₩74,000 = ₩14,000

83 ㈜한국은 실지재고조사법을 사용하고 있으며 20×1년 수정전 당기순이익은 ₩1,000,000이다. 다음의 20×1년도 결산정리사항을 반영한 후에 계산되는 ㈜한국의 당기순이익은?   2017 국가직 7급 수정

○ 매출채권 현금회수	₩130,000
○ 기말재고상품의 누락	40,000
○ 비용으로 처리한 사무용품 미사용액	70,000
○ 당기손익-공정가치 측정(FVPL) 금융자산평가이익	70,000
○ 외상매입금 현금지급	150,000
○ 선수수익의 실현	30,000
○ 이자수익 중 선수분	100,000

① ₩1,010,000   ② ₩1,020,000

③ ₩1,040,000   ④ ₩1,110,000

83 **정답** ④

해설 매출채권(자산) 현금(자산)회수, 외상매입금(부채) 현금(자산)지급은 손익에 영향을 미치지 않는다. 재고자산 누락의 경우 기말 재고 과소계상으로 이익은 과소계상된다.

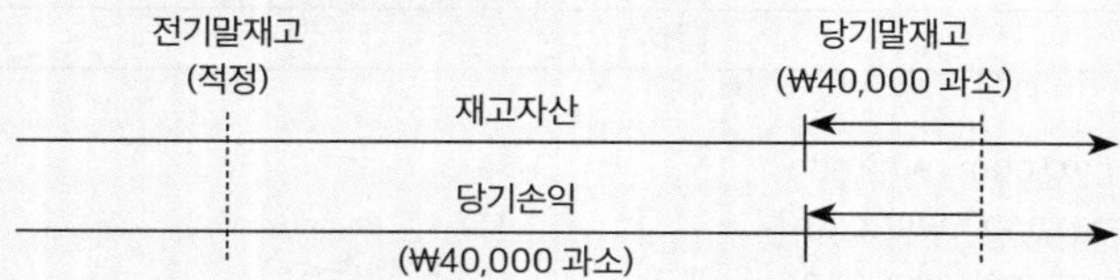

당기순이익 = 수정 전 ₩1,000,000 + 재고누락 ₩40,000 + 사무용품 미사용액 ₩70,000 + 금융자산평가이익 ₩70,000 + 선수수익실현 ₩30,000 - 선수이자수익 ₩100,000 = ₩1,110,000

84 ㈜한국의 2017년도 수정전시산표는 다음과 같다.

현금	₩100,000	단기차입금	₩500,000
매출채권	₩500,000	손실충당금(대손충당금)	₩40,000
건물	₩1,000,000	감가상각누계액	₩200,000
감가상각비	₩100,000	자본금	₩500,000
급여	₩300,000	매출	₩760,000
합계	₩2,000,000	합계	₩2,000,000

결산수정분개를 위한 자료가 다음과 같을 때, 당기순이익은?

2018 관세직 9급

> ○ 단기차입금에 대한 미지급 이자비용 ₩50,000이 있다.
>
> ○ 매출채권 기말잔액의 10%를 기대신용손실액으로 추정한다.

① ₩200,000　　　　② ₩260,000

③ ₩300,000　　　　④ ₩360,000

---

84 정답 ③

해설 결산수정을 통해 이자비용 ₩50,000이 증가하고, 다음과 같이 ₩10,000의 대손상각비를 인식한다.

ㄱ. 결과: 기대신용손실액 = 매출채권 ₩500,000 × 10% = ₩50,000

ㄴ. 잔액: 수정전시산표 상 대손충당금 ₩40,000

ㄷ. 보충: ㄱ. ₩50,000 - ㄴ. ₩40,000 = ₩10,000

당기순이익 = 매출 ₩760,000 - 감가상각비 ₩100,000 - 급여 ₩300,000 - 이자비용 ₩50,000 - 대손상각비 ₩10,000 = ₩300,000

85 ㈜한국의 2017년 수정전시산표와 결산수정사항을 근거로 재무상태표에 공시될 자본은?

2018 지방직 9급

〈2017년 수정전시산표〉

현금	₩15,000	매입채무	₩3,000
매출채권	₩5,000	미지급금	?
재고자산	₩3,500	단기차입금	₩25,000
토지	₩10,000	감가상각누계액	?
건물	₩50,000	자본금	₩10,000
소모품	₩1,500	이익잉여금	₩21,000
매출원가	₩2,500	매출	₩18,000
보험료	₩500		
급여	₩1,000		
합계	₩89,000	합계	₩89,000

〈결산수정사항〉

- ○ 광고선전비 ₩1,000이 발생하였으나 결산일 현재 지급하지 않았다.
- ○ 결산일 현재 소모품 잔액은 ₩500이다.
- ○ 건물은 2016년 7월 1일 취득하였으며 취득가액 ₩50,000, 내용연수 4년, 잔존가치 ₩10,000, 연수합계법을 적용하여 월할 감가상각한다.
- ○ 토지는 2017년 중 취득하였으며 2017년 결산 시 공정가치모형을 적용한다. 2017년 말 공정가치는 ₩7,000이다.
- ○ 단기차입 조건은 무이자 조건이며, 매출채권에 대한 대손충당금은 고려하지 않는다.

① ₩5,000   ② ₩22,500

③ ₩26,000   ④ ₩29,000

정답과 해설

85 정답 ③

해설 수정전시산표상 자본 = 자본금 ₩10,000 + 이익잉여금 ₩21,000 = ₩31,000

수정전시산표상 당기순이익 = 매출 ₩18,000 - 매출원가 ₩2,500 - 보험료 ₩500 - 급여 ₩1,000 = ₩14,000

건물에 대한 감가상각비(2017년 초 잔존내용연수는 3.5년) = (₩50,000 - ₩10,000) × 3.5년/(1+2+3+4) = ₩14,000

수정 후 당기순이익 = 수정 전 ₩14,000 - 광고선전비 ₩1,000 - 소모품비 (₩1,500 - ₩500) - 감가상각비 ₩14,000 - 재평가손실 ₩3,000 = (-)₩5,000

수정 후 자본 = 수정 전 ₩31,000 - 당기순손실 ₩5,000 = ₩26,000

86 20×1년 초 설립된 ㈜한국의 20×1년 수정전시산표를 근거로 계산한 당기순이익은 ₩300,000이다. 다음 20×1년 중 발생한 거래의 분개에 대하여 결산수정사항을 반영하여 계산한 수정 후 당기순이익은? (단, 결산수정분개는 월 단위로 계산한다)

2018 국가직 7급

날짜	기중분개		결산수정사항
3월 1일	차변)토지 대변)현금	₩1,000,000 ₩1,000,000	토지는 재평가모형을 적용하며, 기말 공정가치는 ₩1,050,000
10월 1일	차변)선급보험료 대변)현금	₩120,000 ₩120,000	1년분 화재보험료를 미리 지급함
11월 1일	차변)현금 대변)임대수익	₩90,000 ₩90,000	6개월분 임대료를 미리 받음
12월 1일	차변)현금 대변)단기차입금	₩1,000,000 ₩1,000,000	차입 시 이자율 연 6%, 이자와 원금은 6개월 후 일괄 상환조건

① ₩180,000 ② ₩205,000

③ ₩235,000 ④ ₩255,000

정답과 해설

86 정답 ②

해설

날짜	손익에 미치는 영향
3/1	재평가잉여금이 기타포괄손익으로 인식도 며, 당기손익에 미치는 영향은 없다.
10/1	자산인식한 선급보험료 중 당기에 기간경과한 보험료 ₩30,000을 비용으로 인식한다.
11/1	수익으로 인식한 임대료 중 차기분에 해당하는 ₩60,000(= ₩90,000 × 4개월/6개월)은 수익에서 차감한다.
12/1	기간경과한 이자비용 ₩5,000(= ₩1,000,000 × 6% × 1개월/12개월)을 비용으로 인식한다.

수정 후 당기순이익 = 수정 전 ₩300,000 - 보험료 ₩30,000 - 선수임대수익 ₩60,000 - 이자비용 ₩5,000
= ₩205,000

87 ㈜한국은 20×1년 12월 초 회계관련서비스업을 목적으로 설립되었다. 한 달 동안의 거래 내역이 다음과 같을 때, 20×1년 당기순이익은?

2022 국가직 7급

구분	거래 내역
12월 초	○ 주식 1,000주(주당 액면가 ₩500)를 액면가로 발행하고 현금 납입받다.
12월 중	○ 일회성광고를 하고, ₩150,000을 현금 지급하다. ○ 회계자문용역을 제공하고, 용역대가 ₩1,200,000을 현금 수취하다. ○ 회계교육용역을 제공하고, 용역대가 ₩500,000은 다음 달에 받기로 하다. ○ 사무실용 비품을 ₩100,000에 취득하고, 다음 달에 지급하기로 하다.
12월 말	○ 당월분 전기사용료 ₩80,000을 현금 지급하다. ○ 당월분 사무실 임차료 ₩200,000을 현금 지급하다. ○ 당월분 직원급여 ₩300,000을 현금 지급하다. ○ 당월분 비품 감가상각비 ₩2,500을 인식하다.

① ₩867,500 　② ₩870,000

③ ₩967,500 　④ ₩970,000

87 정답 ③

해설 수익 = 회계자문용역대가 ₩1,200,000 + 회계교육용역대가 ₩500,000 = ₩1,700,000

비용 = 광고비 ₩150,000 + 비품 감가상각비 ₩2,500 + 전기사용료 ₩80,000 + 임차료 ₩200,000 + 급여 ₩300,000
= ₩732,500

당기순이익 = ₩1,700,000 − ₩732,500 = ₩967,500

오답노트 비품은 취득액이 아닌, 감가상각비에 해당하는 금액을 비용으로 인식한다.

88 실지재고조사법을 적용하고 있는 ㈜한국은 2013년도 재무제표를 작성하는 중에 2013년 매입이 ₩300 누락되었고, 2013년 기말재고 자산이 ₩150 과대평가되었음을 확인하였다. 이와 같은 오류를 수정하지 않았을 경우에 대한 설명으로 옳지 않은 것은? (단, 재고자산회전율은 매출액을 평균재고자산으로 나눈 값으로 하며, 법인세는 무시한다.)

2015 국가직·관세직 9급

① 2014년 재고자산회전율은 실제보다 증가된다.

② 2013년 당기순이익은 ₩450 과대평가 된다.

③ 2014년 당기순이익은 ₩150 과소평가 된다.

④ 2013년 재고자산회전율은 실제보다 감소된다.

88 정답 ①

해설 2013년 매출원가 = 기초재고 + 당기매입 (-)₩300 - 기말재고 (+)₩150 = (-)₩450

2013년 매출원가(비용)는 ₩450 과소계상되므로 당기순이익은 ₩450 과대평가된다.

2014년 손익은 전기말 재고 과대계상(기초재고 과대계상)으로 인해 ₩150 과소평가된다(2013년 누락한 매입은 재고자산과는 달리 자동조정오류에 해당하지 않기 때문에 2013년 손익에만 영향을 미칠 뿐 2014년 손익에는 영향이 없다).

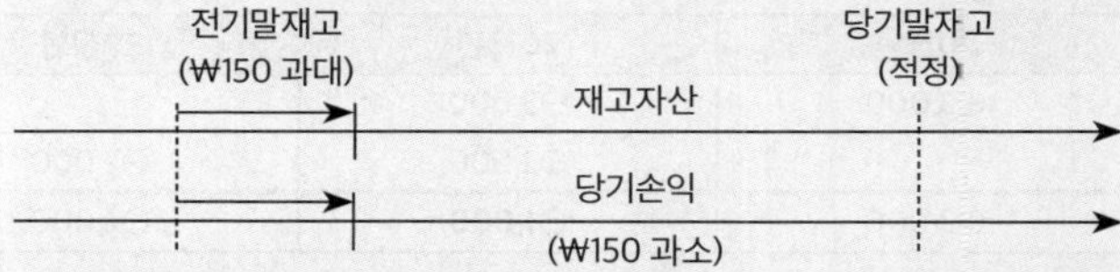

2013년 평균재고자산은 기말재고 과대로 인해 증가하고, 이로 인해 재고자산회전율은 감소한다('재고자산회전율 = 매출액/평균재고'에서 분모 증가). 2014년 평균재고자산도 기초재고 과대로 인해 증가하므로 재고자산회전율은 마찬가지로 감소한다.

89 ㈜한국의 2016년 회계오류 수정 전 법인세비용차감전순이익은 ₩300,000이다. 회계오류가 다음
과 같을 때, 회계오류 수정 후 2016년도 법인세비용차감전순이익은?　　　2016 국가직 7급

회계오류 사항	2015년	2016년
기말재고자산 오류	₩8,000 과소계상	₩4,000 과대계상
선급비용을 당기비용으로 처리	₩3,000	₩2,000

① ₩287,000　　　　　② ₩288,000

③ ₩289,000　　　　　④ ₩290,000

89 **정답** ①

해설

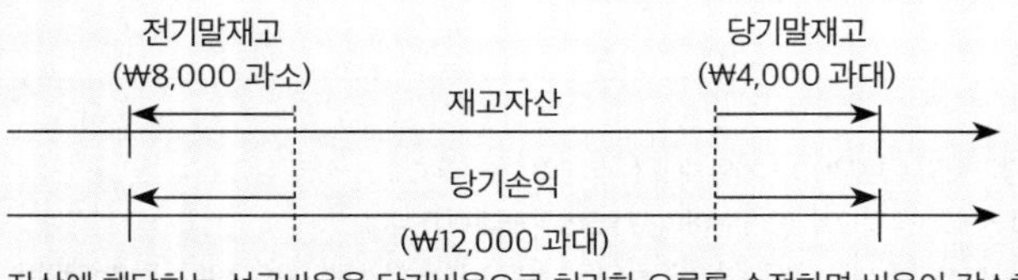

자산에 해당하는 선급비용을 당기비용으로 처리한 오류를 수정하면 비용이 감소하여 수익이 증가한다. 그리고 이는 자동조
정오류에 해당하므로 다음 해에는 반대조정이 생긴다.

	2015년	2016년	2017년
선급비용(2015)	⊕3,000	⊖3,000	
선급비용(2016)		⊕2,000	⊖2,000
손익에 미치는 영향	⊕3,000	**⊖1,000**	⊖2,000

2016년도 법인세비용차감전순이익 = 수정 전 ₩300,000 − 재고자산 오류 ₩12,000 − 선급비용 오류 ₩1,000 =
₩287,000

90 ㈜한국은 20×2년 말 장부 마감 전에 다음과 같은 오류사항을 발견하였다.

> ○ 20×2년 외상매입액 ₩10,000을 20×1년에 매입으로 회계처리하였음
>
> ○ 20×1년 기말재고자산 ₩20,000이 과대계상되었음

㈜한국의 오류수정에 대한 회계처리가 20×2년도 당기순이익에 미치는 영향은? 2023 국가직·관세직 9급

① ₩10,000 감소

② ₩10,000 증가

③ ₩30,000 감소

④ ₩30,000 증가

90 정답 ②

해설 20X2년 기초재고(20X1년 기말재고)가 ₩20,000 과대계상되고, 당기매입 ₩10,000이 과소계상되어 있으므로 이를 수정
(기초재고 ₩20,000 감소, 당기매입 ₩10,000증가)하면 20X2년 매출원가에 다음과 같은 영향을 준다.

20X2년 매출원가 = 기초재고 (-)₩20,000 + 당기매입 (+)₩10,000 - 기말재고 = (-)₩10,000

매출원가가 ₩10,000 감소하므로 당기순이익은 ₩10,000 증가한다.

※ 만약 직관적 접근이 어렵다면 다음과 같이 매입(회-정-수)과 재고(도해법)로 구분해서 접근한다.

(1) 매입(회-정-수)

ㄱ. 회사가 인식한 손익(20X2년): 20X1년 매입으로 처리하였으므로 20X2년에는 매입에 대해 아무런 회계처리 없음

ㄴ. 바른 손익(20X2년): 매입액 ₩10,000을 기말결산분개를 통해 매출원가로 대체해야 함. 매출원가 = 기초재고 + 당기매
입 ₩10,000 - 기말재고 = 매출원가 (+) ₩10,000 ☞ 매출원가가 ₩10,000 증가했으므로 손익은 ₩10,000 감소(손익
⊖₩10,000)

ㄷ. 수정(ㄴ - ㄱ): ㄴ(⊖₩10,000) - ㄱ(₩0) = ⊖₩10,000

(2) 재고자산(도해법)

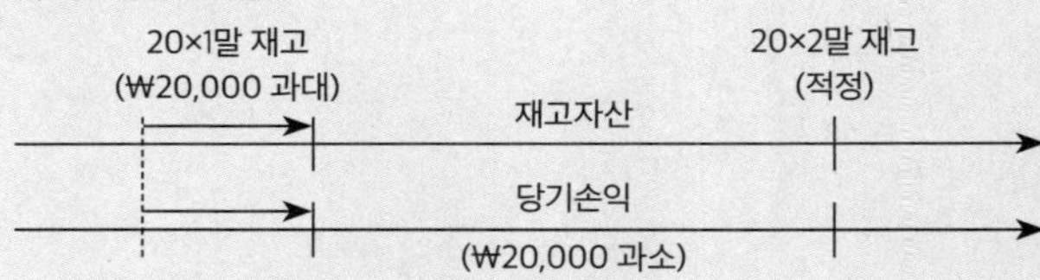

오류를 수정하면 당기손익이 ₩20,000 증가한다.

결국 (1) ₩10,000 감소 + (2) ₩20,000 증가 = ₩10,000 증가

16 | 현금흐름표

주요 Topic 및 출제경향

주요 Topic	
	01 활동의 구분 ★★
	02 발생주의 VS 현금주의 ★★★★★
	03 간접법(영업) ★★★★★

▶ **9급 출제경향**(●국가직 ■관세직 ◆지방직 ○서울시)

구분	15	16	17	18	19	20	21	22	23	24	25
16.1 활동의 구분	●■		■		◆○						
16.2 발생주의 VS 현금주의	■◆○	●■○	●■◆○	■◆	■◆	◆	●◆			●■◆	
16.3 간접법(영업)	●○		◆	◆○		◆			●		●■

▶ **7급 출제경향**(▲국가직 △서울시)

구분	15	16	17	18	19	20	21	22	23	24	-
16.1 활동의 구분									△	▲	
16.2 발생주의 VS 현금주의	▲		▲△		▲△	△	▲		▲		
16.3 간접법(영업)		▲△	▲			▲	△				

구분	기본	필수	응용	심화	합계
16.1 활동의 구분	2	2	4	0	8
16.2 발생주의 VS 현금주의	10	5	5	8	28
16.3 간접법(영업)	2	5	1	2	10
합계	14	12	10	10	46

기본문제

[16-01] 활동의 구분

01 현금흐름표상 재무활동 현금흐름이 발생할 수 없는 거래는? 2017 관세직 9급

① 차입금의 상환

② 유상증자

③ 사채의 발행

④ 주식배당

02 영업활동 현금흐름의 예로 옳지 않은 것은? 2019 지방직 9급

① 단기매매목적으로 보유하는 계약에서 발생하는 현금유입과 현금유출

② 종업원과 관련하여 직·간접으로 발생하는 현금유출

③ 로열티, 수수료, 중개료 및 기타수익에 따른 현금유입

④ 리스이용자의 리스부채 상환에 따른 현금유출

정답과 해설

01 정답 ④

해설 현금배당의 지급은 재무활동이나 영업활동으로 분류할 수 있지만, 주식배당은 주식을 무상으로 지급할 뿐 현금의 유출입이 없기 때문에 현금흐름으로 보고하지 않는다.

02 정답 ④

해설 리스부채 상환에 따른 현금유출은 재무활동에 해당한다.

03 ㈜한국은 다음과 같이 1개월 동안의 경영성과에 대해 현금기준 포괄손익계산서를 작성하였다. 발생기준 포괄손익계산서로 작성할 경우 당기순이익은? (단, 법인세는 무시한다) 2015 관세직 9급

○ 현금기준 포괄손익계산서 (3월 1일 ~ 3월 31일)

매출 관련 현금수입	₩1,820,000
급료 및 일반관리비 관련 현금지출	₩1,220,000
당기순이익	₩600,000

○ 3월 1일과 3월 31일의 매출채권, 매입채무, 미지급비용, 선급비용 내역

	3월 1일	3월 31일
• 매출채권	₩35,000	₩43,000
• 매입채무	₩48,000	₩54,000
• 미지급비용	₩42,000	₩35,000
• 선급비용	₩21,000	₩26,000

① ₩590,000 ② ₩600,000 ③ ₩610,000 ④ ₩614,000

04 ㈜한국의 현금주의에 의한 당기매출액은 ₩10,000이다. 기초매출채권 잔액이 ₩5,000이고 기말 매출채권 잔액이 ₩3,000인 경우, ㈜한국의 발생주의에 의한 당기매출액은? 2015 지방직 9급

① ₩5,000 ② ₩8,000 ③ ₩10,000 ④ ₩12,000

정답과 해설

03 정답 ④

해설

현금(자산) 증가	600,000	매입채무(부채) 증가	6,000
매출채권(자산) 증가	8,000	당기순이익	?
미지급비용(부채) 감소	7,000		
선급비용(자산) 증가	5,000		
	620,000		620,000

당기순이익 = ₩620,000 - ₩6,000 = ₩614,000

04 정답 ②

해설

현금 증가	10,000	매출채권(자산) 감소	2,000
		매출액(수익)	?
	10,000		10,000

매출액 = ₩10,000 - ₩2,000 = ₩8,000

05 다음은 ㈜한국의 20×1년 11월에 발생한 거래이다.

> ○ 상품 ₩70,000을 외상으로 매입하다.
>
> ○ 원가 ₩70,000의 상품을 ₩100,000에 외상으로 판매하다.

㈜한국은 20×1년 12월에 상품 판매대금 ₩100,000 중 ₩50,000을 회수하였고, 상품의 매입원가 ₩70,000 중 ₩35,000을 현금으로 지급하였다. 현금기준에 의한 20×1년의 순현금유입액과 발생기준에 의한 20×1년의 순이익은?

2020 지방직 9급

	현금기준에 의한 20×1년 순현금유입액	발생기준에 의한 20×1년 순이익
①	₩15,000	₩15,000
②	₩15,000	₩30,000
③	₩30,000	₩15,000
④	₩30,000	₩30,000

06 ㈜한국은 지금까지 현금기준에 의해 손익계산서를 작성하여 왔는데, 앞으로는 발생기준에 의해 작성하고자 한다. 현금기준에 의한 20×1년의 수익은 ₩500,000이다. 20×1년의 기초 매출채권은 ₩30,000, 기말 매출채권은 ₩60,000, 기말 선수수익은 ₩20,000인 경우 발생기준에 의한 20×1년의 수익은?

2021 국가직 9급

① ₩490,000   ② ₩500,000

③ ₩510,000   ④ ₩520,000

---

05 정답 ②

해설 [현금기준 순현금유입액]

판매대금 회수 ₩50,000 - 매입대가 현금지급 ₩35,000 = ₩15,000

[발생기준 순이익]

매출액 ₩100,000 - 매출원가 ₩70,000 = ₩30,000

06 정답 ③

해설

현금 증가	500,000	선수수익 증가	20,000
매출채권 증가	30,000	수익	?
	530,000		530,000

발생주의 수익 = ₩530,000 - ₩20,000 = ₩510,000

07 ㈜한국은 20×1년 직원들에게 ₩1,000의 급여를 현금 지급하였다. 20×1년 초 미지급급여가 ₩200, 20×1년 말 미지급급여가 ₩700이면 당기에 발생한 급여는? 2021 지방직 9급

① ₩1,000 ② ₩1,200

③ ₩1,500 ④ ₩1,700

08 ㈜한국의 재무상태표에 계상된 기초 선수임대료는 ₩16,000이고 기말 선수임대료는 ₩24,000이다. 당기에 현금으로 수취한 임대료가 ₩50,000인 경우, 당기 임대료수익은? 2024 국가직·관세직 9급

① ₩42,000 ② ₩50,000

③ ₩58,000 ④ ₩66,000

정답과 해설

07 정답 ③

해설

급여		현금 감소	1,000
		미지급급여 증가	500
	1,500		1,500

08 정답 ①

해설

임대료

현금 증가	50,000	선수임대료(부채) 증가	8,000
		임대료(수익)	?
	50,000		50,000

임대료수익 = ₩50,000 − ₩8,000 = ₩42,000

09 다음은 ㈜한국의 20×1년도 재무상태표에 대한 자료이다. 20×1년도 영업활동현금흐름이 ₩10,000인 경우, 20×1년도 당기순이익은?

2024 관세직 9급

○ 선급보험료 ₩3,000 증가	⊂ 미수수익 ₩5,000 증가
○ 미지급비용 ₩3,000 감소	⊂ 선수수익 ₩3,000 증가

① ₩6,000   ② ₩9,000

③ ₩12,000   ④ ₩18,000

10 ㈜한국은 2016년 중 취득원가 ₩20,000인 토지를 ₩30,000에 처분하고 대금은 1년 후에 받기로 했으며, 장부금액 ₩60,000(취득원가 ₩100,000, 감가상각누계액 ₩40,000)인 건물을 현금 ₩70,000에 처분하였다. ㈜한국의 2016년 현금흐름표 상 투자 활동으로 인한 현금유입액은?

2016 국가직 9급

① ₩60,000   ② ₩70,000

③ ₩80,000   ④ ₩100,000

정답과 해설

09 **정답** ④

해설 (1) 영업관련 자산·부채 조정(원샷법)

현금(자산) 증가	10,000	선수수익(부채) 증가	3,000
선급보험료(자산) 증가	3,000	영업관련이익	?
미수수익(자산) 증가	5,000		
미지급비용(부채) 감소	3,000		
	21,000		21,000

영업관련이익 = ₩21,000 - ₩3,000 = ₩18,000

(2) 영업무관 손익조정: 제시된 손익이 없으므로 영업관련이익 ₩18,000은 그대로 당기순이익이 된다.

10 **정답** ②

해설 토지 처분 대금은 아직 받지 못했고, 건물을 ₩70,000에 현금 처분하였다. 따라서 현금이 ₩70,000 유입된다. 직접법 현금흐름은 결국 돈이 얼마가 들어오고 나갔는지를 묻는 것이다. 기초개념에 관한 문제는 직관적으로 풀 수 있어야 한다.

11 ㈜한국은 취득원가 ₩70,000의 토지를 2017년 중 현금 ₩100,000을 받고 처분하였다. 또한 2017년 중 새로운 토지를 ₩90,000에 구입하면서 구입대금 중 ₩30,000은 현금으로 지급하고 나머지 ₩60,000은 미지급금으로 계상하였다. ㈜한국의 2017년 현금흐름표상 투자활동 순현금흐름은?

2018 관세직 9급

① ₩10,000   ② ₩40,000

③ ₩70,000   ④ ₩100,000

12 20×1년 ㈜한국의 미지급이자 기초금액은 ₩190,000이며, 11월 1일 ₩100,000을 1년 동안 차입(연 이자율 12%, 이자는 1년 후 전액 지급 조건)하였다. 20×1년 말 ㈜한국의 재무상태표상 미지급이자 기말금액이 ₩160,000일 때, 미지급이자에서 20×1년 중 현금으로 지급한 금액은? (단, 기간은 월할 계산한다)

2024 지방직 9급

① ₩29,000   ② ₩30,000

③ ₩31,000   ④ ₩32,000

11 정답 ③

해설 현금유입액 = 토지 현금 처분액 ₩100,000

현금유출액 = 토지 구입대금 중 현금지급액 ₩30,000

투자활동 순현금흐름 = 현금유입 ₩100,000 - 현금유출 ₩30,000 = ₩70,000

12 정답 ④

해설 미지급이자는 부채이므로, 다음과 같이 T계정을 그릴 수 있다.

미지급이자(부채)

⊖ 현금지급	?	초	190,000
말	160,000	⊕ 이자발생	2,000
	192,000		192,000

이자발생액 = 11월 1일 차입액 ₩100,000 × 이자율 12% × 2개월/12개월 = ₩2,000

현금지급액 = ₩192,000 - 기말 ₩160,000 = ₩32,000

[별해]

원샷법으로 풀어 보면 다음과 같다.

단기차입금

미지급이자(부채) 감소	30,000	현금감소(지급)	?
이자비용	2,000		
	32,000		32,000

현금감소(지급) = ₩32,000

13 ㈜한국의 20×1년 법인세비용차감전순이익은 ₩1,000,000이다. 다음 자료를 이용하여 간접법으로 구한 영업활동현금흐름은?

2020 지방직 9급

감가상각비	₩50,000	유상증자	₩2,000,000
유형자산처분손실	₩20,000	건물의 취득	₩1,500,000
사채의 상환	₩300,000	매출채권의 증가	₩150,000
매입채무의 감소	₩100,000	재고자산의 증가	₩200,000

① ₩320,000 ② ₩620,000 ③ ₩1,070,000 ④ ₩1,380,000

14 ㈜한국의 다음 회계자료를 이용한 '영업활동으로 인한 현금흐름'은?

2023 국가직 9급

○ 손익계산서상 당기순이익: ₩20,000

○ 감가상각비 계상액: ₩3,000

○ 미지급비용 증가액: ₩2,000

○ 매출채권 증가액: ₩5,000

○ 선급비용 증가액: ₩4,000

① ₩12,000 ② ₩15,000 ③ ₩16,000 ④ ₩24,000

정답과 해설

13 **정답** ②

해설 (1) 영업무관 손익조정: 영업관련이익 = 법인세비용차감전순이익 ₩1,000,000 + 감가상각비 ₩50,000 + 유형자산처분손실 ₩20,000 = ₩1,070,000

(2) 영업관련 자산·부채 조정(**원샷법**)

매출채권 증가	150,000	영업관련이익	1,070,000
매입채무 감소	100,000		
재고자산 증가	200,000		
현금 증가	?		
	1,070,000		1,070,000

영업활동 현금흐름 = ₩1,070,000 − ₩450,000 = ₩620,000

14 **정답** ③

해설 (1) 영업무관 손익조정: 영업관련이익 = 당기순이익 ₩20,000 + 감가상각비 ₩3,000 = ₩23,000

(2) 영업관련 자산·부채 조정(**원샷법**)

매출채권(자산) 증가	5,000	영업관련이익	23,000
선급비용(자산) 증가	4,000	미지급비용(부채) 증가	2,000
현금 증가	?		
	25,000		25,000

영업활동현금흐름 = ₩25,000 − ₩9,000 = ₩16,000

[16-01] 활동의 구분

15 이자와 배당금의 현금흐름표 표시에 대한 설명으로 옳지 않은 것은?　　　　2015 국가직·관세직 9급

① 금융기관이 아닌 경우 배당금 지급은 재무활동현금흐름으로 분류할 수 있다.

② 금융기관이 지급이자를 비용으로 인식하는 경우에는 영업활동현금흐름으로 분류하고, 지급이자를 자본화하는 경우에는 주석으로 공시한다.

③ 금융기관이 아닌 경우 이자수입은 당기순손익의 결정에 영향을 미치므로 영업활동 현금흐름으로 분류할 수 있다.

④ 금융기관의 경우 배당금수입은 일반적으로 영업활동으로 인한 현금흐름으로 분류한다.

16 현금흐름표에 대한 설명으로 옳지 않은 것은?　　　　2024 국가직 7급

① 이자와 차입금을 함께 상환하는 경우, 이자지급은 영업활동으로 분류될 수 있고 원금상환은 재무활동으로 분류된다.

② 종속기업과 기타 사업에 대한 지배력의 획득 또는 상실에 따른 총현금흐름은 별도로 표시하고 재무활동으로 분류한다.

③ 법인세로 인한 현금흐름은 별도로 공시하며, 재무활동과 투자활동에 명백히 관련되지 않는 한 영업활동 현금흐름으로 분류한다.

④ 투자자산이 현금성자산으로 분류되기 위해서는 확정된 금액의 현금으로 전환이 용이하고, 가치변동의 위험이 경미해야 한다.

정답과 해설

15　**정답** ②

해설 회계기간 동안 지급한 이자금액은 당기손익의 비용항목으로 인식하는지 또는 자본화하는지에 관계없이 현금흐름표에 총지급액을 공시한다.

16　**정답** ②

해설 종속기업과 기타 사업에 대한 지배력의 획득 또는 상실에 따른 총현금흐름은 별도로 표시하고 투자활동으로 분류한다.

17 ㈜한국은 내부보고 목적으로 현금기준에 따라 순이익을 산출한 후 이를 발생기준으로 수정하여 외부에 공시하고 있다. ㈜한국의 현금기준 순이익이 ₩55,000일 경우, 다음 자료를 토대로 계산한 발생기준 순이익은? (단, 법인세효과는 무시한다)

2016 국가직·관세직 9급

〈재무상태표〉	기초금액	기말금액
매출채권	₩15,000	₩20,000
매입채무	₩25,000	₩32,000
미수수익	₩10,000	₩8,000
〈포괄손익계산서〉	당기발생금액	
감가상각비	₩3,000	

① ₩48,000   ② ₩54,000

③ ₩56,000   ④ ₩59,000

17 **정답** ①

해설 순이익을 구하는 문제로, 원샷계정에 순이익을 입력하면 감가상각비는 굳이 따로 입력할 필요가 없으므로(당기순이익 안에 다 포함되어 있으므로) 사용하지 않아도 되는 자료이다. 이때는 감가상각비에 대응하는 유형자산의 증감이 주어져있는지 확인해야 한다. 유형자산 금액의 증감이 주어져 있지 않으므로 감가상각비만큼 유형자산이 감소했다고 가정하고 푼다.

현금증가	55,000	매입채무(부채) 증가	7,000
매출채권(자산) 증가	5,000	미수수익(자산) 감소	2,000
		유형자산 감소	3,000
		순이익	?
	60,000		60,000

발생기준 순이익 = ₩60,000 - ₩12,000 = ₩48,000

18 ㈜한국의 2014년도 포괄손익계산서에 임차료와 이자비용은 각각 ₩150,000과 ₩100,000으로 보고되었고, 재무상태표 잔액은 다음과 같다. ㈜한국이 2014년도에 현금으로 지출한 임차료와 이자비용은?

2017 지방직 9급

	2014년 초	2014년 말
선급임차료	-	₩15,000
미지급이자	₩40,000	-

	임차료	이자비용
①	₩135,000	₩60,000
②	₩135,000	₩100,000
③	₩165,000	₩100,000
④	₩165,000	₩140,000

18 **정답** ④

해설

임차료

임차료(비용)	150,000	현금 감소	?
선급임차료(자산) 증가	15,000		
	165,000		165,000

임차료 지급 = ₩165,000

이자

이자비용(비용)	100,000	현금 감소	?
미지급이자(부채) 감소	40,000		
	140,000		140,000

이자 지급 = ₩140,000

19 ㈜한국의 20×1년도 미수이자와 선수임대료의 기초잔액과 기말잔액은 다음과 같다. 당기 중 현금으로 수령한 이자는 ₩7,000이고 임대료로 인식한 수익은 ₩10,000이다. ㈜한국의 이자수익과 임대수익에 대한 설명으로 옳지 않은 것은?

2017 국가직 7급

	기초잔액	기말잔액
미수이자	₩2,000	₩3,200
선수임대료	₩4,000	₩3,500

① 수익으로 인식된 이자수익은 ₩8,200이다.

② 현금으로 수령한 임대료는 ₩9,500이다.

③ 이자와 임대료로 인한 수익 증가액은 ₩17,700이다.

④ 이자와 임대료로 인한 현금 증가액은 ₩16,500이다.

19 정답 ③

해설

이자

현금 증가	7,000	이자수익	?
미수이자(자산) 증가	1,200		
	8,200		8,200

이자수익 = ₩8,200

임대료

선수임대료(부채) 감소	500	임대료(수익)	10,000
현금 증가	?		
	10,000		10,000

현금 수령액 = ₩10,000 − ₩500 = ₩9,500

수익 증가액 = 이자수익 ₩8,200 + 임대료수익 ₩10,000 = ₩18,200

현금 증가액 = 이자 ₩7,000 + 임대료 ₩9,500 = ₩16,500

20 ㈜한국의 2016년 토지와 단기차입금 자료가 다음과 같을 때, 2016년의 투자 및 재무현금흐름에 대한 설명으로 옳은 것은? (단, 모든 거래는 현금거래이다)

2017 국가직·관세직 9급

	기초	기말
토지(유형자산)	₩150,000	₩250,000
단기차입금	₩100,000	₩180,000

〈추가자료〉

○ 토지는 취득원가로 기록하며, 2016년에 손상차손은 없었다.

○ 2016년 중에 토지(장부금액 ₩50,000)를 ₩75,000에 매각하였다.

○ 2016년 중에 단기차입금 ₩100,000을 차입하였다.

① 토지 취득으로 인한 현금유출은 ₩100,000이다.

② 토지의 취득과 매각으로 인한 투자활동순현금유출은 ₩75,000이다.

③ 단기차입금 상환으로 인한 현금유출은 ₩80,000이다.

④ 단기차입금의 상환 및 차입으로 인한 재무활동순현금유입은 ₩100,000이다.

20 정답 ②

해설 투자활동 현금흐름의 경우 처분손익과 감가상각, 손상차손 등의 자료를 어떻게 제시하느냐에 따라 풀이나 접근법이 다양하고 복잡하다. 대신 영업현금흐름에 비해 주어지는 항목들이 많지 않으므로 정석대로 T계정으로 푸는 것이 안전하다.

토지

기초	150,000	감소(처분)	50,000
증가(취득)	?	기말	250,000
	300,000		300,000

토지의 취득액은 ₩150,000이고, 모든 거래가 현금거래이므로 토지 취득으로 인한 현금유출은 ₩150,000이다. 토지처분으로 인한 현금유입액은 처분액인 ₩75,000이므로, 토지의 취득과 매각으로 인한 순현금흐름은 ₩75,000 - ₩150,000 = (-)₩75,000이 된다.

단기차입금

감소(상환)	?	기초	100,000
기말	180,000	증가(차입)	100,000
	200,000		200,000

단기차입금 상환액은 ₩20,000이 된다. 재무활동순현금유입은 차입 ₩100,000 - 상환 ₩20,000 = ₩80,000이 된다.

[별해]

원샷법으로 풀어 보면 다음과 같다.

토지

토지(자산) 증가	100,000	토지처분이익	25,000
현금증가(처분)	75,000	현금감소(구입)	?
	175,000		175,000

이처럼 원샷법을 통해 현금감소 ₩150,000을 구할 수도 있다. 하지만 자료에서 제시되지 않은 토지처분이익을 별도로 구해야 하기 때문에 실수할 가능성이 있다. 때문에 투자활동은 정통적인 T계정을 통해 실수를 줄일 수 있도록 한다.

단기차입금

현금증가(차입)	100,000	단기차입금(부채) 증가	80,000
		현금감소(상환)	?
	100,000		100,000

현금유출(상환액) = ₩100,000 - ₩80,000 = ₩20,000

21 경비용역을 제공하는 ㈜공무는 20×5년에 경비용역수익과 관련하여 현금 ₩1,000,000을 수령하였다. 경비용역 제공과 관련한 계정잔액이 다음과 같을 때, ㈜공무의 20×5년 포괄손익계산서상 경비용역수익은? (단, 경비용역수익과 관련된 다른 거래는 없다)

2018 지방직 9급

	20×5년 1월 1일	20×5년 12월 31일
미수용역수익	₩700,000	₩800,000
선수용역수익	₩500,000	₩400,000

① ₩800,000　　② ₩1,000,000　　③ ₩1,100,000　　④ ₩1,200,000

[16-03] 간접법(영업)

22 다음은 ㈜한국의 2014년도 회계자료의 일부이다. 2014년도 현금흐름표에 표시될 간접법에 의한 영업활동 현금흐름은? (단, 투자활동이나 재무활동과 명백하게 관련된 법인세 등의 납부는 없다)

2015 국가직 9급

• 당기순이익	₩2,000,000
• 미수수익의 순증가액	₩150,000
• 매입채무의 순증가액	₩200,000
• 법인세비용	₩400,000
• 매출채권의 순감소액	₩500,000
• 미지급비용의 순감소액	₩300,000

① ₩1,850,000　　② ₩2,250,000　　③ ₩2,350,000　　④ ₩2,650,000

---

21 정답 ④

해설 원샷법으로 풀이한다.

현금(자산) 증가	1,000,000	용역수익	?
미수수익(자산) 증가	100,000		
선수수익(부채) 감소	100,000		
	1,200,000		1,200,000

용역수익 = ₩1,200,000

22 정답 ②

해설 (1) 영업무관 손익조정: 영업관련이익 = 당기순이익 ₩2,000,000

(2) 영업관련 자산·부채 조정(원샷법)

미수수익(자산) 증가	150,000	영업관련이익	2,000,000
미지급비용(부채) 감소	300,000	매입채무(부채) 증가	200,000
현금증가	?	매출채권(자산) 감소	500,000
	2,700,000		2,700,000

영업활동 현금흐름 = ₩2,700,000 - ₩150,000 - ₩300,000 = ₩2,250,000

23 ㈜한국의 20×1년도 당기순이익은 ₩90,000이고 영업활동 현금흐름은 ₩40,000이다. 간접법에 따라 영업활동 현금흐름을 구할 때, 다음 자료에 추가로 필요한 조정 사항은? 2017 국가직 7급

○ 매출채권 ₩45,000 증가	○ 매입채무 ₩10,000 증가
○ 선급비용 ₩15,000 감소	○ 선수수익 ₩12,000 감소
○ 감가상각비 ₩18,000 발생	

① 미수임대료수익 ₩36,000 감소

② 미지급급여 ₩36,000 감소

③ 미수임대료수익 ₩100,000 증가

④ 미지급급여 ₩100,000 증가

23 **정답** ②

해설 (1) 영업무관 손익조정: 영업관련이익 = 당기순이익 ₩90,000 + 감가상각비 ₩18,000 = ₩108,000

(2) 영업관련 자산·부채 조정(원샷법)

현금 증가	40,000	영업관련이익	108,000
매출채권 증가	45,000	매입채무 증가	10,000
선수수익 감소	12,000	선급비용 감소	15,000
	97,000		133,000

차변 증가항목이 대변증가항목보다 ₩36,000 부족하다. 대변을 ₩36,000 증가(자산 증가, 부채 감소)시키는 조정이 필요하며, 보기 ②번이 부채 ₩36,000 감소에 해당한다.

24 20×6년 초에 컴퓨터 매매업을 시작한 ㈜한국에 대한 회계정보이다. 영업활동으로부터 조달된 현금액은?

2018 지방직 9급

○ 포괄손익계산서 (20×6년 1월 1일부터 12월 31일까지)	
매출액	₩700,000
매출원가	₩400,000
매출총이익	₩300,000
이자비용	₩150,000
감가상각비	₩35,000
당기순이익	₩115,000
○ 현금을 제외한 유동자산과 유동부채의 20×6년 기말잔액	
매출채권	₩20,000
재고자산	₩12,000
매입채무	₩15,000

① ₩103,000 　② ₩133,000

③ ₩152,000 　④ ₩173,000

---

24 정답 ②

해설 (1) 영업무관 손익조정: 영업관련이익 = 당기순이익 ₩115,000 + 감가·상각비 ₩35,000 = ₩150,000

(2) 영업관련 자산·부채 조정(원샷법)

매출채권 증가	20,000	영업관련이익	150,000
재고자산 증가	12,000	매입채무 증가	15,000
현금 증가	?		
	165,000		165,000

영업활동 현금흐름 = ₩165,000 − ₩32,000 = ₩133,000

25 ㈜한국의 20×1년도 당기순이익 ₩100,000이고, 감가상각비 ₩10,000, 유형자산처분이익 ₩8,000이다. 영업활동과 관련 있는 자산과 부채의 기말금액에서 기초금액을 차감한 변동금액이 다음과 같을 때, ㈜한국의 20×1년 영업활동현금흐름은?

2020 국가직 7급

○ 매출채권 ₩9,000 증가	○ 선급비용 ₩4,000 감소
○ 매입채무 ₩5,000 증가	○ 미지급비용 ₩3,000 감소

① ₩95,000   ② ₩99,000

③ ₩101,000   ④ ₩105,000

---

25 정답 ②

해설 (1) 영업무관 손익조정: 영업관련이익 = 당기순이익 ₩100,000 + 감가상각비 ₩10,000 - 유형자산처분이익 ₩8,000
= ₩102,000

(2) 영업관련 자산·부채 조정(**원샷법**)

매출채권 증가	9,000	영업관련이익	102,000
미지급비용 감소	3,000	선급비용 감소	4,000
현금 증가	?	매입채무 증가	5,000
	111,000		111,000

영업활동현금흐름 = ₩111,000 - ₩12,000 = ₩99,000

26 〈보기〉의 자료를 이용하여 계산한 ㈜서울의 20X1년도 영업활동 순현금흐름이 ₩29,000인 경우, 20X1년도 포괄손익계산서상 ㈜서울의 당기순이익은?

2021 서울시 7급

〈보기〉

(1) 20X1년도 포괄손익계산서 자료

당기순이익은 (?)이다.

매출채권에서 발생한 대손상각비는 ₩4,000이다.

감가상각비는 ₩18,000이다.

유형자산처분손실은 ₩9,000이다.

사채상환이익은 ₩15,000이다.

(2) 20X1년 말 재무상태표 자료
· 20X1년 기초금액 대비 기말금액의 증감은 다음과 같다.

계정과목	증감
매출채권(순액)	₩20,000 증가
재고자산	₩25,000 증가
선급비용	₩5,000 감소
유형자산(순액)	₩30,000 증가
매입채무	₩2,000 증가
자본금	₩10,000 감소
자본잉여금	₩40,000 증가

① ₩3,000   ② ₩32,000

③ ₩55,000   ④ ₩79,000

26 정답 ③

해설 풀이순서를 반대로 가져가야 한다.

(1) 영업관련 자산·부채 조정(원샷법)

현금 증가	29,000	영업관련이익	?
매출채권 증가	20,000	선급비용 감소	5,000
재고자산 증가	25,000	매입채무 증가	2,000
	74,000		74,000

영업관련이익 = ₩74,000 - ₩7,000 = ₩67,000

(2) 영업무관 손익조정: 영업관련이익 ₩67,000 = 당기순이익 + 감가상각비 ₩18,000 + 유형자산처분손실 ₩9,000 - 사채상환이익 ₩15,000 = 당기순이익 + ₩12,000

당기순이익 = ₩67,000 - ₩12,000 = ₩55,000

27 『한국채택국제회계기준』에서 현금흐름표의 작성과 표시에 대한 설명으로 옳지 않은 것은?

2011 관세직 9급

① 영업활동 현금흐름은 직접법과 간접법 중 하나의 방법으로 보고한다.

② 금융회사가 아닌 다른 업종의 경우 배당금의 지급은 영업활동 또는 재무활동으로 분류할 수 있다.

③ 금융회사가 아닌 다른 업종의 경우 이자수입 및 배당금 수입은 투자활동 또는 영업활동으로 분류할 수 있다.

④ 법인세로 인한 현금흐름은 별도로 공시하지 않고 영업활동 현금흐름으로 분류한다.

28 다음 중 현금흐름표에서 영업활동 현금흐름에 해당하는 것은?

2019 서울시 9급

① 제3자에 대한 선급금 및 대여금의 회수에 따른 현금유입

② 단기매매목적으로 보유하는 계약에서 발생하는 현금유입

③ 유형자산 및 무형자산의 취득에 따른 현금유출

④ 자기주식의 취득에 따른 현금유출

27 **정답** ④

해설 법인세로 인한 현금흐름은 별도로 공시하며, 재무활동과 투자활동에 명백히 관련되지 않는 한 영업활동 현금흐름으로 분류한다.

28 **정답** ②

해설 제3자에 대한 선급금 및 대여금의 회수에 따른 현금유입(투자활동)

유형자산, 무형자산 및 기타 장기성 자산의 취득에 따른 현금유출(투자활동)

자기주식의 취득에 따른 현금유출(재무활동)

29 현금흐름표에 관한 설명으로 옳지 않은 것은? 2013 관세사

① 현금흐름표는 회계기간 동안 발생한 현금흐름을 영업활동, 투자활동 및 재무활동으로 분류하여 보고한다.

② 영업활동은 기업의 주요 수익창출활동, 그리고 투자활동이나 재무활동이 아닌 기타의 활동을 말한다.

③ 투자활동은 유·무형자산, 다른 기업의 지분상품이나 채무상품 등의 취득과 처분활동, 제3자에 대한 대여 및 회수활동 등을 포함한다.

④ 재무활동은 기업의 납입자본과 차입금의 크기 및 구성내용에 변동을 가져오는 활동을 말한다.

⑤ 간접법을 적용하여 표시한 영업활동 현금흐름은 직접법에 의한 영업활동 현금흐름에서는 파악할 수 없는 정보를 제공하기 때문에 미래현금흐름을 추정하는 데 보다 유용한 정보를 제공한다.

30 회계기준에 제시된 현금흐름표에 대한 설명으로 옳지 않은 것은? 2018 보험계리사

① 하나의 거래에는 서로 다른 활동으로 분류되는 현금흐름이 포함될 수 있다.

② 재무상태표에 자산으로 인식되는 지출만이 투자활동으로 분류하기에 적합하다.

③ 역사적 영업현금흐름의 특정 구성요소에 대한 정보를 다른 정보와 함께 사용하면, 미래 영업현금흐름을 예측하는 데 유용하다.

④ 현금및현금성자산을 구성하는 항목 간 이동은 영업활동, 투자활동 및 재무활동의 일부일 수 있으므로 이러한 항목 간의 변동은 현금흐름에 포함한다.

29 **정답** ⑤

해설 영업활동 현금흐름을 보고하는 경우에는 직접법을 사용할 것을 권장한다. 직접법을 적용하여 표시한 현금흐름은 간접법에 의한 현금흐름에서는 파악할 수 없는 정보를 제공하며, 미래현금흐름을 추정하는 데 보다 유용한 정보를 제공한다.

30 **정답** ④

해설 현금및현금성자산을 구성하는 항목 간 이동은 영업활동, 투자활동 및 재무활동의 일부가 아닌 현금관리의 일부이므로 이러한 항목 간의 변동은 현금흐름에서 제외한다.

31 ㈜한국이 발생기준에 따라 회계처리한 결과 2015년 기초와 기말의 계정잔액은 다음과 같다. 2015년 ㈜한국의 현금기준에 의한 당기순이익이 ₩50,000일 경우 2015년 발생주의에 의한 당기순이익은 얼마인가?

2015 서울시 9급

	2015년 초	2015년 말
매출채권	₩36,500	₩43,500
재고자산	₩27,000	₩21,000
매입채무	₩45,000	₩54,000

① ₩40,000　　　　② ₩42,000

③ ₩58,000　　　　④ ₩60,000

32 ㈜한국의 2013년도 손익계산서에는 이자비용이 ₩2,000 계상되어 있고, 현금흐름표에는 현금이자지출액이 ₩1,500 계상되어 있다. ㈜한국이 자본화한 이자비용은 없으며 2013년 12월 31일의 선급이자비용은 2012년 12월 31일에 비해 ₩200만큼 감소하였다. 2012년 12월 31일의 재무상태표에 미지급이자비용이 ₩300인 경우 2013년 12월 31일의 재무상태표에 표시되는 미지급이자비용은?

2014 국가직·관세직 9급

① ₩1,000　　　　② ₩800

③ ₩600　　　　④ ₩300

정답과 해설

31 정답 ②

해설

현금 증가	50,000	재고자산(자산) 감소	6,000
매출채권(자산) 증가	7,000	매입채무(부채) 증가	9,000
		당기순이익	?
	57,000		57,000

당기순이익 = ₩57,000 − ₩15,000 = ₩42,000

32 정답 ③

해설

이자비용	2,000	현금 감소	1,500
		선급이자(자산) 감소	200
		미지급이자(부채) 증가	?
	2,000		2,000

미지급이자 증가액 = ₩2,000 − ₩1,700 = ₩300

2013년 말 미지급이자 = 기초 ₩300 + 증가액 ₩300 = ₩600

33 다음의 자료를 이용하여 20X3년의 현금흐름표를 직접법에 의하여 작성할 경우 공급자에 대한 현금 유출액은?

2014 지방직 9급

- 20X3년 보고기간 동안 매출원가는 ₩50,000이다.
- 20X3년 재고자산 및 매입채무 관련 자료

	20X3년 1월 1일	20X3년 12월 31일
재고자산	₩5,000	₩7,000
매입채무	₩2,000	₩3,000

① ₩49,000　② ₩50,000　③ ₩51,000　④ ₩52,000

34 ㈜한국은 당기에 발생한 외상매출과 미지급비용을 차기에 모두 회수하거나 지급한다. 다음 자료를 이용한 ㈜한국의 2017년 현금기준과 발생기준 당기순손익은?

2017 관세직 9급 추가채용

	2016년도	2017년도
현금매출	₩320,000	₩450,000
외상매출	₩740,000	₩910,000
비용지출※	₩480,000	₩450,000
기말 미지급비용	₩210,000	₩370,000

※ '비용지출'은 당기 발생한 비용의 현금지출이며, 전기 미지급 비용의 당기 현금지출은 포함하지 않는다.

	현금기준		발생기준	
①	당기순손익	₩0	당기순이익	₩540,000
②	당기순이익	₩530,000	당기순이익	₩540,000
③	당기순이익	₩540,000	당기순이익	₩530,000
④	당기순손실	₩160,000	당기순이익	₩370,000

33 정답 ③

해설

매출원가(비용)	50,000	매입채무(부채) 증가	1,000
재고자산(자산) 증가	2,000	현금 감소	?
	52,000		52,000

현금 감소 = ₩52,000 - ₩1,000 = ₩51,000

34 정답 ②

해설 2017년 현금유입액 = 현금매출 ₩450,000 + 전기외상매출 회수액 ₩740,000 = ₩1,190,000

2017년 현금유출액 = 비용지출 ₩450,000 + 전기미지급비용의 지급액 ₩210,000 = ₩660,000

현금기준 순이익 = 유입액 ₩1,190,000 - 유출액 ₩660,000 = ₩530,000

발생기준 순이익 = 수익(현금매출 ₩450,000 + 외상매출 ₩910,000) - 비용(비용지출 ₩450,000 + 미지급비용 ₩370,000) = ₩540,000

35 ㈜대한은 20X1년도 말에 재고자산이 ₩20,000 증가하였고, 매입채무는 ₩15,000 감소되었으며, 매출채권은 ₩22,000 증가되었다. 20X1년도 매출채권현금회수액이 ₩139,500이고, 매입채무현금지급액이 ₩118,000일 때 20X1년도 매출총이익은? (단, 현금매입 및 현금매출은 없다고 가정한다.)

2013 감정평가사

① ₩38,500　　② ₩44,000　　③ ₩48,500　　④ ₩58,500　　⑤ ₩78,500

36 다음은 ㈜한국의 재무제표 자료이다. 당기 영업활동으로 인한 현금흐름은? (단, 주어진 자료 이외에는 고려하지 않는다)

2013 관세직 9급

〈재무상태표 자료〉

	당기말	전기말
매출채권(순액)	₩130,000	₩150,000
매입채무	₩50,000	₩40,000
토지	₩590,000	₩390,000
미지급급여	₩50,000	₩70,000

〈손익계산서 자료〉

당기순이익	₩3,000,000

① ₩2,850,000　　② ₩2,900,000　　③ ₩2,950,000　　④ ₩3,010,000

정답과 해설

35 정답 ⑤

해설 현금 증가액 = 매출채권 회수액 ₩139,500 - 매입채무 지급액 ₩118,000 = ₩21,500

재고자산 증가	20,000	매출총이익	?
매입채무 감소	15,000		
매출채권 증가	22,000		
현금 증가	21,500		
	78,500		78,500

36 정답 ④

해설 (1) 영업무관 손익조정: 영업관련이익 = 당기순이익 ₩3,000,000

(2) 영업관련 자산·부채 조정(원샷법)

미지급급여 감소	20,000	영업관련이익	3,000,000
현금 증가	?	매출채권 감소	20,000
		매입채무 증가	10,000
	3,030,000		3,030,000

토지의 증가는 투자활동에 해당한다.

영업활동현금흐름 = ₩3,030,000 - ₩20,000 = ₩3,010,000

37 ㈜한국의 2015년 기초와 기말 재무상태표에는 선급보험료가 각각 ₩24,000과 ₩30,000이 계상되어 있다. 포괄손익계산서에 보험료가 ₩80,000으로 계상되어 있다고 할 경우, 2015년에 현금으로 지급한 보험료는?

2015 국가직 7급

① ₩56,000 ② ₩74,000

③ ₩80,000 ④ ₩86,000

38 ㈜서울은 발생기준회계를 적용하고 있다. 20XC년 포괄손익계산서에 보고된 이자비용은 ₩65,000이다. 20X0년 동안 현금으로 지급된 이자는 ₩58,000이다. 20X0년 기초 시점의 미지급이자가 ₩12,000이고, 20X0년 기초, 기말 시점의 선급이자가 각각 ₩1,800과 ₩1,400일 때, 20X0년 기말 시점의 미지급이자는?

2020 서울시 7급

① ₩11,600 ② ₩12,400

③ ₩18,600 ④ ₩19,400

37 정답 ④

해설

선급보험료(자산) 증가	6,000	현금 감소	?
보험료(비용)	80,000		
	86,000		86,000

현금지급액 = ₩86,000

38 정답 ③

해설

이자비용	65,000	현금 감소	58,000
		선급이자 감소	400
		미지급이자 증가	?
	65,000		65,000

미지급이자 증가 = ₩65,000 - ₩58,400 = ₩6,600

기말 시점 미지급이자 = 기초 ₩12,000 + 증가 ₩6,600 = ₩18,600

39 다음은 ㈜한국의 유형자산 및 감가상각누계액의 기초잔액, 기말잔액 및 당기 변동과 관련된 자료이다. ㈜한국은 당기 중 취득원가 ₩40,000(감가상각누계액 ₩20,000)의 유형자산을₩15,000에 처분하였다. 모든 유형자산의 취득 및 처분거래는 현금거래라고 가정할 때, 유형자산과 관련한 투자활동 순현금흐름은? (단, ㈜한국은 유형자산에 대해 원가모형을 적용한다)   2015 국가직 7급

과목	기초	기말
유형자산	₩100,000	₩140,000
감가상각누계액	(₩30,000)	(₩25,000)

① ₩9,000 순유출

② ₩20,000 순유입

③ ₩60,000 순유입

④ ₩65,000 순유출

39 정답 ④

해설 투자활동 현금흐름은 T계정으로 접근한다.

유형자산

기초	100,000	감소(처분)	40,000
증가(취득)	?	기말	140,000
	180,000		180,000

증가(취득) = ₩180,000 - ₩100,000 = ₩80,000

감가상각누계액

감소(처분)	20,000	기초	30,000
기말	25,000	증가(감가상각비)	?
	45,000		45,000

투자활동으로 인한 순현금흐름 = 처분으로 인한 유입(처분대가) ₩15,000 - 취득액으로 인한 유출(취득액) ₩80,000
= (-)₩65,000

40 ㈜한국의 〈재무상태표상 자본〉 및 〈추가자료〉가 다음과 같을 때, 재무활동으로 인한 순현금흐름은?

2019 관세직 9급

〈재무상태표상 자본〉

과목	기초	기말
자본금	₩300,000	₩350,000
자본잉여금	₩100,000	₩132,000
이익잉여금	₩20,000	₩25,000
자기주식	(₩10,000)	-
자본 총계	₩410,000	₩507,000

〈추가자료〉

○ 당기 중 유상증자(주식의 총 발행가액 ₩80,000, 총 액면금액 ₩50,000)가 있었다.

○ 기초 보유 자기주식을 기중에 전량 ₩12,000에 처분하였다.

○ 당기순이익은 ₩15,000이며 배당금 지급 이외 이익잉여금의 변동을 초래하는 거래는 없었다.

　(단, 배당금 지급은 재무활동으로 인한 현금흐름으로 분류한다)

① ₩32,000　② ₩52,000　③ ₩80,000　④ ₩82,000

41 당기 현금흐름표상 고객으로부터의 현금유입액은 ₩54,000이고 공급자에 대한 현금유출액은 ₩31,000이다. 포괄손익계산서상의 매출채권손상차손이 ₩500일 때, 다음 자료를 이용하여 매출총이익을 계산하면? (단, 매출채권(순액)은 매출채권에서 손실충당금을 차감한 금액이다) 2019 지방직 9급

과목	기초	기말
매출채권(순액)	₩7,000	₩9,500
매입채무	4,000	6,000
재고자산	12,000	9,000

① ₩20,500　② ₩21,000　③ ₩25,000　④ ₩31,000

40 정답 ④

해설 배당금 지급액 = 기초 이익잉여금 ₩20,000 + 당기순이익 ₩15,000 - 기말 이익잉여금 ₩25,000 = ₩10,000

재무활동 순현금흐름 = 유상증자로 인한 유입액 ₩80,000 + 자기주식 처분으로 인한 유입액 ₩12,000 - 배당금 지급으로 인한 유출액 ₩10,000 = ₩82,000

41 정답 ②

해설 원샷법으로 풀이한다.

현금증가(유입)	54,000	현금감소(유출)	31,000
손상차손(비용)	500	매입채무 증가	2,000
매출채권 증가	2,500	재고자산 감소	3,000
		매출총이익	?
	57,000		57,000

매출총이익 = ₩57,000 - ₩36,000 = ₩21,000

42 다음은 ㈜대한의 20×1년 현금흐름표를 작성하기 위한 회계자료의 일부다. ㈜대한이 20×1년 현금 흐름표에 표시할 투자활동으로 인한 순현금흐름액은?

2019 국가직 7급

구분	전기 말	당기 말	당기발생
당기손익 - 공정가치 측정 금융자산	₩90,000	₩75,000	
기계장치	₩4,650,000	₩5,100,000	
감가상각누계액	₩1,425,000	₩1,545,000	
당기손익 - 공정가치 측정 금융자산 평가이익			₩15,000
기계장치 감가상각비			₩300,000
기계장치 처분이익			₩75,000

〈추가자료〉

○ 당기손익 - 공정가치 측정 금융자산은 단기매매목적으로 취득한 금융자산이다.

○ ₩750,000의 기계장치 취득거래가 발생하였다.

○ 모든 거래는 현금거래이다.

① ₩525,000 유출

② ₩555,000 유출

③ ₩630,000 유출

④ ₩665,000 유출

42 정답 ②

해설 투자활동은 T계정으로 접근한다.

기계장치

기초	4,650,000	감소(처분)	?
증가(취득)	750,000	기말	5,100,000
	5,400,000		5,400,000

감소(처분) = ₩5,400,000 - ₩5,100,000 = ₩300,000

감가상각누계액

감소(처분)	?	기초	1,425,000
기말	1,545,000	증가(감가상각비)	300,000
	1,725,000		1,725,000

감소(처분) = ₩1,725,000 - ₩1,545,000 = ₩180,000

기계장치 처분이익 ₩75,000 = 처분대가 - 장부금액(₩300,000 - ₩180,000)

처분대가 = ₩195,000

투자활동으로 인한 순현금흐름 = 처분으로 인한 유입액 ₩195,000 - 취득으로 인한 유출액 ₩750,000 = (-)₩555,000

※ 단기매매목적으로 보유하는 계약에서 발생하는 현금유출입은 영업활동에 해당하므로 고려대상이 아니다.

43 다음은 ㈜한국의 20×1년과 20×2년 수정전시산표의 일부이다.

계정과목	20×1년 말	20×2년 말
매출채권	₩200,000	₩100,000
재고자산	₩100,000	₩200,000
매입채무	₩200,000	₩300,000
매출	₩500,000	₩700,000
매입	₩600,000	₩500,000

20×2년 ㈜한국이 계상할 매출총이익과 직접법에 따른 영업활동으로 인한 현금증감액은?

2021 국가직 7급

	매출총이익	영업활동으로 인한 현금증감액
①	₩300,000	₩400,000 증가
②	₩300,000	₩400,000 감소
③	₩400,000	₩300,000 증가
④	₩400,000	₩300,000 감소

43 정답 ①

해설 매출원가 = 기초재고 ₩100,000 + 당기매입 ₩500,000 - 기말재고 ₩200,000 = ₩400,000

매출총이익 = 매출액 ₩700,000 - 매출원가 ₩400,000 = ₩300,000

재고자산(자산) 증가	100,000	매출총이익	300,000
현금증감	?	매출채권(자산) 감소	100,000
		매입채무(부채) 증가	100,000
	500,000		500,000

현금 증감 = ₩500,000 - ₩100,000 = (+)₩400,000

44 ㈜한국은 영업활동현금흐름을 직접법으로 작성하고 있으며 ㈜한국의 20×1년 재무상태표의 일부
는 다음과 같다. ㈜한국의 20×1년 매출원가가 ₩1,000,000일 경우 매입처에 대한 현금유출액은?
(단, 선급금은 재고자산 매입과 관련되어 있다)

2023 국가직 7급

	20×1. 12. 31.	20×1. 1. 1.
매출채권	₩420,000	₩450,000
선급금	₩80,000	₩90,000
재고자산	₩120,000	₩100,000
선급임차료	₩60,000	₩90,000
매입채무	₩90,000	₩120,000
미지급급여	₩50,000	₩20,000

① ₩1,010,000 ② ₩1,020,000
③ ₩1,030,000 ④ ₩1,040,000

44 정답 ④

해설 매입과 관련된 항목(선급금, 재고자산, 매입채무, 매출원가)에 대해 원샷법을 적용하면 다음과 같다.

매출원가	1,000,000	선급금 감소	10,000
재고자산 증가	20,000	현금 감소	?
매입채무 감소	30,000		
	1,050,000		1,050,000

현금 감소(유출)액 = ₩1,050,000 − ₩10,000 = ₩1,040,000

45 ㈜한국의 2016년도 영업활동현금흐름에 영향을 미치는 재무상태표 항목의 변동사항은 다음과 같다. 2016년도에 영업활동현금흐름이 ₩900,000 증가한 경우, 미지급비용의 증감은? 2016 국가직 7급

> ○ 매출채권의 감소: ₩500,000
>
> ○ 선수수익의 감소: ₩100,000
>
> ○ 선급비용의 감소: ₩300,000
>
> ○ 이연법인세자산의 증가: ₩200,000
>
> ○ 미지급비용의 증가(또는 감소): ?

① ₩200,000 감소　　　② ₩200,000 증가

③ ₩400,000 감소　　　④ ₩400,000 증가

46 ㈜한국의 2016년도 재무제표 자료는 다음과 같다. 2016년도 영업활동현금흐름이 ₩1,000,000인 경우 당기순이익은? 2017 지방직 9급

대손상각비	₩30,000	매출채권(장부금액)증가액	₩80,000
감가상각비	₩100,000	재고자산-평가손실	₩20,000
건물처분이익	₩200,000	재고자산(장부금액)감소액	₩50,000

① ₩1,130,000　　　② ₩1,100,000

③ ₩1,080,000　　　④ ₩870,000

45 정답 ④

해설 (1) 영업관련 자산·부채 조정(원샷법)

현금 증가	900,000	매출채권 감소	500,000
선수수익 감소	100,000	선급비용 감소	300,000
이연법인세자산 증가	200,000	미지급비용 증가	?
	1,200,000		1,200,000

미지급비용의 증가 = ₩1,200,000 - ₩500,000 - ₩300,000 = ₩400,000

46 정답 ①

해설 풀이순서를 반대로 가져가야 한다.

(1) 영업관련 자산·부채 조정(원샷법)

현금(자산) 증가	1,000,000	영업관련이익	?
매출채권(자산) 증가	80,000	재고자산(자산) 감소	50,000
	1,080,000		1,080,000

영업관련이익 = ₩1,080,000 - ₩50,000 = ₩1,030,000

(2) 영업무관 손익조정: 영업관련이익 ₩1,030,000 = 당기순이익 + 감가상각비 ₩100,000 - 건물처분이익 ₩200,000

당기순이익 = ₩1,130,000

대손상각비와 재고자산평가손실은 영업관련비용에 해당한다.

주요 Topic 및 출제경향

주요 Topic	
주요	01 비율분석 ★★★★★
Topic	02 주당순이익 ★★★

▶ 9급 출제경향(●국가직 ■관세직 ◆지방직 ○서울시)

구분	15	16	17	18	19	20	21	22	23	24	25
17.1 비율분석	●■◆○	●■◆○	■	●■◆	●○	●■	●■◆		■◆	●	■◆
17.2 주당순이익	■	○		○				◆	◆		

▶ 7급 출제경향(▲국가직 △서울시)

구분	15	16	17	18	19	20	21	22	23	24	-
17.1 비율분석	▲		▲△	▲△		△	▲	△	▲△	▲	
17.2 주당순이익		△	▲		▲△		▲	△	▲△		

구분	기본	필수	응용	심화	합계
17.1 비율분석	8	19	11	2	40
17.2 주당순이익	0	4	6	3	13
합계	8	23	17	5	53

기본문제

[17-01] 비율분석

01 유동비율이 150%일 때, 유동비율을 감소시키는 거래는? 2015 국가직·관세직 9급

① 매출채권의 현금회수
② 상품의 외상매입
③ 매입채무의 현금지급
④ 장기대여금의 현금회수

정답과 해설

01 **정답** ②

해설 유동비율이 100%를 넘는 상태에서,
① 매출채권(유동자산) 감소, 현금(유동자산) 증가로 영향 없음
② 상품(유동자산) 증가, 매입채무(유동부채) 증가로 븐모, 분자 같은 금액 가산되어 유동비율 감소
③ 매입채무(유동부채) 감소, 현금(유동자산) 감소로 븐모, 분자 같은 금액 차감되어 유동비율 증가
④ 장기대여금(비유동자산) 감소, 현금(유동자산) 증가로 유동자산만 증가하므로 유동비율 증가

02 다음 자료를 토대로 계산한 ㈜한국의 당기순이익은?

> ○ 평균총자산액 ₩3,000
>
> ○ 부채비율 (=부채/자본) 200%
>
> ○ 매출액순이익률 20%
>
> ○ 총자산회전율 (평균총자산 기준) 0.5회

① ₩100   ② ₩200

③ ₩300   ④ ₩400

03 ㈜한국의 매출채권회전율은 8회이고 재고자산회전율은 10회이다. 다음 자료를 이용한 ㈜한국의 매출총이익은? (단, 재고자산 회전율은 매출원가를 기준으로 한다)

과목	기초	기말
매출채권	₩10,000	₩20,000
재고자산	₩8,000	₩12,000

① ₩20,000   ② ₩16,000

③ ₩13,000   ④ ₩12,000

정답과 해설

02 **정답** ③

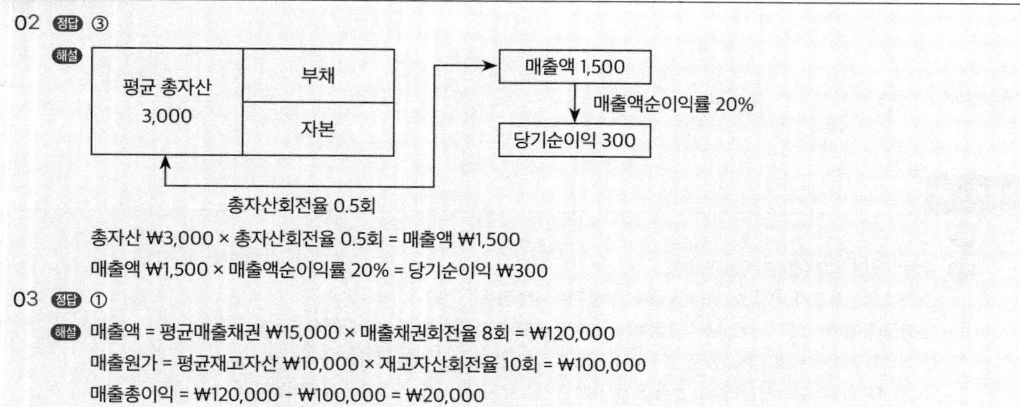

해설

총자산 ₩3,000 × 총자산회전율 0.5회 = 매출액 ₩1,500

매출액 ₩1,500 × 매출액순이익률 20% = 당기순이익 ₩300

03 **정답** ①

해설 매출액 = 평균매출채권 ₩15,000 × 매출채권회전율 8회 = ₩120,000

매출원가 = 평균재고자산 ₩10,000 × 재고자산회전율 10회 = ₩100,000

매출총이익 = ₩120,000 − ₩100,000 = ₩20,000

04 ㈜한국의 현재 유동자산은 ₩100, 유동부채는 ₩200이다. 다음 거래가 ㈜한국의 유동비율에 미치는 영향으로 옳지 않은 것은?

2020 국가직·관세직 9급

① 토지를 ₩30에 취득하면서 취득 대금 중 ₩10은 현금으로 지급하고 나머지는 2년 후에 지급하기로 한 거래는 유동비율을 감소시킨다.

② 재고자산을 현금 ₩10에 구입한 거래는 유동비율에 영향을 미치지 않는다.

③ 단기차입금을 현금 ₩20으로 상환한 거래는 유동비율에 영향을 미치지 않는다.

④ 3년 만기 사채를 발행하고 현금 ₩30을 수령한 거래는 유동비율을 증가시킨다.

05 ㈜한국의 20×1년 매출액은 ₩3,000,000이고, 기초재고자산은 ₩100,000이었다. 20×1년 말 유동부채는 ₩100,000, 유동비율은 400%, 당좌비율은 100%이다. 또한, 재고자산평균처리기간이 36일이라면 매출총이익은? (단, 재고자산은 상품으로만 구성되어 있고, 1년은 360일로 계산한다)

2021 국가직·관세직 9급

① ₩0
② ₩500,000
③ ₩1,000,000
④ ₩2,000,000

정답과 해설

04 정답 ③

해설 ③ 유동비율이 100%보다 낮은 상황에서 유동자산과 유동부채가 같은 금액 감소하면 유동비율은 감소한다.

구분	유동자산	유동부채	유동비율
문제	₩100	₩200	50%
①	현금 감소 ₩10	-	45%
②	재고자산 증가 ₩10, 현금감소 ₩10	-	50%
③	현금감소 ₩20	단기차입금 감소 ₩20	44.44%
④	현금 ₩30 증가		65%

05 정답 ③

해설 유동비율 400% = 유동자산 ÷ 유동부채 ₩100,000, 유동자산 = ₩400,000

당좌비율 100% = 당좌자산 ÷ 유동부채 ₩100,000, 당좌자산 = ₩100,000

기말 재고자산 = 유동자산 ₩400,000 - 당좌자산 ₩100,000 = 300,000

평균 재고자산 = (기초 ₩100,000 + 기말 ₩300,000) ÷ 2 = ₩200,000

재고자산회전율 = 360일 ÷ 평균처리기간 36일 = 10회

재고자산회전율 10회 = 매출원가 ÷ 평균 재고자산 ₩200,000, 매출원가 = ₩2,000,000

매출총이익 = 매출액 ₩3,000,000 - 매출원가 ₩2,000,000 = ₩1,000,000

06 다음의 20×1년 재무정보를 이용한 매출총이익은? (단, 회전율 계산시 기초와 기말의 평균값을 이용한다)

2021 지방직 9급

매출채권회전율	10회	재고자산회전율(매출원가 기준)	6회
기초매출채권	₩600	기초재고자산	₩500
기말매출채권	₩400	기말재고자산	₩700

① ₩1,000　② ₩1,400　③ ₩1,900　④ ₩2,200

07 ㈜한국의 20×1년 3월 20일 당좌비율은 75%, 유동비율은 140%이다. ㈜한국이 20×1년 3월 30일 매입채무를 현금 ₩100,000으로 상환할 경우, 당좌비율과 유동비율에 미치는 영향을 바르게 연결한 것은?

2023 관세직 9급

	당좌비율	유동비율
①	증가	증가
②	감소	증가
③	감소	감소
④	변동 없음	변동 없음

08 다음 자료를 이용한 매출총이익은? (단, 회전율 계산 시 기초와 기말의 평균값을 이용한다)

2024 국가직 9급

○ 기초 매출채권	₩450	○ 기말 매출채권	₩550
○ 기초 재고자산	₩360	○ 기말 재고자산	₩440
○ 매출채권회전율	5회	○ 재고자산회전율	4회

① ₩700　② ₩800　③ ₩900　④ ₩1,000

정답과 해설

06 **정답** ②

해설 매출채권회전율 10회 = 매출액 ÷ 평균매출채권 ₩500, 매출액 = ₩5,000

재고자산회전율 6회 = 매출원가 ÷ 평균재고자산 ₩600, 매출원가 = ₩3,600

매출총이익 = 매출액 ₩5,000 - 매출원가 ₩3,600 = ₩1,400

07 **정답** ②

해설 매입채무(유동부채)와 현금(당좌자산, 유동자산)이 동시에 감소했다. 이 경우 100% 미만인 당좌비율은 더 감소하고, 100%를 초과하는 유동비율은 더 증가한다.

08 **정답** ③

해설 매출채권회전율 5회 = 매출액 ÷ 평균매출채권(₩500)

매출액 = ₩2,500

재고자산회전율 4회 = 매출원가 ÷ 평균재고자산 ₩400

매출원가 = ₩1,600

매출총이익 = 매출액 ₩2,500 - 매출원가 ₩1,600 = ₩900

[17-01] 비율분석

09 기말재고자산은 개별법, 평균법 및 선입선출법 등의 방법으로 평가한다. 이와 같은 재고자산의 평가방법에 의하여 영향을 받지 않는 것은?

2015 관세직 9급

① 부채비율

② 당좌비율

③ 이자보상비율

④ 주가이익비율

10 ㈜한국의 현재 유동비율은 130%, 당좌비율은 80%이다. 매입채무를 현금으로 상환하였을 때 유동비율과 당좌비율에 각각 미치는 영향은?

2015 지방직 9급

	유동비율	당좌비율
①	감소	영향 없음
②	증가	영향 없음
③	감소	증가
④	증가	감소

---

09 정답 ②

해설 '매출원가 = 기초재고 + 당기매입 − 기말재고'에서 기말재고자산 금액이 달라지면 매출원가도 달라진다. 따라서 영업이익과 당기순이익도 변하게 되므로 이자보상비율(영업이익/이자비용)과 주가이익비율(주가/주당순이익)이 영향을 받는다. 당기순이익은 결산을 통해 이익잉여금(자본)으로 대체되므로 결국 자본총액이 달라지고 부채비율(부채/자본)도 달라진다. 당좌비율은 당좌자산(재고자산을 제외한 유동자산)과 유동부채의 비율이므로 재고자산 금액에 따라 달라지지 않는다.

10 정답 ④

해설 상환시점의 분개는 다음과 같다.

(차)	매입채무(유동부채)	XXX	(대)	현금(당좌자산, 유동자산)	XXX

유동비율이 100%를 넘는 상태에서 유동자산과 유동부채가 같이 감소했으므로 유동비율은 증가한다. 당좌비율이 100%가 안 되는 상태에서 당좌자산과 유동부채가 같이 감소했으므로 당좌비율은 감소한다.

11 기초매출채권 잔액이 ₩800이고, 기말매출채권 잔액은 ₩1,200이다. 매출채권 평균회수기간이 36.5일이라면 당기 매출액은? (단, 1년은 365일이라고 가정한다) 2015 국가직 7급

① ₩8,000
② ₩10,000
③ ₩12,000
④ ₩14,000

12 재무비율분석과 관련된 설명으로 옳은 것은? 2016 관세직 9급

① 기업영업활동의 수익성을 분석하는 주요 비율로 자기자본이익률과 이자보상비율이 사용된다.

② 총자산이익률은 매출액순이익률과 총자산회전율의 곱으로 표현할 수 있다.

③ 유동성비율은 기업의 단기지급능력을 분석하는 데 사용되며 유동비율, 당좌비율, 총자산이익률이 주요 지표이다.

④ 이자보상비율은 기업의 이자지급능력을 측정하는 지표로 이자 및 법인세비용차감전이익을 이자비용으로 나누어 구하며 그 비율이 낮은 경우 지급능력이 양호하다고 판단할 수 있다.

정답과 해설

11 **정답** ②

해설 평균매출채권 = (기초 ₩800 + 기말 ₩1,200) ÷ 2 = ₩1,000

매출채권 평균회수기간 36.5일 = 365일 ÷ 매출채권회전율; 매출채권회전율 = 10회

매출채권회전율 10회 = 매출액 ÷ 평균매출채권 ₩1,000

매출액 = ₩1,000 × 10회 = ₩10,000

12 **정답** ②

해설 ① 이자보상비율은 수익성이 아닌 안정성과 관련된 지표이다.

② 총자산이익률(당기순이익/평균총자산) = 매출액순이익률(당기순이익/매출액) × 총자산회전율(매출액/평균총자산)

③ 총자산이익률은 유동성비율에 해당하지 않는다.

④ 이자보상비율은 비율이 높을수록 지급능력이 양호하다고 판단한다.

13 다음은 ㈜한국의 2015년 12월 31일 재무상태표이다.

<table>
<tr><td colspan="4" align="center">재무상태표</td></tr>
<tr><td>㈜한국</td><td align="center">2015년 12월 31일 현재</td><td></td><td align="right">(단위 : 원)</td></tr>
<tr><td>현금</td><td align="right">₩2,000</td><td>매입채무</td><td align="right">?</td></tr>
<tr><td>매출채권</td><td align="right">?</td><td>단기차입금</td><td align="right">₩2,000</td></tr>
<tr><td>재고자산</td><td align="right">?</td><td>사채</td><td align="right">₩10,000</td></tr>
<tr><td>유형자산</td><td align="right">₩20,000</td><td>자본금</td><td align="right">?</td></tr>
<tr><td></td><td></td><td>이익잉여금</td><td align="right">₩5,000</td></tr>
<tr><td>자산 합계</td><td align="right">₩50,000</td><td>부채와 자본 합계</td><td align="right">₩50,000</td></tr>
</table>

2015년 12월 31일 현재 유동비율이 300%일 때, 자본금은?　　　　　2016 지방직 9급

① ₩15,000 ② ₩20,000

③ ₩23,000 ④ ₩25,000

13 정답 ④

해설 유동자산 = 자산합계 ₩50,000 - 비유동자산(유형자산) ₩20,000 = ₩30,000

유동자산 ₩30,000 ÷ 유동부채 = 유동비율 300%

유동부채 = ₩10,000

매입채무 = 유동부채 ₩10,000 - 단기차입금 ₩2,000 = ₩8,000

자본금 = 부채와 자본 합계 ₩50,000 - (매입채무 ₩8,000 + 단기차입금 ₩2,000 + 사채 ₩10,000 + 이익잉여금 ₩5,000) = ₩25,000

14 다음 자료를 이용할 경우 재고자산회전율은? (단, 재고자산회전율과 매입채무회전율의 분모 계산 시 기초와 기말의 평균값을 이용한다)

2017 관세직 9급

○ 기초재고자산 ₩700,000	○ 기말재고자산 ₩500,000
○ 기초매입채무 ₩340,000	○ 기말매입채무 ₩160,000
○ 매입채무회전율 4회	

① 4회 ② 3회
③ 2회 ④ 1회

15 ㈜한국은 상품을 ₩500에 구입하면서 대금 중 ₩250은 현금으로 지급하고 나머지는 3개월 이내에 갚기로 하였다. 이 거래 직전의 유동비율과 당좌비율이 각각 200%, 100%라고 할 때, 이 거래가 유동비율과 당좌비율에 미치는 영향으로 옳은 것은?

2017 관세직 9급

	유동비율	당좌비율
①	감소	감소
②	변동없음	감소
③	감소	변동없음
④	변동없음	변동없음

정답과 해설

14 정답 ③

해설 매입채무회전율 4회 = 매입액 ÷ 평균매입채무

평균매입채무 = (기초 ₩340,000 + 기말 ₩160,000) ÷ 2 = ₩250,000

매입액 = 평균매입채무 ₩250,000 × 매입채무회전율 4회 = ₩1,000,000

매출원가 = 기초재고 ₩700,000 + 당기매입 ₩1,000,000 − 기말재고 ₩500,000 = ₩1,200,000

평균재고자산 = (기초 ₩700,000 + 기말 ₩500,000) ÷ 2 = ₩600,000

재고자산회전율 = 매출원가 ₩1,200,000 ÷ 평균재고자산 ₩600,000 = 2회

15 정답 ①

해설 거래시점의 분개는 다음과 같다.

(차)	상품(재고자산)	500	(대)	현금(당좌자산)	250
				매입채무(유동부채)	250

유동비율(200%)이 100%가 넘는 상태에서 유동자산(재고자산 증가 ₩500 − 현금 감소 ₩250 = ₩250)과 유동부채(매입채무 ₩250)가 같은 금액 증가하였으므로 유동비율은 감소한다. 당좌비율이 100%, 즉 당좌자산과 유동부채가 같은 상태에서 당좌자산(현금)은 ₩250 감소하고, 유동부채(매입채무)는 ₩250 증가하였으므로 당좌비율은 감소한다.

유동자산	당좌자산	현금 (−)₩250	유동부채	매입채무 (+)₩250
	재고자산	상품 (+)₩500		

16 ㈜한국은 20×1년 1월 1일 토지를 ₩100,000에 구입하였고 이 토지에 재평가모형을 적용한다. 20×1년 12월 31일 이 토지를 재평가한 결과 공정가치는 ₩90,000이다. 이 재평가회계처리에 영향을 받지 않는 재무비율은?

2017 국가직 7급

① 부채대자본비율
② 매출액순이익률
③ 총자산회전율
④ 당좌비율

17 신설법인인 ㈜한국의 당기순이익은 ₩805,000이며, 보통주 1주당 ₩200의 현금배당을 실시하였다. 유통보통주식수는 1,000주(주당 액면금액 ₩500), 우선주식수는 500주(주당 액면금액 ₩100, 배당률 10%)이다. 보통주의 주당 시가를 ₩4,000이라 할 때 옳은 것은? (단, 적립금은 고려하지 않는다)

2018 국가직 9급

① 보통주의 기본주당순이익은 ₩805이다.
② 보통주의 주가수익비율은 20%이다.
③ 보통주의 배당수익률은 5%이다.
④ 배당성향은 20%이다.

정답과 해설

16 **정답** ④

해설 자산재평가로 인한 회계처리는 다음과 같다.

(차)	재평가손실(당기손익)	10,000	(대)	토지(비유동자산)	10,000

당기손실이 발생하였으므로, 이익은 감소하고, 이익잉여금 감소로 인해 자본도 감소한다.

따라서, 부채대자본비율(부채/자본)은 증가하고, 매출액순이익률(당기순이익/매출액)도 감소하고, 총자산회전율(매출액/총자산)은 자산(토지)감소로 인해 증가한다. 당좌비율(당좌자산/유동부채)에는 영향이 없다.

17 **정답** ③

해설 보통주 당기순이익 = 당기순이익 ₩805,000 - 우선주배당금(500주 × ₩100 × 10%) = ₩800,000

기본주당순이익 = ₩800,000 ÷ 1,000주 = ₩800/주

주가수익비율 = 주가/주당순이익 = ₩4,000/₩800 = 5

배당수익률 = 주당 배당금 ₩200 ÷ 주가 ₩4,000 = 5%

배당성향 = 보통주 배당금 ₩200,000 ÷ 보통주 당기순이익 ₩800,000 = 25%

18 다음 ㈜국제의 회계정보에 대한 설명으로 옳은 것은? (단, 당기 중 유통주식수의 변화는 없었다)

2018 지방직 9급

당기매출액	₩1,500,000
당기순이익	₩200,000
총자산순이익률	20%
발행주식수	50,000주
자기주식수	10,000주

① 주당순이익은 ₩5이다.

② 유통주식수는 50,000주이다.

③ 평균총자산은 ₩3,000,000이다.

④ 총자산회전율은 3회이다.

19 ㈜한국의 20×1년 초 재고자산은 ₩25,000이고, 당기매입액은 ₩95,000이다. ㈜한국의 20×1년 말 유동비율은 120%, 당좌비율은 70%, 유동부채는 ₩80,000일 때, 20×1년도 매출원가는? (단, 재고자산은 상품으로만 구성되어 있다)

2019 국가직 9급

① ₩52,000　　　　② ₩64,000

③ ₩76,000　　　　④ ₩80,000

정답과 해설

18 **정답** ①

해설 ① 주당순이익 = 당기순이익 ₩200,000 ÷ 유통주식수(50,000주 - 10,000주) = ₩5/주

② 자기주식은 시중에 유통되지 않는다. 따라서 발행주식 50,000주에서 자기주식 10,000주를 차감한 40,000주가 유통주식수가 된다.

③ 총자산순이익률 20% = 당기순이익 ₩200,000 ÷ 평균총자산, 평균총자산 = ₩1,000,000

④ 총자산회전율 = 매출액 ₩1,500,000/평균총자산 ₩1,000,000 = 1.5회

19 **정답** ④

해설

유동자산	당좌자산	유동부채 ₩80,000
	재고자산	비유동부채
비유동자산		자본

유동비율 120% = 유동자산 ÷ 유동부채 ₩80,000

유동자산 = ₩80,000 × 1.2 = ₩96,000

당좌비율 70% = 당좌자산 ÷ 유동부채 ₩80,000

당좌자산 = ₩80,000 × 0.7 = ₩56,000

유동자산 ₩96,000 - 당좌자산 ₩56,000 = 기말 재고자산 ₩40,000

매출원가 = 기초재고 ₩25,000 + 당기매입 ₩95,000 - 기말재고 ₩40,000 = ₩80,000

20 ㈜한국의 당기 매출은 외상 거래만 있었다고 할 때, 다음 자료를 이용한 활동성 비율분석의 해석으로 옳지 않은 것은? (단, 활동성비율 계산 시 분모는 기초잔액과 기말잔액의 평균금액을 이용하며, 1년을 360일로 계산한다)

2020 관세직 9급

매출채권			
기초	₩1,000	현금	₩47,000
매출액	₩50,000		

재고자산			
기초	₩1,000	매출원가	₩25,000
매입채무	₩20,000		
현금	₩8,000		

① 매출채권회전율은 20회이다.

② 재고자산회전율은 12회이다.

③ 매출채권의 평균회수기간은 18일이다.

④ 재고자산의 평균판매기간은 36일이다.

20 **정답** ②

해설 기말매출채권 = (₩1,000 + ₩50,000) - ₩47,000 = ₩4,000
평균매출채권 = (기초 ₩1,000 + 기말 ₩4,000) ÷ 2 = ₩2,500
매출채권회전율 = 매출액 ₩50,000 ÷ 평균매출채권 ₩2,500 = 20회
매출채권 회수기간 = 360일 ÷ 20회 = 18일
기말재고자산 = (₩1,000 + ₩20,000 + ₩8,000) - ₩25,000 = ₩4,000
평균재고자산 = (기초 ₩1,000 + 기말 ₩4,000) ÷ 2 = ₩2,500
재고자산회전율 = 매출원가 ₩25,000 ÷ 평균재고 ₩2,500 = 10회
재고자산 판매기간 = 360일 ÷ 10회 = 36일

21 〈보기〉는 ㈜서울의 재무비율과 관련된 자료이다. 재무비율에 대한 설명으로 가장 옳지 않은 것은?

2020 서울시 7급

〈보기〉

- 재무상태표 항목

  (1) 평균 총자산: ₩40,000 (2) 평균 자기자본: ₩10,000

- 포괄손익계산서 항목

  (1) 매출액: ₩20,000 (2) 당기순이익: ₩2,000

- 자기자본이익률은 매출액순이익률, 총자산회전율, 레버리지비율의 곱으로 계산된다.

① 레버리지비율은 3배이다.

② 매출액순이익률은 10%이다.

③ 총자산회전율은 0.5회이다.

④ 자기자본이익률은 20%이다.

22 다음은 상품매매 기업인 ㈜한국의 재무비율을 산정하기 위한 자료이다.

○ 매출	₩4,500,000	○ 매출원가	₩4,000,000
○ 기초매출채권	₩150,000	○ 기말매출채권	₩450,000
○ 기초재고자산	₩240,000	○ 기말재고자산	₩160,000

㈜한국은 매출이 전액 외상으로 이루어지며, 재고자산회전율 계산 시 매출원가를 사용할 경우, 매출채권회전율과 재고자산평균처리기간은? (단, 1년은 360일, 회전율 계산 시 기초와 기말의 평균값을 이용한다)

2021 국가직 7급

	매출채권회전율(회)	재고자산평균처리기간(일)
①	15	18
②	15	36
③	30	18
④	30	36

정답과 해설

21 **정답** ①

해설 자기자본이익률 = 당기순이익 ₩2,000 ÷ 평균 자기자본 ₩10,000 = 20%

매출액순이익률 = 당기순이익 ₩2,000 ÷ 매출액 ₩20,000 = 10%

총자산회전율 = 매출액 ₩20,000 ÷ 평균 총자산 ₩40,000 = 0.5회

자기자본이익률 20% = 매출액순이익률 10% × 총자산회전율 0.5 × 레버리지비율

레버리지비율 = 4배

22 **정답** ①

해설 평균매출채권 = (기초 ₩150,000 + 기말 ₩450,000) ÷ 2 = ₩300,000

매출채권회전율 = 매출 ₩4,500,000 ÷ 평균매출채권 ₩300,000 = 15회

평균재고자산 = (기초 ₩240,000 + 기말 ₩160,000) ÷ 2 = ₩200,000

재고자산회전율 = 매출원가 ₩4,000,000 ÷ 평균재고자산 ₩200,000 = 20회

재고자산평균처리기간 = 360일 ÷ 재고자산회전율 20회 = 18일

23 〈보기〉는 20X1년 12월 31일 ㈜서울의 재무제표 정보이다. 재무비율에 대한 설명으로 가장 옳지 않은 것은? (단, 1년은 360일로 가정한다. 회전율 계산 시 기초와 기말의 평균값을 사용한다. 또한 이자보상비율에서 이익은 이자비용차감전순이익을 사용한다.)

2022 서울시 7급

〈보기〉

매출액: ₩450,000	이자비용차감전순이익: ₩135,000
이자비용: ₩20,000	유동부채: ₩500,000
기초 총자산 : ₩1,500,000	기말 총자산 : ₩2,500,000
기초 매출채권: ₩100,000	기말 매출채권: ₩200,000

① ㈜서울의 매출채권회전율은 3회이다.

② ㈜서울의 총자산회전율은 0.25회이다.

③ ㈜서울의 매출채권평균회수기간은 120일이다.

④ ㈜서울의 이자보상비율은 6.75이다.

23 **정답** ②

해설 ① 평균 매출채권 = (기초 ₩100,000 + 기말 ₩200,000) ÷ 2 = ₩150,000

매출채권회전율 = 매출액 ₩450,000 ÷ 평균 매출채권 ₩150,000 = 3회

② 평균 총자산 = (기초 ₩1,500,000 + 기말 ₩2,500,000) ÷ 2 = ₩2,000,000

총자산회전율 = 매출액 ₩450,000 ÷ 평균 총자산 ₩2,000,000 = 0.225회

③ 매출채권평균회수기간 = 360일 ÷ 매출채권회전율 3회 = 120일

④ 이자보상비율 = 이자비용차감전순이익 ₩135,000 ÷ 이자비용 ₩20,000 = 6.75

24 ㈜한국의 20×1년 말 재무상태표는 다음과 같다. 유동비율과 당좌비율이 각각 150%와 120%일 때, 재고자산(A)과 장기차입금(B)을 바르게 연결한 것은?

2023 지방직 9급

재무상태표

유동자산			유동부채		
현금	₩2,000		매입채무	₩1,000	
매출채권			단기차입금		
재고자산	A		비유동부채		
비유동자산		₩16,000	장기차입금	B	
유형자산	₩8,000		부채총계		
투자부동산	₩2,000		자본금	₩5,000	
무형자산	₩6,000		이익잉여금	₩8,000	
			자본총계		₩13,000
자산총계		₩28,000	부채 및 자본 총계		₩28,000

	A	B
①	₩2,400	₩7,000
②	₩2,400	₩8,000
③	₩7,600	₩7,000
④	₩7,600	₩8,000

24 **정답** ①

해설 유동자산 = 자산총계 ₩28,000 - 비유동자산 ₩16,000 = ₩12,000

유동비율 150% = 유동자산 ₩12,000 ÷ 유동부채

유동부채 = ₩12,000 ÷ 150% = ₩8,000

당좌자산 = 유동부채 ₩8,000 × 당좌비율 120% = ₩9,600

당좌자산 ₩9,600 = 유동자산 ₩12,000 - 재고자산

재고자산(A) = ₩12,000 - ₩9,600 = ₩2,400

부채총계 = 부채 및 자본 총계 ₩28,000 - 자본총계 ₩13,000 = ₩15,000

비유동부채 = 부채총계 ₩15,000 - 유동부채 ₩8,000 = ₩7,000

비유동부채 ₩7,000 = 장기차입금(B)

25 다음 자료를 이용한 자기자본순이익률은? (단, 비율 계산 시 총자산과 자기자본은 기초금액과 기말금액의 연평균금액으로 한다)

2023 국가직 7급

> ○ 매출액 ₩50,000
>
> ○ 당기순이익 ₩2,000
>
> ○ 기말 총자산은 기초 총자산의 3배이다.
>
> ○ 타인자본과 자기자본은 기초와 기말 모두 총자산에서 차지하는 비율이 1대1로 일정하다.
>
> ○ 총자산회전율 2.5회

① 20% ② 25%

③ 30% ④ 40%

26 제조업을 영위하는 ㈜서울의 20X1년 말 유동부채는 ₩500,000, 당좌비율은 30%, 유동비율은 50%이다. ㈜서울의 20X1년 초 재고자산이 ₩250,000, 당기제품제조원가가 ₩120,000이면 20X1년 포괄손익계산서에 표시되는 매출원가는? (단, 재고자산계정은 모두 제품계정으로 한정한다.)

2023 서울시 7급

① ₩100,000 ② ₩150,000

③ ₩250,000 ④ ₩270,000

정답과 해설

25 **정답** ①

해설

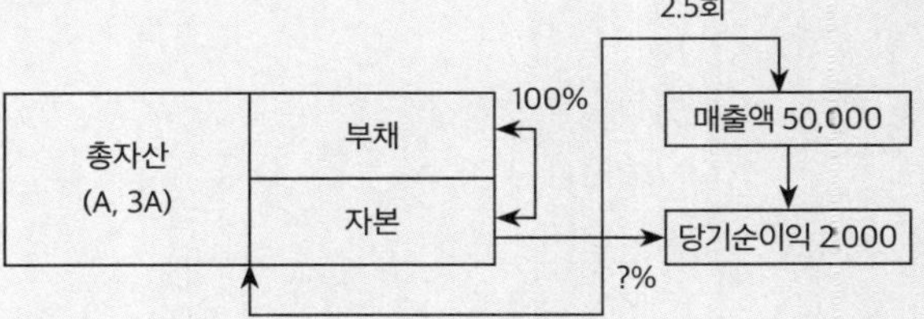

총자산회전율 2.5회 = 매출액 ₩50,000 ÷ 평균 총자산

평균 총자산 = ₩50,000 ÷ 2.5 = ₩20,000

기초 총자산을 A라 하면, 기말 총자산은 3A가 된다.

평균 총자산 ₩20,000 = (A + 3A) ÷ 2

A(기초 자산) = ₩10,000, 기말자산 = ₩30,000

부채(타인자본)와 자본(자기자본)의 비율이 1대1이므로 기초 자본 = ₩5,000, 기말 자본 = ₩15,000,

평균 자본 = ₩10,000

자기자본순이익률 = 당기순이익 ₩2,000 ÷ 평균 자본 ₩10,000 = 20%

26 **정답** ④

해설 당좌비율 30% = 당좌자산 ÷ 유동부채 ₩500,000

당좌자산 = ₩500,000 × 30% = ₩150,000

유동비율 50% = 유동자산 ÷ 유동부채 ₩500,000

유동자산 = ₩500,000 × 50% = ₩250,000

재고자산(기말) = 유동자산 ₩250,000 - 당좌자산 ₩150,000 = ₩100,000

매출원가 = 기초재고 ₩250,000 + 당기매입(제조) ₩120,000 - 기말재고 ₩100,000 = ₩270,000

27 다음은 ㈜한국의 20×1년 말 재무상태표상 계정별 잔액이다. ㈜한국의 20×1년 말 자산총액이 ₩400,000이고, 유동비율이 150%일 때, 이익잉여금은?

2024 국가직 7급

○ 현금	₩40,000	○ 매출채권	
○ 재고자산		○ 유형자산	₩80,000
○ 투자부동산	₩20,000	○ 단기차입금	
○ 매입채무	₩160,000	○ 장기차입금	₩120,000
○ 자본금	₩50,000	○ 이익잉여금	

① ₩10,000   ② ₩20,000

③ ₩30,000   ④ ₩40,000

정답과 해설

27 **정답** ③

해설

유동	현금	40,000	유동	단기차입금	?
	매출채권	?		매입채무	160,000
	재고자산	?	비유동	장기차입금	120,000
비유동	유형자산	80,000	자본	자본금	50,000
	투자부동산	20,000		이익잉여금	?

비유동자산 = 유형자산 ₩80,000 + 투자부동산 ₩20,000 = ₩100,000

유동자산 = 총자산 ₩400,000 - 비유동자산 ₩100,000 = ₩300,000

유동비율 150% = 유동자산 ₩300,000 ÷ 유동부채

유동부채 = ₩300,000 ÷ 150% = ₩300,000 × 2/3 = ₩200,000

이익잉여금 = 총자산 ₩400,000 - 유동부채 ₩200,000 - 장기차입금 ₩120,000 - 자본금 ₩50,000 = ₩30,000

28 ㈜한국은 20×1년 3월 7일 자기주식 500주를 매입하고 20×1년 7월 7일 이 중 100주를 소각하였다. 그리고 20×1년 8월 31일 자기주식 200주를 ㈜서울에 매도하였다. ㈜한국의 20×1년 자기주식 거래가 ㈜한국의 유통주식수에 미치는 영향은?

2017 국가직 7급

① 500주 감소

② 300주 감소

③ 200주 감소

④ 변화 없다.

29 다음은 ㈜한국의 20×1년 주당이익 계산과 관련한 자료이다. ㈜한국의 배당결의가 이미 이루어졌을 경우 기본주당이익은?

2021 국가직 7급

> ○ 기초유통보통주식수: 800주 (액면금액 ₩1,000)
> ○ 기초전환우선주: 500주 (액면금액 ₩1,000, 비누적적, 비참가적)
> ○ 20×1년 7월 1일에 400주의 전환우선주가 400주의 보통주로 전환(기중 전환된 우선주에 대해서는 보통주 배당금 지급)
> ○ 당기순이익: ₩50,000
> ○ 연 배당률: 우선주 10%, 보통주 8%

① ₩30   ② ₩35

③ ₩40   ④ ₩62.5

28 정답 ②

해설 유통되는 주식을 사들이는 자기주식 매입은 유통주식수를 감소시키그(500주 감소), 자기주식을 내다 팔아 유통시키는 자기주식 매도는 유통주식수를 증가(200주 증가)시킨다. 따라서 유통주식수에 미치는 영향은 이 둘의 합계인 300주 감소가 된다. 자기주식 매입시점에 유통주식수가 이미 감소하였으므로 이를 소각하더라도 유통주식수에 미치는 영향은 없다.

29 정답 ③

해설 우선주배당금 = (500주 - 400주) × ₩1,000 × 10% = ₩10,000
보통주당기순이익 = 당기순이익 ₩50,000 - 우선주배당금 ₩10,000 = ₩40,000
유통보통주식수 = 800주 × 12/12 + 400주 × 6/12 = 1,000주
(※ 전환우선주는 전환이 이루어진 날부터 유통보통주식수에 가산한다.)
기본주당이익 = 보통주당기순이익 ₩40,000 ÷ 유통보통주식수 1,000주 = ₩40/주

30 다음 ㈜한국의 20×1년 보통주 변동내역은 다음과 같다.

> ○ 기초유통보통주식수 6,000주
>
> ○ 7월 1일 보통주 무상증자 500주
>
> ○ 9월 1일 보통주 공정가치 발행 유상증자 900주

20×1년 가중평균유통보통주식수는? (단, 기간은 월할 계산한다) 2022 지방직 9급

① 6,550주   ② 6,800주

③ 6,900주   ④ 7,400주

31 ㈜한국의 20×1년 기초 보통주식수는 10,000주이며, 20×1년도 보통주식수 변동내역은 다음과 같다.

> ○ 4월 1일: 보통주 2,000주를 시장가격으로 유상증자하였다.
>
> ○ 10월 1일: 무상증자 20%를 실시하였다.
>
> ○ 11월 1일: 자기주식 1,200주를 취득하였다.

㈜한국의 20×1년 당기순이익이 ₩13,600,000인 경우 기본주당이익은? (단, 유통보통주식수는 월할 계산한다) 2023 국가직 7급

① ₩1,000   ② ₩1,150

③ ₩1,200   ④ ₩1,360

30 정답 ②

해설

구분	주식수	기간	조정	가중평균주식수
기초	6,000주	12/12	+500(무상증자)	(6,000 + 500) × 12/12 = 6,500
9/1	900주	4/12	-	900 × 4/12 = 300
합계				6,800주

31 정답 ①

해설

구분	주식수	기간	조정	가중평균주식수
기초	10,000주	12/12	20%	10,000 × 12/12 × (1+20%) = 12,000
4/1	2,000주	9/12	20%	2,000 × 9/12 × (1+20%) = 1,800
11/1	(-)1,200주	2/12	-	(-)1,200 × 2/12 = (-)200
합계				13,600주

기본주당순이익 = 보통주당기순이익 ₩13,600,000 ÷ 13,600주 = ₩1,000/주

32 12월 결산법인인 서울㈜의 12월 말 재무제표에는 다음의 계정과목을 포함하고 있다.

외상매입금	₩10,000	지급어음A	₩10,000
감가상각누계액	₩10,000	미지급급여	₩10,000
급여	₩10,000	지급어음B	₩10,000
미지급이자	₩10,000	이자비용	₩10,000
광고비	₩10,000	장기차입금	₩10,000

지급어음 A의 만기는 1개월이며, 지급어음 B의 만기는 5년이다. 유동자산이 ₩100,000이라면
서울㈜의 유동비율은 얼마인가?

2014 서울시 9급

① 1   ② 1.5   ③ 2
④ 3   ⑤ 2.5

32 **정답** ⑤

해설 유동부채 = 외상매입금 ₩10,000 + 지급어음 A ₩10,000 + 미지급급여 ₩10,000 + 미지급이자 ₩10,000 = ₩40,000
유동비율 = 유동자산 ₩100,000 ÷ 유동부채 ₩40,000 = 2.5

33 2015년의 총자산이익률은 2%이고 부채비율은 200%이다. 2016년의 매출액이익률은 4%이고 부채비율은 100%이다. 2016년 자기자본이익률이 2015년 자기자본이익률의 2배일 때 아래의 보기를 활용하여 2016년 총자산회전율을 구하면 얼마인가?

2016 서울시 9급

〈보기〉

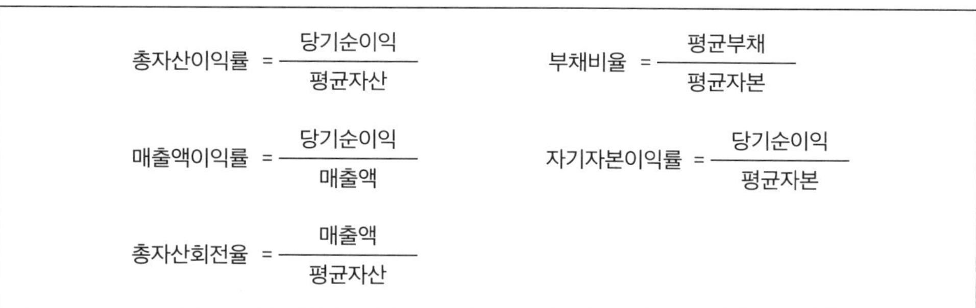

① 1.5   ② 2
③ 2.5   ④ 3

---

33 정답 ①

해설 〈2015년〉

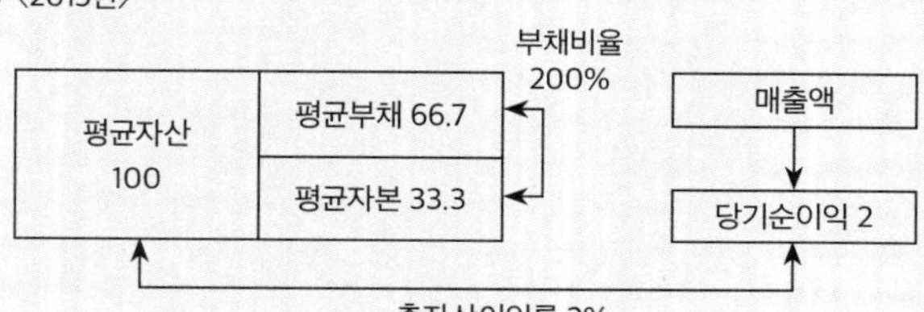

2015년 평균자산을 100이라 할 때, 당기순이익 = 평균자산 100 × 총자산이익률 2% = 2
부채비율이 200%이면, 평균부채는 평균자본의 2배이므로
평균자산 100 = 평균부채 + 평균자본 = 2 × 평균자본 + 평균자본 = 3 × 평균자본, 평균자본 = 100/3
자기자본이익률 = 당기순이익 2 ÷ 평균자본 100/3 = 2 × 3/100 = 6%

〈2016년〉

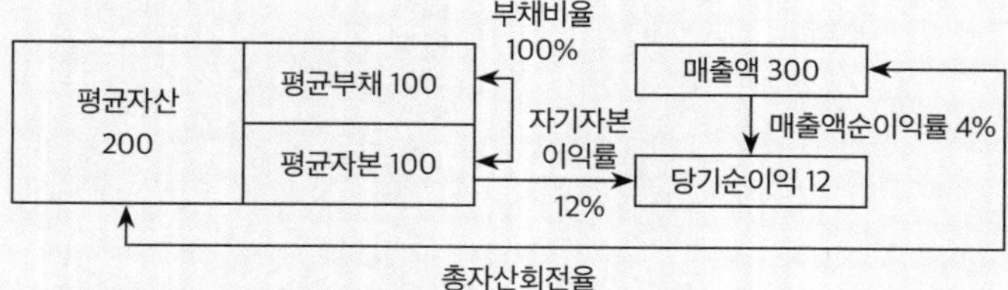

2016년 자기자본이익률 = 2015년 자기자본이익률 6% × 2배 = 12%
2016년 평균자본을 100이라 할 때,
부채비율이 100%이므로, 평균부채 = 평균자본 100 × 부채비율 100% = 100
평균자산 = 평균부채 100 + 평균자본 100 = 200
당기순이익 = 평균자본 100 × 자기자본이익률 12% = 12
매출액순이익률 4% = 당기순이익 12 ÷ 매출액; 매출액 = 300
총자산회전율 = 매출액 300 ÷ 평균자산 200 = 1.5

34 ㈜한국의 주식은 주당 ₩1,000에 시장에서 거래되고 있다. 다음 자료를 이용하여 계산한 ㈜한국의 가중평균유통보통주식수는? (단, 우선주는 없다)

2012 국가직 7급

당기순이익	₩60,000
주가수익률(PER)	5(500%)
부채총계	₩3,000,000
자본금	₩200,000
자본총계	₩1,000,000

① 200주　　　② 300주　　　③ 400주　　　④ 500주

35 〈보기〉는 ㈜서울의 2018년 말 재무상태표 자료이다. 2018년 말 유동비율이 150%일 경우, 자본금은?

2019 서울시 9급

〈보기〉

현금	₩150,000	단기차입금	₩200,000
매출채권	₩200,000	건물	₩1,100,000
매입채무	₩250,000	사채	₩500,000
유동성장기부채	₩150,000	장기충당부채	₩300,000
미수금	₩100,000	자본금	?
재고자산	?	이익잉여금	₩350,000

① ₩100,000　　　② ₩150,000　　　③ ₩200,000　　　④ ₩250,000

34 정답 ②

해설 PER = 주가(Price) ₩1,000 ÷ 주당순이익(EPS) = 5

주당순이익 = ₩200

주당순이익 ₩200 = 보통주당기순이익 ₩60,000 ÷ 가중평균유통보통주식수

가중평균유통보통주식수 = ₩60,000 ÷ ₩200 = 300주

35 정답 ④

해설

유동자산	당좌자산 ₩450,000	현금 매출채권 미수금	150,000 200,000 100,000	유동부채 ₩600,000	단기차입금 매입채무 유동성장기부채	200,000 250,000 150,000
	재고자산		?	비유동부채 ₩800,000	사채 장기충당부채	500,000 300,000
비유동자산 ₩1,100,000		건물	1,100,000	자본	자본금 이익잉여금	? 350,000

유동자산 = 유동부채 ₩600,000 × 유동비율 150% = ₩900,000

자산총계 = 유동자산 ₩900,000 + 비유동자산 ₩1,100,000 = ₩2,000,000

자본총계 = 자산총계 ₩2,000,000 - 부채총계(₩600,000 + ₩800,000) = ₩600,000

자본금 = 자본총계 ₩600,000 - 이익잉여금 ₩350,000 = ₩250,000

36 ㈜관세의 20×1년도 재무자료는 다음과 같다. 다음 설명 중 옳은 것은? 2015 관세사

매출액	₩50,000,000	당기순이익	₩2,500,000
기말유동자산	₩2,000,000	기말유동부채	₩1,500,000
기말재고자산	₩500,000	주당순이익	₩10,000
현금배당	주당 ₩5,000	주식의 기말 시가	주당 ₩25,000

① 주가이익비율(PER)은 250%이다.

② 배당수익률은 500%이다.

③ 당좌비율은 133%이다.

④ 매출액순이익률은 2,000%이다.

⑤ 배당성향은 200%이다.

37 상품매매기업인 ㈜감평의 정상영업주기는 상품매입시점부터 판매대금 회수시점까지 기간으로 정의된다. 20×1년 정상영업주기는 42일이며, 매출이 ₩1,000,000, 평균매출채권이 ₩50,000, 평균재고자산이 ₩40,000이라면 ㈜감평의 20×1년 매출원가는? (단, 매출은 전액 외상매출이고, 1년은 360일로 가정한다.) 2015 감정평가사

① ₩520,000 ② ₩540,000 ③ ₩560,000

④ ₩580,000 ⑤ ₩600,000

정답과 해설

36 **정답** ①

해설 ① 주가이익비율 = 주가 ₩25,000 ÷ 주당순이익 ₩10,000 = 250%

② 배당수익률 = 주당배당금 ₩5,000 ÷ 주가 ₩25,000 = 20%

③ 당좌비율 = 당좌자산 (유동자산 ₩2,000,000 - 재고자산 ₩500,000) ÷ 유동부채 ₩1,500,000 = 100%

④ 매출액순이익률 = 당기순이익 ₩2,500,000 ÷ 매출액 ₩50,000,000 = 5%

⑤ 배당성향 = 주당배당금 ₩5,000 ÷ 주당순이익 ₩10,000 = 50%

37 **정답** ⑤

해설 매출채권회전율 = 매출 ₩1,000,000 ÷ 평균매출채권 ₩50,000 = 20회

매출채권회수기간 = 360일 ÷ 20회 = 18일

재고자산회전기간 = 정상영업주기 42일 - 매출채권회수기간 18일 = 24일

재고자산회전율 = 360일 ÷ 회전기간 24일 = 15회

재고자산회전율 15회 = 매출원가 ÷ 평균재고자산 ₩40,000

매출원가 = ₩40,000 × 15회 = ₩600,000

38 다음은 ㈜관세의 20×1년도 포괄손익계산서의 일부이다. 아래 자료를 이용하여 이자보상비율을 구하면?

2016 관세사

영업이익	₩22,000
이자비용	(₩4,000)
법인세비용차감전순이익	₩18,000
법인세비용	(₩5,000)
당기순이익	₩13,000

① 2.75배　② 3.25배　③ 4.50배　④ 5.50배　⑤ 6.50배

39 ㈜감평의 20x1년 초 상품재고는 ₩30,000이며, 당기매출액과 당기상품매입액은 각각 ₩100,000과 ₩84,000이다. ㈜감평의 원가에 대한 이익률이 25%인 경우, 20x1년 재고자산회전율은? (단, 재고자산회전율 계산시 평균상품재고와 매출원가를 사용한다.)

2017 감정평가사

① 0.4회　② 1.5회　③ 2.0회　④ 2.5회　⑤ 3.0회

38　정답 ④

해설　이자보상비율 = 영업이익 ₩22,000 ÷ 이자비용 ₩4,000 = 5.5배

39　정답 ④

해설　매출원가 × (1 + 25%) = 매출액

매출원가율 = 매출원가/매출액 = 1 ÷ 1.25 = 0.8

매출원가 = 매출액 ₩100,000 × 매출원가율 80% = ₩80,000

매출원가 ₩80,000 = 기초재고 ₩30,000 + 당기매입 ₩84,000 - 기말재고

기말재고 = ₩34,000

평균상품재고 = (기초재고 ₩30,000 + 기말재고 ₩34,000) ÷ 2 = ₩32,000

재고자산회전율 = 매출원가 ₩80,000 ÷ 평균상품재고 ₩32,000 = 2.5회

40 ㈜감평의 20x1년 말 예상되는 자산과 부채는 각각 ₩100,000과 ₩80,000으로 부채비율(총부채 ÷ 주주지분) 400%가 예상된다. ㈜감평은 부채비율을 낮추기 위해 다음 대안들을 검토하고 있다. 다음 설명 중 옳지 않은 것은? (단, ㈜감평은 모든 유형자산에 대하여 재평가모형을 적용하고 있다.)

2020 감정평가사

> ○ 대안 I : 토지A 처분(장부금액 ₩30,000, 토지재평가잉여금 ₩1,000, 처분손실 ₩5,000 예상) 후 처분대금으로 차입금 상환
> ○ 대안 II : 유상증자(₩25,000) 후 증자금액으로 차입금 상환
> ○ 대안 III : 토지B에 대한 재평가 실시(재평가이익 ₩25,000 예상)

① 토지A 처분대금으로 차입금을 상환하더라도 부채비율은 오히려 증가한다.

② 토지A를 처분만 하고 차입금을 상환하지 않으면 부채비율은 오히려 증가한다.

③ 유상증자 대금으로 차입금을 상환하면 부채비율은 감소한다.

④ 유상증자만 하고 차입금을 상환하지 않더라도 부채비율은 감소한다.

⑤ 토지B에 대한 재평가를 실시하면 부채비율은 감소한다.

---

40 **정답** ①

해설 ① 처분손실 ₩5,000만큼 자본(이익잉여금)이 감소하지만, 차입금 상환을 통해 부채도 ₩25,000(= 장부금액 ₩30,000 - 처분손실 ₩5,000) 감소한다. 따라서 부채비율은 ₩55,000/₩15,000 = 367%로 감소한다.

② 처분손실만큼 자본이 감소하므로 부채비율은 증가한다.

③ 유상증자로 자본이 증가하고, 차입금 상환으로 부채가 감소하므로 부채비율은 감소한다.

④ 유상증자로 자본이 증가하므로 부채비율은 감소한다.

⑤ 재평가를 통해 재평가잉여금만큼 자본이 증가하여 부채비율이 감소한다.

41 ㈜감평은 20x1년 초 액면가 ₩5,000인 보통주 200주를 주당 ₩15,000에 발행하여 설립되었다. 다음은 ㈜감평의 20x1년 중 자본거래이다.

> ○ 20x1년 10월 1일 주가 안정을 위해 보통주 100주를 주당 ₩10,000에 취득
>
> ○ 20x1년 당기순이익 ₩1,000,000

경영진은 20x2년 초 부채비율(총부채 ÷ 주주지분) 200%를 160%로 낮추기 위한 방안을 실행하였다. 20x2년 초 실행된 방안으로 옳은 것은?

2020 감정평가사

① 자기주식 50주를 소각

② 자기주식 50주를 주당 ₩15,000에 처분

③ 보통주 50주를 주당 ₩10,000에 유상증자

④ 이익잉여금 ₩750,000을 재원으로 주식배당

⑤ 주식발행초과금 ₩750,000을 재원으로 구상증자

41 **정답** ②

해설 20X1년 말 자본 = 20X1년 초 자본 (200주 × ₩15,000/주) - 자기주식 (100주 × ₩10,000) + 당기순이익 ₩1,000,000 = ₩3,000,000 - ₩1,000,000 + ₩1,000,000 = ₩3,000,000

20X1년 말 부채 = 자본 ₩3,000,000 × 부채비율 200% = ₩6,000,000

부채비율을 160%로 낮추기 위해서는 부채를 ₩1,200,000 감소(3,000,000 × 160% - ₩6,000,000)시키거나, 자본을 ₩750,000 증가(₩6,000,000 ÷ 160% - ₩3,000,000)시켜야 한다.

주식소각(①), 주식배당(④), 무상증자(⑤)는 자본이나 부채에 변화가 없다.

② 처분하고 받은 대가 ₩750,000만큼 자본이 증가하여 부채비율이 160%가 된다.

③ 유상증자를 통해 유입된 현금 ₩500,000만큼 자본이 증가한다.

42 ㈜관세의 20×1년 말 재무비율 관련 자료가 다음과 같을 때 부채비율(총부채÷자기자본)은?

2022 관세사

○ 유동비율	150%	○ 유동부채	₩10,000
○ 비유동자산	₩45,000	○ 자기자본총계	₩15,000

① 200%   ② 250%   ③ 300%

④ 350%   ⑤ 400%

43 ㈜대한의 2010회계연도 보통주에 귀속되는 당기순이익이 ₩1,000,000일 때 2010년 12월 31일 결산일 현재 기본주당이익을 산출하기 위한 가중평균 유통보통주식수는? (단, 가중평균유통보통주식수는 월할로 계산한다)

2011 국가직 9급

〈유통보통주식수의 변동〉

일자	내용	주식수
2010년 1월 1일	기초	12,000주
2010년 3월 1일	유상증자	3,000주
2010년 7월 1일	자기주식 취득	3,000주
2010년 9월 1일	유상증자	6,000주

① 9,000주   ② 15,000주

③ 18,000주   ④ 21,000주

42 정답 ③

해설 유동비율 150% = 유동자산 ÷ 유동부채 ₩10,000

유동자산 = ₩15,000

총자산 = 유동자산 ₩15,000 + 비유동자산 ₩45,000 = ₩60,000

부채 = 총자산 ₩60,000 - 자기자본 ₩15,000 = ₩45,000

부채비율 = 부채 ₩45,000 ÷ 자기자본 ₩15,000 = 300%

43 정답 ②

해설

구분	주식수	기간	조정	가중평균주식수
1/1	12,000주	12/12	-	12,000 × 12/12 = 12,000
3/1	3,000주	10/12	-	3,000 × 10/12 = 2,500
7/1	(-)3,000주	6/12	-	(-)3,000 × 6/12 = (-)1,500
9/1	6,000주	4/12	-	6,000 × 4/12 = 2,000
합계				15,000주

44 ㈜서울의 2015년 보통주의 변동내역은 아래와 같다. 4월 1일 실시한 보통주식의 유상증자는 주주우선 배정방식에 따른 것으로, 공정가치 미만으로 실시되었다. 유상증자 직전 주당 공정가치는 ₩80이며 유상증자 시 주당 실제 발행금액은 ₩40이다. 이때 2015년도 ㈜서울의 가중평균유통보통주식수는 몇 주인가? (단, 모든 계산은 월 단위 계산을 기준으로 하며, 이론적 권리락 주당공정가치 및 조정비율 계산 시 소수점 둘째 자리 이하는 버린다.)

2016 서울시 9급

구분	보통 주식 수
기초	9,000
4월 1일 유상증자	2,000
기말	11,000

① 10,125주 ② 10,325주

③ 10,525주 ④ 10,725주

45 12월 말 결산법인인 ㈜서울의 기초 유통보통주식수는 100,000주이다. ㈜서울은 2018년 4월 1일에 무상증자를 실시하여 20,000주를 발행하였고, 10월 1일에는 유상증자를 실시하여 12,000주를 공정가치로 발행하였다. 당기 기본주당이익 계산에 필요한 가중평균 유통보통주식수는?

2018 서울시 9급

① 100,000주 ② 118,000주

③ 123,000주 ④ 132,000주

---

44 정답 ④

해설 4월 1일 시가이하 유상증자로 인해 증가한 2,000주는 다음과 같이 유상증자분과 무상증자분으로 나눌 수 있다.

4월 1일 증자대금 = 2,000주 × 발행금액 ₩40 = ₩80,000

유상증자 해당 주식수 = 증자대금 ₩80,000 ÷ 증자 직전 공정가치 ₩80 = 1,000주

무상증자 해당 주식수 = 증자 주식수 2,000주 - 유상증자 해당 주식수 1,000주 = 1,000주

무상증자 비율 = 무상증자 주식수 1,000주 ÷ (기초 9,000주 + 유상증자 1,000주) = 10%

가중평균유통보통주식수 = 기초 9,000주 × (1 + 무상증자 비율 10%) + 유상증자 1,000주 × (1 + 무상증자 비율 10%) × 9개월/12개월 = 9,900주 + 825주 = 10,725주

45 정답 ③

해설

구분	주식수	기간	조정	가중평균주식수
1/1	100,000주	12/12	+20,000(무상증자)	(100,000 + 20,000) × 12/12 = 120,000
10/1	12,000주	3/12	-	12,000 × 3/12 = 3,000
합계				123,000주

46 20×1년초 ㈜한국의 유통보통주식수는 10,000주이며, 20×1년 7월 1일 5,000주를 유상증자
하였다. 20×1년 10월 1일 ㈜한국은 자기주식을 취득하였으며, ㈜한국의 20×1년 당기이익은
₩1,940,000, 기본주당이익은 ₩160이다. 20×1년 ㈜한국이 취득한 자기주식수는 얼마인가? 단,
㈜한국의 우선주 및 잠재적보통주는 없으며, 가중평균유통보통주식수는 월할 계산한다.

2017 보험계리사

① 1,000주　　② 1,500주　　③ 2,000주　　④ 2,500주

47 20x1년 말 ㈜관세의 유통보통주식수는 1,400주이다. 20x2년 4월 1일에 보통주 1,000주를 주당
₩1,200에 발행하였고 발행 직전일의 종가는 주당 ₩2,000이다. ㈜관세의 20x2년 당기순이익은
₩350,000이고 이익에 대한 현금배당을 결의하여 보통주 배당금 ₩120,000과 비누적적우선주
배당금 ₩17,000을 지급하였다. 20x2년도 ㈜관세의 기본주당이익은? (단, 가중평균유통보통주식
수는 월할 계산한다.)

2017 관세사

① ₩120　　② ₩130　　③ ₩140　　④ ₩150　　⑤ ₩160

정답과 해설

46 **정답** ②

해설 가중평균유통보통주식수 = 당기이익 ₩1,940,000 ÷ 기본주당이익 ₩160 = 12,125주

구분	주식수	기간	조정	가중평균주식수
1/1	10,000주	12/12	-	10,000 × 12/12 = 10,000
7/1	5,000주	6/12	-	5,000 × 6/12 = 2,500
10/1	(-) A주	3/12	-	-A × 3/12 = -0.25A
합계				12,125주

12,500주 - 0.25A = 12,125주

0.25A = 375주

A = 375주 × 4 = 1,500주

47 **정답** ④

해설 4월 1일 증자대금 = 1,000주 × 발행금액 ₩1,200 = ₩1,200,000

유상증자 해당 주식수 = 증자대금 ₩1,200,000 ÷ 증자 직전 공정가치 ₩2,000 = 600주

무상증자 해당 주식수 = 증자 주식수 1,000주 - 유상증자 해당 주식수 600주 = 400주

무상증자 비율 = 무상증자 주식수 400주 ÷ (기초 1,400주 + 4월 1일 유상증자 600주) = 20%

구분	주식수	기간	조정	가중평균주식수
1/1	1,400주	12/12	+ 20%	1,400 × (1 + 20%) × 12/12 = 1,680
4/1	600주	9/12	+ 20%	600 × (1 + 20%) × 9/12 = 540
합계				2,220주

보통주당기순이익 = 당기순이익 ₩350,000 - 우선주배당금 ₩17,000 = ₩333,000

기본주당이익 = 보통주당기순이익 ₩333,000 ÷ 가중평균유통보통주식수 2,220주 = ₩150/주

48 ㈜관세의 20×1년 보통주 관련 자료는 다음과 같다.

> ○ 1월 1일: 회사를 설립하고 보통주를 발행
>
> ○ 7월 1일: 400주 유상증자(현금을 받을 권리 발생일은 7월 1일이며, 공정가치로 발행)실시
>
> ○ 10월 1일: 10% 무상증자 실시

20×1년 ㈜관세의 보통주에 귀속되는 당기순이익은 ₩264,000, 기본주당이익은 ₩200일 때, 설립시 발행한 보통주식수는? (단, 가중평균유통보통주식수 계산시 월수를 가중치로 사용한다.)

2022 관세사

① 1,000주　　② 1,018주　　③ 1,120주　　④ 1,185주　　⑤ 1,320주

---

48 **정답** ①

해설 가중평균유통보통주식수 = 당기순이익 ₩264,000 ÷ 기본주당이익 ₩200 = 1,320주

구분	주식수	기간	조정	가중평균주식수
1/1	A주	12/12	+ 10%	A × (1 + 10%) × 12/12 = 1.1A
7/1	400주	6/12	+ 10%	400 × (1 + 10%) × 6/12 = 220
합계				1.1A + 220주

1.1A + 220주 = 1,320주

1.1A = 1,100주

A = 1,000주

49 ㈜한국의 현재 유동비율과 부채비율은 각각 200%와 100%이다. ㈜한국이 2년 후 만기가 도래하는 장기차입금을 현금으로 조기 상환한 경우 유동비율과 부채비율에 미치는 영향은? 2018 관세직 9급

	유동비율	부채비율
①	증가	증가
②	감소	감소
③	증가	감소
④	감소	증가

50 ㈜대한의 기초재고자산과 기말재고자산은 각각 ₩400, 유동부채는 ₩500, 매출총이익은 ₩6,000, 유동비율은 200%, 매출총이익률은 60%인 경우 재고자산회전율과 당좌비율은? (단, 재고자산회전율은 매출원가를 기준으로 한다) 2018 국가직 7급

	재고자산회전율(회)	당좌비율(%)
①	10	60
②	10	120
③	25	60
④	25	120

정답과 해설

49 정답 ②

해설 장기차입금(비유동부채)과 현금(유동자산)이 같은 금액만큼 감소한다.
유동비율(유동자산/유동부채)은 현금의 감소로 인해 감소한다.
부채비율(부채/자본)은 장기차입금의 감소로 인해 감소한다.

50 정답 ②

해설 매출액 = 매출총이익 ₩6,000 ÷ 매출총이익률 60% = ₩10,000
매출원가 = 매출액 ₩10,000 - 매출총이익 ₩6,000 = ₩4,000
재고자산회전율 = 매출원가 ₩4,000 ÷ 평균재고자산 ₩400 = 10회
유동비율 200% = 유동자산 ÷ 유동부채 ₩500
유동자산 = ₩1,000
당좌자산 = 유동자산 ₩1,000 - 재고자산 ₩400 = ₩600
당좌비율 = 당좌자산 ₩600 ÷ 유동부채 ₩500 = 120%

51 ㈜한국의 최고재무책임자(CFO)인 홍길동 전무가 2014년 12월 31일 결산 후 추가성과급을 받을 수 있는 경우는? (단, 법인세는 무시한다) 2015 관세직 9급

> ○ 홍길동 전무는 2014년 12월 31일 결산 후 ㈜한국의 주당순이익이 ₩500 이상이면 추가성과급을 받는 조건의 근로계약이 체결되어 있다.
>
> ○ ㈜한국의 2014년 12월 31일 장부 마감 전 당기순이익은 ₩6,000,000이다.
>
> ○ 비참가적우선주에 대한 우선주배당금은 ₩240,000이다.
>
> ○ ㈜한국의 보통주 관련 자료는 다음과 같다.
>   - 2014년 1월 1일: 10,000주
>   - 2014년 7월 1일 (납입기일): 유상증자 5,000주
>   - 2014년 10월 1일: 자기주식 2,000주 취득

① 주당순이익이 ₩500 이상이므로 아무런 행동을 취하지 않는다.

② 재고자산의 평가방법을 변경하여 기말저고자산 잔액을 ₩200,000 증가시킨다.

③ 유형자산의 내용연수를 변경하여 당해연도 감가상각액을 ₩230,000 감소시킨다.

④ 장부가액이 ₩500,000인 유형자산을 현금 ₩750,000을 받고 장부마감 전 매각처분한다.

52 ㈜서울의 20X1년 초 유통보통주식수는 1,000주(주당 액면금액 ₩5,000), 유통우선주는 400주(주당 액면금액 ₩5,000, 비누적적·비참가적)이다. 20X1년 5월 1일에 보통주에 대하여 10%의 무상증자를 실시하였으며, 7월 1일에 보통주 700주의 유상증자를 공정가치로 실시하였다. 또한 10월 1일에 자기주식 200주를 주당 ₩7,000에 취득하였다. 20X1년도 당기순이익이 ₩1,600,000이고, 우선주의 배당률이 10%라면 ㈜서울의 기본주당순이익은? (단, 가중평균유통주식수는 월할 계산한다.) 2022 서울시 7급

① ₩800   ② ₩900   ③ ₩1,000   ④ ₩1,100

51 정답 ④

해설 현재 보통주당기순이익 = 장부 마감 전 당기순이익 ₩6,000,000 - 우선주배당금 ₩240,000 = ₩5,760,000

가중평균유통보통주식수 = 기초 10,000주 + 유상증자 5,000주 × 6/12 - 자기주식 2,000주 × 3/12 = 12,000주

주당순이익 = ₩5,760,000 ÷ 12,000주 = ₩480

추가성과급을 받기 위해서는 보통주당기순이익이 ₩240,000(12,000주 × ₩500 - ₩5,760,000) 이상 증가해야 한다. 보기 ④의 경우 유형자산 처분이익이 ₩250,000 증가하므로 여기에 해당한다.

52 정답 ③

해설 우선주배당금 = 400주 × ₩5,000 × 10% = ₩200,000

보통주당기순이익 = 당기순이익 ₩1,600,000 - 우선주배당금 ₩200,000 = ₩1,400,000

구분	주식수	기간	조정	가중평균주식수
1/1	1,000주	12/12	10%	1,000 × 12/12 × (1+10%) = 1,100
7/1	700주	6/12	-	700 × 6/12 = 350
10/1	(-)200주	3/12	-	(-)200 × 3/12 = (-)50
합계				1,400주

기본주당순이익 = 보통주당기순이익 ₩1,400,000 ÷ 1,400주 = ₩1,000/주

53 주당이익에 대한 설명으로 옳은 것은?

① 희석주당이익을 계산할 때 희석효과가 있는 옵션이나 주식매입권은 행사된 것으로 가정한다. 이 경우 권리행사에서 예상되는 현금유입액은 보통주를 직전 회계기간의 기말종가 기준으로 발행하여 유입된 것으로 가정한다.

② 보유자의 선택에 따라 보통주나 현금으로 결제하게 되는 계약의 경우에는 주식결제와 현금결제 중 희석효과가 더 큰 방법으로 결제된다고 가정하여 희석주당이익을 계산한다.

③ 유통되는 보통주식수나 잠재적보통주식수가 자본금전입, 무상증자, 주식분할로 증가하였거나 주식병합으로 감소하더라도, 비교표시하는 기본주당이익과 희석주당이익을 소급하여 수정하지 않는다.

④ 중단영업에 대해 보고하는 기업은 중단영업에 대한 기본주당이익과 희석주당이익을 포괄손익계산서에 표시하지 않으며, 주석으로도 공시하지 않는다.

정답과 해설

53 **정답** ②

해설 ① 희석주당이익을 계산할 때 희석효과가 있는 옵션이나 주식매입권은 행사된 것으로 가정한다. 이 경우 권리행사에서 예상되는 현금유입액은 보통주를 회계기간의 '평균시장가격'으로 발행하여 유입된 것으로 가정한다.
③ 유통되는 보통주식수나 잠재적보통주식수가 자본금전입, 무상증자, 주식분할로 증가하였거나 주식병합으로 감소하였다면, 비교표시하는 모든 기본주당이익과 희석주당이익을 소급하여 수정한다.
④ 중단영업에 대해 보고하는 기업은 중단영업에 대한 기본주당이익과 희석주당이익을 포괄손익계산서에 표시하거나 주석으로 공시한다.

18 │ 리스 및 환율변동효과

주요 Topic	01 리스회계 ★★ 02 환율변동효과 ★

▶ **9급 출제경향**(●국가직 ■관세직 ◆지방직 ○서울시)

구분	15	16	17	18	19	20	21	22	23	24	25
18.1 리스회계	●										
18.2 환율변동효과						◆					

▶ **7급 출제경향**(▲국가직 △서울시)

구분	15	16	17	18	19	20	21	22	23	24	-
18.1 리스회계		△	△	△		△	▲△	△	△	△	
18.2 환율변동효과		△	▲	△				▲			

구분	기본	필수	응용	심화	합계
18.1 리스회계	1	0	0	0	1
18.2 환율변동효과	0	1	3	1	5
합계	1	1	3	1	6

기본문제

[18-01] 리스회계

01 다음 자료로 회계처리할 때 나타나지 않는 거래형태는? (단, 상품 매매는 계속기록법을 적용한다)

2015 국가직 9급 수정

> ○ 현금으로 자기주식 ₩1,000,000을 취득하다. (원가법 적용)
>
> ○ 리스계약에 의하여 기계를 ₩5,000,000에 취득하였다.
>
> ○ 감채기금으로 ₩1,000,000을 예치하다.
>
> ○ 원가 ₩150,000인 상품을 ₩200,000에 외상판매하다.
>
> ○ 주주로부터 업무용 토지 ₩500,000을 무상으로 기부받다.

① 부채의 감소   ② 부채의 증가
③ 자본의 감소   ④ 비용의 발생

정답과 해설

01 **정답** ①

해설 각각의 거래를 분개로 나타내면 다음과 같다.

(차)	자기주식(자본 감소)	1,000,000	(대)	현금(자산 감소)	1,000,000
(차)	사용권자산(자산 증가)	5,000,000	(대)	리스부채(부채 증가)	5,000,000
(차)	감채기금(자산 증가)	1,000,000	(대)	현금(자산 감소)	1,000,000
(차)	매출채권(자산 증가)	200,000	(대)	매출(수익)	200,000
	매출원가(비용)	150,000		재고자산(자산 감소)	150,000
(차)	토지(자산 증가)	500,000	(대)	자산수증이익(수익)	500,000

미처분이익잉여금을 처분하여 감채기금을 '적립'하는 것은 잉여금처분에 해당하지만(사내유보), 감채기금에 해당하는 현금을 '예치'하는 것은 자산항목의 대체(현금 → 감채기금)에 해당한다(사외적립). 감채기금(예치금)은 일반적으로 장기금융상품에 해당한다.

[18-02] 환율변동효과

02 ㈜한국의 기능통화는 원화이며, 달러화 대비 원화의 환율은 다음과 같다.

일자	20×1. 10. 1.	20×1. 12. 31.	20×2. 3. 1.
환율	₩1,000	₩1,040	₩1,020

㈜한국은 20×1년 10월 1일 캐나다에 소재하는 사업목적의 토지를 $ 10,000에 취득하였고, 20×1년 12월 31일 현재 토지의 공정가치는 $ 12,000이다. ㈜한국은 재평가모형을 적용하고 있으며 매년 재평가를 실시한다. 20×2년 3월 1일에 토지를 $ 15,000에 판매한 경우 인식해야 하는 유형자산처분이익은?

2020 지방직 9급

① ₩5,300,000　　　　② ₩5,100,000

③ ₩2,820,000　　　　④ ₩2,480,000

02 정답 ③

해설 처분대가 = $15,000 × ₩1,020/$ = ₩15,300,000

장부금액 = $12,000 × ₩1,040/$ = ₩12,480,000

유형자산처분이익 = 처분대가 ₩15,300,000 - 장부금액 ₩12,480,000 = ₩2,820,000

03 기능통화에 의한 외화거래의 인식 및 측정으로 옳지 않은 것은?　2011 감정평가사

① 기능통화로 외화거래를 최초로 인식하는 경우에 거래일의 외화와 기능통화 사이의 현물환율을 외화 금액에 적용하여 기록한다.

② 거래일은 거래의 인식조건을 최초로 충족하는 날이다. 실무적으로는 거래일의 실제 환율에 근접한 환율을 자주 사용한다.

③ 공정가치로 측정하는 비화폐성 외화항목은 평균환율로 환산한다.

④ 역사적원가로 측정하는 비화폐성 외화항목은 거래일의 환율로 환산한다.

⑤ 비화폐성항목에서 생긴 손익을 기타포괄손익으로 인식하는 경우에 그 손익에 포함된 환율변동효과 도 기타포괄손익으로 인식한다.

04 20x1년 12월 1 일 원화가 기능통화인 ㈜서울은 해외 거래처에 US $5,000의 상품을 판매하고 판매 대금은 2개월 후인 20x2년 1월 31일에 회수하였다. 이 기간 중 US $ 대비 원화의 환율은 아래와 같 으며, 회사는 회계기준에 준거하여 외화거래 관련 회계처리를 적절하게 수행하였다.

> 20x1년 12월 1일: US $1 = ₩1,030
>
> 20x1년 12월 31일: US $1 = ₩1,060
>
> 20x2년 1월 31일: US $1 = ₩1,050

대금결제일인 20x2년 1월 31일에 ㈜서울이 인식할 외환차익 혹은 외환차손은?　2014 감정평가사

① 외환차손 ₩50,000

② 외환차손 ₩100,000

③ 외환차익 ₩100,000

④ 외환차익 ₩150,000

⑤ 외환차손 ₩150,000

---

03 정답 ③

해설 공정가치로 측정하는 비화폐성 외화항목은 공정가치가 측정된 날의 환율로 환산한다.

04 정답 ①

해설 외환차손익 = $5,000 × (₩1,050/$ - ₩1,060/$) = (-)₩50,000

05 ㈜감평은 20×1년 10월 1일 미국에 소재한 토지를 영업에 사용할 목적으로 $10,000에 취득하였고, 20×1년 12월 31일 현재 토지의 공정가치는 $12,000이다. ㈜감평의 재무제표는 원화로 환산표시하며, 이 기간 중 $ 대비 원화의 환율은 다음과 같다.

> ○ 20×1년 10월 1일: $1=₩1,000
>
> ○ 20×1년 12월 31일: $1=₩1,030
>
> ○ 20×2년 3월 1일: $1=₩1,050

㈜감평이 20×2년 3월 1일에 위 토지의 50%를 $6,000에 매각하였을 때, 원가모형에 의한 유형자산처분이익은?

2015 감정평가사

① ₩18,000   ② ₩300,000   ③ ₩1,000,000

④ ₩1,180,000   ⑤ ₩1,300,000

---

05 **정답** ⑤

해설 처분대가 = $6,000 × ₩1,050/$ = ₩6,300,000

장부금액 = $10,000 × 50% × ₩1,000/$ = ₩5,000,000

유형자산처분이익 = 처분대가 ₩6,300,000 - 장부금액 ₩5,000,000 = ₩1,300,000

06 환율변동효과에 대한 설명으로 옳지 않은 것은? 2022 국가직 7급

① 기능통화가 분명하지 않은 경우에는 경영진이 판단하여 실제 거래, 사건과 상황의 경제적 효과를 가장 충실하게 표현하는 기능통화를 결정한다.

② 비화폐성항목에서 생긴 손익을 기타포괄손익 또는 당기손익으로 인식하는 경우 그 손익에 포함된 환율변동효과는 기타포괄손익으로 인식한다.

③ 기능통화로 외화거래를 최초로 인식하는 경우에 거래일의 외화와 기능통화 사이의 현물환율을 외화금액에 적용하여 기록한다.

④ 매 보고기간말의 외화환산방법 중 역사적원가로 측정하는 비화폐성 외화항목은 거래일의 환율로 환산한다.

정답과 해설

06 **정답** ②

해설 비화폐성항목에서 생긴 손익을 기타포괄손익으로 인식하는 경우에 그 손익에 포함된 환율변동효과도 기타포괄손익으로 인식한다. 그러나 비화폐성항목에서 생긴 손익을 당기손익으로 인식하는 경우에는 그 손익에 포함된 환율변동효과도 당기손익으로 인식한다.

제**2**편

원가회계

주요 Topic 및 출제경향

주요 Topic	
	01 원가의 분류 ★★
	02 기초원가와 가공원가 ★★★

▶ **9급 출제경향**(●국가직 ■관세직 ◆지방직 ○서울시)

구분	15	16	17	18	19	20	21	22	23	24	25
1.1 원가의 분류	◆	◆							●	●	◆
1.2 기초원가와 가공원가	●	◆○			◆		●				

▶ **7급 출제경향**(▲국가직 △서울시)

구분	15	16	17	18	19	20	21	22	23	24	-
1.1 원가의 분류											
1.2 기초원가와 가공원가											

구분	기본	필수	응용	심화	합계
1.1 원가의 분류	4	0	2	0	6
1.2 기초원가와 가공원가	3	1	3	0	7
합계	7	1	5	0	13

기본문제

[01-01] 원가의 분류

01 원가에 대한 설명으로 옳지 않은 것은? 2015 지방직 9급

① 기회원가는 여러 대안 중 최선안을 선택함으로써 포기된 차선의 대안에서 희생된 잠재적 효익을 의미하며, 실제로 지출되는 원가는 아니다.

② 매몰원가는 과거 의사결정의 결과에 의해 이미 발생한 원가로서 경영자가 더 이상 통제할 수 없는 과거의 원가로 미래의사결정에 영향을 미치지 못하는 원가이다.

③ 당기총제조원가는 특정 기간 동안 완성된 제품의 제조원가를 의미하며, 당기제품제조원가는 특정 기간 동안 재공품 계정에 가산되는 총금액으로 생산완료와는 상관없이 해당 기간 동안 투입된 제조원가가 모두 포함된다.

④ 관련 범위 내에서 조업도 수준이 증가함에 따라 총변동원가는 증가하지만 단위당 변동원가는 일정하다.

01 정답 ③

해설 당기총제조원가와 당기제품제조원가에 대한 설명이 뒤바뀌었다. 당기총제조원가가 특정 기간 동안 투입된 총금액이 되고, 이 중에서 완성된 제품의 원가는 기초재공품과 함께 당기제품제조원가를 구성하고 나머지는 기말재공품 원가가 된다.

02 준고정(계단)원가에 대한 설명으로 옳은 것은? (단, 조업도 이외의 다른 조건은 일정하다고 가정한다)

2016 지방직 9급

① 조업도와 관계없이 단위당 원가는 항상 일정하다.
② 일정 조업도 범위 내에서는 조업도의 변동에 정비례하여 총원가가 변동한다.
③ 일정 조업도 범위 내에서는 총원가가 일정하지만, 일정 조업도 범위를 초과하면 총원가가 일정액만큼 증가한다.
④ 일정 조업도 범위 내에서는 조업도의 변동에 관계없이 총원가가 일정하므로, 단위당 원가는 조업도의 증가에 따라 증가한다.

03 원가에 관한 설명으로 옳지 않은 것은?

2023 국가직 9급

① 당기총제조원가는 직접재료원가, 직접노무원가, 제조간접원가를 합계한 금액이다.
② 당기제품제조원가는 당기총제조원가에 기초재공품재고액을 더하고 기말재공품재고액을 차감한 금액이다.
③ 기업은 의사결정 시 기회원가와 매몰원가를 고려하지 않아야 한다.
④ 변동원가는 조업도 또는 활동수준에 따라 변한다.

정답과 해설

02 정답 ③

해설 총원가 / 단위당 원가

준고정원가는 일정 조업도 범위 내에서는 총원가가 일정하지만, 범위를 넘어서면 계단식으로 증가한다. 단위당 원가는 일정 범위 내에서 조업조의 증가에 따라 감소하다가 범위를 벗어나면 한 단계 증가한 후 다시 감소해 간다.

03 정답 ③

해설 의사결정에 있어서 매몰원가는 비관련원가로 고려하지 않지만, 기회원가는 관련원가로 고려하여야 한다.

04 원가에 대한 설명으로 옳지 않은 것은 ? 2024 국가직 9급

① 매몰원가란 이미 발생한 과거원가로, 현재 또는 미래의 의사결정에는 영향을 미치지 못하는 원가이다.

② 조업도 수준이 변화함에 따라 총변동원가는 일정한 형태로 변화하지만 총고정원가는 관련 범위 내에서 일정한 금액으로 발생한다.

③ 관련원가란 선택 가능한 두 가지 이상의 대안 간에 차이가 있었던 과거원가를 말하며 의사결정과 직접 관련이 있는 원가이다.

④ 직접재료원가와 직접노무원가는 기초원가이며, 직접노무원가와 제조간접원가는 가공원가이다.

[01-02] 기초원가와 가공원가

05 다음은 ㈜한국의 2014년 중에 발생한 원가 및 비용에 관한 자료이다. 이 자료를 이용하여 기초원가와 전환원가를 계산하면? 2015 국가직 9급

• 직접재료원가	₩60,000	• 간접재료원가	₩15,000
• 직접노무원가	₩15,000	• 간접노무원가	₩7,500
• 공장건물감가상각비	₩10,000	• 영업사원급여	₩12,000
• 공장수도광열비	₩7,000	• 본사비품감가상각비	₩10,500
• 공장소모품비	₩5,000	• 본사임차료	₩15,000

	기초원가	전환원가
①	₩75,000	₩59,500
②	₩75,000	₩97,000
③	₩97,500	₩44,500
④	₩97,500	₩82,000

04 **정답** ③

해설 선택가능한 대안들 간에 차이가 나는 원가로써 의사결정에 영향을 미치는 원가를 관련원가라 하며, 그렇지 못한 원가를 비관련원가라 한다. 관련원가는 앞으로 발생할 원가에 해당하며, 대안별로 발생금액이 다른 원가여야 한다. 과거에 발생해버린 원가나 대안별로 차이가 나지 않는 원가는 비관련원가가 된다.

05 **정답** ①

해설 기초원가 = DM ₩60,000 + DL ₩15,000 = ₩75,000

제조간접원가 = 간접재료원가 ₩15,000 + 간접노무원가 ₩7,500 + 공장건물감가상각비 ₩10,000 + 공장수도광열비 ₩7,000 + 공장소모품비 ₩5,000 = ₩44,500

전환원가 = DL ₩15,000 + OH ₩44,500 = ₩59,500

06 다음 자료를 이용하여 직접재료원가를 계산하면? 2016 지방직 9급

• 영업사원급여	₩35,000	• 간접재료원가	₩50,000
• 공장감가상각비	₩50,000	• 매출액	₩700,000
• 공장냉난방비	₩60,000	• 기본(기초)원가	₩350,000
• 본사건물임차료	₩40,000	• 가공(전환)원가	₩300,000

① ₩160,000　　　　② ₩190,000

③ ₩210,000　　　　④ ₩250,000

07 다음은 ㈜한국이 생산하는 제품에 대한 원가자료이다.

○ 단위당 직접재료원가	₩28,000
○ 단위당 직접노무원가	₩40,000
○ 단위당 변동제조간접원가	₩60,000
○ 월간 총고정제조간접원가	₩200,000

㈜한국의 제품 단위당 기초(기본)원가와 단위당 가공(전환)원가는? (단, 고정제조간접원가는 월간 총생산량 20단위를 기초로 한 것이다) 2021 국가직 9급

	단위당 기초(기본)원가	단위당 가공(전환)원가
①	₩68,000	₩110,000
②	₩68,000	₩128,000
③	₩110,000	₩68,000
④	₩128,000	₩68,000

06 **정답** ③

해설 제조간접원가 = 간접재료원가 ₩50,000 + 공장감가상각비 ₩50,000 + 공장냉난방비 ₩60,000 = ₩160,000

가공원가 ₩300,000 = 직접노무원가 + 제조간접원가 ₩160,000

직접노무원가 = ₩140,000

기본원가 ₩350,000 = 직접재료원가 + 직접노무원가 ₩140,000

직접재료원가 = ₩210,000

07 **정답** ①

해설 단위당 기초원가 = DM ₩28,000 + DL ₩40,000 = ₩68,000

단위당 고정제조간접원가 = ₩200,000 ÷ 20단위 = ₩10,000

가공원가 = DL ₩40,000 + VOH ₩60,000 + FOH ₩10,000 = ₩110,000

[01-02] 기초원가와 가공원가

08 다음은 ㈜한국의 20×1년 기초·기말 재고에 대한 자료이다. 20×1년도 직접재료 매입액은 ₩125,000이고, 제조간접원가는 직접노무원가의 50%였으며, 매출원가는 ₩340,000이었다. ㈜한국의 20×1년 기본원가(기초원가, prime cost)는?

2019 지방직 9급

	20×1년 1월 1일	20×1년 12월 31일
직접재료	₩20,000	₩25,000
재공품	35,000	30,000
제품	100,000	110,000

① ₩150,000 ② ₩195,000

③ ₩225,000 ④ ₩270,000

정답과 해설

08 정답 ④

해설

원재료

기초	20,000	DM	
당기매입	125,000	기말	25,000
	145,000		145,000

재공품

기초	35,000	제품제조	
DM	총		
DL	제조		
OH		기말	30,000

제품

기초	100,000	매출원가	340,000
제품제조		기말	110,000
			450,000

원재료 계정에서, 원재료투입액(DM) = ₩145,000 − ₩25,000 = ₩120,000

제품계정에서, 제품제조원가 = ₩450,000 − ₩100,000 = ₩350,000

당기총제조원가 = 제품제조원가 ₩350,000 + 기말재공품 ₩30,000 − 기초제공품 ₩35,000 = ₩345,000

₩345,000 = DM ₩120,000 + DL(2OH) + OH = ₩120,000 + 3OH

OH = ₩75,000; DL = ₩150,000

기본원가 = DM ₩120,000 + DL ₩150,000 = ₩270,000

09 ㈜한국에서는 컴퓨터를 ₩2,000(추정내용연수 4년, 추정잔존가액 10%, 정액법에 의한 감가상각)에 구입하여 2년 동안 사용하다가 신형 컴퓨터(취득원가 ₩2,500으로 추정)로 대체할 것인지에 대한 의사결정을 하고자 한다. 신형 컴퓨터로 대체할 경우 기존 컴퓨터의 처분가액은 ₩500으로 추정된다. 다음 중 컴퓨터의 대체의사결정시 관련원가(relevant cost)에 해당하는 것으로 옳은 것은?

2014 보험계리사

(가) 기존 컴퓨터의 취득원가	(나) 기존 컴퓨터의 장부금액
(다) 기존 컴퓨터의 처분금액	(라) 신형 컴퓨터의 취득원가

① (가), (나)

② (가), (다)

③ (나), (라)

④ (다), (라)

10 원가 및 원가행태에 관한 설명으로 옳지 않은 것은?　　　　2021 보험계리사

① 관련범위 내에서 단위당 변동원가는 생산량이 증가함에 따라 일정하다.

② 관련범위 내에서 단위당 고정원가는 생산량이 증가함에 따라 일정하다.

③ 제조기업의 제품배달용 트럭의 감가상각비는 판매관리비이다.

④ 제품의 생산과 관련하여 비정상적으로 발생한 경제적자원의 소비는 제조원가에 포함하지 아니한다.

정답과 해설

09 정답 ④

해설 의사결정 대안은 ① 기존 컴퓨터를 계속 사용하는 것 ② 기존 컴퓨터를 처분하고 신형 컴퓨터를 구입하는 것 두 가지이다. 이때 기존 컴퓨터의 처분금액과 신형 컴퓨터의 구입가격(취득원가)이 의사결정에 영향을 주는 관련원가에 해당한다.

10 정답 ②

해설 관련범위 내에서 단위당 고정원가는 생산량이 증가함에 따라 감소한다.

11 ㈜서울의 2016년의 직접재료 매입액은 ₩225,000이며, 가공원가는 ₩168,000이 발생하였다. 직접노무원가는 제조간접원가의 60%이며, ㈜서울의 2016년에 발생한 원가 관련 자료는 다음과 같다. ㈜서울의 2016년의 기본(기초)원가는 얼마인가?

2016 서울시 9급

	기초재고	기말재고
직접재료	₩45,000	₩30,000
재 공 품	₩20,000	₩28,000
제　품	₩35,000	₩60,000

① ₩273,000　　② ₩303,000

③ ₩315,000　　④ ₩340,800

12 ㈜관세가 A제품 1,000단위를 생산하기 위해서는 단위당 기초원가 ₩3,500, 단위당 가공원가 ₩5,500, 기계설비(최대조업능력은 1,000단위)의 감가상각비를 비롯한 고정제조간접원가 ₩1,000,000이 발생한다. 기초원가의 60%가 직접노무원가일 경우, 제품 단위당 제조원가는 얼마인가?

2014 관세사

① ₩6,900　　② ₩7,600　　③ ₩7,900

④ ₩8,600　　⑤ ₩8,900

13 20×1년 ㈜관세의 제조와 관련된 원가가 다음과 같을 때 직접노무원가는? 2018 관세사

당기제품제조원가	₩1,400,000
기본원가(prime cost)	1,200,000
가공원가(전환원가)	1,100,000
기초재공품	100,000
기말재공품	200,000

① ₩400,000   ② ₩500,000   ③ ₩600,000
④ ₩800,000   ⑤ ₩900,000

13 정답 ④

해설

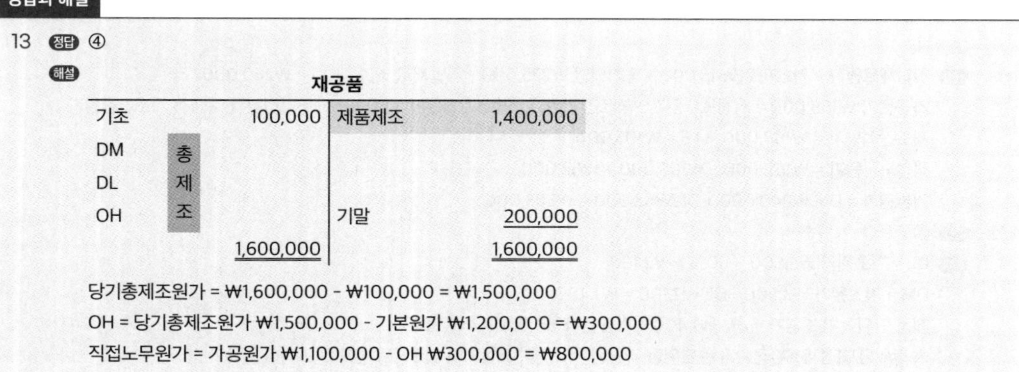

당기총제조원가 = ₩1,600,000 − ₩100,000 = ₩1,500,000

OH = 당기총제조원가 ₩1,500,000 − 기본원가 ₩1,200,000 = ₩300,000

직접노무원가 = 가공원가 ₩1,100,000 − OH ₩300,000 = ₩800,000

주요 Topic 및 출제경향

주요 Topic	01 원가흐름 ★★★★★
	02 예산편성 ★

▶ **9급 출제경향**(●국가직 ◆지방직 ○서울시)

구분	15	16	17	18	19	20	21	22	23	24	25
2.1 원가흐름	●	●			●○	●		◆		◆	●◆
2.2 예산편성					●						

▶ **7급 출제경향**(▲국가직 △서울시)

구분	15	16	17	18	19	20	21	22	23	24	-
2.1 원가흐름				▲		▲	▲				
2.2 예산편성											

구분	기본	필수	응용	심화	합계
2.1 원가흐름	4	4	4	1	13
2.2 예산편성	1	0	2	0	3
합계	5	4	6	1	16

기본문제

[02-01] 원가흐름

01 다음은 ㈜한국의 제품제조 및 판매와 관련된 계정과목들이다. ㉠~㉣ 중 옳지 않은 것은?

2015 국가직 9급

직접재료원가	₩900	당기제품제조원가	₩13,000
직접노무원가	₩700	기초제품재고액	₩8,000
제조간접원가	(㉠)	기말제품재고액	(㉢)
당기총제조원가	₩2,000	매출원가	(㉣)
기초재공품재고액	₩14,000	매출액	₩25,000
기말재공품재고액	(㉡)	매출총이익	₩8,000

① ㉠ ₩400   ② ㉡ ₩3,000   ③ ㉢ ₩5,000   ④ ㉣ ₩17,000

정답과 해설

01 정답 ③

해설

	재공품				제품	
기초	14,000	제품제조	13,000	기초	8,000	매출원가
DM			900	제품제조		기말
DL	총제조 2,000		700			
OH		기말				

OH = ₩2,000 - ₩900 - ₩700 = ₩400

기말재공품재고액 = 기초 ₩14,000 + 총제조원가 ₩2,000 - 제품제조원가 ₩13,000 = ₩3,000

매출원가 = 매출액 ₩25,000 - 매출총이익 ₩8,000 = ₩17,000

기말제품재고액 = 기초 ₩8,000 + 당기제품제조원가 ₩13,000 - 매출원가 ₩17,000 = ₩4,000

 다음 자료를 토대로 계산한 당기총제조원가와 당기제품제조원가는?　　　　　2016 국가직 9급

- 기초직접재료재고액 ₩15,000
- 당기직접재료매입액 ₩50,000
- 기말직접재료재고액 ₩10,000
- 직접노무원가 발생액 ₩25,000
- 제조간접원가 발생액 ₩40,000
- 기초재공품재고액 ₩30,000
- 기말재공품재고액 ₩21,000
- 기초제품재고액 ₩15,000
- 기말제품재고액 ₩30,000

	당기총제조원가	당기제품제조원가
①	₩110,000	₩120,000
②	₩120,000	₩111,000
③	₩120,000	₩129,000
④	₩129,000	₩114,000

정답과 해설

02 정답 ③

해설

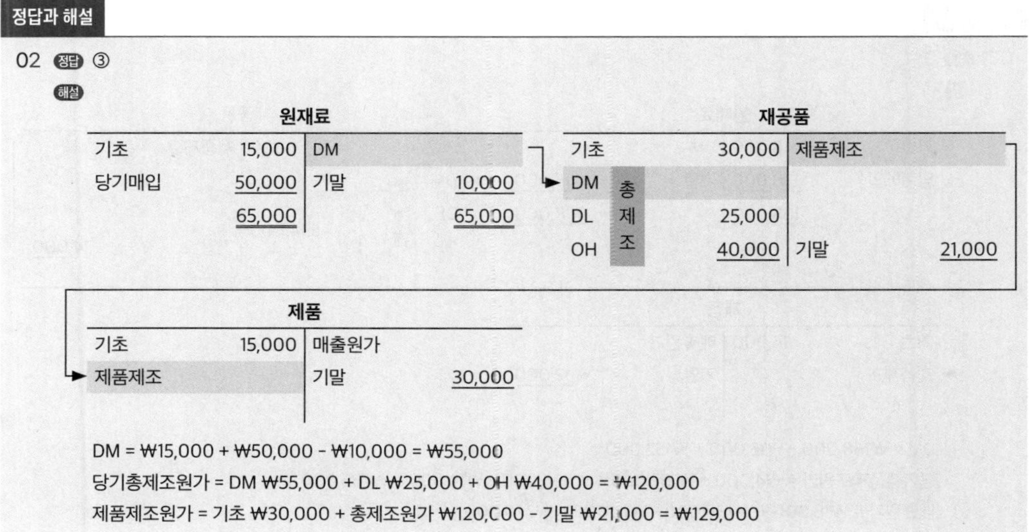

DM = ₩15,000 + ₩50,000 - ₩10,000 = ₩55,000

당기총제조원가 = DM ₩55,000 + DL ₩25,000 + OH ₩40,000 = ₩120,000

제품제조원가 = 기초 ₩30,000 + 총제조원가 ₩120,000 - 기말 ₩21,000 = ₩129,000

03 ㈜한국의 20×1년 4월 초와 4월 말 재고자산 금액은 다음과 같다.

	20×1. 4. 1.	20×1. 4. 30.
직접재료	₩18,000	₩16,000
재공품	₩4,000	₩14,000
제품	₩16,000	₩12,000

4월 중 직접재료 매입액은 ₩150,000이고, 가공원가는 ₩594,000이다. ㈜한국의 4월 매출원가는?

2019 국가직 9급

① ₩726,000   ② ₩738,000

③ ₩740,000   ④ ₩752,000

03 정답 ③

해설

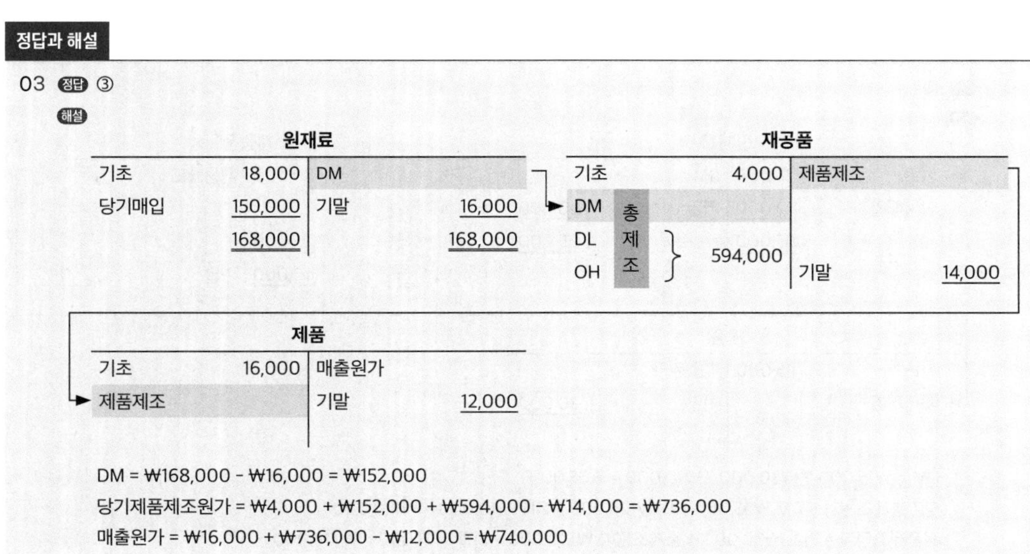

DM = ₩168,000 - ₩16,000 = ₩152,000
당기제품제조원가 = ₩4,000 + ₩152,000 + ₩594,000 - ₩14,000 = ₩736,000
매출원가 = ₩16,000 + ₩736,000 - ₩12,000 = ₩740,000

 다음 ㈜한국의 20×1년 매출액은?

○ 기초 및 기말 재고자산

구분	직접재료	재공품	제품
기초	₩6,000	₩4,000	₩50,000
기말	₩4,000	₩6,000	₩40,000

○ 직접재료 매입액 ₩10,000
○ 가공(전환)원가 ₩20,000
○ 매출총이익률 60%

① ₩40,000
② ₩50,000
③ ₩100,000
④ ₩166,000

04 정답 ③

해설

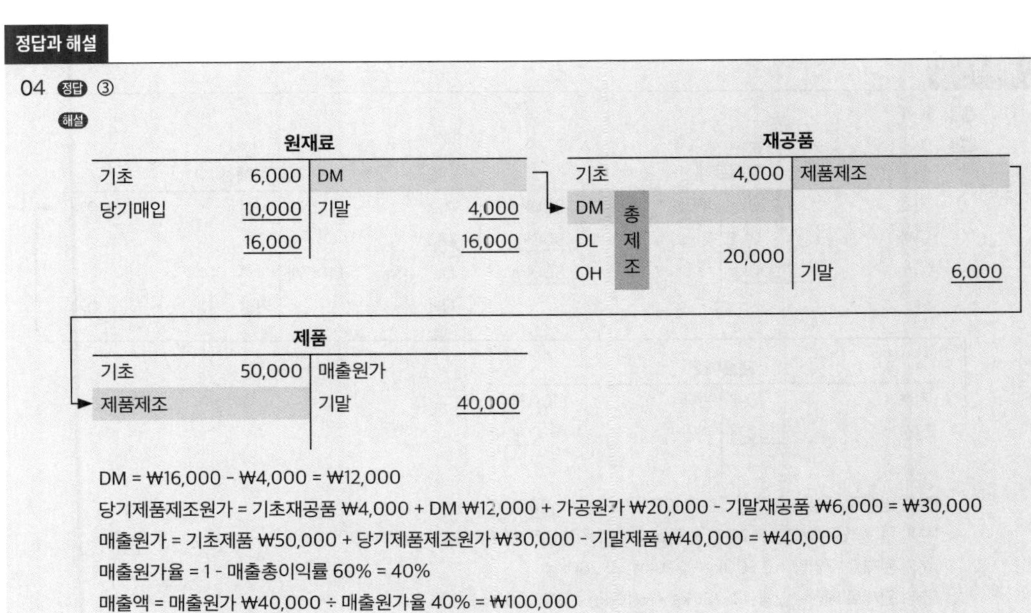

DM = ₩16,000 - ₩4,000 = ₩12,000

당기제품제조원가 = 기초재공품 ₩4,000 + DM ₩12,000 + 가공원가 ₩20,000 - 기말재공품 ₩6,000 = ₩30,000

매출원가 = 기초제품 ₩50,000 + 당기제품제조원가 ₩30,000 - 기말제품 ₩40,000 = ₩40,000

매출원가율 = 1 - 매출총이익률 60% = 40%

매출액 = 매출원가 ₩40,000 ÷ 매출원가율 40% = ₩100,000

05 ㈜한국은 제품 1단위에 2 kg의 원재료를 사용하고 있으며, 원재료 1 kg당 가격은 ₩10이다. 각 분기 말 원재료 재고량은 다음 분기 원재료 예상사용량의 10%를 유지하고 있다. ㈜한국이 1분기 초에 보유하고 있는 원재료는 220kg이다. 분기별 실제(= 목표)생산량이 다음과 같을 때, 1분기의 원재료 예산구입액은? (단, 재공품 및 제품 재고는 없다)

2019 국가직 9급

	1분기	2분기
실제생산량(= 목표생산량)	1,100개	1,500개

① ₩17,200 ② ₩18,800

③ ₩22,800 ④ ₩23,000

정답과 해설

05 정답 ③

해설

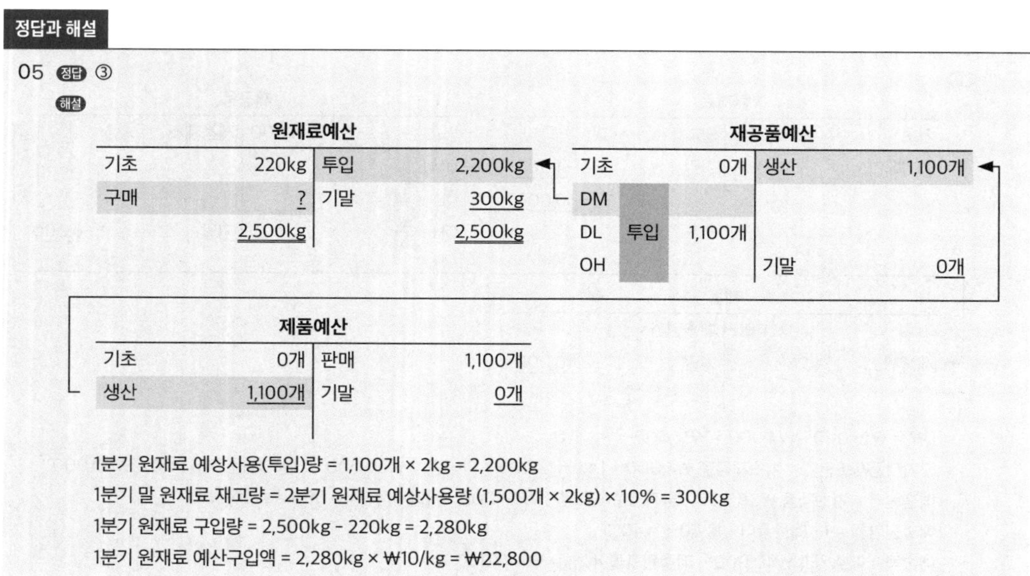

1분기 원재료 예상사용(투입)량 = 1,100개 × 2kg = 2,200kg

1분기 말 원재료 재고량 = 2분기 원재료 예상사용량 (1,500개 × 2kg) × 10% = 300kg

1분기 원재료 구입량 = 2,500kg - 220kg = 2,280kg

1분기 원재료 예산구입액 = 2,280kg × ₩10/kg = ₩22,800

[02-01] 원가흐름

06 다음 자료를 토대로 계산한 ㈜대한의 매출총이익은? 2016 국가직 9급

- 당기 중 직접재료원가는 전환원가의 50%이다.
- 직접노무원가 발생액은 매월 말 미지급임금으로 처리되며 다음 달 초에 지급된다. 미지급임금의 기초금액과 기말금액은 동일하며, 당기 중 직접노무원가의 지급액은 ₩450이다.
- 재공품 및 제품의 기초금액과 기말금액은 ₩100으로 동일하다.
- 기타 발생비용으로 감가상각비(생산현장) ₩100, 감가상각비(영업점) ₩100, CEO 급여 ₩150, 판매수수료 ₩100이 있다. CEO 급여는 생산현장에 1/3, 영업점에 2/3 배부된다.
- 매출액은 ₩2,000이다.

① ₩1,050 ② ₩1,100
③ ₩1,150 ④ ₩1,200

06 정답 ②

해설 기초 미지급임금 + 당기 발생액 - 당기 지급액 = 기말 미지급임금

미지급임금의 기초금액과 기말금액이 동일하므로, 노무원가 발생액과 지급액도 동일하다.

	재공품				제품	
기초	100	제품제조		기초	100	매출원가
DM	총			제품제조		기말 100
DL	제 450					
OH	조	기말	100			

OH = 감가상각비(생산현장) ₩100 + CEO 급여 ₩150 × 1/3 = ₩150

DM = (DL ₩450 + OH ₩150) × 50% = ₩300

제품제조원가 = 기초 ₩100 + DM ₩300 + DL ₩450 + OH ₩150 - 기말 ₩100 = ₩900

매출원가 = 기초 ₩100 + 제품제조원가 ₩900 - 기말 ₩100 = ₩900

매출총이익 = 매출액 ₩2,000 - 매출원가 ₩900 = ₩1,100

07 ㈜한국은 단일제품을 생산하고 있다. 20×1년 자료가 다음과 같을 때, 당기 직접재료 매입액과 당기에 발생한 직접노무원가는?

2020 국가직 9급

재고자산	기초재고	기말재고
직접재료	₩18,000	₩13,000
재공품	₩25,000	₩20,000
기본원가	₩85,000	
가공원가	₩75,000	
당기제품제조원가	₩130,000	
매출원가	₩120,000	

	직접재료 매입액	직접노무원가
①	₩45,000	₩35,000
②	₩45,000	₩40,000
③	₩50,000	₩35,000
④	₩50,000	₩40,000

07 정답 ①

해설

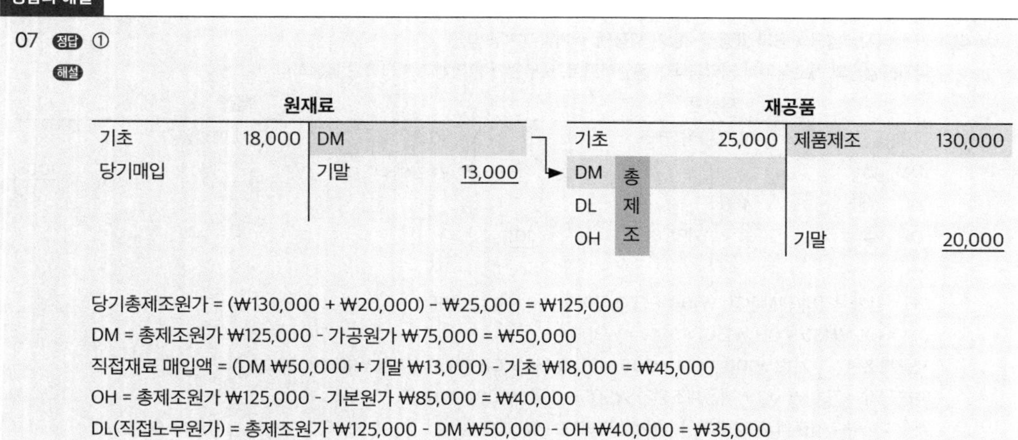

당기총제조원가 = (₩130,000 + ₩20,000) − ₩25,000 = ₩125,000

DM = 총제조원가 ₩125,000 − 가공원가 ₩75,000 = ₩50,000

직접재료 매입액 = (DM ₩50,000 + 기말 ₩13,000) − 기초 ₩18,000 = ₩45,000

OH = 총제조원가 ₩125,000 − 기본원가 ₩85,000 = ₩40,000

DL(직접노무원가) = 총제조원가 ₩125,000 − DM ₩50,000 − OH ₩40,000 = ₩35,000

08 다음 자료를 이용하여 계산한 20×1년도 매출총이익은? 2020 국가직 7급

구분	20×1년 초	20×1년 기중	20×1년 말
직접재료	₩20		₩15
재공품	₩30		₩10
제품	₩20		₩10
직접재료 매입액		₩350	
직접노무원가		₩250	
간접노무원가		₩80	
공장 임차료		₩10	
영업장 화재보험료		₩5	
공장 수도광열비		₩15	
판매원 상여금		₩40	
매출액		₩1,400	

① ₩660　　　　② ₩665

③ ₩730　　　　④ ₩740

정답과 해설

08 정답 ①

해설

원재료			
기초	20	DM	
당기매입	350	기말	15

재공품			
기초	30	제품제조	
DM	총제조		
DL		250	
OH		기말	10

제품			
기초	20	매출원가	
제품제조		기말	10

OH = 간접노무원가 ₩80 + 공장 임차료 ₩10 + 공장 수도광열비 ₩15 = ₩105

※ 영업장 화재보험료와 판매원 상여금은 제조원가가 아닌 판관비에 허당한다.

DM = 기초 ₩20 + 매입 ₩350 - 기말 ₩15 = ₩355

제품제조원가 = 기초 ₩30 + 총제조원가(DM ₩355 + DL ₩250 + OH ₩105) - 기말 ₩10 = ₩730

매출원가 = 기초 ₩20 + 당기제조 ₩730 - 기말 ₩10 = ₩740

매출총이익 = 매출액 ₩1,400 - 매출원가 ₩740 = ₩660

09 다음은 ㈜한국의 20×1년 기초 및 기말 재고자산과 관련한 자료이다.

구분	기초	기말
직접재료	₩2,000	₩7,000
재공품	₩8,000	₩5,000
제품	₩7,000	₩10,000

㈜한국은 매출원가의 20%를 매출원가에 이익으로 가산하여 제품을 판매하고 있으며, 20×1년 매출액은 ₩60,000이다. ㈜한국의 20×1년 직접재료 매입액은 ₩15,000이고, 제조간접원가는 가공원가(conversion cost)의 40%일 때, 20×1년의 기초원가(prime cost)는? 2021 국가직 7급

① ₩24,000 ② ₩32,800

③ ₩34,000 ④ ₩40,000

09 정답 ③

해설 매출원가 × 120% = 매출액 ₩60,000

매출원가 = ₩60,000 ÷ 1.2 = ₩50,000

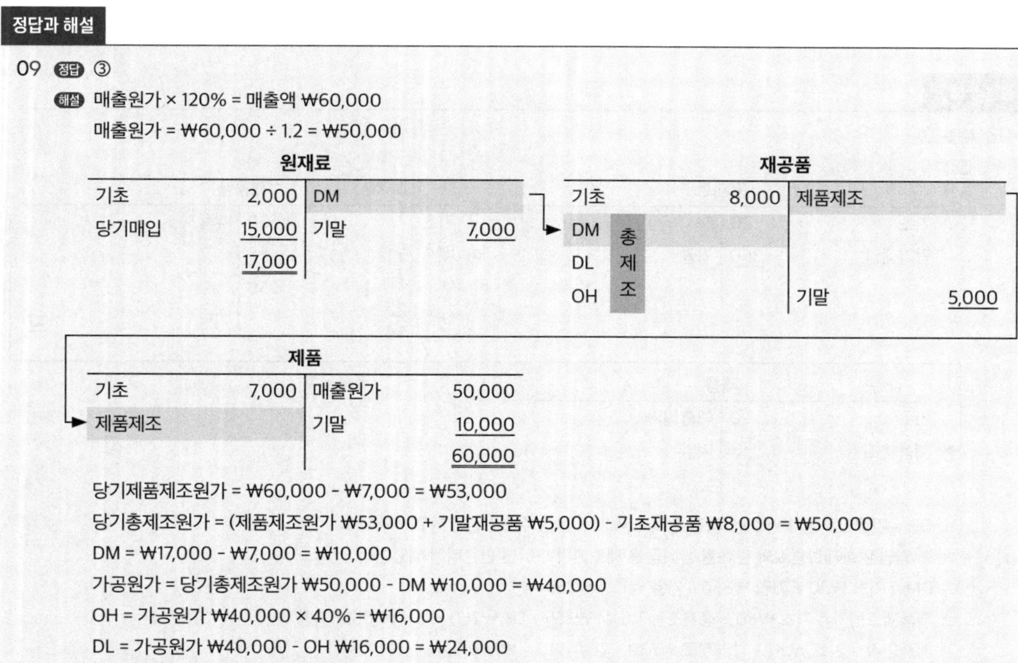

당기제품제조원가 = ₩60,000 − ₩7,000 = ₩53,000

당기총제조원가 = (제품제조원가 ₩53,000 + 기말재공품 ₩5,000) − 기초재공품 ₩8,000 = ₩50,000

DM = ₩17,000 − ₩7,000 = ₩10,000

가공원가 = 당기총제조원가 ₩50,000 − DM ₩10,000 = ₩40,000

OH = 가공원가 ₩40,000 × 40% = ₩16,000

DL = 가공원가 ₩40,000 − OH ₩16,000 = ₩24,000

기초원가 = DM ₩10,000 + DL ₩24,000 = ₩34,000

10 다음은 ㈜한국의 20X1년 6월 생산과 관련된 원가 자료이다.

○ 재고 자산 현황

구분 일자	직접재료	재공품	제품
6월 1일	₩3,000	₩6,000	₩9,000
6월 30일	₩2,000	₩2,000	₩8,000

○ 6월의 직접재료 매입액은 ₩35,000이다.

○ 6월 초 직접노무원가에 대한 미지급임금은 ₩5,000, 6월에 현금 지급한 임금은 ₩25,000, 6월 말 미지급 임금은 ₩10,000이다.

○ 6월에 발생한 제조간접원가는 ₩22,000이다.

20X1년 6월의 매출원가는?

2022 지방직 9급

① ₩74,000 ② ₩88,000

③ ₩92,000 ④ ₩93,000

10 정답 ④

해설

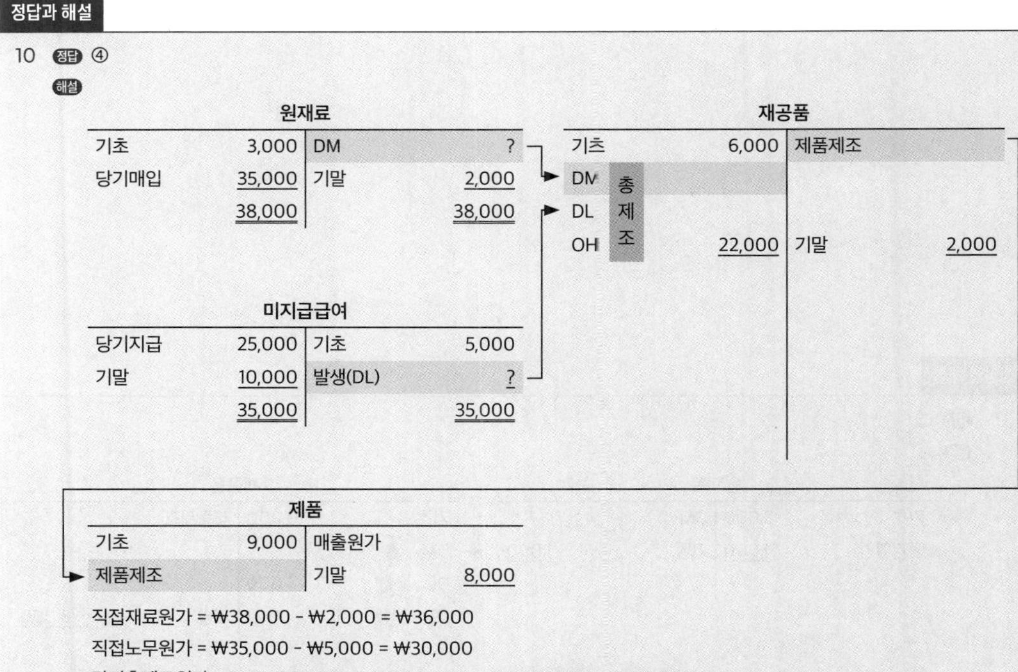

직접재료원가 = ₩38,000 - ₩2,000 = ₩36,000

직접노무원가 = ₩35,000 - ₩5,000 = ₩30,000

당기총제조원가 = DM ₩36,000 + DL ₩30,000 + OH ₩22,000 = ₩88,000

당기제품제조원가 = 기초재공품 ₩6,000 + 당기총제조원가 ₩88,000 - 기말재공품 ₩2,000 = ₩92,000

매출원가 = 기초제품 ₩9,000 + 당기제품제조원가 ₩92,000 - 기말제품 ₩8,000 = ₩93,000

11 다음 자료에 의한 당기제품제조원가는?　　　　　　　　　　　　　　2014 지방직 9급

직접재료 구입액		₩1,000
직접노무원가		₩3,000
감가상각비(공장설비)		₩5,000
감가상각비(영업용화물차)		₩4,000
공장감독자 급여		₩1,000
기타 제조간접원가		₩2,000
	기초재고액	기말재고액
직접재료	₩3,000	₩1,000
재공품	₩10,000	₩8,000

① ₩15,000　　　　② ₩16,000

③ ₩17,000　　　　④ ₩18,000

11 정답 ②

해설

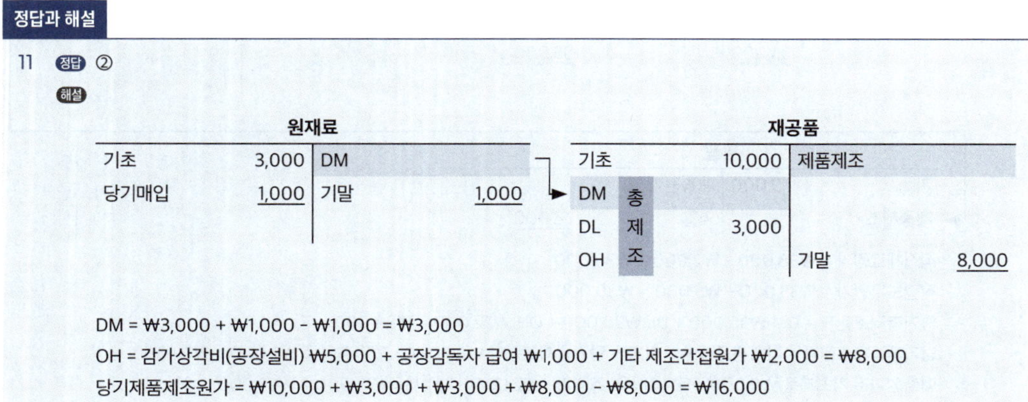

DM = ₩3,000 + ₩1,000 − ₩1,000 = ₩3,000

OH = 감가상각비(공장설비) ₩5,000 + 공장감독자 급여 ₩1,000 + 기타 제조간접원가 ₩2,000 = ₩8,000

당기제품제조원가 = ₩10,000 + ₩3,000 + ₩3,000 + ₩8,000 − ₩8,000 = ₩16,000

12 ㈜한국의 20×1년도 회계자료가 다음과 같고, 당기총제조원가가 ₩300,000일 때, ㉠~㉢에 들어 갈 금액으로 옳지 않은 것은?

2017 지방직 9급 추가채용

○ 직접재료 구입액	₩100,000	㉢ 재공품 기초재고	₩5,000
○ 직접재료 기초재고	₩20,000	○ 재공품 기말재고	₩20,000
○ 직접재료 기말재고	(㉠)	○ 당기제품제조원가	(㉢)
○ 직접재료원가	(㉡)	○ 제품 기초재고	(㉣)
○ 직접노무원가	₩80,000	○ 제품 기말재고	₩40,000
○ 제조간접원가	₩110,000	○ 매출원가	₩400,000

① ㉠: ₩10,000

② ㉡: ₩110,000

③ ㉢: ₩285,000

④ ㉣: ₩115,000

12 정답 ④

해설

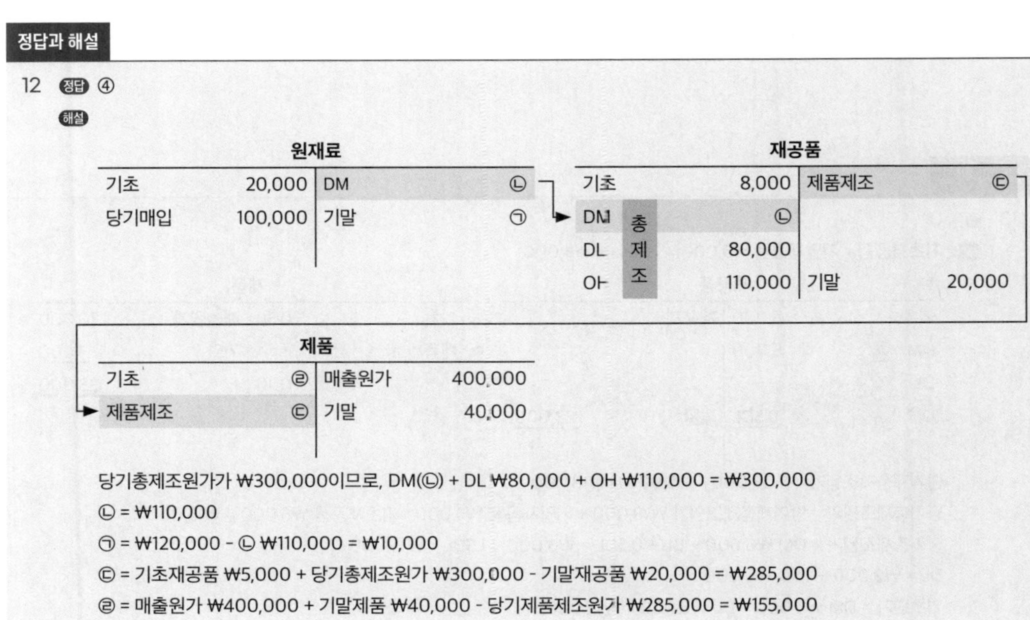

당기총제조원가가 ₩300,000이므로, DM(㉡) + DL ₩80,000 + OH ₩110,000 = ₩300,000

㉡ = ₩110,000

㉠ = ₩120,000 - ㉡ ₩110,000 = ₩10,000

㉢ = 기초재공품 ₩5,000 + 당기총제조원가 ₩300,000 - 기말재공품 ₩20,000 = ₩285,000

㉣ = 매출원가 ₩400,000 + 기말제품 ₩40,000 - 당기제품제조원가 ₩285,000 = ₩155,000

13 다음 자료를 이용하여 당기총제조원가 중 기초(기본)원가를 계산하면 얼마인가?

> - 기초재공품은 기말재공품의 200%
>
> - 매출원가 ₩20,000, 기초제품 ₩5,000, 기말제품 ₩3,000
>
> - 직접재료원가 발생액은 ₩6,000
>
> - 제조간접원가는 직접노무원가발생액의 1/2만큼 발생
>
> - 기말재공품은 ₩3,000

① ₩8,000 ② ₩9,000

③ ₩12,000 ④ ₩15,000

13 정답 ③

해설 기초재공품 = 기말재공품 ₩3,000 × 200% = ₩6,000

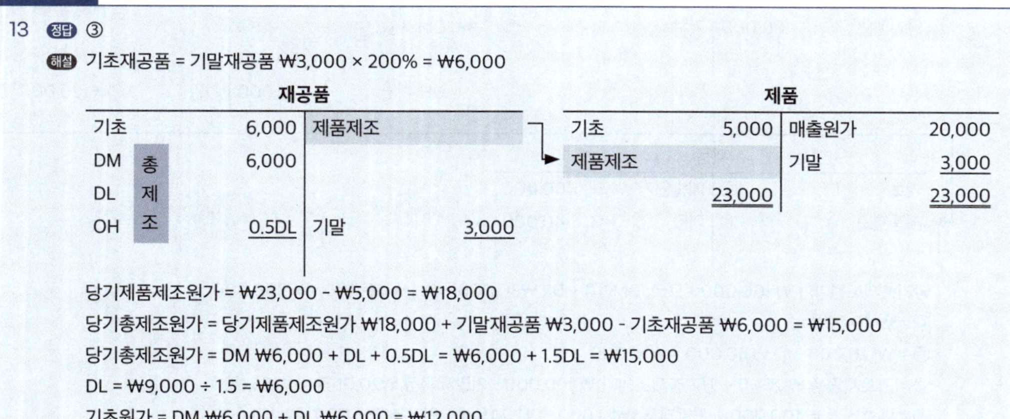

당기제품제조원가 = ₩23,000 − ₩5,000 = ₩18,000

당기총제조원가 = 당기제품제조원가 ₩18,000 + 기말재공품 ₩3,000 − 기초재공품 ₩6,000 = ₩15,000

당기총제조원가 = DM ₩6,000 + DL + 0.5DL = ₩6,000 + 1.5DL = ₩15,000

DL = ₩9,000 ÷ 1.5 = ₩6,000

기초원가 = DM ₩6,000 + DL ₩6,000 = ₩12,000

14 ㈜감평의 20x1년 기초 및 기말 재고자산은 다음과 같다.

구 분	기 초	기 말
직접재료	₩10,000	₩15,000
재 공 품	40,000	50,000
제 품	40,000	55,000

㈜감평은 20x1년 중 직접재료 ₩35,000을 매입하였고, 직접노무원가 ₩45,000을 지급하였으며, 제조간접원가 ₩40,000이 발생하였다. ㈜감평의 20x1년 당기제품제조원가는? (단, 20x1년 초 직접노무원가 선급금액은 ₩15,000이고 20x1년 말 직접노무원가 미지급금액은 ₩20,000이다.)

2020 감정평가사

① ₩110,000　　　② ₩120,000　　　③ ₩125,000
④ ₩140,000　　　⑤ ₩150,000

14 정답 ④

해설

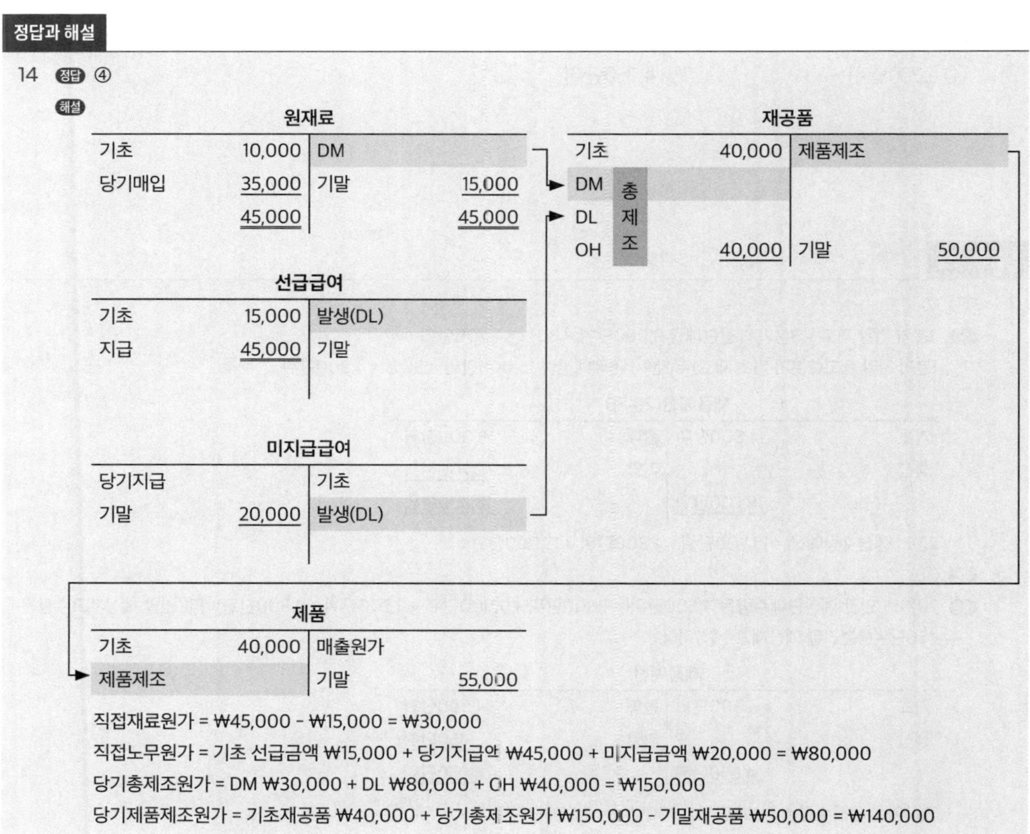

직접재료원가 = ₩45,000 − ₩15,000 = ₩30,000

직접노무원가 = 기초 선급금액 ₩15,000 + 당기지급액 ₩45,000 + 미지급금액 ₩20,000 = ₩80,000

당기총제조원가 = DM ₩30,000 + DL ₩80,000 + OH ₩40,000 = ₩150,000

당기제품제조원가 = 기초재공품 ₩40,000 + 당기총제조원가 ₩150,000 − 기말재공품 ₩50,000 = ₩140,000

15 ㈜한국의 20x1년 분기별 판매예산은 다음과 같다.

분기	예산판매량
1분기	12,000단위
2분기	16,000단위
3분기	9,000단위
4분기	11,000단위
계	48,000단위

20x0년의 기말제품재고는 3,600단위이었다. 각 분기말의 제품재고량은 다음 분기 판매예산의 30% 수준으로 유지할 계획이다. ㈜한국의 20x1년 2분기 생산수량예산은 얼마인가? 2017 보험계리사

① 12,800단위 ② 13,900단위

③ 15,200단위 ④ 16,800단위

16 다음은 제품A를 생산·판매하는 ㈜관세의 20×1년 분기별 판매계획이다.

구분	1분기	2분기	3분기	4분기
예상판매수량	1,000단위	1,000단위	1,200단위	1,300단위
분기말 예상재고수량	400단위	480단위	520단위	450단위

㈜관세의 20×1년 제품A의 기초재고수량이 300단위라면, 20×1년 제품A의 연간예상 생산수량은? 2019 관세사

① 4,350단위 ② 4,550단위 ③ 4,650단위

④ 4,700단위 ⑤ 4,750단위

15 **정답** ②

해설 2분기 기말 재고 = 3분기 예산판매량 9,000단위 × 30% = 2,700단위

1분기 기말 재고(2분기 기초 재고) = 2분기 판매예산량 16,000단위 × 30% = 4,800단위

제품예산(2분기)

기초	4,800단위	판매	16,000단위
생산		기말	2,700단위
	18,700단위		18,700단위

2분기 생산수량예산 = 18,700단위 - 4,800단위 = 13,900단위

16 **정답** ③

해설 20X1년 연간 예상판매수량은 4,500단위(= 1,000단위 + 1,000단위 + 1,200단위 + 1,300단위)이며 연말 예상재고수량은 450단위(4분기말 예상재고수량)이다.

제품예산

기초	300단위	판매	4,500단위
생산	?	기말	450단위
	4,950단위		4,950단위

연간예상 생산수량 = 4,950단위 - 300단위 = 4,650단위

17 ㈜대한의 20×1년 기초 및 기말 재고자산 가액은 다음과 같다.

구분	기초	기말
원재료	₩34,000	₩10,000
재공품	₩37,000	₩20,000
제품	₩10,000	₩48,000

원재료의 제조공정 투입금액은 모두 직접재료원가이고, 20×1년 중 매입한 원재료는 ₩56,000이다. 20×1년의 기본(기초)원가는 ₩320,000이고, 가공(전환)원가의 60%가 제조간접원가이다. ㈜대한의 20×1년 매출원가는?

2018 국가직 7급

① ₩659,000 ② ₩695,000
③ ₩899,000 ④ ₩959,000

17 정답 ①

해설

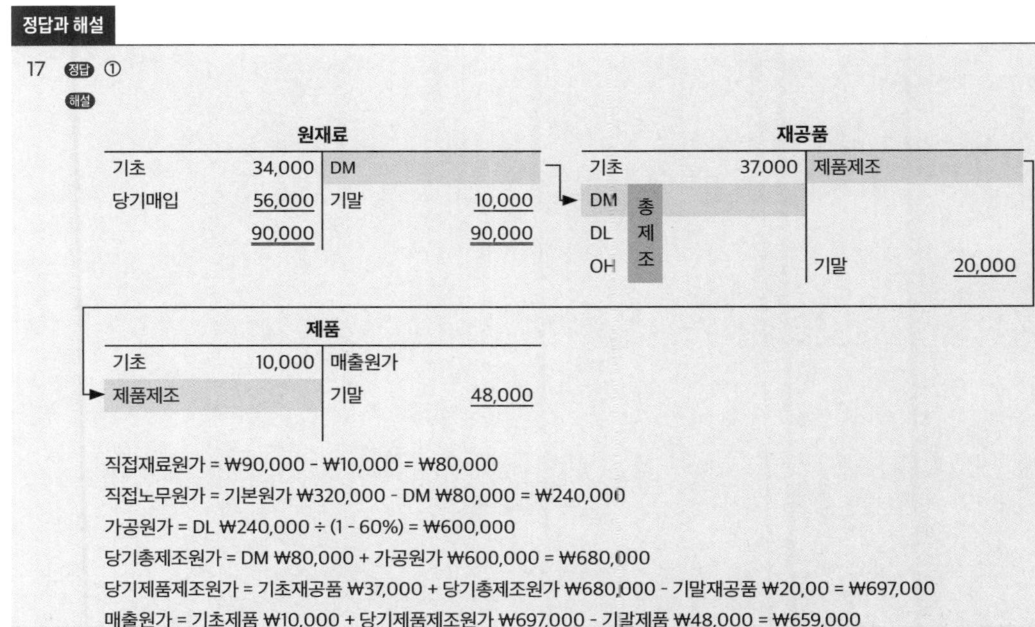

직접재료원가 = ₩90,000 - ₩10,000 = ₩80,000

직접노무원가 = 기본원가 ₩320,000 - DM ₩80,000 = ₩240,000

가공원가 = DL ₩240,000 ÷ (1 - 60%) = ₩600,000

당기총제조원가 = DM ₩80,000 + 가공원가 ₩600,000 = ₩680,000

당기제품제조원가 = 기초재공품 ₩37,000 + 당기총제조원가 ₩680,000 - 기말재공품 ₩20,00 = ₩697,000

매출원가 = 기초제품 ₩10,000 + 당기제품제조원가 ₩697,000 - 기말제품 ₩48,000 = ₩659,000

주요 Topic 및 출제경향

주요 Topic	01 개별원가계산 ★
	02 원가배부 ★★★
	03 정상원가계산 ★★★
	04 활동기준원가 ★

▶ 9급 출제경향(●국가직 ◆지방직 ○서울시)

구분	15	16	17	18	19	20	21	22	23	24	25
3.1 개별원가계산									●		
3.2 원가배부	◆	●○	●◆	○	●			◆			◆
3.3 정상원가계산	◆○	◆	○			●	●◆	●	◆	◆	●
3.4 활동기준원가	○		●○		◆	◆					●

▶ 7급 출제경향(▲국가직 △서울시)

구분	15	16	17	18	19	20	21	22	23	24	-
3.1 개별원가계산											
3.2 원가배부							△	△	▲		
3.3 정상원가계산			△		▲			▲			
3.4 활동기준원가					△						

구분	기본	필수	응용	심화	합계
3.1 개별원가계산	0	0	2	1	3
3.2 원가배부	5	1	3	3	12
3.3 정상원가계산	4	4	6	1	15
3.4 활동기준원가	2	1	1	0	4
합계	11	6	12	5	34

기본문제

[03-02] 원가배부

01 보조부문원가 배부 방법에 대한 설명으로 옳지 않은 것은? 2015 지방직 9급

① 상호배부법은 연립방정식을 이용하여 보조부문 간의 용역제공비율을 정확하게 고려해서 배부하는 방법이다.

② 단계배부법은 보조부문원가의 배부순서를 적절하게 결정할 경우 직접배부법보다 정확하게 원가를 배부할 수 있다.

③ 단계배부법은 우선순위가 높은 보조부문의 원가를 우선순위가 낮은 보조부문에 먼저 배부하고, 배부를 끝낸 보조부문에는 다른 보조부문원가를 재배부하지 않는 방법이다.

④ 직접배부법은 보조부문 간의 용역수수관계를 정확하게 고려하면서 적용이 간편하다는 장점이 있어 실무에서 가장 많이 이용되는 방법이다.

정답과 해설

01 **정답** ④

해설 직접배부법은 보조부문 상호간의 용역수수를 고려하지 않아 간편하지만, 정확성이 떨어지는 방법이다.

02 ㈜한국에는 보조부문에 수선부와 전력부가 있고, 제조부문에 A와 B가 있다. 수선부의 변동원가 당기 발생액은 ₩10,000이며, 전력부와 두 제조부문에 1,000시간의 수선 용역을 제공하였다. 전력부의 변동원가 당기 발생액은 ₩7,000이며, 수선부와 두 제조부문에 2,000kwh의 전력을 제공하였다. ㈜한국이 보조부문원가 중 수선부 원가를 먼저 배부하는 단계배부법을 사용할 경우, 제조부문 A에 배부되는 보조부문의 원가는?

2016 국가직 9급

제공 \ 사용	수선부	전력부	제조부문 A	제조부문 B
수선부(시간)	-	200	500	300
전력부(kwh)	500	-	1,000	500

① ₩11,000   ② ₩12,000

③ ₩13,000   ④ ₩14,000

03 보조부문원가의 배부에 대한 설명으로 옳은 것은?

2017 지방직 9급

① 보조부문원가는 제조부문에 배부하지 않고 기간비용으로 처리하여야 한다.

② 보조부문원가의 배부순서가 중요한 배부방법은 상호배부법이다.

③ 직접배부법은 보조부문의 배부순서에 관계없이 배부액이 일정하다.

④ 상호배부법은 보조부문 상호 간의 용역수수관계가 중요하지 않을 때 적용하는 것이 타당하다.

02 정답 ①

해설

	수선부	전력부	제조부문 A	제조부문 B
수선부 원가 (₩10,000) 배분	(-)₩10,000	₩10,000 × 200/1,000 = ₩2,000	₩10,000 × 500/1,000 = ₩5,000	₩10,000 × 300/1,000 = ₩3,000
전력부 원가 (₩7,000 + ₩2,000) 배분		(-)₩9,000	₩9,000 × 1,000/1,500 = ₩6,000	₩9,000 × 500/1,500 = ₩3,000
합계	(-)₩10,000	(-)₩7,000	₩11,000	₩6,000

03 정답 ③

해설 ① 보조부문원가는 일단 제조부문에 배분한 다음, 최종적으로 제품원가에 배부된다.

② 상호배부법은 배부순서에 상관없이 배부되는 금액이 일정하다. 단계배분법이 배부순서에 따라 배부금액이 달라지므로 순서가 중요하다.

④ 상호배부법은 보조부문상호간의 용역수수를 완전히 인식하는 방법으로 보조부문 상호 간의 용역수수가 중요한 경우에 적용하기 적절한 방법이다.

04 ㈜한국은 제조부문인 조립부문과 도장부문이 있으며, 보조부문으로 전력부문이 있다. 20×1년 3월 중에 부문별로 발생한 제조간접원가와 제조부문이 사용한 전력의 실제사용량과 최대사용가능량은 다음과 같다. 한편, 전력부문에서 발생한 제조간접원가 ₩325,000은 변동원가가 ₩100,000이고, 고정원가는 ₩225,000이다.

구분	전력부문	조립부문	도장부문	합계
제조간접원가	₩325,000	₩250,000	₩400,000	₩975,000
실제사용량		300 kW	700 kW	1,000 kW
최대사용가능량		500 kW	1,000 kW	1,500 kW

㈜한국이 이중배분율법을 적용하여 보조부문원가를 제조부문에 배부할 때, 조립부문에 배분되는 전력부문의 원가는?

① ₩97,500 ② ₩105,000
③ ₩108,330 ④ ₩120,000

05 보조부문원가의 배부 방법에 대한 설명으로 옳지 않은 것은?

① 직접배분법은 보조부문 상호 간의 용역수수관계를 전혀 고려하지 않는 방법이다.
② 단계배분법은 보조부문의 배분순서가 달라지면 배분 후의 결과가 달라지는 방법이다.
③ 상호배분법은 보조부문 상호 간의 용역수수관계를 모두 고려한다.
④ 상호배분법이 직접배분법에 비해 적용과 계산이 간단한 방법이다.

정답과 해설

04 **정답** ②

해설 변동제조간접원가는 실제사용량을 기준으로, 고정제조간접원가는 최대사용가능량을 기준으로 배분한다.
변동제조간접원가 ₩100,000 × 300kW/1,000kW = ₩30,000
고정제간접원가 ₩225,000 × 500kW/1,500kW = ₩75,000
조립부문 배부액 = ₩30,000 + ₩75,000 = ₩105,000

05 **정답** ④

해설 상호배분법은 방정식을 통해 보조부문 상호간의 용역수수를 완전히 인식하는 방법이다. 이 방법은 보조부문원가를 정확히 배분할 수 있고 배분순서를 결정할 필요가 없다는 장점이 있지만 적용과 계산이 복잡하다는 단점이 있다.

06 ㈜한국은 정상원가계산을 적용하여 제조간접원가 배부차이 금액을 재공품, 제품, 매출원가의 조정 전 기말잔액의 크기에 비례하여 배분한다. 다음 자료를 이용하여 제조간접원가 배부차이 조정 전후 설명으로 옳지 않은 것은? 2020 국가직 9급

	조정 전 기말잔액	
재공품	₩500,000	○ 실제발생 제조간접비 ₩1,000,000
제품	₩300,000	○ 예정배부된 제조간접비 ₩1,100,000
매출원가	₩1,200,000	○ 재공품과 제품의 기초재고는 없는 것으로 가정한다.
합계	₩2,000,000	

① 조정 전 기말잔액에 제조간접원가가 과대배부되었다.

② 제조간접원가 배부차이 금액 중 기말 재공품에 ₩25,000이 조정된다.

③ 제조간접원가 배부차이 조정 후 기말 제품은 ₩315,000이다.

④ 제조간접원가 배부차이 조정 후 매출원가 ₩60,000이 감소된다.

07 ㈜한국은 정상개별원가계산을 적용하고 있으며, 직접노무시간을 기준으로 제조간접원가를 예정배부하고 있다. 다음 자료를 이용할 경우, 당기 말 제조간접원가 과소 또는 과대 배부액은? 2022 국가직 9급

○ 제조간접원가 예산	₩130,000
○ 예상 직접노무시간	10,000시간
○ 실제 제조간접원가 발생액	₩120,000
○ 실제 직접노무시간	9,000시간

① 과소배부 ₩3,000 ② 과대배부 ₩3,000

③ 과소배부 ₩10,000 ④ 과대배부 ₩10,000

06 정답 ③

해설 실제발생 제조간접비보다 예정배부된 제조간접비가 ₩100,000 더 많으므로, 과대배부되었다.
과대배부된 ₩100,000은 조정 전 기말잔액에 비례하여 다음과 같이 조정한다.
조정비율 = (-)₩100,0000 ÷ ₩2,000,000 = (-)5%

	① 조정 전 기말잔액	② 조정 = ① × (-)5%	③ 조정 후 기말잔액(= ① + ②)
재공품	₩500,000	(-) ₩25,000	₩475,000
제품	₩300,000	(-) ₩15,000	₩285,000
매출원가	₩1,200,000	(-) ₩60,000	₩1,140,000
합계	₩2,000,000	(-) ₩100,000	₩1,900,000

07 정답 ①

해설 제조간접원가 예정배부율 = 예산 ₩130,000 ÷ 예상직접노무시간 10,000시간 = ₩13/노무시간
제조간접원가 배부액 = 실제 직접노무시간 9,000시간 × 배부율 ₩13/노무시간 = ₩117,000
배부차이 = 예정 배부액 ₩117,000 - 실제 발생액 ₩120,000 = (-)₩3,000

08 ㈜한국은 정상개별원가계산을 적용하고 있으며, 기계가동시간을 기준으로 제조간접원가를 예정배부한다. ㈜한국의 20×1년 제조간접원가 관련 자료가 다음과 같을 때, 실제 발생한 제조간접원가는?

2023 지방직 9급

○ 제조간접원가 예산	₩150,000
○ 예상 기계가동시간	3,000시간
○ 실제 기계가동시간	3,200시간
○ 제조간접원가 배부차이	₩5,000 과소배부

① ₩155,000　　② ₩165,000

③ ₩170,000　　④ ₩175,000

09 ㈜한국은 정상개별원가계산을 적용하고 있으며, 기계가동시간을 기준으로 제조간접원가를 예정배부한다. ㈜한국의 20×1년 제조간접원가 관련 자료가 다음과 같을 때 예정기계가동시간은?

2024 지방직 9급

○ 제조간접원가 예산	₩500,000
○ 실제 발생한 제조간접원가	₩600,000
○ 실제 기계가동시간	45,000시간
○ 제조간접원가 배부차이	₩150,000 과소배부

① 50,000시간　　② 60,000시간

③ 70,000시간　　④ 80,000시간

08 정답 ②

해설 제조간접원가 예정배부율 = 제조간접원가 예산 ₩150,000 ÷ 예상 기계가동시간 3,000h = ₩50/h

예정배부액 = ₩50/h × 실제 기계가동시간 3,200h = ₩160,000

제조간접원가 배부차이 (−)₩5,000 = 예정배부액 ₩160,000 − 실제발생액

실제발생액 = ₩165,000

09 정답 ①

해설 예정배부액 − 실제발생액 ₩600,000 = 과소배부액 (−)₩150,000

예정배부액 = ₩600,000 − ₩150,000 = ₩450,000

예정배부액 ₩450,000 = 실제 기계가동시간 45,000시간 × 예정배부율

예정배부율 = ₩450,000 ÷ 45,000시간 = ₩10/시간

예정배부율 ₩10/시간 = 제조간접원가 예산 ₩500,000 ÷ 예정기계가동시간

예정기계가동시간 = ₩500,000 ÷ ₩10/시간 = 50,000시간

10 ㈜한국은 제품 A와 제품 B를 생산하고 있으며, 최근 최고경영자는 활동기준원가계산제도의 도입을 검토하고 있다. 활동기준원가계산 관점에서 분석한 결과가 다음과 같을 때, 옳지 않은 것은?

2017 국가직 9급

활동	제조간접비	원가동인	제품 A	제품 B
제품설계	₩400	부품 수	2개	2개
생산준비	₩600	준비횟수	1회	5회

① 제품설계활동의 원가동인은 부품 수, 생산준비활동의 원가동인은 준비횟수이다.

② 활동기준원가계산하에서 제품 A에 배부되는 제조간접비는 ₩300, 제품 B에 배부되는 제조간접비는 ₩700이다.

③ 만약 ㈜한국의 제품종류가 더 다양해지고 각 제품별 생산수량이 줄어든다면 활동기준원가계산제도를 도입할 실익이 없다.

④ 기존의 제품별 원가와 이익수치가 비현실적이어서 원가계산의 왜곡이 의심되는 상황이면 활동기준원가계산제도의 도입을 적극 고려해볼 수 있다.

11 ㈜한국은 가공원가에 대해 활동기준원가계산을 적용하고 있다. 회사의 생산활동, 활동별 배부기준, 가공원가 배부율은 다음과 같다.

생산활동	활동별 배부기준	가공원가 배부율
기계작업	기계작업시간	기계작업시간당 ₩10
조립작업	부품수	부품 1개당 ₩6

당기에 완성된 제품은 총 100단위이고, 총직접재료원가는 ₩6,000이다. 제품 1단위를 생산하기 위해서는 4시간의 기계작업시간이 소요되고 5개 부품이 필요하다. 당기에 생산된 제품 100단위를 단위당 ₩200에 모두 판매가 가능하다고 할 때, 매출총이익은?

2020 지방직 9급

① ₩7,000　　② ₩9,000　　③ ₩11,000　　④ ₩13,000

10 정답 ③

해설

활동	제품 A	제품 B
제품설계	₩400 × 2개/4개 = ₩200	₩400 × 2개/4개 = ₩200
생산준비	₩600 × 1회/6회 = ₩100	₩600 × 5회/6회 = ₩500
합계	₩300	₩700

제품종류가 더 다양해지고 제품별 생산수량이 줄어드는 다품종소량생산방식일수록 활동기준원가계산제도가 적합하다.

11 정답 ①

해설 총 제조원가 = 직접재료원가 ₩6,000 + 기계작업원가 ₩10/시간 × 4시간 × 제품100단위 + 조립작업원가 ₩6/부품1개 × 부품5개 × 제품100단위 = ₩6,000 + ₩4,000 + ₩3,000 = ₩13,000

매출총이익 = 100단위 × ₩200 - ₩13,000 = ₩7,000

[03-02] 원가배부

12 ㈜한국은 보조부문인 동력부와 제조부문인 절단부, 조립부가 있다. 동력부는 절단부와 조립부에 전력을 공급하고 있으며, 각 제조부문의 월간 전력 최대사용가능량과 3월의 전력 실제사용량은 다음과 같다.

	절단부	조립부	합계
최대사용가능량	500kw	500kw	1,000kw
실제사용량	300kw	200kw	500kw

한편, 3월 중 각 부문에서 발생한 제조간접원가는 다음과 같다.

	동력부	절단부	조립부	합계
변동원가	₩50,000	₩80,000	₩70,000	₩200,000
고정원가	₩100,000	₩150,000	₩50,000	₩300,000
합계	₩150,000	₩230,000	₩120,000	₩500,000

이중배부율법을 적용할 경우 절단부와 조립부에 배부될 동력부의 원가는?   2017 국가직 9급

	절단부	조립부
①	₩75,000	₩75,000
②	₩80,000	₩70,000
③	₩90,000	₩60,000
④	₩100,000	₩50,000

12 정답 ②

해설 이중배부율법에서 변동원가는 실제사용량을 기준으로, 고정원가는 최대사용가능량을 기준으로 배부한다.

	절단부	조립부
변동원가	₩50,000 × 300kw/500kw = ₩30,000	₩50,000 × 200kw/500kw = ₩20,000
고정원가	₩100,000 × 500kw/1,000kw = ₩50,000	₩100,000 × 500kw/1,000kw = ₩50,000
합계	₩80,000	₩70,000

13 ㈜한국은 정상개별원가계산을 사용하고 있으며, 제조간접원가는 직접재료원가를 기준으로 배부하고 있다. 2016년 말 ㈜한국의 제조간접원가 과대 또는 과소배부액은?   2016 지방직 9급

	2016년도 예산	2016년도 실제 발생액
직접재료원가	₩2,000,000	₩3,000,000
직접노무원가	₩1,500,000	₩2,200,000
제조간접원가	₩3,000,000	₩4,550,000

① 과대배부액 ₩150,000

② 과대배부액 ₩50,000

③ 과소배부액 ₩150,000

④ 과소배부액 ₩50,000

14 ㈜대한은 정상개별원가계산을 적용하고 있으며, 제조간접원가 배부기준은 직접노무시간이다. 20×1년 제조간접원가 예산은 ₩2,000이고, 예정 직접노무시간은 200시간이었다. 20×1년 실제 직접노무시간은 210시간, 제조간접원가 과대배부액이 ₩200이었다. 제조간접원가 실제발생액은?

2019 국가직 7급

① ₩1,700   ② ₩1,800

③ ₩1,900   ④ ₩2,000

---

13 **정답** ④

해설 제조간접원가 배부율 = 제조간접원가 예산 ₩3,000,000 ÷ 직접재료원가 예산 ₩2,000,000 = ₩1.5/직접재료원가

제조간접원가 배부액 = 직접재료원가 실제 발생액 ₩3,000,000 × ₩1.5/직접재료원가 = ₩4,500,000

제조간접원가 배부차이 = 배부액 ₩4,500,000 - 실제 발생액 ₩4,550,000 = (-)₩50,000

14 **정답** ③

해설 예정배부율 = ₩2,000 ÷ 200시간 = ₩10/시간

예정배부액 = 210시간 × ₩10/시간 = ₩2,100

실제발생액 = 예정배부액 ₩2,100 - 과대배부액 ₩200 = ₩1,900

15 ㈜한국은 정상(예정)개별원가계산을 적용하며, 기계시간을 기준으로 제조간접원가를 예정배부한다. 20×1년 예정기계시간이 10,000시간이고 원가 예산이 다음과 같을 때, 제조간접원가 예정배부율은?

2021 국가직 9급

항목	금액
직접재료원가	₩25,000
간접재료원가	₩5,000
직접노무원가	₩32,000
공장건물 임차료	₩20,000
공장설비 감가상각비	₩7,000
판매직원 급여	₩18,000
공장설비 보험료	₩13,000
광고선전비	₩5,000

① ₩4/기계시간
② ₩4.5/기계시간
③ ₩7.2/기계시간
④ ₩10.2/기계시간

16 정상개별원가계산을 적용하는 경우 발생할 수 있는 제조간접원가 배부차이에 대한 설명 중 옳지 않은 것은?

2021 지방직 9급

① 제조간접원가 배부차이는 회계기간 중에 배분된 제조간접원가 예정배부액과 회계기말에 집계된 제조간접원가 실제발생액의 차이로 발생한다.
② 원가요소별 비례배분법은 기말의 재공품, 제품 및 매출원가에 포함되어 있는 제조간접원가 실제배부액의 비율에 따라 제조간접원가 배부차이를 조정한다.
③ 제조간접원가 배부시 실제배부율은 사후적으로 계산되지만, 예정배부율은 기초에 사전적으로 계산된다.
④ 제조간접원가 과대배부액을 매출원가조정법에 의해 회계처리하는 경우, 매출원가가 감소하게 되므로 이익이 증가하는 효과가 있다.

15 **정답** ②
해설 제조간접원가 예산 = 간접재료원가 ₩5,000 + 공장건물 임차료 ₩20,000 + 공장설비 감가상각비 ₩7,000 + 공장설비 보험료 ₩13,000 = ₩45,000
제조간접원가 예정배부율 = ₩45,000 ÷ 예정기계시간 10,000시간 = ₩4.5/기계시간
16 **정답** ②
해설 제조간접원가 배부차이의 조정은 '예정'배부된 금액의 비율에 따라 조정한다. 예정배부된 금액과 실제발생한 금액의 차이를 조정하는 것이 배부차이의 조정이므로, 조정이 끝나기 전까지는 실제배부액을 알 수가 없다.

17 ㈜한국은 보급형과 고급형 두 가지 모델의 제품을 생산·판매하고, 제조간접원가 배부를 위해 활동기준원가계산을 적용한다. ㈜한국은 당기에 보급형 800개, 고급형 100개를 생산·판매하였으며, 제조원가 산정을 위한 자료는 다음과 같다. ㈜한국의 고급형 모델의 단위당 제조원가는? (단, 기초재고와 기말재고는 없다)

2019 지방직 9급

구분		보급형	고급형
직접재료원가		₩32,000	₩5,000
직접노무원가		24,000	3,500
제조간접원가	작업준비	₩6,000	
	제품검사	9,000	
	합계	₩15,000	

활동	원가동인	활동사용량		
		보급형	고급형	계
작업준비	준비횟수	20회	10회	30회
제품검사	검사시간	100시간	100시간	200시간

① ₩100   ② ₩120

③ ₩135   ④ ₩150

17 정답 ④

해설 고급형 모델의 작업준비원가 배부액 = ₩6,000 × 10회/30회 = ₩2,000

고급형 모델의 제품검사원가 배부액 = ₩9,000 × 100시간/200시간 = ₩4,500

고급형 모델의 단위당 제조원가 = (DM ₩5,000 + DL ₩3,500 + OH ₩6,500) ÷ 100개 = ₩150/개

18 다음은 개별원가계산제도를 이용하고 있는 ㈜한국의 원가계산 자료이다. 제조간접원가는 기본원가(prime costs)를 기준으로 배부한다.

원가항목	작업#1	작업#2	작업#3	합계
기초재공품	₩2,000	₩4,000	–	₩6,000
직접재료원가	2,800	3,000	₩2,200	8,000
직접노무원가	4,000	5,000	3,000	12,000
제조간접원가	( )	( )	( )	6,000

작업#1과 작업#3는 완성되었고, 작업#2는 미완성되었다. ㈜한국이 기말재공품으로 계상할 금액은?

2012 감정평가사

① ₩9,600 ② ₩10,200 ③ ₩12,500
④ ₩13,600 ⑤ ₩14,400

19 실제개별원가계산제도를 사용하는 ㈜감평의 20x1년도 연간 실제 원가는 다음과 같다.

직접재료원가	₩4,000,000	직접노무원가	₩5,000,000
제조간접원가	₩1,000,000		

㈜감평은 20x1년 중 작업지시서 #901을 수행하였는데 이 작업에 320시간의 직접노무시간이 투입되었다. ㈜감평은 제조간접원가를 직접노무시간을 기준으로 실제배부율을 사용하여 각 작업에 배부한다. 20x1년도 실제 총직접노무시간은 2,500시간이다. ㈜감평이 작업지시서 #901에 배부하여야 할 제조간접원가는?

2018 감정평가사

① ₩98,000 ② ₩109,000 ③ ₩128,000
④ ₩160,000 ⑤ ₩175,000

18 정답 ⑤
해설 제조간접원가 배부율 = 제조간접원가 ₩6,000 ÷ 기본원가(₩8,000 + ₩12,000) = ₩0.3/₩1
미완성된 작업 #2의 원가가 기말재공품으로 계상된다.
작업 #2의 제조간접원가 = 기본원가(₩3,000 + ₩5,000) × 30% = ₩2,400
작업 #2의 제조원가 = 기초재공품 ₩4,000 + 기본원가 ₩8,000 + 제조간접원가 ₩2,400 = ₩14,400

19 정답 ③
해설 제조간접원가 배부율 = 제조간접원가 ₩1,000,000 ÷ 실제 총직접노무시간 2,500시간 = ₩400/시간
#901에 배부할 제조간접원가 = 320시간 × ₩400/시간 = ₩128,000

20 ㈜관세의 보조부문과 제조부문은 각각 두 개의 부문으로 구성되어 있다. 보조부문 1은 노무시간을, 보조부문 2는 기계시간을 기준으로 각 보조부문의 원가를 배부한다. 부문간 용역수수관계와 부문별 발생원가는 다음과 같다.

	보조부문		제조부문	
	보조부문 1	보조부문 2	제조부문 1	제조부문 2
보조부문 1 (노무시간)	-	480시간	640시간	480시간
보조부문 2 (기계시간)	280시간	-	560시간	560시간
발생원가	₩80,000	₩70,000	₩300,000	₩250,000

㈜관세가 상호배부법에 의하여 보조부문의 원가를 배부할 경우, 제조부문 2의 총원가는 얼마인가?

2014 관세사

① ₩320,000 ② ₩380,000 ③ ₩400,000

④ ₩550,000 ⑤ ₩600,000

21 다음 중 보조부문원가의 배부에 대한 설명으로 옳은 것은?

2019 보험계리사

① 보조부문원가는 제조부문에 배부하지 않고 기간비용으로 처리해야 한다.

② 단계배부법은 보조부문의 배부순서가 달라져도 배부금액에 차이가 나지 않는다.

③ 상호배부법은 보조부문 상호간의 용역수수관계가 중요하지 않을 때 적용하는 것이 타당하다.

④ 직접배부법은 보조부문 상호간의 용역수수관계를 고려하지 않는 방법이다.

---

20 정답 ①

해설 보조부문 1의 원가를 A, 보조부문 2의 원가를 B라 하면

A = ₩80,000 + (280/1,400) × B = ₩80,000 + 0.2B …… (1)

B = ₩70,000 + (480/1,600) × A = ₩70,000 + 0.3A …… (2)

(1)식의 B에 (2)를 대입하면

A = ₩80,000 + 0.2 × (₩70,000 + 0.3A) = ₩80,000 + ₩14,000 + 0.06A

0.94A = ₩94,000

A = ₩100,000

(2)에 A = ₩100,000을 대입하면

B = ₩70,000 + 0.3 × ₩100,000 = ₩100,000

제조부문 2의 총원가 = ₩250,000 + ₩100,000 × (480/1,600) + ₩100,000 × (560/1,400)

= ₩250,000 + ₩30,000 + ₩40,000 = ₩320,000

21 정답 ④

해설 ① 보조부문원가는 제조부문에 먼저 배분한 다음 이를 다시 제품원가로 배부한다.

② 단계배부법은 배부순서가 바뀌면 배부금액이 달라진다.

③ 상호배부법은 보조부문 상호간의 용역수수를 완전히 인식하는 방법으로 보조부문 상호간의 용역수수관계가 중요할 때 유용한 방법이다.

22 다음은 ㈜관세의 부문원가를 배부하기 위한 배부기준과 원가자료이다.

	보조부문		제조부문	
	S1	S2	P1	P2
기계시간	-	200	400	400
전력량(kWh)	100	-	300	200
점유면적(m²)	10	20	30	40
부문개별원가	₩240,000	₩160,000	₩400,000	₩600,000
부문공통원가	₩100,000			

부문공통원가는 점유면적을 기준으로 배부한다. 보조부문원가는 S1은 기계시간, S2는 전력량을 기준으로 직접배분법을 사용하여 제조부문에 배부한다. 제조부문 P1의 배부 후 총원가는?

2021 관세사

① ₩663,000 ② ₩674,000 ③ ₩682,000
④ ₩686,000 ⑤ ₩694,000

23 ㈜한국은 직접노동시간을 기준으로 제조간접원가를 예정배부하고 있다. 2012년 제조간접원가와 관련된 다음 자료를 이용하여 계산한 정상조업도는?

2012 국가직 9급

> 제조간접원가 예산액: ₩30,000
>
> 실제조업도(직접노동시간) : 200시간
>
> 제조간접원가 실제발생액 : ₩22,000
>
> 제조간접원가 배부차이 : 과대배부 ₩2,000

① 100시간 ② 150시간
③ 200시간 ④ 250시간

---

22 정답 ①

해설 먼저 부문공통원가 ₩100,000을 점유면적을 기준으로 다음과 같이 배부한다.

	보조부문		제조부문	
	S1	S2	P1	P2
점유면적 (m2)	10	20	30	40
공통원가 배부액	₩10,000	₩20,000	₩30,000	₩40,000
공통원가 배부 후 부문개별원가	₩250,000	₩130,000	₩430,000	₩640,000

보조부문의 원가는 P1에 다음과 같이 배부된다.
① 보조부문 S1의 원가 ₩250,000 × 400h/(400h + 400h) = ₩125,000
② 보조부문 S2의 원가 ₩180,000 × 300kWh/(300kWh + 200kW) = ₩108,000
P1의 총원가 = 개별원가 ₩430,000 + ₩125,000 + ₩108,000 = ₩663,000

23 정답 ④

해설 제조간접원가 예정배부액 = 실제발생액 ₩22,000 + 과대배부액 ₩2,000 = ₩24,000
예정배부율 = ₩24,000 ÷ 200시간 = ₩120/시간
정상조업도 = 예산액 ₩30,000 ÷ ₩120/시간 = 250시간

24 ㈜한국은 개별원가계산제도를 사용하고 있으며 직접노무비를 기준으로 제조간접비를 예정배부하고 있다. 2013년 6월의 제조원가 관련 정보가 다음과 같을 때, 과소 또는 과대 배부된 제조간접비에 대한 수정분개로 옳은 것은? (단, 과소 또는 과대 배부된 금액은 매출원가로 조정한다)

2013 지방직 9급

> * 직접노무비와 제조간접비에 대한 예산은 각각 ₩200,000과 ₩250,000이다.
> * 직접재료비 ₩520,000과 직접노무비 ₩180,000이 발생되었다.
> * 실제 발생한 총제조간접비는 ₩233,000이다.

	차변		대변	
①	제조간접비	₩8,000	매출원가	₩8,000
②	매출원가	₩8,000	제조간접비	₩8,000
③	매출원가	₩17,000	제조간접비	₩17,000
④	제조간접비	₩17,000	매출원가	₩17,000

25 정상개별원가계산을 적용하는 ㈜대한은 제조간접원가를 예정배부하며, 예정 배부율은 직접노무원가의 50%이다. 제조간접원가의 배부차이는 매기말 매출원가에서 전액 조정한다. 당기에 실제 발생한 직접재료원가는 ₩24,000이며, 직접노무원가는 ₩16,000이다. 기초재공품은 ₩5,600이며, 기말재공품에는 직접재료원가 ₩1,200과 제조간접원가 배부액 ₩1,500이 포함되어 있다. 또한 기초제품은 ₩4,700이며 기말제품은 ₩8,000이다. 제조간접원가 배부차이를 조정한 매출원가가 ₩49,400이라면 당기에 발생한 실제 제조간접원가는?

2014 지방직 9급

① ₩8,000 ② ₩10,140

③ ₩12,800 ④ ₩13,140

---

24 **정답** ②

해설 예정배부율 = OH 예산 ₩250,000 ÷ DL 예산 ₩200,000 = DL의 125%

예정배부액 = DL ₩180,000 × 125% = ₩225,000

배부차이 = ₩225,000 - ₩233,000 = (-)₩8,000

₩8,000이 과소배부 되었으므로 매출원가를 ₩8,000 증가시켜야 한다. 비용의 증가는 차변에 계상한다.

25 **정답** ③

해설 당기총제조원가(예정배부) = DM ₩24,000 + DL ₩16,000 + OH (DL₩16,000 × 50%) = ₩48,000

기말재공품(예정배부) = DM ₩1,200 + DL (OH ₩1,500 × 2) + OH ₩1,500 = ₩5,700

당기제품제조원가(예정배부) = 기초재공품 ₩5,600 + 당기총제조원가 ₩48,000 - 기말재공품 ₩5,700 = ₩47,900

매출원가(예정배부) = 기초제품 ₩4,700 + 당기제품제조원가 ₩47,900 - 기말제품 ₩8,000 = ₩44,600

제조간접원가 배부차이 = 조정 후 매출원가 ₩49,400 - 조정 전 매출원가 ₩44,600 = ₩4,800

제조간접원가 실제발생액 = 예정배부액 ₩8,000 + 배부차이 ₩4,800 = ₩12,800

26 새롭게 사업을 시작한 ㈜서울은 직접노무시간 기준으로 제조간접비를 예정배부하는 정상개별원가계산을 사용하며, 제조간접원가 배부차이는 제조간접원가 예정배부액의 비율에 따라 배분한다. ㈜서울은 당기에 두 개의 작업 #101과 #102를 수행하여 #101은 완성하여 판매하였으며, #102는 완성되지 않았다. 관련 자료가 다음과 같을 때, 정상개별원가계산을 적용한 경우와 비교하여 실제개별원가계산의 당기영업이익은 얼마나 변화하는가?

2017 서울시 9급

	#101	#102
실제 직접노무시간	200시간	200시간
제조간접원가 예산	₩300,000	
예정조업도	300시간	
실제 제조간접원가	₩450,000	

① ₩25,000 증가   ② ₩25,000 감소

③ ₩50,000 증가   ④ ₩50,000 감소

27 ㈜서울은 정상개별원가계산을 사용하고 있다. 제조간접원가는 직접노무시간을 기준으로 작업별로 예정배부를 하고 있는데, 20×1년 제조간접원가 예정배부율은 직접노무시간당 ₩100이다. 20×1년 한 해 동안 제조간접원가는 ₩52,500이 실제 발생하였으며 ₩2,500이 과대배부된 것으로 나타났다. 그리고 실제 직접노무시간은 예정 직접노무시간을 50시간 초과하였다. 20×1년도 제조간접비 예산은 얼마인가?

2017 서울시 7급

① ₩50,000   ② ₩55,000

③ ₩60,000   ④ ₩65,000

26 **정답** ②

해설 제조간접원가 예정배부율 = 예산 ₩300,000 ÷ 예정조업도 300시간 = ₩1,000/시간

예정배부액 = ₩1,000/시간 × 400시간 = ₩400,000

제조간접원가 배부차이 = 예정배부액 ₩400,000 - 실제발생액 ₩450,000 = (-)₩50,000 과소배부

배부차이 (-)₩50,000을 #101(완성)과 #102(재고)에 예정배부액의 비율(₩200,000:₩200,000)대로 배분하면 #101 작업의 원가(매출원가)가 ₩25,000 증가하고, #102 작업의 원가(재고자산)도 ₩25,000 증가한다. 매출원가가 ₩25,000 증가하므로 영업이익은 ₩25,000 감소한다.

27 **정답** ①

해설 제조간접원가 배부액 = 실제 발생액 ₩52,500 + 과대배부액 ₩2,500 = ₩55,000

배부액 ₩55,000 = (예정 직접노무시간 + 50시간) × ₩100/시간

예정 직접노무시간 = 500시간

제조간접비 예산 ÷ 예정 직접노무시간 500시간 = 예정배부율 ₩100/시간

제조간접비 예산 = ₩50,000

28 ㈜관세가 행한 다음 분개와 관련된 설명으로 옳은 것을 모두 고른 것은?

2017 관세사

(차) 매출원가 60,000 (대) 제조간접원가 배부차이 60,000
ㄱ. 제조간접원가 실제배부시 발생하는 분개이다.
ㄴ. 표준원가계산에서 원가차이를 조정하는 분개이다.
ㄷ. 제조간접원가는 ₩60,000만큼 과소배부되었다.
ㄹ. 매출원가에 제조간접원가 배부차이 ₩60,000을 가산한다.
ㅁ. 매출총이익은 ₩60,000만큼 감소한다.

① ㄱ, ㄴ ② ㄴ, ㅁ ③ ㄷ, ㄹ ④ ㄱ, ㄷ, ㅁ ⑤ ㄷ, ㄹ, ㅁ

29 활동기준원가계산제도에 관한 설명으로 옳지 않은 것은?

2013 관세사

① 제품조립활동, 기계작업활동, 전수검사 등은 제품단위수준활동이며 공장관리활동, 냉난방활동, 조경활동 등은 공장설비수준활동이다.

② 원가정보의 수집 및 처리기술이 발전하여 원가측정비용이 크게 감소되었다.

③ 다품종 소량생산의 제조업체가 활동기준원가계산을 적용할 경우 도움이 된다.

④ 활동기준원가계산은 활동을 원가대상의 중심으로 삼아 활동의 원가를 계산하고 이를 토대로 하여 다른 원가를 계산하는 것을 중점적으로 다루는 원가계산시스템이다.

⑤ 제품의 다양성이 증가되면서 개별제품이나 작업에 직접 추적이 어려운 원가의 비중이 감소되었다.

28 **정답** ⑤

해설 정상원가계산(ㄴ. 표준원가계산 X)에서 제조간접원가 예정배부(ㄱ. 실제배부 X)시 원가차이를 조정하는 분개이다.
분개를 통해 차변의 매출원가가 ₩60,000 증가하게 되는데, 이는 과소배부된 배부차이 ₩60,000을 가산하는 조정에 해당하며, 매출원가가 증가함에 따라 매출총이익은 ₩60,000 감소한다.

29 **정답** ⑤

해설 제품의 다양성이 증가되면서 개별제품이나 작업에 직접 추적이 어려운 간접원가의 비중이 증가되었다.

30 20×1년도에 설립된 ㈜한국은 개별원가계산방법을 적용하고 있으며, 20×1년도 제품 생산과 관련된 정보는 다음과 같다. ㈜한국이 직접노무원가의 140%를 제조간접원가에 배부할 경우 C 제품 생산에 투입된 직접노무원가는?

2023 국가직 9급

구분	A 제품	B 제품	C 제품
제품 관련 정보	생산 온·료 및 판매	생산 미완료	생산 완료 및 미판매
제조원가 대비 가공원가 비율	60%	40%	40%
당기총제조원가		₩240,000	
당기제품제조원가		₩180,000	
매출원가		₩60,000	

① ₩16,000

② ₩20,000

③ ₩24,000

④ ₩28,000

30 **정답** ②

해설 당기에 설립되었으므로 기초재공품과 기초제품은 모두 ₩0이다. 원가흐름은 다음과 같다.

재공품			
기초	0	제품제조	180,000
총제조	240,000	기말	?
	240,000	기말	240,000

제품			
기초	0	매출원가	60,000
제품제조	180,000	기말	?
	180,000		180,000

기말재공품 = ₩240,000 - ₩180,000 = ₩60,000

기말제품 = ₩180,000 - ₩60,000 = ₩120,000

생산 완료 및 판매가 된 A제품의 원가는 매출원가(₩60,000)가 되고, 생산 미완료된 B제품의 원가는 기말재공품(₩60,000)이 된다. C제품은 생산은 완료됐지만, 판매가 되지 않았으므로 기말 제품을 구성한다. 즉, C제품의 원가는 기말제품 ₩120,000이 된다.

C제품 가공원가 = 제조원가 ₩120,000 × 제조원가 대비 가공원가 비율 40% = ₩48,000

C제품 가공원가 ₩48,000 = 직접노무원가(DL) + 제조간접가(OH) = DL + DL × 140% = 2.4DL

DL = ₩48,000 ÷ 2.4 = ₩20,000

31 ㈜서울은 두 개의 제조부문과 두 개의 보조부문을 두고 있으며 관련 자료는 〈보기〉와 같다. 보조부문의 원가를 상호배분법으로 제조부문에 배부할 경우, 제조부문 Y에서 개별제품에 배부해야 할 원가총액은?

2021 서울시 7급

〈보기〉

제공부문 \ 사용부문	보조부문		제조부문	
	A	B	X	Y
A	-	50%	10%	40%
B	20%	-	40%	40%
발생원가	₩200,000	₩350,000	₩1,000,000	₩1,200,000

① ₩1,480,000 ② ₩1,500,000

③ ₩1,520,000 ④ ₩1,540,000

31 정답 ③

해설 A = ₩200,000 + 0.2B …… (1)

B = ₩350,000 + 0.5A …… (2)

(1)식의 B에 (2)를 대입하면

A = ₩200,000 + 0.2 × (₩350,000 + 0.5A)

A = ₩200,000 + ₩70,000 + 0.1A

0.9A = ₩270,000

A = ₩300,000

(2)에 A = ₩300,000을 대입하면

B = ₩350,000 + 0.5 × ₩300,000 = ₩500,000

제조부문 Y에 배분되는 보조부문 원가 = 40% × ₩300,000 + 40% × ₩500,000 = ₩320,000

Y부문 원가총액 = 발생원가 ₩1,200,000 + 배분된 보조부문 원가 ₩320,000 = ₩1,520,000

32 ㈜한국은 보조부문 X, Y와 제조부문 P1, P2를 운영하여 제품을 생산하고 있다. 보조부문 X는 기계시간, Y는 전력소비량에 비례하여 보조부문원가를 제조부문에 각각 배부한다. ㈜ 한국의 각 부문원가와 용역제공 현황은 다음과 같다.

구분	보조부문		제조부문		합계
	X	Y	P1	P2	
부문원가	₩100,000	₩120,000	₩100,000	₩200,000	₩520,000
기계시간	-	400시간	300시간	300시간	1,000시간
전력소비량	500kWh	-	200kWh	300kWh	1,000kWh

㈜한국이 상호 배부법을 이용하여 보조부문 원가를 제조부문에 배부할 경우, 제조 부문 P1, P2에 배부되는 보조 부문 원가는?

2022 지방직 9급

	P1	P2
①	₩98,000	₩122,000
②	₩100,000	₩120,000
③	₩120,000	₩100,000
④	₩122,000	₩98,000

32 정답 ②

해설 $X = ₩100,000 + 0.5Y \cdots\cdots (1)$

$Y = ₩120,000 + 0.4X \cdots\cdots (2)$

(1)식의 Y에 (2)를 대입하면

$X = ₩100,000 + 0.5 \times (₩120,000 + 0.4X)$

$X = ₩100,000 + ₩60,000 + 0.2X$

$0.8X = ₩160,000$

$X = ₩200,000$

(2)에 $X = ₩200,000$을 대입하면

$Y = ₩120,000 + 0.4 \times ₩200,000 = ₩200,000$

제조부문 P1에 배분되는 보조부문 원가 = 30% × ₩200,000 + 20% × ₩200,000 = ₩100,000

제조부문 P2에 배분되는 보조부문 원가 = 30% × ₩200,000 + 30% × ₩200,000 = ₩120,000

33 ㈜서울은 두 개의 제조부문인 M1, M2와 두 개의 보조부문 S1, S2를 통해 제품을 생산하고, 상호배분법을 사용하여 보조부문의 원가를 제조부문에 배분하고 있다. 각 부문간의 원가 및 용역제공비율이 〈보기〉와 같을 때, M1에 배분될 보조부문의 원가는?

2022 서울시 7급

〈보기〉

용역제공비율		제조부문		보조부문	
		M1	M2	S1	S2
	S1	0.4	0.2		0.4
	S2	0.2	0.3	0.5	
부문원가				₩1,100	₩1,000

① ₩1,160 ② ₩1,170
③ ₩1,190 ④ ₩1,100

34 ㈜한국은 정상개별원가계산을 채택하고 있으며, 당기에 발생한 제조간접원가의 배부차이는 ₩9,000(과대배부)이다. 다음의 원가자료를 이용하여 총원가비례법으로 배부차이를 조정하는 경우 조정 후의 매출원가는?

2015 지방직 9급

기말재공품 ₩20,000	기말제품 ₩30,000	매출원가 ₩450,000

① ₩441,000 ② ₩441,900
③ ₩458,100 ④ ₩459,000

정답과 해설

33 **정답** ①

해설 보조부문 S1의 원가를 A, 보조부문 S2의 원가를 B라 하면

A = ₩1,100 + 0.5 × B ······ (1)

B = ₩1,000 + 0.4 × A ······ (2)

(1)식의 B에 (2)를 대입하면

A = ₩1,100 + 0.5 × (₩1,000 + 0.4A) = ₩1,100 + ₩500 + 0.2A

0.8A = ₩1,600

A = ₩2,000

(2)에 A = ₩2,000을 대입하면

B = ₩1,000 + 0.4 × ₩2,000 = ₩1,800

M1에 배분될 보조부문의 원가 = 0.4 × ₩2,000 + 0.2 × ₩1,800 = ₩800 + ₩360 = ₩1,160

34 **정답** ②

해설 ₩9,000만큼 과대배부되었으므로 총원가에 비례하여 감소시켜야 한다.

매출원가에서 조정되는 배부차이 = (-)₩9,000 × ₩450,000/(₩20,000 + ₩30,000 + ₩450,000) = (-)₩8,100

조정 후의 매출원가 = ₩450,000 - ₩8,100 = ₩441,900

주요 Topic 및 출제경향

주요 Topic	01 종합원가계산 ★★★★★ 02 결합원가 ★★

▶ **9급 출제경향**(●국가직 ◆지방직 ○서울시)

구분	15	16	17	18	19	20	21	22	23	24	25
4.1 종합원가계산	◆○	●◆	◆○	●◆○		◆	●	●	●◆	●◆	●◆
4.2 결합원가	●		●		●			●◆			

▶ **7급 출제경향**(▲국가직 △서울시)

구분	15	16	17	18	19	20	21	22	23	24	-
4.1 종합원가계산		△			△	▲			▲△	▲	
4.2 결합원가				△						▲	

구분	기본	필수	응용	심화	합계
4.1 종합원가계산	6	7	8	5	26
4.2 결합원가	4	0	2	2	8
합계	10	7	10	7	34

기본문제

[04-01] 종합원가계산

01 ㈜한국은 종합원가계산방법을 적용하고 있으며, 원가 관련자료는 다음과 같다. ㈜한국의 완성품환산량에 대한 설명으로 옳은 것은?

2016 국가직 9급

- 직접재료는 공정의 초기에 전량 투입되고, 전환원가는 공정의 진행에 따라 균일하게 발생된다.
- 기초재공품의 완성도는 50%, 기말재공품의 완성도는 10%이다.
- 기초재공품은 2,000개, 당기착수 13,000개, 기말재공품 3,000개이다.

① 평균법의 직접재료원가 완성품환산량은 13,000개이다.
② 평균법의 전환원가 완성품환산량은 10,300개이다.
③ 선입선출법의 직접재료원가 완성품환산량은 15,000개이다.
④ 선입선출법의 전환원가 완성품환산량은 11,300개이다.

01 정답 ④

해설

						선입선출법		평균법	
						재료원가	가공원가	재료원가	가공원가
기초	2,000	완성	기초	2,000	(-50%)	0	1,000		
			착수	10,000	(100%)	10,000	10,000	12,000	12,000
착수	13,000	기말		3,000	(10%)	3,000	300	3,000	300
	15,000					15,000	13,000	11,300	15,000	12,300

02 ㈜한국은 종합원가계산을 사용하며 선입선출법을 적용한다. 제품은 제1공정을 거쳐 제2공정에서 최종 완성되며, 제2공정 관련 자료는 다음과 같다.

	물량단위(개)	가공비완성도
기초재공품	500	30%
전공정대체량	5,500	
당기완성량	?	
기말재공품	200	30%

제2공정에서 직접재료가 가공비완성도 50% 시점에서 투입된다면, 직접재료비와 가공비 당기 작업량의 완성품환산량은? (단, 가공비는 공정 전반에 걸쳐서 균일하게 발생하며, 제조공정의 공손·감손은 없다)

2018 국가직 9급

	직접재료비 완성품환산량(개)	가공비 완성품환산량(개)
①	5,300	5,300
②	5,800	5,650
③	5,800	5,710
④	5,800	5,800

03 ㈜한국은 단일의 생산공장에서 단일 제품을 생산하고 있다. 회계연도말에 원가를 계산하면서 기말재공품에 대한 완성도를 실제보다 30% 낮게 평가하여 계산하였다. 재공품 완성도의 오류가 결산재무제표에 미치는 영향으로 옳지 않은 것은? (단, 당기 생산 제품은 모두 판매되었고, 기말제품재고액은 없다)

2018 지방직 9급

① 영업이익의 과소계상
② 매출원가의 과소계상
③ 기말재공품의 과소계상
④ 이익잉여금의 과소계상

---

02 정답 ③

해설

						재료원가(50%)	가공원가
기초	500	완성	기초	500	(-70%)	500	350
		5,800	착수	5,300		5,300	5,300
전공정대체	5,500	기말		200	(30%)	0	60
	6,000			6,000		5,800	5,710

03 정답 ②

해설 기말재공품의 완성도를 낮게 평가하면 기말재공품원가가 낮아져 과소계상되고 당기제품제조원가는 과대계상된다. 당기제품제조원가가 과대계상되면 매출원가가 과대계상되고 영업이익은 과소계상, 이익잉여금도 과소계상된다.

재공품				제품		
기초재공품	당기제품제조원가	과대	기초제품		매출원가	과대
당기총제조원가	기말재공품	과소 → 당기제품제조원가		과대	기말제품	

04 ㈜한국은 단일제품을 대량으로 생산하고 있으며, 종합원가계산을 적용하고 있다. 원재료는 공정초기에 투입되고 가공원가는 공정전반에 걸쳐 균등하게 발생하는데, ㈜한국의 20×1년 4월의 생산자료는 다음과 같다.

○ 기초재공품 100,000개 (완성도 60%)	○ 당기착수량 800,000개
○ 당기완성량 600,000개	○ 기말재공품 200,000개 (완성도 80%)

㈜한국은 선입선출법을 적용하고 있으며, 생산공정에서 발생하는 공손품의 검사는 공정의 50% 시점에서 이루어지며, 검사를 통과한 합격품의 10%를 정상공손으로 허용하고 있을 때 비정상공손 수량은?

2021 국가직 9급

① 10,000개　　② 30,000개　　③ 60,000개　　④ 70,000개

05 ㈜한국은 평균법을 적용한 종합원가계산으로 제품원가를 계산하고 있다. 다음 자료를 이용한 ㈜한국의 기말재공품 수량은?

2023 국가직 9급

○ 기말재공품의 완성품환산량 단위당 원가: ₩200
○ 기말재공품의 생산 완성도: 60%
○ 기말재공품의 가공원가: ₩60,000
○ 가공원가는 생산 완성도에 따라 균등하게 투입되고 있음
○ 기초재공품과 공손 및 감손은 없음

① 300개　　② 400개　　③ 500개　　④ 600개

---

04 정답 ②

해설

							검사(50%)합격
기초	100,000	완성	기초	100,000	(-40%)		0
		600,000	착수	500,000	(100%)		500,000
		공손	정상				
		100,000	비정상				
착수	800,000	기말		200,000	(80%)		200,000
	900,000			900,000			700,000

공손수량 = (기초 100,000개 + 착수 800,000개) - (완성 600,000개 + 기말 200,000개) = 100,000개

비정상공손수량 = 100,000개 - 700,000개 × 10% = 30,000개

05 정답 ③

해설 기말재공품 가공원가 ₩60,000 = 기말재공품 완성품환산량 × 단위당 원가 ₩200

기말재공품 완성품환산량 = ₩60,000 ÷ ₩200 = 300개

기말재공품 완성품환산량 300개 = 기말재공품 수량 × 완성도 60%

기말재공품 수량 = 300개 ÷ 60% = 500개

06 ㈜한국은 종합원가계산을 적용하고 있으며, 물량흐름 정보는 다음과 같다.

> ○ 직접재료는 공정 초기에 전량 투입되며, 가공원가는 공정 전반에 걸쳐 균등하게 발생한다.
>
> ○ 기초재공품　　　　　　　　　200단위(가공원가 완성도 30%)
>
> ○ 당기착수량　　　　　　　　　1,800단위
>
> ○ 당기완성량　　　　　　　　　1,500단위
>
> ○ 기말재공품　　　　　　　　　500단위(가공원가 완성도 60%)

㈜한국의 완성품환산량에 대한 설명으로 옳은 것은? (단, 공손 및 감손은 없다)　　2024 지방직 9급

① 가중평균법에 의한 직접재료원가 완성품환산량은 1,800단위이다.

② 가중평균법에 의한 가공원가 완성품환산량은 1,600단위이다.

③ 선입선출법에 의한 직접재료원가 완성품환산량은 1,800단위이다.

④ 선입선출법에 의한 가공원가 완성품환산량은 1,660단위이다.

---

06 정답 ③

해설

						선입선출법		평균법	
						재료원가	가공원가	재료원가	가공원가
기초	200	완성	기초	200	(-70%)	0	140	1,500	1,500
		1,500	착수	1,300	(100%)	1,300	1,300		
착수	1,800	기말		500	(60%)	500	300	500	300
	2,000			2,000		1,800	1,740	2,000	1,800

07 다음은 제품A ~ C에 대한 자료이다. 이 중에서 제품A에 대한 설명으로 옳지 않은 것은? (단, 결합원가 ₩70,000의 배분은 순실현가치기준법을 사용한다)

2015 국가직 9급

제품	생산량	각 연산품 추가가공비	단위당 공정가치
A	100kg	₩15,000	₩500
B	150kg	₩8,000	₩300
C	200kg	₩12,000	₩200

① 매출액은 ₩50,000이다.

② 순실현가치는 ₩35,000이다.

③ 단위당 제조원가는 ₩245이다.

④ 결합원가의 배분액은 ₩24,500이다.

07 정답 ③

해설

제품	매출액	순실현가치	결합원가 배분액
A	100kg × ₩500 = ₩50,000	₩50,000 - ₩15,000 = ₩35,000	₩70,000 × 35/100 = ₩24,500
B	150kg × ₩300 = ₩45,000	₩45,000 - ₩8,000 = ₩37,000	₩70,000 × 37/100 = ₩25,900
C	200kg × ₩200 = ₩40,000	₩40,000 - ₩12,000 = ₩28,000	₩70,000 × 28/100 = ₩19,600
합계		₩100,000	

제품 A의 단위당 제조원가 = (결합원가 ₩24,500 + 추가가공비 ₩15,000) ÷ 100kg = ₩395/kg

08 ㈜한국은 결합제품 A, B를 생산하고 있으며, 결합원가는 분리점에서의 상대적 순실현가치를 기준으로 배분한다. ㈜한국의 20×1년 원가자료는 다음과 같다.

구분	제품 A	제품 B
생산량	2,000단위	5,000단위
단위당 추가가공원가	₩100	₩80
추가가공 후 단위당 판매가격	₩400	₩160
결합원가	₩350,000	

기초와 기말제품재고는 없다고 가정할 때, 20×1년도 제품 A와 제품 B의 매출총이익은?

2019 국가직 9급

	제품 A	제품 B
①	₩325,000	₩325,000
②	₩390,000	₩260,000
③	₩425,000	₩225,000
④	₩500,000	₩150,000

08 정답 ②

해설

제품	순실현가치	결합원가 배분액	매출총이익
A	2,000단위 × (₩400 - ₩100) = ₩600,000	₩350,000 × 60% = ₩210,000	₩600,000 - ₩210,000 = ₩390,000
B	5,000단위 × (₩160 - ₩80) = ₩400,000	₩350,000 × 40% = ₩140,000	₩400,000 - ₩140,000 = ₩260,000

09 ㈜한국은 화학재료 4,000kg을 투입해서 정제공정을 거쳐 3:2의 비율로 연산품 A와 B를 생산하며, 분리점 이전에 발생한 결합원가는 다음과 같다.

구분	금액
직접재료원가	₩250,000
직접노무원가	₩120,000
제조간접원가	₩130,000
합계	₩500,000

결합제품의 kg당 판매가격은 연산품 A가 ₩40/kg이고, 연산품 B가 ₩60/kg이다. 분리점에서의 판매가치법에 따라 결합원가를 배분할 경우, 연산품 B에 배부되는 결합원가는?　　2022 국가직 9급

① ₩250,000　　② ₩350,000

③ ₩450,000　　④ ₩550,000

10 ㈜한국은 연산품 X와 Y를 추가 가공 후 판매하고 있으며, 순실현가치법을 적용하여 결합원가를 배부한다. Y에 배부된 결합원가가 ₩3,000이라면, X에 배부된 결합원가는?　　2024 국가직 7급

연산품	생산량	단위당 추가 가공원가	단위당 최종 판매가격
X	200단위	₩50	₩400
Y	300단위	₩100	₩200

① ₩3,500　　② ₩5,000

③ ₩7,000　　④ ₩10,000

09 정답 ①

해설 연산품 A는 4,000kg × 3/5 = 2,400kg, 연산품 B는 4,000kg × 2/5 = 1,600kg이 생산된다.

구분	분리점에서의 판매가치	결합원가 배분
연산품 A	2,400kg × ₩40/kg = ₩96,000	₩500,000 × 1/2 = ₩250,000
연산품 B	1,600kg × ₩60/kg = ₩96,000	₩500,000 × 1/2 = ₩250,000

10 정답 ③

해설

연산품	순실현가치
X	200단위 × (₩400 - ₩50) = ₩70,000
Y	300단위 × (₩200 - ₩100) = ₩30,000
합계	₩100,000

Y에 배부된 결합원가 ₩3,000 = 총 결합원가 × ₩30,000/₩100,000
총 결합원가 = ₩3,000 ÷ 30% = ₩10,000
X에 배부된 결합원가 = 총 결합원가 ₩10,000 × (₩70,000/₩100,000) = ₩7,000

[04-01] 종합원가계산

11 ㈜한국은 평균법에 의한 종합원가계산을 채택하고 있다. 기초재공품이 75,000단위이고 당기착수량이 225,000단위이다. 기말재공품이 50,000단위이며 직접재료는 전량 투입되었고, 가공원가 완성도는 70%이다. 기초재공품에 포함된 가공원가가 ₩14,000이고 당기발생 가공원가가 ₩100,000인 경우 기말재공품에 배부되는 가공원가는?
2015 지방직 9급

① ₩12,000   ② ₩14,000

③ ₩18,000   ④ ₩20,000

---

11 **정답** ②

해설

				가공원가
기초	75,000	완성	250,000	250,000
착수	225,000	기말	50,000 (70%)	35,000
	300,000		300,000	285,000

기말재공품에 배부되는 가공원가 = (₩14,000 + ₩100,000) × 35,000/285,000 = ₩14,000

12 ㈜한국은 선입선출법에 의한 종합원가계산을 채택하고 있으며, 당기의 생산 관련 자료는 다음과 같다.

	물량(개)	가공비 완성도
기초재공품	1,000	(완성도 30%)
당기착수량	4,300	
당기완성량	4,300	
공손품	300	
기말재공품	700	(완성도 50%)

원재료는 공정 초기에 전량 투입되며, 가공비는 공정 전반에 걸쳐 균등하게 발생한다. 품질검사는 가공비 완성도 40% 시점에서 이루어지며, 당기 검사를 통과한 정상품의 5%에 해당하는 공손수량은 정상 공손으로 간주한다. 당기의 비정상 공손수량은?

2016 지방직 9급

① 50개 　　　　② 85개

③ 215개 　　　　④ 250개

---

12 정답 ①

해설

						검사(40%)합격
기초	1,000	완성	기초	1,000	(-70%)	1,000
		4,300	착수	3,300	(100%)	3,300
		공손	정상			
		300	비정상			
착수	4,300	기말		700	(50%)	700
	5,300					5,000

비정상공손수량 = 300 - 5,000 × 5% = 50

13 ㈜한국은 선입선출법을 이용하여 종합원가계산을 한다. 원재료는 공정시작 시점에서 전량 투입되며, 가공원가는 공정 전반에 걸쳐 균등하게 발생한다고 가정할 때, 다음의 자료를 이용한 가공원가의 완성품환산량은? (단, 공손과 감손은 없다)

2020 국가직 7급

구분	수량(개)	가공원가완성도
기초재공품	300	50%
완성품	1,000	100%
기말재공품	500	40%

① ₩800 　　　② ₩950

③ ₩1,050 　　　④ ₩1,150

13 정답 ③

해설

						가공비
기초	300	완성	기초	300	(-50%)	150
		1,000	착수	700	(100%)	700
착수		기말		500	(40%)	200
						1,050

※ 실제 시험에서 보기의 단위가 '개'가 아닌 '₩'으로 출제되었다. 완성품환산량을 ₩단위로 표시하는 것은 출제위원의 명백한 실수이지만, 실제 시험에서 이렇게 출제되더라도 당황하지 않는 연습을 하도록 교재에 그대로 두었다.

14 평균법을 이용한 종합원가계산을 적용하는 ㈜한국은 공손품의 검사를 공정의 50% 시점에서 수행하며, 검사시점을 통과한 수량의 10%를 정상공손으로 허용하고 있다. ㈜한국의 생산 관련 자료가 다음과 같을 때, 정상공손수량과 비정상공손수량을 바르게 연결한 것은? (단, 가공원가는 공정 전반에 걸쳐 균등하게 발생한다)

2023 지방직 9급

○ 기초재공품	800단위(가공원가 완성도 80%)
○ 당기착수량	4,200단위
○ 당기완성량	3,500단위
○ 기말재공품	1,000단위(가공원가 완성도 60%)

	정상공손수량	비정상공손수량
①	350단위	150단위
②	370단위	130단위
③	420단위	80단위
④	450단위	50단위

14 정답 ②

해설 공손수량 = 5,000 - 당기완성 3,500 - 기말 1,000 = 500단위

						검사(50%)합격
기초	800	완성	기초	800	(-20%)	0
		3,500	착수	2,700	(100%)	2,700
		공손	정상			0
		500	비정상			0
착수	4,200	기말		1,000	(60%)	1,000
	5,000			5,000		3,700

정상공손수량 = 검사통과 3,700 × 10% = 370단위

비정상공손수량 = 공손수량 500단위 - 정상공손수량 370단위 = 130단위

15 ㈜한국은 단일제품을 생산하고 있으며, 제품원가와 관련된 자료는 다음과 같다. 제품원가 계산 시 종합원가계산방법을 적용할 경우 비정상공손원가는?

2023 국가직 7급

> ○ 검사시점: 60%
>
> ○ 공손수량: 총 1,000개 (정상공손 900개, 비정상공손 100개)
>
> ○ 완성품환산량 단위당 원가: 전공정원가 ₩8, 재료원가 ₩5, 가공원가 ₩10
>
> ○ 재료는 공정의 80% 시점에 투입된다.
>
> ○ 가공원가는 공정 전반에 걸쳐 균등하게 발생한다.

① ₩1,200   ② ₩1,400

③ ₩1,800   ④ ₩2,300

15 **정답** ②

해설 전공정원가는 전공정에서 이미 100% 발생한 원가이므로 완성도는 100%가 된다.
재료는 80% 시점에 투입되므로 60% 시점에서 검사하는 공손품은 재료가 투입되기 전(완성도 0%)이다.
가공원가는 공정 전반에 걸쳐 균등하게 발생하므로 공손품의 가공비 완성도는 60%가 된다.
비정상공손품 100개에 대해

구분	완성품환산량	단위당 원가	공손원가
전공정원가(100%)	100개	₩8	₩800
재료원가(0%)	0개	₩5	₩0
가공원가(60%)	60개	₩10	₩600
합계			₩1,400

16 단일제품을 대량생산하고 있는 ㈜서울은 종합원가계산제도를 채택하고 있다. 원재료는 공정초기에 100% 투입되고 가공원가는 공정전반에 걸쳐 균등하게 발생한다. 원가자료가 〈보기〉와 같다면, 가중평균법과 선입선출법을 적용하는 각각의 경우에 계산된 기말재공품원가는?(단, 공손 및 감손은 발생하지 않는다.)

2023 서울시 7급

〈보기〉			
구분	수량	직접재료원가	가공원가
기초재공품(완성도: 50%)	200개	₩16,000	₩14,000
당기착수	800개	₩64,000	₩42,000
기말재공품(완성도: 50%)	400개		

	가중평균법	선입선출법
①	₩44,000	₩44,000
②	₩46,000	₩44,000
③	₩46,000	₩46,000
④	₩48,000	₩46,000

16 정답 ②

해설

						평균법		선입선출법	
						재료	가공	재료	가공
기초	200	완성	기초	200	(-50%)			0	100
						600	600		
	600		착수	400				400	400
착수	800	기말		400	(50%)	400	200	400	200
	1,000			1,000		1,000	800	800	700

가중평균법 기말재공품원가 = 직접재료원가(₩16,000 + ₩64,000) × 400개/1,000개 + 가공원가(₩14,000 + ₩42,000) × 200개/800개 = ₩32,000 + ₩14,000 = ₩46,000

선입선출법 기말재공품원가 = 직접재료원가 ₩64,000 × 400개/800개 + 가공원가 ₩42,000 × 200개/700개 = ₩32,000 + ₩12,000 = ₩44,000

17 ㈜한국은 종합원가계산제도를 채택하고 있으며, 가중평균법을 적용하고 있다. 다음의 자료를 이용한 완성품원가는?

> ○ 기초 재공품 수량: 300단위(완성도: 직접재료원가 100%, 가공원가 50%)
>
> ○ 기초 재공품 원가: 직접재료원가 ₩5,000, 가공원가 ₩4,000
>
> ○ 당기 착수량: 2,200단위
>
> ○ 당기 투입원가: 직접재료원가 ₩20,000, 가공원가 ₩40,000
>
> ○ 기말 재공품 수량: 500단위(완성도: 직접재료원가 100%, 가공원가 40%)
>
> ○ 직접재료는 생산 착수 시에 투입되며, 가공원가는 공정 전반에 걸쳐 균일하게 발생한다.

① ₩60,000　　　　② ₩62,000

③ ₩64,000　　　　④ ₩65,000

---

17 정답 ①

해설

					재료비	가공비
기초	300	완성	2,000		2,000	2,000
착수	2,200	기말	500	(40%)	500	2,00
	2,500		2,500		2,500	2,200
				원가	₩25,000	₩44,000
				단위당 원가	@10	@20

완성품원가 = 2,000개 × (₩10 + ₩20) = ₩60,000

18 2017년에 영업을 시작한 ㈜서울은 종합원가계산제도를 채택하고 있다. 2017년 당기착수량은 100개, 기말재공품은 40개(완성도 50%), 당기투입원가는 직접재료원가와 가공원가가 각각 ₩10,000과 ₩24,000이다. 직접재료원가는 공정초기에 전량 투입되고 가공원가는 공정 전체를 통하여 균등하게 발생한다. 기말재공품의 원가는 얼마인가?

2017 서울시 9급

① ₩9,600 ② ₩10,000

③ ₩11,000 ④ ₩12,000

19 ㈜한국은 가중평균법을 이용한 종합원가계산을 적용하고 있다. 모든 원가는 공정 전반에 걸쳐 균등하게 발생하고, 기초재공품 원가는 ₩2,000, 당기에 투입된 직접재료원가와 가공원가의 합계는 ₩10,000이다. 생산 활동에 관한 자료가 다음과 같고, 완성품 환산량 단위당 원가가 ₩30이라면 기말재공품의 완성도는?

2017 지방직 9급 추가채용

구분	수량	완성도
기말재공품	200개	?
완성품	300개	100%

① 30% ② 35%

③ 45% ④ 50%

18 **정답** ②

해설 당기에 영업을 시작하여 기초재공품이 없기 때문에 기초와 당기착수분을 구분할 필요가 없다.

					재료비	가공비
기초	0	완성	60		60	60
착수	100	기말	40	(50%)	40	20
	100		100		100	80
			원가		₩10,000	₩24,000
			단위당 원가		@100	@300

기말재공품원가 = 직접재료원가 40개 × ₩100 + 가공원가 20개 × ₩300 = ₩10,000

19 **정답** ④

해설 완성품 환산량 단위당 원가 ₩30 = 원가(기초재공품 원가 ₩2,000 + 당기투입원가 ₩10,000) ÷ 완성품환산량

완성품 환산량 = 400개

완성품 환산량 400개 = 기말재공품 200개 × 완성도 + 완성품 300개 × 100%

기말재공품 완성도 = 50%

20 ㈜서울은 종합원가계산을 적용하고 있으며, 제품을 생산하기 위해 재료 A와 재료 B를 사용하고 있다. 재료 A는 공정 초기에 전량 투입되며, 재료 B는 공정의 60% 시점에서 일시에 전량 투입되고, 가공원가는 공정 전반에 걸쳐서 균등하게 발생한다. 당기 제품제조활동과 관련한 자료가 〈보기〉와 같을 때, 선입선출법을 적용하여 계산한 완성품환산량은?

2018 서울시 9급

〈보기〉

	물량
기초재공품	300개　(완성도 20%)
당 기 착 수	1,500개
당 기 완 수	1,300개
기말재공품	500개　(완성도 50%)

	재료원가 A	재료원가 B	가공원가
①	1,500개	1,300개	1,490개
②	1,500개	1,550개	1,490개
③	1,800개	1,300개	1,550개
④	1,800개	1,550개	1,550개

20 정답 ①

해설

						재료원가A	재료원가 B	가공원가
기초	300	완성	기초	300	(-80%)	0	300	240
		1,300	착수	1,000		1,000	1,000	1,000
착수	1,500	기말		500	(50%)	500	0	250
	1,800			1,800		1,500	1,300	1,490

21 ㈜서울은 종합원가계산방법을 적용하고 있으며, 당기 생산활동 관련 자료는 〈보기〉와 같다. 모든 제조원가는 공정 진척정도에 따라 투입되는 것으로 할 때, 완성품환산량 단위당 원가가 ₩200이면 기말 재공품의 완성도는?

2019 서울시 7급

〈보기〉

기초 재공품:	없음
당기 착수량:	1,600단위
당기 투입원가:	₩240,000
당기 완성품 수량:	800단위

① 30% ② 40% ③ 50% ④ 60%

22 ㈜감평은 종합원가계산제도를 채택하고 단일제품을 생산하고 있다. 재료는 공정이 시작되는 시점에서 전량 투입되며, 가공(전환)원가는 공정 전체에 걸쳐 균등하게 발생한다. 가중평균법과 선입선출법에 의한 가공(전환)원가의 완성품환산량은 각각 108,000단위와 87,000단위이다. 기초재공품의 수량이 70,000단위라면 기초재공품 가공(전환)원가의 완성도는?

2018 감정평가사

① 10% ② 15% ③ 20% ④ 25% ⑤ 30%

---

21 정답 ③

해설 당기완성품 원가 = 800단위 × ₩200/단위 = ₩160,000

기말재공품 원가 = 기초 재공품 원가 ₩0 + 당기 투입원가 ₩240,000 - 당기완성품 원가 ₩160,000 = ₩80,000

기말재공품 수량 = 기초 재공품 0 + 당기 착수량 1,600 - 당기 완성품 수량 800 = 800단위

기말재공품 원가 ₩80,000 = 기말재공품 완성품환산량 × 단위당 원가 ₩200

기말재공품 완성품환산량 = 400단위

기말재공품 완성품환산량 400단위 = 수량 800단위 × 완성도

완성도 = 50%

22 정답 ⑤

해설

					가공원가	
					가중평균법	선입선출법
기초	완성	기초	70,000	(A%)	70,000	70,000 × (1 - A)
		착수			동일함	
착수	기말				동일함	
					108,000	87,000

당기 착수 완성분과 기말재공품에 대해서는 가공원가 환산량이 같기 때문에, 완성품환산량 차이 21,000단위는 모두 기초재공품 환산량의 차이에 해당한다.

완성품환산량차이(108,000단위 - 87,000단위) = 70,000단위 - 70,000단위 × (1 - 완성도)

21,000단위 = 70,000단위 - 70,000단위 + 70,000단위 × 완성도

21,000단위 = 70,000단위 × 완성도

완성도 = 30%

※ 평균법은 기초재공품에 대해 100% 환산량에 포함되지만, 선입선출법은 기초재공품에 대해 당기에 추가로 작업(1 - 완성도)한 만큼 환산량에 포함한다. 따라서 평균법과 선입선출법의 환산량 차이는 '기초재공품 수량 × 완성도'가 된다.

23 ㈜한국은 종합원가계산을 사용하고 있으며, 가중평균법을 적용하여 완성품환산량을 계산하고 있다. 다음 자료에 의하여 기말재공품의 완성도를 계산하면 몇 %인가? 2019 보험계리사

- 기초재공품 가공원가	₩150,000
- 당기투입 가공원가	₩350,000
- 기말재공품 가공원가	₩100,000
- 당기 완성품 수량	800개
- 기말재공품 수량	400개

① 35%   ② 40%   ③ 45%   ④ 50%

24 ㈜한국은 종합원가계산을 채택하고 있다. 직접재료는 공정 초에 전량 투입되고, 가공원가(전환원가)는 전체 공정에 걸쳐 균등하게 발생한다. 20x1년 기초재공품은 6,000단위(가공원가 완성도: 40%), 완성품은 20,000단위, 기말재공품은 5,000단위(가공원가 완성도: 80%)이다. 평균법과 선입선출법을 적용하여 완성품환산량을 계산하는 경우 20x1년 가공원가 완성품환산량 차이는? 2021 보험계리사

① 평균법이 2,400단위 더 작다.
② 평균법이 2,400단위 더 크다.
③ 선입선출법이 3,600단위 더 작다.
④ 선입선출법이 3,600단위 더 크다.

23 정답 ④

해설

재공품 가공원가

기초	150,000	완성	?
투입	350,000	기말	100,000
	500,000		500,000

당기 완성품 가공원가 = ₩500,000 - ₩100,000 = ₩400,000
(기초 + 투입)원가의 80%가 완성품에 배부되고, 20%가 기말재공품에 배부되었으므로, 기말재공품 완성품환산량은 당기 완성품 환산량의 1/4(20%/80%)이 된다.
기말재공품 완성품환산량 = 당기 완성품 수량 800개 × 1/4 = 200개
기말재공품 완성품환산량 200개 = 기말재공품 수량 400개 × 완성도
완성도 = 50%

24 정답 ②

해설 평균법은 기초재공품에 대해 100% 환산량에 포함도 지만, 선입선출법은 기초재공품에 대해 당기에 추가로 작업(1 - 완성도)한 만큼 환산량에 포함한다. 따라서 평균법이 선입선출법에 비해 '기초재공품 수량 6,000단위 × 완성도 40% = 2,400단위만큼 더 크다.

25 ㈜한국은 평균법에 의한 종합원가계산을 이용하여 제품원가를 계산한다. 다음은 20x1년 4월 말 기말재공품에 대한 자료이다.

구분	물량	완성도
직접재료원가	1,000단위	80%
가공원가	1,000단위	60%

기말재공품 원가가 ₩20,000이고 완성품환산량 단위당 직접재료원가가 ₩10이라면, 20x1년 4월 말 완성품환산량 단위당 가공원가는 얼마인가? 단, 재료원가와 가공원가는 공정 전반에 걸쳐 완성도에 따라 균등하게 발생한다.

2022 보험계리사

① ₩15　　　② ₩20　　　③ ₩22　　　④ ₩30

26 ㈜관세는 20×1년에 주산물 1,500개와 부산물 250개를 생산하면서 결합원가가 ₩135,000 발생하였다. 부산물은 분리점이후 판매되는데, 판매단가는 ₩60이며, 판매비용은 단위당 ₩15씩 발생한다. ㈜관세는 생산시점에서 부산물의 원가를 인식한다고 할 때 주산물에 배부되어야 할 결합원가는 얼마인가? (단, 결합공정에서 재공품은 없다.)

2011 관세사

① ₩112,500　　② ₩121,250　　③ ₩123,750　　④ ₩131,500　　⑤ ₩135,000

정답과 해설

25 **정답** ②

해설

구분	물량	완성도	완성품환산량	단위당 원가	기말재공품 원가
직접재료원가	1,000단위	80%	800단위	₩10	₩8,000
가공원가	1,000단위	60%	600단위	X	600X
합계					₩20,000

₩8,000 + 600X = ₩20,000

X = ₩12,000 ÷ 600 = ₩20

26 **정답** ③

해설 부산물의 순실현가치 = 250개 × (₩60 - ₩15) = ₩11,250

생산시점에서 부산물의 원가를 인식(생산기준법, 원가차감법)할 때 결합원가 = ₩135,000 - ₩11,250 = ₩123,750

27 다음 중 결합원가계산에 대한 설명으로 옳지 않은 것은?

① 물량기준법은 제품의 판매가격을 알 수 없을 때 유용하게 사용될 수 있다.

② 부산물의 회계처리방법에 따라 연산품에 배분될 결합원가의 금액은 달라진다.

③ 분리점판매가치법은 분리점에서 연산품의 매출총이익률을 같게 만든다.

④ 균등이익률법에서는 조건이 같다면 추가가공원가가 높은 제품에 더 많은 결합원가가 배분된다.

정답과 해설

27 **정답** ④

해설 균등이익률법에서는 기업전체의 매출원가율(1 - 매출총이익률)을 구한 다음, 각 제품의 매출액에 곱해 매출원가를 구한다. 그런 다음 '매출원가 - 추가가공원가 = 결합원가 배부액'이 되기 때문에 조건이 같다면 추가가공원가가 높은 제품에 더 적은 결합원가가 배부된다. 이익률을 같게 하기 위해, 추가가공원가가 높은 제품은 적은 결합원가를 배분하여 이익률을 맞춰주는 것이다.

28 ㈜대한은 종합원가계산방법을 적용하고 있다. 직접재료는 공정초기에 전량 투입되며, 전환원가는 공정 전반에 걸쳐서 균등하게 발생한다. 당기 완성품환산량 단위당 원가는 직접재료원가 ₩60, 전환원가 ₩40이었다. 공정의 50% 시점에서 품질검사를 수행하며, 검사에 합격한 전체수량의 10%를 정상공손으로 처리하고 있다. ㈜대한의 물량흐름 자료가 다음과 같을 때, 정상공손원가는?

2016 국가직 9급

기초재공품	1,000개(완성도 30%)	당기완성량	2,600개
당기착수량	3,000개	공손수량	500개
		기말재공품	900개(완성도 60%)

① ₩17,500   ② ₩20,800

③ ₩28,000   ④ ₩35,000

28 **정답** ③

해설

						검사(50%)합격	재료원가	가공원가
기초	1,000	완성	기초	1,000	(-70%)	1,000		
		2,600	착수	1,600	(100%)	1,600		
		공손	정상[1]	350	(50%)		350	175
		500	비정상	150	(50%)			
착수	3,000	기말		900	(60%)	900		
	4,000					3,500		

1) 정상공손 수량 = 검사에 합격한 수량 3,500 × 10% = 350

정상공손 원가 = 350 × ₩60 + 175 × ₩40 = ₩28,000

29 ㈜한국은 종합원가계산제도를 채택하고 있으며, 원가의 흐름으로 선입선출법을 적용하고 있다. 재료는 공정초기에 50%가 투입되고 나머지는 가공이 50% 진행된 시점부터 공정진행에 따라 비례적으로 투입된다. 다음의 5월 자료를 이용한 재료원가의 완성품환산량은? 2017 지방직 9급

- 기초재공품(공정의 완성도 70%): 2,000개
- 당기투입: 5,000개
- 완성품: 5,000개
- 기말재공품(공정의 완성도 40%): 2,000개

① 4,400개   ② 4,600개
③ 4,800개   ④ 5,000개

29 정답 ②

해설 공정의 50%까지 재료비 완성도는 50%이고, 50%를 지나면 공정의 완성도와 재료비 완성도는 비례한다.

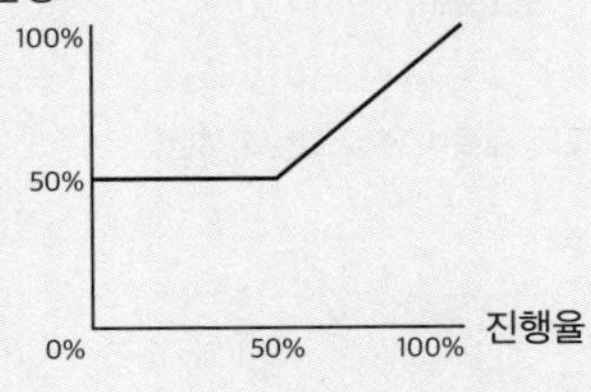

				재료비		
기초	2,000	완성	기초	2,000 (-30%)	600	(2,000 × 30%)
			착수	3,000	3,000	
착수	5,000	기말		2,000 (40%)	1,000	(2,000 × 50%)
	7,000			7,000	4,600	

30 ㈜한국은 하나의 공정에서 단일 제품을 생산하며 선입선출법을 적용하여 완성품 환산량을 계산한다. 직접재료 중 1/2은 공정 초에 투입되고 나머지는 가공이 50% 진행된 시점부터 공정의 종점까지 공정 진행에 따라 비례적으로 투입된다. 가공원가는 공정 전반에 걸쳐 균등하게 투입된다. 검사는 공정의 60% 시점에서 실시되며 일단 검사를 통과한 제품에 대해서는 더 이상 공손이 발생하지 않는 것으로 가정한다. 정상공손은 검사통과수량의 10%로 잡고 있다. 3월의 수량 관련 자료가 다음과 같을 때, 비정상공손수량 직접재료원가의 완성품환산량은?

2020 지방직 9급

	수량(개)	가공원가완성도(%)
기초재공품	2,800	30%
완성량	10,000	
공손량	2,000	
기말재공품	3,000	70%

① 420개　　　　② 430개

③ 440개　　　　④ 450개

30 정답 ①

해설

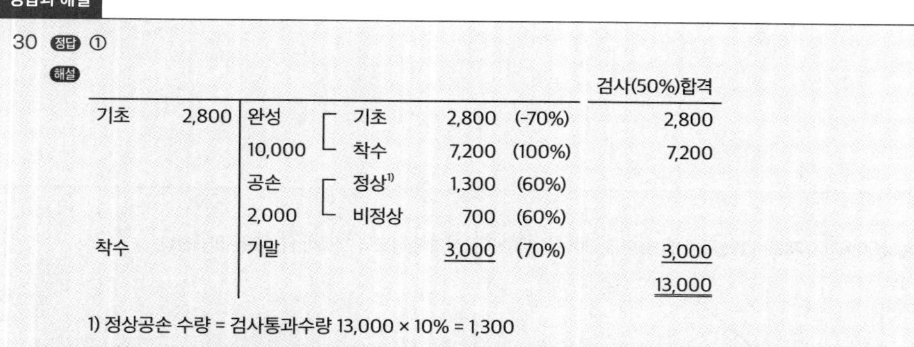

1) 정상공손 수량 = 검사통과수량 13,000 × 10% = 1,300

공정의 50%까지 재료비 완성도는 50%이고, 50%를 지나면 공정의 완성도와 재료비 완성도는 비례한다.

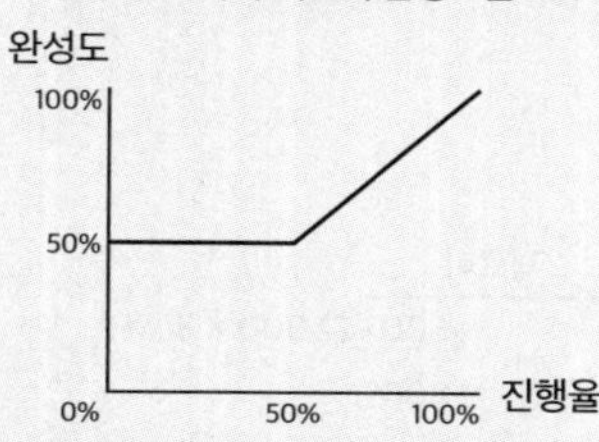

비정상공손수량 700개는 공정의 60% 시점까지 도달했으므로 직접재료원가 완성도는 60%가 된다.
비정상공손수량 직접재료원가의 완성품환산량 = 700개 × 60% = 420개

31 ㈜한국은 종합원가계산을 적용하고 있으며, 물량흐름과 원가관련정보는 다음과 같다.

> ○ 직접재료는 공정 초기에 전량 투입되며, 가공원가는 공정 전반에 걸쳐 균등하게 발생한다.
>
> ○ 기초재공품: 1,000단위(가공원가 완성도 50%), 당기착수량: 4,000단위, 당기완성품: 3,000단위
>
> ○ 기말재공품 가공원가 완성도 50%
>
> ○ 제조원가 내역
>
> | 구분 | 직접재료원가 | 가공원가 |
> |---|---|---|
> | 기초재공품원가 | ₩4,000 | ₩14,000 |
> | 당기발생원가 | ₩20,000 | ₩21,000 |

㈜한국의 선입선출법에 의한 완성품 원가는? (단, 공손 및 감손은 없다) 2022 국가직 9급

① ₩16,000 　　② ₩18,350

③ ₩40,650 　　④ ₩43,000

31 **정답** ④

해설

						재료원가	가공원가
기초	1,000	완성	기초	1,000	(-50%)	0	500
		3,000	착수	2,000		2,000	2,000
착수	4,000	기말		2,000	(50%)	2,000	1,000
	5,000			5,000		4,000	3,500

단위당 직접재료원가 = ₩20,000 ÷ 4,000단위 = ₩5/단위

단위당 가공원가 = ₩21,000 ÷ 3,500단위 = ₩6/단위

완성품 원가 = 기초재공품원가 (₩4,000 + ₩14,000) + 재료원가 2,000 × ₩5 + 가공원가 2,500 × ₩6 = ₩43,000

32 ㈜한국은 종합원가계산을 적용하고 있으며 관련 자료가 다음과 같을 때, 기초재공품의 가공원가 완성도는?

2024 국가직 7급

○ 직접재료는 공정 초기에 전량 투입되며, 가공원가는 공정 전반에 걸쳐 균등하게 발생한다.

○ 가중평균법 또는 선입선출법 적용 시 완성품 환산량

구 분	가중평균법	선입선출법
직접재료원가	4,000단위	3,000단위
가공원가	3,200단위	2,600단위

○ 공손 및 감손은 없다.

① 30% ② 40%

③ 50% ④ 60%

32 정답 ④

해설 평균법은 기초재공품에 대해 100% 환산량에 포함되지만, 선입선출법은 기초재공품에 대해 당기에 추가로 작업(1 - 완성도)한 만큼 환산량에 포함한다. 따라서 평균법과 선입선출법의 환산량 차이는 '기초재공품 수량 × 완성도'가 된다.

		재료원가		가공원가	
		평균	선입선출	평균	선입선출
완성	기초 A (B%)	A	0	A	A×(1 - B)%
	착수	동일함		동일함	
기말		동일함		동일함	

직접재료원가 차이(가중평균법 4,000단위 - 선입선출법 3,000단위) = 기초재공품 1,000단위 × 100%

가공원가 차이(가중평균법 3,200단위 - 선입선출법 2,600단위) = 기초재공품 1,000단위 × 완성도

600단위 = 1,000단위 × 완성도

완성도 = 60%

33 ㈜한국은 단일의 공정을 거쳐 A, B 두 종류의 결합제품을 생산하고 있으며, 사업 첫 해인 당기에 발생한 결합원가는 ₩200이다. 다음의 자료를 이용하여 결합원가를 균등이익률법으로 배부할 경우 제품 A와 B에 배부될 결합원가로 옳은 것은?

2017 국가직 9급

	추가가공 후 최종가치(매출액)	추가가공원가
제품 A	₩100	₩50
제품 B	₩300	₩50

	제품A	제품B
①	₩25	₩175
②	₩50	₩150
③	₩150	₩50
④	₩175	₩25

34 ㈜한국은 당기에 제1공정에서 결합원가 ₩120,000을 투입하여 결합제품 A,B,C를 생산하였다. A와 B는 분리점에서 각각 ₩100,000과 ₩80,000에 판매 가능하며, C는 분리점에서 판매 불가능하므로 추가가공원가 ₩60,000을 투입하여 ₩120,000에 판매한다. ㈜한국이 균등이익률법으로 결합원가를 배부할 경우, C에 배부될 결합원가는?

2022 지방직 9급

① ₩12,000 ② ₩48,000
③ ₩60,000 ④ ₩72,000

33 **정답** ①

해설 기업전체 매출총이익 = 매출액(₩100 + ₩300) - 결합원가 ₩200 - 추가가공원가(₩50 + ₩50) = ₩100

기업전체 매출총이익률 = ₩100/₩400 = 25%

제품	매출액	매출원가(75%)	추가가공원가	결합원가배분액
A	₩100	₩100 × 75% = ₩75	₩50	₩75 - ₩50 = ₩25
B	₩300	₩300 × 75% = ₩225	₩50	₩225 - ₩50 = ₩175

34 **정답** ①

해설 전체 매출액 = A ₩100,00 + B ₩80,000 + C ₩120,000 = ₩300,000

전체 매출원가 = 결합원가 ₩120,000 + 추가가공원가 ₩60,000 = ₩180,000

전체 이익률(매출총이익률) = (₩300,000 - ₩180,000) ÷ ₩300,000 = 40%

제품 C 매출원가 = 매출액 ₩120,000 × 매출원가율 60% = ₩72,000

제품 C에 배부될 결합원가 = 매출원가 ₩72,000 - 추가가공원가 ₩60,000 = ₩12,000

주요 Topic 및 출제경향

주요 Topic	01 원가추정 ★★ 02 CVP분석 ★★★★★

▶ **9급 출제경향**(●국가직 ◆지방직 ○서울시)

구분	15	16	17	18	19	20	21	22	23	24	25
5.1 원가추정	○							●			
5.2 CVP분석	●◆	●◆○	●◆	●◆	◆○	●◆	◆	◆	●◆	●◆	

▶ **7급 출제경향**(▲국가직 △서울시)

구분	15	16	17	18	19	20	21	22	23	24	-
5.1 원가추정							▲				
5.2 CVP분석			▲	△		▲△	▲△		△	▲△	

구분	기본	필수	응용	심화	합계
5.1 원가추정	1	0	2	0	3
5.2 CVP분석	9	8	7	6	30
합계	10	8	9	6	33

기본문제

[05-01] 원가추정

01 다음은 20×1년 ㈜한국의 기계가동시간과 제조간접원가에 대한 분기별 자료이다.

분기	기계가동시간	제조간접원가
1	5,000시간	₩256,000
2	4,000시간	₩225,000
3	6,500시간	₩285,000
4	6,000시간	₩258,000

㈜한국은 고저점법을 이용하여 원가를 추정하며, 제조간접원가의 원가동인은 기계가동시간이다. 20×2년 1분기 기계가동시간이 5,500시간으로 예상될 경우, 제조간접원가 추정 금액은?

2022 국가직 9급

① ₩252,000   ② ₩258,500
③ ₩261,000   ④ ₩265,000

01 **정답** ③

해설 단위당 변동원가 = (₩285,000 – ₩225,000) ÷ (6,500h – 4,000h) = ₩60,000/2,500h = ₩24/h

총원가 ₩225,000 = 변동원가(4,000시간 × ₩24/h) + 고정원가

고정원가 = ₩225,000 – ₩96,000 = ₩129,000

5,500시간일 경우 제조간접원가 = 5,500시간 × ₩24/h + ₩129,000 = ₩261,000

02 ㈜한국의 손익분기점매출액이 ₩100,000,000, 고정비는 ₩40,000,000, 단위당 변동비는 ₩1,200일 때, 단위당 판매가격은?

2015 국가직 9급

① ₩1,500 ② ₩1,600

③ ₩1,800 ④ ₩2,000

03 다음은 단일제품인 곰인형을 생산하고 있는 ㈜한국의 판매가격 및 원가와 관련된 자료이다. 법인세율이 20%인 경우, 세후 목표이익 ₩200,000을 달성하기 위한 곰인형의 판매수량은? (단, 생산설비는 충분히 크며, 생산량과 판매량은 같다고 가정한다)

2015 지방직 9급

- 단위당 판매가격: ₩1,000
- 단위당 직접재료원가: ₩450
- 단위당 직접노무원가: ₩200
- 단위당 변동제조간접원가: ₩100
- 단위당 변동판매원가: ₩50
- 고정원가총액: ₩300,000

① 2,250단위 ② 2,500단위

③ 2,750단위 ④ 3,000단위

정답과 해설

02 **정답** ④

해설 손익분기점매출액 ₩100,000,000 = 고정비 ₩40,000,000 ÷ 공헌이익률

공헌이익률 = 40%

단위당 판매가격 = 단위당 변동비 ₩1,200 ÷ 변동비율 = ₩1,200 ÷ (1 - 40%) = ₩2,000

03 **정답** ③

해설 세전 목표이익 = ₩200,000 ÷ (1 - 20%) = ₩250,000

단위당 공헌이익 = ₩1,000 - ₩450 - ₩200 - ₩100 - ₩50 = ₩200

목표판매량 = (고정원가 ₩300,000 + 목표이익 ₩250,000) ÷ 단위당 공헌이익 ₩200 = 2,750단위

04 ㈜한국의 6월 제품 판매가격과 원가구조는 다음과 같다. ㈜한국이 세전순이익 ₩4,000을 달성하기 위한 6월 매출액은? (단, 판매량은 생산량과 동일하며, 법인세율은 30%이다) 2017 지방직 9급

> • 제품 단위당 판매가격: ₩5
>
> • 공헌이익률: 20%
>
> • 고정원가: ₩10,000

① ₩60,000　　　　② ₩70,000

③ ₩80,000　　　　④ ₩90,000

05 제품단위당 변동비가 ₩800이며, 연간 고정비 발생액은 ₩3,600,000이다. 공헌이익률은 20%이며 법인세율이 20%인 경우, 법인세차감후순이익 ₩3,600,000을 달성하기 위해서 연간 몇 단위의 제품을 제조·판매해야 하는가? (단, 기초재고는 없다) 2018 지방직 9급

① 34,000단위　　　　② 40,500단위

③ 44,500단위　　　　④ 50,625단위

04 정답 ②

해설 세전순이익이 목표로 주어졌으므로 법인세율은 고려할 필요가 없다.

목표매출액 × 20% - ₩10,000 = ₩4,000

목표매출액 = ₩70,000

05 정답 ②

해설 세전목표이익 = 세후목표이익 ₩3,600,000 ÷ (1 - 법인세율 20%) = ₩4,500,000

변동비율 = 1 - 공헌이익률 = 80%

판매가격 = 변동비 ₩800 ÷ 변동비율 80% = ₩1,000

단위당 공헌이익 = 판매가격 ₩1,000 × 공헌이익률 20% = ₩200

₩200 × 판매량 - 고정비 ₩3,600,000 = 목표이익 ₩4,500,000

판매량 = ₩8,100,000 ÷ ₩200 = 40,500개

06 단일제품 A를 제조하는 ㈜한국의 제품생산 및 판매와 관련된 자료는 다음과 같다.

총판매량	200개
총공헌이익	₩200,000
총고정원가	₩150,000

법인세율이 20%일 경우, 세후 순이익 ₩120,000을 달성하기 위한 제품 A의 판매수량은? (단, 제품 A의 단위당 공헌이익은 동일하다)

2020 국가직 9급

① 120개 ② 150개

③ 270개 ④ 300개

07 ㈜한국은 제품 A와 B를 생산하여 제품 A 3단위와 제품 B 2단위를 하나의 묶음으로 판매하고 있다.

○ 제품별 단위당 판매가격 및 변동원가

구분＼제품	A	B
단위당 판매가격	₩500	₩800
단위당 변동원가	₩300	₩700

○ 고정제조간접원가 ₩600,000

○ 고정판매비와관리비 ₩360,000

손익분기점에서 제품 A와 B의 판매량은?

2022 지방직 9급

	제품 A	제품 B
①	2,400단위	2,400단위
②	2,400단위	3,600단위
③	3,600단의	2,400단위
④	3,600단의	3,600단위

06 정답 ④

해설 세전목표이익 = ₩120,000 ÷ (1 - 20%) = ₩150,000

단위당 공헌이익 = 총공헌이익 ₩200,000 ÷ 총판매량 200개 = ₩1,000

세전목표이익 ₩150,000 = 판매량 × 단위당 공헌이익 ₩1,000 - 총고정원가 ₩150,000

₩300,000 = 판매량 × ₩1,000

판매량 = 300개

07 정답 ③

해설 복수제품의 CVP는 두 제품을 묶어서 하나의 세트로 취급한다.

제품 A의 공헌이익 = ₩500 - ₩300 = ₩200

제품 B의 공헌이익 = ₩800 - ₩700 = ₩100

한 세트의 공헌이익 = A ₩200 × 3단위 + B ₩100 × 2단위 = ₩800

손익분기점 판매세트량 = 고정비(₩600,000 + ₩360,000) ÷ 공헌이익 ₩800 = 1,200세트

1,200세트는 제품 A 3,600단위와 제품 B 2,400단위로 구성된다.

08 ㈜한국은 새로운 경전철 사업을 구상하고 있다. 1회 이용당 변동원가는 ₩100이고, 1년간 경전철 운영의 고정원가는 ₩100,000이 발생할 것으로 추정된다. 향후 1년간 이용 횟수가 1,000회로 예상된다. ㈜한국이 목표이익을 ₩100,000으로 정할 경우 책정되어야 할 1회 이용요금은?

2023 국가직 9급

① ₩300　　② ₩500　　③ ₩700　　④ ₩900

09 ㈜한국의 20×1년 매출액이 ₩10,000,000, 총고정원가가 ₩2,000,000, 공헌이익률은 40%일 때 안전한계율은?

2024 지방직 9급

① 30%　　② 40%　　③ 50%　　④ 60%

10 ㈜서울의 재무정보는 〈보기〉와 같다. ㈜서울이 목표이익에 도달하기 위한 최소 제품 판매량은?

2024 서울시 7급

〈보기〉

• 단위당 판매가격	₩800
• 단위당 변동원가	₩500
• 고정원가	₩60,000
• 목표이익	₩40,000

① 327단위　　② 328단위　　③ 331단위　　④ 334단위

정답과 해설

08 **정답** ①

해설 공헌이익으로 고정원가를 충당하고, 목표원가를 달성해야 하므로 다음 식이 성립해야 한다.

총 공헌이익 = 고정원가 + 목표원가 = ₩100,000 + ₩100,000 = ₩200,000

총 공헌이익 ₩200,000 = 단위당 공헌이익 × 이용횟수 1,000회

단위당 공헌이익 = ₩200,000 ÷ 1,000회 = ₩200

단위당 공헌이익 ₩200 = 1회 이용당 요금 - 1회 이용당 변동원가 ₩100

1회 이용요금 = 단위당 공헌이익 ₩200 + 1회 이용당 변동원가 ₩100 = ₩300

09 **정답** ③

해설 손익분기점 매출액 = 총고정원가 ₩2,000,000 ÷ 공헌이익률 40% = ₩2,000,000 × 100/40 = ₩5,000,000

안전한계 = 현재 매출액 ₩10,000,000 - 손익분기점 매출액 ₩5,000,000 = ₩5,000,000

안전한계율 = 안전한계 ₩5,000,000 ÷ 현재 매출액 ₩10,000,000 = 50%

10 **정답** ④

해설 단위당 공헌이익 = 단위당 판매가격 ₩800 - 단위당 변동원가 ₩500 = ₩300

₩300 × 목표 판매량 - 고정원가 ₩60,000 = 목표이익 ₩40,000

목표 판매량 = ₩100,000 ÷ ₩300 = 333.33

따라서, 최소 334단위를 팔아야 목표이익에 도달할 수 있다.

[05-02] CVP분석

11 ㈜대한은 A 투자안과 B 투자안 중에서 원가구조가 이익에 미치는 영향을 고려하여 하나의 투자안을 선택하고자 한다. 두 투자안의 예상 판매량은 각 100단위이고, 매출액 등의 자료가 다음과 같을 때, 두 투자안에 대한 비교 설명으로 옳은 것은?

2016 국가직 9급

	A 투자안	B 투자안
매출액	₩20,000	₩20,000
변동비	₩12,000	₩10,000
고정비	₩4,000	₩6,000
영업이익	₩4,000	₩4,000

① A 투자안의 변동비율이 B 투자안의 변동비율보다 작다.

② A 투자안의 단위당 공헌이익이 B 투자안의 단위당 공헌이익보다 크다.

③ A 투자안의 손익분기점 판매량이 B 투자안의 손익분기점 판매량보다 적다.

④ A 투자안의 안전한계는 B 투자안의 안전한계보다 작다.

11 **정답** ③

해설

	A투자안	B투자안
변동비율	₩12,000/₩20,000 = 60%	₩10,000/₩20,000 = 50%
단위당 공헌이익	(₩20,000 - ₩12,000)/100 = ₩80	(₩20,000 - ₩10,000)/100 = ₩100
손익분기점 판매량	80Q - ₩4,000 = 0; Q = 50	100Q - ₩6,000 = 0; Q = 60
안전한계	₩20,000 - 50 × ₩200 = ₩10,000	₩20,000 - 60 × ₩200 = ₩8,000

12 ㈜한국은 제품 X, Y를 생산하고 있으며 관련 자료는 다음과 같다.

	제품 X	제품 Y
단위당 판매가격	₩110	₩550
단위당 변동원가	₩100	₩500
총 고정원가	₩180,000	

㈜한국은 제품 X, Y를 하나의 묶음으로 판매하고 있으며, 한 묶음은 X제품 4개, Y제품 1개로 구성된다. 손익분기점에서 각 제품의 판매량은?

2016 지방직 9급

	제품 X	제품 Y
①	1,000개	1,000개
②	2,000개	2,000개
③	2,000개	8,000개
④	8,000개	2,000개

13 원가 계산방법과 분석기법에 대한 설명으로 옳은 것은?

2017 국가직 9급

① 고저점법은 원가를 기준으로 최저점과 최고점에 해당하는 과거의 자료를 이용하여 혼합원가 추정식을 구하는 방법이다.

② 변동원가계산과 비교하여 전부원가계산은 회계기간 말에 불필요한 생산을 늘려 이익을 증가시키려는 유인을 방지할 수 있다 .

③ 단위당 판매가와 총고정원가가 일정할 경우 단위당 변동원가가 커지면 손익분기점은 높아진다.

④ 차이분석에서 유리한 차이는 실제원가가 예산보다 낮은 경우이므로 추가적인 관리를 할 필요가 전혀 없다.

---

12 **정답** ④

해설 한 묶음당 공헌이익 = X(₩110 - ₩100) × 4개 + Y(₩550 - ₩500) × 1개 = ₩90
손익분기점 판매묶음 = 총고정원가 ₩180,000 ÷ ₩90 = 2,000묶음
2,000묶음은 X 8,000개와 Y 2,000개로 구성된다.

13 **정답** ③

해설 ① 고저점법은 원가가 아닌 조업도를 기준으로 최저점과 최고점의 자료를 이용한다.
② 변동원가계산이 불필요한 생산을 늘려 이익을 증가시키려는 유인을 방지할 수 있다 .
③ '손익분기점 = 총고정원가/공헌이익률'에서 단위당 변동원가가 커지면 공헌이익률이 낮아져 손익분기점은 높아진다.
④ 유리한 차이에 대해서도 발생원인을 파악하여 보상을 할 필요가 있으며, 경우에 따라서는 표준이 너무 높게 설정된 것은 아닌지 검토하여야 한다.

14 ㈜한국의 20×1년 제품 단위당 변동원가는 ₩600, 연간 고정원가는 ₩190,000이다. 국내시장에서 단위당 ₩1,000에 300개를 판매할 계획이며, 남은 제품은 해외시장에서 ₩950에 판매가능하다. 20×1년 손익분기점 판매량은? (단, 해외시장에 판매하더라도 제품단위당 변동원가는 동일하며 해외판매는 국내수요에 영향을 주지 않는다)

2018 국가직 9급

① 500개   ② 950개
③ 1,050개   ④ 1,100개

15 ㈜한국은 단일 제품을 생산하여 판매하고 있다. 제품단위당 판매가격은 ₩500이며, 20×1년 매출 및 원가자료는 다음과 같다. 법인세율이 30%라고 할 때, (가) 손익분기점 판매량과 (나) 세후목표이익 ₩70,000을 달성하기 위한 매출액은? (단, 기초재고와 기말재고는 없다)

2019 지방직 9급

매출액	₩600,000
변동원가	360,000
고정원가	200,000

	(가)	(나)
①	1,000개	₩675,000
②	1,000개	₩750,000
③	1,200개	₩675,000
④	1,200개	₩750,000

14 **정답** ①

해설 국내시장 판매분 공헌이익 = (₩1,000 - ₩600) × 300개 = ₩120,000

해외시장 판매분의 공헌이익이 ₩70,000(= 고정원가 ₩190,000 - 국내시장 공헌이익 ₩120,000)이 되어야 공헌이익과 고정원가가 같아지는 손익분기점이 된다. 해외시장 판매분의 단위당 공헌이익은 ₩950 - ₩600 = ₩350이므로, 손익분기점에서 해외시장 판매수량은 ₩70,000 ÷ ₩350 = 200개가 된다.

손익분기점 판매량 = 국내시장 300개 + 해외시장 200개 = 500개

15 **정답** ②

해설 판매량 = 매출액 ₩600,000 ÷ 단위당 판매가격 ₩500 = 1,200개

단위당 변동원가 = ₩360,000 ÷ 1,200개 = ₩300/개

단위당 공헌이익 = ₩500 - ₩300 = ₩200

손익분기점 판매량 = 고정원가 ₩200,000 ÷ 단위당 공헌이익 ₩200 = 1,000개

※ 손익분기점에서는 이익과 세금이 0이므로, 세율을 고려할 필요가 없다.

세전목표이익 = 세후목표이익 ₩70,000 ÷ (1 - 법인세율 30%) = ₩100,000

목표판매량 = (세전목표이익 ₩100,000 + 고정원가 ₩200,000) ÷ 단위당 공헌이익 ₩200 = 1,500개

목표매출액 = 1,500개 × ₩500 = ₩750,000

16 단일제품을 생산·판매하는 ㈜한국은 20×1년에 영업을 시작하여 당해 연도에 제품 200단위를 단위당 ₩1,000에 판매하였다. ㈜한국의 20×1년도 공헌이익률이 40%, 영업레버리지도가 5일 때, 손익분기점 판매량은?

2023 지방직 9급

① 100단위 ② 120단위
③ 140단위 ④ 160단위

17 ㈜한국은 A제품과 B제품을 생산·판매하고 있다. 20×1년도 연간 고정원가 총액이 ₩3,000이고, 두 제품에 대한 자료가 다음과 같을 때, 연간손익분기점에서 A제품의 판매수량은? (단, 매출배합은 항상 일정하게 유지된다)

2024 국가직 9급

	A제품	B제품
판매단가	₩90	₩140
단위당변동원가	₩70	₩100
판매량	80개	20개

① 80개 ② 100개
③ 110개 ④ 120개

16 정답 ④

해설 매출액 = 200단위 × ₩1,000 = ₩200,000

공헌이익 = ₩200,000 × 공헌이익률 40% = ₩80,000

영업레버리지도 5 = 공헌이익 ₩80,000 ÷ 영업이익

영업이익 = ₩80,000 ÷ 5 = ₩16,000

영업이익 ₩16,000 = 공헌이익 ₩80,000 - 고정비

고정비 = ₩64,000

단위당 공헌이익 = 단위당 가격 ₩1,000 × 공헌이익률 40% = ₩400

손익분기점 판매량 = 고정비 ₩64,000 ÷ 단위당 공헌이익 ₩400 = 160단위

[별해]

영업레버리지도와 안전한계율은 역의 관계(영업레버리지도 = 1/안전한계율)에 있다.

안전한계율 = 1/영업레버리지도 5 = 20%

현재 매출수량에서 안전한계율만큼 줄어든 매출이 손익분기점매출수량이 된다.

손익분기점 판매량 = 판매량 200단위 - 200단위 × 안전한계율 20% = 200단위 - 40단위 = 160단위

17 정답 ②

해설 복수제품의 CVP는 두 제품을 묶어서 하나의 세트로 취급한다.

A제품의 공헌이익 = ₩90 - ₩70 = ₩20

B제품의 공헌이익 = ₩140 - ₩100 = ₩40

A제품과 B제품의 매출배합은 4:1(80개:20개)이다.

한 세트의 공헌이익 = A ₩20 × 4단위 + B ₩40 × 1단위 = ₩120

손익분기점 판매세트량 = 고정비 ₩3,000 ÷ 세트당 공헌이익 ₩120 = 25세트

손익분기점 A제품 판매수량 = 25세트 × 세트당 4단위 = 100개

18 ㈜한국의 20×1년 매출액은 ₩500,000, 총고정원가는 ₩100,000, 공헌이익률은 40%, 법인세율은 30%일 때, 옳지 않은 것은?

2024 국가직 7급

① 총변동원가는 ₩300,000이다.

② 영업레버리지도는 2.5이다.

③ 세후이익은 ₩70,000이다.

④ 안전한계율은 50%이다.

18 **정답** ②

해설 변동원가율 = 1 - 공헌이익률 40% = 60%

회사의 손익구조는 다음과 같다.

매출액	₩500,000
변동원가(60%)	(₩300,000)
공헌이익(40%)	₩200,000
고정원가	(₩100,000)
영업이익	₩100,000
법인세(30%)	(₩30,000)
세후이익	₩70,000

영업레버리지도 = 공헌이익 ₩200,000 ÷ 영업이익 ₩100,000 = 2

안전한계율 = 1/영업레버리지도 = 1/2 = 50%

19 다음은 제조업체인 ㈜한국의 2012년도 수도광열비와 관련된 월간자료이다.

	최고	최저
작업시간	3,000시간	2,000시간
수도광열비	₩60,000	₩50,000

㈜한국의 2012년도 총작업시간은 30,000시간이었으며, 2012년의 수도광열비 연간납부금액은 ₩700,000이었다. 이들 자료를 이용하여 고저점법에 의해 계산한 고정원가와 변동원가는?

2012 국가직 9급

	고정원가	변동원가
①	₩250,000	₩450,000
②	₩300,000	₩400,000
③	₩350,000	₩350,000
④	₩400,000	₩300,000

20 최근 2년간 생산량과 총제조원가는 아래와 같다. 2년간 고정원가와 단위당 변동원가는 변화가 없었다.

	생산량	총제조원가
2013년	2,000개	₩50,000,000
2014년	3,000개	₩60,000,000

2015년도에 고정원가가 10% 증가하고 단위당 변동원가가 20% 감소하면 생산량이 4,000개일 때 총제조원가는 얼마인가?

2015 서울시 9급

① ₩60,000,000　　② ₩62,000,000

③ ₩65,000,000　　④ ₩70,000,000

---

19 정답 ④

해설 시간당 변동원가 = (₩60,000 − ₩50,000) ÷ (3,000시간 − 2,000시간) = ₩10/시간

2012년 변동원가 = 총작업시간 30,000시간 × ₩10/시간 = ₩300,000

고정원가 = 총원가 ₩700,000 − 변동원가 ₩300,000 = ₩400,000

20 정답 ③

해설 단위당 변동원가 = (₩60,000,000 − ₩50,000,000) ÷ (₩3,000개 − 2,000개) = ₩10,000/개

고정원가 = ₩50,000,000 − 2,000개 × ₩10,000/개 = ₩30,000,000

2015년 제조원가 = ₩30,000,000 × 110% + ₩10,000/개 × 80% × 4,000개 = ₩33,000,000 + ₩32,000,000 = ₩65,000,000

21 A제품의 매출액이 ₩500,000이고, 제품 단위당 변동원가가 ₩6, 판매가격이 ₩8이다. 고정원가가 ₩100,000일 경우 안전한계는?

2011 국가직 9급

① ₩25,000   ② ₩100,000

③ ₩125,000   ④ ₩275,000

22 ㈜한국의 자료가 다음과 같을 때, 옳지 않은 것은?

2017 지방직 9급 추가채용

○ 상품 단위당 판매가격	₩100	○ 당기 판매량	100개
○ 당기총고정원가	₩500	○ 공헌이익률	10%
○ 법인세율	50%		

① 세후이익은 ₩250이다.

② 손익분기점 매출액은 ₩5,000이다.

③ 안전한계는 ₩5,000이다.

④ 영업레버리지도는 3이다.

21 **정답** ②

해설 공헌이익률 = (₩8 − ₩6) ÷ ₩8 = 25%

손익분기점 매출액 = ₩100,000 ÷ 25% = ₩400,000

안전한계 = ₩500,000 − ₩400,000 = ₩100,000

22 **정답** ④

해설 공헌이익 = 매출액(₩100 × 100개) × 공헌이익률 10% = ₩1,000

영업이익 = 공헌이익 ₩1,000 − 총고정원가 ₩500 = ₩500

세후이익 = 영업이익 ₩500 × (1 − 법인세율 50%) = ₩250

손익분기점 매출액 = 당기총고정원가 ₩500 ÷ 공헌이익률 10% = ₩5,000

안전한계 = 현재 매출액 (₩100 × 100개) − 손익분기점 매출액 ₩5,000 = ₩5,000

영업레버리지도 = 공헌이익 ₩1,000 ÷ 영업이익 ₩500 = 2

23 ㈜서울은 당기에 생산한 제품을 전량 판매하고 있는데, 제품 단위당 변동원가는 ₩450이고 공헌이익률은 25%이다. 총고정원가는 생산량이 1,500단위 이하일 경우 ₩180,000이고, 1,500단위를 초과할 경우 ₩240,000이다. 목표이익 ₩60,000을 달성하기 위한 생산·판매량은? (단, 법인세는 없다.)

2019 서울시 9급

① 1,200단위   ② 1,400단위
③ 1,600단위   ④ 2,000단위

24 ㈜관세는 20×1년 초에 설립되어 단일 제품을 생산·판매할 예정이며, 20×1년도 원가 관련자료는 다음과 같이 예상된다.

○ 연간 총고정원가	₩30,000
○ 단위당 변동원가	₩40

㈜관세는 20×1년 동안 1,000개의 제품을 생산하여 전량 판매할 것으로 예상하며, 이를 통해 법인세차감후순이익 ₩12,000을 실현하려고 한다. 단위당 판매가격은 얼마가 되어야 하는가? (단, 법인세율은 40%이며, 재공품은 없다.)

2011 관세사

① ₩90   ② ₩100   ③ ₩110
④ ₩120   ⑤ ₩130

정답과 해설

23 **정답** ④

해설 변동원가율 = 1 - 공헌이익률 = 100% - 25% = 75%

단위당 판매가격 = 변동원가 ₩450 ÷ 변동원가율 75% = ₩600

단위당 공헌이익 = ₩600 × 25% = ₩150

다음과 같이 원가조건에 따라 관련범위를 나누어 접근한다.

[생산량이 1,500단위 이하일 경우]

목표판매량 = (고정원가 ₩180,000 + 목표이익 ₩60,000) ÷ 단위당 공헌이익 ₩150 = 1,600단위

목표판매량이 생산량 범위(1,500단위 이하)를 벗어나므로 달성할 수 없다.

[생산량이 1,500단위 초과할 경우]

목표판매량 = (고정원가 ₩240,000 + 목표이익 ₩60,000) ÷ 단위당 공헌이익 ₩150 = 2,000단위

목표판매량이 생산량 범위(1,500단위 초과)를 만족하므로 2,000단위가 목표판매량이 된다.

24 **정답** ①

해설 세전 목표이익 = 세후 목표이익 ₩12,000 ÷ (1 - 세율 40%) = ₩20,000

1,000개 × 단위당 공헌이익 = 고정원가 ₩30,000 + 세전 목표이익 ₩20,000

단위당 공헌이익 = ₩50

단위당 공헌이익 ₩50 = 단위당 판매가격 - 단위당 변동원가 ₩40

단위당 판매가격 = ₩90

25 ㈜서울의 20x1년 단위당 변동비는 ₩4.2, 공헌이익률은 30%, 매출액은 ₩1,200,000이다. ㈜서울은 20x1년에 이익도 손실도 보지 않았다. ㈜서울은 20x2년에 20x1년보다 100,000단위를 더 판매하려고 한다. ㈜서울의 20x2년 단위당 판매가격과 단위당 변동비는 20x1년과 동일하다. ㈜서울이 20x2년에 ₩30,000의 목표이익을 달성하고자 한다면, 추가로 최대한 지출할 수 있는 고정비는?

2011 감정평가사

① ₩50,000 ② ₩75,000 ③ ₩100,000
④ ₩125,000 ⑤ ₩150,000

26 ㈜관세는 세 가지 제품 A, B, C를 생산하여 4 : 3 : 3의 비중으로 판매하고 있다. 각 제품의 단위당 판매가격 및 변동원가는 다음과 같다.

구 분	단위당 판매가격	단위당 변동원가
제품 A	₩200	₩140
제품 B	₩150	₩120
제품 C	?	₩60

고정제조간접원가는 ₩1,700,000이고 고정판매관리비는 ₩1,000,000이다. 만약 제품 A의 손익분기점 판매량이 24,000단위라면, 제품 C의 단위당 판매가격은?

2016 관세사

① ₩80 ② ₩100 ③ ₩120
④ ₩150 ⑤ ₩200

25 정답 ⑤

해설 20X1년 매출액이 손익분기점 매출액에 해당하므로,
고정원가 = 매출액 ₩1,200,000 × 공헌이익률 30% = ₩360,000
단위당 판매가격 = 단위당 변동비 ₩4.2 ÷ 변동비율(1 − 공헌이익률 30%) = ₩4.2 ÷ 0.7 = ₩6
20X2년 매출액 증가액 = 100,000단위 × ₩6 = ₩600,000
매출액 증가액 ₩600,000에서 발생하는 공헌이익으로 고정비 추가 지출액과 목표이익을 뽑아내야 한다.
매출액 증가액 ₩600,000 × 공헌이익률 30% = 목표이익 ₩30,000 + 고정비 추가 지출액
고정비 추가 지출액 = ₩180,000 − ₩30,000 = ₩150,000

26 정답 ②

해설 판매 비중이 '4 : 3 : 3'이고 A의 손익분기점 판매량이 24,000단위이므로, 손익분기점 셋트판매량은 '24,000단위 ÷ 4 = 6,000셋트'가 된다.
제품 C의 단위당 공헌이익을 x라 하면
셋트당 공헌이익 = A(₩200 − ₩140) × 4 + B(₩150 − ₩120) × 3 + x × 3 = ₩240 + ₩90 + 3x = ₩330 + 3x
손익분기점 셋트판매량 6,000 × 셋트당 공헌이익 (₩330 + 3x) = 총 고정비(₩1,700,000 + ₩1,000,000)
₩330 + 3x = ₩2,700,000 ÷ 6,000 = ₩450
3x = ₩450 − ₩330 = ₩120
x = ₩40
제품 C의 단위당 판매가격 = 단위당 변동원가 ₩60 + 단위당 공헌이익 ₩40 = ₩100

27 다음은 ㈜감평의 20x1년도 매출관련 자료이다.

매출액	₩282,000	총변동원가	₩147,000
총고정원가	₩30,000	판매량	3,000단위

20x2년도에 광고비 ₩10,000을 추가로 지출한다면, 판매량이 300단위 증가할 확률이 60%이고, 200단위 증가할 확률이 40%로 될 것으로 예상된다. 이때 증가될 것으로 기대되는 이익은? (단, 20x2년도 단위당 판매가격, 단위당 변동원가, 광고비를 제외한 총고정원가는 20x1년도와 동일하다고 가정한다.)

2018 감정평가사

① ₩700　　　② ₩800　　　③ ₩1,200

④ ₩1,700　　　⑤ ₩2,700

27 정답 ④

해설 단위당 판매가격 = 매출액 ₩282,000 ÷ 판매량 3,000단위 = ₩94
단위당 변동원가 = 총변동원가 ₩147,000 ÷ 판매량 3,000단위 = ₩49
단위당 공헌이익 = ₩94 - ₩49 = ₩45
20X2년에 증가할 것으로 기대되는 이익 = (300단위 × ₩45) × 60% + (200단위 × ₩45) × 40% - 광고비 ₩10,000 =
260단위 × ₩45 - ₩10,000 = ₩1,700

28 ㈜한국의 20×1년도 손익분기점 매출액은 ₩100,000이고 단위당 공헌이익률은 20%, 순이익은 ₩30,000이다. ㈜한국의 20×1년도 총고정원가는?
2017 국가직 7급

① ₩250,000 ② ₩150,000

③ ₩20,000 ④ ₩6,000

29 ㈜한국은 급여체계를 일부 변경하려고 고민하고 있는데, 현재의 자료는 다음과 같다.

제품 단위당 판매가격	₩100
공헌이익률	60%
연간고정원가	
임차료	₩15,000
급여	₩21,000
광고선전비	₩12,000

만약 매출액의 10%를 성과급으로 지급하는 방식으로 급여체계를 변경한다면 고정급여는 ₩6,000이 절약될 것으로 추정하고 있다. 급여체계의 변경으로 인한 손익분기점 판매량의 변화는?
2020 지방직 9급

① 40단위 증가

② 40단위 감소

③ 50단위 증가

④ 50단위 감소

28 **정답** ③

해설 BEP매출액 ₩100,000 × 공헌이익률 20% - 고정원가 = ₩0
고정원가 = ₩20,000

29 **정답** ①

해설 [변경 전 손익분기점 판매량]
총 고정원가 (₩15,000 + ₩21,000 + ₩12,000) ÷ 단위당 공헌이익 (₩100 × 60%) = ₩48,000 ÷ ₩60 = 800개
[변경 후 손익분기점 판매량]
총 고정원가 (₩48,000 - ₩6,000) ÷ 단위당 공헌이익 (₩60 - ₩100 × 10%) = ₩42,000 ÷ ₩50 = 840개
손익분기점 판매량 변화 = 840개 - 800개 = 40개 증가

30 ㈜한국은 단일제품을 생산·판매하고 있으며 제품 1단위를 생산하는 데 11시간의 직접노무시간을 사용하고 있고, 제품 단위당 변동판매관리비는 ₩25이다. ㈜한국의 총제조원가에 대한 원가동인은 직접노무시간이고, 고저점법에 의하여 원가를 추정하고 있다. 제품의 총제조원가와 직접노무시간에 대한 자료는 다음과 같다.

구분	총제조원가	직접노무시간
1월	₩14,000	120시간
2월	₩17,000	100시간
3월	₩20,000	135시간
4월	₩19,000	150시간

㈜한국이 5월에 30단위의 제품을 단위당 ₩500에 판매한다면 총공헌이익은? 2020 국가직 7급

① ₩850 ② ₩1,050

③ ₩1,250 ④ ₩1,450

31 ㈜한국의 다음 자료를 이용한 영업레버리지도는? (단, 기말재고와 기초재고는 없다) 2021 지방직 9급

> ○ 매출액: ₩1,000,000
>
> ○ 공헌이익률: 30%
>
> ○ 고정원가: ₩180,000

① 0.4 ② 0.6

③ 2.0 ④ 2.5

30 정답 ②

해설 직접노무시간을 기준으로(총제조원가를 기준으로 하지 않도록 주의한다) 고점은 4월, 저점은 2월이다.

직접노무시간당 변동원가 = (₩19,000 − ₩17,000) ÷ (150시간 − 100시간) = ₩40/시간

단위당 공헌이익 = 단위당 판매가격 ₩500 − 단위당 변동원가(11시간 × ₩40/시간 + ₩25) = ₩500 − ₩465 = ₩35

30단위 판매시 총공헌이익 = 30단위 × ₩35/단위 = ₩1,050

31 정답 ④

해설 공헌이익 = 매출액 ₩1,000,000 × 공헌이익률 30% = ₩300,000

영업이익 = 공헌이익 ₩300,000 − 고정원가 ₩180,000 = ₩120,000

영업레버리지도 = 공헌이익 ₩300,000 ÷ 영업이익 ₩120,000 = 2.5

32 ㈜한국의 20×1년도 고정비는 ₩600,000이고 손익분기점 매출액이 ₩1,500,000이며, 안전한계 율이 40%일 경우, 영업이익은?

2021 국가직 7급

① ₩0　　　　　　　　　　② ₩200,000

③ ₩400,000　　　　　　　④ ₩1,000,000

33 ㈜서울이 판매하고 있는 제품 A와 제품 B의 단위당 공헌이익은 각각 ₩10과 ₩20이다. 총고정비 는 ₩6,000이며 그 밖의 다른 비용은 없다. 현재 제품 A와 제품 B의 판매수량비율은 2 : 1이나, 향 후 1 : 2로 변경될 것으로 예측된다. 판매수량비율 변경에 따른 회사 전체의 손익분기점 판매수량 차이는?

2021 서울시 7급

① 90개 감소

② 90개 증가

③ 180개 감소

④ 차이 없음

정답과 해설

32 **정답** ③

해설 안전한계율은 현재 매출액에서 안전한계율만큼 매출액이 감소하더라도 손해가 나지 않음, 즉 손익분기점에 해당함을 의미한다.

현재 매출액 × (1 - 안전한계율 40%) = 손익분기점 매출액 ₩1,500,000

현재 매출액 = ₩2,500,000

손익분기점에서는 공헌이익과 고정비가 같다.

손익분기점 매출액 ₩1,500,000 × 공헌이익률 = 고정비 ₩600,000

공헌이익률 = 40%

영업이익 = 현재 매출액 ₩2,500,000 × 공헌이익률 40% - 고정비 ₩600,000 = ₩400,000

33 **정답** ①

해설 복수제품의 CVP는 두 제품을 묶어서 하나의 세트로 취급한다.

(1) 변경 전 BEP 판매수량

한 세트의 공헌이익 = A ₩10 × 2 + B ₩20 × 1 = ₩40

손익분기점 판매세트량 = ₩6,000 ÷ ₩40 = 150세트

손익분기점 판매수량 = 150세트 × (A 2개 + B 1개) = 450개

(2) 변경 후 BEP 판매수량

한 세트의 공헌이익 = A ₩10 × 1 + B ₩20 × 2 = ₩50

손익분기점 판매세트량 = ₩6,000 ÷ ₩50 = 120세트

손익분기점 판매수량 = 120세트 × (A 1개 + B 2개) = 360개

(3) 손익분기점 판매수량은 450개에서 360개로 90개 감소한다.

06 | 변동원가계산과 장단기의사결정

주요 Topic 및 출제경향

주요 Topic	01 변동원가계산 ★★ 02 장단기의사결정 ★

▶ **9급 출제경향**(●국가직 ◆지방직 ○서울시)

구분	15	16	17	18	19	20	21	22	23	24	25
6.1 변동원가계산		◆		●	●○	●◆	◆		◆	●	
6.2 장단기의사결정					◆						

▶ **7급 출제경향**(▲국가직 △서울시)

구분	15	16	17	18	19	20	21	22	23	24	-
6.1 변동원가계산						△	△	▲		▲△	
6.2 장단기의사결정		△					△	▲△			

구분	기본	필수	응용	심화	합계
6.1 변동원가계산	2	6	9	3	20
6.2 장단기의사결정	1	1	2	0	4
합계	3	7	11	3	24

기본문제

[06-01] 변동원가계산

01 전부원가계산과 변동원가계산에 대한 설명으로 옳지 않은 것은? (단, 주어진 내용 외의 다른 조건은 동일하다)

2020 국가직 9급

① 전부원가계산에서 판매량이 일정하다면 생산량이 증가할수록 영업이익은 증가한다.

② 전부원가계산은 외부보고 목적보다 단기의사결정과 성과평가에 유용하다.

③ 변동원가계산어서는 고정제조간접원가를 제품원가에 포함시키지 않는다.

④ 변동원가계산에서 생산량의 증감은 이익에 영향을 미치지 않는다.

정답과 해설

01 **정답** ②

해설 외부보고 목적으로는 전부원가계산을 사용하여야 하고, 변동원가계산은 내부의사결정목적에 유용하다.

02 ㈜한국의 다음 자료를 이용한 변동제조원가발생액은? (단, 기초제품재고와 기초 및 기말 재공품재고는 없다)

> ○ 당기 제품생산량: 50,000개
>
> ○ 당기 제품판매량: 50,000개
>
> ○ 변동매출원가: ₩900,000

① ₩600,000   ② ₩700,000

③ ₩800,000   ④ ₩900,000

[**06-02**] **장단기의사결정**

---

03 ㈜한국은 당기에 손톱깎이 세트 1,000단위를 생산·판매하는 계획을 수립하였으며, 연간 최대 조업능력은 1,200단위이다. 손톱깎이 세트의 단위당 판매가격은 ₩1,000, 단위당 변동원가는 ₩400이며, 총 고정원가는 ₩110,000이다. 한편, ㈜한국은 당기에 해외 바이어로부터 100단위를 단위당 ₩600에 구매하겠다는 특별주문을 받았으며, 이 주문을 수락하기 위해서는 단위당 ₩150의 운송원가가 추가로 발생한다. 특별주문의 수락이 ㈜한국의 당기이익에 미치는 영향은?

① ₩35,000 감소

② ₩5,000 감소

③ ₩5,000 증가

④ ₩20,000 증가

정답과 해설

02 **정답** ④

해설 기초 재고자산은 없다. 당기 생산량과 판매량도 같으므로 기말 재고자산 역시 없다. 제조원가가 발생하면 이중에 판매분은 매출원가로 가고, 미판매분은 재고자산이 되는데 생산량이 모두 판대되고 재고자산이 없으므로 제조원가와 매출원가는 같아진다.

<table>
<tr><th colspan="4" align="center">제품</th></tr>
<tr><td>기초재고</td><td align="right">0</td><td>매출원가</td><td align="right">900,000</td></tr>
<tr><td>제조원가</td><td align="right">?</td><td>기말재고</td><td align="right">0</td></tr>
<tr><td></td><td align="right">900,000</td><td></td><td align="right">900,000</td></tr>
</table>

03 **정답** ③

해설 증분수익: 100단위 × ₩600 = ₩60,000

증분비용: 100단위 × (단위당 변동원가 ₩400 + 단위당 운송원가 ₩150) = ₩55,000

증분손익 = 증분수익 ₩60,000 - 증분비용 ₩55,000 = ₩5,000

[06-01] 변동원가계산

04 ㈜한국은 2015년에 영업을 시작하였으며, 당해 연도의 생산 및 판매와 관련된 자료는 다음과 같다. ㈜한국이 실제원가계산에 의한 전부원가계산방법과 변동원가계산방법을 사용할 경우, 영업이익이 더 높은 방법과 두 방법 간 영업이익의 차이는? 2016 지방직 9급

• 제품생산량	1,000개	• 제품판매량	800개
• 고정제조간접원가	₩1,000,000	• 고정판매비와 관리비	₩1,100,000
• 기말 재공품은 없음			

	영업이익이 더 높은 방법	영업이익의 차이
①	전부원가계산	₩200,000
②	변동원가계산	₩200,000
③	전부원가계산	₩220,000
④	변동원가계산	₩220,000

04 **정답** ①

해설 '기말 재고자산에 포함된 고정제조간접원가 − 기초 재고자산에 포함된 고정제조간접원가'만큼 전부원가계산제도가 이익이 높다.

₩1,000,000 × 200개/1,000개 = ₩200,000

05 20×1년 초에 영업을 개시한 ㈜한국의 원가관련 자료는 다음과 같다.

○ 생산량	10,000개
○ 판매량	8,000개
○ 단위당 변동제조원가	₩110
○ 단위당 변동판매관리비	₩40
○ 고정제조간접원가	₩180,000
○ 고정판매관리비	₩85,000

제품의 단위당 판매가격이 ₩200인 경우에 ㈜한국의 20×1년 말 변동원가계산에 의한 영업이익과 기말제품 재고액은?

2019 국가직 9급

	영업이익	기말제품 재고액
①	₩135,000	₩220,000
②	₩135,000	₩256,000
③	₩171,000	₩220,000
④	₩171,000	₩256,000

06 원가행태에 대한 설명으로 옳지 않은 것은?

2020 지방직 9급

① 월급제로 급여를 받는 경우, 작업자가 받는 급여는 노무시간에 비례하지 않지만, 총생산량에 따라 작업자의 인원을 조정할 수 있으면 총노무원가는 계단원가가 된다.

② 제품수준(유지)원가는 제품 생산량과 무관하게 제품의 종류 수 등 제품수준(유지)원가동인에 비례하여 발생한다.

③ 고정제조간접원가가 발생하는 기업에서 전부원가계산을 채택하면 생산량이 많아질수록 제품단위당 이익은 크게 보고된다.

④ 초변동원가계산에서는 직접재료원가와 직접노무원가를 제품원가로 재고화하고 제조간접원가는 모두 기간비용으로 처리한다.

07 20×1년 초에 영업을 개시한 ㈜한국은 동 기간에 5,000단위의 제품을 생산·완성하였으며, 단위당 ₩1,200에 판매하고 있다. 영업활동에 관한 자료는 다음과 같다.

단위당 직접재료원가	₩450	고정제조간접원가	₩500,000
단위당 직접노무원가	₩300	고정판매관리비	₩300,000
단위당 변동제조간접원가	₩100		
단위당 변동판매관리비	₩100		

전부원가계산에 의한 영업이익이 변동원가계산에 의한 영업이익보다 ₩300,000이 많을 경우, 20×1년 판매수량은?

2020 지방직 9급

① 1,000단위 ② 2,000단위

③ 3,000단위 ④ 4,000단위

08 전부원가계산에 의한 영업이익이 변동원가계산에 의한 영업이익보다 ₩10,000이 더 클 때, 다음의 자료를 이용한 당기 생산량은?

2021 지방직 9급

구분	수량/금액
판매량	500개
고정판매관리비	₩15,000
고정제조간접원가(총액)	₩30,000
기초재고	없음

① 650개 ② 700개

③ 750개 ④ 800개

07 정답 ②

해설 전부원가계산 이익 = 변동원가계산 이익 + 기말재고에 포함된 FOH - 기초재고에 포함된 FOH

전부원가계산 이익 - 변동원가계산 이익 = 기말재고에 포함된 FOH - 기초재고에 포함된 FOH

₩300,000 = 기말재고에 포함된 FOH - ₩0(당기에 영업을 개시하였으므로 기초재고가 없다)

결국 기말재고자산에 포함된 고정제조간접원가는 ₩300,000이다.

총 고정제조간접원가 ₩500,000인데 이중 60%에 해당하는 ₩300,000이 기말재고로 남았으므로 판매수량은 생산량의 40%에 해당하는 2,000단위(5,000단위 × 40%)가 된다.

08 정답 ③

해설 전부원가계산 이익 = 변동원가계산 이익 + 기말재고에 포함된 FOH - 기초재고에 포함된 FOH

전부원가계산 이익 - 변동원가계산 이익 = 기말재고에 포함된 FOH - 기초재고에 포함된 FOH

₩10,000 = 기말재고에 포함된 FOH - ₩0

총 FOH가 ₩30,000인데 기말재고에 포함된 FOH가 ₩10,000이므로 생산량 중 1/3이 기말재고자산으로 남았고, 2/3가 판매되었음을 알 수 있다.

판매량이 500개 이므로

생산량 × 2/3 = 판매량 500개

생산량 = 750개

09 20×1년에 영업을 시작한 ㈜한국의 당해 연도 생산·판매와 관련된 자료가 다음과 같을 때, 변동원가계산에 의한 영업이익은?

2023 지방직 9급

○ 생산수량	5,000단위
○ 판매수량	4,000단위
○ 단위당 판매가격	₩2,000
○ 단위당 직접재료원가	₩500
○ 단위당 직접노무원가	₩400
○ 단위당 변동제조간접원가	₩300
○ 단위당 변동판매관리비	₩200
○ 총고정제조간접원가	₩350,000
○ 총고정판매관리비	₩150,000

① ₩1,620,000 ② ₩1,900,000

③ ₩1,970,000 ④ ₩2,500,000

정답과 해설

09 **정답** ②

해설 단위당 공헌이익 = 단위당 판매가격 ₩2,000 - 단위당 변동원가(DM ₩500 + DL ₩400 + VOH ₩300 + 변동판매관리비 ₩200) = ₩600

총 공헌이익 = 판매수량 4,000단위 × 단위당 공헌이익 ₩600 = ₩2,400,000

변동원가계산에 의한 영업이익 = 공헌이익 ₩2,400,000 - 고정원가(FOH ₩350,000 + 고정판매관리비 ₩150,000) = ₩1,900,000

10 ㈜한국은 단일제품을 생산·판매하고 있으며, 연간 최대생산능력은 600단위이다. ㈜한국은 매년 500단위의 제품을 생산·판매하였으며, 이에 대한 공헌이익계산서는 다음과 같다. 2022 국가직 7급

매출액(단위당 판매가격 ₩200)	₩100,000
변동원가	₩60,000
공헌이익	₩40,000
총고정제조간접원가	₩10,000
총고정판매비와관리비	₩20,000
영업이익	₩10,000

㈜한국은 새로운 고객으로부터 200단위를 단위당 ₩180에 구입하겠다는 제의를 받았는데, 이 특별주문은 200단위 모두를 수락하거나 아니면 거절해야 한다. 특별주문을 수락할 경우 영업이익 증가액은? (단, 특별주문을 수락하더라도 추가 설비증설은 없으며, 이를 제외한 시장 수요에는 변화가 없다)

① ₩2,000 ② ₩4,000

③ ₩12,000 ④ ₩36,000

정답과 해설

10 **정답** ②

해설 단위당 변동원가 = ₩60,000 ÷ 500단위 = ₩120

최대생산능력이 600단위이므로, 특별주문 200단위를 받아들이면 기존판매분 500단위중 100단위의 판매를 포기해야 한다.

단위당 공헌이익 = ₩40,000 ÷ 500단위 = ₩80

기회원가 = 판매프기 100단위 × 단위당 공헌이익 ₩80 = ₩8,000

증분수익	⊕₩180 × 200단위 = ⊕ ₩36,000
증분비용	⊕변동원가₩120 × 200단위 = ⊕ ₩24,000 ⊕기회원가 ₩8,000
증분이익	₩36,000 − ₩32,000 = ₩4,000

11 〈보기〉의 자료로 계산한 변동원가계산방법과 전부원가계산방법 간 영업이익의 차이는?

2019 서울시 9급

〈보기〉

기초재고수량	0개	
생산량	200개	
판매량	180개 매출액	₩180,000
총 변동재료원가		₩100,000
총 변동가공원가		₩20,000
총 고정제조간접원가		₩30,000
총 고정판매비		₩10,000

① ₩2,000 ② ₩3,000

③ ₩5,000 ④ ₩7,000

12 20×1년 초에 설립된 ㈜백제는 20×1년에 1,200개의 제품을 생산하여 800개를 판매하였다. 20×1년에 전부원가계산의 영업이익이 변동원가계산의 영업이익보다 ₩8,000만큼 크다면 총고정제조간접원가는 얼마인가?

2012 관세사

① ₩24,000 ② ₩24,600 ③ ₩25,200

④ ₩25,600 ⑤ ₩26,000

11 **정답** ②

해설 기말재고수량 = 생산량 200개 - 판매량 180개 = 20개

기말재고자산에 포함된 고정제조간접원가 = 총 FOH ₩30,000 × 20개/200개 = ₩3,000

12 **정답** ①

해설 기말재고수량 = 기초 0개 + 당기 생산 1,200개 - 판매 800개 = 400개

1,200개를 생산하여 400개가 재고로 남았으므로 총고정제조간접원가의 1/3이 기말재고자산에 포함되고 이것이 곧 전부원가계산과 변동원가계산의 영업이익 차이가 된다.

총고정제조간접원가 × 1/3 = 이익차이 ₩8,000

총고정제조간접원가 = ₩8,000 × 3 = ₩24,000

13 20×1년 초에 설립된 ㈜관세는 단일제품을 생산하여 단위당 ₩30에 판매하고 있다. 20×1년과 20×2년의 생산 및 판매에 관한 자료는 다음과 같다.

	20×1년	20×2년
생산량	25,000단위	30,000단위
판매량	22,000단위	28,000단위
변동제조원가	단위당 ₩8	
고정제조원가	₩150,000	
변동판매비와관리비	단위당 ₩2	
고정판매비와관리비	₩100,000	

20×2년도의 전부원가계산에 의한 영업이익은 얼마인가? (단, 재공품은 없으며 원가흐름은 선입선출법을 가정한다.)

2014 관세사

① ₩300,000　　　② ₩303,000　　　③ ₩310,000

④ ₩317,000　　　⑤ ₩320,000

13 **정답** ④

해설 변동원가계산에 의한 영업이익 = 판매량 28,000단위 × (판매가격 ₩30 - 변동원가 ₩10) - 고정원가(₩150,000 + ₩100,000) = ₩560,000 - ₩250,000 = ₩310,000

	20×1년	20×2년
기말재고 수량	기초 0 + 생산 25,000 - 판매 22,000 = 3,000단위	기초 3,000 + 생산 30,000 - 판매 28,000 = 5,000단위
단위당 고정제조원가	₩150,000 ÷ 생산량 25,000단위 = ₩6	₩150,000 ÷ 생산량 30,000단위 = ₩5

전부원가계산에 으한 영업이익 = 변동원가계산에 의한 영업이익 ₩310,000 + 기말재고 FOH(5,000단위 × ₩5) - 기초재고 FOH(3,000단위 × ₩6) = ₩310,000 + ₩25,000 - ₩18,000 = ₩317,000

14 ㈜한국은 전자부품 B를 생산할 공장을 설립하고자 한다. 두 가지 대안이 제안되었는데 하나는 일반 공장이고 다른 하나는 자동화공장이다. 자동화공장은 일반공장에 비해 고정제조원가가 크나 변동 제조원가가 작다. 전자부품 B의 단위당 예상 판매가격은 ₩100이고 관련 제조 자료는 다음과 같다.

	투자대안	
	일반공장	자동화공장
• 단위당 재료원가	₩20	₩20
• 단위당 변동비 (재료원가 제외)	40	20
• 고정제조원가	5,000	25,000
• 고정판매관리비	5,000	5,000

두 가지 투자대안의 변동원가계산에 의한 영업이익이 동일해지는 판매수량은 얼마인가? 단, 계산 금액은 소수점 첫째자리에서 반올림하며, 단수차이로 인한 오차가 있으면 가장 근사치를 선택한 다.

2016 보험계리사

① 2,000개   ② 1,000개
③ 750개   ④ 667개

14 정답 ②

해설 판매수량을 Q라 할 때,

일반공장 영업이익 = ₩100 × Q - 단위당 변동원가 ₩60 × Q - 총 고정원가 ₩10,000 = 40Q - ₩10,000

자동화공장 영업이익 = ₩100 × Q - 단위당 변동원가 ₩40 × Q - 총 고정원가 ₩30,000 = 60Q - ₩30,000

영업이익이 동일해지는 판매수량은

40Q - ₩10,000 = 60Q - ₩30,000

₩20,000 = 20Q

Q = 1,000

15 전부원가계산 및 변동원가계산에 관한 설명으로 옳은 것은? 2016 관세사

① 변동원가계산은 고정제조간접원가를 제품원가에 포함시키므로 생산량의 변동에 따라 제품단위당 원가가 달라져서 경영자가 의사결정을 할 때 혼란을 초래할 수 있다.

② 전부원가계산은 영업이익이 판매량뿐만 아니라 생산량에 의해서도 영향을 받기 때문에 과다생산에 의한 재고과잉의 우려가 있다.

③ 전부원가계산은 원가를 변동원가와 고정원가로 분류하여 공헌이익을 계산하므로 경영의사결정, 계획수립 및 통제목적에 유용한 정보를 제공한다.

④ 변동원가계산은 외부보고용 재무제표를 작성하거나 법인세를 결정하기 위한 조세목적을 위해서 일반적으로 인정되는 원가계산방법이다.

⑤ 초변동원가계산은 직접재료원가와 직접노무원가만을 재고가능원가로 처리하므로 불필요한 재고자산의 보유를 최소화하도록 유인할 수 있다.

16 ㈜감평은 20×6년도에 설립되었고, 당해연도에 A제품 25,000단위를 생산하여 20,000단위를 판매하였다. ㈜감평의 20×6년도 A제품 관련 자료가 다음과 같을 때, 전부원가계산과 변동원가계산에 의한 20×6년도 기말재고자산의 차이는? 2016 감정평가사

○ 단위당 판매가격	₩250
○ 단위당 변동제조원가	130
○ 단위당 변동판매관리비	30
○ 총고정제조원가	1,000,000
○ 총고정판매비와관리비	500,000

① ₩50,000　　② ₩200,000　　③ ₩250,000
④ ₩350,000　　⑤ ₩400,000

15 **정답** ②

해설 ① 전부원가계산에 관한 설명이다. 변동원가계산은 고정제조간접원가를 기간비용으로 처리한다.

③ 변동원가계산에 관한 설명이다.

④ 외부보고용으로는 전부원가계산을 사용하여야 한다.

⑤ 초변동원가계산은 직접노무원가도 기간비용으로 처리하고, 직접재료원가만 재고가능원가로 처리한다.

16 **정답** ②

해설 전부원가계산은 고정제조간접원가를 제품원가로 인식하지만, 변동원가계산은 기간비용으로 처리한다. 따라서 기말재고자산에 배부된 고정제조간접원가만큼 기말재고자산의 차이가 발생한다.

기말재고 수량 = 기초재고 0 + 생산 25,000 - 판매 20,000 = 5,000단위

단위당 고정제조간접원가 = 총고정제조(간접)원가 ₩1,000,000 ÷ 생산량 25,000단위 = ₩40

기말재고자산에 배부된 고정제조간접원가 = 5,000단위 × ₩40 = ₩200,000

17 ㈜감평의 최근 6개월간 A제품 생산량 및 총원가 자료이다.

월	생산량(단위)	총원가
1	110,000	₩10,000,000
2	50,000	7,000,000
3	150,000	11,000,000
4	70,000	7,500,000
5	90,000	8,500,000
6	80,000	8,000,000

원가추정은 고저점법(high-low method)을 이용한다. 7월에 A제품 100,000단위를 생산하여 75,000단위를 단위당 ₩100에 판매할 경우, 7월의 전부원가계산에 의한 추정 영업이익은? (단, 7월에 A제품의 기말제품 이외에는 재고자산이 없다.)

2017 감정평가사

① ₩362,500 ② ₩416,000 ③ ₩560,000
④ ₩652,500 ⑤ ₩750,000

17 정답 ⑤

해설 고점은 3월, 저점은 2월이 된다.

단위당 변동원가 = 원가차이(₩11,000,000 - ₩7,000,000) ÷ 조업도차이(150,000 - ₩50,000) = ₩4,000,000 ÷ 100,000단위 = ₩40

2월 원가자료에 단위당 변동원가 ₩40을 대입하면

총고정원가 = 총원가 ₩7,000,000 - 변동원가 50,000단위 × 단위당 변동원가 ₩40 = ₩5,000,000

7월의 변동원가계산에 의한 영업이익 = 판매량 75,000단위 × 단위당 공헌이익(₩100 - ₩40) - 총고정원가 ₩5,000,000 = ₩4,500,000 - ₩5,000,000 = (-)₩500,000

기말재고자산에 포함된 고정제조간접원가 = 기말재그 25,000단위 × 단위당 고정제조간접원가(₩5,000,000 ÷ 생산량 100,000단위) = 25,000 × ₩50 = ₩1,250,000

전부원가계산에 의한 영업이익 = 변동원가계산에 의한 영업이익 (-)₩500,000 + 기말재고에 포함된 FOH ₩1,250,000 = ₩750,000

18 ㈜한국은 단일 제품 P를 생산·판매하고 있다. 20×1년 제품 P의 생산·판매와 관련된 자료는 다음과 같다.

- 생산량	30개
- 판매량	25개
- 매출액	₩2,250
- 변동제조원가	₩1,200
- 고정제조간접원가	₩300
- 변동판매관리비	₩125
- 고정판매관리비	₩375

20×1년 초 재고자산이 없을 때, 전부원가계산에 따른 ㈜한국의 20×1년 영업이익은? 2018 보험계리사

① ₩450　　　　　　　② ₩500

③ ₩1,000　　　　　　④ ₩1,125

19 ㈜감평의 전부원가계산에 의한 영업이익은 ₩374,000이고, 변동원가계산에 의한 영업이익은 ₩352,000이며, 전부원가계산에 의한 기말제품재고액은 ₩78,000이다. 전부원가계산에 의한 기초제품재고액이 변동원가계산에 의한 기초제품재고액보다 ₩20,000이 많은 경우, 변동원가계산에 의한 기말제품재고액은? (단, 기초 및 기말 재공품은 없으며, 물량 및 원가흐름은 선입선출법을 가정한다.) 2020 감정평가사

① ₩36,000　　　　　② ₩42,000　　　　　③ ₩56,000

④ ₩58,000　　　　　⑤ ₩100,000

---

18 정답 ②

해설 변동원가계산에 의한 영업이익을 먼저 구한다.

단위당 변동제조원가 = 변동제조원가 ₩1,200 ÷ 생산량 30개 = ₩40

변동원가계산(판매량 25개)에 의한 영업이익 = 매출액 ₩2,250 - 변동제조원가(25개 × ₩40) - 고정제조간접원가 ₩300(기간비용) - 판관비(₩125 + ₩375) = ₩2,250 - ₩1,000 - ₩300 - ₩500 = ₩450

기말재고자산에 도함된 고정제조간접원가 = 5개 × ₩300/30개 = ₩50

전부원가계산에 의한 영업이익 = 변동원가계산에 의한 영업이익 ₩450 + 기말재고자산에 포함된 FOH ₩50 = ₩500

19 정답 ①

해설 전부원가계산에서는 제품원가에 고정제조간접원가가 포함되지만, 변동원가계산에서는 고정제조간접원가가 기간비용으로 처리되어 제품원가에 포함되지 않는다. 따라서 두 방법에 의한 재고액 차이는 곧 고정제조간접원가에 해당한다.

기초재고에 포함된 FOH = 전부원가계산에 의한 기초제품재고액과 변동원가계산에 의한 기초제품재고액의 차이 ₩20,000

전부원가계산에 의한 영업이익 ₩374,000 = 변동원가계산에 의한 영업이익 ₩352,000 + 기말재고에 포함된 FOH - 기초재고에 포함된 FOH ₩20,000

기말재고에 포함된 FOH = ₩374,000 - ₩332,000 = ₩42,000

기말재고에 포함된 FOH ₩42,000 = 전부원가계산에 의한 기말재고 ₩78,000 - 변동원가계산에 의한 기말재고

변동원가계산에 의한 기말재고 = ₩78,000 - ₩42,000 = ₩36,000

20 ㈜서울은 화장품 제조회사로 화장품을 담는 용기도 함께 생산하고 있다. 화장품 용기 생산량은 매년 1,000개이며, 1,000개 조업도 수준하에서 화장품 용기의 단위당 제조원가는 아래의 표와 같다. 그런데 외부의 용기 생산업자가 화장품 용기 1,000개를 개당 ₩95에 공급하겠다고 제안하였다. ㈜서울이 이 제안을 수락할 경우 화장품 용기 생산에 사용되는 설비를 연 ₩10,000에 다른 회사에 임대할 수 있다. 한편, 화장품 용기를 외부에서 구입하더라도 고정제조간접원가의 50%는 계속해서 발생된다. ㈜서울이 외부공급업자의 제안을 수락할 경우 연간 이익은 얼마만큼 증가 혹은 감소하겠는가?

2016 서울시 7급

구분	단위당 원가
직접재료원가	₩30
직접노무원가	20
변동제조간접원가	10
고정제조간접원가	40
화장품 용기의 단위당 제조원가	₩100

① ₩5,000 증가

② ₩5,000 감소

③ ₩10,000 증가

④ ₩10,000 감소

20 정답 ②

해설 증분수익: 설비 임대수익 ₩10,000

증분비용: 비용증가 1,000개 × 외부구입가격₩95 = ₩95,000

비용감소 (변동원가 ₩60 + 고정원가 ₩40 × 50%) × 1,000개 = ₩80,000

합계 비용증가 ₩15,000

증분손익 = 증분수익 ₩10,000 - 증분비용 ₩15,000 = (-)₩5,000

21 ㈜관세는 제품 X와 제품 Y를 생산하여 판매할 계획이다. 제품 X와 제품 Y에 대한 단위당 판매가격과 단위당 변동원가에 대한 정보는 다음과 같다.

	X	Y
단위당 판매가격	₩1,500	₩1,000
단위당 변동원가	900	600

㈜관세의 연간 총고정원가는 ₩50,000이고, 회사가 이용가능한 연간 기계시간은 400시간이다. 제품 한 단위 생산하는 데 소요되는 기계시간은 제품 X의 경우 6시간, 제품 Y의 경우 2시간이다. 이익을 극대화하기 위한 각 제품의 생산량을 결정하여 생산·판매할 경우 ㈜관세가 달성할 수 있는 최대 영업이익은 얼마인가? (단, 제품 X와 제품 Y의 수요는 무한하다고 가정한다.)　　2013 관세사

① ₩10,000　　　　② ₩20,000　　　　③ ₩30,000
④ ₩50,000　　　　⑤ ₩80,000

21 정답 ③

해설

	X	Y
단위당 공헌이익	₩1,500 - ₩900 = ₩600	₩1,000 - ₩600 = ₩400
기계시간당 공헌이익	₩600 ÷ 6시간 = ₩100/h	₩400 ÷ 2시간 = ₩200/h

제약조건(기계시간)당 공헌이익이 더 큰 Y를 우선해서 생산한다. Y의 수요가 무한하다고 가정하므로, 기계시간이 허용하는 범위 내에서 최대한 Y를 생산한다.

Y 생산·판매량 = 이용가능한 기계시간 400h ÷ Y 생산시간 2h = 200단위

최대 영업이익 = Y 200단위 × 단위당 공헌이익 ₩400 - 총고정원가 ₩50,000 = ₩30,000

22 신설법인인 ㈜한국의 기말 제품재고는 1,000개, 기말 재공품재고는 없다. 다음 자료를 근거로 변동원가계산 방법에 의한 공헌이익은?

2018 국가직 9급

○ 판매량	4,000개
○ 단위당 판매가격	₩1,000
○ 생산량	5,000개
○ 단위당 직접재료원가	₩300
○ 단위당 직접노무원가	₩200
○ 단위당 변동제조간접원가	₩100
○ 총 고정제조간접비	₩1,000,000
○ 단위당 변동판매관리비	₩150
○ 총 고정판매관리비	₩800,000

① ₩1,000,000　　② ₩1,250,000

③ ₩1,600,000　　④ ₩2,000,000

22 정답 ①

해설 단위당 변동원가 = DM ₩300 + DL ₩200 + VOH ₩100 + 변동판관비 ₩150 = ₩750

단위당 공헌이익 = 단위당 판매가격 ₩1,000 - 단위당 변동원가 ₩750 = ₩250

공헌이익 = 판매량 4,000개 × 단위당 공헌이익 ₩250 = ₩1,000,000

23 ㈜한국은 20×1년 초 영업을 개시하였으며, 제품 4,000단위를 생산하여 3,400단위를 판매하였다. 20×1년 원가 관련 자료가 다음과 같을 때 옳지 않은 것은?　2022 국가직 7급

○ 단위당 판매가격	₩150
○ 단위당 직접재료원가	₩30
○ 단위당 직접노무원가	₩18
○ 단위당 변동제조간접원가	₩14
○ 단위당 변동판매비와관리비	₩5
○ 총고정제조간접원가	₩240,000
○ 총고정판매비와관리비	₩80,000

① 전부원가계산과 변동원가계산에 의한 영업이익(또는 영업손실)의 차이는 ₩36,000이다.

② 전부원가계산과 초변동원가계산에 의한 영업이익(또는 영업손실)의 차이는 ₩55,200이다.

③ 변동원가계산에 의한 기말재고액은 ₩37,200이다.

④ 초변동원가계산에 의한 기말재고액은 ₩28,800이다.

23 　정답　④

해설　기말 재고수량 = 생산 4,000단위 - 판매 3,400단위 = 600단위

단위당 고정제조간접원가 = 총고정제조간접원가 ₩240,000 ÷ 생산량 4,000단위 = ₩60

① 전부원가계산과 변동원가계산에 의한 영업이익 차이 = 기말재고자산에 포함된 FOH - 기초재고자산에 포함된 FOH = 기말재고 600단위 × 단위당 FOH ₩60 - 기초재고 0단위 = ₩36,000

② 전부원가계산과 초변동원가계산에 의한 영업이익 차이 = 기말재고자산에 포함된 가공원가 - 기초재고자산에 포함된 가공원가 = 기말재그 600단위 × 단위당 가공원가(DL ₩18 + VOH ₩14 + FOH ₩60) - 기초재고 0단위 = 600단위 × ₩92 - ₩0 = ₩55,200

③ 변동원가계산에 의한 기말재고 = 기말재고 600단위 × 단위당 변동원가(DM ₩30 + DL ₩18 + VOH ₩14) = ₩37,200

④ 초변동원가계산에 의한 기말재고 = 기말재고 600단위 × 단위당 직접재료원가 ₩30 = ₩18,000

24 단일 제품을 생산 및 판매하는 ㈜한국의 원가 자료가 다음과 같을 때, 전부원가계산하에서 20×3년의 영업이익은?

2024 국가직 7급

○ 20×1년 고정제조간접원가: ₩300,000

○ 20×1년 전부원가계산하의 영업이익: ₩600,000

○ 20×1~20×3년 제품 현황

(단위: 개)

구 분	20×1년	20×2년	20×3년
기초재고	0	20,000	10,000
당기 생산	60,000	30,000	50,000
당기 판매	40,000	40,000	40,000
기말재고	20,000	10,000	20,000

○ 20×1~20×3년 판매가격 및 원가의 변동 없음

○ 재공품은 없으며, 원가흐름은 선입선출법 적용

① ₩480,000

② ₩500,000

③ ₩520,000

④ ₩540,000

24 **정답** ③

해설 20X1년 전부원가 영업이익 ₩600,000 = 20X1년 변동원가 영업이익 + 기말재고에 포함된 FOH(₩300,000 × 20,000/60,000) = 20X1년 변동원가 영업이익 + ₩100,000

20X1년 변동원가 영업이익 = ₩600,000 − ₩100,000 = ₩500,C00

변동원가계산하에서의 영업이익은 생산량과 재고에 영향을 받지 않고, 오직 판매량에만 영향을 받는다. 20X1년부터 20X3년까지 판매량이 같고, 판매가격 및 원가의 변동이 없으므로 20X3년 변동원가계산하에서의 영업이익은 20X1년과 동일한 ₩500,000이 된다.

20X3년 전부원가 영업이익 = 20X3년 변동원가 영업이익 ₩500,000 + 기말재고에 포함된 FOH − 기초재고에 포함된 FOH

기말재고에 포함된 FOH = ₩300,000 × (기말재고 20,000/ 생산량 50,000) = ₩120,000

기초재고에 포함된 FOH = 전기말(20X2년) 기말재고에 포함된 FOH = ₩300,000 × (기말재고 10,000/ 생산량 30,000) = ₩100,000

20X3년 전부원가 영업이익 = 20X3년 변동원가 영업이익 ₩500,000 + 기말재고에 포함된 FOH ₩120,000 − 기초재고에 포함된 FOH ₩100,000 = ₩520,000

07 | 표준원가 차이분석과 성과평가

주요 Topic 및 출제경향

주요 Topic	
	01 표준원가 차이분석 ★★★★
	02 성과평가 ★

▶ **9급 출제경향**(●국가직 ◆지방직 ○서울시)

구분	15	16	17	18	19	20	21	22	23	24	25
7.1 표준원가 차이분석		○	◆	●●◆○			●	◆	◆	◆	
7.2 성과평가				◆							

▶ **7급 출제경향**(▲국가직 △서울시)

구분	15	16	17	18	19	20	21	22	23	24	-
7.1 표준원가 차이분석					▲△				▲	▲	
7.2 성과평가											

주제별 기출 구성

구분	기본	필수	응용	심화	합계
7.1 표준원가 차이분석	3	6	6	1	16
7.2 성과평가	0	0	8	1	9
합계	3	6	14	2	25

기본문제

[07-01] 표준원가 차이분석

01 ㈜한국은 표준원가계산을 사용하고 있다. 다음 자료를 근거로 한 직접노무원가의 능률차이는?

2018 국가직 9급

○ 실제 직접노동시간	7,000시간
○ 표준 직접노동시간	8,000시간
○ 직접노무원가 임률차이	₩3,500(불리)
○ 실제 노무원가 총액	₩24,500

① ₩3,000(유리)

② ₩3,000(불리)

③ ₩4,000(유리)

④ ₩4,000(불리)

정답과 해설

01 정답 ①

해설

표준원가 (SQ × SP)	(AQ × SP)	실제원가(AQ × AP)
8,000시간 × SP	7,000시간 × SP	₩24,500

수량(능률)차이   가격(임률)차이

?   ₩3,500(불리)

AQ × SP = 실제원가 ₩24,500 - 불리한 차이 ₩3,500 = ₩21,000

SP = ₩21,000 ÷ 7,000시간 = ₩3/시간

표준원가 = 8,000시간 × ₩3/시간 = ₩24,000

능률차이 = ₩24,000 - ₩21,000 = 유리한 차이 ₩3,000

02 ㈜한국은 표준원가계산제도를 적용하고 있으며, 직접노무원가와 관련된 자료는 다음과 같다.

○ 표준직접노동시간	1,000시간
○ 실제직접노동시간	960시간
○ 실제발생 직접노무원가	₩364,800
○ 능률차이(유리한 차이)	₩14,800
○ 임률차이(불리한 차이)	₩9,600

직접노무원가 시간당 표준임률은?

2022 지방직 9급

① ₩240   ② ₩350

③ ₩370   ④ ₩380

03 ㈜한국은 표준원가계산을 적용하고 있으며, 고정제조간접원가 배부율 산정을 위한 기준조업도는 10,000기계시간, 고정제조간접원가 표준배부율은 기계시간당 ₩50이다. 실제 산출량에 허용된 표준조업도가 12,000기계시간이고, 실제 발생한 고정제조간접원가가 ₩660,000일 때, 고정제조간접원가 조업도차이와 예산차이를 바르게 연결한 것은?

2023 지방직 9급

	조업도차이	예산차이
①	₩50,000 유리한 차이	₩110,000 불리한 차이
②	₩50,000 불리한 차이	₩110,000 유리한 차이
③	₩100,000 유리한 차이	₩160,000 불리한 차이
④	₩100,000 불리한 차이	₩160,000 유리한 차이

02 정답 ③

해설

표준원가 (SQ × SP)	(AQ × SP)	실제원가(AQ × AP)
1,000시간 × 표준임률	960시간 × 표준임률	₩364,800
	능률차이	임률차이
	₩14,800(유리)	₩9,600(불리)

표준원가 = 실제원가 ₩364,800 - 불리한 임률차이 ₩9,600 + 유리한 능률차이 ₩14,800 = ₩370,000

표준원가 ₩370,000 = 1,000시간 × 표준임률

표준임률 = ₩370/시간

03 정답 ③

해설

표준원가	고정예산	실제원가
12,000h × ₩50/h = ₩600,000	10,000h × ₩50/h = ₩500,000	₩660,000
	조업도차이	예산차이
	₩100,000(유리)	₩160,000(불리)

[07-01] 표준원가 차이분석

04 ㈜한국의 4월 직접재료원가에 대한 자료는 다음과 같다. 4월의 유리한 재료수량차이(능률차이)는?

2017 지방직 9급

> - 실제 재료구매량: 3,000 kg
> - 실제생산에 대한 표준재료투입량: 2,400 kg
> - 실제 재료구입단가: ₩310/kg
> - 실제 재료사용량: 2,200 kg
> - 불리한 재료가격차이(구입시점기준): ₩30,000

① ₩50,000   ② ₩55,000

③ ₩60,000   ④ ₩65,000

04 **정답** ③

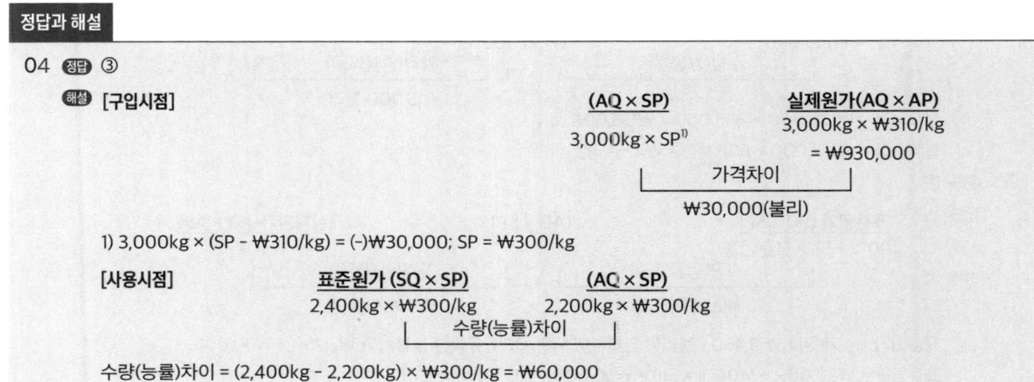

05 제품 100개를 생산할 때 총직접노동시간은 500시간이 걸릴 것으로 추정하고 있으며 표준임률은 시간당 ₩200이다. 당기실제생산량은 120개였고 실제작업시간은 600시간이었다. 당기에 ₩15,000의 불리한 임률 차이가 발생하였다면, 실제임률은?

2018 지방직 9급

① ₩225 ② ₩205
③ ₩195 ④ ₩175

06 ㈜한국의 당기 실제 제품 생산량은 400개, 직접노무비 실제 발생액은 ₩31,450, 제품 단위당 표준 직접노동시간은 5시간이다. 표준원가계산하에서 계산된 직접노무비 임률차이는 ₩3,700 불리한 차이, 직접노무비 능률차이는 ₩2,250 유리한 차이이다. 직접노무비의 시간당 표준임률은?

2019 국가직 7급

① ₩14 ② ₩15
③ ₩16 ④ ₩17

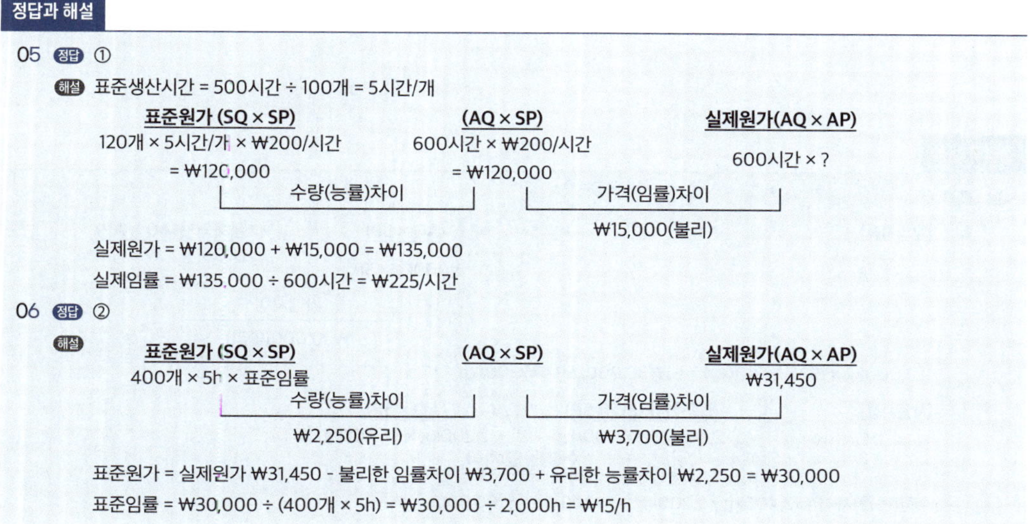

05 정답 ①

해설 표준생산시간 = 500시간 ÷ 100개 = 5시간/개

표준원가 (SQ × SP)	(AQ × SP)	실제원가(AQ × AP)
120개 × 5시간/개 × ₩200/시간	600시간 × ₩200/시간	600시간 × ?
= ₩120,000	= ₩120,000	
	수량(능률)차이	가격(임률)차이
		₩15,000(불리)

실제원가 = ₩120,000 + ₩15,000 = ₩135,000
실제임률 = ₩135,000 ÷ 600시간 = ₩225/시간

06 정답 ②

해설

표준원가 (SQ × SP)	(AQ × SP)	실제원가(AQ × AP)
400개 × 5h × 표준임률		₩31,450
	수량(능률)차이	가격(임률)차이
	₩2,250(유리)	₩3,700(불리)

표준원가 = 실제원가 ₩31,450 - 불리한 임률차이 ₩3,700 + 유리한 능률차이 ₩2,250 = ₩30,000
표준임률 = ₩30,000 ÷ (400개 × 5h) = ₩30,000 ÷ 2,000h = ₩15/h

07 조업도에 대한 설명으로 옳지 않은 것은? 2023 국가직 7급

① 원가 - 조업도 - 이익분석에서 사용되는 조업도는 판매량 혹은 생산량을 의미한다.

② 고정제조간접원가 표준배부율은 고정제조간접원가 예산을 기준조업도로 나눈 것이다.

③ 고정제조간접원가 조업도 차이는 고정제조간접원가 실제액과 고정제조간접원가 예산액의 차이이다.

④ 기준조업도는 고정제조간접원가를 제품원가에 배부하기 위한 기준이 되는 것으로 직접노무시간 예산, 기계가동시간 예산, 생산량 예산 등으로 표현된다.

08 ㈜한국은 표준원가계산을 적용하고 있으며, 20×1년 직접재료원가와 관련된 자료는 다음과 같다. ㈜한국의 실제 제품 생산량은? 2024 지방직 9급

○ 실제 발생 직접재료원가	₩3,000
○ 직접재료 kg당 실제 구입원가	₩30
○ 직접재료원가 가격차이	₩1,000 유리
○ 직접재료원가 수량차이	₩800 유리
○ 제품 개당 직접재료의 표준투입량	10 kg

① 10개　　　　② 12개
③ 30개　　　　④ 40개

07 정답 ③

해설 고정제조간접원가 조업도 차이는 고정제조간접원가 표준 배부액과 고정제조간접원가 예산액의 차이이다. 실제액과 예산액의 차이는 예산차이에 해당한다.

08 정답 ②

해설

표준원가 (SQ × SP)	(AQ × SP)	실제원가(AQ × AP)
생산량 × 10kg × SP		AQ × ₩30/kg = ₩3,000
	수량(능률)차이	가격(임률)차이
	₩800(유리)	₩1,000(유리)

AQ = 실제원가 ₩3,000 ÷ 실제 구입원가 ₩30/kg = 100kg

AQ × SP = 실제원가 ₩3,000 + 유리한 가격차이 ₩1,000 = ₩4,000

SP = ₩4,000 ÷ AQ 100kg = ₩40/kg

표준원가 (SQ × SP) = (AQ × SP) ₩4,000 + 유리한 수량차이 ₩800 = ₩4,800

표준원가 ₩4,800 = 생산량 × 10kg × SP ₩40/kg

생산량 = ₩4,800 ÷ ₩400 = 12

09 ㈜한국은 표준원가계산을 적용하고 있으며, 직접노무원가와 관련된 자료는 다음과 같다. ㈜한국의 직접노무원가 임률차이는?

2024 국가직 7급

○ 직접노무원가 시간당 실제 임률	₩980
○ 직접노무원가 시간당 표준 임률	₩1,000
○ 제품 단위당 표준직접노무시간	2시간
○ 제품 실제 생산량	800단위
○ 직접노무원가 능률차이	₩200,000 유리

① ₩16,000 불리한 차이

② ₩16,000 유리한 차이

③ ₩28,000 불리한 차이

④ ₩28,000 유리한 차이

09 정답 ④

해설

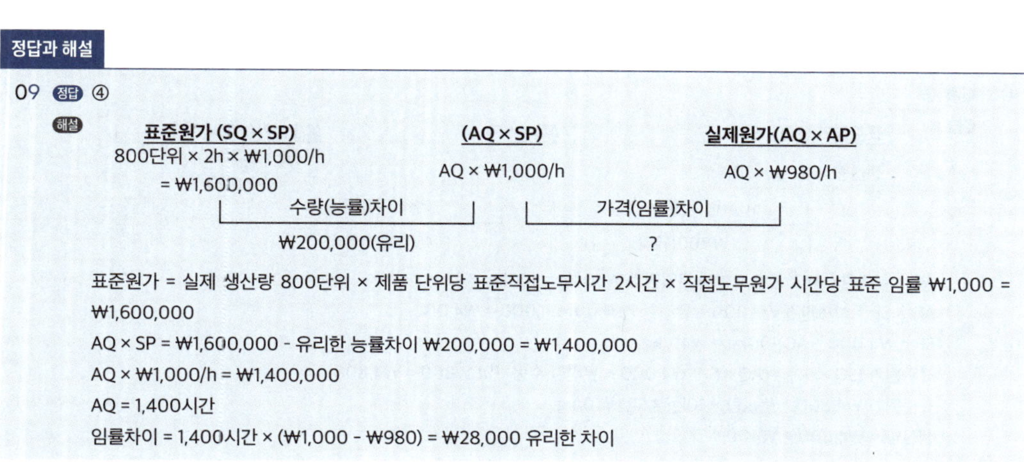

표준원가 = 실제 생산량 800단위 × 제품 단위당 표준직접노무시간 2시간 × 직접노무원가 시간당 표준 임률 ₩1,000 = ₩1,600,000

AQ × SP = ₩1,600,000 - 유리한 능률차이 ₩200,000 = ₩1,400,000

AQ × ₩1,000/h = ₩1,400,000

AQ = 1,400시간

임률차이 = 1,400시간 × (₩1,000 - ₩980) = ₩28,000 유리한 차이

10 표준원가계산제도를 도입하고 있는 ㈜대한의 재료원가에 대한 표준과 제품 1,000단위를 생산한 지난 달의 실제재료원가 발생액이 다음과 같다. 재료가격차이와 재료수량차이는? **2011 국가직 9급**

- 제품 단위당 표준재료원가
  - 수량 10단위, 재료단위당가격 ₩100
- 실제발생 재료원가
  - 재료소비량 12,000단위, 재료원가 ₩1,080,000

	재료가격차이	재료수량차이
①	₩100,000(불리한 차이)	₩180,000(유리한 차이)
②	₩100,000(유리한 차이)	₩180,000(불리한 차이)
③	₩120,000(불리한 차이)	₩200,000(유리한 차이)
④	₩120,000(유리한 차이)	₩200,000(불리한 차이)

11 ㈜한국은 표준원가계산제도를 사용하여 제품의 원가를 계산한다. 2011년 예산생산량은 110단위였으나, 실제는 120단위를 생산하였다. 기초와 기말재공품은 없으며, 실제 발생한 고정제조간접원가는 ₩13,000이었다. 단위당 고정제조간접원가 계산을 위해 사용하는 기준조업도는 100단위이며, 제품단위당 고정제조간접원가 배부율은 ₩100일 때, 고정제조간접원가의 예산차이와 조업도차이는? **2011 지방직 9급**

	예산차이	조업도차이
①	₩3,000(불리)	₩2,000(유리)
②	₩3,000(유리)	₩2,000(불리)
③	₩3,000(불리)	₩1,000(유리)
④	₩3,000(유리)	₩1,000(불리)

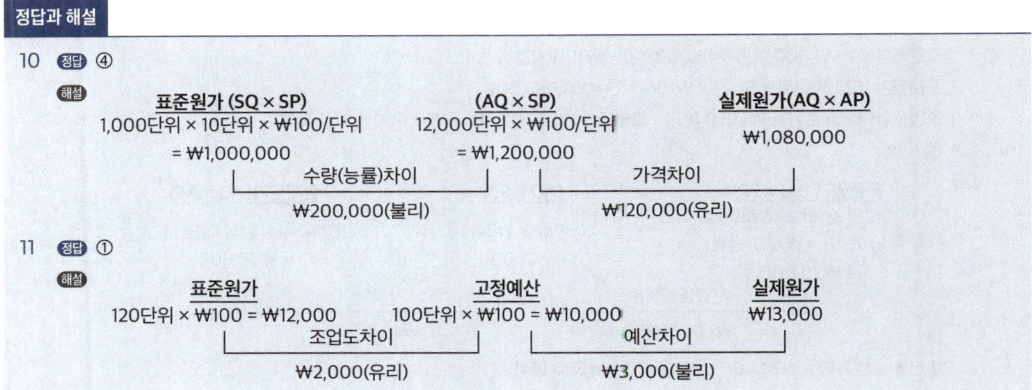

12 ㈜한국은 내부관리 목적으로 표준원가계산시스템을 채택하고 있고, 표준노무시간은 제품단위당 5시간이다. 제품의 실제생산량은 2,100단위이고 고정제조간접원가 실제발생액은 ₩900,000이다. 이 회사는 고정제조간접원가를 노무시간을 기준으로 배부하며 기준조업도는 10,000노무시간이다. 고정제조간접원가 예산차이가 ₩100,000 유리하다면 조업도차이는? 2017 지방직 9급 추가채용

① ₩40,000 불리   ② ₩40,000 유리

③ ₩50,000 불리   ④ ₩50,000 유리

13 표준원가계산 제도를 사용하고 있는 ㈜서울은 제품 단위당 표준 직접재료원가로 ₩200을 설정하였으며 단위당 표준 직접재료원가의 산정 내역과 2018년 3월 동안 제품을 생산하면서 집계한 자료는 〈보기〉와 같다. ㈜서울의 직접재료원가 변동예산 차이에 대한 설명으로 가장 옳지 않은 것은? 2018 서울시 9급

〈보기〉

직접재료 표준원가 산정내역	실제 제품생산관련 자료
• 제품 단위당 직접재료표준사용량: 10kg • 직접재료의 표준가격: ₩20/kg	• 제품 생산량: 100단위 • 실제 직접재료 사용량: 1,050kg • 실제 직접재료원가: ₩20,600

① 총변동예산 차이는 ₩600(불리한 차이)이다.

② 가격 차이는 ₩400(유리한 차이)이다.

③ 능률 차이는 ₩1,000(불리한 차이)이다.

④ 총변동예산 차이는 ₩600(유리한 차이)이다.

---

12 정답 ④

해설

표준원가	고정예산	실제원가
2,100단위 × 5시간 × 표준배부율	10,000시간 × 표준배부율	₩900,000

조업도차이   예산차이

?   ₩100,000(유리)

고정예산 = 실제원가 ₩900,000 + 예산차이 ₩100,000 = ₩1,000,000

표준배부율 = ₩1,000,000 ÷ 10,000시간 = ₩100/시간

표준원가 = 2,100단위 × 5시간 × ₩100/시간 = ₩1,050,000

조업도차이 = 표준원가 ₩1,050,000 - 고정예산 ₩1,000,000 = ₩50,000 유리한 차이

13 정답 ④

해설

표준원가 (SQ × SP)	(AQ × SP)	실제원가(AQ × AP)
100단위 × 10kg × ₩20/kg = 100단위 × ₩200/단위 = ₩20,000	1,050kg × ₩20/kg = ₩21,000	1,050kg × 실제 kg당 단가 = ₩20,600

수량(능률)차이   가격차이

₩1,000(불리)   ₩400(유리)

총변동예산 차이 = ₩20,000 - ₩20,600 = ₩600 불리

14 다음은 20×1년도 ㈜관세의 변동제조간접원가에 대한 표준원가 및 차이분석 자료이다. ㈜관세의 20×1년도 실제 제품생산량은 몇 개인가? (단, 재공품은 없다.)

2011 관세사

> ○ 표준직접노동시간 2시간
>
> ○ 변동제조간접원가 표준배부율 ₩5/시간
>
> ○ 실제 총직접노동시간 100시간
>
> ○ 변동제조간접원가 능률차이 ₩120(유리)

① 60개   ② 62개   ③ 64개   ④ 66개   ⑤ 68개

15 ㈜한국은 고정제조간접원가를 기계시간으로 배부한다. 기준조업도는 1,000시간이며 표준기계시간은 제품단위당 2시간이다. 제품의 실제생산량은 450단위이고 고정제조간접원가의 실제발생액은 ₩120,000이다. 고정제조간접원가의 조업도차이가 ₩10,000(불리)일 경우 고정제조간접원가 예산(소비)차이는 얼마인가?

2021 보험계리사

① ₩20,000(유리)   ② ₩20,000(불리)

③ ₩30,000(유리)   ④ ₩30,000(불리)

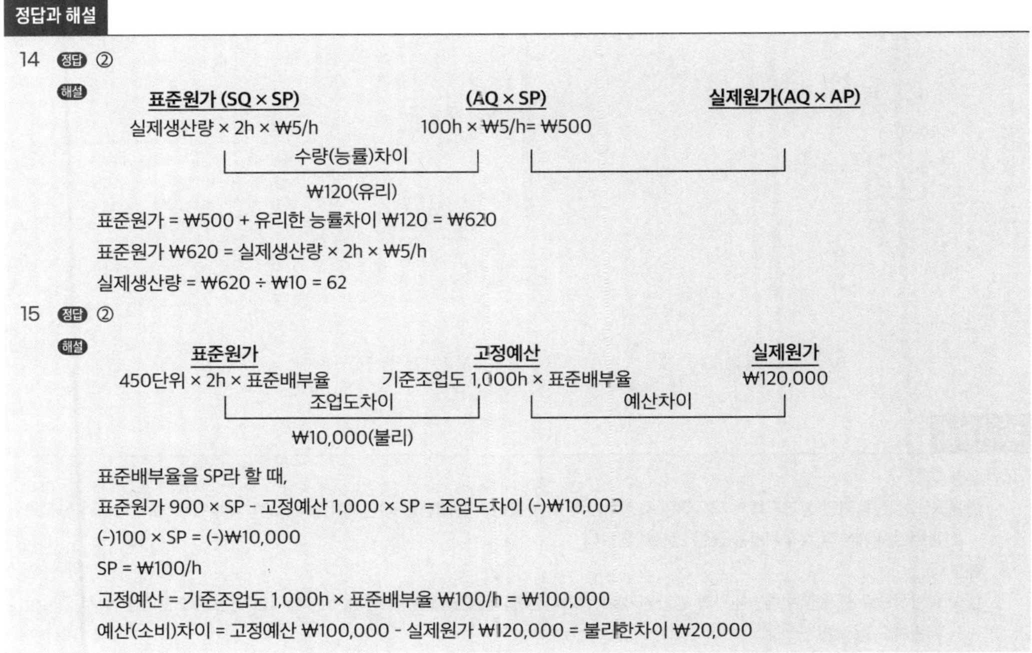

16 균형성과표(BSC; balanced scorecard)에 대한 설명으로 옳지 않은 것은? 2013 지방직 9급

① 단기적 성과지표와 장기적 성과지표에 대한 경영자의 균형적인 관심을 유도한다.

② 조직의 성공요소로서 유형의 자원뿐 아니라 무형의 자원에 대한 구성원들의 관심을 증가시킨다.

③ 비재무적 성과지표에 따른 전통적인 성과관리의 단점을 개선하기 위하여 재무적 성과지표에 집중하는 성과관리를 강조한다.

④ 조직의 전략을 포괄적인 성과지표로 전환하여 측정함으로써 전략경영 실행의 기본적인 틀을 제공한다.

17 품질원가는 불량품 예방을 위해서나, 제품의 불량으로부터 초래되는 모든 원가를 의미한다. 품질원가와 관련된 다음의 설명 중 옳지 않은 것은? 2012 관세사

① 예방원가(prevention costs)와 평가원가(appraisal costs)는 불량제품이 생산되어 고객에게 인도되는 것을 예방하는 활동에 의해 발생한다.

② 내부실패원가(internal failure costs)와 외부실패원가(external failure costs)는 불량품이 생산됨으로써 발생하는 원가이다.

③ 품질원가는 제조활동 뿐만 아니라, 초기 연구개발부터 고객 서비스까지의 모든 활동과 관련되어 있다.

④ 일반적으로, 품질문제가 발생한 후에 이를 발견하고 해결하는 것보다 문제가 발생하기 전에 이를 예방하는 것이 총품질원가를 감소시킨다.

⑤ 예방 및 평가원가가 증가하면 내부실패원가는 감소하나 외부실패원가는 증가한다.

16 정답 ③

해설 BSC는 전통적인 성과지표가 재무적인 측정치만 주로 사용하는 문제점을 개선하기 위해 고객, 내부프로세스, 학습과 성장과 관련된 비재무적 측정치들을 균형 있게 반영한다.

17 정답 ⑤

해설 일반적으로 통제원가(예방원가와 평가원가)가 증가하면 실패원가(내부실패원가, 외부실패원가)는 감소한다. 따라서 외부실패원가도 감소한다.

18 ㈜한국 드론사업부의 20×1년의 손익과 관련한 사항은 다음과 같다.

• 매 출 액	₩9,000
• 매 출 원 가	₩5,000
• 판매관리비	₩2,600
• 총 자 산	₩3,000
• 유 동 부 채	₩1,000
• 가중평균자본비용	15%
• 법 인 세 율	30%

20×1년 ㈜한국 드론사업부의 경제적부가가치(EVA)를 구하면 얼마인가?   2016 보험계리사

① ₩300 ② ₩680

③ ₩1,100 ④ ₩1,380

19 **균형성과표(Balanced Scorecard)에 관한 설명으로 옳지 않은 것은?**   2017 관세사

① 영리기업의 경우, 균형성과표에서 내부프로세스 관점의 성과지표는 학습과 성장 관점의 성과지표에 대해 후행지표인 것이 일반적이다.

② 균형성과표의 여러 관점은 서로 연계되어 인과관계를 가지고 있으며, 영리기업의 경우에 최종적으로 재무적 관점과 연계되어야 한다.

③ 균형성과표는 일반적으로 재무적 관점, 그객 관점, 내부프로세스 관점, 학습과 성장 관점의 다양한 성과지표에 의하여 조직의 성과를 측정한다.

④ 조직구성원들이 조직의 전략적 목표를 달성할 수 있도록 균형성과표에서 핵심성과지표(KPI)는 조직의 전략과 연계하여 설정된다.

⑤ 균형성과표의 내부프로세스 관점은 기업내부의 업무가 효율적으로 수행되는 정도를 의미하며 종업원 만족도, 이직률, 종업원 생산성 등의 지표를 사용한다.

18 **정답** ②

해설 EVA = 세후영업이익 - (투하자본 × 가중평균자본비용)

세후영업이익 = (매출액 ₩9,000 - 매출원가 ₩5,000 - 판관비 ₩2,600) × (1 - 법인세율 30%) = ₩1,400 × 70%

= ₩980

투하자본 = 총자산 ₩3,000 - 유동부채 ₩1,000 = ₩2,000

EVA = ₩980 - ₩2,000 × 15% = ₩680

19 **정답** ⑤

해설 종업원 만족도, 이직률, 종업원 생산성 등의 지표는 '학습과 성장' 관점의 지표다. 내부프로세스 관점은 신제품 개발수, 불량률, 고객대응시간, 생산소요시간 등의 자료를 사용한다.

20 ㈜관세는 사업부 성과평가를 위해 각 사업부의 EVA(경제적 부가가치)를 계산한다. 다음은 사업부 중 한 곳인 A사업부의 재무상태표와 포괄손익계산서의 일부 자료이다.

○ 총자산	₩2,000,000	○ 유동부채	₩500,000
○ 세전영업이익	₩400,000		

㈜관세의 모든 사업부는 유사한 위험에 직면해 있으므로 각 사업부의 EVA 계산 시 기업전체 가중평균자본비용 11%를 적용한다. 이 경우 A사업부의 EVA는? (단, 법인세율은 30%이다.)

2021 관세사

① ₩115,000 　　② ₩125,000 　　③ ₩145,000
④ ₩215,000 　　⑤ ₩235,000

21 ㈜관세는 품질원가를 계산하고자 한다. 다음 자료를 바탕으로 계산한 외부실패 원가는? 　2021 관세사

○ 품질교육	₩100	○ 완성품검사	₩400
○ 불량재공품 재작업	₩600	○ 보증수리	₩200
○ 반품 재작업	₩500	○ 설계개선 작업	₩300
○ 품질에 따른 판매기회상실 기회비용			₩700

① ₩700 　　② ₩900 　　③ ₩1,200
④ ₩1,400 　　⑤ ₩1,800

정답과 해설

20 **정답** ①

해설 EVA = 세후영업이익 - (투하자본 × 가중평균자본비용)

세후영업이익 = 세전영업이익 ₩400,000 × (1 - 법인세율 30%) = ₩280,000

투하자본 = 총자산 ₩2,000,000 - 유동부채 ₩500,000 = ₩1,500,000

EVA = ₩280,000 - ₩1,500,000 × 11% = ₩280,000 - ₩165,000 = ₩115,000

21 **정답** ④

해설 외부실패원가는 고객에게 제품이나 서비스를 인도한 후 불량 등일 발생해서 생겨나는 원가다.

외부실패원가 = 보증수리 ₩200 + 반품 재작업 ₩500 + 품질에 따른 판매기회상실 기회비용 ₩700 = ₩1,400

※ 품질교육(예방원가), 완성품검사(평가원가), 불량재공품 재작업(내부실패원가), 설계개선 작업(예방원가)은 외부실패원가에 해당하지 않는다.

22 ㈜감평은 평균영업용자산과 영업이익을 이용하여 투자수익률(ROI)과 잔여이익(RI)을 산출하고 있다. ㈜감평의 20×1년 평균영업용자산은 ₩2,500,000이며, ROI는 10%이다. ㈜감평의 20×1년 RI가 ₩25,000이라면 최저필수수익률은?

2021 감정평가사

① 8% ② 9% ③ 10%
④ 11% ⑤ 12%

23 전략적 원가관리에 관한 설명으로 옳지 않은 것은?

2022 관세사

① 품질원가계산에서 품질검사 장비의 유지 및 보수와 관련된 비용은 예방원가에 해당한다.

② 제품수명주기원가계산은 제품을 기획하는 단계부터 폐기되는 시점까지 모든 원가를 식별하여 측정한다.

③ 원가기획이란 가치공학 등의 기법을 활용하여 설계, 개발, 상품 기획의 단계에서 원가를 절감하는 활동을 말한다.

④ 적시재고시스템은 공장 내에 재고가 거의 없기 때문에 원가계산을 단순하게 하는 역류원가계산을 사용하기도 한다.

⑤ 표준원가계산에서 차이분석은 실제원가를 표준원가와 비교하는 데 반하여 카이젠원가계산에서 차이분석은 목표원가절감금액을 실제원가절감금액과 비교한다.

정답과 해설

22 **정답** ②

해설 ROI 10% = 영업이익 ÷ 평균영업용자산 ₩2,500,000

영업이익 = ₩250,000

RI ₩25,000 = 영업이익 ₩250,000 - 평균영업용자산 ₩2,500,000 × 최저필수수익률

₩2,500,000 × 최저필수수익률 = ₩250,000 - ₩25,000 = ₩225,000

최저필수수익률 = ₩225,000 ÷ ₩2,500,000 = 9%

23 **정답** ①

해설 품질검사 장비의 유지 및 보수와 관련된 비용을 포함한 품질검사원가는 '평가원가'에 해당한다.

24 ㈜한국은 표준원가계산제도를 적용하고 있으며, 당기 변동제조간접원가 예산은 ₩1,500,000, 고정제조간접원가 예산은 ₩2,000,000이다. ㈜한국의 제조간접원가 배부율을 구하기 위한 기준조업도는 1,000기계시간이며, 당기 실제 기계시간은 800시간이었다. 변동제조간접원가 능률차이가 ₩75,000 불리한 것으로 나타났다면, 고정제조간접원가 조업도차이는?   2021 국가직 9급

① ₩250,000 유리한 차이 ② ₩250,000 불리한 차이

③ ₩500,000 유리한 차이 ④ ₩500,000 불리한 차이

24 정답 ④

해설 **[변동제조간접원가 배부차이]**

표준원가 (SQ × SP)	(AQ × SP)	실제원가(AQ × AP)
실제 생산량에 허용된 작업시간 × ₩1,500/시간	실제 기계시간 800시간 × 표준배부율 ₩1,500/시간 = ₩1,200,000	

능률차이	소비차이

₩75,000(불리)

표준배부율 = VOH 예산 ₩1,500,000 ÷ 기준조업도 1,000기계시간 = ₩1,500/기계시간

표준원가 = ₩1,200,000 − ₩75,000 = ₩1,125,000

실제 생산량에 허용된 작업시간 = ₩1,125,000 ÷ ₩1,500/시간 = 750시간

[고정제조간접원가 배부차이]

표준원가	고정예산	실제원가
750시간 × ₩2,000/시간 = ₩1,500,000	₩2,000,000	

조업도차이	예산차이

표준배부율 = FOH 예산 ₩2,000,000 ÷ 기준조업도 1,000기계시간 = ₩2,000/기계시간

표준원가 = 실제 생산량에 허용된 작업시간 750시간 × 표준배부율 ₩2,000/기계시간 = ₩1,500,000

조업도차이 = 표준원가 ₩1,500,000 − 고정예산 ₩2,000,000 = (−)₩500,000

25 서울상사의 가전 사업부는 투자중심점으로 운영되고 투자수익률에 근거하여 성과를 평가하는데, 목표 투자수익률은 20%이다. 가전 사업부의 연간 생산 및 판매에 대한 예상 자료는 다음과 같다.

구 분	금 액
고정원가	₩60,000,000
생산 단위당 변동원가	₩3,000
생산 및 판매 대수	40,000대
평균총자산	₩100,000,000

목표 투자수익률을 달성하기 위한 가전 사업부의 제품 단위당 최소판매가격은? (단, 기초재고는 없으며 투자수익률은 평균총자산을 기준으로 한다)

2018 지방직 9급

① ₩3,500   ② ₩4,000

③ ₩4,500   ④ ₩5,000

정답과 해설

25 정답 ④

해설 최소판매가격을 P라 하면,

목표이익 = 평균총자산 ₩100,000,000 × 목표 투자수익률 20% = ₩20,000,000

(P − ₩3,000) × 40,000대 − ₩60,000,000 = ₩20,000,000

P − ₩3,000 = ₩80,000,000 ÷ 40,000대

P = ₩5,000

제3편

정부회계

주요 Topic 및 출제경향

주요 Topic	01 정부회계 개요 ★ 02 총칙 ★★★★

▶ **9급 출제경향**(●국가직 ◆지방직 ○서울시) **7급**(▲국가직 △서울시)

구분	15	16	17	18	19	20	21	22	23	24	25
1.1 정부회계 개요					●		◆				
1.2 총칙	○	◆	◆	●●	◆○			◆			

▶ **7급 출제경향**(▲국가직 △서울시)

구분	15	16	17	18	19	20	21	22	23	24	-
1.1 정부회계 개요						△					
1.2 총칙		△					△	▲			

구분	기본	필수	응용	심화	합계
1.1 정부회계 개요	5	1	2	1	9
1.2 총칙	0	0	4	2	6
합계	5	1	6	3	15

기본문제

[01-01] 정부회계 개요

01 『국가회계기준에 관한 규칙』과 『지방자치단체 회계기준에 관한 규칙』에 대한 설명으로 옳지 않은 것은?

2016 지방직 9급

① 국가회계기준의 재무제표에는 현금흐름표가 포함되나, 지방자치단체회계기준의 재무제표에는 현금흐름표가 포함되지 않는다.

② 국가회계기준의 자산 분류에는 주민편의시설이 포함되지 않으나, 지방자치단체 회계기준의 자산 분류에는 주민편의시설이 포함된다.

③ 국가회계기준에서는 일반유형자산에 대하여 재평가모형을 적용할 수 있으나, 지방자치단체 회계기준에서는 일반유형자산에 대하여 재평가모형을 적용하지 않는다.

④ 지방자치단체회계기준의 자산과 부채는 유동성이 높은 항목부터 배열하는 것을 원칙으로 하나, 국가회계기준에는 이에 대한 규정이 없다.

정답과 해설

01 **정답** ①

해설 국가와 지방자치단체 모두 재무재표에 현금흐름표가 포함된다.

02 『지방자치단체 회계기준에 관한 규칙』상 재무제표의 작성원칙으로 옳지 않은 것은?   2017 지방직 9급

① 개별 회계실체의 재무제표를 작성할 때에는 지방자치단체 안의 다른 개별 회계실체와의 내부거래를 상계한다.

② 지방자치단체의 재무제표는 일반회계, 기타특별회계, 기금회계 및 지방공기업특별회계의 유형별 재무제표를 통합하여 작성한다.

③ 유형별 회계실체의 재무제표를 작성할 때에는 해당 유형에 속한 개별 회계실체의 재무제표를 합산하여 작성한다.

④ 재무제표는 당해 회계연도분과 직전 회계연도분을 비교하는 형식으로 작성되어야 한다.

03 『국가회계기준에 관한 규칙』에 대한 설명으로 옳은 것은?   2018 국가직 9급

① 회계처리와 재무제표 작성을 위한 계정과목과 금액은 그 중요성에 따라 실용적인 방법으로 결정하여야 한다.

② 자산항목과 부채 또는 순자산항목을 상계함으로써 그 전부 또는 일부를 재정상태표에서 제외할 수 있다.

③ 이 규칙에서 정하는 것 외의 사항에 대해서는 일반적으로 인정되는 회계원칙을 따를 수 있으나, 일반적으로 공정하고 타당하다고 인정되는 회계관습은 따르지 않는다.

④ 재무제표는 재정상태표, 재정운영표, 순자산변동표, 현금흐름표로 구성하되 재무제표에 대한 주석은 제외한다.

02 **정답** ①
해설 개별 회계실체의 재무제표를 작성할 때에는 지방자치단체 안의 다른 개별 회계실체와의 내부거래를 상계하지 아니한다.

03 **정답** ①
해설 ② 자산, 부채 및 순자산은 총액으로 표시한다. 이 경우 자산 항목과 부채 또는 순자산 항목을 상계함으로써 그 전부 또는 일부를 재정상태표에서 제외해서는 아니 된다.
③ 이 규칙에서 정하는 것 외의 사항에 대해서는 일반적으로 인정되는 회계원칙과 일반적으로 공정하고 타당하다고 인정되는 회계관습에 따른다.
④ 재무제표는 재정상태표, 재정운영표, 순자산변동표, 현금흐름표로 구성하되, 재무제표에 대한 주석을 포함한다.

04 『지방자치단체 회계기준에 관한 규칙』에 대한 설명으로 옳지 않은 것은? 2018 지방직 9급

① 재무제표는 재정상태표, 재정운영표, 현금흐름표, 순자산변동표, 주석으로 구성된다.

② 재무제표는 일반회계, 기타특별회계, 기금회계 및 지방공기업특별회계의 유형별 재무제표를 통합하여 작성한다. 이 경우 내부거래는 상계하지 않는다.

③ 재무제표는 당해 회계연도분과 직전 회계연도분을 비교하는 형식으로 작성한다.

④ 회계실체는 그 활동의 성격에 따라 행정형 회계실체와 사업형 회계실체로 구분할 수 있다.

05 『지방자치단체 회계기준에 관한 규칙』상 재무제표의 작성원칙으로 옳은 것은? 2019 지방직 9급

① 지방자치단체의 재무제표는 기금회계의 유형별 재두제표를 제외한 일반회계·기타특별회계 및 지방공기업특별회계의 유형별 재무제표를 통합하여 작성한다.

② 유형별 회계실체의 재무제표를 작성할 때에는 해당 유형에 속한 개별 회계실체의 재무제표를 합산하여 작성한다. 이 경우 유형별 회계실체 안에서의 나부거래는 상계하고 작성한다.

③ 개별 회계실체의 재무제표를 작성할 때에는 지방자치단체 안의 다른 개별 회계실체와의 내부거래를 상계하고 작성한다. 이 경우 내부거래는 해당 지방자치단체에 속하지 아니한 다른 회계실체 등과의 거래와 다르기 때문이다.

④ 재무제표는 당해 회계연도분과 직전 회계연도분을 비교하는 형식으로 작성되어야 한다. 이 경우 비교식으로 작성되는 양 회계연도의 재무제표는 계속성의 원칙에 따라 작성되어야 하며 회계변경은 허용되지 않는다.

04 정답 ②

해설 지방자치단체의 재무제표는 일반회계·기타특별회계·기금회계 및 지방공기업특별회계의 유형별 재무제표를 통합하여 작성한다. 이 경우 내부거래는 상계하고 작성한다.

05 정답 ②

해설 ① 지방자치단체의 재무제표는 일반회계·기타특별회계·기금회계 및 지방공기업특별회계의 유형별 재무제표를 통합하여 작성한다. 기금회계를 제외하지 않는다.

③ 개별 회계실체의 재무제표를 작성할 때에는 지방자치단체 안의 다른 개별 회계실체와의 내부거래를 상계하지 아니한다. 이 경우 내부거래는 해당 지방자치단체에 속하지 아니한 다른 회계실체 등과의 거래와 동일한 방식으로 회계처리한다.

④ 재무제표는 당해 회계연도분과 직전 회계연도분을 비교하는 형식으로 작성되어야 한다. 이 경우 비교식으로 작성되는 양 회계연도의 재무제표는 계속성의 원칙에 따라 작성되어야 하며 회계정책상의 변화 등 회계변경이 발생한 경우에는 그 내용을 주석으로 공시하여야 한다. 즉, 회계변경이 허용된다.

[01-01] 정부회계 개요

06 지방자치단체회계에 대한 설명으로 옳지 않은 것은? 2021 지방직 9급

① 지방자치단체의 회계는 신뢰할 수 있도록 객관적인 자료와 증명서류에 의하여 공정하게 처리되어야 한다.

② 지방재정활동에 따라 발생하는 경제적 거래 등을 발생사실에 따라 복식부기 방식으로 회계처리 하는데 필요한 기준은 행정안전부령으로 정한다.

③ 지방자치단체의 회계는 재정활동의 내용과 그 성과를 쉽게 파악할 수 있도록 충분한 정보를 제공하고, 간단·명료하게 처리되어야 한다.

④ 재무제표는 지방회계기준에 따라 작성하여야 하고, 『공인회계사법』에 따른 공인회계사의 감사의견을 첨부하여야 한다.

06 정답 ④

해설 감사의견이 아닌 검토의견을 첨부하여야 한다.

07 『국가회계법』상 재무제표에 포함되지 않는 것은? 2013 국가직 9급
① 재정상태표
② 재정운영표
③ 순자산변동표
④ 예산결산요약표

08 정부회계의 특징에 대한 설명으로 적절하지 않은 것은? 2013 지방직 9급
① 정부회계도 기업회계와 같이 수익과 비용의 차이인 재정운영결과가 클수록 운영 성과가 좋다고 평가한다.
② 정부의 지출은 예산에 의해서 통제를 받는다.
③ 예산의 집행에 따른 기록이나 절차는 법령의 규정에 따라서 이루어진다.
④ 정부회계에는 일반회계, 특별회계, 기금회계 등 다수의 회계실체가 존재한다.

07 **정답** ④
해설 국가회계법상 재무제표는 재정상태표, 재정운영표, 순자산변동표, 현금흐름표와 주석이다.

08 **정답** ①
해설 영리를 추구하는 일반기업의 경우에는 이익을 많이 낼수록 성과가 좋다고 평가할 수 있지만, 정부회계의 목적은 영리추구가 아니기 때문에 이익(재정운영결과)이 클수록 성과가 좋다고 평가할 수 없다. 국가사업의 목적을 얼마나 능률적, 효율적으로 달성하였는지가 중요하다.

09 다음 중 『국가회계기준에 관한 규칙』에 따른 재무제표에 대한 설명 중 올바른 것은?　　2014 서울시 9급

① 재무제표는 『국가회계법』 제14조 제3호에 따라 재정상태표, 재정운영표, 순자산변동표로 구성하되, 재무제표에 대한 주석과 필수보충정보를 포함한다.

② 재무제표의 과목은 해당 항목의 중요성에 따라 별도의 과목으로 표시하거나 다른 과목으로 통합하여 표시할 수 있다.

③ 재무제표를 통합하여 작성할 경우 중앙 관서의 재정상태 및 재정운영에 관한 정보를 명확히 구분할 수 있도록 내부거래는 상계하지 않는다.

④ 비교하는 형식으로 작성되는 두 회계연도의 재무제표는 계속성의 원칙에 따라 작성하며, 『국가회계법』에 따른 적용범위, 회계정책 또는 이 규칙 등이 변경된 경우에는 그 내용을 필수보충정보로 공시한다.

⑤ 『국고금관리법 시행령』 제2장에 따른 출납정리기한 중에 발생하는 거래에 대한 회계처리는 차기 회계연도에 발생한 거래로 본다.

10 다음은 『국가회계기준에 관한 규칙』과 『지방자치단체 회계기준에 관한 규칙』에 대한 설명이다. 가장 옳지 않은 것은?　　2015 서울시 9급

① 『국가회계기준에 관한 규칙』 및 『지방자치단체 회계기준에 관한 규칙』에서는 재무제표 작성원칙에 따라 재무제표의 과목은 해당 항목의 중요성에 따라 별도의 과목으로 표시하거나 다른 과목으로 통합하여 표시가능하다고 명시적으로 규정하고 있다.

② 『지방자치단체 회계기준에 관한 규칙』에서는 『국가회계기준에 관한 규칙』과 달리 자산의 분류에 주민편의시설이 포함된다.

③ 『지방자치단체 회계기준에 관한 규칙』에서도 『국가회계기준에 관한 규칙』과 마찬가지로 현금흐름표가 재무제표에 포함된다.

④ 『국가회계기준에 관한 규칙』에서 순자산은 기본순자산, 적립금 및 잉여금, 순자산조정으로 구분되나, 『지방자치단체 회계기준에 관한 규칙』에서는 고정순자산, 특정순자산 및 일반순자산으로 분류하고 있다.

09　정답 ②

해설　① 재무제표에 현금흐름표를 포함하며, 필수보충정보는 포함하지 않는다.
　　③ 재무제표를 통합하여 작성할 경우 내부거래는 상계하여 작성한다.
　　④ 필수보충정보가 아닌 주석으로 공시한다.
　　⑤ 출납정리기한 중에 발생하는 거래에 대한 회계처리는 해당 회계연도에 발생한 거래로 본다.

10　정답 ①

해설　『지방자치단체 회계기준에 관한 규칙』에서는 중요성에 따른 표시가 명시적으로 규정되어 있지 않다.

11 『국가회계기준에 관한 규칙』에 대한 설명으로 옳지 않은 것은? 2016 서울시 7급

① 재무제표는 재정상태표, 재정운영표, 순자산변동표, 현금흐름표로 구성하되, 재무제표에 대한 주석을 포함한다.

② 재무제표는 해당 회계연도분과 직전 회계연도분을 비교하는 형식으로 작성한다.

③ 재무제표는 국가의 재정활동에 직접적 또는 간접적으로 이해관계를 갖는 정보이용자가 국가의 재정활동 내용을 파악하고, 합리적으로 의사결정을 할 수 있도록 유용한 정보를 제공하는 것을 목적으로 한다.

④ 재무제표를 통합하여 작성하더라도 내부거래는 상계하지 않는다.

12 『지방자치단체 회계기준에 관한 규칙』에서 규정하고 있는 재무제표 작성원칙이 아닌 것은? 2019 서울시 9급

① 유형별 회계실체의 재무제표를 작성할 때에는 해당 유형에 속한 개별 회계실체의 재무제표를 합산하여 작성한다.

② 지방자치단체의 재무제표는 일반회계·기타특별회계·기금회계 및 지방공기업특별회계의 유형별 재무제표를 통합하여 작성한다. 이 경우 내부거래는 상계하여 작성한다.

③ 개별 회계실체의 재무제표를 작성할 때에는 지방자치단체 안의 다른 개별 회계실체와의 내부거래를 상계하여 작성한다.

④ 재무제표는 당해 회계연도분과 직전 회계연도분을 비교하는 형식으로 작성되어야 한다.

11 **정답** ④

해설 재무제표를 통합하여 작성할 경우 내부거래는 상계하여 작성한다.

12 **정답** ③

해설 개별 회계실체의 재무제표를 작성할 때에는 지방자치단체 안의 다른 개별 회계실체와의 내부거래를 상계하지 아니한다.

13 『국가재정법』에 대한 설명으로 옳지 않은 것은?　　　　　　　　2019 국가직 9급

① 기금은 국가가 특정한 목적을 위하여 특정한 자금을 신축적으로 운용할 필요가 있을 때에 한하여 법률로써 설치하며, 세입세출예산에 의하지 않고 운용할 수 있다.

② 예산총계주의는 한 회계연도의 모든 수입을 세입으로 하고 모든 지출을 세출로 하며, 세입과 세출은 예외 없이 모두 예산에 계상하여야 한다.

③ 세입세출예산은 독립기관 및 중앙관서의 소관별로 구분한 후 소관 내에서 일반회계와 특별회계로 구분한다.

④ 정부는 예산이 여성과 남성에게 미칠 영향을 미리 분석한 성인지 예산서를 작성하여야 한다.

14 『지방자치단체 회계기준에 관한 규칙』에서 재무제표의 작성원칙에 대한 설명 중 옳지 않은 것을 〈보기〉에서 모두 고른 것은?　　　　　　　　2021 서울시 7급

〈보기〉

ㄱ. 지방자치단체의 재무제표는 일반회계·기타특별회계·기금회계 및 지방공기업특별회계의 유형별 재무제표를 통합하여 작성하되, 이 경우 내부거래는 상계하지 아니하고 작성한다.

ㄴ. 유형별 회계실체의 재무제표를 작성할 때에는 해당 유형에 속한 개별 회계실체의 재무제표를 합산하지 아니하고 작성한다.

ㄷ. 개별 회계실체의 재무제표를 작성할 때에는 지방자치단체 안의 다른 개별 회계실체와의 내부거래를 상계하지 아니한다.

ㄹ. 재무제표는 당해 회계연도분과 직전 회계연도분을 비교하는 형식으로 작성되어야 하며, 회계정책과 회계추정의 변경이 발생한 경우에는 그 내용을 주석으로 공시하여야 한다.

① ㄱ, ㄴ　　　　　　　② ㄱ, ㄹ

③ ㄴ, ㄷ　　　　　　　④ ㄷ, ㄹ

정답과 해설

13 **정답** ②

해설 예산총계주의가 원칙이지만 수입대체경비, 국가의 현물출자, 외국차관을 도입하여 전대하는 경우, 차관물자대, 전대차관의 상환 등에 있어서는 예외가 적용된다.

14 **정답** ①

해설 ㄱ. 지방자치단체의 재무제표는 일반회계·기타특별회계·기금회계 및 지방공기업특별회계의 유형별 재무제표를 통합하여 작성한다. 이 경우 내부거래는 상계하고 작성한다.

ㄴ. 유형별 회계실체의 재무제표를 작성할 때에는 해당 유형에 속한 개별 회계실체의 재무제표를 합산하여 작성한다. 이 경우 유형별 회계실체 안에서의 내부거래는 상계하고 작성한다.

15 『국가회계예규』의 '재무제표의 통합에 관한 지침'에서 재무제표 작성방법에 대한 설명으로 옳은 것은?

2022 지방직 9급

① 중앙관서 내 국가회계실체가 발행한 국채(공채)를 등일 중앙관서 내 다른 국가회계실체가 취득하는 경우 중앙관서 재무제표 작성 시 해당 투자증권(국채(공채))을 국채(공채)의 차감계정인 자기국채(공채)로 대체한다.

② 중앙관서 내 국가회계실체 간 거래를 통해 재정운영표에 수익·비용을 인식한 경우 해당 내부거래로 인하여 상호발생한 수익과 비용을 제거하지 않는다.

③ 국가 재무제표 작성 시에는 중앙관서 간 내부거래를 통한 일반유형자산의 취득, 처분, 관리전환 등의 거래는 상호 채권·채무를 보유하지 않으므로 내부거래 제거대상에서 제외하지 않는다.

④ 중앙관서 순자산변동표에 표시되는 재원의 조달 및 이전거래는 국가 재정운영표 작성 시에는 재정운영표상 "재정운영순원가"에 반영한다.

---

15 **정답** ①

해설 ① 자기국채(공채) 표시: 중앙관서 내 국가회계실체가 발행한 국채(공채)를 동일 중앙관서 내 다른 국가회계실체가 취득하는 경우 중앙관서 재무제표 작성 시 해당 투자증권(국채(공채))을 국채(공채)의 차감계정인 자기국채(공채)로 대체한다.

② 수익·비용의 내부거래 제거: 중앙관서 내 국가회계실체 간 거래를 통해 재정운영표에 수익·비용을 인식한 경우 해당 내부거래로 인하여 상호 발생한 수익과 비용을 제거한다.

③ 내부거래의 제거: 국가 재무제표 작성 시 모든 중앙관서 재무제표를 합산한 후 중앙관서 간 내부거래를 통해 상호 발생한 채권·채무, 수익·비용 및 재원의 조달 및 이전을 제거한다. 다만, 일반유형자산의 취득, 처분, 관리전환 등의 거래는 상호간 채권·채무를 보유하지 않으므로 내부거래 제거대상에서 제외한다.

④ 재원의 조달 및 이전거래의 조정: 중앙관서 순자산변동표에 표시되는 재원의 조달 및 이전거래는 국가 재정운영표 작성 시에는 재정운영표상 "비교환수익 등"에 반영한다.

02 정부의 재무제표

▶ **9급 출제경향**(●국가직 ◆지방직 ○서울시) **7급**(▲국가직 △서울시)

구분	15	16	17	18	19	20	21	22	23	24	25
2.1 재정상태표		●○		○					●	◆	●◆
2.2 재정운영표	●◆	◆	●○	●◆	●○	●		●	●◆	●◆	●
2.3 기타 재무제표						◆					

▶ **7급 출제경향**(▲국가직 △서울시)

구분	15	16	17	18	19	20	21	22	23	24	-
2.1 재정상태표	▲	▲	△		△	▲△			▲△		
2.2 재정운영표			▲	▲△	△		▲	▲△	▲	▲△	
2.3 기타 재무제표			▲	▲△			▲				

구분	기본	필수	응용	심화	합계
2.1 재정상태표	3	2	9	2	16
2.2 재정운영표	8	12	9	4	33
2.3 기타 재무제표	0	1	2	1	4
합계	11	15	20	7	53

기본문제

[02-01] 재정상태표

01 『국가회계기준에 관한 규칙』에서 정한 재정상태표 요스의 구분과 표시에 대한 설명으로 옳지 않은 것은?

2016 국가직 9급

① 재정상태표는 자산, 부채, 순자산으로 구성되며, 자산 항목과 부채 또는 순자산 항목을 상계하지 않고 총액으로 표시한다.

② 자산은 금융자산, 유·무형자산, 유산자산 및 기타 자산으로 구분한다.

③ 부채는 차입부채, 충당부채 및 기타 부채로 구분한다.

④ 순자산은 기본순자산, 적립금 및 잉여금, 순자산조정으로 구분한다.

정답과 해설

01 **정답** ②

해설 문화재와 같은 유산자산은 자산으로 인식하지 아니하고 그 종류와 현황 등을 주석으로 공시한다. 문화재의 가치를 어떻게 신뢰성 있게 측정할 수 있겠는가?

02 『국가회계기준에 관한 규칙』과 『지방자치단체 회계기준에 관한 규칙』에 대한 설명으로 옳지 않은 것은? 2023 국가직 9급

① 『국가회계기준에 관한 규칙』에 따르면 사회기반시설 중 관리·유지 노력에 따라 취득 당시의 용역 잠재력을 그대로 유지할 수 있는 시설에 대해서는 감가상각하지 아니하고 관리·유지에 투입되는 비용으로 감가상각비용을 대체할 수 있다.

② 『지방자치단체 회계기준에 관한 규칙』에 따르면 자산은 유동자산, 투자자산, 일반유형자산, 주민편의시설, 사회기반시설, 기타비유동자산으로 분류한다.

③ 『지방자치단체 회계기준에 관한 규칙』에 따르면 무형자산은 정액법에 따라 당해 자산을 사용할 수 있는 시점부터 합리적인 기간 동안 상각한다. 다만, 독점적·배타적인 권리를 부여하는 관계 법령이나 계약에서 정한 경우를 제외하고는 20년을 넘을 수 없다.

④ 『국가회계기준에 관한 규칙』에 따르면 현재 세대와 미래 세대를 위하여 정부가 영구히 보존하여야 할 자산으로서 역사적, 자연적, 문화적, 교육적 및 예술적으로 중요한 가치를 갖는 자산은 무형자산으로 인식한다.

03 『국가회계기준에 관한 규칙』에 따른 자산에 대한 설명으로 옳지 않은 것은? 2023 국가직 7급

① 자산은 공용 또는 공공용으로 사용되는 등 공공서비스를 제공할 수 있거나 직접적 또는 간접적으로 경제적 효익을 창출하거나 창출에 기여할 가능성이 매우 높고 그 가액을 신뢰성 있게 측정할 수 있을 때에 인식한다.

② 현재 세대와 미래 세대를 위하여 정부가 영구히 보존하여야 할 자산으로서 역사적, 자연적, 문화적, 교육적 및 예술적으로 중요한 가치를 갖는 자산은 자산으로 인식하지 아니하고 그 종류와 현황 등을 주석으로 공시한다.

③ 국가안보와 관련된 자산은 국방부장관과 협의하여 자산으로 인식하지 아니할 수 있다. 이 경우 해당 중앙관서의 장은 해당자산의 종류, 취득시기 및 관리현황 등을 별도의 장부에 기록하지 않는다.

④ 사회기반시설이란 국가의 기반을 형성하기 위해 대규모로 투자하여 건설하고 그 경제적 효과가 장기간에 걸쳐 나타나는 자산을 말한다.

정답과 해설

02 **정답** ④

해설 『국가회계기준에 관한 규칙』에 따르면 현재 세대와 미래 세대를 위하여 정부가 영구히 보존하여야 할 자산으로서 역사적, 자연적, 문화적, 교육적 및 예술적으로 중요한 가치를 갖는 자산(유산자산)은 자산으로 인식하지 아니하고 그 종류와 현황 등을 주석으로 공시한다.

03 **정답** ③

해설 국가안보와 관련된 자산은 국방부장관이 아닌 기획재정부장관과 협의하여 자산으로 인식하지 아니할 수 있다. 이 경우 해당 중앙관서의 장은 해당 자산의 종류, 취득시기 및 관리현황 등을 별도의 장부에 기록하여야 한다.

04 『국가회계기준에 관한 규칙』상 비교환수익의 유형어 따른 수익인식기준에 대한 설명으로 옳지 않은 것은?

2015 지방직 9급

① 신고·납부하는 방식의 국세: 납세의무자가 세액을 자진신고 하는 때에 수익으로 인식

② 정부가 부과하는 방식의 국세: 국가가 고지하는 때에 수익으로 인식

③ 연부연납 또는 분납이 가능한 국세: 납세의무자가 납부한 때에 납부한 세액을 수익으로 인식

④ 부담금수익: 청구권이 확정된 때에 그 확정된 금액을 수익으로 인식

05 『국가회계기준에 관한 규칙』상 수익의 인식기준에 대한 설명으로 옳지 않은 것은?　2018 지방직 9급

① 신고·납부하는 방식의 국세는 납세의무자가 세액을 자진신고하는 때 수익으로 인식한다.

② 정부가 부과하는 방식의 국세는 국가가 고지하는 때 수익으로 인식한다.

③ 연부연납(年賦延納) 또는 분납이 가능한 국세는 세금이 징수되는 시점에 분납되는 세액을 수익으로 인식한다.

④ 원천징수하는 국세는 원천징수의무자가 원천징수한 금액을 신고·납부하는 때에 수익으로 인식한다.

04 **정답** ③

　해설 연부연납 또는 분납이 가능한 국세는 징수할 세금이 확정된 때에 그 납부할 세액 전체를 수익으로 인식한다. 납세의무자가 세금을 나누어 납부한 각각을 수익으로 인식하는 것이 아니다.

05 **정답** ③

　해설 연부연납 또는 분납이 가능한 국세는 징수할 세금이 확정된 때에 그 납부할 세액 전체를 수익으로 인식한다.

06 『국가회계기준에 관한 규칙』상 중앙관서 또는 기금의 재정운영표에 대한 설명으로 옳지 않은 것은?

2022 국가직 9급

① 재정운영표는 회계연도 동안 수행한 정책 또는 사업의 원가와 재정운영에 따른 원가의 회수명세 등을 포함한 재정운영결과를 나타내는 재무제표를 말한다.

② 중앙관서 또는 기금의 프로그램별 재정운영표는 프로그램순원가, 재정운영순원가, 재정운영결과로 구분하여 표시한다.

③ 프로그램순원가는 프로그램을 수행하기 위해 투입한 원가 합계에서 다른 프로그램으로부터 배부받은 원가를 빼고, 다른 프로그램에 배부한 원가는 더하며, 프로그램의 수행과정에서 발생한 수익을 빼서 표시한다.

④ 비배분비용은 국가회계실체에서 발생한 비용 중 프로그램에 대응되지 않는 비용이며, 비배분수익은 국가회계실체에서 발생한 수익 중 프로그램에 대응되지 않는 수익이다.

07 다음은 지방자치단체 A의 20×1년 재무제표 작성을 위한 자료이다. (단, 아래 이외의 다른 거래는 없다)

○ 20×1년 지방자치단체 A가 운영한 사업의 총원가는 ₩500,000이며, 사용료수익은 ₩200,000이다.

○ 20×1년 관리운영비 ₩100,000이 발생하였다.

○ 20×1년 사업과 관련이 없는 자산처분이익 ₩50,000과 이자비용 ₩10,000이 발생하였다.

○ 20×1년 지방세수익은 ₩200,000이다.

20×1년 지방자치단체 A의 재정운영표상 재정운영순원가와 재정운영결과를 바르게 연결한 것은?

2022 국가직 9급

	재정운영순원가	재정운영결과
①	₩100,000	₩360,000
②	₩160,000	₩360,000
③	₩360,000	₩100,000
④	₩360,000	₩160,000

정답과 해설

06 **정답** ③

해설 프로그램순원가는 프로그램을 수행하기 위해 투입한 원가 합계에서 다른 프로그램으로부터 배부받은 원가를 '더하고', 다른 프로그램에 배부한 원가는 '빼며', 프로그램의 수행과정에서 발생한 수익을 빼서 표시한다.

07 **정답** ④

해설 사업순원가 = 총원가 ₩500,000 - 사용료수익 ₩200,000 = ₩300,000

재정운영순원가 = 사업순원가 ₩300,000 + 관리운영비 ₩100,000 + 비배분비용(이자비용) ₩10,000 - 비배분수익(자산처분이익) ₩50,000 = ₩360,000

재정운영결과 = 재정운영순원가 ₩360,000 - 비교환수익(지방세수익) ₩200,000 = ₩160,000

08 『국가회계기준에 관한 규칙』상 비교환수익 유형에 따른 수익인식기준에 대한 설명으로 옳지 않은 것은?

2023 국가직 9급

① 원천징수하는 국세: 원천징수의무자가 납세의무자로부터 세액을 원천징수할 때 수익으로 인식

② 정부가 부과하는 방식의 국세: 국가가 고지하는 때에 수익으로 인식

③ 분납이 가능한 국세: 징수할 세금이 확정된 때에 그 납부할 세액 전체를 수익으로 인식

④ 부담금수익: 청구권 등이 확정된 때에 그 확정된 금액을 수익으로 인식

09 다음은 지방자치단체 A의 20×1년 재무제표 작성을 위한 자료이다.

○ 사업총원가	₩200,000	○ 일반수익	₩40,000
○ 비배분수익	₩20,000	○ 비배분비용	₩30,000
○ 관리운영비	₩50,000	○ 사업수익	₩70,000

20×1년 지방자치단체 A의 재정운영표상 재정운영결과는?

2023 지방직 9급

① ₩130,000　　　② ₩150,000

③ ₩160,000　　　④ ₩190,000

---

08 정답 ①

해설 원천징수하는 국세는 원천징수의무자가 원천징수한 금액을 신고·납부하는 때에 수익으로 인식한다.

09 정답 ②

해설 사업순원가 = 사업총원가 ₩200,000 − 사업수익 ₩70,000 = ₩130,000

재정운영순원가 = 사업순원가 ₩130,000 + 관리운영비 ₩50,000 + 비배분비용 ₩30,000 − 비배분수익 ₩20,000 = ₩190,000

재정운영결과 = 재정운영순원가 ₩190,000 − 일반수익 ₩40,000 = ₩150,000

10 다음은 중앙관서 A의 기업특별회계(사업형회계) 프로그램 관련 자료이다. 중앙관서 A의 재정운영표에 대한 설명으로 옳지 않은 것은?

2024 국가직 9급

(단위: ₩)

세출		재무계정과목	금액	비고
프로그램/단위사업	목			
물자 및	연구개발비	연구개발비	30,000	프로그램총원가
시설조달	-	감가상각비	1,000	프로그램총원가
전자조달운영	인건비	인건비	500	프로그램총원가
-	-	감가상각비	300	비배분비용
	-	자산처분손실	200	비배분비용
조달행정지원	인건비	인건비	40,000	행정운영성경비

세입(목)	재무계정과목	금액	관련 프로그램	비고
내자구매사업수입	재화및용역제공수익	20,000	물자 및 시설조달	프로그램수익
토지대여료	재화및용역제공수익	1,000	-	비배분수익
위약금	제재금수익	1,000	-	비교환수익

① 프로그램순원가는 ₩11,500이다.

② 관리운영비는 ₩40,000이다.

③ 재정운영순원가는 ₩51,500이다.

④ 재정운영결과는 ₩50,000이다.

11 『국가회계기준에 관한 규칙』상 수익의 인식기준에 대한 설명으로 옳지 않은 것은? 2024 국가직 7급

① 신고·납부하는 방식의 국세는 납세의무자가 세액을 자진신고하는 때에 수익으로 인식한다.

② 정부가 부과하는 방식의 국세는 국가가 고지하는 때에 수익으로 인식한다.

③ 원천징수하는 국세는 원천징수의무자가 원천징수한 금액을 신고·납부하는 때에 수익으로 인식한다.

④ 분납이 가능한 국세는 징수할 세금이 납부된 때에 그 납부된 세액을 수익으로 인식한다.

정답과 해설

10 **정답** ③

해설 프로그램순원가 = 프로그램총원가 (₩30,000 + ₩1,000 + ₩500) - 프로그램수익 ₩20,000 = ₩11,500

행정운영성경비 ₩40,000은 관리운영비에 해당한다.

재정운영순원가 = 프로그램순원가 ₩11,500 + 관리운영비 ₩40,000 - 비배분수익 ₩1,000 + 비배분비용 (₩300 + ₩200) = ₩51,000

재정운영결과 = 재정운영순원가 ₩51,000 - 비교환수익 ₩1,000 = ₩50,000

11 **정답** ④

해설 분납이 가능한 국세는 징수할 세금이 확정된 때에 (이후에 나누어 납부할 부분을 포함한) 그 납부할 세액 전체를 수익으로 인식한다. 나눠서 낼 때 나눠내는 부분(납부된 세액)만을 수익으로 인식하는 것이 아니다.

[02-01]　재정상태표

12　『국가회계기준에 관한 규칙』상 자산의 인식기준으로 옳지 않은 것은?　2015 국가직 7급

① 자산은 공용 또는 공공용으로 사용되는 등 공공서비스를 제공할 수 있거나 직접적 또는 간접적으로 경제적 효익을 창출하거나 창출에 기여할 가능성이 매우 높아야 한다.

② 자산은 그 가액을 신뢰성 있게 측정할 수 있어야 한다.

③ 국가안보와 관련된 자산은 기획재정부장관과 협의하여 자산으로 인식하지 아니할 수 있다.

④ 현재 세대와 미래 세대를 위하여 정부가 영구히 보존하여야 할 자산으로서 역사적, 자연적, 문화적, 교육적 및 예술적으로 중요한 가치를 갖는 유산자산은 재정상태표상 자산으로 인식한다.

13　『국가회계기준에 관한 규칙』상 재정상태표에 대한 설명으로 옳은 것은?　2016 국가직 7급

① 자산은 유동자산, 투자자산, 일반유형자산, 사회기반시설, 주민편의시설 및 기타비유동자산으로 구분한다.

② 부채의 가액은 『국가회계기준에 관한 규칙』에서 따로 정한 경우를 제외하고는 원칙적으로 현재가치로 평가한다.

③ 국가안보와 관련된 자산과 부채는 기획재정부장관과 협의하여 자산과 부채로 인식하지 아니할 수 있다.

④ 순자산은 고정순자산, 특정순자산 및 일반순자산으로 분류한다.

12　**정답** ④

해설 현재 세대와 미래 세대를 위하여 정부가 영구히 보존하여야 할 자산으로서 역사적, 자연적, 문화적, 교육적 및 예술적으로 중요한 가치를 갖는 자산(유산자산)은 자산으로 인식하지 아니하고 그 종류와 현황 등을 주석으로 공시한다. 문화재의 값을 어떻게 매길 수 있나!

13　**정답** ③

해설 ① 지방자치 회계상의 구분이다. 국가회계에서는 주민편의시설이 자산분류에 포함되지 않고, 금융자산, 유·무형자산 및 기타자산으로 구분하여 표시한다.

② 부채의 평가는 원칙적으로 만기상환가액으로 평가한다.

④ 지방자치 회계상의 구분이다. 국가회계에서 순자산은 기본순자산, 적립금 및 잉여금, 순자산조정으로 구분한다.

14 다음은 어느 지방자치단체의 재정운영표 내용이다. 재정운영순원가는?　　　2015 국가직 9급

사업총원가	₩117,000	사업수익	₩39,000
관리운영비	₩65,000	비배분비용	₩47,000
비배분수익	₩38,000	(일반)수익	₩37,000

① ₩106,000　　　② ₩115,000

③ ₩143,000　　　④ ₩152,000

15 『지방자치단체 회계기준에 관한 규칙』에 대한 설명으로 옳지 않은 것은?　　　2016 지방직 9급

① 순자산은 특정순자산, 고정순자산, 일반순자산으로 분류되는데, 일반순자산은 고정순자산과 특정순자산을 제외한 나머지 금액을 의미한다.

② 지방세, 보조금 등의 비교환거래로 생긴 수익은 비록 금액을 합리적으로 측정할 수 없더라도 해당 수익에 대한 청구권이 발생한 시점에 수익으로 인식한다.

③ 일반유형자산과 주민편의시설 중 상각대상 자산에 대한 감가상각은 정액법을 원칙으로 한다.

④ 문화재, 예술작품, 역사적 문건 및 자연자원은 자산으로 인식하지 아니하고 필수보충정보의 관리책임 자산으로 보고한다.

---

14 **정답** ④

　해설 사업순원가 = 사업총원가 ₩117,000 − 사업수익 ₩39,000 = ₩78,000

　　재정운영순원가 = 사업순원가 ₩78,000 + 관리운영비 ₩65,000 + 비배분비용 ₩47,000 − 비배분수익 ₩38,000

　　= ₩152,000

　　※ 재정운영결과 = 재정운영순원가 ₩152,000 − 일반수익 ₩37,000 = ₩115,000

15 **정답** ②

　해설 비교환거래로 생긴 수익은 직접적인 반대급부 없이 생기는 지방세, 보조금, 기부금 등으로서 해당수익에 대한 청구권이 발생하고 그 금액을 합리적으로 측정할 수 있을 때에 인식한다. 금액을 합리적으로 측정할 수 없다면 재무제표에 도대체 얼마로 인식해야 한단 말인가?

16 『국가회계기준에 관한 규칙』의 내용으로 옳지 않은 것은? 2017 국가직 7급

① 자산, 부채 및 순자산은 총액으로 표시한다. 이 경우 자산 항목과 부채 또는 순자산 항목을 상계함으로써 그 전부 또는 일부를 재정상태표에서 제외해서는 아니 된다.

② 정부가 부과하는 방식의 국세는 납세의무자가 세액을 납부하는 때에 수익으로 인식한다.

③ 압수품 및 몰수품 중 화폐성자산은 압류 또는 몰수 당시의 시장가격으로 평가한다.

④ 순자산은 자산에서 부채를 뺀 금액을 말하며, 기본순자산, 적립금 및 잉여금, 순자산조정으로 구분한다.

17 지방자치단체 수익에 대한 설명으로 옳지 않은 것은? 2018 국가직 9급

① 지방자치단체가 과세권을 바탕으로 징수하는 세금은 자체조달수익으로 분류한다.

② 지방자치단체가 기부채납방식으로 자산을 기부받는 경우 기부시점에 수익으로 인식한다.

③ 회계실체가 국가 또는 다른 지방자치단체로부터 이전받은 수익은 정부간이전수익으로 분류한다.

④ 교환거래로 생긴 수익은 수익창출이 끝나고 그 금액을 합리적으로 측정할 수 있을 때에 인식한다.

정답과 해설

16 **정답** ②

해설 정부가 부과하는 방식의 국세는 국가가 고지하는 때에 수익으로 인식한다.

17 **정답** ②

해설 수익은 자산의 증가 또는 부채의 감소를 초래하는 회계연도 동안의 거래로 생긴 순자산의 증가를 말한다. 다만, 회계 간의 재산 이관, 물품 소관의 전환, 기부채납 등으로 생긴 순자산의 증가는 수익에 포함하지 아니한다.

18 『국가회계기준에 관한 규칙』상 '수익과 비용'에 대한 설명으로 옳지 않은 것은? 2018 국가직 7급

① 부담금수익은 청구권 등이 확정된 때에 그 확정된 금액을 수익으로 인식한다.

② 몰수품이 화폐성 자산이어서 몰수한 때에 금액을 확정할 수 있는 경우에는 몰수한 때에 수익으로 인식한다.

③ 재화나 용역의 제공 등 국가재정활동 수행을 위하여 자산이 감소한 경우 금액을 합리적으로 측정할 수 없더라도 비용을 인식한다.

④ 과거에 자산으로 인식한 자산의 미래 경제적 효익이 감소 또는 소멸하거나 자원의 지출 없이 부채가 발생 또는 증가한 것이 명백한 때에 비용으로 인식한다.

19 다음의 자료를 이용하여 중앙관서 A의 재정운영표를 작성하는 경우 재정운영순원가는? 2019 국가직 9급

○ 프로그램순원가	₩300,000	○ 관리운영비	₩150,000
○ 이자비용	₩130,000	○ 유형자산처분이익	₩150,000
○ 부담금수익	₩30,000	○ 채무면제이익	₩300,000

① ₩150,000 ② ₩220,000

③ ₩380,000 ④ ₩430,000

18 **정답** ③

해설 비용은 재화나 용역의 제공 등 국가재정활동 수행을 위하여 자산이 감소하고 그 금액을 합리적으로 측정할 수 '있을 때' 또는 법령 등에 따라 지출에 대한 의무가 존재하고 그 금액을 합리적으로 측정할 수 있을 때에 비용으로 인식한다.

19 **정답** ④

해설 재정운영순원가 = 프로그램순원가 ₩300,000 + 관리운영비 ₩150,000 + 비배분비용(이자비용) ₩130,000 - 비배분수익(유형자산처분이익) ₩150,000 = ₩430,000

※ 부담금수익과 채무면제이익은 비교환수익에 해당한다.

20 『국가회계기준에 관한 규칙』의 수익과 비용에 대한 설명으로 옳은 것은? 2021 국가직 7급

① 정부가 부과하는 방식의 국세는 납세의무자가 세액을 자진신고하는 때에 수익으로 인식한다.

② 신고·납부하는 방식의 국세는 국가가 고지하는 때에 수익으로 인식한다.

③ 원가는 중앙관서의 장 또는 기금관리주체가 프로그램의 목표를 달성하고 성과를 창출하기 위하여 직접적·간접적으로 투입한 경제적 자원의 가치를 말한다.

④ 재화나 용역제공 등 국가재정활동 수행을 위해 자산이 감소하고 그 금액을 합리적으로 측정할 수 있을 때 또는 금액을 합리적으로 측정할 수 없더라도 법령 등에 따라 지출에 대한 의무가 존재한다면 비용으로 인식한다.

21 중앙관서 A 부처는 B 기업과 'XYZ'수익이 발생하는 계약을 체결하였다. 계약기간은 20×1년 10월 1일부터 20×2년 9월 30일까지이며, 계약금액은 ₩100,000이다. 계약서상 A 부처는 20×1년 12월 1일 ₩40,000, 20×2년 6월 1일 ₩60,000을 청구할 수 있다. 'XYZ'수익이 교환수익과 비교환수익에 해당될 경우, A 부처의 수익인식에 대한 설명으로 옳은 것은? (단, 기간은 월할 계산한다) 2022 국가직 7급

① 교환수익에 해당할 경우 20×1년도에 인식할 수익은 ₩0이다.

② 교환수익에 해당할 경우 20×2년도에 인식할 수익은 ₩40,000이다.

③ 비교환수익에 해당할 경우 20×1년도에 인식할 수익은 ₩25,000이다.

④ 비교환수익에 해당할 경우 20×2년도에 인식할 수익은 ₩60,000이다.

20 정답 ③

해설 ① 정부가 부과하는 방식의 국세는 국가가 '고지하는 때'에 수익으로 인식한다.

② 신고·납부하는 방식의 국세는 납세의무자가 세액을 '자진신고하는 때'에 수익으로 인식한다.

④ 재화나 용역제공 등 국가재정활동 수행을 위해 자산이 감소하고 그 금액을 합리적으로 측정할 수 있을 때 또는 법령 등에 따라 지출에 대한 의무가 존재하고 그 금액을 '합리적으로 측정할 수 있을 때'에 비용으로 인식한다.

21 정답 ④

해설 (1) 교환수익에 해당할 경우

교환수익은 수익창출 활동이 끝나고 그 금액을 합리적으로 측정할 수 었을 때에 인식하며, 기간단위의 계약은 기간배분에 따라 인식한다. 따라서, 20×1년에 ₩25,000(= ₩100,000 × 3개월/12개월), 20×2년에 ₩75,000을 수익으로 인식한다.

(2) 비교환수익에 해당할 경우

비교환수익은 해당 수익에 대한 청구권이 발생하고 그 금액을 합리적으로 측정할 수 있을 때에 인식한다. 따라서 계약서상 청구할 수 있는 금액인 ₩40,000(20X1년), ₩60,000(20X2년)을 수익드로 인식한다.

22 『국가회계예규』의 '원가계산에 관한 지침'에 대한 설명으로 옳지 않은 것은?   2022 국가직 7급

① 원가는 신뢰할 수 있는 객관적인 자료와 주관적인 증거에 의하여 계산하며, 국가회계실체가 프로그램 예산체계에 따라 집행한 예산을 현금주의의 원칙에 따라 계산한다.

② 국가회계실체는 그 활동의 특성에 따라 행정형 회계와 사업형 회계로 구분되며, 정부원가계산은 회계의 내용에 따라 그 계산방식을 달리할 수 있다.

③ 각 중앙관서의 장은 사업관리자, 예산편성 관계자 등 정보이용자의 요구에 의해 주요 사업의 원가자료를 제공할 수 있도록 원가 집계 대상에 따라 원가를 산출하여 관리하되, 재정운영표에는 프로그램별로 총원가와 순원가를 표시하여야 한다.

④ 원가계산기간은 『국가회계법』에서 정하는 회계연도와 일치하여야 한다. 다만, 내부관리 목적으로 월별 또는 분기별 등으로 세분하여 원가계산을 실시할 수 있다.

23 『국가회계기준에 관한 규칙』에 따른 A 부처 기타특별회계의 재정운영순원가는?   2023 국가직 7급

○ 프로그램 수익	₩30,000
○ 비배분수익	₩10,000
○ 비교환수익	₩12,000
○ 프로그램 총원가	₩200,000
○ 비배분비용	₩15,000
○ 관리운영비	₩50,000

① ₩213,000　　② ₩225,000

③ ₩235,000　　④ ₩237,000

22 정답 ①

해설 원가는 신뢰할 수 있는 객관적인 자료와 증거(주관적인 증거가 아님)에 의하여 계산하며, 국가회계실체가 프로그램 예산체계에 따라 집행한 예산을 발생주의(현금주의 아님)의 원칙에 따라 계산한다.

23 정답 ②

해설 프로그램순원가 = 프로그램총원가 ₩200,000 - 프로그램수익 ₩30,000 = ₩170,000
재정운영순원가 = 프로그램순원가 ₩170,000 + 관리운영비 ₩50,000 + 비배분비용 ₩15,000 - 비배분수익 ₩10,000 = ₩225,000

24 중앙부처 A의 20×1년 재무제표 작성을 위한 자료가 다음과 같을 때, 재정운영표상 재정운영순원가는?

2024 국가직 7급

> ○ 프로그램총원가 ₩35,000과 프로그램수익 ₩15,000이 발생하였다.
> ○ 행정 운영을 위해 발생한 인건비 ₩7,000과 경비 ₩3,000은 모두 관리운영비로 인식하였다.
> ○ 프로그램 운영과 관련이 없는 이자수익 ₩6,000과 자산처분손실 ₩7,000이 발생하였다.
> ○ 제재금수익은 ₩10,000, 부담금수익은 ₩5,000이다.

① ₩16,000 ② ₩20,000

③ ₩31,000 ④ ₩35,000

25 『국가회계기준에 관한 규칙』과 『지방자치단체 회계기준에 관한 규칙』의 수익과 비용에 대한 설명으로 가장 옳지 않은 것은?

2024 서울시 7급

① 국가의 수익은 국가의 재정활동과 관련하여 재화 또는 용역을 제공한 대가로 발생하거나, 직접적인 반대급부 없이 법령에 따라 납부의무가 발생한 금품의 수납 또는 자발적인 기부금 수령 등에 따라 발생하는 순자산의 증가를 말한다.

② 지방자치단체의 수익은 재원조달의 원천에 따라 자체조달수익, 정부간이전수익, 기타수익으로 구분한다.

③ 국가의 부담금수익, 기부금수익, 무상이전수입은 청구권 등이 확정된 때에 그 확정된 금액을 수익으로 인식한다.

④ 국가의 교환수익은 수익창출 활동이 끝나지 않더라도, 그 금액을 합리적으로 측정할 수 있을 때에 인식한다.

정답과 해설

24 (정답) ③

(해설) 프로그램순원가 = 프로그램총원가 ₩35,000 - 프로그램수익 ₩15,000 = ₩20,000

재정운영순원가 = 프로그램순원가 ₩20,000 + 관리 운영비 (인건비 ₩7,000 + 경비 ₩3,000) + 비배분비용(자산처분손실) ₩7,000 - 비배분수익(이자수익) ₩6,000 = ₩31,000

※ 제재금수익과 부담금수익은 비교환수익에 해당한다.

25 (정답) ④

(해설) 국가의 교환수익은 수익창출 활동이 '끝나고' 그 금액을 합리적으로 측정할 수 있을 때에 인식한다.

26 『지방자치단체 회계기준에 관한 규칙』상 현금흐름표에 대한 설명으로 옳지 않은 것은?

2020 지방직 9급

① 현금흐름표는 회계연도 동안의 현금자원의 변동 즉, 자금의 원천과 사용결과를 표시하는 재무제표로서 영업활동, 투자활동, 재무활동으로 구분하여 표시한다.

② 현금의 유입과 유출은 회계연도 중의 증가나 감소를 상계하지 아니하고 각각 총액으로 적는 것이 원칙이지만, 거래가 잦아 총 금액이 크고 단기간에 만기가 도래하는 경우에는 순증감액으로 적을 수 있다.

③ 현물출자로 인한 유형자산 등의 취득, 유형자산의 교환 등 현금의 유입과 유출이 없는 거래 중 중요한 거래에 대하여는 주석으로 공시한다.

④ 투자활동은 자금의 융자와 회수, 장기투자증권·일반유형자산·주민편의시설·사회기반시설 및 무형자산의 취득과 처분 등을 말한다.

26 **정답** ①

해설 지방자치단체의 현금흐름표는 영업활동이 아닌 경상활동으로 표시한다.

27 『지방자치단체 회계기준에 관한 규칙』에 대한 다음의 설명 중 가장 옳지 않은 것은? 2016 서울시 9급

① 무상으로 취득한 자산의 가액은 공정가액을 취득원가로 한다.

② 재정운영순원가는 사업순원가에서 관리운영비 및 비배분비용은 더하고, 비배분수익을 빼서 표시한다.

③ 자산은 미래에 공공서비스를 제공할 수 있거나 직접적 또는 간접적으로 경제적 효익을 창출하거나 창출에 기여할 가능성이 높고 그 가액을 신뢰성 있게 측정할 수 있을 때에 인식한다.

④ 지방자치단체의 재무제표는 일반회계·기타특별회계·기금회계 및 지방공기업특별회계의 유형별 재무제표를 통합하여 작성한다. 이 경우 내부거래는 상계하고 작성한다.

28 『국가회계기준에 관한 규칙』상 자산의 정의와 인식기준으로 가장 옳지 않은 것은? 2017 서울시 7급

① 자산은 공용 또는 공공용으로 사용되는 등 공공서비스를 제공할 수 있거나 직접적 또는 간접적으로 경제적 효익을 창출하거나 창출에 기여할 가능성이 매우 높고 그 가액을 신뢰성 있게 측정할 수 있을 때에 인식한다.

② 현재 세대와 미래 세대를 위하여 정부가 영구히 보존하여야 할 자산으로서 역사적, 자연적, 문화적, 교육적 및 예술적으로 중요한 가치를 갖는 유산자산은 자산으로 인식하지 아니하고 그 종류와 현황 등을 주석으로 공시한다.

③ 국가안보와 관련된 자산은 기획재정부장관과 협의하여 자산으로 인식하지 아니할 수 있다. 이 경우 해당 중앙관서의 장은 해당 자산의 종류, 취득시기 및 관리현황 등을 별도의 장부에 기록하여야 한다.

④ 자산은 과거의 거래나 사건의 결과로 현재 국가 회계실체가 소유(실질적으로 소유하는 경우를 제외한다)하고 있는 자원으로서 미래에 공공서비스를 제공할 수 있거나 직접 또는 간접적으로 경제적 효익을 창출할 것으로 기대하는 자원을 말한다.

27 정답 ③

해설 『지방자치단체 회계기준에 관한 규칙』에 의하면 자산은 미래에 공공서비스를 제공할 수 있거나 직접적 또는 간접적으로 경제적 효익을 창출하거나 창출에 기여할 가능성이 '매우' 높고 그 가액을 신뢰성 있게 측정할 수 있을 때에 인식한다.

28 정답 ④

해설 회계는 형식보다는 거래의 실질을 중시한다. 실질적으로 소유하는 경우는 당연히 소유에 '포함'한다.

29 『지방자치단체 회계기준에 관한 규칙』에 대한 설명 중 가장 옳지 않은 것은? 2018 서울시 9급

① 지방자치단체의 재무제표는 일반회계·기타특별회계·기금회계 및 지방공기업특별회계의 유형별 재무제표를 통합하여 작성한다.

② 현금흐름표는 회계연도 동안의 현금자원의 변동에 관한 정보로서 자금의 원천과 사용결과를 표시하는 재무제표로서 경상활동, 투자활동 및 재무활동으로 구성된다.

③ 재정운영표의 수익과 비용은 그 발생원천에 따라 명확하게 분류하여야 하며, 해당 항목의 중요성에 따라 별도의 과목으로 표시하거나 다른 과목과 통합하여 표시할 수 있다.

④ 재정상태표의 순자산은 지방자치단체의 기능과 용도를 기준으로 고정순자산과 일반순자산의 2가지로 분류한다.

30 『지방자치단체 회계기준에 관한 규칙』의 재정상태표에 대한 설명으로 가장 옳지 않은 것은?

2019 서울시 7급

① 재정상태표는 특정 시점의 회계실체의 자산과 부채의 내역 및 상호관계 등 재정상태를 나타내는 재무제표로서 자산·부채 및 자본으로 구성된다.

② 부채는 회계실체가 부담하는 현재의 의무를 이행하기 위하여 경제적 효익이 유출될 것이 거의 확실하고 그 금액을 신뢰성 있게 측정할 수 있을 때에 인식한다.

③ 자산과 부채는 유동성이 높은 항목부터 배열하는 것을 원칙으로 한다.

④ 가지급금이나 가수금 등의 미결산항목은 그 내용을 나타내는 적절한 과목으로 표시하고, 비망계정은 재정상태표의 자산 또는 부채항목으로 표시하지 않는다.

정답과 해설

29 **정답** ④

해설 순자산은 지방자치단체의 기능과 용도를 기준으로 고정순자산, 특정순자산 및 일반순자산으로 분류한다.

30 **정답** ①

해설 소유주가 없는 정부와 지방자치단체는 자본 대신 순자산이라는 용어를 사용한다.

31 다음의 자료를 이용하여 지방자치단체의 재정상태보고서에 표시될 순자산항목의 금액을 올바르게 표시한 것은? 2014 공인회계사

○ 자산총계	₩1,900,000
○ 부채총계	1,000,000
○ 일반유형자산, 주민편의시설, 사회기반시설투자액	900,000
○ 무형자산투자액	200,000
○ 일반유형자산 등의 투자재원을 위해 즈달된 차입금	450,000
○ 적립성기금의 원금	150,000

	고정순자산	특정순자산	일반순자산
①	₩650,000	₩50,000	₩200,000
②	₩450,000	₩150,000	₩300,000
③	₩650,000	₩150,000	₩100,000
④	₩650,000	₩0	₩250,000
⑤	₩450,000	₩0	₩450,000

32 다음은 『지방자치단체 회계기준에 관한 규칙』에 대한 설명이다. 옳지 않은 것은? 2015 공인회계사

① 비교환거래로 생긴 수익은 직접적인 반다 급부 없이 생기는 지방세, 보조금, 기부금 등으로서 해당수익에 대한 청구권이 발생하고 그 금액을 합리적으로 측정할 수 있을 때에 인식한다.

② 일반유형자산은 공공서비스의 제공을 위하여 1년 이상 반복적 또는 계속적으로 사용되는 자산으로서 토지, 건물, 입목, 주민편의를 위한 주차장 등을 말한다.

③ 재정운영표는 회계연도 동안 회계실체가 수행한 사업의 원가와 회수된 원가 정보를 포함한 재정운영결과를 나타내는 재무제표로 사업순원가, 재정운영순원가, 재정운영결과로 구분하여 표시한다.

④ 장기연불조건의 매매거래, 장기금전대차거래 또는 이와 유사한 거래에서 발생하는 채권·채무로서 명목가액과 현재가치의 차이가 중요한 경우에는 이를 현재가치로 평가한다.

⑤ 문화재, 예술작품, 역사적 문건 및 자연자원은 자산으로 인식하지 아니하고 필수보충정보의 관리책임자산으로 보고한다.

정답과 해설

31 **정답** ③

해설 고정순자산 = 일반유형자산, 주민편의시설, 사회기반시설투자액 ₩900,000 + 무형자산투자액 ₩200,000 − 일반유형자산 투자재원을 위해 조달된 차입금 ₩450,000 = ₩650,000
특정순자산 = 적립성기금의 원금 ₩150,000
일반순자산 = 순자산(자산총계 ₩1,900,000 − 부채총계 ₩1,000,000) − 고정순자산 ₩650,000 − 특정순자산 ₩150,000 = ₩100,000

32 **정답** ②

해설 주민편의를 위한 주차장은 일반유형자산이 아닌 주민편의시설에 해당한다.

33 다음 중 『지방자치단체 회계기준에 관한 규칙』에 대한 설명으로 옳은 것은?　　　2016 공인회계사 수정

① 유형별 회계실체는 『지방재정법』에 따른 일반회계 및 특별회계와 『지방자치단체 기금관리기본법』에 따른 기금으로서 재무제표를 작성하는 최소 단위를 말한다.

② 재무보고는 당기의 수입이 당기의 서비스를 제공하기에 충분하였는지에 관한 정보는 제공하지만, 미래의 납세자가 과거에 제공된 서비스에 대한 부담을 지게 되는지에 대한 기간간 형평성에 관한 정보는 제공하지 못한다.

③ 개별 회계실체의 재무제표를 작성할 때에는 지방자치단체 안의 다른 개별 회계실체와의 내부거래를 상계한다.

④ 재무제표는 지방자치단체의 재정상황을 표시하는 중요한 요소로서 재정상태표, 재정운영표, 현금흐름표, 순자산변동표, 주석으로 구성된다.

⑤ 지방자치단체의 재무제표는 일반회계·기타특별회계·기금회계의 유형별 재무제표를 통합하여 작성하며, 지방공기업특별회계는 포함하지 아니한다.

정답과 해설

33 　정답　④

　해설　① 유형별 회계실체가 아닌, 개별 회계실체에 대한 설명이다.

② 지방자치단체의 재무보고는 당기의 수입이 당기의 서비스를 제공하기에 충분하였는지 또는 미래의 납세자가 과거에 제공된 서비스에 대한 부담을 지게 되는지에 대한 기간간 형평성에 관한 정보를 제공하여야 한다.

③ 개별 회계실체의 재무제표를 작성할 때에는 지방자치단체 안의 다른 개별 회계실체와의 내부거래를 상계하지 아니한다.

⑤ 지방자치단체의 재무제표는 일반회계·기타특별회계·기금회계 및 지방공기업특별회계의 유형별 재무제표를 통합하여 작성한다.

34 다음 중 『국가회계기준에 관한 규칙』에 대한 설명으로 옳은 것은? 2018 공인회계사

① 국가회계실체란 『국가재정법』에 따른 일반회계, 특별회계 및 기금으로서 개별 회계실체, 유형별 회계실체 및 통합 회계실체로 구분된다.

② 재무제표는 국가가 공공회계책임을 적절히 이행하였는지를 평가하는 데 필요한, 당기의 수입이 당기의 서비스를 제공하기에 충분하였는지 또는 미래의 납세자가 과거에 제공된 서비스에 대한 부담을 지게 되는지에 대한 기간간 형평성에 관한 정보를 제공하여야 한다.

③ 재무제표의 양식, 과목 및 회계용어는 이해하기 쉽도록 간단명료하게 표시하여야 하므로, 자산 항목과 부채 또는 순자산 항목을 상계하여 간결하게 표시하여야 한다.

④ 자산은 금융자산, 유·무형자산, 국민편의시설 및 기타 자산으로 구분하여 재정상태표에 표시한다.

⑤ 자산은 공용 또는 공공용으로 사용되는 등 공공서비스를 제공할 수 있거나 직접적 또는 간접적으로 경제적 효익을 창출하거나 창출에 기여할 가능성이 매우 높고 그 가액을 신뢰성 있게 측정할 수 있을 때에 인식한다.

35 『국가회계기준에 관한 규칙』과 『지방자치단체 회계기준에 관한 규칙』에 대한 다음 설명 중 옳지 않은 것은? 2019 공인회계사

① 국가의 우발자산은 과거의 거래나 사건으로 발생하였으나 국가회계실체가 전적으로 통제할 수 없는 하나 이상의 불확실한 미래 사건의 발생 여부로만 그 존재 유무를 확인할 수 있는 잠재적 자산을 말하며, 경제적 효익의 유입 가능성이 매우 높은 경우 주석에 공시한다.

② 국가의 일반유형자산 및 사회기반시설에 대한 사용수익권은 재정상태표에 부채로 표시한다.

③ 국가의 자산은 금융자산, 유·무형자산 및 기타 자산으로 구분하여 재정상태표에 표시하고, 지방자치단체의 자산은 유동자산, 투자자산, 일반유형자산, 주민편의시설, 사회기반시설, 기타비유동자산으로 분류한다.

④ 지방자치단체의 기타비유동부채는 유동부채와 장기차입부채에 속하지 아니하는 부채로서 퇴직급여충당부채, 장기예수보증금, 장기선수수익 등을 말한다.

⑤ 지방자치단체의 장기투자증권은 매입가격에 부대비용을 더하고 이에 종목별로 총평균법을 적용하여 산정한 취득원가로 평가함을 원칙으로 한다.

34 정답 ⑤

해설 ① 국가회계에서 국가회계실체란 『국가재정법』에 따른 일반회계, 특별회계 및 기금으로서 '중앙관서별로 구분된 것'을 말한다. 지방자치단체가 회계실체를 개별 회계실체, 유형별 회계실체 및 통합 회계실체로 구분한다.
② 기간간 형평성에 관한 정보 제공은 지방자치단체 재무보고의 목적에 해당한다.
③ 자산, 부채 및 순자산은 총액으로 표시한다. 이 경우 자산 항목과 부채 또는 순자산 항목을 상계함으로써 그 전부 또는 일부를 재정상태표에서 제외해서는 아니 된다.
④ 자산은 금융자산, 유·무형자산 및 기타 자산으로 구분하여 재정상태표에 표시한다. 국민편의시설이라는 자산분류는 없다.

35 정답 ②

해설 일반유형자산 및 사회기반시설에 대한 사용수익권은 부채가 아닌 자산의 차감항목에 표시한다.

36 『국가회계기준에 관한 규칙』의 수익 인식에 관한 설명으로 옳지 않은 것은? 2014 국가직 9급

① 정부가 부과하는 방식의 국세는 국가가 국세를 수납하는 때에 수익으로 인식한다.

② 원천징수하는 국서는 원천징수의무자가 원천징수한 금액을 신고·납부하는 때에 수익으로 인식한다.

③ 분납이 가능한 국세는 징수할 세금이 확정된 때에 그 납부할 세액 전체를 수익으로 인식한다.

④ 기부금 수익은 청구권이 확정된 때에 그 확정된 금액을 수익으로 인식한다.

37 『국가회계기준에 관한 규칙』에서 정하고 있는 국세의 수익인식 기준에 대한 설명으로 옳지 않은 것은? 2013 국가직 7급

① 정부가 부과하는 방식의 국세는 국가가 고지하는 때에 인식

② 신고·납부하는 방식의 국세는 납세의무자가 세액을 자진신고하는 때에 인식

③ 원천징수하는 국세는 원천징수의무자가 납세자로부터 원천징수하는 때에 인식

④ 연부연납 또는 분납이 가능한 국세는 징수할 세금이 확정된 때에 그 납부할 세액 전체를 인식

38 『국가회계기준에 관한 규칙』에 대한 설명으로 옳지 않은 것은? 2014 국가직 7급

① 국세수익은 중앙관서 또는 기금의 재정운영표에는 표시되지 않지만, 국가의 재정운영표에는 표시된다.

② 비교환수익은 수익창출활동이 끝나고 그 금액을 합리적으로 측정할 수 있을 때 인식한다.

③ 신고·납부하는 방식의 국세는 납세의무자가 세액을 자진신고 하는 때에 수익으로 인식한다.

④ 원천징수하는 국세는 원천징수 의무자가 원천징수한 금액을 신고·납부하는 때에 수익으로 인식한다.

정답과 해설

36 정답 ①
해설 정부가 부과하는 방식의 국세는 국가가 '고지하는 때'에 수익으로 인식한다.

37 정답 ③
해설 원천징수하는 국세는 원천징수의무자가 원천징수한 금액을 신고·납부하는 때에 수익으로 인식한다.

38 정답 ②
해설 교환수익에 대해서 수익창출 활동이 끝나고 그 금액을 합리적으로 측정할 수 있을 때에 인식한다. 비교환수익은 직접적인 반대급부 없이 발생하므로 수익창출활동이 발생하지 않는다. 따라서, 수익에 대한 청구권이 발생하고 그 금액을 합리적으로 측정할 수 있을 때어 인식한다.

39 『지방자치단체 회계기준에 관한 규칙』상 수익과 비용의 정의 및 인식기준에 대한 설명으로 옳지 않은 것은?

2017 지방직 9급 추가채용

① 교환거래로 생긴 수익은 사용료, 수수료, 보조금 등을 포함한다.

② 회계 간의 재산 이관, 물품 소관의 전환 등으로 생긴 순자산의 감소는 비용에 포함하지 아니한다.

③ 교환거래로 생긴 수익은 수익창출활동이 끝나고 그 금액을 합리적으로 측정할 수 있을 때에 인식한다.

④ 비교환거래에 의한 비용은 가치의 이전에 대한 의무가 존재하고 그 금액을 합리적으로 측정할 수 있을 때에 인식한다.

40 중앙관서 A의 재정운영표를 작성하기 위한 자료가 다음과 같을 때 재정운영순원가는?

2017 지방직 9급 추가채용

○ 프로그램수익	₩400	○ 비배분비용	₩50
○ 국세수익	₩100	○ 관리운영비	₩100
○ 프로그램총원가	₩700	○ 비배분수익	₩70

① ₩280　　　　② ₩350

③ ₩380　　　　④ ₩450

---

39 정답 ①

해설 사용료, 수수료는 교환거래로 생긴 수익에 해당하나, 보조금은 직접적인 반대급부 없이 생기는 것으로 비교환거래로 생긴 수익에 해당한다.

40 정답 ③

해설 재정운영순원가 = 프로그램순원가(프로그램총원가 ₩700 - 프로그램수익 ₩400) + 관리운영비 ₩100 + 비배분비용 ₩50 - 비배분수익 ₩70 = ₩380

※ 국가가 아닌 중앙관서의 경우 국세수익은 재정운영표가 아닌 국세징수활동표에 표시한다.

41 〈보기〉는 어느 지방자치단체의 재정운영표의 내용이다. 일반수익은? 2019 서울시 9급

〈보기〉

사업순원가	₩180,000	관리운영비	₩220,000
비배분비용	₩40,000	비배분수익	₩30,000
재정운영결과	₩150,000		

① ₩180,000　　　　② ₩210,000

③ ₩260,000　　　　④ ₩270,000

42 다음은 중앙관서 A부처의 일반회계에서 발생한 거래이다. 다음 거래가 A부처의 일반회계 재정운영표의 재정운영결과에 미치는 영향과 국가재정운영표의 재정운영결과에 미치는 영향을 올바르게 나타낸 것은? 2014 공인회계사

- 20×3년중에 프로그램 순원가로 ₩100,000이 발생하였다.
- 20×3년중에 행정운영과 관련하여 인건비 ₩50,000, 감가상각비 ₩30,000이 발생하였다.
- 20×3년중에 부담금 수익 ₩70,000에 대한 청구권이 확정되었다.
- 20×3년중에 B부처에서 무상관리환으로 ₩30,000의 자산을 수증받았다.

	A부처의 일반회계	대한민국 정부
①	₩180,000 증가	₩110,000 증가
②	₩150,000 증가	₩80,000 증가
③	₩110,000 증가	₩110,000 증가
④	₩110,000 증가	₩80,000 증가
⑤	₩80,000 증가	₩110,000 증가

정답과 해설

41 정답 ③

해설 재정운영순원가 = 사업순원가 ₩180,000 + 관리운영비 ₩220,000 + 비배분비용 ₩40,000 − 비배분수익 ₩30,000
= ₩410,000
재정운영결과 ₩150,000 = 재정운영순원가 ₩410,000 − 일반수익
일반수익 = ₩260,000

42 정답 ①

해설 A부처 일반회계 재정운영순원가 = 프로그램순원가 ₩100,000 + 관리운영비 (₩50,000 + ₩30,000) = ₩180,000
A부처 일반회계 재정운영결과 = 재정운영순원가 ₩180,000 − 비교환수익 ₩0 = ₩180,000
※ 행정형회계(일반회계)에서 발생하는 비교환수익은 재정운영표가 아닌 순자산변동표의 재원의 조달 및 이전란에 표시한다. 따라서 재정운영표에 반영되는 비교환수익은 ₩0이다.
국가재정운영표의 재정운영결과 = 재정운영순원가 ₩180,000 − 비교환수익 ₩70,000 = ₩110,000
※ 중앙관서(행정형 회계)의 부담금수익(비교환수익)을 재정운영표가 아닌 순자산변동표에 표시했더라도 국가 재무제표에는 재정운영결과로 통합하여야 한다. 무상이전수입(무상관리환)의 경우 중앙관서의 순자산변동표에 표시하지만, 국가 재무제표를 작성할 때는 다른 부서의 무상이전지출과 상계되기 때문에 국가 재무제표에는 표시되지 않는다.

43 다음 중 『국가회계기준에 관한 규칙』에 대한 설명으로 옳은 것은? 2016 공인회계사

① 『국고금관리법 시행령』에 따른 출납정리기한 중에 발생하는 거래는 다음 회계연도에 발생한 거래로 보아 회계처리한다.

② 자산은 금융자산, 유·무형자산, 주민편의시설 및 기타 자산으로 구분하여 재정상태표에 표시한다.

③ 부담금수익, 기부금수익, 무상이전수입은 청구권 등이 확정된 때에 그 확정된 금액을 수익으로 인식한다.

④ 투자증권 중 채무증권은 상각후취득원가로 평가하고, 지분증권은 취득원가로 평가한다. 다만, 재정상태표일 현재 신뢰성 있게 공정가액을 측정할 수 있으면 그 공정가액으로 평가하며, 장부가액과 공정가액의 차이금액은 재정운영표상 재정운영순원가에 반영한다.

⑤ 필수보충정보는 재무제표에는 표시하지 아니하였으나, 재무제표의 내용을 보완하고 이해를 돕기 위하여 필수적으로 제공되어야 하는 정보를 말하며 수익·비용 기능별 재정운영표는 필수보충정보로 제공되어야 한다.

정답과 해설

43 **정답** ③

해설 ① 『국고금관리법 시행령』에 따른 출납정리기한 중에 발생하는 거래는 '해당' 회계연도에 발생한 거래로 보아 회계처리한다.

② 주민편의시설은 국가의 재정상태표에 나타나지 않는다.

④ 장부가액과 공정가액의 차이금액은 순자산조정에 반영한다.

⑤ 국가회계기준에 관한 규칙이 개정되어 더 이상 부속서류(필수보충정보와 부속명세서)는 존재하지 않는다.

44 다음은 일반회계만으로 구성된 중앙관서 A부처의 20x1년도 자료이다. 단, 20x1년도에는 아래 거래 이외에 다른 거래는 없으며, 국가 재무제표 작성과정에서 상계할 내부거래는 없다고 가정한다.

프로그램을 수행하기 위해 투입한 직접원가	₩150,000
프로그램 관련 교환수익	10,000
다른 프로그램으로부터 배부받은 간접원가	4,000
다른 프로그램에 배부한 간접원가	7,000
관리운영비	30,000
비배분수익	3,500
비배분비용	2,000
비교환수익	13,500

다음 중 20x1년도 재무제표에 대한 설명으로 옳지 않은 것은?　　　　2018 공인회계사

① A부처의 재정운영표에 표시되는 재정운영결과는 ₩152,000이다.

② A부처의 재정운영표에 표시되는 프로그램순원가는 ₩137,000이다.

③ A부처의 재정운영표에 표시되는 재정운영순원가는 ₩165,500이다.

④ A부처의 순자산변동표에서 재원의 조달 및 이전란에 표시될 금액은 ₩13,500이다.

⑤ A부처 20x1년도 자료가 국가재정운영표에 표시되는 재정운영결과에 미치는 영향은 ₩152,000 증가 이다.

44 정답 ①

해설　프로그램순원가 = 프로그램원가 ₩150,000 + 배부받은 원가 ₩4,000 - 배부한 원가 ₩7,000 - 프로그램수익 ₩10,000
　　= ₩137,000

재정운영순원가 = 프로그램순원가 ₩137,000 + 관리운영비 ₩30,000 - 비배분수익 ₩3,500 + 비배분비용 ₩2,000 = ₩165,500

재정운영결과 = 재정운영순원가 ₩165,500 - 비교환수익 ₩0 = ₩165,500

※ 행정형 회계(일반회계, 기타특별회계)에서 발생하는 비교환수익은 재정운영표가 아닌 순자산변동표의 재원의 조달 및 이전란에 표시한다. 따라서 재정운영표에 반영되는 비교환수익은 ₩0이 되고, 순자산변동표의 재원의 조달 및 이전란에 표시될 금액은 ₩13,500이 된다.

※ 비교환수익을 중앙관서의 재정운영표가 아닌 순자산변동표에 표시했더라도 국가 재무제표에는 재정운영결과로 통합하여야 한다. 따라서 국가재정운영표에 표시되는 재정운영결과에는 ₩152,000(= 재정운영순원가 ₩165,500 - 비교환수익 ₩13,500)으로 나타난다.

45 『지방자치단체 회계기준에 관한 규칙』에서 현금흐름표, 순자산변동표, 주석에 대한 내용으로 가장 옳지 않은 것은?

2018 서울시 7급

① 현금흐름표는 회계연도 동안의 현금자원의 변동에 관한 정보로서 자금의 원천과 사용결과를 표시하는 재무제표로서 경상활동, 투자활동 및 재무활동으로 구성된다.

② 현금흐름표에서 현금의 유입과 유출은 회계연도 중의 증가나 감소를 상계하여 순증감액으로 적는다. 다만, 거래가 잦아 총 금액이 크고 단기간에 만기가 도래하는 경우에는 총액으로 적을 수 있다.

③ 현물출자로 인한 유형자산 등의 취득, 유형자산의 교환 등 현금의 유입과 유출이 없는 거래 중 중요한 거래에 대하여는 주석(註釋)으로 공시한다.

④ 순자산변동표에서 순자산의 증가사항은 회계 간의 재산 이관, 물품 소관의 전환, 양여·기부 등으로 생긴 자산증가를 말하며, 순자산의 감소사항은 회계 간의 재산 이관, 물품 소관의 전환, 양여·기부 등으로 생긴 자산감소를 말한다.

46 다음 중 『국가회계기준에 관한 규칙』에 대한 내용으로 옳지 않은 것은?

2012 공인회계사

① 국가회계실체란 『국가재정법』 제4조에 따른 일반회계, 특별회계 및 같은 법 제5조에 따른 기금으로서 중앙관서별로 구분된 것을 말한다.

② 재무제표는 국가가 공공회계책임을 적절히 이행하였는지를 평가하는 데 필요한 국가의 재정상태 및 그 변동과 재정운영결과에 관한 정보, 국가사업의 목적을 능률적·효과적으로 달성하였는지에 관한 정보, 예산과 그 밖에 관련 법규의 준수에 관한 정보를 제공하여야 한다.

③ 재무제표는 국가의 재정활동에 직접적 또는 간접적으로 이해관계를 갖는 정보이용자가 국가의 재정활동 내용을 파악하고, 합리적으로 의사결정을 할 수 있도록 유용한 정보를 제공하는 것을 목적으로 한다.

④ 재무제표는 『국가회계법』 제14조 제3호에 따라 재정상태표, 재정운영표, 순자산변동표 및 현금흐름표로 구성하되, 재무제표에 대한 주석을 포함한다.

⑤ 중앙관서 또는 기금의 순자산변동표를 통합하여 작성하는 국가의 순자산변동표는 기초순자산, 재정운영결과, 재원의 조달 및 이전, 조정항목 기말순자산으로 구분하여 표시한다.

45 정답 ②

해설 기업회계와 마찬가지로 현금의 유입과 유출은 회계연도 중의 증가나 감소를 상계하지 아니하고 각각 총액으로 적는다. 다만, 거래가 잦아 총 금액이 크고 단기간에 만기가 도래하는 경우에는 순증감액으로 적을 수 있다.

46 정답 ⑤

해설 국가의 순자산변동표에는 '재원의 조달 및 이전' 항목이 없다. 중앙관서 사이에서 재원을 이전하는 것이 국가의 입장에서는 국가 내의 부서 사이에 재원이 오고 가는 내부거래에 해당하여 상계되기 때문에 재원의 조달과 이전이 나타나지 않는다.

47 『지방자치단체 회계기준에 관한 규칙』에 대한 설명으로 가장 옳지 않은 것은?　　2023 서울시 7급

① 재정상태표의 순자산은 자산에서 부채를 뺀 금액을 말하며, 기본순자산, 적립금 및 잉여금, 순자산조정으로 구분한다.

② 재정운영표의 모든 수익과 비용은 발생주의 원칙에 따라 거래나 사실이 발생한 기간에 표시한다.

③ 현금흐름표의 경상활동은 지방자치단체의 행정서비스와 관련된 활동으로서 투자활동과 재무활동에 속하지 아니하는 거래를 말한다.

④ 순자산변동표의 순자산의 증가사항은 회계 간의 재산이관, 물품 소관의 전환, 양여·기부 등으로 생긴 자산 증가를 말한다.

48 다음은 지방자치단체 A의 20×1년 말 재정상태표상 금액이다.

○ 부채 총계	₩2,000,000
○ 사회기반시설 투자액	₩900,000
○ 일반순자산	₩300,000
○ 무형자산 투자액	₩100,000
○ 사회기반시설 투자 관련 차입금	₩450,000
○ 적립성기금의 원금	₩150,000

지방자치단체 A의 20×1년 말 재정상태표상 자산 총계는?　　2024 지방직 9급

① ₩2,900,000　　　② ₩3,000,000

③ ₩3,450,000　　　④ ₩3,900,000

49 『지방자치단체 회계기준에 관한 규칙』에 대한 설명으로 옳지 않은 것은? 2015 지방직 9급

① 비용은 자산의 감소나 부채의 증가를 초래하는 회계 연도 동안의 거래로 생긴 순자산의 감소를 말하며, 회계 간의 재산 이관, 물품 소관의 전환 등으로 생긴 순자산의 감소도 비용에 포함한다.

② 문화재, 예술작품, 역사적 문건 및 자연자원은 자산으로 인식하지 아니하고 필수보충정보의 관리책임자산으로 보고한다.

③ 지방자치단체의 재무제표는 재정상태표, 재정운영표, 현금흐름표, 순자산변동표, 주석으로 구성된다.

④ 순자산의 감소사항은 회계 간의 재산 이관, 물품 소관의 전환, 양여·기부 등으로 생긴 자산감소를 말한다.

50 정부 기관인 A부처는 2016년 7월 1일 ㈜한국과 수익(교환 또는 비교환)이 발생하는 계약을 체결하였다. 계약기간은 2016년 9월 1일부터 2017년 8월 31일까지이며, 계약금액 총액은 ₩1,200,000이다. 계약서 상 청구권 확정/고지일과 금액이 다음과 같을 때, A부처가 2016년에 인식할 수익에 대한 설명으로 옳은 것은? (단, 해당 수익이 교환수익이면 사용료수익, 비교환수익이면 부담금수익으로 가정한다) 2017 국가직 9급

청구권 확정/고지일	청구 금액
2016. 10. 31.	₩200,000
2017. 1. 31.	₩300,000
2017. 4. 30.	₩300,000
2017. 8. 31.	₩400,000

① 교환수익에 해당할 경우 비교환수익에 해당할 경우보다 수익을 ₩800,000 덜 인식한다.

② 교환수익에 해당할 경우 비교환수익에 해당할 경우보다 수익을 ₩200,000 더 인식한다.

③ 교환수익에 해당할 경우와 비교환수익에 해당할 경우 인식할 수익금액은 동일하다.

④ 비교환수익에 해당할 경우 인식할 수익금액은 ₩400,000이다.

49 정답 ①

해설 회계 간의 재산 이관, 물품 소관의 전환, 기부채납 등으로 생긴 순자산의 증가는 수익에 포함하지 아니하고, 회계 간의 재산 이관, 물품 소관의 전환 등으로 생긴 순자산의 감소는 비용에 포함하지 아니한다.

50 정답 ②

해설 교환수익은 수익창출 활동이 끝나고 그 금액을 합리적으로 측정할 수 있을 때에 인식하는 데 이는 발생주의에 따라 인식함을 의미한다. 따라서 기간경과분(₩1,200,000 × 4개월/12개월) ₩400,000을 수익으로 인식한다.
비교환수익은 해당 수익에 대한 청구권이 발생하고 그 금액을 합리적으로 측정할 수 있을 때에 인식하며, 수익 유형에 따라 부담금수익은 청구권 등이 확정된 때에 그 확정된 금액을 수익으로 인식한다. 따라서 2016년 중 청구권이 확정된 ₩200,000만을 수익으로 인식한다.

51 중앙부처 A의 다음 재정운영표 자료에 근거하여 산출한 재정운영 결과는? 2020 국가직 9급

프로그램 수익	₩40,000	프로그램 총원가	₩300,000	비배분수익	₩20,000
비배분비용	₩30,000	비교환수익	₩24,000	관리운영비	₩60,000

① (-) ₩306,000

② (+) ₩306,000

③ (-) ₩330,000

④ (+) ₩330,000

52 『지방자치단체 회계기준에 관한 규칙』상 재정운영표에 대한 설명으로 옳지 않은 것은? 2024 지방직 9급

① 교환거래로 생긴 수익은 재화나 서비스 제공의 반대급부로 생긴 사용료, 수수료 등으로서 해당수익에 대한 청구권이 발생하고 그 금액을 합리적으로 측정할 수 있을 때에 인식한다.

② 사업순원가는 총원가에서 사업수익을 빼서 표시하며, 총원가는 사업을 수행하기 위하여 투입한 원가에서 다른 사업으로부터 배부받은 원가를 더하고, 다른 사업에 배부한 원가를 뺀 것이다.

③ 수익은 재원조달의 원천에 따라 지방자치단체가 독자적인 과세권한과 자체적인 징수활동을 통하여 조달한 자체조달수익, 회계실체가 국가 또는 다른 지방자치단체로부터 이전받은 정부간이전수익, 자체조달수익 및 정부간이전수익 외의 수익인 기타수익으로 구분한다.

④ 재정운영순원가는 사업순원가에서 관리운영비 및 비배분비용은 더하고 비배분수익을 빼서 표시하며, 관리운영비는 조직의 일반적이고 기본적인 기능을 수행하는 데 필요한 인건비, 기본경비 및 운영경비이다.

정답과 해설

51 **정답** ②

해설 프로그램순원가 = 프로그램총원가 ₩300,000 - 프로그램수익 ₩40,000 = ₩260,000

재정운영순원가 = 프로그램순원가 ₩260,000 + 관리운영비 ₩60,000 + 비배분비용 ₩30,000 - 비배분수익 ₩20,000 = ₩330,000

재정운영결과 = 재정운영순원가 ₩330,000 - 비교환수익 ₩24,000 = ₩306,000

52 **정답** ①

해설 교환거래로 생긴 수익은 재화나 서비스 제공의 반대급부로 생긴 사용료, 수수료 등으로서 수익창출활동이 끝나고 그 금액을 합리적으로 측정할 수 있을 때에 인식한다. 비교환거래로 생긴 수익은 해당수익에 대한 청구권이 발생하고 그 금액을 합리적으로 측정할 수 있을 때에 인식한다.

53 다음은 20×1년 중앙관서 A부처 기타특별회계의 재무제표 작성을 위한 자료이다. 재무제표에 대한 설명으로 옳지 않은 것은?

2021 국가직 7급

> ○ 프로그램총원가 ₩28,000, 프로그램수익 ₩12,000
>
> ○ 관리운영비: 인건비 ₩5,000, 경비 ₩3,000
>
> ○ 프로그램과 직접적인 관련이 없는 수익과 비용: 이자비용 ₩1,000, 자산처분손실 ₩1,000, 자산처분이익 ₩2,000
>
> ○ 국고수입 ₩10,000, 부담금수익 ₩5,000, 채무면제이익 ₩10,000, 국고이전지출 ₩3,000
>
> ○ 기초순자산 ₩20,000(기본순자산 ₩5,000, 적립금 및 잉여금 ₩10,000, 순자산조정 ₩5,000)

① 재정운영표상 재정운영결과는 ₩24,000이다.

② 순자산변동표상 재원의 조달 및 이전은 ₩22,000이다.

③ 순자산변동표상 기말 적립금 및 잉여금은 ₩7,000이다.

④ 순자산변동표상 기말순자산은 ₩18,000이다.

---

53 정답 ③

해설 ※ 행정형 회계(일반회계와 기타특별회계)에서 발생한 비교환수익은 재정운영표가 아닌 순자산변동표의 '재원의 조달 및 이전'에 표시한다.

① 재정운영결과 = 프로그램순원가(₩28,000 - ₩12,000) + 관리운영비 ₩8,000 + 비배분비용(이자비용, 자산처분손실) ₩2,000 - 비배분수익(자산처분이익) ₩2,000 = ₩24,000

② 재원의 조달 및 이전 = 국고수입 ₩10,000 + 부담금수익 ₩5,000 + 채무면제이익 ₩10,000 - 국고이전지출 ₩3,000 = ₩22,000

③ 기말 적립금 및 잉여금 = 기초 적립금 및 잉여금 ₩10,000 - 재정운영결과 ₩24,000 + 재원의 조달 및 이전 ₩22,000 = ₩8,000

④ 기말순자산 = 기초순자산 ₩20,000 - 재정운영결과 ₩24,000 + 재원의 조달 및 이전 ₩22,000 = ₩18,000

주요 Topic 및 출제경향

주요	01 자산의 평가 ★★★★
Topic	02 부채의 평가 ★★★★

▶ **9급 출제경향**(●국가직 ◆지방직 ○서울시) **7급**(▲국가직 △서울시)

구분	15	16	17	18	19	20	21	22	23	24	25
3.1 자산의 평가			●◆	●	◆	●				●◆	◆
3.2 부채의 평가	●	●	○			◆	●◆	◆	◆		

▶ **7급 출제경향**(▲국가직 △서울시)

구분	15	16	17	18	19	20	21	22	23	24	-
3.1 자산의 평가	▲	△	△		▲	▲		△		▲	
3.2 부채의 평가				▲	▲					△	

구분	기본	필수	응용	심화	합계
3.1 자산의 평가	3	7	3	0	13
3.2 부채의 평가	6	5	3	2	16
합계	9	12	6	2	29

기본문제

[03-01] 자산의 평가

01 『지방자치단체 회계기준에 관한 규칙』에서 규정하는 자산의 회계처리에 대한 설명으로 옳은 것은?

2017 국가직 9급

① 재고자산은 구입가액에 부대비용을 더하고 이에 총평균법을 적용하여 산정한 가액을 취득원가로 평가함을 원칙으로 한다.

② 장기투자증권은 매입가격에 부대비용을 더하고 이에 종목별로 선입선출법을 적용하여 산정한 취득원가로 평가함을 원칙으로 한다.

③ 주민편의시설 중 상각대상 자산에 대한 감가상각은 정액법을 원칙으로 한다.

④ 사회기반시설 중 유지보수를 통하여 현상이 유지되는 도로, 도시철도, 하천부속시설 등에 대한 감가상각은 사용량비례법을 원칙으로 한다.

정답과 해설

01 **정답** ③

해설 ① 재고자산은 선입선출법을 적용하는 것을 원칙으로 한다.

② 장기투자증권은 총평균법을 적용하는 것을 원칙으로 한다.

④ 사회기반시설은 일반유형자산과 주민편의시설과 마찬가지로 정액법 상각을 원칙으로 한다.

02 국가회계기준에 대한 설명으로 옳지 않은 것은?　　　　　　　　　　　　　　　　　2020 국가직 9급

① 재무제표는 재정상태표, 재정운영표, 순자산변동표, 현금흐름표로 구성하되, 재무제표에 대한 주석도 포함된다.

② 자산은 금융자산, 유·무형자산 및 기타 자산으로 구분하여 재정상태표에 표시한다.

③ 순자산은 자산에서 부채를 뺀 금액을 말하며, 기본순자산, 적립금 및 잉여금, 순자산조정으로 구분한다.

④ 재정상태표에 표시하는 자산의 가액은 해당 자산의 공정가액을 기초로 하여 계상한다.

03 『국가회계기준에 관한 규칙』에 대한 설명으로 옳지 않은 것은?　　　　　　　　　　　　2024 국가직 9급

① 금융자산은 현금 및 현금성자산, 금융상품, 투자증권, 정부출자금, 대여금, 미수채권, 기타 금융자산을 말한다.

② 중앙관서 또는 기금의 순자산변동표는 기초순자산, 재정운영결과, 재원의 조달 및 이전, 조정항목, 기말순자산으로 구분하여 표시한다.

③ 무주부동산의 취득, 국가 외의 상대방과의 교환 또는 기부채납 등의 방법으로 자산을 취득한 경우에는 취득 당시의 공정가액을 취득원가로 한다.

④ 국가회계실체 사이에 발생하는 관리전환은 유상거래일 경우에는 자산의 장부가액을 취득원가로 한다.

02 정답 ④

해설 공정가액이 아닌 취득원가를 기초로 하여 계상한다.

03 정답 ④

해설 국가회계실체 사이에 발생하는 관리전환은 무상거래일 경우에는 자산의 장부가액을 취득원가로 하고, 유상거래일 경우에는 자산의 공정가액을 취득원가로 한다.

04 『국가회계기준에 관한 규칙』에 대한 설명으로 옳지 않은 것은?　　　2015 국가직 9급

① 재무제표는 재정상태표, 재정운영표, 순자산변동표, 현금흐름표로 구성하되 재무제표에 대한 주석을 포함한다.

② 현재 세대와 미래 세대를 위하여 정부가 영구히 보존하여야 할 자산으로서 역사적, 자연적, 문화적, 교육적 및 예술적으로 중요한 가치를 갖는 자산(유산자산)은 자산으로 인식하지 아니하고 그 종류와 현황 등을 주석으로 공시한다.

③ 재정상태표에 표시하는 부채의 가액은 원칙적으로 현재가치로 평가한다.

④ 사회기반시설 중 관리·유지 노력에 따라 취득 당시의 용역잠재력을 그대로 유지할 수 있는 시설에 대해서는 감가상각하지 아니하고 관리·유지에 투입되는 비용으로 감가상각비용을 대체할 수 있다.

05 『국가회계기준에 관한 규칙』과 『지방자치단체 회계기준에 관한 규칙』상 자산, 부채의 평가에 대한 설명으로 옳지 않은 것은?　　　2020 지방직 9급

① 국가의 도로는 관리, 유지 노력에 따라 취득 당시의 용역잠재력을 그대로 유지할 수 있는 경우 감가상각 대상에서 제외할 수 있다.

② 재정상태표에 기록하는 자산의 가액은 해당 자산의 취득원가를 기초로 하여 계상함을 원칙으로 한다.

③ 부채의 가액은 따로 정한 경우를 제외하고는 원칙적으로 만기상환가액으로 평가한다.

④ 국가와 지방자치단체의 일반유형자산과 사회기반시설은 공정가액으로 재평가하여야 한다.

정답과 해설

04　**정답** ③

　　해설 재정상태표에 표시하는 부채의 가액은 원칙적으로 '만기상환가액'으로 평가한다.

05　**정답** ④

　　해설 국가의 경우 일반유형자산과 사회기반시설에 대해 재평가를 허용하지단, 지방자치단체는 재평가에 관한 규정이 없다.

06 『국가회계기준에 관한 규칙』에 대한 설명으로 옳지 않은 것은? 2021 국가직 9급

① 국채는 국채발행수수료 및 발행과 관련하여 직접 발생한 비용을 뺀 발행가액으로 평가한다.

② 파생상품은 공정가액으로 평가하여 해당 계약에 따라 발생한 권리와 의무를 각각 자산 및 부채로 계상한다.

③ 화폐성 외화부채는 재정상태표일 현재의 적절한 환율로 평가한다.

④ 사회기반시설에 대한 사용수익권은 부채로 표시한다.

07 『국가회계기준에 관한 규칙』상 자산과 부채의 평가에 대한 설명으로 옳지 않은 것은? 2021 지방직 9급

① 재정상태표에 표시하는 자산의 가액은 해당 자산의 취득원가를 기초로 하여 계상한다.

② 국채는 국채발행수수료 및 발행과 관련하여 직접 발생한 비용을 뺀 발행가액으로 평가한다.

③ 일반유형자산은 해당 자산의 건설원가 또는 매입가액에 부대비용을 더한 금액을 취득원가로 하고, 객관적이고 합리적인 방법으로 추정한 기간에 정액법 등을 적용하여 감가상각한다.

④ 국가회계실체 사이에 발생하는 관리전환은 무상거래일 경우에는 자산의 공정가액을 취득원가로 하고, 유상거래일 경우에는 자산의 장부가액을 취득원가로 한다.

08 『지방자치단체 회계기준에 관한 규칙』의 회계변경과 오류수정에 대한 설명으로 옳지 않은 것은?

2022 지방직 9급

① 회계정책 또는 회계추정을 변경한 경우에는 그 변경내용, 변경사유 및 변경이 해당 회계연도의 재무제표에 미치는 영향을 주석으로 표시한다.

② 회계추정의 변경에 따른 영향은 비교표시되는 직전 회계연도의 기초순자산 및 그 밖의 대응금액을 회계추정의 변경 이전 처음부터 적용된 것으로 조정한다.

③ 오류의 수정은 전년도 이전에 발생한 회계기준적용의 오류, 추정의 오류, 계정분류의 오류, 계산상의 오류, 사실의 누락 및 사실의 오용 등을 수정하는 것이다.

④ 중대한 오류를 수정한 경우에는 중대한 오류로 판단한 근거, 비교재무제표에 표시된 과거회계기간에 대한 수정금액, 비교재무제표가 다시 작성되었다는 사실을 주석으로 포함한다.

09 『지방자치단체 회계기준에 관한 규칙』에 대한 설명으로 옳은 것은?   2023 지방직 9급

① 부채는 유동부채, 장기차입부채, 장기충당부채 및 기타 비유동부채로 구분하여 재정상태표에 표시한다.

② 특정순자산은 주민편의시설, 사회기반시설 및 무형자산의 투자액에서 그 시설의 투자재원을 마련할 목적으로 조달한 장기차입금 및 지방채증권 등을 뺀 금액으로 한다.

③ 부채의 가액은 회계실체가 지급의무를 지는 채무액을 말하며, 채무액은 이 규칙에서 정하는 것을 제외하고는 만기상환가액으로 함을 원칙으로 한다.

④ 교환거래에 의한 비용은 가치의 이전에 대한 의무가 존재하고 그 금액을 합리적으로 측정할 수 있을 때에 인식한다.

08 정답 ②

해설 정부회계의 회계변경과 오류수정에 대한 규정은 기업회계와 유사하므로 회계추정의 변경은 소급법이 아닌 전진법을 적용한다. 따라서 회계추정의 변경에 따른 영향은 해당 회계연도 후의 기간에 미치는 것으로 한다.

09 정답 ③

해설 ① 지방자치단체의 경우 부채는 유동부채, 장기차입부채 및 기타비유동부채로 분류한다. 장기충당부채로 분류하지 않는다.

② 특정순자산은 채무상환 목적이나 적립성기금의 원금과 같이 그 사용목적이 특정되어 있는 재원과 관련된 순자산을 말한다. 고정순자산은 일반유형자산, 주민편의시설, 사회기반시설 및 무형자산의 투자액에서 그 시설의 투자재원을 마련할 목적으로 조달한 장기차입금 및 지방채증권 등을 뺀 금액으로 한다.

④ 교환거래에 따르는 비용은 반대급부로 발생하는 급여, 지급수수료, 임차료, 수선유지비 등으로서 대가를 지급하는 조건으로 민간부문이나 다른 공공부문으로부터 재화와 서비스의 제공이 끝나고 그 금액을 합리적으로 측정할 수 있을 때에 인식한다. 비교환거래에 의한 비용은 직접적인 반대급부 없이 발생하는 보조금, 기부금 등으로서 가치의 이전에 대한 의무가 존재하고 그 금액을 합리적으로 측정할 수 있을 때에 인식한다.

[03-01] 자산의 평가

10 『국가회계기준에 관한 규칙』과 『지방자치단체 회계기준에 관한 규칙』에 대한 설명으로 옳지 않은 것은?

2017 지방직 9급

① 국가의 일반유형자산과 사회기반시설을 취득한 후 재평가할 때에는 공정가액으로 계상하여야 한다.

② 국가와 지방자치단체의 금융리스는 리스료를 내재이자율로 할인한 가액과 리스자산의 공정가액 중 낮은 금액을 리스자산과 리스부채로 각각 계상하여 감가상각한다.

③ 국가의 투자증권은 매입가액에 부대비용을 더하고 종목별로 총평균법 등을 적용하여 산정한 가액을 취득원가로 한다.

④ 기부채납 등으로 인한 지방자치단체의 순자산 증가는 수익에 포함한다.

11 다음 자료를 이용하여 국가회계실체인 A부의 재정상태표에 표시할 자산의 장부가액은?

2018 국가직 9급

> ○ 국가회계실체인 B부가 ₩200,000,000으로 계상하고 있던 토지를 관리전환 받아 공정가액 ₩300,000,000을 지급하고 취득함
>
> ○ 국가 외의 상대방으로부터 공정가액 ₩1,000,000,000인 건물을 무상으로 기부 받고 동시에 건물에 대하여 10년에 걸쳐 사용수익권 ₩500,000,000을 기부자에게 제공하기로 함
>
> ○ 공정가액 ₩700,000,000인 무주토지를 발굴하여 자산에 등재함

① ₩1,400,000,000 ② ₩1,500,000,000

③ ₩2,000,000,0C0 ④ ₩2,500,000,000

정답과 해설

10 **정답** ④

해설 회계 간의 재산 이관, 물품 소관의 전환, 기부채납 등으로 생긴 순자산의 증가는 수익에 포함하지 아니한다.

11 **정답** ②

해설 국가회계실체 사이에 발생하는 관리전환은 무상거래일 경우에는 자산의 장부가액을 취득원가로 하고, 유상거래일 경우에는 자산의 공정가액을 취득원가로 한다. 유상거래이므로 공정가액 ₩300,000,000이 취득원가가 된다. 무주부동산의 취득, 기부채납의 경우 취득 당시의 공정가액을 취득원가로 한다. 일반유형자산에 대한 사용수익권은 해당 자산의 차감항목으로 표시한다.
자산의 장부가액 = 관리전환자산(유상) ₩300,000,000 + 건물(기부채납 ₩1,000,000,000 - 사용수익권 ₩500,000,000) + 무주토지 ₩700,000,000 = ₩1,500,000,000

12 『지방자치단체 회계기준에 관한 규칙』상 자산의 평가에 대한 설명으로 옳은 것은?　　　2019 지방직 9급

① 미수세금은 합리적이고 객관적인 기준에 따라 평가하여 대손충당금을 설정하고 이를 미수세금 금액에서 차감하는 형식으로 표시하며, 대손충당금의 내 역은 주석으로 공시한다.

② 재고자산은 구입가액에 부대비용을 더하고 이에 총평균법을 적용하여 산정한 가액을 취득원가로 할 수 있으나, 그 내용을 주석으로 공시할 필요는 없다.

③ 도로, 도시철도, 하천부속시설 등 사회기반시설은 예외 없이 감가상각하여야 한다.

④ 장기투자증권은 매입가격에 부대비용을 더하고 이에 종목별로 총평균법을 적용하여 산정한 취득원가로 기록한 후, 매년 말 공정가치와 장부금액을 비고하여 평가손익을 인식한다.

13 『국가회계기준에 관한 규칙』에 대한 설명으로 옳지 않은 것은?　　　2019 국가직 7급

① 재정상태표상 순자산은 자산에서 부채를 뺀 금액을 말하며, 기본순자산, 적립금 및 잉여금, 순자산조정으로 구분한다.

② 융자보조원가충당금은 융자사업에서 발생한 융자금 원금과 추정 회수가능액의 현재가치와의 차액으로 평가한다.

③ 채무증권은 상각후취득원가로 평가하고, 지분증권은 취득원가로 평가한다. 다만, 재정상태표일 현재 신뢰성 있게 공정가액을 측정할 수 있으면 그 공정가액으로 평가하며, 장부가액과 공정가액의 차이금액은 순자산조정에 반영한다.

④ 일반유형자산에 대해서는 재평가를 할 수 있으나 사회기반시설에 대해서는 재평가를 할 수 없다.

12　**정답** ①

　해설 ② 재고자산에 대해서는 총평균법이 아닌 선입선출법을 적용하는 것이 원칙이다. 다만, 다른 방법을 적용하는 것이 보다 합리적이라고 인정되는 경우에는 해당 방법을 적용하되 그 내용을 주석으로 공시해야 한다.

　③ 사회기반시설 중 유지보수를 통하여 현상이 유지되는 도로, 도시철도, 하천부속시설 등은 감가상각 대상에서 제외할 수 있다.

　④ 지방자치단체 회계의 경우 장기투자증권에 대해 취득원가로 평가하고, 공정가치의 변동은 원칙적으로 반영하지 않는다.

13　**정답** ④

　해설 사회기반시설에 대해서도 재평가가 가능하다.

14 『국가회계기준에 관한 규칙』에 대한 설명으로 옳은 것은? 2020 국가직 7급

① 현재 세대와 미래 세대를 위하여 정부가 영구히 보존하여야 할 자산으로서 역사적, 자연적, 문화적, 교육적 및 예술적으로 중요한 가치를 갖는 자산은 자산으로 인식하지 아니하고 그 종류와 현황 등을 주석으로 공시한다.

② 미래예상거래의 현금흐름변동위험을 회피하는 파생상품 계약에서 발생하는 평가손익은 발생한 시점의 재정운영결과에 반영한다.

③ 압수품 및 몰수품이 비화폐성 자산인 경우 압류 또는 몰수 당시의 시장가격으로 평가하며 감정가액으로 평가할 수 없다.

④ 우발자산은 과거의 거래나 사건으로 발생하였으나 국가회계 실체가 전적으로 통제할 수 없는 하나 이상의 불확실한 미래사건의 발생 여부로만 그 존재 유무를 확인할 수 있는 잠재적 자산을 말하며, 경제적 효익의 유입 가능성이 매우 높은 경우 재정상태표에 자산으로 공시한다.

15 『지방자치단체 회계기준에 관한 규칙』에서 자산 및 부채 평가에 대한 설명으로 가장 옳지 않은 것은? 2022 서울시 7급

① 미수세금은 합리적이고 객관적인 기준에 따라 평가하여 대손충당금을 설정하고 이를 미수세금 금액에서 차감하는 형식으로 표시한다.

② 일반유형자산과 주민편의시설에 대한 사용수익권은 해당 자산의 가산항목으로 표시한다.

③ 우발이익의 발생이 확실하고 그 이익금액을 합리적으로 추정할 수 있는 경우 우발상황의 내용을 주석으로 표시한다.

④ 회계추정의 변경에 따른 영향은 해당 회계연도 후의 기간에 미치는 것으로 한다.

---

14 **정답** ①

해설 ② 파생상품에서 발생한 평가손익은 발생한 시점에 재정운영결과에 반영한다. 다만, 미래예상거래의 현금흐름변동위험을 회피하는 계약에서 발생하는 평가손익은 순자산조정에 반영한다.

③ 압수품 및 몰수품이 비화폐성 자산인 경우 압류 또는 몰수 당시의 감정가액 또는 공정가액 등으로 평가한다.

④ 우발자산은 경제적 효익의 유입 가능성이 매우 높은 경우 주석에 공시한다.

15 **정답** ②

해설 일반유형자산과 주민편의시설에 대한 사용수익권은 해당 자산의 '차감'항목으로 표시한다.

16 『지방자치단체 회계기준에 관한 규칙』상 자산 및 부채의 평가에 대한 설명으로 옳지 않은 것은?

2024 국가직 7급

① 재정상태표에 기재하는 자산은 자산의 진부화, 물리적인 손상 및 시장가치의 급격한 하락 등의 원인으로 인하여 해당 자산의 회수가능가액이 장부가액에 미달하고 그 미달액이 중요한 경우에는 이를 장부가액에서 직접 차감하여 회수가능가액으로 조정하고 감액내역을 주석으로 공시한다. 이 경우 회수가능가액은 해당 자산의 순 실현가능액과 사용가치 중 작은 금액으로 한다.

② 미수세금은 합리적이고 객관적인 기준에 따라 평가하여 대손충당금을 설정하고 이를 미수세금 금액에서 차감하는 형식으로 표시하며, 대손충당금의 내역은 주석으로 공시한다.

③ 일반유형자산과 주민편의시설 중 상각대상 자산에 대한 감가상각은 정액법 적용을 원칙으로 한다. 일반유형자산과 주민편의시설에 대한 사용수익권은 해당 자산의 차감항목으로 표시한다.

④ 지방채증권의 액면가액과 발행가액의 차이는 지방채할인 또는 할증 발행차금으로 하고, 할인 또는 할증 발행차금은 증권 발행시부터 최종 상환시까지의 기간에 유효이자율 등으로 상각 또는 환입하고 그 상각액 또는 환입액은 지방채증권에 대한 이자비용에 더하거나 뺀다.

정답과 해설

16 **정답** ①

해설 회수가능가액은 해당 자산의 순 실현가능액과 사용가치 중 '큰' 금액으로 한다.

17 『국가회계기준에 관한 규칙』에서 정한 자산과 부채의 평가에 대한 내용으로 옳지 않은 것은?

2016 국가직 9급

① 일반유형자산에 대한 사용수익권은 해당 자산의 차감항목에 표시한다.

② 사회기반시설 중 관리·유지 노력에 따라 취득당시 용역잠재력을 그대로 유지할 수 있는 시설에 대해서는 감가상각하지 아니하고 관리·유지에 투입되는 비용으로 감가상각비용을 대체할 수 있다.

③ 투자증권은 부대비용을 제외한 매입가액에 종목별로 총평균법을 적용하여 산정한 가액을 취득원가로 한다.

④ 재정상태표에 표시하는 부채의 가액은 『국가회계기준에 관한 규칙』에 따로 정한 경우를 제외하고는 원칙적으로 만기상환가액으로 평가한다.

18 『국가회계기준에 관한 규칙』상 '자산과 부채의 평가'에 대한 설명으로 옳지 않은 것은? 2018 국가직 7급

① 국가회계실체 사이에 발생하는 관리전환이 무상거래일 경우에는 취득 당시의 공정가액을 취득원가로 한다.

② 무형자산은 정액법에 따라 해당 자산을 사용할 수 있는 시점부터 합리적인 기간 동안 상각한다.

③ 비화폐성 외화자산을 역사적 원가로 측정하는 경우 해당 자산을 취득한 당시의 적절한 환율로 평가한다.

④ 보증충당부채는 보증채무불이행에 따른 추정 순현금유출액의 현재가치로 평가한다.

정답과 해설

17 **정답** ③

해설 투자증권은 매입가액에 부대비용을 '더하고' 종목별로 총평균법 등을 적용하여 산정한 가액을 취득원가로 한다.

18 **정답** ①

해설 국가회계실체 사이에 발생하는 관리전환은 무상거래일 경우에는 자산의 장부가액을 취득원가로 하고, 유상거래일 경우에는 자산의 공정가액을 취득원가로 한다.

19 『국가회계기준에 관한 규칙』상 '부채의 분류 및 평가'에 대한 설명으로 옳지 않은 것은? 2019 국가직 7급

① 재정상태표상 부채는 유동부채, 장기차입부채 및 기타비유동부채로 분류한다.

② 장기연불조건의 거래, 장기금전대차거래 또는 이와 유사한 거래에서 발생하는 채권·채무로서 명목가액과 현재가치의 차이가 중요한 경우에는 현재가치로 평가한다.

③ 화폐성 외화부채는 재정상태표일 현재의 적절한 환율로 평가한다.

④ 재정상태표에 표시되는 부채의 가액은 『국가회계기준에 관한 규칙』에서 따로 정한 경우를 제외하고는 원칙적으로 만기 상환가액으로 평가한다.

20 『지방자치단체 회계기준에 관한 규칙』의 자산 및 부채의 평가에 대한 설명으로 옳은 것은?

2021 국가직 9급

① 일반유형자산과 주민편의시설은 당해 자산의 건설원가나 매입가액을 취득원가로 평가함을 원칙으로 한다.

② 무형자산은 정률법에 따라 당해 자산을 사용할 수 있는 시점부터 합리적인 기간동안 상각한다.

③ 사회기반시설 중 유지보수를 통하여 현상이 유지되는 도로, 도시철도, 하천부속시설 등은 감가상각 대상에서 제외할 수 없다.

④ 퇴직급여충당 부채는 회계연도말 현재 『공무원연금법』을 적용받는 지방공무원을 제외한 무기계약근로자 등이 일시에 퇴직할 경우 지방자치단체가 지급하여야 할 퇴직금에 상당한 금액으로 한다.

정답과 해설

19 **정답** ①

해설 지방자치단체의 분류다. 국가의 부채는 유동·비유동 구분 없이 차입부채, 충당부채 및 기타 부채로 구분하여 재정상태표에 표시한다.

20 **정답** ④

해설 ① 일반유형자산과 주민편의시설은 당해 자산의 건설원가나 매입가액에 '부대비용을 더한' 취득원가로 평가함을 원칙으로 한다. 아주 치사한 지문이다.

② 정률법이 아닌 정액법에 따라 상각한다.

③ 감가상각 대상에서 제외할 수 있으며, 유지보수에 투입되는 비용과 감가상각을 하지 아니한 이유를 주석으로 공시한다.

21 『지방자치단체 회계기준에 관한 규칙』상 자산 및 부채의 평가에 대한 설명으로 〈보기〉에서 옳은 것을 모두 고른 것은?

2024 서울시 7급

〈보기〉

ㄱ. 금융리스는 리스료를 내재이자율로 할인한 가액과 리스자산의 공정가액 중 높은 금액을 리스자산과 리스부채로 각각 계상하여 감가상각한다.

ㄴ. 사회기반시설 중 유지보수를 통하여 현상이 유지되는 도로, 도시철도, 하천부속시설 등은 감가상각 대상에서 제외할 수 있다.

ㄷ. 지방채증권은 발행가액으로 평가하되, 발행가액은 지방채증권 발행수수료 및 발행과 관련하여 직접 발생한 비용을 뺀 후의 가액으로 한다.

ㄹ. 재정상태표 보고일 현재 우발손실의 발생이 확실하고 그 손실금액을 합리적으로 추정할 수 있는 경우, 우발손실을 재무제표에 반영하고 그 내용을 주석으로 표시한다.

ㅁ. 사회기반시설에 대한 사용수익권은 해당 자산의 가산항목으로 표시한다.

① ㄱ, ㄴ, ㄹ
② ㄱ, ㄷ, ㅁ
③ ㄴ, ㄷ, ㄹ
④ ㄷ, ㄹ, ㅁ

21 **정답** ③

해설 ㄱ. 금융리스는 리스료를 내재이자율로 할인한 가액과 리스자산의 공정가액 중 '낮은' 금액을 리스자산과 리스부채로 각각 계상하여 감가상각하고, 운용리스는 리스료를 해당 회계연도의 비용으로 회계처리한다.

ㅁ. 사회기반시설에 대한 사용수익권은 해당 자산의 '차감'항목으로 표시한다.

22 『국가회계기준에 관한 규칙』상 자산의 평가에 대한 설명으로 옳지 않은 것은?　　　2016 서울시 7급

① 대여금 및 미수채권은 신뢰성 있고 객관적인 기준에 따라 산출한 대손추산액을 대손충당금으로 설정하여 평가한다.

② 투자증권은 매입가액에 부대비용을 더하고 종목별로 총평균법 등을 적용하여 산정한 가액을 취득원가로 한다.

③ 채무증권, 지분증권은 취득원가로 평가한다.

④ 정부출자금은 출자액 또는 매입가액에 부대비용을 더하고 품목별로 총평균법 등을 적용하여 산정한 가액을 취득원가로 한다.

23 『국가회계기준에 관한 규칙』과 『지방자치단체 회계기준에 관한 규칙』의 자산에 대한 다음 설명 중 옳지 않은 것은?　　　2020 공인회계사

① 지방자치단체는 주민의 편의를 위해서 1년 이상 반복적 또는 계속적으로 사용되는 도서관, 주차장, 공원, 박물관 및 미술관 등을 재정상태표에 주민편의시설로 표시한다.

② 국가는 무형자산의 상각대상금액을 내용연수동안 체계적으로 배부하기 위해 정액법 등 다양한 방법을 사용할 수 있다.

③ 국가는 압수품 및 몰수품이 화폐성자산일 경우 압류 또는 몰수 당시의 시장가격으로 평가한다.

④ 지방자치단체는 문화재, 예술작품, 역사적 문건 및 자연자원은 자산으로 인식하지 않고 필수보충정보의 관리책임자산으로 보고한다.

⑤ 지방자치단체의 장기투자증권은 매입가격에 부대비용을 더하고 이에 종목별로 총평균법을 적용하여 산정한 취득원가로 평가함을 원칙으로 한다.

22 **정답** ③

해설 채무증권은 '상각후취득원가'로 평가하고, 지분증권은 취득원가로 평가한다. 다만, 재정상태표일 현재 신뢰성 있게 공정가액을 측정할 수 있으면 그 공정가액으로 평가한다.

23 **정답** ②

해설 무형자산은 정액법에 따라 해당 자산을 사용할 수 있는 시점부터 합리적인 기간 동안 상각한다.

24 『국가회계기준에 관한 규칙』과 『지방자치단체 회계기준에 관한 규칙』에 대한 다음 설명 중 옳지 않은 것은?

2022 공인회계사

① 국가회계실체는 일반회계, 특별회계 및 기금으로서 중앙관서별로 구분된 것을 말하며, 지방자치단체의 유형별 회계실체는 일반회계, 기타특별회계, 기금회계 및 지방공기업특별회계로 구분한다.

② 국가의 유산자산과 지방자치단체의 관리책임자산은 재정상태표 상 자산으로 인식하지 않는다.

③ 국가 재정상태표와 달리 지방자치단체 재정상태표에는 '주민편의시설'이라는 자산 분류가 존재한다.

④ 국가와 지방자치단체는 회계실체 사이에 발생하는 관리전환(물품소관의 전환)이 무상거래일 경우에는 자산의 장부가액을 취득원가로 하고, 유상거래일 경우에는 자산의 공정가액을 취득원가로 한다.

⑤ 국가 재정상태표에서는 순자산을 기본순자산, 적립금 및 잉여금, 순자산조정으로 구분하며, 지방자치단체 재정상태표에서는 순자산을 고정순자산, 특정순자산 및 일반순자산으로 분류한다.

25 『지방자치단체 회계기준에 관한 규칙』상의 자산 및 부채평가와 관련된 다음 설명 중 가장 옳은 것은?

2017 서울시 9급

① 사회기반시설 중 유지보수를 통하여 현상이 유지되는 도로, 도시철도, 하천부속시설 등도 감가상각하여야 한다.

② 지방채증권은 발행가액으로 평가하되, 발행가액은 지방채증권 발행수수료 및 발행과 관련하여 직접 발생한 비용을 가산한 가액으로 한다.

③ 일반유형자산과 주민편의시설에 대한 사용수익권은 해당 자산의 차감항목으로 표시한다.

④ 퇴직급여충당부채는 회계연도말 현재 『공무원연금법』을 적용받는 지방공무원이 일시에 퇴직할 경우 지방자치단체가 지급하여야 할 퇴직금에 상당한 금액으로 한다.

---

24 **정답** ④

해설 국가의 경우에만 해당하는 내용이다. 지방자치단체의 경우 회계 간의 재산 이관이나 물품 소관의 전환으로 취득한 자산의 가액은 직전 회계실체의 장부가액으로 한다.

25 **정답** ③

해설 ① 사회기반시설 중 유지보수를 통하여 현상이 유지되는 도로, 도시철도, 하천부속시설 등은 감가상각 대상에서 제외할 수 있다.

② 지방채증권은 발행가액으로 평가하되, 발행가액은 지방채증권 발행수수료 및 발행과 관련하여 직접 발생한 비용을 '뺀' 후의 가액으로 한다.

④ 퇴직급여충당부채는 회계연도말 현재 『공무원연금법』을 적용받는 지방공무원을 '제외한' 무기계약근로자 등이 일시에 퇴직할 경우 지방자치단체가 지급하여야 할 퇴직금에 상당한 금액으로 한다.

26 『국가회계기준에 관한 규칙』에서 정하는 자산과 부처의 평가에 대한 다음 설명 중 옳지 않은 것은?

2019 공인회계사

① 사회기반시설 중 관리·유지 노력에 따라 취득 당시의 용역잠재력을 그대로 유지할 수 있는 시설에 대해서는 감가상각하지 아니하고 관리·유지에 투입되는 비용으로 감가상각비용을 대체할 수 있다. 다만, 효율적인 사회기반시설 관리시스템으로 사회기반시설의 용역 잠재력이 취득 당시와 같은 수준으로 유지된다는 것이 객관적으로 증명되는 경우로 한정한다.

② 재정상태표에 표시하는 부채의 가액은 『국가회계기준에 관한 규칙』에서 따로 정한 경우를 제외하고는 원칙적으로 만기상환가액으로 평가한다.

③ 채무증권은 상각후취득원가로 평가하고, 지분증권은 취득원가로 평가한다. 다만, 재정상태표일 현재 신뢰성 있게 공정가액을 측정할 수 있으면 그 공정가액으로 평가하며, 장부가액과 공정가액의 차이금액은 순자산조정에 반영한다.

④ 유·무형자산의 내용연수를 연장시키거나 가치를 실질적으로 증가시키는 지출은 자산의 증가로 회계처리하고, 원상회복시키거나 능률유지를 위한 지출은 비용으로 회계처리한다.

⑤ 장기연불조건의 거래, 장기금전대차거래 또는 이와 유사한 거래에서 발생하는 채권·채무로서 명목가액과 현재가치의 차이가 중요한 경우에도 명목가액으로 평가한다.

27 『국가회계기준에 관한 규칙』에 대한 다음 설명 중 옳지 않은 것은?

2019 공인회계사

① 무형자산은 해당 자산의 개발원가 또는 매입가액에 부대비용을 더한 금액을 취득원가로 하여 평가하며, 정액법에 따라 해당 자산을 사용할 수 있는 시점부터 합리적인 기간동안 상각한다. 이 경우 상각기간은 독점적·배타적인 권리를 부여하고 있는 관계 법령이나 계약에서 정한 경우를 제외하고는 20년을 초과할 수 없다.

② 재고자산의 시가가 취득원가보다 낮은 경우에는 시가를 재정상태표 가액으로 한다. 이 경우 원재료 외의 재고자산의 시가는 순실현가능가액을 말하며, 생산과정에 투입될 원재료의 시가는 현재 시점에서 매입하거나 재생산하는 데 드는 현행대체원가를 말한다.

③ 중앙관서 또는 기금의 재정운영표를 통합하여 작성하는 국가의 성질별 재정운영표는 사업순원가, 재정운영순원가, 재정운영결과로 구분하여 표시한다.

④ 화폐성 외화자산과 화폐성 외화부채는 재정상태표일 현재의 적절한 환율로 평가한다. 이에 따라 발생하는 환율변동효과는 외화평가손실 또는 외화평가이익의 과목으로 하여 재정운영결과에 반영한다.

⑤ 보증충당부채는 보증약정 등에 따른 피보증인인 주채무자의 채무불이행에 따라 국가회계실체가 부담하게 될 추정 순현금유출액의 현재가치로 평가한다.

---

26 **정답** ⑤

해설 장기연불조건의 거래, 장기금전대차거래 또는 이와 유사한 거래에서 활생하는 채권·채무로서 명목가액과 현재가치의 차이가 중요한 경우에는 '현재가치'로 평가한다.

27 **정답** ③

해설 '분야별' 재정운영표에 대한 설명이다. '성질별' 재정운영표는 수익(국서 수익, 이전수익 및 국가운영수익으로 구분하여 표시), 비용(이전비용 및 국가운영비용으로 구분하여 표시), 저정운영결과(비용에서 수익을 뺀 금액)로 구분하여 표시한다.

28 『국가회계기준에 관한 규칙』상 자산과 부채의 평가에 대한 설명으로 옳지 않은 것은? 2015 국가직 7급

① 재고자산의 시가가 취득원가보다 낮은 경우에는 시가를 재정상태표 가액으로 하며, 생산과정에 투입될 원재료의 시가는 순실현가능가액을 말한다.

② 재고자산은 제조원가 또는 매입가액에 부대비용을 더한 금액을 취득원가로 한다.

③ 재고자산은 실물흐름과 원가산정 방법 등에 비추어 선입선출법 이외의 방법을 적용하는 것이 보다 합리적이라고 인정되는 경우에는 개별법, 이동평균법 등을 적용하고 그 내용을 주석으로 표시한다.

④ 국가회계실체 사이에 발생하는 관리전환은 무상거래일 경우에는 자산의 장부가액을 취득원가로 하고, 유상거래일 경우에는 자산의 공정가액을 취득원가로 한다.

29 『지방자치단체 회계기준에 관한 규칙』상 자산·부채의 평가에 대한 설명으로 옳지 않은 것은?

2024 지방직 9급

① 회계실체 간 재산 이관이나 물품 소관의 전환으로 취득한 자산의 가액은, 무상거래일 경우에는 자산의 장부가액으로 하고 유상거래일 경우에는 자산의 공정가액으로 한다.

② 재정상태표에 기재하는 자산은 자산의 진부화, 물리적인 손상 및 시장가치의 급격한 하락 등의 원인으로 인하여 해당 자산의 회수가능가액이 장부가액에 미달하고 그 미달액이 중요한 경우에는 이를 장부가액에서 직접 차감하여 회수가능가액으로 조정하고 감액내역을 주석으로 공시한다.

③ 장기연불조건의 매매거래, 장기금전대차거래 또는 이와 유사한 거래에서 발생하는 채권·채무로서 명목가액과 현재가치의 차이가 중요한 경우에는 이를 현재가치로 평가한다.

④ 우발상황은 미래에 어떤 사건이 발생하거나 발생하지 아니함으로 인하여 궁극적으로 확정될 손실 또는 이익으로서 발생여부가 불확실한 현재의 상태 또는 상황을 말하며, 재정상태표 보고일 현재 우발손실의 발생이 확실하고 그 손실금액을 합리적으로 추정할 수 있는 경우 우발손실을 재무제표에 반영하고 그 내용을 주석으로 표시한다.

정답과 해설

28 **정답** ①

해설 재고자산에 대한 저가법 적용 시 원재료 외의 재고자산의 시가는 순실현가능가액을 말하며, 생산과정에 투입될 원재료의 시가는 현재 시점에서 매입하거나 재생산하는 데 드는 '현행대체원가'를 말한다.

29 **정답** ①

해설 지방자치단체의 경우 회계 간의 재산 이관이나 물품 소관의 전환으로 취득한 자산의 가액은 유·무상 구분 없이 직전 회계실체의 장부가액으로 한다. 국가의 경우에 국가회계실체 사이에 발생하는 관리전환은 무상거래일 경우에는 자산의 장부가액을 취득원가로 하고, 유상거래일 경우에는 자산의 공정가액을 취득원가로 한다.

제**4**편

최근 시행 연도별 기출문제

본 과목 풀이 시 기업의 보고기간(회계기간)은 매년 1월 1일부터 12월 31일까지이고 기업은 계속해서 『한국채택국제회계기준』을 적용해 오고 있다고 가정하며, 자료에서 제시하지 않은 사항(예: 법인세 효과 등)은 고려하지 않음

01 『국가회계기준에 관한 규칙』 및 『지방자치단체 회계기준에 관한 규칙』에서 재정상태표에 대한 설명으로 옳지 않은 것은?

① 『지방자치단체 회계기준에 관한 규칙』의 재정상태표상 부채는 유동부채, 장기차입부채 및 기타비유동부채로 분류한다.

② 『국가회계기준에 관한 규칙』의 재정상태표상 충당부채는 지출시기 또는 지출금액이 불확실한 부채로서 연금충당부채, 퇴직수당충당부채, 보증충당부채, 보험충당부채 및 기타 충당부채를 말한다.

③ 『지방자치단체 회계기준에 관한 규칙』의 재정상태표상 일반순자산은 순자산에서 고정순자산과 특정순자산을 제외한 금액을 말한다.

④ 『국가회계기준에 관한 규칙』의 재정상태표상 순자산은 기본순자산에서 적립금 및 잉여금과 순자산조정을 뺀 금액으로 표시한다.

02 고객과의 계약에서 생기는 수익에서 수행의무의 이행에 대한 설명으로 옳지 않은 것은?

① 고객에게 약속한 재화나 용역, 즉 자산을 이전하여 수행의무를 이행할 때(또는 기간에 걸쳐 이행하는 대로) 수익을 인식한다.

② 고객이 자산을 통제하는지를 판단할 때, 그 자산을 재매입하는 약정을 고려하지 않는다.

③ 수행의무가 기간에 걸쳐 이행되지 않는다면, 그 수행의무는 한 시점에 이행되는 것이다.

④ 수행의무의 진행률을 합리적으로 측정할 수 있는 경우에만, 기간에 걸쳐 이행하는 수행의무에 대한 수익을 인식한다.

정답과 해설

01 정답 ④

해설 『국가회계기준에 관한 규칙』의 재정상태표상 순자산은 자산에서 부채를 뺀 금액을 말하며, 기본순자산, 적립금 및 잉여금, 순자산조정으로 구분한다. 여기서 기본순자산을 순자산에서 적립금 및 잉여금과 순자산조정을 뺀 금액으로 표시한다.

02 정답 ②

해설 고객이 자산을 통제하는지를 판단할 때, 그 자산을 재매입하는 약정을 고려한다. 기업이 자산을 다시 사야 하는 의무나 다시 살 수 있는 권리(선도나 콜옵션)가 있다면, 고객은 자산을 통제하지 못한다.

03 충당부채의 인식에 대한 설명으로 옳지 않은 것은?

① 과거 사건의 결과로 현재 의무가 존재하여야 하며, 현재 의무에는 법적 의무뿐만 아니라 의제 의무도 포함한다.

② 기업의 미래 행위(미래 사업행위)와 관련하여 존재하는 과거 사건에서 생긴 의무만을 충당부채로 인식한다.

③ 해당 의무를 이행하기 위하여 경제적 효익이 있는 자원의 유출가능성이 높다.

④ 해당 의무를 이행하기 위하여 필요한 금액을 신뢰성 있게 추정할 수 있다.

04 다음 중 무형자산으로 인식하는 것만을 모두 고르면?

ㄱ. 개별 취득한 특허권

ㄴ. 내부적으로 창출한 영업권

ㄷ. 연구단계에서 발생하는 지출

ㄹ. 내부적으로 창출한 브랜드, 고객 목록

---

① ㄱ

② ㄱ, ㄷ

③ ㄴ, ㄹ

④ ㄴ, ㄷ, ㄹ

정답과 해설

03 **정답** ②

해설 기업의 미래 행위(미래 사업행위)와 '관계없이' 존재하는 과거사건에서 생긴 의무만을 충당부채로 인식한다. 예를 들면 불법적인 환경오염으로 인한 범칙금이나 환경정화비용은 기업의 미래 행위에 관계없이 해당 의무의 이행에 경제적 효익이 있는 자원의 유출을 불러온다. 이와 마찬가지로 유류보관시설이나 원자력 발전소 때문에 이미 일어난 피해에 대하여 기업은 복구할 의무가 있는 범위에서 유류보관시설이나 원자력 발전소의 사후처리원가와 관련된 충당부채를 인식한다. 반면에 상업적 압력이나 법률 규정 때문에 공장에 특정 정화장치를 설치하는 지출을 계획하고 있거나 그런 지출이 필요한 경우에는 공장 운영방식을 바꾸는 등의 미래 행위로 미래의 지출을 회피할 수 있으므로 미래에 지출을 해야 할 현재의무는 없으며 충당부채도 인식하지 아니한다.

04 **정답** ①

해설 ㄴ. 내부적으로 창출한 영업권은 자산으로 인식하지 아니한다.

ㄷ. 연구(또는 내부 프로젝트의 연구단계)에서 발생하는 무형자산을 연식하지 않는다. 연구(또는 내부 프로젝트의 연구단계)에 대한 지출은 발생시점에 비용으로 인식한다.

ㄹ. 내부적으로 창출한 브랜드, 제호, 출판표제, 고객 목록과 이와 실질이 유사한 항목은 무형자산으로 인식하지 아니한다.

05 재고자산에 대한 설명으로 옳지 않은 것은?

① 통상적인 영업과정에서 판매를 위하여 보유 중이거나 생산 중인 자산은 재고자산에 해당한다.

② 생산이나 용역제공에 사용될 원재료나 소모품은 재고자산에 해당한다.

③ 외부에서 매입하여 재판매하기 위해 보유하는 상품은 재고자산에 해당하지 않는다.

④ 토지도 기업의 주된 영업활동에 따라 재고자산에 해당될 수 있다.

06 다음 자료를 이용한 ㈜한국이 20×1년도 포괄손익계산서에 인식할 게임접근권에 대한 수익은? (단, 수익은 월할 계산한다)

> ○ ㈜한국은 게임기기를 ₩95,000에 판매하고 게임접근권(1년 접근조건)을 ₩5,000에 판매하고 있다.
>
> ○ 20×1년 10월 1일에 ㈜한국은 100명의 고객에게 2% 할인된 가격으로 게임기기와 게임접근권을 묶음 판매하였다.
>
> ○ 게임기기 판매와 게임접근권 판매는 각각 구별되는 수행의무로 식별하였으며, 게임접근권 판매의 수행의무는 기간에 걸쳐 이행된다.

① ₩100,000   ② ₩122,500

③ ₩367,500   ④ ₩490,000

05 **정답** ③

해설 재고자산은 외부에서 매입하여 재판매하기 위해 보유하는 상품, 토지와 그 밖의 자산을 포함한다. 재고자산은 완제품이나 생산중인 재공품도 포함하며, 생산에 투입될 원재료와 소모품도 포함한다.

06 **정답** ②

해설 할인액은 모든 수행의무에 비례하여 배분하는 것이 원칙이다. 게임접근권에 대한 거래가격은 ₩5,000 × (1 - 2%)
= ₩5,000 - ₩100 = ₩4,900
20×1년 인식할 게임접근권에 대한 수익(10월 1일 ~ 12월 31일까지 3개월분) = ₩4,900 × 100명 × 3/12 = ₩122,500

07 다음의 거래가 20×1년도 재무상태표와 포괄손익계산서에 미치는 영향 중 바르게 연결된 것은?

> ○ 20×1년 1월 1일 현금 잔액은 ₩0
>
> ○ 20×1년 3월 1일 사무실 일부를 임대하고 1년 치 임대료 ₩360,000을 현금 수령
>
> ○ 20×1년 9월 1일 1년분 보험료 ₩240,000을 현금 지급

	재무상태표	포괄손익계산서
①	자산 ₩120,000 증가	이익 ₩220,000 증가
②	자산 ₩280,000 증가	이익 ₩220,000 증가
③	부채 ₩60,000 증가	이익 ₩280,000 증가
④	부채 ₩160,000 증가	이익 ₩280,000 증가

07 **정답** ②

해설 임대료로 수령한 360,000만큼 자산이 증가하고, 이 중 기간경과한 10개월분에 해당하는 ₩300,000은 수익으로, 나머지 2개월 분 ₩60,000은 선수수익(부채)으로 인식한다.

보험료로 지급한 ₩240,000만큼 자산이 감소하고, 이 중 기간경과한 4개월분에 해당하는 ₩80,000은 비용으로, 나머지 8개월분 ₩160,000은 선급비용(자산)으로 인식한다.

시산표 합계변화

차변		대변	
자산	⊕ 360,000 ⊖ 240,000 ⊕ 160,000	부채	⊕ 60,000
비용	⊕ 80,000	수익	⊕ 300,000
합계	⊕ 360,000	합계	⊕ 360,000

자산 ₩280,000 증가, 부채 ₩60,000 증가, 이익 ₩220,000 증가(= 수익 ₩300,000 증가 - 비용 ₩80,000 증가)한다.

08 간접법에 따라 영업활동현금흐름 계산 시, 법인세비용차감전순이익에 차감하는 항목만을 모두 고르면?

ㄱ. 감가상각비	ㄴ. 재고자산 증가액
ㄷ. 매출채권의 감소액	ㄹ. 매입채무의 감소액

① ㄱ, ㄴ

② ㄱ, ㄷ

③ ㄴ, ㄹ

④ ㄷ, ㄹ

09 『국가회계기준에 관한 규칙』의 내용으로 옳은 것은?

① 국가운영수익은 국가의 재정활동과 관련하여 발생하는 수익 중 국세수익과 이전수익을 제외한 수익이다.

② 재무제표는 재정상태표, 재정운영표, 순자산변동표로만 구성하되, 재무제표에 대한 주석을 포함한다.

③ 투자증권 중 지분증권은 재정상태표일 현재 신뢰성 있게 공정가액을 측정할 수 있더라도 취득원가로 평가하여야 한다.

④ 현재 세대와 미래 세대를 위하여 정부가 영구히 보존하여야 할 자산으로서 역사적, 자연적, 문화적, 교육적 및 예술적으로 중요한 가치를 갖는 자산은 자산으로 인식하지 아니하고 그 종류와 현황 등을 필수보충정보로 공시한다.

정답과 해설

08 **정답** ③

해설 1단계, 영업무관 손익조정에서 감가상각비는 영업무관손익으로 법인세비용차감전순이익에 가산한다.

2단계, 영업관련 자산·부채 조정에서 영업관련이익과 함께 우측(대변)에 기입되는 자산감소(매출채권의 감소액)는 가산하고, 반대편 좌측(차변)에 기입되는 자산증가(재고자산 증가액)와 부채감소(매입채무의 감소액)는 이익에서 차감한다.

09 **정답** ①

해설 ② 재무제표는 재정상태표, 재정운영표, 순자산변동표 및 현금흐름표로 구성하되, 재무제표에 대한 주석을 포함한다. 현금흐름표가 빠져서 틀린 지문이다.

③ 지분증권은 취득원가로 평가한다. 다만, 재정상태표일 현재 신뢰성 있게 공정가액을 측정할 수 있으면 그 공정가액으로 평가한다.

④ 유산자산은 필수보충정보가 아닌 주석으로 공시한다. 국가회계에는 더 이상 부속서류(필수보충정보, 부속명세서)가 존재하지 않는다.

10 ㈜한국은 20×1년 초에 취득한 기계장치를 원가모형을 적용하여 연수합계법으로 감가상각하고 있다. ㈜한국은 동 기계장치의 내용연수를 4년, 잔존가치는 ₩50,000으로 추정하였다. ㈜한국이 20×3년도에 인식한 감가상각비가 ₩10,000인 경우, 동 기계장치의 취득원가는? (단, 취득 이후 기계장치에 대한 손상은 없다)

① ₩100,000

② ₩200,000

③ ₩300,000

④ ₩400,000

11 사채의 회계처리와 관련하여 사채할인발행차금을 유효이자율법에 따라 상각할 때 재무상태에 미치는 영향으로 옳은 것은? (단, 유효이자율은 0보다 크다)

① 자본의 증가, 부채의 증가

② 자본의 증가, 부채의 감소

③ 자본의 감소, 부채의 증가

④ 자본의 감소, 부채의 감소

10 정답 ①

해설 취득원가를 A라 하면,

20×3년도에 인식한 감가상각비 ₩10,000 = (A − ₩50,000) × 2/(1+2+3+4)

₩10,000 × 10/2 = A − ₩50,000

A = ₩50,000 + ₩50,000 = ₩100,000

11 정답 ③

해설 사채할인발행차금은 부채(사채)의 차감항목이다. 따라서, 사채할인발행차금을 상각하여 감소하면, 부채에서 차감되는 금액이 줄어 부채금액이 증가한다. 자산의 변화 없이 부채가 증가하므로 자산에서 부채를 차감한 자본은 감소한다.

12 20×1년 1월 1일 ㈜한국의 매출채권에 대한 손실충당금 잔액은 ₩10,000이다. ㈜한국은 20×1년 중 ₩20,000의 매출채권을 회수불능으로 판단하여 장부에서 제거하였다. 20×1년 말 매출채권 잔액은 ₩700,000이며, 기대신용손실은 ₩40,000으로 추정하였다. ㈜한국이 20×1년도 포괄손익계산서에 인식할 손상차손은?

① ₩10,000　　　　　② ₩20,000

③ ₩40,000　　　　　④ ₩50,000

13 ㈜한국은 활동기준원가계산제도를 채택하고 있으며, 제조 활동과 관련된 자료는 다음과 같다.

활동	원가동인	최대활동량	총원가
제품준비	제품준비 횟수	100회	₩200,000
기계이용	기계작업 시간	200시간	₩600,000
검사	검사수행 횟수	200회	₩400,000

제조제품 중 하나인 제품 A와 관련된 자료가 다음과 같은 경우, 제품 A의 총원가는?

기초원가	제품준비 횟수	기계작업 시간	검사수행 횟수
₩20,000	20회	20시간	10회

① ₩110,000　　　　　② ₩125,000

③ ₩140,000　　　　　④ ₩210,000

정답과 해설

12 **정답** ④

해설 ㄱ. 결과: ₩40,000

　　ㄴ. 잔액: 기초 ₩10,000 - 대손 확정 ₩20,000 = (-)₩10,000

　　ㄷ. 보충: ₩40,000 - (-)₩10,000 = ₩50,000

13 **정답** ③

해설 제품 A의 총원가 = 기초원가 ₩20,000 + 제품준비원가 ₩200,000 × 20회/100회 + 기계이용원가 ₩600,000 × 20시간/200시간 + 검사원가 ₩400,000 × 10회/200회 = 기초원가 ₩20,000 + 제품준비원가 ₩40,000 + 기계이용원가 ₩60,000 + 검사원가 ₩20,000 = ₩140,000

14 석유화학산업 등과 같이 표준화된 작업공정을 통해 한 가지 제품만을 대량생산하는 제조환경에 적합한 원가계산 방법은?

① 개별원가계산

② 종합원가계산

③ 결합원가계산

④ 활동기준원가계산

15 회계상 거래가 아닌 것은?

① 사무실을 1개월 후에 1년간 임차하기로 임대인과 계약 체결

② 업무에 사용하던 비품의 자연재해로 인한 파손

③ 제품생산을 위한 기계장치의 사용

④ 공장건물에 대한 수선 후 청구서 수령

16 재무보고를 위한 개념체계에 대한 설명으로 옳지 않은 것은?

① 보고기업의 경제적자원 및 청구권의 성격 및 금액에 대한 정보는 이용자들이 보고기업의 재무적 강점과 약점을 식별하는 데 도움을 줄 수 있다.

② 보고기업의 재무성과에 대한 정보는 그 기업의 경제적자원에서 해당 기업이 창출한 수익을 이용자들이 이해하는 데 도움을 준다.

③ 보고기업의 경제적자원 및 청구권은 채무상품이나 지분상품의 발행과 같이 재무성과 외의 사유로는 변동되지 않는다.

④ 한 기간의 보고기업의 현금흐름에 대한 정보는 이용자들이 기업의 미래 순현금유입 창출 능력을 평가하고 기업의 경제적자원에 대한 경영진의 수탁책임을 평가하는 데에도 도움이 된다.

14 **정답** ②

해설 대량생산방식에서는 개별 제품의 원가를 일일이 따로 구하는 것이 번거롭고 의미가 없다. 따라서 일정한 주기를 정한 다음 해당 기간 동안 투입된 원가를 총 생산량으로 나누어 단위당원가를 구하게 되는데 이를 종합원가계산이라고 한다.

15 **정답** ①

해설 회계상 거래가 되기 위해서는 재산의 변화가 있어야 하고 이를 금액으로 확정할 수 있어야 한다. 계약을 체결하거나 약속을 하는 것만으로는 재산의 변화가 없기에 거래가 성립되지 않는다.

16 **정답** ③

해설 보고기업의 경제적자원 및 청구권의 변동은 그 기업의 재무성과, 그리고 채무상품이나 지분상품의 발행과 같은 그 밖의 사건이나 거래에서 발생한다. 따라서 보고기업의 경제적자원 및 청구권은 채무상품이나 지분상품의 발행과 같이 재무성과 외의 사유로도 변동될 수 있다.

17 다음 자료를 이용한 수정분개가 당기순이익에 미치는 영향은?

계정과목	수정전시산표 잔액	수정후시산표 잔액
선급비용	₩2,000	₩1,000
미지급비용	₩2,000	₩3,000
선수수익	₩1,500	₩2,500
미수수익	₩3,000	₩4,000

① ₩1,000 감소

② ₩2,000 감소

③ ₩3,000 감소

④ ₩4,000 감소

17　정답　②

해설

계정과목	결과(수정후)	잔액(수정전)	보충(결과-잔액)
선급비용(자산)	₩1,000	₩2,000	자산 (-)₩1,000
미지급비용(부채)	₩3,000	₩2,000	부채 (+)₩1,000
선수수익(부채)	₩2,500	₩1,500	부채 (+)₩1,000
미수수익(자산)	₩4,000	₩3,000	자산 (+)₩1,000
합계			자산 ₩0, 부채 (+)₩2,000

결국 수정분개를 통해 자산은 불변이고, 부채는 ₩2,000 증가한다. 부채가 ₩2,000 증가하면 순자산은 ₩2,000 감소하고, 순자산 감소는 당기순이익 감소에 해당한다.

※ 다음과 같이 손익에 미치는 영향을 하나씩 따져 봐도 된다.

선급비용이 ₩1,000 감소하는데, 이는 기간경과로 선급비용이 비용으로 대체(실현)됨을 의미한다.

(차)	비용	1,000	(대)	선급비용	1,000

미지급비용이 ₩1,000 증가하는데, 이는 비용이 발생했으나 아직 지급하지 않았음을 의미한다.

(차)	비용	1,000	(대)	미지급비용	1,000

선수수익이 ₩1,000 증가하는데, 이는 수익인식한 금액 중 아직 기간경과하지 않은 부분에 대해 수익을 취소하고 부채(선수수익)를 증가시킴을 의미한다.

(차)	수익	1,000	(대)	선수수익	1,000

미수수익이 ₩1,000 증가하는데, 이는 수익이 발생했으나 아직 지급받지 못한 부분을 의미한다.

(차)	미수수익	1,000	(대)	수익	1,000

18 수익과 비용 계정을 마감 후 집합손익 계정의 잔액은 ₩100,000이다. 수익이 비용보다 큰 경우, 집합손익 계정의 마감분개로 옳은 것은?

①	(차)	수익	₩100,000	(대)	집합손익	₩100,000
②	(차)	이익잉여금	₩100,000	(대)	집합손익	₩100,000
③	(차)	집합손익	₩100,000	(대)	비용	₩100,000
④	(차)	집합손익	₩100,000	(대)	이익잉여금	₩100,000

19 ㈜한국은 정상개별원가계산제도를 채택하고 있으며, 제조간접원가를 직접노무시간으로 배부하고 있다. 20×1년도 제조간접원가와 관련된 자료는 다음과 같다. 20×1년도 제조간접원가 과소배부액이 ₩1,000인 경우, 제조간접원가 실제 발생액은?

제조간접원가 예산	예정 직접노무시간	실제 직접노무시간
₩10,000	100시간	120시간

① ₩11,000

② ₩12,000

③ ₩13,000

④ ₩14,000

18 **정답** ④

해설 집합손익은 임시계정이므로, 이익잉여금으로 대체하여 마감한다. 수익이 비용보다 큰 경우 대변에 잔액이 남아 있으므로 차변에 집합손익을 기재하고, 이익잉여금으로 대체한다.

(차)	집합손익	₩100,000	(대)	이익잉여금	₩100,000

19 **정답** ③

해설 제조간접원가 예정배부율 = 예산 ₩10,000 ÷ 예정 직접노무시간 100시간 = ₩100/시간

제조간접원가 배부액 = 실제 직접노무시간 120시간 × 예정배부율 ₩100/시간 = ₩12,000

제조간접원가 배부차이 (−)₩1,000 = 예정배부액 ₩12,000 − 실제발생액

실제발생액 = ₩12,000 + ₩1,000 = ₩13,000

20 다음 자료를 이용한 제조간접원가는?

○ 기초원가	₩350,000
○ 기초재공품	₩150,000
○ 기말재공품	₩300,000
○ 당기제품제조원가	₩500,000

① ₩250,000

② ₩300,000

③ ₩350,000

④ ₩400,000

20 정답 ②

해설

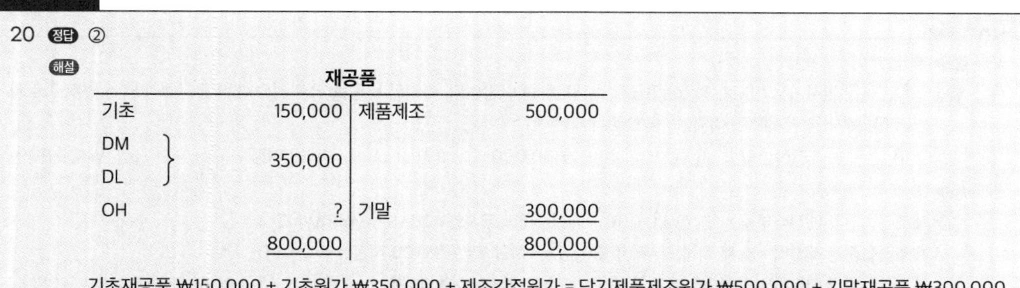

재공품			
기초	150,000	제품제조	500,000
DM			
DL	} 350,000		
OH	?	기말	300,000
	800,000		800,000

기초재공품 ₩150,000 + 기초원가 ₩350,000 + 제조간접원가 = 당기제품제조원가 ₩500,000 + 기말재공품 ₩300,000

제조간접원가 = ₩800,000 - ₩500,000 = ₩300,000

본 과목 풀이 시 기업의 보고기간(회계기간)은 매년 1월 1일부터 12월 31일까지이고 기업은 계속해서 『한국채택국제회계기준』을 적용해 오고 있다고 가정하며, 자료에서 제시하지 않은 사항(예: 법인세 효과 등)은 고려하지 않음

01 고객과의 계약에서 생기는 수익에서 수행의무의 이행에 대한 설명으로 옳지 않은 것은?

① 고객에게 약속한 재화나 용역, 즉 자산을 이전하여 수행의무를 이행할 때(또는 기간에 걸쳐 이행하는 대로) 수익을 인식한다.

② 고객이 자산을 통제하는지를 판단할 때, 그 자산을 재매입하는 약정을 고려하지 않는다.

③ 수행의무가 기간에 걸쳐 이행되지 않는다면, 그 수행의무는 한 시점에 이행되는 것이다.

④ 수행의무의 진행률을 합리적으로 측정할 수 있는 경우에만, 기간에 걸쳐 이행하는 수행의무에 대한 수익을 인식한다.

02 충당부채의 인식에 대한 설명으로 옳지 않은 것은?

① 과거 사건의 결과로 현재 의무가 존재하여야 하며, 현재 의무에는 법적 의무뿐만 아니라 의제 의무도 포함한다.

② 기업의 미래 행위(미래 사업행위)와 관련하여 존재하는 과거 사건에서 생긴 의무만을 충당부채로 인식한다.

③ 해당 의무를 이행하기 위하여 경제적 효익이 있는 자원의 유출가능성이 높다.

④ 해당 의무를 이행하기 위하여 필요한 금액을 신뢰성 있게 추정할 수 있다.

정답과 해설

01 **정답** ②

해설 고객이 자산을 통제하는지를 판단할 때, 그 자산을 재매입하는 약정을 고려한다. 기업이 자산을 다시 사야 하는 의무나 다시 살 수 있는 권리(선도나 콜옵션)가 있다면, 고객은 자산을 통제하지 못한다.

02 **정답** ②

해설 기업의 미래 행위(미래 사업행위)와 '관계없이' 존재하는 과거사건에서 생긴 의무만을 충당부채로 인식한다. 예를 들면 불법적인 환경오염으로 인한 범칙금이나 환경정화비용은 기업의 미래 행위에 관계없이 해당 의무의 이행에 경제적 효익이 있는 자원의 유출을 불러온다. 이와 마찬가지로 유류보관시설이나 원자력 발전소 때문에 이미 일어난 피해에 대하여 기업은 복구할 의무가 있는 범위에서 유류보관시설이나 원자력 발전소의 사후처리원가와 관련된 충당부채를 인식한다. 반면에 상업적 압력이나 법률 규정 때문에 공장에 특정 정화장치를 설치하는 지출을 계획하고 있거나 그런 지출이 필요한 경우에는 공장 운영방식을 바꾸는 등의 미래 행위로 미래의 지출을 회피할 수 있으므로 미래에 지출을 해야 할 현재의무는 없으며 충당부채도 인식하지 아니한다.

03 다음 중 무형자산으로 인식하는 것만을 모두 고르면?

> ㄱ. 개별 취득한 특허권
>
> ㄴ. 내부적으로 창출한 영업권
>
> ㄷ. 연구단계에서 발생하는 지출
>
> ㄹ. 내부적으로 창출한 브랜드, 고객 목록

① ㄱ

② ㄱ, ㄷ

③ ㄴ, ㄹ

④ ㄴ, ㄷ, ㄹ

04 다음의 기말수정 사항이 재무제표에 미치는 영향으로 옳지 않은 것은?

> ○ 기중에 구입한 소모품 ₩800,000을 소모품비로 회계처리하였으며, 기말 현재 남아 있는 소모품은 ₩200,000이다. (단, 소모품의 기초 잔액은 없다)
>
> ○ 당기에 발생한 미수이자 수익 ₩800,000에 대한 회계처리가 이루어지지 않았다.

① 자산총액이 ₩1,000,000 증가한다.

② 부채총액은 변등이 없다.

③ 수익총액은 ₩800,000 증가한다.

④ 당기순이익이 ₩800,000 증가한다.

03 **정답** ①

　해설 ㄴ. 내부적으로 창출한 영업권은 자산으로 인식하지 아니한다.

　　ㄷ. 연구(또는 내부 프로젝트의 연구단계)에서 발생하는 무형자산을 인식하지 않는다. 연구(또는 내부 프로젝트의 연구단계)에 대한 지출은 발생시점에 비용으로 인식한다.

　　ㄹ. 내부적으로 창출한 브랜드, 제호, 출판표제, 고객 목록과 이와 실질이 유사한 항목은 무형자산으로 인식하지 아니한다.

04 **정답** ④

　해설 소모품을 ₩200,000 증가시키면서 소모품비 ₩200,000을 취소한다.

　　이자수익 ₩800,000과 미수이자(자산) ₩800,000을 인식한다.

시산표 합계변화

차변		대변	
자산	⊕ 200,000	부채	
	⊕ 800,000		
비용	⊖ 200,000	수익	⊕ 800,000
합계	⊕ 800,000	합계	⊕ 800,000

수익은 ₩800,000 증가하고, 비용이 ₩200,000 감소해서 당기순이익은 ₩1,000,000 증가한다

05 ㈜한국의 자산과 부채에 대한 자료는 다음과 같으며, ㈜한국은 기중에 ₩2,000의 주식배당을 실시하였다. ㈜한국의 당기순이익이 ₩5,000인 경우, 당기의 기타포괄손익은?

구분	기초잔액	기말잔액
자산	₩30,000	₩40,000
부채	₩15,000	₩20,000

① ₩0

② ₩2,000

③ ₩3,000

④ ₩5,000

06 다음 자료를 이용한 ㈜한국이 20×1년도 포괄손익계산서에 인식할 게임접근권에 대한 수익은? (단, 수익은 월할 계산한다)

> ○ ㈜한국은 게임기기를 ₩95,000에 판매하고 게임접근권(1년 접근조건)을 ₩5,000에 판매하고 있다.
> ○ 20×1년 10월 1일에 ㈜한국은 100명의 고객에게 2% 할인된 가격으로 게임기기와 게임접근권을 묶음 판매하였다.
> ○ 게임기기 판매와 게임접근권 판매는 각각 구별되는 수행의무로 식별하였으며, 게임접근권 판매의 수행의무는 기간에 걸쳐 이행된다.

① ₩100,000

② ₩122,500

③ ₩367,500

④ ₩490,000

정답과 해설

05 정답 ①

해설

기초		
자산 30,000	부채	15,000
	자본	15,000

기말		
자산 40,000	부채	20,000
	자본	20,000

당기순이익 ₩5,000 ± 기타포괄손익 ± 자본의 증감(주식배당 ₩0)

기말자본 ₩20,000 = 기초자본 ₩15,000 + 당기순이익 ₩5,000 + 기타포괄손익 + 주식배당 ₩0

기타포괄손익 = ₩20,000 - ₩20,000 = ₩0

※ 주식배당은 잉여금이 자본금으로 대체될 뿐, 자본의 증감에는 영향을 주지 않는다.

06 정답 ②

해설 할인액은 모든 수행의무에 비례하여 배분하는 것이 원칙이다. 게임접근권에 대한 거래가격은 ₩5,000 × (1 - 2%) = ₩5,000 - ₩100 = ₩4,900

20×1년 인식할 게임접근권에 대한 수익(10월 1일 ~ 12월 31일까지 3개월분) = ₩4,900 × 100명 × 3/12 = ₩122,500

07 간접법에 따라 영업활동현금흐름 계산 시, 법인세비용차감전순이익에 차감하는 항목만을 모두 고르면?

ㄱ. 감가상각비	ㄴ. 재고자산 증가액
ㄷ. 매출채권의 감소액	ㄹ. 매입채무의 감소액

① ㄱ, ㄴ
② ㄱ, ㄷ
③ ㄴ, ㄹ
④ ㄷ, ㄹ

08 ㈜한국은 20×1년 초에 취득한 기계장치를 원가모형을 적용하여 연수합계법으로 감가상각하고 있다. ㈜한국은 동 기계장치의 내용연수를 4년, 잔존가치는 ₩50,000으로 추정하였다. ㈜한국이 20×3년도에 인식한 감가상각비가 ₩10,000인 경우, 동 기계장치의 취득원가는? (단, 취득 이후 기계장치에 대한 손상은 없다)

① ₩100,000
② ₩200,000
③ ₩300,000
④ ₩400,000

07 정답 ③

해설 1단계, 영업무관 손익조정에서 감가상각비는 영업무관손익으로 법인세비용차감전순이익에 가산한다.

2단계, 영업관련 자산·부채 조정에서 영업관련이익과 함께 우측(대변)에 기입되는 자산감소(매출채권의 감소액)는 가산하고, 반대편 좌측(차변)에 기입되는 자산증가(재고자산 증가액)와 부채감소(매입채무의 감소액)는 이익에서 차감한다.

08 정답 ①

해설 취득원가를 A라 하면,

20×3년도에 인식한 감가상각비 ₩10,000 = (A − ₩50,000) × 2/(1+2+3+4)

₩10,000 × 10/2 = A − ₩50,000

A = ₩50,000 + ₩50,000 = ₩100,000

09 재고자산에 대한 설명으로 옳지 않은 것은?

① 통상적인 영업과정에서 판매를 위하여 보유 중이거나 생산 중인 자산은 재고자산에 해당한다.

② 생산이나 용역제공에 사용될 원재료나 소모품은 재그자산에 해당한다.

③ 외부에서 매입하여 재판매하기 위해 보유하는 상품은 재고자산에 해당하지 않는다.

④ 토지도 기업의 주된 영업활동에 따라 재고자산에 해당될 수 있다.

10 사채의 회계처리와 관련하여 사채할인발행차금을 유효이자율법에 따라 상각할 때 재무상태에 미치는 영향으로 옳은 것은? (단, 유효이자율은 0보다 크다)

① 자본의 증가, 부채의 증가

② 자본의 증가, 부채의 감소

③ 자본의 감소, 부채의 증가

④ 자본의 감소, 부채의 감소

11 20×1년 1월 1일 ㈜한국의 매출채권에 대한 손실충당금 잔액은 ₩10,000이다. ㈜한국은 20×1년 중 ₩20,000의 매출채권을 회수불능으로 판단하여 장부에서 제거하였다. 20×1년 말 매출채권 잔액은 ₩700,000이며, 기대신용손실은 ₩40,000으로 추정하였다. ㈜한국이 20×1년도 포괄손익계산서에 인식할 손상차손은?

① ₩10,000

② ₩20,000

③ ₩40,000

④ ₩50,000

09 **정답** ③
해설 재고자산은 외부에서 매입하여 재판매하기 위해 보유하는 상품, 토지와 그 밖의 자산을 포함한다. 재고자산은 완제품이나 생산중인 재공품도 포함하며, 생산에 투입될 원재료와 소모품도 포함한다.

10 **정답** ③
해설 사채할인발행차금은 부채(사채)의 차감항목이다. 따라서, 사채할인발행차금을 상각하여 감소하면, 부채에서 차감되는 금액이 줄어 부채금액이 증가한다. 자산의 변화 없이 부채가 증가하므로 자산에서 부채를 차감한 자본은 감소한다.

11 **정답** ④
해설 ㄱ. 결과: ₩40,000
ㄴ. 잔액: 기초 ₩10,000 - 대손 확정 ₩20,000 = (-)₩10,000
ㄷ. 보충: ₩40,000 - (-)₩10,000 = ₩50,000

12 회계상 거래가 아닌 것은?

① 사무실을 1개월 후에 1년간 임차하기로 임대인과 계약 체결

② 업무에 사용하던 비품의 자연재해로 인한 파손

③ 제품생산을 위한 기계장치의 사용

④ 공장건물에 대한 수선 후 청구서 수령

13 재무보고를 위한 개념체계에 대한 설명으로 옳지 않은 것은?

① 보고기업의 경제적자원 및 청구권의 성격 및 금액에 대한 정보는 이용자들이 보고기업의 재무적 강점과 약점을 식별하는 데 도움을 줄 수 있다.

② 보고기업의 재무성과에 대한 정보는 그 기업의 경제적자원에서 해당 기업이 창출한 수익을 이용자들이 이해하는 데 도움을 준다.

③ 보고기업의 경제적자원 및 청구권은 채무상품이나 지분상품의 발행과 같이 재무성과 외의 사유로는 변동되지 않는다.

④ 한 기간의 보고기업의 현금흐름에 대한 정보는 이용자들이 기업의 미래 순현금유입 창출 능력을 평가하고 기업의 경제적자원에 대한 경영진의 수탁책임을 평가하는 데에도 도움이 된다.

12 **정답** ①

해설 회계상 거래가 되기 위해서는 재산의 변화가 있어야 하고 이를 금액으로 확정할 수 있어야 한다. 계약을 체결하거나 약속을 하는 것만으로는 재산의 변화가 없기에 거래가 성립되지 않는다.

13 **정답** ③

해설 보고기업의 경제적자원 및 청구권의 변동은 그 기업의 재무성과, 그리고 채무상품이나 지분상품의 발행과 같은 그 밖의 사건이나 거래에서 발생한다. 따라서 보고기업의 경제적자원 및 청구권은 채무상품이나 지분상품의 발행과 같이 재무성과 외의 사유로도 변동될 수 있다.

14 다음 자료를 이용한 수정분개가 당기순이익에 미치는 영향은?

계정과목	수정전시산표 잔액	수정후시산표 잔액
선급비용	₩2,000	₩1,000
미지급비용	₩2,000	₩3,000
선수수익	₩1,500	₩2,500
미수수익	₩3,000	₩4,000

① ₩1,000 감소

② ₩2,000 감소

③ ₩3,000 감소

④ ₩4,000 감소

14 정답 ②

해설

계정과목	결과(수정후)	잔액(수정전)	보충(결과-잔액)
선급비용(자산)	₩1,000	₩2,000	자산 (−)₩1,000
미지급비용(부채)	₩3,000	₩2,000	부채 (+)₩1,000
선수수익(부채)	₩2,500	₩1,500	부채 (+)₩1,000
미수수익(자산)	₩4,000	₩3,000	자산 (+)₩1,000
합계			자산 ₩0, 부채 (+)₩2,000

결국 수정분개를 통해 자산은 불변이고, 부채는 ₩2,000 증가한다. 부채가 ₩2,000 증가하면 순자산은 ₩2,000 감소하고, 순자산 감소는 당기순이익 감소에 해당한다.

※ 다음과 같이 손익에 미치는 영향을 하나씩 따져 봐도 된다.

선급비용이 ₩1,000 감소하는데, 이는 기간경과로 선급비용이 비용으로 대체(실현)됨을 의미한다.

(차)	비용	1,000	(대)	선급비용	1,000

미지급비용이 ₩1,000 증가하는데, 이는 비용이 발생했으나 아직 지급하지 않았음을 의미한다.

(차)	비용	1,000	(대)	미지급비용	1,000

선수수익이 ₩1,000 증가하는데, 이는 수익인식한 금액 중 아직 기간경과하지 않은 부분에 대해 수익을 취소하고 부채(선수수익)를 증가시킴을 의미한다.

(차)	수익	1,000	(대)	선수수익	1,000

미수수익이 ₩1,000 증가하는데, 이는 수익이 발생했으나 아직 지급받지 못한 부분을 의미한다.

(차)	미수수익	1,000	(대)	수익	1,000

15 수익과 비용 계정을 마감 후 집합손익 계정의 잔액은 ₩100,000이다. 수익이 비용보다 큰 경우, 집합손익 계정의 마감분개로 옳은 것은?

①	(차)	수익	₩100,000	(대)	집합손익	₩100,000
②	(차)	이익잉여금	₩100,000	(대)	집합손익	₩100,000
③	(차)	집합손익	₩100,000	(대)	비용	₩100,000
④	(차)	집합손익	₩100,000	(대)	이익잉여금	₩100,000

16 다음은 ㈜한국의 건설계약 관련 자료이다. ㈜한국이 20×1년도에 인식할 공사수익은?

> ○ 20×1년 1월 1일 건설공사 시작
>
> ○ 건설계약 기간: 3년
>
> ○ 공사계약금액: ₩100억
>
> ○ 총예상원가: ₩80억
>
> ○ 20×1년 당기 발생원가: ₩40억
>
> ○ 진행률(투입법)에 따라 수익과 비용 인식

① ₩10억

② ₩20억

③ ₩50억

④ ₩60억

15 **정답** ④

해설 집합손익은 임시계정이므로, 이익잉여금으로 대체하여 마감한다. 수익이 비용보다 큰 경우 대변에 잔액이 남아 있으므로 차변에 집합손익을 기재하고, 이익잉여금으로 대체한다.

(차)	집합손익	₩100,000	(대)	이익잉여금	₩100,000

16 **정답** ③

해설 공사수익을 물었으므로 수익에 대한 보충법으로 풀이한다. 첫 해이므로 결과가 곧 보충액(수익)이 된다.

누적진행률 = 40억 ÷ 80억 = 50%

결과(누적수익) = 공사계약금액 ₩100억 × 누적진행률 50% = ₩50억

17 다음 자료를 이용한 ㈜한국의 20×1년 기말재고자산 금액은? (단, 회전율 계산 시 기초와 기말의 평균값을 이용한다)

> ○ 20×1년 1월 1일 재고자산 잔액은 ₩0
>
> ○ 재고자산평균처리기간: 60일(1년을 360일로 가정)
>
> ○ 매출원가: ₩3,000,000

① ₩500,000

② ₩900,000

③ ₩1,000,000

④ ₩1,200,000

18 은행계정조정표 작성을 위한 은행 측 조정사항은?

① ㈜한국이 20×1년 12월 30일에 발행한 수표 ₩200,000가 대한은행에서는 아직 인출되지 않았다.

② ㈜한국이 20×1년 12월 31일에 거래처로부터 수취한 수표 ₩300,000을 장부상 입금처리 한 후 대한은행에 입금하였으나 부도수표로 판명되어 은행에서는 입금처리 하지 않았다.

③ 대한은행이 20×1년 12월 28일에 추심한 받을어음 금액 ₩100,000이 있었으나 ㈜한국에 이를 통보하지 않았다.

④ 대한은행이 20×1년의 당좌거래수수료 ₩50,000을 ㈜한국의 계좌에서 출금처리 하였으나 ㈜한국은 장부에 반영하지 않았다.

17 정답 ③

해설 재고자산평균처리기간 60일 = 360일 ÷ 재고자산회전율

재고자산회전율 = 360일 ÷ 60일 = 6회

재고자산회전율 6회 = 매출원가 ₩3,000,000 ÷ 평균재고자산

평균재고자산 = ₩3,000,000 ÷ 6회 = ₩500,000

평균재고자산 ₩500,000 = (기초재고 ₩0 + 기말재고) ÷ 2

기말재고 = ₩500,000 × 2 = ₩1,000,000

18 정답 ①

해설

보기	내용	조정
①	기발행미인출수표	은행측 차감
②	부도수표	회사측 차감
③	추심완료어음	회사측 가산
④	은행수수료	회사측 차감

19 재무제표 표시에 대한 설명으로 옳지 않은 것은?

① 『한국채택국제회계기준』에서 요구하거나 허용하지 않는 경우 자산과 부채 그리고 수익과 비용은 상계하지 않는다.

② 포괄손익계산서 상 영업손익은 영업의 특수성을 고려할 필요가 있는 경우나 비용을 성격별로 분류하는 경우를 제외하고는 영업수익에서 영업비용을 차감하여 산출한다.

③ 매입채무 그리고 종업원 및 그 밖의 영업원가에 대한 미지급비용과 같은 유동부채는 기업의 정상영업주기 내에 사용되는 운전자본의 일부이다. 이러한 항목은 보고기간 후 12개월 후에 결제일이 도래한다 하더라도 유동부채로 분류한다.

④ 기업은 현금흐름 정보를 제외하고는 발생기준 회계를 적용하여 재무제표를 작성한다.

20 상품매매기업의 재고자산에 대한 설명으로 옳지 않은 것은? (단, 재고자산에 대한 감모(평가)손실, 매입할인은 없다)

① 계속기록법을 적용할 경우, 재고자산 관련 기말 수정분개는 필요 없다.

② 실지재고조사법을 적용할 경우, 수정전시산표상 재고자산 금액은 재무상태표상 기초 재고자산 금액과 동일하다.

③ 계속기록법을 적용할 경우, 기중에도 재고자산의 수량과 단가를 상시적으로 파악할 수 있다.

④ 실지재고조사법을 적용할 경우, 매입계정을 재고자산 취득 시 차변에 기록하고 재고자산 판매 시 대변에 기록한다.

본 과목 풀이 시 기업의 보고기간(회계기간)은 매년 1월 1일부터 12월 31일까지이고 기업은 계속해서 『한국채택국제회계기준』을 적용해 오고 있다고 가정하며, 자료에서 제시하지 않은 사항(예: 법인세 효과 등)은 고려하지 않음

---

01 ㈜한국이 원가 ₩60,000의 재고자산을 ₩100,000에 외상판매하였을 경우, 옳은 분개는? (단, 재고자산은 계속기록법을 적용하고 있다)

①	(차)	현금	₩100,000	(대)	매출	₩100,000
②	(차)	매출원가	₩60,000	(대)	매출	₩60,000
③	(차)	매출채권	₩100,000	(대)	매출	₩100,000
④	(차)	매출채권	₩100,000	(대)	매출	₩100,000
		매출원가	₩60,000		재고자산	₩60,000

02 ㈜한국은 20×1년 초에 타 회사 주식을 취득하고 기타포괄손익 – 공정가치 측정 금융자산 ₩20,000,000으로 인식하였다. 20×1년 말 이 금융자산의 공정가치가 ₩25,000,000일 경우, 20×1년 말 금융자산에 대한 회계처리가 ㈜한국의 재무제표에 미치는 영향으로 옳은 것은?

① 당기이익 ₩5,000,000이 반영된다.

② 기타포괄이익 ₩5,000,000이 반영된다.

③ 금융자산의 기말 장부가액은 변하지 않는다.

④ 금융자산은 ₩20,000,000으로 유지되지만, 금융부채가 증가한다.

정답과 해설

01 **정답** ④

해설 계속기록법에서는 제품의 판매시점에 재고자산 감소분을 매출원가로 기록한다.

(차)	매출채권	100,000	(대)	매출	100,000
	매출원가	60,000		재고자산	60,000

참고로 실지재고조사법은 다음과 같이 매출만 기록하고, 매출원가는 기록하지 않는다.

(차)	매출채권	100,000	(대)	매출	100,000

02 **정답** ②

해설 기타포괄손익 – 공정가치 측정 금융자산은 기말에 공정가치(₩25,000,000)로 측정하고, 공정가치의 변동 ₩5,000,000을 기타포괄손익으로 보고한다. 따라서, 당기손익에 반영되는 금액은 없으며, 기타포괄이익 ₩5,000,000이 반영된다. 금융자산의 기말 장부가액은 ₩20,000,000에서 ₩25,000,000으로 증가한다.

03 **회계상 거래에 해당하지 않는 것은?**

① 현금 ₩100,000을 분실하였다.

② 은행으로부터 현금 ₩1,000,000을 차입하였다.

③ 화재가 발생하여 ₩300,000의 건물이 전부 소멸하였다.

④ 거래처와 2년간 ₩2,000,000의 제품을 공급하기로 계약을 체결하였다.

04 **㈜한국은 20×1년 1월 1일 기계장치(원가모형 적용, 내용연수 10년, 정액법 감가상각, 잔존가치 ₩10,000,000)를 ₩100,000,000에 취득하고 즉시 사용하고 있다. 20×3년 말 ㈜한국이 인식할 기계장치의 장부가액은?**

① ₩70,000,000

② ₩73,000,000

③ ₩82,000,000

④ ₩100,000,000

05 **고객과의 계약에서 생기는 수익에 대한 설명으로 옳지 않은 것은?**

① 고객과의 계약에서 식별되는 수행의무는 계약에 분명히 기재한 재화나 용역에만 한정되지 않을 수 있다.

② 계약을 이행하기 위해 해야 하지만 고객에게 재화나 용역을 이전하는 활동이 아니라면 그 활동은 수행의무에 포함되지 않는다.

③ 수익인식 5단계 순서는 '수행의무 식별 → 고객과의 계약 식별 → 거래가격 산정 → 거래가격을 계약 내 수행의무에 배분 → 수행의무를 이행할 때 수익 인식'이다.

④ 거래가격은 고객에게 약속한 재화나 용역을 이전하고 그 대가로 기업이 받을 권리를 갖게 될 것으로 예상하는 금액이며, 제삼자를 대신해서 회수한 금액은 제외한다.

정답과 해설

03 **정답** ④

해설 회계상 거래가 되기 위해서는 재산의 변화가 있어야 하고 이를 금액으로 확정할 수 있어야 한다. 계약을 체결하거나 약속을 하는 것만으로는 재산의 변화가 없기에 거래가 성립되지 않는다.

04 **정답** ②

해설 연간 감가상각비 = (취득원가 ₩100,000,000 - 잔존가치 ₩10,000,000) ÷ 10년 = ₩9,000,000

20X3년 말 장부가액 = 취득원가 ₩100,000,000 - 3년간 감가상각비 ₩27,000,000 = ₩73,000,000

05 **정답** ③

해설 계무가배식!

수익인식 5단계 순서는 '고객과의 계약 식별 → 수행의무 식별 → 거래가격 산정 → 거래가격을 계약 내 수행의무에 배분 → 수행의무를 이행할 때 수익 인식'이다.

06 재무보고를 위한 개념체계에서 수익과 비용에 대한 설명으로 옳지 않은 것은?

① 수익과 비용은 기업의 재무상태와 관련된 재무제표 요소이다.

② 자본청구권 보유자로부터의 출자는 수익이 아니며 자본청구권 보유자에 대한 분배는 비용이 아니다.

③ 수익은 자산의 증가 또는 부채의 감소로서 자본의 증가를 가져오며, 자본청구권 보유자의 출자와 관련된 것을 제외한다.

④ 수익과 비용의 서로 다른 특성별로 정보를 별도로 제공하면 재무제표이용자들이 기업의 재무성과를 이해하는 데 도움이 될 수 있다.

07 재무보고를 위한 개념체계에서 유용한 재무정보의 질적 특성에 대한 설명으로 옳지 않은 것은?

① 중립적 서술은 재무정보의 선택이나 표시에 편의가 없는 것이다.

② 재무정보가 유용하기 위해서는 목적적합해야 하고 나타내고자 하는 바를 충실하게 표현해야 한다.

③ 완전한 서술은 필요한 기술과 설명을 포함하여 이용자가 서술되는 현상을 이해하는 데 필요한 모든 정보를 포함하는 것이다.

④ 오류가 없는 서술이란 현상의 기술에 오류나 누락이 없고, 재무보고 정보를 생산하는 데 사용되는 절차의 선택과 적용 시 절차상 오류가 없으며, 서술의 모든 면이 완벽하게 정확하다는 것을 의미한다.

06 **정답** ①

해설 수익과 비용은 기업의 재무'성과'와 관련된 재무제표 요소이다. 보고기업의 재무상태와 관련된 재무제표 요소는 자산, 부채 및 자본이다.

07 **정답** ④

해설 표현충실성은 모든 면에서 정확한 것을 의미하지는 않는다. 오류가 없다는 것은 현상의 기술에 오류나 누락이 없고, 보고 정보를 생산하는 데 사용되는 절차의 선택과 적용 시 절차 상 오류가 없음을 의미한다. 이 맥락에서 오류가 없다는 것은 모든 면에서 완벽하게 정확하다는 것을 의미하지는 않는다. 예를 들어, 관측가능하지 않은 가격이나 가치의 추정치는 정확한지 또는 부정확한지 결정할 수 없다. 그러나 추정치로서 금액을 명확하고 정확하게 기술하고, 추정 절차의 성격과 한계를 설명하며, 그 추정치를 도출하기 위한 적절한 절차를 선택하고 적용하는 데 오류가 없다면 그 추정치의 표현은 충실하다고 할 수 있다.

08 다음은 ㈜한국의 재고자산 관련 자료이다. 선입선출법을 적용할 경우, ㈜한국이 재무상태표에 인식할 기말 재고액은? (단, 재고자산 감모 및 평가손실은 발생하지 않았으며, 재고자산은 계속기록법에 의한다)

일자	구분	수량	단가
1월 1일	전기이월	100개	₩1,000
4월 4일	매입	500개	₩1,100
7월 2일	매출	200개	₩1,700
8월 9일	매입	300개	₩1,400
9월 7일	매출	450개	₩2,100

① ₩265,000

② ₩275,000

③ ₩350,000

④ ₩360,000

09 다음 자료를 이용한 ㈜한국의 당기순이익은?

○ 기초총자산	₩400,000
○ 기말총자산	₩200,000
○ 매출액순이익률	20%
○ 총자산회전율(평균총자산 기준)	5회

① ₩150,000

② ₩200,000

③ ₩300,000

④ ₩350,000

정답과 해설

08 **정답** ③

해설 기말 재고자산 수량 = 전기이월 100개 + 매입 (500개 + 300개) - 매출 (200개 + 450개) = 250개

선입선출법을 가정하므로, 기말재고 250개는 모두 8월 9일에 매입한 것으로 보아 단위당 ₩1,400으로 보고된다.

기말 재고자산 금액 = 250개 × ₩1,400/개 = ₩350,000

09 **정답** ③

해설 평균총자산 = (기초 ₩400,000 + 기말 ₩200,000) ÷ 2 = ₩300,000

매출액 = 평균총자산 ₩300,000 × 총자산회전율 5회 = ₩1,500,000

당기순이익 = 매출액 ₩1,500,000 × 매출액순이익률 20% = ₩300,000

10 ㈜한국은 20×1년 10월 1일에 1년 치 보험료 ₩360,000을 미리 현금 지급하고 선급보험료로 인식하였을 경우, 20×1년 기말 수정분개로 옳은 것은? (단, 기간은 월할 계산한다)

①	(차)	보험료	₩90,000	(대)	선급보험료	₩90,000
②	(차)	선급보험료	₩90,000	(대)	보험료	₩90,000
③	(차)	보험료	₩270,000	(대)	선급보험료	₩270,000
④	(차)	선급보험료	₩360,000	(대)	보험료	₩360,000

11 다음 자료를 이용한 ㈜한국이 사채발행 시 인식할 사채할인발행차금은?

> ○ 20×1년 초 ㈜한국은 사채를 ₩9,700에 발행하였다.
> ○ 이 사채의 액면금액은 ₩10,000이며 액면이자율은 연 7%로 매년 말 이자를 지급하며 만기는 3년이다.
> ○ 사채발행에 따른 납입금은 입금되었고, 사채발행비 ₩200은 현금으로 지급하였다.

① ₩100
② ₩300
③ ₩500
④ ₩700

10 정답 ①

해설 10월 1일에 수행한 분개는 다음과 같다.

(차)	선급보험료	₩360,000	(대)	현금	₩360,000

20×1년에 3개월이 경과했으므로 기간경과분 ₩90,000(= ₩360,000 × 3/12)을 보험료로 인식한다.

(차)	보험료	₩90,000	(대)	선급보험료	₩90,000

11 정답 ③

해설 사채발행비는 사채의 발행금액에서 차감한다. 따라서 사채할인발행차금을 증가(할인발행의 경우)시키거나, 사채할증발행차금을 감소(할증발행의 경우)시킨다.

사채발행 시 인식할 사채할인발행차금 = (액면금액 ₩10,000 - 발행금액 ₩9,700) + 사채발행비 ₩200 = ₩500

사채발행 시점의 분개는 다음과 같다.

(차)	현금	₩9,700	(대)	사채	₩9,700
	사채할인발행차금	₩300			
(차)	사채할인발행차금	₩200	(대)	현금	₩200

12 자본 거래가 발행주식수와 자본금에 미치는 영향에 대한 연결로 옳지 않은 것은?

	자본 거래	발행주식수	자본금
①	주식배당	증가	불변
②	무상감자	감소	감소
③	무상증자	증가	증가
④	주식분할	증가	불변

13 수정전시산표의 소모품 계정에 ₩150,000이 차변 잔액으로 기입되어 있고 기말의 소모품 실제 재고액은 ₩120,000으로 확인된 경우, 소모품에 대한 결산수정분개의 영향으로 옳은 것은?

① 비용은 ₩30,000 발생한다.

② 자산은 ₩120,000 증가한다.

③ 소모품은 ₩150,000으로 계상한다.

④ 당기순이익에는 영향을 주지 않는다.

14 ㈜한국은 20×1년 7월 1일 영업용 차량운반구(원가모형 적용, 내용연수 5년, 연수합계법 감가상각, 잔존가치 ₩100,000)를 ₩1,000,000에 취득하여 즉시 사용하고 있다. ㈜한국이 동 차량운반구를 20×2년 10월 1일 현금 ₩700,000을 받고 처분했을 경우, 20×2년도 당기순이익에 미치는 영향은? (단, 기간은 월할 계산한다)

① ₩60,000 증가

② ₩120,000 증가

③ ₩150,000 감소

④ ₩200,000 감소

15 『지방자치단체 회계기준에 관한 규칙』상 부채에 대한 설명으로 옳지 않은 것은?

① 재정상태표상 부채는 유동부채, 장기차입부채, 장기충당부채 및 기타비유동부채로 분류한다.

② 비화폐성 외화부채는 해당 부채를 부담한 당시의 적절한 환율로 평가한 가액을 재정상태표 가액으로 함을 원칙으로 한다.

③ 부채의 가액은 회계실체가 지급의무를 지는 채무액을 말하며, 채무액은『지방자치단체 회계기준에 관한 규칙』에서 정하는 것을 제외하고는 만기상환가액으로 함을 원칙으로 한다.

④ 장기연불조건의 매매거래, 장기금전대차거래 또는 이와 유사한 거래에서 발생하는 채무로서 명목가액과 현재가치의 차이가 중요한 경우에는 이를 현재가치로 평가한다.

정답과 해설

14 **정답** ③

해설 20×1년 감가상각비 = (취득원가 ₩1,000,000 - 잔존가치 ₩100,000) × 5/(1+2+3+4+5) × 6개월/12개월 = ₩900,000 × 5/15 × 1/2 = ₩150,000

20×2년 1월 1일 ~ 6월 30일 감가상각비 = ₩900,000 × 5/15 × 1/2 = ₩150,000

20×2년 7월 1일 ~ 9월 30일 감가상각비 = ₩900,000 × 4/15 × 3개월/12개월 = ₩60,000

20×2년 10월 1일 차량운반구 장부금액 = 취득원가 ₩1,000,000 - 감가상각누계액(₩150,000 + ₩150,000 + ₩60,000) = ₩640,000

처분손익 = 처분대가 ₩700,000 - 장부금액 ₩640,000 = ₩60,000

20×2년 당기순이익에 미치는 영향 = 감가상각비 (-)₩210,000 + 처분이익 ₩60,000 = (-)₩150,000

[별해]

20×1년 말에 자산으로 보고되는 차량운반구의 금액은 ₩850,000(= 취득원가 ₩1,000,000 - 감가상각비 ₩150,000)이다. 20×2년 말에 자산으로 보고되는 금액은 현금 ₩700,000이다. 자산 감소액 ₩150,000만큼 비용으로 보고(감가상각비와 처분손익 중 기타포괄손익으로 보고되는 금액은 없으므로)되어 당기순이익은 ₩150,000이 감소한다.

15 **정답** ①

해설 장충지방관리무!

지방자치단체의 재정상태표상 부채는 유동부채, 장기차입부채 및 기타비유동부채로 분류한다. 장기충당부채의 분류가 없다.

16 『국가회계기준에 관한 규칙』 및 『지방자치단체 회계기준에 관한 규칙』상 자산·부채의 평가에 대한 설명으로 옳지 않은 것은?

① 『국가회계기준에 관한 규칙』상 투자증권은 매입가액에 부대비용을 더하고 종목별로 총평균법 등을 적용하여 산정한 가액을 취득원가로 한다.

② 『지방자치단체 회계기준에 관한 규칙』상 주민편의시설은 당해 자산의 건설원가나 매입가액에 부대비용을 더한 취득원가로 평가함을 원칙으로 한다.

③ 『지방자치단체 회계기준에 관한 규칙』상 재정상태표에 기록하는 자산의 가액은 해당 자산의 취득원가를 기초로 하여 계상함을 원칙으로 한다.

④ 『국가회계기준에 관한 규칙』상 무형자산은 정액법 또는 생산량비례법에 따라 해당 자산을 사용할 수 있는 시점부터 합리적인 기간 동안 상각한다.

17 ㈜한국은 보조부문(S1, S2)과 제조부문(P1, P2)을 가지고 있고, 보조부문 원가들을 제조부문으로 배부한다. 다음 자료에 의하여 보조부문원가를 단계배부법으로 배부할 경우, 배부 후 제조부문 P1의 원가합계는? (단, S1을 먼저 배부한다)

구분		보조부문		제조부문	
		S1	S2	P1	P2
부문원가		₩100,000	₩200,000	₩300,000	₩400,000
서비스 제공 비율	S1	-	30%	40%	30%
	S2	40%	-	30%	30%

① ₩309,000

② ₩400,000

③ ₩409,000

④ ₩455,000

16 정답 ④

해설 무형자산은 정액법에 따라(생산량비례법 허용 안됨) 해당 자산을 사용할 수 있는 시점부터 합리적인 기간 동안 상각한다. 이 경우 상각기간은 독점적·배타적인 권리를 부여하고 있는 관계 법령이나 계약에서 정한 경우를 제외하고는 20년을 초과할 수 없다.

17 정답 ④

해설

	S1	S2	P1	P2
부문원가	₩100,000	₩200,000	₩300,000	₩400,000
S1 원가(₩100,000) 배분	(-)₩100,000	₩100,000 × 30% = ₩30,000	₩100,000 × 40% = ₩40,000	₩100,000 × 30% = ₩30,000
S2 원가 (₩200,000 + ₩30,000) 배분		(-)₩230,000	₩230,000 × 30%/60% = ₩115,000	₩230,000 × 30%/60% = ₩115,000
합계	₩0	₩0	₩455,000	₩545,000

18 원가의 분류에 대한 설명으로 옳지 않은 것은?

① 기초원가와 전환(가공)원가에 공통으로 포함되는 원가는 직접노무원가이다.

② 매몰원가는 경영자가 통제할 수 있는 원가로서 의사결정과 관련이 있는 원가이다.

③ 변동원가와 고정원가의 구분은 원가행태에 대한 가정이 유지되는 관련범위 내에서 유효하다.

④ 발생한 원가를 원가대상별로 추적할 수 있는가에 따라서 직접원가와 간접원가로 분류된다.

19 ㈜한국은 단일제품을 대량으로 생산하고 있으며, 종합원가계산을 적용하고 있다. 원재료는 공정 초기에 투입되고 전환(가공)원가는 공정 전반에 걸쳐 균등하게 발생하며, 20×1년 3월의 생산자료는 다음과 같다.

> ○ 3월 초 재공품 재고는 2,000개이고 완성도는 60%이다.
> ○ 3월 중 생산에 착수한 물량은 18,000개이고 3월 말까지 15,000개를 완성했다.
> ○ 3월 말 재공품 재고는 3,000개이고 완성도는 70%이다.

㈜한국은 선입선출법을 적용하고 있으며, 공정의 50% 시점에서 품질검사를 하고 있다. 정상공손은 품질검사에 합격한 수량의 10%로 하고 있을 때, 정상공손수량은?

① 1,500개

② 1,600개

③ 1,700개

④ 1,800개

정답과 해설

18 **정답** ②

해설 매몰원가는 이미 과거에 발생해버린 원가로서 앞으로의 의사결정에 영향을 주지 못하기 때문에, 경영자가 통제할 수 없는 비관련원가에 해당한다.

19 **정답** ②

해설 공손수량 = (기초 2,000개 + 착수 18,000개) - (완성 15,000개 + 기말 3,000개) = 2,000개

						검사(50%)합격
기초	2,000	완성	기초	2,000	(-40%)	0
		15,000	착수	13,000	(100%)	13,000
		공손	정상			
		2,000	비정상			
착수	18,000	기말		3,000	(70%)	3,000
	20,000			20,000		16,000

※ 기초재공품(완성도 60%)은 전기에 검사에 합격했으며, 기말재공품(70%)은 당기에 검사를 합격했다. 공손품은 검사를 받았지만, 합격하지 못한 물량이다.

정상공손수량 = 16,000개 × 10% = 1,600개

20 다음은 ㈜한국의 20×1년 원가자료이다. 20×1년 중 기초원가는 ₩30,000이고, 전환(가공)원가가 직접재료원가의 50%이며, 제조간접원가는 ₩6,000이다. ㈜한국의 20×1년 매출원가는?

구분	기초	기말
재공품	₩3,500	₩2,500
제품	₩4,000	₩6,000

① ₩30,000

② ₩32,000

③ ₩35,000

④ ₩37,000

20 정답 ③

해설

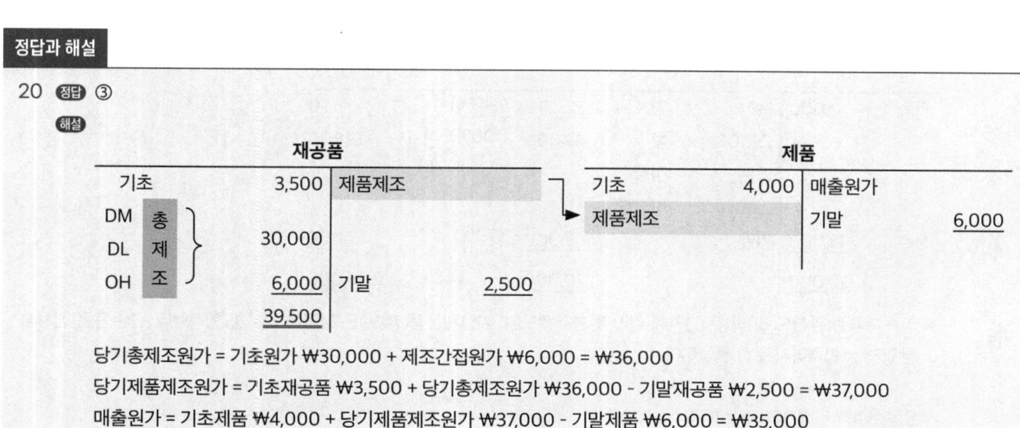

당기총제조원가 = 기초원가 ₩30,000 + 제조간접원가 ₩6,000 = ₩36,000

당기제품제조원가 = 기초재공품 ₩3,500 + 당기총제조원가 ₩36,000 - 기말재공품 ₩2,500 = ₩37,000

매출원가 = 기초제품 ₩4,000 + 당기제품제조원가 ₩37,000 - 기말제품 ₩6,000 = ₩35,000

사경인
공타기출
회계학

사경인
공타기출
회계학